WALTER SCOTT

ILLUSTRÉ.

LA
PRISON D'ÉDIMBOURG.

TRADUCTION DE M. L. DAFFRY DE LA MONNOYE.

DESSINS DE MM. H. CLERGET, FERDINANDUS, D. MAILLART
ET PELLICER.

PARIS,
LIBRAIRIE DE FIRMIN-DIDOT ET CIE,
IMPRIMEURS DE L'INSTITUT, RUE JACOB, 56.

1884.
Tous droits réservés.

4° Y² 882

WALTER SCOTT

ILLUSTRÉ.

TYPOGRAPHIE FIRMIN-DIDOT. — MESNIL (EURE).

EFFIE DEANS.

WALTER SCOTT

ILLUSTRÉ.

LA
PRISON D'ÉDIMBOURG.

TRADUCTION DE M. L. DAFFRY DE LA MONNOYE.

DESSINS DE MM. H. CLERGET, FERDINANDUS, D. MAILLART
ET PELLICER.

PARIS,
LIBRAIRIE DE FIRMIN-DIDOT ET Cie,
IMPRIMEURS DE L'INSTITUT, RUE JACOB, 56.
—
1884.
Tous droits réservés.

CHAPITRE PREMIER.

Quiconque a vu Paris doit connaître la Grève;
Son jour fatalement pour le brave se lève;
L'honneur et la justice y sacrent des héros
Pour qui le gibet seul peut créer le repos.

La mort brise les fers que forgea la puissance;
Du juge le bourreau complète la sentence;
Par lui, du guet-apens les nobles chevaliers
Ne craindront plus du sort les bonds irréguliers.

PRIOR.

u temps passé, l'Angleterre avait son Tyburn, où les victimes consacrées par la justice étaient conduites, montant, en procession solennelle, ce que l'on appelle à présent la route d'Oxford. A Édimbourg, une large rue, ou plutôt un carré oblong, entouré de maisons hautes, et qui répond à l'appellation de *Marché aux Herbes*, était affecté à ce lugubre office. Le lieu n'était pas mal choisi pour une solennité de ce genre : d'une étendue considérable, il offrait une installation commode au grand nombre de ceux qui se portent d'ordinaire à ces douloureux spectacles. Même à cette époque, parmi les maisons qui entourent la place, fort peu étaient habitées par ce que l'on appelle les gens comme il faut;

il n'y avait donc pas à craindre de troubler, par ces exhibitions peu agréables, le repos des personnes qui, probablement, s'en seraient offensées le plus, ou en auraient été le plus vivement impressionnées. Les maisons du marché aux Herbes sont, en général, de modeste apparence; le lieu, cependant, ne manque pas d'une certaine grandeur, dominé qu'il est, du côté du sud, par l'énorme rocher sur lequel s'élève le château, par les créneaux couverts de mousse et par les murs garnis de tourelles de cette forteresse antique.

Ç'a été la coutume, jusqu'à ces trente dernières années environ, de se servir de cette esplanade pour les exécutions publiques. Le jour fatal s'annonçait par l'apparition, vers l'extrémité orientale du marché, d'une grande potence, toute noire. Cet objet de mauvais augure était d'une hauteur remarquable ; un échafaud s'élevait autour, et une double échelle s'y appliquait, pour l'ascension du criminel et de l'exécuteur. Le funeste appareil s'installant toujours avant l'aube, on aurait cru qu'en une nuit le gibet était sorti de terre comme une végétation produite par quelque mauvais génie. Je me souviens parfaitement de l'effroi avec lequel les écoliers, quand j'étais du nombre, contemplaient ces présages de mort. La nuit qui suivait l'exécution, le gibet disparaissait, conduit en silence, et dans l'obscurité, au lieu où, d'ordinaire, il restait en dépôt, c'est-à-dire sous l'une des voûtes du palais du Parlement, devenu celui des cours de justice. A ce mode d'exécution on en a substitué aujourd'hui un autre, semblable à celui qui se pratique à Newgate. Est-ce un bien? Cela fait question. Les souffrances du patient sont abrégées. Accompagné d'ecclésiastiques, vêtu de son drap mortuaire, il ne traverse plus une partie considérable de la ville, habitant du monde encore, et semblant comme un cadavre qui palpite et qui marche. Mais le principal objet de la peine étant de prévenir les crimes, on peut se demander si, en abrégeant la triste cérémonie, nous n'avons pas en partie diminué cette impression de terreur qu'elle produit sur les spectateurs, but utile de tous châtiments de ce genre, et en considération duquel seulement, sauf quelques cas particuliers, les sentences capitales peuvent se justifier.

Le 7 septembre 1736, ces lugubres préparatifs d'exécution se déployaient sur la place que nous venons de décrire, et, à une heure très matinale, l'espace environnant commençait à être occupé par quelques groupes ; on regardait l'échafaud et le gibet d'un air de satisfaction et de vengeance que témoigne rarement le peuple, dont le bon cœur, la plupart du temps, oublie le crime du condamné pour ne plus songer qu'à son malheur. L'acte dont avait été convaincu le coupable qu'on attendait, était, par sa nature, tout particulièrement propre à éveiller et à exciter les ressentiments de la multitude. C'est une histoire bien connue ; il est nécessaire cependant, pour la plus complète intelligence de ce qui suivra, d'en rappeler les circonstances principales. La narration peut-être en sera longue, mais ne manquera pas d'intérêt, je l'espère, même pour ceux qui en connaissent le dénouement. Quelques détails seront indispensables pour l'intelligence des événements ultérieurs de notre récit.

La contrebande, bien qu'elle frappe à la racine tout gouvernement légitime en portant atteinte à ses revenus ; bien qu'elle fasse tort au commerçant loyal, et qu'elle pervertisse l'esprit de ceux qui la pratiquent ; la contrebande, cependant, n'est pas habituellement considérée par le vulgaire, et même par des esprits plus élevés, comme une chose fort odieuse. Au contraire, dans les comtés où elle se pratique, les plus adroits, les plus hardis et les plus intelligents de la classe des paysans, s'adonnent très généralement à des transactions illicites, et, très souvent, avec l'approbation secrète des fermiers et de la petite bourgeoisie. La fraude aux lois de douane était presque universelle en Écosse sous les règnes de Georges Ier et de Georges II ; car le peuple, non accoutumé aux impôts, et les regardant comme une agression injuste contre ses libertés anciennes, ne se faisait pas scrupule de s'y soustraire toutes les fois qu'il le pouvait.

Le comté de Fife, borné au sud et au nord par les embouchures de deux grands fleuves, borné à l'est par la mer, et semé d'un grand nombre de petits ports, fut longtemps renommé pour entretenir avec succès le commerce de contrebande ; et, comme il y résidait un grand nombre de gens de mer, qui avaient été pirates ou boucaniers dans leur jeunesse, il n'y manquait pas d'hommes hardis pour l'exercice du métier. Parmi eux, un nommé André Wilson, d'abord boulanger au village de Pathhead, était particulièrement désagréable aux officiers qui veillaient à la perception des revenus. Il possédait à un haut degré la force corporelle, le courage et la ruse, connaissait parfaitement la côte, et était capable de conduire les entreprises les plus désespérées. En plusieurs occasions, il réussit à déjouer les poursuites et les recherches des officiers du roi; mais il devint à tel point l'objet de leurs soupçons et de leur étroite surveillance, qu'il fut, à la fin, totalement ruiné par des saisies réitérées. Cela le réduisit au désespoir. Il se considéra comme volé, comme indignement dépouillé; et se mit en tête qu'il avait le droit d'user de représailles s'il en trouvait l'occasion.

Quand le cœur est préparé pour le mal, il est rare que l'occasion se fasse attendre longtemps. Wilson avait appris que le collecteur des douanes de Kirkaldy était venu à Pittenweem, dans le cours de sa tournée officielle, ayant avec lui une quantité considérable de deniers publics. Le montant de la somme étant fort inférieur, toutefois, à la valeur des marchandises qui avaient été saisies sur lui, Wilson, sans aucun scrupule, résolut de se rembourser de ses pertes aux dépens du collecteur et du revenu public. Il s'associa un nommé Robertson, et deux autres jeunes vauriens. Ils avaient tous pris part au métier illicite de la contrebande; il leur persuada sans peine de considérer cette opération sous la lumière favorable qui la justifiait à ses propres yeux. Ils épièrent les mouvements du collecteur, et s'introduisirent avec effraction dans la maison où il logeait. Wilson, et deux de ses complices, entrèrent chez le collecteur, tandis que le quatrième, Robertson, faisait sentinelle à la porte, un coutelas nu à la main. L'officier des douanes, voyant sa vie en danger, s'échappa par la fenêtre de sa chambre à coucher, et s'enfuit en chemise, si bien que, tout à leur aise, les voleurs s'emparèrent d'environ deux cents livres sterling de deniers publics.

Le vol fut commis de la manière la plus audacieuse, car plusieurs personnes avaient passé dans la rue en ce moment-là. Mais Robertson leur dit que le bruit qu'ils entendaient n'était qu'une dispute entre le collecteur et les gens de la maison, et les dignes citoyens de Pittenweem ne se sentirent pas disposés à s'interposer en faveur du malencontreux officier des douanes; se contentant des explications superficielles qui leur étaient données, ils continuèrent leur chemin comme le Lévite de la parabole. L'alarme fut enfin donnée, la force militaire mise en mouvement, les voleurs poursuivis, le butin repris; Wilson et Robertson jugés et condamnés à mort, sur le témoignage surtout d'un de leurs complices.

Beaucoup de personnes pensaient que, vu l'opinion erronée que ces hommes avaient conçue sur la nature de l'acte qu'ils commettaient, la justice pourrait être satisfaite par un sacrifice moindre que celui de deux vies humaines. D'un autre côté, le caractère audacieux du fait

semblait demander un exemple sévère; tel fut l'avis du gouvernement. Quand il devint évident que la sentence de mort serait exécutée, des limes, et les autres objets nécessaires pour une évasion, furent transmis secrètement aux condamnés par un ami du dehors. Avec ce secours, ils scièrent un barreau à l'une des fenêtres de la prison, et auraient peut-être opéré leur évasion, sans l'obstination de Wilson, qui joignait à la hardiesse et à la résolution le défaut de tenir à ses idées de la façon la plus intraitable. Jeune et mince, son camarade Robertson s'offrit pour passer le premier à travers l'ouverture qu'ils avaient faite, et pour l'élargir de l'extérieur, s'il était nécessaire, à l'effet de donner libre passage à Wilson. Mais Wilson insista pour faire l'expérience le premier; et, comme il était robuste et un peu gros, non seulement il lui fut impossible de passer entre les barreaux, mais, par ses efforts, il s'enfonça si avant qu'il lui fut impossible de s'en retirer. Être découvert devenait inévitable en ces circonstances, et le geôlier prit ses précautions pour empêcher le renouvellement d'une semblable tentative. Pas une réflexion ne fut faite, pas un mot ne fut dit par Robertson à son compagnon sur les conséquences de cette obstination; mais on vit, par la suite, qu'une impression profonde en était restée dans l'esprit de Wilson : Wilson sentait que, sans lui, son camarade, sur lequel il exerçait une influence considérable, ne se serait pas engagé dans l'entreprise criminelle qui s'était terminée si fatalement, et qu'une seconde fois encore il avait été l'auteur de la ruine de son complice, puisque, sans son opiniâtreté, l'évasion de Robertson aurait pu s'effectuer. Des natures comme celle de Wilson, même quand elles sont entrées dans une voie mauvaise, conservent quelquefois le pouvoir de penser et d'agir avec générosité. Toutes les idées de cet homme ne tendirent plus qu'à une chose, sauver la vie de Robertson, sans s'occuper le moins du monde de sa propre vie. La résolution à laquelle il s'arrêta, et la manière dont il la mit en pratique, eurent un caractère original et inusité.

Joignant la *Tolbooth*, ou prison municipale d'Édimbourg, se trouve l'une des trois églises dont l'ensemble constitue aujourd'hui la cathédrale de Saint-Gilles, et qu'on appelait, à cause du voisinage, l'église de la Tolbooth. C'était la coutume que les criminels condamnés à mort fussent conduits à cette église, le dimanche qui précédait l'exécution, sous garde suffisante, pour y entendre l'office public et s'associer aux prières de l'assemblée. On supposait que les cœurs de ces infortunés, quelque endurcis qu'ils eussent été jusque-là, pourraient devenir accessibles à des sentiments de dévotion, en unissant, pour la dernière fois, leurs pensées et leurs voix à celles que d'autres mortels élevaient vers leur Créateur. Ce pouvait être aussi, pour le reste des assistants, une impression vive et salutaire, de mêler ses prières aux prières de ceux qu'un tribunal terrestre envoie comparaître aux lieux où toute la terre est jugée, et qui sont là comme tremblants au seuil de l'éternité. Cette pratique, bien qu'édifiante, a été discontinuée, à la suite de l'incident que nous allons raconter.

L'ecclésiastique qui avait mission d'officier dans l'église de la Tolbooth, venait d'achever un discours fort touchant, dont une partie s'adressait particulièrement aux malheureux condamnés : Wilson et Robertson étaient assis au banc réservé aux personnes dans leur situation, chacun entre deux soldats de la garde de la cité. L'homme de Dieu leur avait rappelé que la prochaine assemblée à laquelle ils assisteraient serait celle des justes ou celle des pécheurs ; qu'après deux courtes journées, les psaumes qu'ils entendaient à présent devraient être échangés contre les alléluias éternels, ou les éternelles lamentations ; que cette alternative redoutable dépendait de l'état auquel ils pourraient amener leurs esprits avant l'heure des lugubres préparatifs ; que l'approche du jour de leur comparution ne devait pas être pour eux une raison de désespérer ; qu'ils devaient plutôt s'estimer heureux, dans leur misère : tous ceux qui, unissant leur prières aux leurs, élevaient la voix ou pliaient le genou, étaient placés comme eux sous une sentence de mort ; eux seuls avaient l'avantage de connaître le moment précis où elle s'accomplirait pour eux. « Ainsi donc, » dit l'excellent homme avec insistance, la voix tremblante d'émotion, « rachetez, frères infortunés, le temps qui vous est encore laissé ; et souvenez-vous qu'avec Celui pour qui l'espace et le temps ne sont rien, le salut peut encore vous être assuré, même dans le délai si court que vous accordent les lois de votre pays. »

A ces paroles, on remarqua que Robertson pleurait. Quant à Wilson, on eût dit que son cerveau n'en avait pas bien saisi la signification, ou que ses pensées étaient absorbées par un objet différent : une expression si naturelle en une situation pareille, n'excita ni soupçon ni surprise.

La bénédiction fut donnée comme de coutume, et l'assemblée fut congédiée. Beaucoup tardaient à partir, pour satisfaire leur curiosité en regardant plus attentivement encore les deux criminels, qui, aussi bien que leurs gardes, se levaient alors pour se mettre en marche quand la foule le leur permettrait. Parmi les spectateurs courait un murmure de compassion, d'autant plus général peut-être qu'on voyait en cette affaire des motifs d'atténuation. Tout à coup Wilson, qui, comme nous l'avons remarqué déjà, était un homme très vigoureux, saisit deux des soldats, l'un d'une main l'autre de l'autre. « Sauve-toi, Geordy, sauve-toi! » criait-il en même temps à son compagnon ; et, se jetant sur un troisième

soldat, il appliquait fortement les dents au collet de son habit. Pendant une seconde, Robertson resta comme frappé de la foudre, incapable de profiter de l'occasion qui s'offrait. Mais naturellement portés à s'intéresser en sa faveur, plusieurs de ceux qui l'entouraient répétèrent ce cri : « Sauve-toi, sauve-toi ! » Il s'arracha donc des mains du seul soldat qui restât auprès de lui, sauta par-dessus la balustrade, se mêla à la foule qui se dispersait. Nul ne se sentit disposé à arrêter un pauvre diable prêt à saisir sa dernière chance de salut; il gagna la porte de l'église, et se déroba aux poursuites.

L'intrépidité généreuse que Wilson avait déployée en cette occasion augmenta la compassion qui s'attachait à son sort. Lorsque des idées préconçues ne sont pas en jeu, le public se laisse entraîner aisément du côté du désintéressement et de l'humanité; il admira la conduite de Wilson, et se réjouit de l'évasion de Robertson. Cette impression générale fut si vive qu'elle fit naître un bruit vague que Wilson serait délivré, au lieu même d'exécution, soit par la foule ou par quelques-uns de ses anciens associés, soit en faisant lui-même, une seconde fois, d'une façon extraordinaire et inattendue, usage de sa force et de son courage. Les magistrats jugèrent de leur devoir de prendre des précautions contre la possibilité d'un désordre. Pour protéger l'exécution de la sentence, ils requirent la plus grande partie de leur garde de la cité, sous le commandement du capitaine Porteous, un homme dont le nom ne devint que trop mémorable, grâce aux tristes circonstances de ce jour et aux événements qui suivirent. Il ne sera pas inutile de dire un mot de ce personnage, et du corps qu'il commandait. C'est un sujet assez important pour mériter un autre chapitre.

CHAPITRE II.

> Dieu tout-puissant de l'eau-de-vie,
> Toi qui, dans nos jours de gaîté,
> Tiens le sceptre de la cité,
> Oh! fais, je te prie,
> Que notre folie
> Échappe à ces noirs mécréants
> Qui sont les gardes de céans.
>
> FERGUSON. *Jours de Folie.*

E capitaine Jean Porteous, nom mémorable dans les traditions d'Édimbourg aussi bien que dans les annales de la jurisprudence criminelle, était fils d'un citoyen d'Édimbourg, qui avait voulu l'élever dans son propre métier, celui de tailleur. Mais une disposition instinctive, insurmontable, poussait le jeune homme vers des habitudes plus dissipées ; il finit par s'engager dans le corps des Écossais de Hollande, que les Provinces-Unies ont eu longtemps à leur service. Il y apprit la discipline militaire. Plus tard, au cours d'une vie errante et accidentée, il retourna dans sa ville natale. Les magistrats d'Édimbourg eurent recours à ses services pour discipliner, durant l'année orageuse de 1715, la garde de leur cité, en laquelle il reçut bientôt après un brevet de capitaine. Il ne dut cette promotion qu'à ses capacités et à son caractère vif et résolu comme officier de police, car c'était, dit-on, un homme de mœurs déréglées, fils dénaturé et mari brutal. Utile, d'ailleurs, dans son poste, ses

habitudes rudes et hardies le rendaient redoutable aux gens de débauche et aux perturbateurs de la paix publique.

Le corps dans lequel il tenait son commandement est (nous ferions peut-être mieux de dire *était*) une force d'environ cent vingt hommes, divisée en trois compagnies, et régulièrement armée, vêtue et organisée. C'étaient surtout des vétérans qui s'y enrôlaient, ayant la faculté de travailler de leur métier quand ils n'étaient pas de service. Ces hommes étaient chargés du maintien de l'ordre public, de la répression, dans les rues, des troubles et des vols; bref, ils agissaient comme une police armée, et exerçaient la surveillance dans toutes les occasions où le concours du public pouvait faire craindre de la confusion ou quelque désordre populaire (A*). Le pauvre Ferguson, que ses irrégularités de conduite amenèrent à quelques rencontres désagréables avec ces conservateurs militaires de l'ordre public, en parle si souvent qu'on le pourrait appeler leur poète lauréat. Voici en quels termes il avertit ses lecteurs, sous l'inspiration, sans doute, de son expérience personnelle :

> Quand vous revenez de la foire,
> N'allez pas, pauvres bonnes gens,
> Tomber dans l'escouade noire,
> Car ils ne sont pas indulgents;
> Et jamais villes ni villages,
> Jamais pays infortunés
> N'ont vu passer pareils sauvages
> Chapeaux à cornes sur le nez.

La garde de ville, nous l'avons dit, se composait en général de vétérans congédiés, auxquels il restait assez de vigueur pour ce service municipal; la plupart étaient natifs des hautes terres; ni leur naissance donc, ni leur éducation, ni leurs habitudes antérieures, ne les avaient préparés à souffrir avec patience les insultes de la populace ou les provocations des écoliers en liesse et des débauchés de toute sorte avec lesquels leurs fonctions les mettaient en contact. Le tempérament des pauvres diables était, au contraire, aigri par les outrages dont la multitude les gratifiait en mainte occasion; ils auraient eu souvent besoin, pour se calmer, des notes douces du poète que nous venons de citer :

* Voyez les notes A, B, C, et suivantes, à la fin du volume.

> Soldats, au nom de votre gloire,
> De l'Écosse mange-gâteau,
> Vous tapez trop fort et trop tôt.
> Vous pouvez m'en croire,
> Craignez quelque histoire :
> Au sang c'est trop rapide qu'est
> La hallebarde ou le mousquet.

Toutes les fois qu'un jour de fête fournissait une occasion de désordre ou de tapage, une escarmouche avec les vétérans était l'une des récréations favorites de la populace d'Édimbourg. Au moment où ces pages verront le jour, certaines personnes peut-être auront toutes fraîches encore en la mémoire quelques-unes des batailles auxquelles nous faisons allusion. Mais le corps vénérable avec lequel se poursuivait la lutte, doit être considéré maintenant comme totalement supprimé. La diminution graduelle de cette garde civique rappelle à notre souvenir la disparition des cent chevaliers du roi Lear. Les édits de chaque série des magistrats qui se succédaient, ont, comme ceux de Gonérile et de Régane, amoindri cette respectable cohorte, se posant les mêmes questions que dans le drame : « Quel besoin avons-nous de vingt-cinq ? de dix ? de cinq ? » Et l'on est maintenant arrivé presque à se dire : « Quel besoin, même, avons-nous d'un seul ? » Il est vrai que, çà et là, on peut encore, de temps à autre, apercevoir le fantôme d'un vieil habitant des hautes terres, tête grise et barbe grise, les traits usés par la guerre, le corps courbé par les années ; il a sur la tête un tricorne du bon vieux temps, garni de fil de coton blanc en guise de galon d'argent ; habit, justaucorps et haut-de-chausse de couleur rouge passé ; sa main ridée porte une arme ancienne décorée du nom de hache d'armes de Lochaber, à savoir une longue perche, ayant à son extrémité une hache, au dos de laquelle s'appuie un crochet. Ce fantôme des jours d'autrefois se glisse encore, m'assure-t-on, aux alentours de la statue de Charles II, dans le *square* du Parlement, comme si l'image d'un Stuart était un dernier refuge pour le souvenir de nos mœurs antiques ; un ou deux autres vont rôdant, à ce qu'on suppose, aux environs de la porte du corps de garde à eux affecté dans les *Luckenbooths* depuis que leur ancien asile de la Grande-Rue a été abattu. Que deviennent les manuscrits laissés aux mains des amis et des exécuteurs testamentaires? Où sont-ils ces récits contenant les frêles souvenirs de la vieille garde municipale d'Édimbourg, et de son brave et peu gracieux caporal Jean Dhu, le plus redoutable personnage que j'aie contemplé jamais? C'était, dans mon enfance, la terreur et la dérision tour à tour de la lignée pétulante de la grande école. Ils ne reverront plus le jour peut-être, ces vieux manuscrits, qu'après que tout souvenir de l'institution sera effacé, et pour enrichir d'annotations les caricatures de Kay, dont le crayon a conservé les traits de quelques-uns de ces héros. Sous la génération qui a précédé, le corps en question se composait déjà des éléments que nous venons d'indiquer; mais les complots et l'activité des Jacobites entretenaient une perpétuelle inquiétude, et les magistrats d'Édimbourg prenaient quelque peine pour conserver leur garde en état d'agir; on y a donné moins de soin depuis que la partie la plus dangereuse du service de cette force militaire s'est réduite à des escarmouches avec la populace le jour anniversaire de la naissance du souverain. Les gardes de ville inspiraient donc, au temps auquel nous nous reportons, plus de haine et moins de railleries qu'ils n'en font naître aujourd'hui.

Pour le capitaine Jean Porteous, l'honneur de son commandement et de son corps semblent avoir été choses de vif intérêt et de haute importance. Il se sentit fort animé contre Wilson, à cause de l'affront qu'il lui reprochait d'avoir fait à ses soldats en employant la violence pour délivrer son compagnon; il s'exprimait sur ce sujet avec une chaleur extrême. Il n'était pas moins indigné d'entendre dire que l'on avait l'intention d'arracher Wilson à la potence, et il prononçait là-dessus force jurements et imprécations, qui devaient être plus tard relevés contre lui. A tout prendre, si la détermination et la promptitude rendaient Porteous apte à commander des gardes destinés à réprimer les mouvements populaires, à d'autres égards, son tempérament chaud et brutal, toujours prêt à en venir à la violence et aux coups, était loin de convenir à une mission aussi délicate. C'était un homme sans principes. La multitude manquait rarement de le régaler, lui et ses soldats, des marques de sa malveillance; il y répondait par une disposition constante à voir en ceux qui la composaient des ennemis déclarés, et dont il était naturel et juste qu'il cherchât l'occasion de se venger. Cependant, comme il était le plus actif et le plus digne de confiance des capitaines de la garde de la cité, ce fut à lui que, pour l'exécution de Wilson, les magistrats donnèrent le commandement des soldats chargés de maintenir la tranquillité. Il reçut l'ordre de veiller à la garde du gibet et de l'échafaud avec quatre-vingts hommes environ, toute la force disponible qu'on pouvait réserver pour ce service.

Le capitaine Jean Porteous.

Les magistrats prirent d'autres précautions, dont l'orgueil de Porteous fut très vivement affecté. Ils requirent le concours d'une partie d'un régiment d'infanterie régulière, non pour assister à l'exécution, mais pour rester sous les armes, dans la principale rue de la ville, pendant qu'elle s'accomplirait; et, au cas où la multitude serait portée au désordre, pour l'intimider par un déploiement de forces auxquelles il aurait été presque impossible de résister. Témoins de la décadence de cet ancien corps de troupes municipales, nous pouvons trouver ridicule que son commandant eût, à l'endroit de son honneur, une susceptibilité aussi jalouse. Il en était cependant ainsi. C'était, pour le capitaine Porteous, une atteinte à sa dignité, que l'introduction dans la cité des fusiliers du pays de Galles, et leur stationnement militaire dans la rue où, sans l'ordre ou l'autorisation spéciale des magistrats, nul tambour ne devait battre, excepté celui de la garde de la cité. Porteous ne pouvait montrer sa mauvaise humeur aux magistrats qui le patronaient; cela ne fit qu'augmenter son indignation, et son désir de se venger sur Wilson, le malheureux criminel, et sur tous ceux qui seraient favorables à cet homme. Ce mécontentement et cette rage intérieurs opérèrent dans l'air et le maintien de Porteous un changement visible, dont tous furent frappés en la matinée fatale où le supplice de Wilson devait avoir lieu. Le physique de Porteous était, d'ordinaire, assez agréable. Il était de taille à peu près moyenne, robuste et bien fait, l'air militaire, avec un visage qui ne manquait pas d'affabilité et de douceur. Il avait le teint brun, la figure un peu marquée de petite vérole, les yeux plutôt langoureux que vifs ou méchants. Cependant, en l'occasion présente, on eût dit en le voyant qu'il était agité par quelque mauvais démon. Son pas était irrégulier, sa voix sourde et saccadée, son visage pâle, ses yeux brillants et hagards, sa parole incohérente et confuse; tel était enfin le désordre qui régnait en tout son être, que plusieurs trouvèrent qu'il avait l'air d'un *fey*, expression écossaise pour désigner l'état de ceux que chasse vers un destin inévitable l'impulsion d'une force irrésistible.

Il y eut dans sa conduite quelque chose de diabolique, si rien n'a été exagéré par l'opinion publique, peu favorable à sa mémoire. Quand l'infortuné Wilson lui fut remis par le gardien de la prison pour être conduit au lieu d'exécution, Porteous, non content de prendre les précautions ordinaires pour prévenir une évasion, lui fit mettre les menottes. Cette mesure pouvait se justifier par le caractère et la force corporelle du condamné, aussi bien que par la crainte généralement répandue d'une tentative de délivrance. Mais, les menottes apportées s'étant trouvées trop petites pour les poignets d'un homme aussi fortement charpenté, Porteous, de ses mains, et en y mettant toutes ses forces, les serra jusqu'à ce que les deux bouts se fussent rattachés l'un à l'autre, torturant comme à plaisir le malheureux criminel. Wilson réclama contre un traitement aussi barbare, déclarant que la souffrance l'arrachait aux méditations que sa triste condition demandait.

« Peu importe, » répliqua le capitaine Porteous ; « votre souffrance aura bientôt pris fin.

— Votre cruauté est grande, » répondit le patient. « Savez-vous dans combien de temps vous aurez sujet vous-même de solliciter cette pitié que vous refusez maintenant à l'un de vos frères? Puisse Dieu vous pardonner! »

Ces paroles, qui, longtemps après, devaient être citées et rappelées, furent tout ce qui se passa entre Porteous et son prisonnier; mais, lorsqu'elles se répandirent, et furent connues de la multitude, elles accrurent encore la compassion en faveur de Wilson, et excitèrent, à un non moindre degré, l'indignation contre Porteous. Dans l'accomplissement de ses fonctions impopulaires, il était connu pour être sévère et violent ; et le bas peuple avait déjà contre lui plusieurs griefs, les uns fondés, un plus grand nombre imaginaires.

Lorsque la triste procession fut terminée, et que Wilson, avec l'escorte, fut arrivé à l'échafaud du marché aux Herbes, on ne vit aucun symptôme de cette tentative de délivrance contre laquelle on avait pris tant de précautions. La multitude, en général, apportait à ce spectacle plus de compassion qu'aux exécutions ordinaires. On pouvait même voir, sur le visage d'un grand nombre, une expression de mécontentement et d'indignation : ainsi l'on se représente les anciens Caméroniens, assistant à l'exécution de ceux de leurs frères qui, de la même manière et dans le même lieu, avaient travaillé à la glorification du Covenant. Nulle tentative de violence, cependant. Wilson lui-même semblait prêt à se lancer vers l'espace qui sépare le temps de l'éternité. Les dévotions usitées en pareil cas ne furent pas plutôt terminées, qu'il se soumit à sa destinée, et les ordres de la justice furent accomplis.

Il avait été suspendu au gibet assez longtemps pour avoir totalement perdu la vie, lorsque tout à coup, et comme si quelque impulsion nouvelle en avait été la cause, un tumulte s'éleva dans le sein de la multitude. Des pierres furent jetées à Porteous et à ses gardes ; quelques-uns furent atteints, et la foule continua de se porter en avant, avec des cris, des menaces, des hurlements, des imprécations. Un jeune homme, le visage à demi caché par un bonnet de marin, sauta sur l'échafaud, et coupa la corde à laquelle le criminel était suspendu. D'autres s'approchèrent pour emporter le corps, soit à dessein de lui donner une sépulture convenable, soit pour aviser aux moyens de le rendre à la vie. Cette sorte d'insurrection contre son autorité jeta le capitaine Porteous dans l'accès de rage le plus terrible; il oublia que, la sentence ayant été pleinement exécutée, son devoir n'était pas d'engager

une lutte avec la multitude égarée, mais plutôt de faire retirer ses hommes aussitôt qu'il se pourrait. Il sauta en bas de l'échafaud, saisit un mousquet des mains d'un de ses soldats, commanda à ses hommes de faire feu, et, ainsi que plusieurs témoins oculaires s'accordèrent à le déclarer sous serment, leur donna l'exemple en déchargeant son arme et en atteignant un homme, qui tomba raide mort. Plusieurs soldats obéirent à son commandement ou suivirent son exemple; six ou sept personnes furent tuées, un grand nombre blessées.

Après cet acte de violence, le capitaine s'occupa de faire rentrer ses hommes à leur corps de garde de la Grande-Rue. Ils furent poursuivis de malédictions, qu'accompagnaient des volées de pierres. Suivis de près par la foule, les soldats des derniers rangs se retournèrent, et firent feu de nouveau, visant leurs agresseurs et avec des conséquences fatales. On n'a pas bien su si Porteous avait commandé cette seconde violence; mais ce fut nécessairement à lui, et à lui seul, que s'attacha l'odieux de tous les événements de ce jour malheureux. Il arriva au corps de garde, congédia ses soldats, et alla faire son rapport aux magistrats sur les faits regrettables qui venaient de s'accomplir.

Il est probable qu'à ce moment le capitaine Porteous avait déjà conçu des doutes sur la régularité de sa conduite; la réception qu'il reçut des magistrats fut faite pour l'embarrasser davantage encore dans les explications qu'il devait fournir. Il nia avoir donné l'ordre de faire feu, il nia avoir tiré de sa propre main, il produisit même, pour être examinée, l'arme à feu qu'il portait en sa qualité d'officier; il fut reconnu qu'elle était encore chargée. De trois cartouches qu'on l'avait vu, le matin, mettre dans sa giberne, deux y étaient encore; un mouchoir blanc fut introduit dans le canon de l'arme, et en ressortit sans être noir ni sali. A la défense qu'appuyaient ces circonstances, il fut répondu que Porteous n'avait pas fait usage de son arme, mais qu'on l'avait vu prendre celle d'un de ses soldats. Parmi les personnes qu'avaient tuées ou blessées ces malheureuses décharges, il y en avait plusieurs appartenant à des rangs assez élevés de la société; l'humanité même de ceux des soldats qui avaient tiré par-dessus la tête du bas peuple groupé autour de l'échafaud, fut fatale à des personnes qui étaient aux fenêtres, ou qui contemplaient de loin ce triste spectacle. La voix de l'indignation publique fut générale et parla haut. Avant que les esprits n'eussent eu le temps de se refroidir, le procès du capitaine Porteous eut lieu devant la haute cour de judicature. Après une longue et patiente instruction, le jury eut la tâche difficile de balancer les témoignages. Beaucoup de personnes, dignes de foi par leur caractère, déclarèrent formellement que l'accusé avait commandé le feu à ses soldats, et qu'il avait lui-même fait usage de son arme; elles juraient avoir vu la fumée et le feu, et vu tomber l'homme que le capitaine avait visé. En sens opposé, d'autres, bien placés cependant pour voir ce qui s'était passé, déclaraient qu'ils n'avaient pas entendu Porteous donner l'ordre de tirer; qu'ils ne l'avaient pas vu faire feu lui-même. Ils affirmaient, au contraire, que le coup avait été tiré par un soldat qui se trouvait tout à côté du capitaine. La défense de l'accusé se fondait aussi en grande partie sur la turbulence extrême de la foule. C'était un point sur lequel les témoins, selon leurs impressions, leurs préférences, le lieu où ils étaient placés, fournissaient des appréciations fort différentes ; ce que les uns représentaient comme une émeute formidable n'était, aux yeux des autres, qu'un désordre sans importance, ainsi qu'il s'en produit toujours en des occasions semblables, où l'exécuteur des hautes œuvres, et ceux chargés de le protéger, sont exposés à de pareilles insultes. Le verdict des jurés montre suffisamment quels furent ceux des témoignages qui prévalurent dans leurs esprits. Il déclara que Porteous avait tiré un coup de feu au milieu du peuple assemblé pour l'exécution; qu'il avait donné aux soldats l'ordre de tirer, par suite duquel plusieurs personnes avaient été tuées et blessées. Il constatait, toutefois, que l'accusé et les gardes qu'il commandait avaient été atteints et blessés par des pierres jetées contre eux par la multitude. Sur ce verdict, les lords de la cour de judicature rendirent sentence de mort contre le capitaine Jean Porteous, ordonnant qu'en la forme ordinaire, il serait pendu au gibet, au lieu accoutumé des exécutions, le mercredi 8 septembre 1736, et que tous ses biens meubles seraient confisqués, pour l'usage du roi, conformément à la loi d'Écosse au cas de meurtre volontaire.

CHAPITRE III.

L'heure est déjà venue, et l'homme pas encore.
L'Esprit des Eaux (B).

 E jour où l'infortuné Porteous devait subir sa sentence, le lieu d'exécution, tout vaste qu'il est, était si encombré qu'on y étouffait presque. Pas une fenêtre dans les hautes maisons qui environnaient la place, ou dans la rue escarpée et tortueuse qu'on appelait l'*Arc*, et par laquelle la procession fatale devait descendre de la Grande-Rue, qui ne fût absolument remplie de spectateurs. La hauteur non commune et l'aspect antique de ces maisons, dont quelques-unes avaient été jadis la propriété des chevaliers du Temple et des chevaliers de Saint-Jean, et montrent encore sur leurs façades et leurs pignons la croix de fer de ces ordres, ajoutaient à l'effet d'une scène si saisissante par elle-même déjà. La surface du marché aux Herbes ressemblait à un grand lac sombre ou à une mer de têtes humaines, au centre de laquelle se dressait l'arbre fatal, grand, noir, menaçant, avec la corde homicide qui pendait de son sommet. L'impression que font les objets résulte de leur usage et des idées qu'on y associe : la poutre droite et le nœud vide, choses si simples en elles-mêmes, devenaient, en cette occasion, un sujet de terreur et de solennelle émotion.

Au milieu d'une assemblée si nombreuse, un mot à peine était dit, si ce n'est à voix basse. La soif de vengeance s'était presque apaisée par la certitude de se voir bientôt satisfaite; et la populace elle-même, encore qu'elle fût animée de sentiments plus ardents qu'elle n'en a d'ordinaire, retenait tout accent d'une joie bruyante, et se préparait à goûter ces représailles dans l'attitude du triomphe, silencieuse et convenable, bien que terrible et sans pitié. On eût dit que la haine pour l'infortuné coupable était si profonde qu'elle dédaignait la forme ordinaire des clameurs tapageuses par lesquelles le peuple a coutume d'exprimer ses impressions. L'étranger qui n'aurait consulté que le témoignage de ses oreilles, aurait supposé qu'une multitude aussi immense était assemblée pour quelque objet qui la remplissait d'une douleur profonde, et qui faisait taire les bruits qui s'élèvent habituellement d'un pareil concours; mais, en regardant les visages, il aurait sur-le-champ été détrompé. Les lèvres serrées, les sourcils froncés, le regard sévère et flamboyant de presque tous, lui auraient montré des hommes venus pour repaître leurs yeux du triomphe de la vengeance. Il est probable que l'arrivée du criminel aurait tempéré, à son égard, la disposition de la populace, et qu'au moment de la mort, on aurait pardonné à l'homme contre lequel le ressentiment s'était si fortement échauffé. Mais l'instabilité du sentiment populaire ne devait pas être mise à cette épreuve.

L'heure ordinaire pour amener le criminel à l'échafaud était passée déjà depuis quelques minutes, et les spectateurs n'apercevaient aucun symptôme qui leur annonçât sa venue. « Est-ce que l'on prétendrait tromper la justice publique? » telle fut la question que les assistants commencèrent, avec inquiétude, à se poser les uns aux autres. La première réponse fut hardie et catégorique : « Ils n'oseraient pas. » Mais, lorsque la discussion se fut prolongée davantage, d'autres opinions furent proposées, et diverses causes de doute furent mises en avant. Porteous avait été l'officier préféré de la magistrature de la cité : cette magistrature est un corps nombreux, sujet à bien des fluctuations; pour soutenir son autorité, elle a besoin, dans les fonctionnaires qu'elle emploie, d'un degré d'énergie que ceux-ci sont loin de posséder toujours. On rappelait que, dans les conclusions pour Porteous (pièce en laquelle son affaire était exposée aux juges de la cour criminelle), il avait été dépeint par son conseil comme la personne sur laquelle les magistrats comptaient le plus dans des circonstances exceptionnelles. On faisait remarquer aussi que sa conduite, dans cette malheureuse affaire de l'exécution de Wilson, pouvait être attribuée à un excès de zèle dans l'accomplissement de son devoir, et que c'était une raison pour qu'il pût inspirer beaucoup d'intérêt à ceux sous l'autorité desquels il avait agi. Ces considérations étant faites pour disposer les magistrats à présenter le cas de Porteous sous un jour favorable, il ne manquerait pas d'autres personnes, dans les emplois supérieurs du gouvernement, qui pourraient faire écouter avec bienveillance des suggestions de ce genre.

Le peuple d'Édimbourg, une fois bien excité, avait été, de tout temps, l'un des plus intraitables qu'on pût trouver en Europe; de vieille date il s'était, à plusieurs reprises, soulevé contre le gouvernement, et non sans avoir eu parfois un succès momentané. Il savait n'être pas en faveur auprès des gouvernants de l'époque; et, bien que les violences du capitaine Porteous ne fussent pas précisément un bon service, on pouvait penser, sans aucun doute, que l'application de la peine capitale en un cas pareil, rendrait à l'avenir, dans des circonstances analogues, la répression difficile de la part des officiers. Il y a d'ailleurs, chez tous membres d'un gouvernement, une tendance naturelle à soutenir les agents de l'autorité; et il ne semblait pas improbable que ce qui, aux yeux des parents des victimes, était un massacre sans provocation et sans excuse, fût considéré d'une autre manière dans le cabinet de Saint-James. Ne pouvait-on pas se dire, en ce lieu, qu'en tout ceci le capitaine Porteous était dans l'exercice d'une mission à lui déléguée par l'autorité civile régulière; qu'il avait été attaqué par la populace et plusieurs de ses hommes blessés; et que, s'il avait, à la fin, repoussé la force par la force, sa conduite n'était peut-être imputable qu'à la nécessité de se défendre dans l'accomplissement de son devoir?

Ces considérations, très puissantes par elles-mêmes, faisaient craindre aux spectateurs la possibilité d'un sursis. Aux causes diverses qui pourraient intéresser en faveur de Porteous les hommes du gouvernement, la partie inférieure de la populace en ajoutait une bien à la hauteur de ses vues et de sa portée. Pour augmenter la haine contre Porteous, on affirmait couramment qu'en même temps que, chez le pauvre peuple, il réprimait les moindres écarts avec la dernière sévérité, il agissait tout autrement à l'égard des jeunes nobles et des personnes comme il faut : non seulement il fermait les yeux sur leurs fautes, mais encore il prêtait l'appui de son autorité officielle aux fredaines coupables que son premier devoir aurait été de réprimer. Ce reproche, exagéré probablement, avait fait une impression profonde sur l'esprit de la multitude; et quand plusieurs personnages de haut rang avaient signé une pétition pour recommander Porteous à la clémence de la couronne, on avait généralement supposé qu'il était redevable de leur faveur, non à ce qu'il pouvait y avoir de rigoureux dans son affaire, mais à la crainte de perdre un complice commode de leurs débauches. Est-il nécessaire de dire combien en fut augmentée l'exécration du peuple pour un criminel qui lui était déjà si odieux, et combien grandit la crainte de voir Porteous échapper à la sentence prononcée contre lui ?

Tandis qu'on présentait ces arguments, qu'on y répliquait, qu'ils étaient discutés et soutenus, l'attente jusque-là silencieuse de la multitude se changeait en ce murmure sourd et ondoyant, qui sort des profondeurs de l'Océan avant que la tempête ne commence à gronder. Comme si ses mouvements avaient correspondu à l'agitation des esprits, la foule pressée ondulait de côté et d'autre, sans aucune cause visible qui lui donnât l'impulsion ; on eût dit cette agitation des ondes que les marins appellent la houle. Les nouvelles, que les magistrats avaient hésité d'abord à communiquer, furent enfin annoncées, et se répandirent parmi les spectateurs avec la rapidité de l'éclair. Un sursis, émané des bureaux du secrétaire d'État, et portant la signature de Sa Grâce le duc de Newcastle, était arrivé ; l'acte faisait connaître le bon plaisir de la reine Caroline (régente du royaume durant l'absence de Georges II sur le continent), que l'exécution de la sentence de mort prononcée contre Jean Porteous, ci-devant capitaine-lieutenant de la garde de la cité d'Édimbourg, présentement détenu dans *la Tolbooth* de la dite cité, fût différée de six semaines à partir du jour antérieurement fixé pour la dite exécution.

Tous les spectateurs, à quelque rang qu'ils appartinssent (car les esprits de tous avaient été blessés au plus haut degré par les événements que nous avons décrits), poussèrent un cri, ou plutôt un rugissement d'indignation et de vengeance trompée, semblable à celui d'un tigre, auquel son gardien a arraché sa proie au moment même où il allait la dévorer. Cette exclamation terrible semblait annoncer une explosion soudaine du ressentiment populaire; les magistrats s'y attendaient, et les mesures nécessaires avaient été prises pour la réprimer. Mais le cri ne fut pas répété, et l'on ne vit point naître le tumulte que le premier élan avait paru annoncer. La populace semblait honteuse d'avoir exprimé son mécontentement par une vaine clameur : ce ne fut plus un silence pareil à celui qui avait précédé la terrifiante nouvelle; ce furent des chuchotements étouffés, qu'échangeaient entre eux les membres de chacun des groupes, et qui se confondaient en un large murmure, et comme en un mugissement flottant au-dessus de l'assemblée.

Cependant, bien que toute attente d'exécution eût disparu, la foule restait en place, rendue en quelque sorte immobile par l'irritation même, l'œil fixé sur ces préparatifs de mort qui, maintenant, avaient été faits en vain; et, pour exciter encore leurs sentiments, rappelant à leur mémoire les titres divers que Wilson aurait eus à la clémence royale, les motifs erronés sous l'impulsion desquels il avait agi, la générosité qu'il avait montrée pour son complice. « Cet homme, » disaient-ils, « cet homme brave, résolu, généreux, a subi la peine capitale, sans merci, pour avoir volé de l'or, ce que, jusqu'à un certain point, il pouvait considérer comme de légitimes représailles; tandis que le satellite perdu de vices qui a pris avantage d'un insignifiant désordre, inséparable des circonstances de ce genre, pour verser le sang de vingt de ses concitoyens, est jugé digne de grâce, et c'est pour lui que s'exerce la prérogative royale. Cela peut-il se supporter? Est-ce que nos pères auraient supporté cela? Ne sommes-nous pas, comme eux, Écossais et bourgeois d'Édimbourg? »

Les officiers de justice commencèrent à enlever l'échafaud, et à faire disparaître les autres préparatifs de l'exécution; on espérait hâter ainsi la dispersion de la multitude. L'effet désiré fut produit; car l'arbre fatal n'eut pas plutôt été dégagé du grand piédestal ou socle de pierre dans lequel il était assujetti, et descendu lentement sur la charrette destinée à le reporter au lieu où il était ordinairement déposé, que la populace, après avoir donné cours à ses sentiments par un second cri de rage et d'humiliation, commença à se disperser lentement vers ses demeures et ses occupations accoutumées.

De la même façon, et peu à peu, les fenêtres furent désertées, et des groupes de citoyens d'une classe plus distinguée se formèrent, semblant attendre, pour retourner chez eux, que les rues fussent laissées libres par le bas peuple. Contrairement à ce qui arrive souvent, ces personnes partageaient, pour la plupart, les sentiments de leurs inférieurs, et considéraient la cause engagée comme une cause commune à tous les rangs. Ainsi que nous l'avons déjà remarqué, ce n'était nullement parmi la classe la plus modeste des spectateurs, ou parmi ceux qui avaient pu prendre part au tumulte lors de l'exécution de Wilson, que la malheureuse fusillade des soldats de Porteous avait produit ses effets. Plusieurs personnes y avaient été tuées sur les fenêtres d'où elles regardaient; celles-là, évidemment, n'avaient pas pris part au mouvement, et c'étaient gens de rang et de condition convenables. En conséquence, les bourgeois, ressentant les pertes tombées sur leur propre classe, fiers et jaloux de leurs droits, comme l'ont été de tout temps les citoyens d'Édimbourg, étaient fort exaspérés du sursis inattendu qu'obtenait le capitaine Porteous.

On s'aperçut sur le moment, et l'on se souvint tout particulièrement plus tard, que, tandis que la foule était en train de se disperser, plusieurs individus furent remarqués, qui, d'un air affairé, passaient d'un lieu et d'un groupe à un autre, ne restant longtemps nulle part, mais échangeant un instant quelques paroles à voix basse avec ceux qui s'élevaient avec le plus de violence contre la conduite du gouvernement. Ces agents actifs avaient l'air de personnes de la campagne, et l'on supposa généralement que c'étaient d'anciens amis et associés de Wilson, dont les esprits (on le croira sans peine) étaient fort excités contre Porteous.

Si, toutefois, l'intention de ces hommes était de pousser la multitude à un acte soudain de rébellion, leurs efforts semblèrent infructueux. Aussi bien que la portion la plus recommandable de l'assemblée, le bas peuple se dispersa, et retourna paisiblement en ses demeures. Ce n'eût été qu'en observant le mécontentement farouche qui se peignait sur leurs visages, en saisissant la teneur des conversations qu'ils avaient entre eux, qu'un étranger aurait pu se rendre compte de l'état de leurs esprits. Nous procurerons cet avantage à notre lecteur, en nous associant à l'un des nombreux groupes qui gravissaient la pente escarpée de *l'Arc oriental*, pour regagner leurs habitations dans *le Marché de la Pelouse*.

« N'est-ce pas abominable, Mistress Howden, » disait Pierre Plumdamas, le vieil épicier, à sa voisine la revendeuse à la toilette, en lui offrant le bras pour l'aider dans cette ascension difficile ; « n'est-ce pas abominable de voir les grands personnages de Londres se mettre à la traverse des lois et de l'Évangile, et laisser un réprouvé comme Porteous se déchaîner impunément contre une ville paisible ?

— Et penser à la fatigue qu'ils nous ont donnée ! » répondit Mistress Howden, avec une espèce de grognement ; « et une fenêtre si commode que j'avais là, à un jet de pierre, tout juste, de l'échafaud ! J'aurais entendu tout ce que le ministre aurait dit. Payer sa place douze *pence*, et tout cela pour rien !

— Dans mon opinion, » reprit M. Plumdamas, « ce sursis-là n'aurait pas été bon du temps des vieilles lois d'Écosse, quand le royaume était un royaume.

— Je ne m'y connais pas beaucoup en fait de lois, » répondit Mistress Howden ; « mais je sais que si nous avions un roi, un chancelier, et un parlement à nous, nous pourrions leur jeter des pierres quand ils ne font pas ce qu'il faut. Mais personne n'a des ongles pour atteindre aussi loin que Londres.

— Merci de Londres et de tout ce qui en vient, » dit Miss Grizel Damahoy, une ancienne couturière ; « ils nous ont ôté notre parlement et ont détruit notre commerce. C'est à peine si nos gens à la mode veulent reconnaître à une aiguille d'Écosse le droit de coudre des manchettes à une chemise, ou une dentelle à une cravate.

— Oh ça ! vous pouvez bien le dire, Miss Damahoy ; et j'en sais qui ont fait venir de Londres des raisins, à pleines corbeilles ; » répliqua Plumdamas ; « et puis, toute une armée de fainéants anglais, jaugeurs, mesureurs, commis des impôts et rats de cave, tombés chez nous pour nous vexer et nous tourmenter, à tel point qu'un honnête homme ne peut seulement pas porter un pauvre quartaut d'eau-de-vie de Leith au marché de la Pelouse sans risque d'être volé de la marchandise qu'il a achetée et payée. Je ne dis pas qu'André Wilson ait bien fait de mettre la main sur ce qui n'était pas à lui; mais, s'il n'en a pas pris plus que ce qui lui revenait, il y a une fameuse différence entre ce qu'il a fait et l'acte que celui-ci a sur la conscience.

— Si vous parlez lois, » dit Mistress Howden, « voici venir M. Saddletree, qui peut vous en dégoiser là-dessus aussi bien que n'importe quel juge. »

La personne indiquée, un homme âgé et grave, avec une superbe perruque, très convenablement vêtu d'habits de couleur sombre, s'approcha d'eux et donna galamment le bras à Miss Grizel Damahoy.

Il est à propos de mentionner que M. Bartholin Saddletree tenait un magasin fort bon et fort estimé de

M. Saddletree.

selles, harnais, *et cetera,* à l'enseigne du *Cheval d'or,* à l'entrée de la ruelle de Bess. Son génie, cependant (comme il le croyait lui-même, et comme beaucoup de ses voisins le croyaient aussi), s'élevait jusqu'aux sujets les plus considérables de législation et de jurisprudence, et ne manquait pas de suivre avec assiduité, dans le bâtiment de la place voisine, les plaidoiries et les argumentations des hommes de loi et des juges. Pour dire vrai, on l'y trouvait plus souvent qu'il n'aurait convenu à ses intérêts, si sa femme, personne active et qui se donnait du mal, ne s'était prodiguée pour contenter les clients et pour gourmander les ouvriers. Cette bonne dame avait pour habitude de laisser son mari faire ce que bon lui semblait, et augmenter, sans être dérangé, le bagage de ses connaissances juridiques ; mais, en retour, elle tenait à faire à sa tête dans les départements de l'intérieur et du commerce, qu'il lui avait abandonnés. Ajoutons que Bartholin Saddletree ayant, à un haut degré, le don de prodiguer les paroles (ce qu'il prenait pour de l'éloquence), et les versant à la société dans laquelle il vivait avec plus de libéralité qu'on ne l'aurait quelquefois désiré, un dicton s'ensuivit, par lequel des plaisants troublaient quelquefois le cours de sa rhétorique ; à savoir, que, de même qu'il avait un cheval d'or à sa porte, il avait, dans sa boutique, une jument grise. Ce reproche avait toujours pour conséquence d'amener M. Saddletree à prendre, vis-à-vis de sa digne épouse, un ton plus haut et plus solennel qu'à l'ordinaire, ce dont celle-ci s'inquiétait fort peu, à moins que le seigneur et maître ne tentât d'exercer une autorité véritable, cas auquel elle ne manquait point de se mettre en rébellion ouverte. Mais rarement Bartholin provoquait de semblables extrémités ; comme le bon roi Jacquot, en fait d'autorité, il aimait mieux en parler que l'exercer. Cette tournure d'esprit, à tout prendre, était heureuse pour lui : son avoir s'augmentait sans la moindre peine de sa part, et sans interruption aucune de ses études favorites.

Ce mot d'explication a été jeté en passant au lecteur, pendant que Saddletree exposait, avec une grande précision, la loi applicable au cas de Porteous ; à l'effet d'arriver à cette conclusion que, si Porteous avait fait feu cinq minutes plus tôt, avant que la corde de Wilson ne fût coupée, il aurait été *versans in licito;* ce qui veut dire qu'il se serait trouvé engagé dans un acte légal, et passible d'une peine seulement *propter excessum,* ou, en d'autres termes, pour manque de discrétion ; ce qui aurait adouci le châtiment aux proportions de la *pœna ordinaria.*

« Que parlez-vous de discrétion ? » répéta Mistress Howden, pour laquelle (on le suppose aisément) la subtilité de la distinction était tout à fait perdue. « Je demande un peu si ce Porteous a jamais eu de la grâce, de la discrétion, ou de bonnes manières ? Je voudrais bien savoir si son père...

— Mais, Mistress Howden... » voulut placer Saddletree.

« Et moi, si sa mère... » dit Miss Damahoy.

« Miss Damahoy... » articula d'un ton suppliant l'orateur interrompu.

« Et moi, si sa femme... » dit à son tour Plumdamas.

« Monsieur Plumdamas, Mistress Howden, Miss Damahoy, » implora de nouveau l'orateur, « remarquez bien la distinction, comme le dit l'avocat Crossmyloof, mon ami. « Je fais, dit-il, une distinction. » Étant coupée la corde qui attachait le condamné, l'exécution était terminée et Porteous n'était plus dans son office ; l'acte qu'il avait été chargé de protéger et de garder était accompli et achevé, et il n'était plus autre chose, lui, que *cuivis ex populo*.

— *Quivis*, avec votre permission, Monsieur Saddletree, *quivis* par un *q*, » dit, en appuyant beaucoup sur la première syllabe, M. Butler, le maître d'école adjoint d'une paroisse voisine d'Édimbourg. Il se trouvait derrière eux quand le malheureux latin fut incorrectement prononcé.

« Pourquoi m'interrompre, Monsieur Butler ? C'est égal, je suis bien aise de vous voir. Je parle d'après l'avocat Crossmyloof, et il l'a dit comme cela : *cuivis*.

— Si l'avocat Crossmyloof a employé le datif au lieu du nominatif, il faudra le caresser, Monsieur Saddletree, avec une bande de cuir. Il n'y a pas un garçon sur les bancs qui n'eût été fouetté pour un pareil solécisme.

— Je parle latin comme un homme de loi, » rétorqua Saddletree, « et non comme un maître d'école.

— Tout au plus, j'imagine, comme un écolier, » répliqua Butler.

« Peu importe, » reprit Bartholin ; « tout ce que je veux dire, c'est que Porteous est devenu passible de la *pœna extra ordinem*, ou peine capitale, ce qui signifie, en bon écossais, de la pendaison. Et cela, tout simplement, parce qu'il n'a pas fait feu pendant qu'il était dans l'exercice de ses fonctions, mais qu'il a attendu que la corde fût coupée, que l'exécution qu'il avait en charge fût complètement perpétrée, et lui-même déchargé du devoir public qui avait reposé sur lui.

— Devons-nous donc croire, Monsieur Saddletree, » dit Plumdamas, « que l'affaire de Porteous aurait été meilleure s'il avait commencé à tirer avant qu'on n'eût jeté des pierres ?

— C'est ma pensée, voisin Plumdamas, » répliqua Bartholin d'un air capable ; « car il était alors en charge et revêtu d'une autorité, l'exécution n'étant pas encore intégrale, c'est-à-dire totalement perpétrée, ou tout à fait finie. Mais, après qu'a été coupée la corde qui retenait le corps de Wilson, c'était terminé ; Porteous était radicalement désinvesti de son autorité, et n'avait plus rien autre chose à faire qu'à s'en aller avec ses gardes, et à remonter l'Arc oriental, où nous sommes, aussi vite que s'il y avait eu prise de corps contre lui. C'est la loi, car je l'ai entendu exposer par lord Vincovincentem.

— Vincovincentem ? Est-ce un lord de la noblesse ou un lord de la justice ? » demanda Mistress Howden.

« De la justice, de la justice. Les lords de la noblesse, je m'en embarrasse bien ; ils m'ennuient avec toutes leurs questions saugrenues sur leurs selles, leurs croupières, leurs fontes, leurs harnais, et ce que cela coûtera, et quand cela sera prêt. C'est un troupeau d'oisons ; ma femme est assez bonne pour s'occuper d'eux.

— Vous avez beau dire, Monsieur Saddletree, elle aurait pu faire, dans son temps, l'affaire du mieux assorti de tous les lords du pays, » dit Mistress Howden, passablement indignée de la façon dont sa congénère était arrangée ; « quand nous étions jeunes filles, elle et moi, nous ne pensions guère à nous asseoir à côté d'hommes tels que mon vieux David Howden, ou tels que vous, Monsieur Saddletree. »

Saddletree n'était pas fort à la réplique ; pendant qu'il se travaillait la cervelle pour trouver réponse à cette botte bien portée, Miss Damahoy fondit à son tour sur lui.

« Et quant aux lords de la noblesse, » s'écria-t-elle, « vous devriez vous souvenir de la rentrée du parlement, Monsieur Saddletree, dans le bon vieux temps d'avant l'Union. Une année du revenu des fortunes les plus opulentes passait en équipements de chevaux et en harnais ; sans compter les robes brodées, et les manteaux longs, qui se seraient tenus debout tout seuls, tant ils avaient de brocart d'or. C'était mon affaire, ces choses-là.

— Oui, et puis le fameux banquet, avec des friandises et des confitures, et des fruits secs de différentes sortes, » dit l'épicier. « Mais l'Écosse était l'Écosse dans ce temps-là.

— Ce qui en est, voisins, je vais vous le dire. » Mistress Howden parlait. « Je ne croirai plus que l'Écosse est l'Écosse, si nos Écossais se tiennent tranquillement en repos après l'affront qu'on leur a fait aujourd'hui. Ce n'est pas seulement le sang versé, mais celui qui aurait pu l'être, dont nos mains doivent tirer vengeance. Il y avait le gamin de ma fille, le petit Eppie Daidle (mon chéri, vous savez, Miss Grizel), qui, au lieu d'aller en classe, avait fait l'école buissonnière ; comme font les enfants, n'est-ce pas ? Monsieur Butler...

— Chose pour laquelle, » interrompit M. Butler, « ils devraient être fouettés solidement par ceux qui leur veulent du bien.

— Il venait de se glisser au pied du gibet pour voir la pendaison, ainsi que c'est naturel chez un enfant. La décharge n'aurait-elle pas pu l'atteindre aussi bien que les autres, et alors, où en serions-nous ? Je me demande si la reine Carline (puisque son nom est Carline) aurait aimé à avoir ses enfants dans une pareille aventure ?

— On prétend, » répondit Butler, « qu'une circonstance semblable n'aurait pas affligé Sa Majesté outre mesure.

— Eh bien, » dit Mistress Howden, « la fin finale de tout cela, c'est que, si j'étais un homme, j'aurais raison de ce Jean Porteous, quoi qu'il en pût résulter, et quand tous les carlins et toutes les carlines d'Angleterre auraient juré le contraire.

— Je déchirerais avec mes ongles la porte de la Tolbooth, » dit Miss Grizel ; « mais j'arriverais jusqu'à lui.

— Vous pouvez, Mesdames, avoir raison, » dit Butler ; « je ne vous conseillerais pourtant pas de parler si haut.

— Parler ! » s'écrièrent à la fois les deux dames ; « du bâtiment du Pesage jusqu'à la porte de l'Eau, on ne parlera pas d'autre chose, que cela ne soit fini et réglé. »

Les femmes se séparèrent alors, pour aller à leurs habitations respectives. Plumdamas se joignit aux deux autres messieurs pour boire *la méridienne,* autrement dit un petit verre d'eau-de-vie, en passant devant un cabaret à porte basse bien connu dans le marché de la Pelouse, et où ils avaient coutume de prendre leurs rafraîchissements.

M. Plumdamas partit ensuite pour se rendre à sa boutique, et M. Butler, qui avait à faire réparer la courroie d'une vieille férule (dont maint écolier, en ce jour occupé, s'apprêtait à mériter l'application), descendit le marché de la Pelouse avec M. Saddletree, chacun parlant, quand il pouvait placer son mot, l'un des lois de l'Écosse, l'autre de celles de la syntaxe, et n'écoutant pas une parole de ce que disait son compagnon.

CHAPITRE IV.

*Partout ailleurs, il fait la loi par ses avis;
Mais il est un agneau lorsqu'il rentre au logis.*
DAVIE LINDSAY.

« Jack Driver, le charretier, est venu chercher son harnais neuf, » dit Mistress Saddletree à son mari, au moment où celui-ci rentra. Ce n'était assurément pas pour le consulter sur les affaires de son commerce, mais pour lui montrer, par un petit résumé, combien de choses elle avait faites pendant son absence.

« Bien, » répliqua Bartholin, qui ne daigna pas dire un mot de plus.

« Et le laird de Girdingburst a envoyé d'abord son valet de pied, puis est venu lui-même (c'est un jeune homme fort bien et très poli), voir si la housse brodée pour la selle de son cheval alezan sera bientôt prête, car il en a besoin pour les courses de Kelso.

— Bien, c'est bien, » répliqua Bartholin, aussi laconiquement que la première fois.

« Et Sa Seigneurie, le comte de Blazonbury, lord Feu-et-Flamme, va devenir fou tout à fait si les harnais des six juments flamandes, avec panaches, couronnes d'armoiries, housses et caparaçons assortis, ne sont pas envoyés chez lui, ainsi qu'on l'avait promis.

— Bien, bien, bien, Madame ; bien, » dit Saddletree ; « s'il devient fou, on le fera interdire. Tout cela est fort bien.

— C'est fort bien, en effet, que vous le trouviez ainsi, Monsieur Saddletree, » répondit la dame, passablement piquée de l'indifférence avec laquelle étaient reçues ses indications. « Il y en a qui seraient contrariés de ce que tant de clients sont venus et n'ont trouvé que des femmes pour leur répondre ; car, dès que vous avez eu le dos tourné, tous les garçons sont partis, ainsi qu'on y pouvait compter, pour aller voir pendre Porteous ; de sorte que, comme vous n'étiez pas à la maison...

— Silence, Mistress Saddletree, » dit Bartholin, d'un air d'importance, « ne m'étourdissez pas de vos sornettes. J'avais besoin d'être ailleurs. *Non omnia,* comme le disait M. Crossmyloof quand il était appelé par deux massiers à la fois : *Non omnia possumus... pessimus... possimis...* Je sais que notre latin de jurisconsultes offense les oreilles de M. Butler, mais cette phrase-là veut dire que personne, fût-ce le lord président lui-même, ne peut faire deux choses à la fois.

— C'est très juste, Monsieur Saddletree, » répondit avec un sourire ironique, sa vigilante moitié ; « et, soyez-en sûr, rien de plus convenable que de laisser votre femme s'occuper des selles et des brides des jeunes gens, pendant que vous allez voir pendre un individu qui ne vous a jamais fait de mal.

— Femme, » dit Saddletree, en prenant un ton élevé, auquel *la méridienne* avait contribué pour quelque chose, « taisez-vous ; gardez-vous, je vous prie, de vous introduire en des affaires que vous n'êtes pas capable de comprendre. Pensez-vous que je sois né pour m'asseoir ici à pousser une aiguille à travers un cuir, quand des hommes tels que Duncan Forbes, et le petit Arniston, que vous connaissez, sans beaucoup plus de talent que moi, si les bonnes têtes du palais ne se trompent pas, sont devenus présidents et avocats du roi ? Que si les faveurs étaient distribuées sans partialité, comme au temps du grand Wallace...

— Je ne sais pas, » dit Mistress Saddletree, « ce qu'aurait pu faire pour nous le grand Wallace. J'ai ouï dire toutefois par de vieilles gens qu'on combattait, dans ce temps-là, avec des canons de cuir ; et ce qui aurait pu nous arriver, c'est que, s'il en avait acheté chez nous, il aurait oublié de les payer. Quant aux grands talents que vous possédez, Bartholin, les bonnes têtes du palais en savent plus long que moi, si elles en parlent comme cela.

— Je vous répète, femme, » dit Saddletree, tout courroucé, « que vous n'entendez rien à ces choses-là. Au temps de sir Guillaume Wallace, nul n'était lié à un travail aussi assujettissant que celui du sellier, car tous les harnachements dont on se servait, arrivaient tout faits de Hollande.

— S'il en est ainsi, » dit Butler, qui, comme beaucoup d'autres de sa profession, ne détestait pas la plaisanterie et le sarcasme, « s'il en est ainsi, Monsieur Saddletree, nous avons gagné au change ; puisque, maintenant, nous faisons nous-mêmes nos harnais, et nous n'importons plus de Hollande que nos hommes de loi.

— Ce n'est que trop vrai, Monsieur Butler, » répondit Bartholin avec un soupir. « Si j'avais eu la bonne fortune... Si mon père, veux-je dire, avait eu le bon sens de m'envoyer à Leyde et à Utrecht apprendre les *Substitutes* et le *Pandex*...

— Les *Institutes*, voulez-vous dire, les Institutes de Justinien, Monsieur Saddletree ? » interrompit Butler.

« *Institutes* et *substitutes*, ce sont des mots synonymes, Monsieur Butler, indifféremment employés dans nombre d'actes, comme vous pouvez le voir dans *les Pratiques* de Balfour ou dans *les Styles* de Dallas de Saint-Martin. Je connais parfaitement tout cela, Dieu merci ; mais, j'aurais aimé, je l'avoue, à étudier en Hollande.

— Pour vous consoler, Monsieur Saddletree, » répliqua M. Butler, « vous n'auriez pu y monter plus haut que vous ne l'avez fait ici ; car nos avocats écossais sont une race aristocratique. Un airain ! la meilleure qualité qu'on trouve à Corinthe, et *non cuivis contingit adire Corinthum*. Hein, Monsieur Saddletree ?

— Hein, vous-même, Monsieur Butler, » repartit Bartholin, pour qui, comme on peut le supposer, la plaisanterie avait été perdue, et qui n'avait retenu que le son des mots; « vous disiez tout à l'heure que c'était *quivis*, et je viens de vous entendre prononcer *cuivis*, de mes propres oreilles, aussi nettement qu'aucune parole que j'aie jamais ouïe à la barre.

— Un peu de patience, Monsieur Saddletree, et je vous expliquerai la différence en trois mots, » dit Butler, aussi pédant dans les choses de son département, quoiqu'avec plus de jugement et de savoir, que Bartholin l'était dans le rôle de jurisconsulte dont il s'était affublé. « Écoutez-moi un instant. Vous m'accorderez que le nominatif est le cas par lequel une personne ou une chose est nommée ou désignée, celui qu'on pourrait appeler le cas principal, tous les autres en étant formés, par des changements de terminaison dans les langues savantes, et par des prépositions dans nos jargons modernes à la façon de Babylone. Vous m'accordez cela, je suppose, Monsieur Saddletree?

— Vous l'accorderai-je, ou non? je n'en sais rien. *Ad advisandum*, comme vous le savez. On ne doit jamais se hâter d'admettre quelque chose, soit en point de droit, soit en point de fait. » Ainsi parla Saddletree, ayant l'air de comprendre ce qu'on lui disait.

« Et le datif... » continua Butler.

« Je sais parfaitement, » dit Saddletree, « ce que c'est qu'un tuteur datif.

— Le datif, le cas qu'on nomme datif, » reprit l'homme de la grammaire, « est celui par lequel une chose est donnée ou indiquée comme étant en propre l'appartenance ou la dépendance d'une personne ou d'une chose. Vous ne sauriez, j'en suis sûr, me nier cela?

— Je suis sûr, au contraire, que je ne l'accorderai pas, » répondit Saddletree.

« Pour quoi diable prenez-vous alors le nominatif et le datif? » dit Butler en s'animant. La surprise avait mis en défaut le choix de l'expression et la correction du langage.

« Je vous répondrai à loisir, Monsieur Butler, » dit Saddletree d'un air capable ; « je prendrai vingt-quatre heures pour donner examen et réponse à chacun des articles que vous voulez bien me soumettre, et je vous appellerai alors à confesser ou à nier, selon qu'il appartiendra.

— Allons, allons, Monsieur Saddletree, » dit la maîtresse du logis, « il ne s'agit pas ici de confessions et d'articles ; laissez trafiquer sur ces marchandises ceux qui sont payés pour cela. Elles nous conviennent, à nous, comme une selle de cavalerie à un bœuf de labour.

— Ha, ha! » dit M. Butler, « *Optat ephippia bos piger,* le bœuf pesant demande une selle. Il n'y a rien de nouveau sous le soleil. C'est égal, Mistress Saddletree vous a poussé une belle botte.

— Il vous conviendrait beaucoup mieux, Monsieur Saddletree, » continua son épouse, « puisque vous vous dites habile dans ce qui con-

cerne la loi, d'essayer de faire quelque chose pour Effie Deans, la pauvre créature, qui est enfermée dans la Tolbooth, qui y a froid, qui y a faim, qui se désespère. C'est une servante à nous, Monsieur Butler, bien innocente, à ce que je crois, et si utile dans la boutique! Quand M. Saddletree était dehors (et, vous le savez, il n'est pas souvent à la boutique lorsqu'il trouve ouverte quelque part une boutique à plaidoiries), quand il était dehors, la pauvre Effie m'aidait à descendre les paquets de cuir des rayons, à les y remonter, à ranger les marchandises, et à satisfaire à la fantaisie de chacun. Et toujours, par ses réponses, elle savait plaire aux clients, car elle était toujours polie, et il n'y avait pas meilleure fille dans toute notre *Vieille Enfumée*. Quand les gens étaient pressés, et qu'ils n'étaient pas raisonnables, elle savait les servir mieux que moi, qui ne suis pas, Monsieur Butler, aussi jeune que je l'ai été, et qui suis, par-dessus le marché, un peu vive de caractère. Car lorsqu'il y a trop de gens qui crient en même temps après moi, je n'ai qu'une langue pour leur répondre, et il faut qu'ils parlent lestement, ou ils n'en viendront pas à leurs fins. La pauvre Effie me fait défaut tous les jours.

— *De die in diem,* » ajouta Saddletree.

« Je crois, » dit Butler, après une certaine hésitation, « que j'ai vu cette fille dans la boutique. Un air modeste, des cheveux blonds?

— Oui, oui, c'est bien cela; c'est le portrait de la pauvre Effie, » dit la maîtresse de la prisonnière. « S'est-elle laissée aller à mal faire, ou est-elle innocente de la faute qu'on lui reproche? Dieu seul le sait; mais, si elle a été coupable, il faut qu'elle ait été bien entraînée, et je ferais presque serment sur la Bible qu'elle ne savait plus ce qu'elle faisait à ce moment-là. »

Butler, pendant ce temps, paraissait fort impressionné; il arpentait la boutique dans tous les sens, et montrait plus d'agitation qu'on n'en aurait attendu d'une personne qui avait tant de décorum. « N'est-ce pas, » dit-il, « la fille de ce David Deans qui a pris à ferme les pâtures de Saint-Léonard? et n'a-t-elle pas une sœur?

— Oui, vraiment; la pauvre Jeanie Deans, plus âgée qu'elle de dix ans; elle était ici, il y a un instant, à pleurer sur la pauvre enfant. Et que pouvais-je lui dire, sinon de venir parler à M. Saddletree quand il serait à la maison? Ce n'est pas que M. Saddletree, ou n'importe quel autre, y puisse faire beaucoup de bien ou de mal, mais cela servirait toujours à soutenir, pour un temps, le cœur de la pauvre créature. Que le chagrin vienne, après, quand il faudra qu'il vienne.

— Vous vous trompez, Madame, » dit Saddletree, d'un air dédaigneux; « car j'aurais pu lui donner une fort grande satisfaction; je lui aurais expliqué que sa sœur était accusée par application du statut 1690, chapitre un, sous la prévention d'infanticide au premier chef, comme ayant caché son état, et ne rendant pas compte de l'enfant.

— J'espère, » dit Butler, « que, grâce à Dieu, elle pourra se justifier.

— Je l'espère aussi, Monsieur Butler, » répliqua Mistress Saddletree. « J'en aurais répondu comme de ma fille; mais, par malheur, j'ai été malade tout l'été, et, pendant près de trois mois, c'est à peine si j'ai pu sortir de ma chambre. Quant à M. Saddletree, il pourrait passer sa vie dans une maison d'accouchements, sans deviner jamais ce que les femmes y viennent faire. De cette façon-là, je ne savais guère ou je ne savais pas du tout ce qu'elle devenait; sans quoi, j'aurais obtenu d'elle la vérité, je vous le promets. Nous espérons tous que sa sœur pourra dire quelque chose pour la justifier.

— Tout le palais du Parlement, » dit Saddletree, « ne parlait que de cela, jusqu'au moment où l'affaire de Porteous l'a fait sortir de nos têtes. C'est une belle question de présomption d'infanticide ; on n'en a pas vu de pareille dans notre cour de justice, depuis l'affaire de Lucie Smith, la sage-femme qui fut exécutée en 1679.

— Qu'avez-vous donc, Monsieur Butler? » dit la maîtresse de la maison ; « vous devenez aussi blanc que votre chemise ; voulez-vous quelque chose?

— Non vraiment, » dit Butler, faisant effort pour parler. « Je suis venu hier à pied de Dumfries, et il fait chaud.

— Asseyez-vous, » dit Mistress Saddletree, le soutenant avec bonté, « et reposez-vous. Vous vous tuerez à faire ces choses-là. Et pour l'école, Monsieur Butler, faut-il vous faire compliment? L'aurez-vous?

— Oui... non... Je ne sais pas, » répondit vaguement le jeune courtisan de la grammaire. Moitié par intérêt véritable, moitié par curiosité, Mistress Saddletree le rappela à la question.

« Vous ne savez pas si vous aurez ou non l'école libre de Dumfries, après y avoir trimé et enseigné pendant tout l'été?

— Non, Mistress Saddletree, je ne l'aurai pas, » répliqua Butler, avec plus de calme. « Le laird de Black-at-the-bane avait un fils de la main gauche qu'il destinait à l'Église ; mais on n'est pas venu à bout d'obtenir du consistoire la licence; de sorte que... »

— Vous n'avez pas besoin d'en dire plus long; il y a un laird qui a un parent pauvre ou un fils bâtard à qui l'école convient ; cela suffit. Ainsi, vous retournez à Libberton, pour attendre cette survivance que vous y avez? Si frêle que soit M. Whackbairn, il peut vivre aussi longtemps que vous, qui êtes son aide et son successeur.

— C'est très probable, » répliqua Butler avec un soupir ; « et je n'ose pas désirer qu'il en soit autrement.

— C'est vraiment très désagréable, » continua la bonne dame, « d'être dans une situation aussi dépendante ; et, vous qui avez droit à beaucoup mieux, j'admire la façon dont vous supportez ces contrariétés.

— *Quos diligit castigat,* » répondit Butler ; « et le païen Sénèque lui-même voyait dans l'affliction un avantage. Les païens avaient leur philosophie, et les juifs leur révélation, Mistress Saddletree, et, dans leur temps, ils savaient endurer leurs misères. Les chrétiens vivent sous une loi meilleure, et cependant... »

Il s'arrêta court, et soupira.

« Je sais ce que vous voulez dire, » reprit Mistress Saddletree, en regardant son mari ; « il y a des jours où nous perdons patience, en dépit du livre de prières et de la Bible. Mais vous n'êtes pas encore remis, et vous avez mauvaise mine : restez, pour manger avec nous un peu de chou frisé. »

M. Saddletree mit de côté les *Pratiques* de Balfour, son étude favorite (grand bien lui fasse!) pour se joindre aux instances hospitalières de son épouse. Mais le maître résista à toutes les prières, et prit congé sur-le-champ.

« Il y a quelque chose là-dessous, » dit Mistress Saddletree, le suivant des yeux dans la rue. « Je me demande ce qui fait que M. Butler est si affligé du malheur d'Effie. Ils n'avaient pas grands rapports entre eux, autant que j'ai pu le voir ou l'entendre dire ; mais ils étaient voisins, à l'époque où David Deans habitait sur le domaine du laird de Dumbiedikes. M. Butler devait connaître son père ou quelqu'un de sa famille. Levez-vous donc, Monsieur Saddletree ; vous vous êtes mis sur le coussin qui a besoin d'être recousu. Bon, voici Willie, le petit apprenti. Eh bien! mauvais démon que vous êtes, qu'est-ce qui vous prend d'aller courir les gouttières pour voir pendre les gens? Cela vous fera-t-il plaisir quand ce sera votre tour, ce qui ne peut guère manquer si vous ne changez pas de façons? Que faites-vous là à grommeler et à mâchonner, comme si ce que je dis vous avait fait mal? Allez-vous-en, et tâchez de valoir mieux une autre fois. Dites à Peggy de vous donner un bol de bouillon, car vous êtes, je le vois bien, aussi sec qu'une allumette. Il n'a ni père ni mère, Monsieur Saddletree, et; bien qu'un peu vaurien quelquefois, il faut en prendre soin quand on peut. C'est un devoir de chrétien.

— C'est très vrai, mon épouse, » répliqua Saddletree ; « nous sommes pour lui *in loco parentis* durant ses années de pupillarité, et j'ai pensé à m'adresser à la cour pour avoir commission à l'effet d'agir *loco tutoris*, vu qu'il n'y a pas de tuteur nommé, et que le tuteur légal refuse d'agir; seulement, je crains que les frais de la procédure ne soient *in rem versam*, car je ne sache pas que Willie possède des valeurs mobilières dont on ait à prendre l'administration. »

Il termina cette phrase en toussant avec importance, comme un homme qui a exposé la loi d'une manière indiscutable.

« Des valeurs mobilières ! » dit Mistress Saddletree; « quelles valeurs aurait-il, le pauvre enfant? Il était en haillons quand sa mère est morte ; et la polonaise bleue qu'Effie lui a faite dans un vieux manteau à moi, a été le premier habit décent qu'il ait jamais eu sur le dos. La pauvre Effie! pouvez-vous vraiment me dire, Monsieur Saddletree, avec toutes vos lois, si sa vie est en danger, alors qu'on ne peut pas seulement prouver qu'il y ait jamais eu un enfant?

— Or çà, » dit M. Saddletree, tout enchanté de voir, une fois en sa vie, l'attention de sa femme arrêtée sur un point de discussion juridique; « or çà, il y a deux sortes de *murdrum* ou *murdragium*, ce que, *populariter et vulgariter*, vous appelez meurtre. Il y en a, dis-je, de diverses sortes; il y a ce que l'on appelle le *murthrum per vigilias et insidias*, et le *murthrum* qui se commet par abus de confiance.

— L'abus de confiance, je connais cela, » répliqua sa moitié; « c'est la manière, pour les gens comme il faut, de voler les marchands et de leur faire fermer boutique. Mais cela n'a rien à faire avec l'infortune d'Effie.

— Le cas d'Effie ou Euphémie Deans, » reprit Saddletree, « est un des cas de meurtre sur présomption, c'est-à-dire un meurtre que la loi tire d'inductions et de déductions, et qui dérive d'*indicia*, ou motifs de suspicion, réputés certains.

— Si bien, » dit la bonne dame, « qu'à moins qu'Effie n'eût fait part à quelqu'un de sa situation, elle sera pendue par le cou, fût-elle accouchée d'un enfant mort, ou l'enfant fût-il encore vivant à cette heure-ci?

— Assurément, » répondit Saddletree; « en vertu d'un statut de nos souverains maître et maîtresse, pour prévenir le crime affreux de mettre des enfants au monde sans en rien dire à personne. C'est un crime pour lequel la loi a une prédilection spéciale, vu que c'est elle qui l'a inventé.

— Si la loi fait des crimes, » dit Mistress Saddletree, « c'est elle alors qu'il faut pendre; et si, au lieu de la loi, on pendait un homme de loi, le pays n'y verrait pas de mal. »

L'annonce du modeste dîner des deux époux empêcha la conversation d'aller plus loin. Elle eût risqué, sans cela, de prendre, pour la science de la jurisprudence et pour ceux qui la professent, un tour moins avantageux que ne le supposait à l'origine M. Bartholin Saddletree, l'admirateur passionné de l'une et des autres.

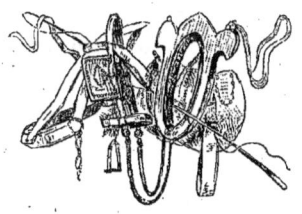

CHAPITRE V.

> Trois mille hommes ont suffi pour
> Mettre debout tout Édimbourg.
> *Le Bonsoir de Jean Armstrong.*

N quittant l'enseigne du Cheval d'or, Butler se mit en quête d'un de ses amis, au courant des choses de la loi et de la justice, de qui il désirait tirer quelques renseignements sur la situation de la jeune femme dont il a été parlé au chapitre précédent. Ainsi que le lecteur l'a probablement deviné déjà, il avait, pour s'intéresser au sort de cette personne, des raisons beaucoup plus fortes que celles que l'humanité seule aurait dictées. L'ami qu'il cherchait n'était pas chez lui, et il ne fut pas plus heureux dans une ou deux autres visites, tentées chez des personnes de sa connaissance, auxquelles il croyait pouvoir utilement communiquer ce récit. Tout le monde était sens dessus dessous, ce jour-là, au sujet de Porteous, occupés les uns à attaquer, les autres à défendre la mesure prise à son égard par le gouvernement ; l'ardeur de la dispute avait excité une soif si universelle, que la moitié des jeunes hommes de loi ou de plume, et leurs clercs aussi, ceux-là précisément à la recherche desquels allait Butler, avaient fixé pour lieu de discussion quelqu'une de leurs tavernes favorites. Un mathématicien expérimenté a calculé qu'il fut consommé dans ce débat assez d'*ale* à deux *pence* pour mettre à flot un vaisseau de guerre de premier rang.

Butler erra de côté et d'autre jusqu'à la brune, résolu de profiter du déclin du jour pour rendre visite à l'infortunée jeune femme, alors qu'il pourrait le moins être observé; il avait ses raisons pour éviter les remarques de Mistress Saddletree, dont la boutique n'était pas loin de la porte de la prison, quoique du côté opposé de la rue, c'est-à-dire du côté sud, et un peu plus haut. Il suivit donc le passage étroit, couvert en une partie de sa longueur, qui communique avec l'extrémité nord-ouest de la place du Parlement.

Il était parvenu devant l'entrée gothique de l'ancienne prison, qui, comme tout le monde le sait, dresse sa vieille façade au milieu même de la Grande-Rue, formant comme la fin d'une grosse masse de bâtiments, appelés les Luckenbooths. Par je ne sais quelle raison, difficile à deviner, nos ancêtres ont entassé ces constructions au milieu de la principale rue de la ville, ne laissant pour passage, au nord, qu'une rue étroite, et, au sud, où s'ouvre la prison, qu'une ruelle plus étroite encore et tortueuse. Cette ruelle est bordée, d'un côté, par les hauts et sombres murs de la Tolbooth et les maisons qui y touchent, de l'autre par des arcs-boutants et les saillies de la vieille cathédrale. Pour égayer ce sombre passage, bien connu sous le nom des *Krames*, une quantité de petites boutiques, dans le genre des échoppes de savetiers, sont plâtrées contre les saillies et les contreforts gothiques. Avec les proportions voulues d'architecture et de dimension, les marchands avaient garni de leurs nids tous les coins utilisables, ainsi que les hirondelles dans le château de Macbeth. Depuis longtemps, ce ne sont plus que des boutiques de jouets, où les petits flâneurs qui s'intéressent le plus à cette nature de marchandises sont tentés de porter leurs pas, ravis par la riche collection de chevaux de bois, de bébés, et de joujoux hollandais, qui s'y étalent dans une habile et heureuse confusion, effrayés à demi par les regards de travers du pantalon râpé, ou de la vieille dame à lunettes, par qui sont gardés et surveillés tous ces objets séduisants. Mais, lors des événements sur lesquels nous écrivons, les bonnetiers, les gantiers, les chapeliers, les merciers, les modistes, tous les négociants enfin qui débitaient des marchandises de ce genre, se rencontraient en cet étroit passage.

Sortons enfin de notre digression. Butler trouva le porte-clefs auquel appartenait spécialement la garde de l'entrée, occupé à fermer la porte extérieure de la prison : c'était un homme grand, maigre, âgé, avec de longs cheveux blancs. S'adressant à ce personnage, Butler demanda à être admis auprès d'Effie Deans, détenue sous l'accusation d'infanticide. Le porte-clefs le regarda avec attention; touchant poliment son chapeau, par respect pour l'habit noir de Butler, et pour des dehors qui annonçaient un homme d'Église, il répondit « qu'il était impossible, à présent, de laisser entrer personne.

— Vous fermez plus tôt qu'à l'ordinaire, » dit Butler. « C'est probablement à cause de l'affaire du capitaine Porteous ? »

De l'air mystérieux d'un homme dans l'exercice de ses fonctions, le porte-clefs fit deux signes de tête empreints de réserve et de dignité, et, retirant des gardes de la serrure une grosse clef de près de deux pieds de long, il se mit à fermer une forte plaque d'acier, qui s'abaissait sur le trou de la serrure, et qui y était maintenue par un ressort, également d'acier. Butler resta instinctivement, pendant que la porte se fermait; puis, regardant à sa montre, il remonta rapidement la rue, se disant en lui-même, sans presque en avoir conscience :

> Porta adversa, ingens, solidoque adamante columnæ;
> Vis ut nulla virûm, non ipsi exscindere ferro
> Cœlicolæ valeant. Stat ferrea turris ad auras, etc.

> Aux regards étonnés s'offre une porte immense;
> Le diamant près d'elle en colonnes s'élance :
> La force des mortels, le fer même des dieux
> N'en saurait entamer le rempart vigoureux.
> Puis une tour d'airain qui dans les airs se dresse, etc.

Ayant perdu une demi-heure encore en une seconde tentative infructueuse pour trouver son ami le disciple de la loi, il pensa qu'il était temps de quitter la ville et de retourner au lieu où il habitait, à deux milles et demi environ au sud d'Édimbourg. La capitale était, à cette époque, entourée d'un haut mur, surmonté de créneaux et flanqué d'ouvrages avancés de distance en distance; on y accédait par des portes, fermées régulièrement à la nuit. Un petit pourboire aux gardiens permettait, il est vrai, d'entrer et de sortir, à quelque heure que ce fût, à travers un guichet laissé à cet effet dans la grande porte ; mais il était de quelque importance, pour un homme aussi pauvre que Butler, d'éviter le paiement de cette légère contribution. Craignant que l'heure de la fermeture n'approchât, il se dirigea vers la porte dont il se trouvait le plus près, bien que ce fût allonger un peu le chemin à parcourir au dehors. La porte Bristo eût été plus directe ; mais la porte de l'Ouest, par laquelle on sort du côté du marché aux Herbes, était pour lui, en ce moment, la plus voisine de toutes ; ce fut donc vers elle qu'il se dirigea. Il y arriva bien à temps pour passer l'enceinte des murs, et pour entrer dans un faubourg appelé Portsburgh, qu'habitait principalement la classe la plus modeste des citoyens et des ouvriers. Il y fut tout à coup, à l'improviste, interrompu dans sa marche.

Il n'était pas encore bien loin de la porte quand il entendit le bruit d'un tambour, et, à sa grande surprise, fit rencontre d'un nombre de personnes assez grand pour occuper toute la largeur de la rue, et pour former, derrière, une masse considérable ; cette troupe se dirigeait rapidement vers la porte qu'il venait de quitter ; elle avait à sa tête un tambour, qui battait pour appeler aux armes. Tandis qu'il songeait au moyen d'échapper à des gens qui n'étaient probablement pas réunis dans un but approuvé par la loi, ceux-ci vinrent droit à lui, et lui barrèrent le passage.

« Êtes-vous du clergé? » lui demanda l'un d'eux.

Butler lui répondit « qu'il était dans les ordres, sans être ministre en exercice.

— C'est M. Butler, de Libberton, » dit une voix sortie de rangs plus éloignés ; « il fera notre affaire aussi bien qu'un autre.

— Vous allez rebrousser chemin et venir avec nous, Monsieur, » dit, d'un ton poli mais péremptoire, celui qui avait pris la parole en premier.

« Pour quel objet, Messieurs ? » dit Butler. « J'habite à quelque distance de la ville ; les routes ne sont pas sûres à la nuit ; vous me ferez un tort sérieux en me retenant.

— On vous reconduira chez vous ; nul ne touchera un cheveu de votre tête ; mais vous viendrez avec nous.

— Mais encore, Messieurs, pourquoi? dans quel but? J'espère bien que vous aurez la politesse de me l'expliquer ?

— Vous saurez cela quand il en sera temps. Venez ; car il faut venir, de gré ou de force ; et je vous donne avis de ne regarder ni à droite ni à gauche, de ne faire attention à la figure de personne, mais de considérer comme un rêve tout ce qui se passe devant vous.

— Je voudrais que ce fût un rêve d'où je me pusse éveiller, » se dit Butler. Mais, n'ayant aucun moyen de résister à la violence dont il était menacé, il fut forcé de faire volte-face et de marcher à la tête des émeutiers, deux hommes à ses côtés, soit pour le soutenir soit pour le garder. Durant ces pourparlers, les insurgés s'étaient rendus maîtres de la porte de l'Ouest, se précipitant sur les gardiens qui y étaient préposés, et s'emparant de leurs clefs. Ils fermèrent les verrous, assujettirent les barres qui en affermissaient les battants, et commandèrent à celui dont c'était la fonction ordinaire, de fermer le guichet, dont ils ne comprenaient pas le mécanisme. Terrifié par un incident si inattendu, cet homme ne fut pas capable d'accomplir son office, et, après plusieurs tentatives, il y renonça. Les émeutiers semblaient s'être préparés pour toute éventualité; ils demandèrent des torches, à la lumière desquelles ils fixèrent le guichet avec de longs clous, dont, probablement, ils s'étaient pourvus à cette fin.

Pendant cette opération, Butler, bon gré mal gré, ne pouvait éviter de faire des remarques sur les individus qui semblaient conduire cette singulière troupe. La lumière des torches, qui tombait sur eux et le laissait dans l'ombre, lui permit de le faire sans être observé. Plusieurs de ceux qui semblaient les plus actifs étaient vêtus de jaquettes, de hauts-de-chausses et de bonnets de marin ; d'autres avaient des vêtements longs et flottants et des chapeaux rabattus ; il y en avait aussi plusieurs qu'à leurs vêtements on aurait pris pour des femmes, si leurs voix rudes et graves, leur grande taille, leur tournure, leur façon de marcher, n'avaient empêché de leur attribuer rien de féminin. Ils agissaient comme d'après un plan concerté d'avance. Ils avaient des signaux pour se reconnaître, des surnoms pour se distinguer les uns des autres. Butler remarqua qu'on prononçait souvent parmi eux le nom de Feu-follet, auquel répondait une vigoureuse amazone.

Les émeutiers laissèrent une petite troupe pour garder et surveiller la porte de l'Ouest, et enjoignirent aux gardiens, s'ils comptaient leur vie pour quelque chose, de rester dans leur loge, et de ne rien tenter pour se remettre en possession de la porte. Ils se dirigèrent alors avec rapidité le long de la rue basse désignée sous le nom de *porte aux Vaches*, le peuple de la ville se levant de tous côtés au bruit de leur tambour, et venant se joindre à eux. Quand la multitude arriva à la porte de la ville où se termine cette rue, ils s'en emparèrent sans plus d'opposition que pour la première, la fermèrent, et laissèrent encore une petite troupe pour la garder. On a remarqué depuis, comme un exemple rare de la prudence et des précautions qu'ils savaient allier à leur audace, que ceux qui avaient été laissés pour garder les portes n'y restaient pas stationnaires, mais allaient rapidement de côté et d'autre, assez près pour voir si l'on ne tenterait pas d'ouvrir, assez loin pour qu'on ne pût se livrer à l'examen de leurs personnes. La troupe, forte d'abord d'une centaine d'hommes seulement, s'élevait maintenant à plusieurs milliers, et s'accroissait à chaque instant. Ils se divisèrent pour pouvoir monter plus rapidement les diverses ruelles étroites qui conduisaient de la *porte aux Vaches* à la Grande-Rue. Battant toujours la charge à mesure qu'ils avançaient, et appelant à se joindre à eux tous les véritables Écossais, ils remplissaient à présent la rue principale de la cité.

La porte de *l'Arc du bas* peut être appelée le Temple-bar d'Édimbourg; elle coupe la Grande-Rue à son extrémité, et sépare la ville proprement dite du faubourg nommé la Canongate, de même que Temple-bar sépare Londres de Westminster. Il était de la plus haute importance pour les émeutiers de s'emparer de ce passage, parce qu'un régiment d'infanterie, commandé par le colonel Moyle, avait ses quartiers dans la Canongate : il aurait pu occuper la ville en s'avançant par cette porte, et ruiner tous leurs projets. Les chefs se portèrent donc en toute hâte vers *la porte de l'Arc du bas,* dont ils s'emparèrent de même et aussi facilement que des autres, laissant à sa garde une troupe dont ils avaient proportionné la force à l'importance de la position.

L'objet de ces audacieux insurgés allait être maintenant de désarmer la garde de la cité, et de se procurer ainsi des instruments de combat; car on n'avait guère vu dans leurs mains, jusque-là, que des bâtons et des gourdins. Le corps de garde était un bâtiment long, bas et

Les insurgés s'emparent du corps de garde.

fort laid, que l'on a supprimé depuis en 1787; à une imagination riche, il aurait donné l'idée d'une longue limace noire, rampant et grimpant au beau milieu de la Grande-Rue pour en gâter la belle esplanade. On s'attendait si peu à cette insurrection formidable qu'il n'y avait de service que le nombre d'hommes ordinaire sous les ordres d'un sergent; encore n'avaient-ils ni poudre ni balles. Comprenant ce qui avait soulevé l'orage, et de quel côté il roulait, on ne pouvait guère s'attendre à ce qu'ils s'exposassent, par une vaillante défense, à l'animosité d'une foule nombreuse et exaspérée, à laquelle ils étaient, dans l'occasion présente, plus odieux encore qu'à l'ordinaire.

Il y avait devant le poste une sentinelle : pour qu'en cette soirée si remplie, un soldat de la garde de ville eût fait son devoir, la sentinelle se mit en défense, et enjoignit aux premiers des émeutiers de faire halte. La jeune amazone que Butler avait remarquée comme plus active encore que les autres, sauta sur le soldat, saisit son mousquet, et, après une courte lutte, parvint à lui arracher l'arme et à le renverser sur la chaussée. Un ou deux soldats tâchèrent de venir en aide à leur camarade ; ils furent appréhendés et désarmés de la même manière, et la foule se mit sans difficulté en possession du corps de garde, désarmant et mettant dehors le reste des hommes de service. Il est à remarquer que, bien que les soldats de la cité eussent été les instruments des meurtres que ce soulèvement voulait venger, ils ne furent ni maltraités ni insultés. On eût dit que la vengeance du peuple dédaignât de s'abaisser sur une tête moindre que celle en qui l'on voyait la source et l'origine de tous les torts.

En prenant possession du corps de garde, le premier acte des émeutiers fut de briser les tambours, par lesquels l'alarme aurait pu être donnée à la garnison du château; pour la même raison, ils firent taire leur propre tambour, qu'avait battu un jeune garçon, fils du tambour de ville de Portsburgh, et réquisitionné par eux pour ce service. Leur second soin fut de distribuer aux plus braves des leurs les fusils, les baïonnettes, les pertuisanes, les hallebardes, les haches d'armes et les haches de Lochaber. Jusqu'à ce moment, les principaux émeutiers avaient gardé le silence sur l'objet final du soulèvement; tous le savaient, pas un n'en parlait. Mais à présent, tous les préliminaires de leur entreprise étant accomplis, ils poussèrent un cri terrible : « Porteous! Porteous! A la Tolbooth! A la Tolbooth! »

Voisins du but, ils gardèrent autant de prudence qu'au moment où le succès était plus douteux. Un fort parti d'émeutiers se rangea devant les Luckenbooths, faisant face à la rue, de façon à fermer tout accès du côté de l'est; le côté ouest du défilé que formaient les Luckenbooths fut défendu de la même manière. La Tolbooth se trouvait ainsi complètement entourée, et ceux qui allaient entreprendre de forcer l'entrée de la prison étaient efficacement protégés contre une surprise.

Les magistrats, cependant, avaient pris l'alarme, et s'étaient assemblés dans une taverne, à dessein de réunir quelque force pour venir à bout des émeutiers. On s'adressa aux doyens ou présidents des corps de métiers, mais ceux-ci déclarèrent qu'ils auraient peine à faire respecter leur autorité s'il s'agissait de sauver un homme aussi odieux. M. Lindsay, membre du Parlement pour la cité d'Édimbourg, s'offrit de lui-même pour la mission périlleuse de porter, de la part du lord prévôt, un message verbal au colonel Moyle, qui commandait le régiment caserné dans la Canongate; de le requérir à l'effet de forcer la *porte de l'Arc du bas,* et d'entrer dans la cité pour mettre un terme au désordre. Mais M. Lindsay refusa de se charger d'aucun ordre écrit, qui, trouvé sur lui par cette multitude exaspérée, aurait pu lui coûter la vie. Le résultat définitif de la démarche fut que le colonel Moyle, ne recevant des autorités civiles aucune réquisition écrite, ayant devant les yeux le destin de Porteous comme exemple de la sévérité du jury envers des militaires agissant sous leur responsabilité propre, refusa de courir le risque auquel le conviait la communication verbale du prévôt.

Plus d'un messager fut dépêché au château, par différentes voies, pour requérir l'officier commandant de marcher avec ses troupes, de tirer quelques coups de canon, et même de jeter un obus au milieu de la foule pour dégager les rues. Mais si exactes et si vigilantes furent les patrouilles diverses que les émeutiers avaient établies en différentes parties de la voie publique, qu'aucun des émissaires des magistrats ne put atteindre la porte du château. Ces personnes, toutefois, furent renvoyées sans être frappées ou insultées, et sans plus de menaces qu'il n'était nécessaire pour les détourner de tenter de nouveau l'accomplissement de leur mission.

On déploya la même vigilance pour empêcher les gens qui appartenaient aux rangs les plus élevés de la société, contre lesquels, en cette circonstance, on pouvait avoir le plus de soupçons, de paraître dans la rue, d'observer les mouvements ou de reconnaître les personnes des émeutiers. Tout individu dont le costume annonçait un homme comme il faut était arrêté par de petits groupes de deux ou trois hommes du peuple, qui lui conseillaient et lui enjoignaient en même temps de retourner au lieu d'où il venait. Plus d'un souper fut dérangé dans cette soirée mémorable ; car les chaises à porteur des dames du plus haut rang furent arrêtées au passage, en dépit des valets de pied galonnés et de la lueur des flambeaux. Cela fut fait partout avec déférence et en ayant pour les dames effrayées des égards qu'on n'aurait guère attendus des vedettes d'une populace à ce point exaspérée. La plupart de ceux qui arrêtaient la chaise à porteur s'excusaient de leur impolitesse et faisaient observer qu'il y avait dans les rues un trouble tel que la sécurité même de la dame exigeait que la chaise fît volte-face. Ils s'offraient pour escorter le véhicule qu'ils avaient arrêté dans sa marche, de peur, probablement, que quelques-uns de leurs auxiliaires accidentels ne déshonorassent, par les actes de licence et d'insulte trop fréquents en pareils cas, le plan de vengeance que les émeutiers s'étaient tracé.

Il est des personnes encore vivantes qui se souviennent d'avoir entendu dire, de la bouche même de dames ainsi empêchées dans leur voyage, qu'elles furent escortées jusque chez elles par les jeunes gens qui les avaient arrêtées, qu'on leur donna même la main pour descendre de leurs chaises, avec une politesse et une prévenance fort au-dessus de ce que promettait le vêtement des personnages, qui, en apparence, n'étaient que des ouvriers et des manœuvres. On eût dit que les conspirateurs, comme ceux qui assassinèrent, dans les anciens temps, le cardinal Beatoun, étaient fermement convaincus que l'œuvre qu'ils poursuivaient était un jugement du ciel, qui, bien que non sanctionné par les autorités ordinaires, devait être accompli avec ordre et solennité.

Tandis que les avant-postes continuaient d'être vigilants, et ne se laissaient aller, ni par crainte, ni par curiosité, à négliger le service qui leur était assigné, tandis qu'à l'est comme à l'ouest, les arrière-gardes veillaient à garantir le centre de toute surprise, un corps d'émeutiers de choix se précipitait comme un ouragan vers la porte de la prison, et demandait à y être admis sur-le-champ. Personne ne répondit : le gardien de la première porte s'était, dès le commencement du tumulte, prudemment échappé avec ses clefs, et ne se trouvait nulle part. La porte fut assaillie à l'instant avec des marteaux d'enclume, des leviers de fer, et des coutres de charrue dont on s'était muni à cette fin. A l'aide de ces instruments, on essaya d'abord de la soulever, de la renverser, de la briser. Ce fut sans grand résultat ; car la porte, outre qu'elle était de planches de chêne doubles, rivées et quadrillées de gros clous à tête, était si solide et si bien défendue, qu'il aurait fallu joindre un temps considérable à tous les moyens qu'on employait pour la forcer. Les émeutiers semblaient, cependant, déterminés à entrer. Des escouades se renouvelaient pour le travail, auquel peu d'hommes seulement pouvaient se livrer à la fois ; mais escouade après escouade se retirait, épuisée par de violents efforts, sans avoir avancé beaucoup la besogne. Butler avait été conduit vers ce centre principal d'action, si près qu'il s'en fallait peu qu'il ne fût rendu sourd par le frappement incessant des marteaux d'enclume contre la porte garnie de fer. La tâche tirant en longueur, il se flattait déjà que la populace, désespérant d'en venir à bout, l'abandonnerait, ou qu'un secours officiel viendrait dissiper la foule. Cette dernière hypothèse sembla probable un moment.

Les magistrats ayant rassemblé leurs officiers de police, et quelques citoyens qui consentaient à se risquer dans l'intérêt de la tranquillité publique, sortirent enfin de la taverne où ils tenaient leur séance, et s'approchèrent du lieu du danger. Les officiers de police marchaient en tête, avec des flambeaux et des torches, accompagnés d'un héraut pour lire, s'il était nécessaire, la loi sur les attroupements. Ils chassèrent aisément devant eux, les avant-postes et les vedettes de l'émeute ; mais quand ils approchèrent du corps de bataille que le peuple, ou, pour être plus exact, les conspirateurs, avaient établi en travers de la rue vis-à-vis des Luckenbooths, ils furent accueillis par une volée de pierres ininterrompue, et, quand ils furent plus proches, on leur présenta la pointe des piques, des baïonnettes et des haches de Lochaber que la populace avait conquises. Un des officiers de la ville, homme fort et résolu, s'avança, se jeta sur un émeutier, et lui arracha son mous-

quet; mais, n'étant pas soutenu, il fut à l'instant jeté à la renverse et désarmé à son tour. L'officier fut trop heureux de ce qu'on le laissa se relever et s'enfuir sans lui faire aucun autre mal; exemple nouveau et remarquable de la façon dont ces hommes unissaient une sorte de modération à l'égard de tous autres, à l'acharnement le plus inflexible contre l'objet de leur ressentiment. Après de vains efforts pour se faire entendre et obéir, les magistrats, qui ne possédaient aucun moyen d'appuyer leur autorité, furent contraints d'abandonner la place aux émeutiers, et d'échapper au plus vite à la grêle des projectiles qui sifflaient à leurs oreilles.

La résistance passive de la porte de la Tolbooth promettait de déjouer les intentions de la foule, mieux que ne l'avait fait l'intervention active des magistrats. Les pesants marteaux de forge continuaient à frapper sur elle sans interruption, avec un bruit qui, répété aux alentours par les échos des grands bâtiments, aurait paru suffisant pour alarmer la garnison du château. On disait dans la foule que les troupes allaient descendre pour disperser le peuple, si celui-ci ne parvenait, sans perte de temps, à exécuter son dessein; que même, sans quitter la forteresse, la garnison obtiendrait le même résultat en jetant une bombe ou deux dans la rue.

Pressés par ces motifs de crainte, les assaillants se relevaient vivement les uns les autres; mais la porte de la Tolbooth était si solide qu'elle défiait toujours leurs efforts. Une voix enfin fut entendue, prononçant ces mots : « Mettons-y le feu! » D'une acclamation unanime, les émeutiers demandèrent ce qu'il fallait pour mettre le feu; leurs souhaits se virent exaucés en un instant, et ils furent bientôt en possession de deux ou trois barils de goudron vides. Un feu de joie immense, rouge, éblouissant, s'éleva promptement tout contre la porte de la prison, lançant contre les tourelles antiques du bâtiment, contre ses fenêtres garnies de puissants barreaux, une large colonne de flamme et de fumée, illuminant de ses clartés les attitudes étranges et farouches des émeutiers qui entouraient la place, comme aussi les groupes pâles et anxieux des personnes qui, des fenêtres du voisinage, contemplaient les progrès de cette scène effrayante. La foule alimentait le feu avec tout ce qu'elle pouvait trouver qui fût propre à cet usage. Les flammes pétillaient et rugissaient au milieu du monceau d'aliments qu'on entassait sur le feu; un cri terrible annonça bientôt que la porte s'enflammait et qu'elle allait se détruire. On laissa le feu tomber; mais longtemps avant qu'il ne fût éteint tout à fait, dans leur impa-

LA PRISON D'ÉDIMBOURG. 57

tience, les plus proches des émeutiers se précipitèrent, l'un après l'autre, par-dessus ses restes encore brûlants. Des pluies épaisses d'étincelles s'élevaient dans l'air, à mesure qu'un homme, puis un autre, bondissait au-dessus des braises ardentes, et les dérangeait en passant. Il fut évident alors pour Butler, et pour tous ceux qui étaient présents, que les émeutiers allaient, dans un instant, être en possession de leur victime, et à même de satisfaire sur elle leur bon plaisir, quel qu'il fût (C).

CHAPITRE VI.

> Vous m'enseignez le mal : je le ferai ; et ce ne sera pas, ma faute si je ne dépasse pas mes maîtres.
> SHAKSPEARE. *Le Marchand de Venise*, acte III, sc. I.

 ELUI qui était l'objet d'une perturbation aussi extraordinaire avait été délivré, ce jour-là, de l'appréhension d'une exécution publique ; sa joie était d'autant plus grande qu'il avait eu sujet de se demander si le gouvernement ne craindrait pas de se rendre impopulaire en intervenant en sa faveur, après que, par verdict d'un jury, il avait été déclaré coupable d'un crime aussi odieux. Soulagé des préoccupations qui avaient agité son esprit, il sentait son cœur inondé de joie, et, selon les paroles énergiques de l'Écriture en une occasion semblable, il pensait que, sans nul doute, l'amertume de la mort était passée. Quelques-uns de ses amis, qui avaient observé les émotions et la conduite de la foule au moment où le sursis avait été connu, étaient d'une autre opinion. Le calme et le silence avec lesquels ce désappointement général avait été supporté, leur faisait augurer que la populace nourrissait quelque dessein de prompte et terrible vengeance. Ils donnèrent avis à Porteous d'adresser, sans perte de temps, une pétition aux autorités compétentes, à l'effet d'être transféré au château sous une garde suffisante, pour y rester en sûreté jusqu'à ce que son sort eût été définitivement fixé. Habitué par ses fonctions à

tenir en respect la portion remuante de la cité, Porteous ne pouvait soupçonner une tentative aussi audacieuse qu'un assaut donné à une prison solide et bien défendue ; méprisant l'avis qui aurait pu le sauver, il passa l'après-midi de la fatale journée à donner un régal à quelques amis qui étaient venus le visiter dans sa prison ; plusieurs d'entre eux, grâce à la complaisance du commandant de la Tolbooth, avec lequel ils avaient, par leurs rapports officiels, contracté une intimité ancienne, obtinrent la permission de rester à souper avec Porteous, bien que cela fût contraire au règlement de la prison.

Ce fut donc à l'heure d'une gaieté que l'on croyait sans mélange, alors que le malheureux était « plein de pain, » échauffé par la boisson, tout rempli d'une confiance que ne justifiaient ni le temps ni les circonstances, alors qu'il s'épanouissait, hélas! dans la floraison de tous ses péchés, que les premiers bruits lointains de l'émeute se mêlèrent aux chants de l'intempérance et de la joie. La première explication de ces effrayantes clameurs fut apportée par le geôlier ; il venait en toute hâte enjoindre aux convives de partir sur-le-champ, donnant avis, en même temps, qu'une populace furieuse et déterminée s'était emparée des portes de la ville et du corps de garde.

Cette fureur, contre laquelle la force de l'autorité était impuissante à le protéger, Porteous aurait pu y échapper, s'il avait songé à revêtir un déguisement et à quitter la prison avec ses invités. Il est probable que le geôlier aurait fermé les yeux sur cette évasion, ou même qu'en ce moment d'émoi, il ne s'en serait pas aperçu. Mais ni Porteous ni ses amis n'eurent assez de présence d'esprit pour suggérer cette idée ou pour l'exécuter. Les amis s'enfuirent en toute hâte d'un lieu où leur propre sûreté semblait compromise, et le prisonnier, dans un état de stupéfaction et de torpeur, attendit dans sa chambre l'issue de l'entreprise des émeutiers. Il eut un instant d'espoir : le bruit des instruments avec lesquels on avait essayé de forcer la porte cessa de se faire entendre. Il se flatta de la pensée que, soit du château soit des faubourgs, les troupes seraient entrées dans la ville, et que les émeutiers intimidés se seraient dispersés ; mais cette illusion fut bientôt détruite par la lueur large et étincelante des flammes, qui, éclairant, à travers les fenêtres grillées, tous les coins de la pièce, lui montrèrent avec trop de certitude que le peuple, bien résolu dans son fatal dessein, avait adopté, pour forcer l'entrée, un moyen aussi désespéré qu'infaillible.

L'objet infortuné de cette haine populaire était resté jusque-là pétrifié par la terreur ; cette clarté soudaine lui suggéra l'idée de se cacher ou de s'esquiver, s'il se pouvait faire. Se précipiter dans la cheminée, y grimper au risque d'y être suffoqué, tel fut le seul moyen qui lui vint en pensée ; mais son ascension fut promptement arrêtée par un de ces grillages en fer qui sont habituellement placés, par mesure de sûreté, en travers de toutes les ouvertures, dans les bâtiments servant de prison.

Les barres de fer, qui l'empêchaient d'aller plus loin, servirent du moins à le soutenir à la place en laquelle il était arrivé ; il les saisit avec la force d'un homme qui s'attache à sa dernière espérance. La lueur sinistre dont la pièce avait été remplie, s'abaissa et mourut ; le tumulte des voix se fit entendre dans l'intérieur des murs, et sur l'étroit escalier tournant qui, renfermé dans l'une des tourelles, donnait accès aux chambres supérieures de la prison. Au cri de l'émeute en répondit un autre non moins puissant, non moins terrible ; c'était celui des malfaiteurs emprisonnés, qui, comptant bien être délivrés dans cette confusion générale, saluaient les arrivants comme des libérateurs. Ce fut par quelques-uns de ces prisonniers que la pièce où était Porteous fut montrée à ses ennemis. La serrure et les verrous furent un obstacle bientôt vaincu, et, de sa cachette, le malheureux entendit ses ennemis chercher dans tous les coins de la pièce, avec des serments et des malédictions qui blesseraient le lecteur si nous osions les reproduire, mais qui, si quelque doute avait pu rester encore, auraient achevé de prouver le dessein arrêté de donner la mort.

Un lieu de refuge aussi exposé aux soupçons et aux recherches ne pouvait longtemps empêcher Porteous d'être découvert. Il fut arraché de sa cachette avec une violence qui semblait montrer l'intention de le mettre à mort sur place. Plus d'une arme était dirigée contre lui, lorsque l'un des émeutiers, le même dont le déguisement féminin avait été particulièrement remarqué par Butler, s'interposa d'un ton d'autorité : « Êtes-vous fous ? » dit-il ; « ou voulez-vous exécuter un acte de justice comme si c'était un crime ou une cruauté ? Ce sacrifice perdra la moitié de sa valeur, si nous ne l'offrons pas aux cornes mêmes de l'autel. Nous ferons mourir cet homme où doit mourir un meurtrier, sur le gibet de la ville. Nous le ferons mourir à l'endroit même où il a fait couler le sang d'un si grand nombre d'innocents ! »

Un long cri d'approbation suivit ces paroles. « Au gibet, le meurtrier ! Au marché aux Herbes ! Au marché aux Herbes ! » telle fut l'exclamation qui s'éleva de toutes parts.

« Que personne ne lui fasse mal, » continua celui qui avait déjà parlé.

« Qu'il se mette en paix avec Dieu, s'il le peut ; nous ne tuerons pas à la fois son âme et son corps.

— Quel temps a-t-il donné, pour régler leurs comptes, à des gens qui valaient mieux que lui ? » répondirent plusieurs voix. « Servons-nous pour lui de la mesure dont il s'est servi pour les autres. »

L'opinion du premier orateur convenait mieux au tempérament de ceux auxquels il s'adressait : la foule était inflexible plutôt qu'impétueuse, calme bien que terrible, et désireuse de colorer d'une apparence de justice et de modération son acte de cruauté et de vengeance.

Pendant un instant, cet homme quitta le prisonnier ; il l'avait confié à une garde choisie, avec des instructions pour qu'il fût permis à Porteous de donner à qui bon lui semblerait son argent et les objets qu'il pouvait avoir. Une personne emprisonnée pour dettes reçut ce dernier dépôt des mains tremblantes de la victime ; on permettait en même temps à celle-ci de prendre brièvement quelques autres dispositions en vue de sa fin prochaine. Les malfaiteurs, et tous autres qui souhaitaient quitter la prison, étaient, en ce moment, parfaitement libres de le faire, non que leur délivrance fît partie du programme arrêté de l'émeute, mais comme conséquence presque nécessaire de la rupture des portes de la prison. Avec de grands cris de joie, ils se joignirent à la foule, ou disparurent par les ruelles étroites pour gagner les réceptacles secrets du vice et de l'infamie, où ils avaient coutume de se cacher aux regards de la justice.

Deux personnes, un homme d'environ cinquante ans, et une jeune fille d'environ dix-huit, étaient seuls restés dans ces fatales murailles ; ajoutons-y deux ou trois débiteurs, qui ne voyaient probablement pas d'avantage à tenter de s'échapper. Les personnes que nous venons d'indiquer n'avaient pas quitté la chambre de sûreté de la prison, abandonnée maintenant de tous les autres. Un de leurs anciens compagnons d'infortune appela l'homme, d'un ton de connaissance, pour lui conseiller de s'échapper. « Sauve-toi, Ratcliffe ; la route est libre.

— Cela se peut, Guillaume, » répondit Ratcliffe avec calme, « mais il m'a pris fantaisie d'abandonner le métier et de me faire honnête homme.

— Reste donc, et sois pendu, de par tous les diables ! » répliqua l'autre, qui descendit en courant l'escalier de la prison.

L'individu, en costume féminin, que nous avons remarqué comme l'un des émeutiers les plus actifs, s'approchait au même instant de la jeune fille : « Fuyez, Effie, fuyez ! » Ce fut tout ce qu'il eut le temps de lui glisser à l'oreille. Elle tourna vers lui des yeux où se mêlaient la crainte, l'affection et le reproche, tout cela combattant avec une sorte de stupéfaction et de surprise. « Fuyez, Effie, » lui dit-il encore, « fuyez, par tout ce que vous avez de plus précieux et de plus cher ! » Elle tourna de nouveau son regard vers lui, mais sans pouvoir répondre. Puis un grand bruit se fit entendre, et, du bas de l'escalier, le nom de Madge Feu-follet monta à plusieurs reprises en de turbulents appels.

« J'y vais, j'y vais, » dit celui que l'on désignait ainsi. Puis, à la hâte, il réitéra sa prière : « Pour l'amour de Dieu, par amour pour vous-même, par pitié pour moi, fuyez, ou ils vous ôteront la vie ! » Et il sortit rapidement de la chambre de sûreté.

La jeune fille le suivit un instant du regard. « Mieux vaut perdre la vie, puisque l'honneur est perdu, » murmura-t-elle d'une voix faible ; et, jetant sa tête dans ses mains, elle resta comme une statue, sans paraître avoir conscience du bruit et du mouvement qui se faisaient autour d'elle.

Le tumulte se transportait à présent de l'intérieur de la Tolbooth à l'extérieur. La foule avait fait sortir celui qu'elle voulait pour victime, et était en train de le conduire au lieu ordinaire des exécutions, fixé par eux pour être le théâtre de son trépas. Le chef désigné sous le nom de Madge Feu-follet, venait d'être appelé, pour assister à la procession, par les cris impatients de ses compagnons.

« Je vous promets cinq cents livres, » dit l'infortuné Porteous, en saisissant la main de Feu-follet, « cinq cents livres, si vous me sauvez la vie. »

A mi-voix aussi, l'autre, avec un mouvement non moins convulsif, lui répondit :

« Cinq cents livres pesant d'or monnayé ne vous sauveraient pas. Souvenez-vous de Wilson ! »

Il y eut un silence. Une minute après, Feu-follet, d'un ton plus calme, ajouta : « Faites votre paix avec le ciel. Où est le ministre ? »

Butler, plein d'inquiétude et de terreur, avait été gardé à peu de distance de la porte de la Tolbooth, pour attendre le résultat de la recherche de Porteous ; on le fit alors avancer, et on lui commanda de marcher à côté du prisonnier, et de le préparer à une mort immédiate. Butler répondit en suppliant les émeutiers de réfléchir à ce qu'ils faisaient. « Vous n'êtes ni juges ni jurés, » leur dit-il. « Ni les lois de Dieu ni les lois humaines ne vous ont donné le droit d'ôter la vie à l'un de vos semblables, eût-il, au plus haut point, mérité la mort. Même de la part d'un magistrat légitime, c'est un homicide d'exécuter un coupable ailleurs qu'au lieu, dans le temps et de la manière que prescrit la sentence des juges ; que sera-ce donc de votre part, quand vous n'avez pour intervenir d'autre mandat que votre propre volonté? Au nom de Celui qui est toute miséricorde, montrez-vous miséricordieux envers cet homme, et ne plongez pas vos mains dans son sang ; ne vous précipitez pas dans le crime même que vous désirez venger !

— Pas de sermon, » répondit un des émeutiers ; « vous n'êtes point en chaire.

— Si vous babillez davantage, nous pourrions bien, » dit un autre, « vous pendre à côté de lui.

— Fi donc, et silence! » dit Feu-follet. « Ne parlez pas de la sorte à ce bon ministre. Il obéit à sa conscience, et je ne l'en estime que plus. »

Puis, s'adressant à Butler : « Nous vous avons écouté patiemment, Monsieur ; mais, en réponse, nous vous invitons à comprendre que vous feriez aussi bien d'aller argumenter avec les pierres et les ferrures de la Tolbooth, que de songer à changer notre dessein. Le sang veut avoir du sang. Nous nous sommes juré les uns aux autres, par les serments les plus puissants qu'on ait jamais faits, que Porteous mourra de la mort qu'il a si largement méritée. Cessez donc de nous parler ; préparez-le plutôt à la mort aussi bien qu'il sera possible dans le peu de temps qui lui reste. »

On avait permis à Porteous de mettre sa robe de chambre et ses pantoufles ; car, pour faciliter sa tentative d'évasion par la cheminée, il avait ôté son habit et ses souliers. Dans ce costume, il était porté

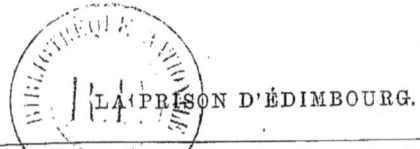

par deux des émeutiers, dont les mains jointes ensemble formaient ce qu'on appelle en Écosse « le coussin du roi. » Butler fut placé tout à côté de lui, et invité, à plusieurs reprises, à accomplir le devoir le plus pénible qu'un ecclésiastique, digne de ce nom, puisse avoir jamais à remplir ; ce devoir était rendu plus pénible encore par les circonstances exceptionnelles et terribles dans lesquelles se trouvait le coupable. Porteous murmura d'abord quelques supplications ; mais lorsqu'il vit qu'elles n'avaient aucune chance d'être écoutées, son éducation militaire et la fermeté naturelle de son caractère se joignirent l'une à l'autre pour lui donner du courage.

« Êtes-vous prêt pour cette fin redoutable ? » dit Butler d'une voix émue. « Oh ! tournez-vous vers Celui aux yeux duquel le temps et l'espace n'existent pas, pour qui quelques minutes sont comme une vie tout entière, et une vie tout entière comme une minute.

— Je sais ce que vous voulez dire, » répondit Porteous d'un air sombre. « Je suis soldat ; s'ils me tuent sans me laisser le temps, que mes péchés comme mon sang retombent sur eux.

— Qui est-ce, » interrompit alors la voix sévère de Feu-follet, « qui est-ce qui a dit à Wilson, en ce lieu même, lorsque ses fers l'empêchaient de prier tant ils le faisaient souffrir : « Tes souffrances, bientôt, seront passées ? » Je vous le dis : réglez vos comptes ; et, si vous ne savez pas profiter des leçons de ce bon ministre, ne blâmez pas ceux qui sont encore pour vous plus miséricordieux que vous ne l'avez été pour d'autres. »

Le cortège se mit alors en marche avec lenteur, mais sans hésitation. Il était éclairé d'un grand nombre de flambeaux et de torches ; car, en cette occasion, les acteurs du drame, loin de chercher le secret, semblaient, au contraire, appeler les regards. Leurs principaux chefs se tenaient tout auprès du prisonnier, dont les traits pâles mais impassibles se voyaient distinctement à la lueur des torches, élevé qu'il était fort au-dessus de la foule qui se pressait autour de lui. Ceux qui portaient des épées, des mousquets et des haches d'armes, marchaient des deux côtés de la rue, comme pour servir de garde régulière à la procession. Le long du chemin, les fenêtres étaient remplies d'habitants, dont le sommeil avait été troublé par ce désordre inusité. Quelques-uns des spectateurs murmuraient des paroles d'encouragement; la plupart étaient si impressionnés par ce spectacle étrange et audacieux qu'ils le contemplaient dans une sorte de stupéfaction. Nul ne témoigna, par ses actes ou par ses paroles, la plus légère opposition.

Les émeutiers, de leur côté, continuaient à garder l'air de confiance et de sécurité dont toute leur conduite avait été marquée jusque-là. L'objet de leur ressentiment laissait-il tomber une de ses pantoufles? ils s'arrêtaient, la ramassaient, et la lui remettaient au pied avec le plus grand calme. Comme ils descendaient la rampe pour se rendre au lieu fatal où ils avaient résolu d'accomplir leur dessein, quelques-uns firent remarquer qu'il fallait se pourvoir d'une corde. A cette fin, l'on força la boutique d'un cordier, on y choisit une corde rouée propre à servir de licou ; et le cordier s'aperçut, le lendemain matin, qu'une guinée avait été laissée en échange sur le comptoir; tant ceux qui exécutaient cette action audacieuse tenaient à montrer qu'ils n'entendaient ni oublier la loi ni l'enfreindre, excepté dans la mesure qui, personnellement, concernait Porteous.

Conduisant, ou plutôt portant de la sorte avec eux, dans leur marche, l'objet malheureux de leur vengeance, ils arrivèrent enfin à la place ordinaire des exécutions, lieu du crime, endroit désigné pour le supplice. Plusieurs des émeutiers, ou, pour mieux dire, des conspirateurs, se mirent en devoir d'enlever la pierre garnissant le trou où s'enfonçait le pied de l'arbre fatal chaque fois qu'on le dressait; d'autres cherchaient à construire un gibet de circonstance, le lieu où le gibet véritable était déposé étant réputé trop solide pour qu'on le pût forcer sans perdre beaucoup de temps. Butler essaya de profiter du retard qu'entraînaient ces incidents pour détourner le peuple d'une résolution plus que téméraire. « Pour l'amour de Dieu, » s'écria-t-il, « souvenez-vous que c'est l'image du Créateur que vous allez détruire en la personne de ce malheureux! Quelque méchant qu'il soit, quelque coupable qu'il puisse être, il a sa part dans toutes les promesses de l'Écriture, et vous ne sauriez le faire disparaître en état d'impénitence sans rayer son nom du livre de vie. Ne détruisez pas à la fois l'âme et le corps ; donnez-lui le temps de se préparer.

— Quel temps ont eu, » interrompit une voix menaçante, « ceux qu'il a assassinés en ce lieu même? La loi de Dieu et les lois des hommes demandent sa mort.

— Mes amis, » dit encore Butler, avec un mépris généreux de sa propre sûreté, « qui vous a constitués ses juges? »

— Nous ne sommes pas ses juges, » répliqua la même voix ; « il a été jugé et condamné déjà par l'autorité légitime. Nous sommes ceux que le ciel, et notre juste colère, ont suscités pour exécuter le jugement, le jour qu'un gouvernement corrompu voulait protéger un assassin.

— Je ne suis pas un assassin, » dit l'infortuné Porteous ; « ce dont vous m'accusez, je l'ai fait pour ma défense, dans l'exercice légitime de mon devoir.

— A bas, à bas ! » s'écria la foule. « Pourquoi perdez-vous le temps à faire un gibet? Cette poutre de teinturier est assez bonne pour lui. »

L'infortuné fut poussé vers son destin avec une implacable rapidité. Séparé de lui par la foule, Butler échappa aux dernières horreurs de l'agonie de Porteous. Inaperçu de ceux qui l'avaient jusque-là tenu prisonnier, il s'enfuit du lieu fatal sans savoir dans quelle direction il allait. Un grand cri manifesta la joie farouche que les auteurs de cet acte prenaient à son achèvement. De l'entrée de la rue basse appelée *de la Porte-aux-Vaches*, Butler jeta en arrière un regard terrifié, et, à la lumière rouge et lugubre des torches, il put distinguer une forme humaine tremblant et s'agitant, suspendue au-dessus des têtes de la multitude; il put même voir des hommes la frapper de leurs haches de Lochaber et de leurs pertuisanes. Cette vue était de nature à doubler son effroi, et à donner des ailes à sa fuite.

La rue qu'il descendait en courant s'ouvre sur une des portes orientales de la cité. Butler ne s'arrêta pas qu'il n'y fût parvenu ; elle était encore fermée. Il attendit près d'une heure, se promenant de côté et d'autre, dans un trouble d'esprit inexprimable. Il s'aventura enfin à appeler l'attention des gardiens de la porte, qui, glacés d'effroi à la première heure, étaient laissés libres maintenant de reprendre leur service. Butler les pria d'ouvrir la porte. Ils hésitèrent. Il leur dit son nom et sa profession.

« C'est un prédicateur, » dit l'un des gardiens ; « je l'ai entendu prêcher à Haddo.

— Un fameux sermon qu'il a fait cette nuit, » dit un autre ; « mais moins on en dira, mieux cela vaudra. »

Ouvrant alors le guichet de la porte principale, les gardiens permirent à Butler de sortir, et celui-ci se hâta de porter hors des murs d'Édimbourg ses sentiments d'horreur et de crainte. Sa première pensée fut de prendre à l'instant le chemin de sa demeure ; mais d'autres inquiétudes et d'autres soins, liés aux nouvelles qu'il avait apprises en ce mémorable jour, l'amenèrent à errer jusqu'au lever du soleil dans le voisinage de la ville. Pendant les heures de ténèbres qui restaient encore, il passa près de lui plus d'un groupe de personnes qu'au son étouffé de leurs paroles, à l'heure insolite en laquelle ils voyageaient, au pas rapide dont elles marchaient, il supposa du nombre de celles qui avaient pris part à l'acte fatal qui venait de s'accomplir.

La disparition soudaine et totale des émeutiers après leur acte de vengeance, ne fut pas le trait le moins remarquable de cette singulière affaire. En général, et quel que soit le motif impulsif qui a d'abord soulevé la foule, l'exécution de ce qui était son but ne fait qu'ouvrir la route à de plus larges excès. Il n'en fut pas ainsi dans cette occasion. Par la vengeance qu'ils avaient poursuivie avec une activité si intelligente et si ferme, il sembla que les émeutiers s'étaient pleinement satisfaits. Lorsqu'ils furent assurés que la vie avait abandonné leur victime, ils se dispersèrent dans toutes les directions, jetant bas les armes qu'ils n'avaient prises que pour l'exécution de leur dessein. A la pointe du jour, il ne restait pas la moindre trace des événements de la nuit, sauf le cadavre de Porteous, suspendu encore au lieu du supplice, et les armes diverses dont les émeutiers s'étaient emparés dans le corps de garde, et que l'on trouva semées dans les rues, ainsi que les avaient jetées, la besogne faite, ceux qui s'en étaient emparés.

Les magistrats ordinaires de la cité reprirent leur pouvoir, non sans trembler de l'épreuve qu'ils venaient de faire de sa fragilité. Introduire les troupes dans la cité, et commencer une enquête sévère sur les actes de la nuit précédente, furent les premières marques de leur retour à l'énergie. Mais les événements avaient été conduits d'après un plan si sûr et si bien calculé, avec tant de prudence et de secret, qu'on n'apprit rien, ou presque rien, qui pût jeter la lumière sur les acteurs principaux d'une entreprise aussi audacieuse. Un exprès fut dépêché à Londres avec les nouvelles, qui y excitèrent une grande indignation et une grande surprise dans le conseil de régence, particulièrement chez la reine Caroline, qui considéra son autorité comme exposée au mépris par le succès de cette conspiration singulière. On ne parla pendant quelque temps que de mesures vengeresses à prendre, non seulement à l'égard des acteurs de cette tragédie dès qu'ils seraient découverts, mais à l'égard aussi des magistrats qui l'avaient laissé commettre, et de la ville qui en avait été le théâtre. La tradition populaire raconte encore aujourd'hui que Sa Majesté, dans le premier élan de sa colère, dit au célèbre Jean, duc d'Argyle, que, plutôt que d'accepter une pareille insulte, elle ferait de l'Écosse un champ de chasse. « En ce cas, Madame, » répondit avec un profond salut ce gentilhomme au cœur généreux, « je prendrai congé de Votre Majesté, et j'irai chez moi préparer mes chiens. »

Cette réponse avait trop d'importance pour que l'oreille seule en fût frappée ; et comme une grande part de la noblesse et de la classe moyenne de l'Écosse semblait animée du même esprit national, le mécontentement royal dut s'arrêter à mi-chemin, et des moyens plus doux furent proposés et adoptés. Il en est quelques-uns dont nous aurons, plus loin, occasion de nous occuper (D).

CHAPITRE VII.

> Siège d'Arthur, sois mon lit ;
> De draps je n'ai plus que faire ;
> Pour boisson j'aurai l'eau claire :
> Car mon bien-aimé me fuit !
> *Vieille chanson.*

Si, pour assister au lever ou au coucher du soleil, j'avais à choisir l'endroit le plus favorable, ce serait ce sentier sauvage qui serpente au pied de la grande ceinture de rochers semi-circulaires qu'on appelle les Cimes de Salisbury, là où commence, vers la vallée, la rapide descente qu'on aperçoit au sud-ouest de la cité d'Édimbourg. Au premier plan, la vue commande une ville aux bâtiments élevés et serrés les uns contre les autres, s'étendant au-dessous du spectateur sous une forme où les imaginations romantiques parviendraient aisément à se représenter un dragon ; puis un bras de mer majestueux, avec ses rochers, ses îles, ses rivages lointains et sa bordure de montagnes ; puis encore, une belle et fertile campagne où la variété des collines, des vallons et des rochers a pour lisière la chaîne pittoresque des montagnes du Pentland. A mesure que le sentier poursuit sa marche circulaire au pied des hautes cimes, le paysage, enchanteur et sublime, va changeant à chaque pas, mêlant ou séparant tour à tour les beautés qu'il offre au regard, avec toute la variété possible pour le charme des yeux et de l'imagination. Quand des perspectives si belles, et cependant si diverses, si faites pour appeler la curiosité par leurs détails, et cependant si sublimes, sont éclairées des teintes du matin ou du soir, et montrent ces profondeurs ombreuses échangeant en partie leurs ténèbres contre une clarté qui donnerait un caractère au plus modeste des paysages, l'effet produit alors est presque de l'enchantement. Ce sentier était ma retraite favorite du soir ou du matin quand je m'entretenais avec un auteur aimé, ou quand je poursuivais un sujet nouveau d'étude. On m'assure qu'il est, aujourd'hui, totalement impraticable, ce qui, si cela était vrai, donnerait une faible idée du goût de la bonne ville ou de ceux qui sont à sa tête. Que de délicieuses rêveries ces lieux ont vu naître en moi lorsque la vie était la jeunesse et promettait le bonheur! On me pardonnera donc, à son sujet, cette description épisodique.

Ce fut de ce sentier romantique et si plein de fascinations, que Butler vit se lever le jour le lendemain de la mort de Porteous. Il aurait aisément pu trouver un chemin plus court pour arriver à la maison vers laquelle il se dirigeait, et l'on est forcé de reconnaître que celui qu'il avait pris faisait beaucoup de détours. Mais pour calmer ses esprits, aussi bien que pour passer le temps jusqu'à l'heure où il pourrait rendre visite à ses amis sans les surprendre et les gêner, il dut allonger sa promenade au pied des rochers, et retarder sa course jusqu'à une heure plus avancée de la matinée. Tandis que, tantôt debout les bras croisés, tantôt surveillant l'ascension lente du soleil au-dessus de l'horizon, tantôt assis sur l'un des nombreux fragments que l'orage avait détachés des sommets, il médite tour à tour sur l'horrible catastrophe dont il venait d'être témoin, et sur les tristes nouvelles, trop intéressantes, hélas! qu'il avait apprises chez Saddletree, nous ferons savoir au lecteur quel était Butler, et comment son destin se liait à celui d'Effie Deans, la coadjutrice infortunée de la vigilante Mistress Saddletree.

Ruben Butler, bien que né en Écosse, était d'origine anglaise. Son grand-père était un cavalier de l'armée de Monk, l'un de ces dragons démontés qui, à l'assaut de Dundee en 1651, formèrent le bataillon des enfants perdus. Étienne Butler (que son talent pour lire et pour expliquer les livres saints fit appeler Étienne-l'Écriture et Butler-la-Bible) était le plus déterminé des indépendants, et avait accepté dans son sens le plus large la promesse que les saints hériteraient de la terre. Les mauvais coups ayant été, jusque-là, ce qui, dans la division de la propriété commune, lui était le plus abondamment échu, il ne perdit pas l'occasion que l'assaut et le pillage d'une place de commerce lui offraient de s'approprier, des biens de ce monde, une part aussi large qu'il en pourrait porter. Il y a lieu de croire qu'il y réussit assez bien, car, à en juger par les apparences, ses affaires, après cet événement, semblèrent considérablement modifiées.

La troupe à laquelle il appartenait fut logée au village de Dalkeith; elle formait la garde particulière de Monk, qui, en sa qualité de général de la République, résidait au château voisin. Lorsqu'à la veille de la restauration, le général commença cette marche d'Écosse en Angleterre qui devait avoir des conséquences si importantes, il forma ses troupes d'après un modèle nouveau, celles surtout que leur service attachait de plus près à sa personne, et qu'il ne voulait composer que de gens à sa dévotion. En cette occasion, Étienne-l'Écriture fut pesé dans la balance et ne fut pas trouvé de poids suffisant. On supposa qu'il manquerait de vocation pour une campagne où pourrait être mis en danger le règne des saints qui portaient l'épée, et qu'il ne se croirait pas libre, en conscience, de s'unir à un parti qui pourrait bien, en définitive, reconnaître les droits de Charles Stuart; de Charles Stuart, le fils du « dernier des hommes, » ainsi que, d'une façon familière et irrévérencieuse, les saints du parti militaire appelaient Charles Ier, et dans leurs conversations ordinaires, et dans leurs prédications ou leurs discours plus soigneusement élaborés. Comme l'heure ne permettait pas de casser ouvertement des dissidents de cette espèce, on se borna, d'une façon amicale, à inviter Étienne Butler à céder son cheval et son équipement à un des vieux soldats de Middleton, dont la conscience militaire était de trempe plus accommodante, et se réglait principalement sur celles du colonel et du payeur. Cette insinuation venant sous la recommandation d'une certaine somme d'arriéré que l'on offrait de payer comptant, Étienne eut assez de sagesse charnelle pour accepter la proposition, et vit avec grande indifférence son ancien corps partir pour Coldstream, faisant route vers le sud pour établir sur une base nouvelle le gouvernement chancelant de l'Angleterre.

La ceinture de l'ancien soldat (sa zone, pour employer l'expression d'Horace) fut assez pesante pour acheter, à environ un mille d'Écosse de Dalkeith, une maisonnette et deux ou trois champs, connus encore aujourd'hui sous le nom de Beersheba. Ce fut là qu'Étienne s'établit, avec une jeune compagne qu'il avait choisie dans le village de Dalkeith; la disposition d'Étienne à avoir, de ce côté-ci de la tombe, une installation convenable, avait fait accepter à la jeune femme les façons brusques, le caractère sérieux, les traits rudes et le teint basané de ce martial enthousiaste. Étienne ne survécut pas longtemps à l'avalanche « de mauvais jours et de mauvaises langues, » dont Milton, dans le même ordre d'idées, se plaint avec tant de tristesse. Sa femme resta veuve de bonne heure, avec un enfant de trois ans, du sexe masculin : cet enfant, par la gravité calme de ses allures, par le caractère antique et même un peu laid de son visage, par la façon sentencieuse dont il s'exprimait, aurait suffisamment défendu l'honneur de la veuve de Beersheba, au cas où l'on aurait douté si ce marmot descendait bien de Butler-la-Bible.

Les principes de Butler n'avaient pas été suivis par sa famille, et ne s'étaient pas étendus parmi ses voisins. L'air d'Écosse était contraire au développement de l'indépendance, bien qu'à d'autres égards, il fût favorable au fanatisme. Les principes du défunt ne furent cependant point oubliés. Un certain laird du voisinage se piquait d'avoir eu, « dans le pire des temps, » une grande loyauté d'opinions ; je n'ai jamais ouï dire, d'ailleurs, qu'il se fût exposé par là à d'autres périls qu'une tête cassée ou une nuit au corps de garde quand le vin et les ardeurs du parti des cavaliers s'étaient emparés de l'étage supérieur de son individu. Ce laird donc avait jugé convenable d'accumuler contre feu Étienne toutes sortes d'accusations. Dans cette énumération, les principes religieux du défunt ne jouaient pas un médiocre rôle ; ils avaient dû, en effet, paraître fort exagérés à un homme qui en avait de si modestes et de si faiblement tracés qu'ils étaient, pour ainsi dire, imperceptibles. La veuve Butler reçut donc sa large part des amendes pour non conformité et de toutes les autres oppressions que ce temps-là comportait, jusqu'au moment où Beersheba fut bel et bien arraché de ses mains, pour devenir la propriété du laird, qui, comme il vient d'être dit, avait, avec tant de zèle, persécuté la pauvre abandonnée.

Lorsqu'il eut atteint le but qu'il se proposait, il montra du remords, de la modération, un sentiment enfin que le lecteur sera libre de qualifier comme il voudra; il permit à la veuve d'habiter la maisonnette de son mari, et de cultiver, moyennant une redevance qui n'était pas par trop lourde, un coin de terre y attenant. Cependant, Benjamin, le fils de la veuve, arrivait à l'âge d'homme; mû par cette impulsion qui fait rechercher l'union conjugale au cas même où elle ne paraît bonne qu'à perpétuer la misère, il s'adjoignit une femme, et, un peu plus tard, un fils, Ruben, pour prendre part à la pauvreté de Beersheba.

Le laird de Dumbiedikes avait été, jusqu'à cette époque, modéré dans ses exigences, peut-être parce qu'il avait honte de frapper d'une taxe trop haute les chétifs moyens d'existence restés à la veuve Butler. Mais lorsqu'un jeune homme actif et vigoureux apparut comme travailleur sur la pièce de terre en question, Dumbiedikes se prit à penser qu'une aussi large paire d'épaules pourrait porter un plus lourd fardeau. Il se réglait en effet beaucoup, dans sa façon de traiter les personnes (peu nombreuses heureusement) qui dépendaient de lui, d'après les principes des charretiers qu'il voyait emplissant leurs charrettes à une houillère du voisinage, et qui ne manquaient jamais de faire à leur chargement une addition de cent livres, aussitôt que, de manière ou d'autre, ils étaient parvenus à remplacer par un cheval un peu plus fort celui qui avait crevé la veille. Quelque raisonnable que cette pratique parût au laird de Dumbiedikes, il aurait dû remarquer qu'elle peut mener plus loin qu'on ne voudrait, et qu'elle implique, comme conséquence ordinaire, la destruction et la perte du cheval, de la charrette et du chargement. C'est ce qui arriva quand les « prestations » additionnelles vinrent à être demandées de Benjamin Butler. Sobre de paroles, peu riche d'idées, mais attaché à Beersheba avec l'affinité de la plante pour le sol sur lequel le sort a voulu qu'elle fût plantée, il ne discuta pas avec le laird, il n'essaya pas de lui échapper, mais, travaillant jour et nuit pour satisfaire aux redevances qu'exigeait de lui son maître, il fut pris d'une fièvre chaude, et mourut. Sa femme ne lui survécut pas longtemps ; et, comme si c'eût été, dans cette famille, le sort de tous de rester orphelins, notre Ruben Butler fut, en 1704 ou 1705, laissé dans la même situation en laquelle s'était trouvé son père, et sous la même tutelle, celle de sa grand'mère, la veuve de l'ancien soldat de Monk.

Les mêmes perspectives de misère étaient suspendues sur la tête d'un autre tenancier de ce propriétaire au cœur dur. C'était un rude presbytérien, à conviction robuste, du nom de Deans, qui, bien que fort opposé au laird sous le rapport des principes de l'Église et de l'État, s'efforçait de se maintenir sur le domaine par le paiement régulier des redevances en argent et en nature, des arrérages, droits de charroi, de mouture sèche, de bottelage, de prestations et de services, convertis maintenant en argent, et additionnés les uns aux autres sous l'appellation générale et bien sentie de *loyer*. Mais les années 1700 et 1701, dont on s'est souvenu longtemps en Écosse comme années de disette et de calamité, mirent à bas le ferme courage du malheureux agriculteur. Citations à la requête de l'agent des impôts fonciers, décrets de la cour-baron, séquestres, saisies de bestiaux, sifflèrent aussi vite à ses oreilles que les boulets des torys à celles des covenantaires dans les journées de Pentland, du Pont de Bothwell ou d'Airsmoss. Il eut beau lutter (et il le fit vaillamment), Douce David Deans fut mis en déroute, cavalerie et infanterie, et tomba à la merci de son propriétaire avide, juste à l'époque où mourait Benjamin Butler. Le destin des deux familles était facile à prévoir; mais une circonstance accidentelle vint mettre en défaut ceux qui prophétisaient l'expulsion, la ruine et la mendicité.

Le jour même où leur expulsion devait avoir lieu, alors que tous leurs voisins se mettaient en devoir de s'apitoyer sur leur sort, pas un de les aider, le ministre de la paroisse, et aussi un docteur médecin d'Édimbourg, reçurent avis pressant de se rendre auprès du laird de Dumbiedikes. Ils furent surpris tous les deux, car le mépris des facultés de médecine et de théologie avait été d'ordinaire le thème favori du laird lorsqu'il avait une bouteille de trop, c'est-à-dire, pour le moins, une fois le jour. Le médecin de l'âme et celui du corps mirent pied à terre, presque en même temps, dans la cour du vieux petit manoir; et, après s'être un instant regardés l'un l'autre avec surprise, ils exprimèrent simultanément la conviction que Dumbiedikes devait être bien mal pour les faire appeler tous les deux à la fois. Avant que le domestique eût eu le temps de les introduire, le groupe des arrivants s'augmenta d'un homme de loi, Nichil Novit, s'intitulant procureur devant la cour du shérif, car, en ce temps-là, il n'y avait pas de *solicitors*. Ce dernier personnage fut conduit le premier à la chambre du laird, où, peu de temps après, les deux préposés au soin de l'âme et du corps furent invités à le rejoindre.

Dumbiedikes avait été transporté dans la meilleure des chambres à coucher, dont on ne se servait qu'en cas de mort ou de mariage, et qu'à raison de la première de ces destinations, on appelait la chambre des morts. Dans cette pièce, indépendamment du malade et de M. Novit, se trouvait le fils et héritier du patient, un grand garçon, à l'air gauche et niais, qui pouvait avoir quatorze ou quinze ans; il y avait aussi une gouvernante, grosse figure réjouie, entre quarante et cinquante, qui gardait les clefs et dirigeait la maison de Dumbiedikes depuis la mort de la maîtresse du lieu. C'était à ces diverses personnes que Dumbiedikes s'adressait, à peu près dans les termes que nous allons indiquer; les choses temporelles et spirituelles, le soin de sa santé et celui de ses affaires, se confondaient d'une façon étrange dans une tête qui n'avait jamais été des plus nettes.

« Voici venir de mauvais instants, Messieurs et voisins! Presque aussi désagréables qu'en quatre-vingt-neuf, dans la révolution, quand j'ai été si bien houspillé par les étudiants. Ils se trompaient; ils m'appelaient papiste; je n'ai jamais, Monsieur le ministre, été papiste le moins du monde. Jean, mon fils, que ceci vous soit un avertissement: c'est une dette qu'il faut que nous payions tous; et Nichil Novit est là pour vous dire que jamais de la vie je n'ai été fort pour payer mes dettes. Monsieur Novit, vous n'oublierez pas de toucher l'annuité due sur le billet du comte; si je paie mes dettes aux autres, il faut bien, je crois, qu'on me paie aussi ce qu'on me doit, pour que cela se balance. Jean, quand vous n'aurez pas autre chose à faire, il faudra toujours enfoncer un arbre en terre; il poussera, Jean, pendant que vous dormirez. Il y a quarante ans que mon père m'a dit cela, mais je n'ai jamais trouvé le temps d'y penser. Jean, ne buvez pas d'eau-de-vie le matin; cela ne vaut rien pour l'estomac. Votre liqueur du matin, que se soit de *l'eau admirable :* Jeannette la fait bien. Docteur, ma respiration devient aussi pauvre que celle d'un joueur de cornemuse éreinté, qui, dans une noce à deux sous, a soufflé vingt-quatre heures de suite. Remettez-moi, Jeannette, mon oreiller sous la tête : bon ; mais à quoi cela me servira-t-il ? Monsieur le ministre, ne sauriez-vous pas me dire quelque petite prière bien courte ? Cela, peut-être, me ferait du bien. Et tâchez de m'ôter de la tête certaines idées qui ne sont pas drôles. Allons, dites-moi quelque chose.

— Je ne puis vous dire une prière comme on chanterait un couplet, » répondit l'ecclésiastique ; « et si vous voulez que votre âme ne devienne pas la proie du chasseur, il faudra bien me montrer dans quel état elle se trouve.

— Ne pouvez-vous pas le savoir sans que je vous le dise ? » répliqua le patient. « N'ai-je pas payé les émoluments et les dîmes, les droits de cure et de vicariat ? Quant aux prières, ma foi, je n'en ai pas dit une syllabe depuis 1689, la seule fois en ma vie que j'en aie jamais demandé. Grand merci de votre *whigisme,* s'il n'en sait pas faire davantage. Le vieux curé Kiltstoup m'aurait déjà lu, pendant ce temps-là, la moitié du livre de prières. Bonsoir ! Voyons, docteur, si vous pourrez faire pour moi quelque chose de mieux. »

Le docteur, qui, pendant ce temps-là, avait obtenu de la gouvernante quelques renseignements sur ce dont se plaignait son maître, dut répondre au laird que l'art de la médecine ne saurait longtemps prolonger ses jours.

« Au diable tous les deux, alors, le ministre et vous ! » s'écria avec fureur le patient intraitable. « N'êtes-vous venus ici que pour me dire que vous ne pouvez rien faire ? Qu'ils s'en aillent, Jeannette, qu'ils s'en aillent ! Et vous, Jean, ma malédiction sur vous, et celle aussi de Cromwell, si vous leur donnez salaire ou n'importe quoi, quand ce ne serait qu'une paire de gants noirs ! »

Le ministre et le docteur battirent promptement en retraite, pendant que Dumbiedikes s'abandonnait à l'un des accès de langage violent et profane pour lesquels il était connu. « Jeannette, coquine, drôlesse, apportez-moi le flacon d'eau-de-vie ! » cria-t-il, d'une voix dans laquelle la colère le disputait à la souffrance. « Je peux bien mourir comme j'ai

« Au diable tous les deux, le ministre et le docteur ! » s'écria le laird de Dumbiedikes.

vécu, sans avoir devant moi la figure d'un seul de ces gens-là. Mais il y a une chose, » dit-il en baissant la voix, « il y a une chose qui me barbouille le cœur, et qu'un quartaut d'eau-de-vie ne lavera pas. Les Deans de Woodend! L'année était dure, et je les ai fait saisir ; pour eux, maintenant, la fuite et la mendicité. Et Beersheba, la femme du vieux troupier et son enfant, ils vont mendier, mendier! Regardez, Jean; quel temps fait-il ?

— Il neige très fort, mon père, » répondit Jean, après avoir ouvert la fenêtre et regardé dehors avec beaucoup de tranquillité.

« Ils vont périr dans la neige! » dit le pécheur expirant; « ils vont mourir de froid! et je n'aurai que trop chaud, si ce qu'on raconte est vrai. »

Cette dernière réflexion se fit à voix basse, et d'un ton qui provoqua le frisson chez l'homme de loi lui-même. Pour la première fois de sa vie, probablement, le procureur s'essaya aux avis spirituels ; comme un calmant aux angoisses de la conscience du laird, il conseilla la réparation du mal que le patient avait fait à ces pauvres familles, réparation, dit-il en passant, que la loi civile qualifie de *restitutio in integrum*. Mammon, cependant, luttait avec le remords, et voulait conserver sa place dans un cœur qu'il avait si longtemps possédé. Il y réussit en partie, de même qu'un ancien tyran se trouve souvent avoir trop de force contre l'insurrection de ceux qu'il opprime.

« Je ne puis faire cela, » s'écria-t-il avec l'accent du désespoir. « Cela me tuerait de le faire. Comment voulez-vous que je rende de l'argent, vous qui savez combien j'en ai besoin? Comment me conseiller d'abandonner Beersheba, alors que ce petit domaine est si bien placé au milieu des miens ? La nature a fait Dumbiedikes et Beersheba pour qu'ils fussent tous les deux la propriété du même homme. Elle a voulu... Nichil, cela me tuerait de les séparer.

— Vous mourrez cependant, laird, que vous le fassiez ou non, » dit M. Novit ; « et cela rendrait peut-être votre départ moins douloureux. Il n'y a qu'à essayer. Je libellerais la disposition en un rien de temps.

— Ne parlez pas de cela, Monsieur, » répliqua Dumbiedikes, « ou je vous jette ce bol à la tête. Jean, mon garçon, vous voyez comme les pensées du monde me tourmentent à mon lit de mort. Soyez bon pour ces pauvres gens, les Deans et les Butler ; soyez bon pour eux. Ne laissez pas le monde faire des saignées dans votre bien, Jean ; gardez le domaine comme il est, et, quoi que vous fassiez, ne vous défaites de Beersheba à aucun prix. Permettez aux pauvres créatures de rester sous un fermage modéré, de façon à manger un morceau et à tremper une soupe. Cela vaudra mieux peut-être pour votre père, mon garçon, dans l'endroit où il sera. »

Après ces instructions, dont les diverses parties se contredisaient un peu, le laird se trouva l'esprit en repos, à ce point qu'il but trois coups d'eau-de-vie, et qu'il « rendit le souffle, » suivant l'expression de Jeannette, en essayant de chanter :

Le diable emporte le ministre.

Sa mort opéra une révolution en faveur des familles en détresse. Jean Dumbie, au nom duquel à présent, en son propre droit, s'ajoutait l'appellation *de Dumbiedikes,* était suffisamment avare et égoïste, mais n'avait pas la disposition rapace et l'esprit actif de son père ; il advint que son tuteur pensa, comme lui, qu'il fallait avoir égard à la recommandation du père mourant. Les tenanciers donc ne furent pas jetés à la porte sous les tourbillons de neige ; on leur donna même de quoi se procurer du lait de beurre et des galettes à la farine de pois, qu'ils mangèrent sous l'impression bien sentie de la malédiction originelle. La chaumière de Deans, appelée Woodend, n'était pas bien éloignée de celle de Beersheba. Il y avait eu jusque-là peu de rapports entre les deux familles. Deans était le plus enraciné des Écossais, avec mille et mille préjugés contre les gens du sud, et contre toute la semence des gens du sud. Deans était en outre, comme nous l'avons dit, un zélé presbytérien, attaché de la façon la plus rigide, la plus inflexible, à ce qu'il considérait comme la seule ligne droite qu'on pût trouver (c'était son expression) entre les chaleurs et excès de la main droite et les défections de la main gauche. Il tenait, par suite, en grandes crainte et horreur tous les indépendants, et tous ceux qu'il supposait leurs alliés.

Nonobstant ces préjugés nationaux et ces différences dans la foi religieuse, Deans et la veuve Butler se trouvaient placés dans une situation qui créa naturellement, à la longue, quelque intimité entre eux. Ils avaient partagé un danger commun et une commune délivrance. Ils avaient besoin de se prêter mutuellement secours, comme une troupe de gens qui, voulant remonter un torrent, sont forcés de se tenir étroitement unis ensemble, de peur que le courant ne soit trop fort pour celui d'entre eux qui manquerait d'un pareil soutien.

En faisant, d'ailleurs, plus ample connaissance, Deans vit diminuer quelques-unes de ses idées préconçues. Il reconnut que la vieille Mistress Butler, bien que mal affermie sur l'étendue et la portée du témoignage vrai contre les défections du temps, ne professait pas d'opinions en faveur du parti des indépendants ; de plus, elle n'était pas Anglaise. Il était donc à espérer que, bien qu'elle fût la veuve d'un caporal enthousiaste des dragons de Cromwell, son petit-fils ne serait ni schismatique ni antinational, deux sortes de personnes à l'endroit desquelles le bonhomme Deans avait une terreur aussi salutaire qu'à l'endroit des papistes et des possédés du démon. Par-dessus tout (car Douce David Deans avait son côté faible), il s'aperçut que la veuve Butler le regardait avec révérence, qu'elle écoutait ses avis, et qu'en considération des conseils utiles que le presbytérien lui donnait pour l'aménagement de sa petite ferme, elle savait s'arranger, au besoin, d'un lardon contre les doctrines de son défunt mari, doctrines auxquelles, comme nous l'avons vu, elle n'avait pas été bien chaudement attachée. Ces conversations se terminaient habituellement par des paroles comme celles-ci : « Autant que j'en puis savoir, voisine Butler, on fait autrement en Angleterre ; » ou : « cela peut être différent en pays étranger ; » ou encore : « ceux qui pensent d'autre façon sur le grand principe de notre réforme covenantaire, ceux qui ont mis le remue-ménage et le farfouillis dans le gouvernement et dans la discipline de l'Église, ceux qui ont brisé les ciselures de notre temple de Sion, peuvent être pour qu'on sème de l'avoine dans le clos ; moi je dis : semez-y des pois. » Et comme le conseil, malgré sa forme bizarre, était raisonnable et bon, il était reçu avec reconnaissance et suivi avec respect.

Les relations qui s'établirent entre les familles de Beersheba et de Woodend amenèrent de très bonne heure une étroite intimité entre Ruben Butler, avec qui le lecteur a déjà fait connaissance, et Jeanie Deans, le seul enfant que Douce David Deans eût eu de sa première femme, Chrétienne Menzies, de Hochmagirdle. Pour employer les expressions mêmes dont se servait Deans en parlant de la défunte, « le nom de cette incomparable chrétienne était un parfum exquis pour tous ceux auxquels il rappelait les vertus qu'ils lui avaient vu pratiquer. » La manière dont se forma l'intimité de Ruben et de Jeanie, les conséquences qu'elle eut, nous allons maintenant le raconter.

CHAPITRE VIII.

> Si Ruben et Rachel, ainsi que deux pigeons,
> S'aimaient de l'amour le plus tendre,
> Du dieu qui veut trop loin pousser les passions
> Leurs cœurs purs savaient se défendre.
> De la réflexion, pour se donner la main,
> Ils voulaient la parole sage ;
> Et, pauvres tous les deux, n'entendaient pas soudain
> Se rendre pauvres davantage.
>
> CRABBE. *Le Registre de la Paroisse.*

ANDIS que les deux veufs, la femme Butler et Deans, luttaient contre la pauvreté, et déployaient leurs efforts sur le sol rude et ingrat des « parts et portions » qu'ils avaient pour lot d'occuper dans le domaine de Dumbiedikes, il devint bientôt évident que Deans sortirait vainqueur de ce combat, et que son alliée y serait vaincue. Le premier était un homme, qui n'avait guère dépassé le meilleur âge de la vie ; Mistress Butler était une femme, et commençait à descendre dans le vallon des années. Une compensation, toutefois, semblait devoir s'établir avec le temps : Ruben grandissait pour aider son aïeule dans son travail, et Jeanie Deans, en sa qualité de fille, ne devait être considérée, pour son père, que comme un fardeau de plus. Mais Douce David Deans savait mener mieux les choses : pour élever et instruire la petite mignonne (c'est ainsi qu'il l'appelait), il s'y prit de telle sorte que, dès qu'elle put marcher, il l'employa chaque jour à quelque tâche qui con-

vînt à son âge et à ses forces. Cette habitude, jointe aux avis et aux leçons quotidiennes de son père, tendait à donner, dès l'enfance, à l'esprit de la petite fille, un tour grave, sérieux, ferme et réfléchi. Une dose exceptionnelle de vigueur et de santé, un tempérament exempt de toutes dispositions nerveuses ou de toutes autres irrégularités physiques, libre en un mot de tout ce qui influe souvent sur l'esprit en attaquant le corps dans ses fonctions les plus nobles, contribuèrent beaucoup à établir en elle la force, la simplicité et la décision du caractère.

Ruben, au contraire, était faible de constitution; et son caractère, sans aller jusqu'à pusillanimité, avait en soi quelque chose d'indécis, d'irrésolu et de craintif. C'était un garçon pâle, maigre, délicat, maladif, et quelque peu boiteux par suite d'un accident de sa première enfance. Il avait de plus une grand'mère qui le gâtait, qui, par les préoccupations trop grandes qu'elle avait à son sujet, finit par l'habituer à se défier de lui-même, avec une disposition à s'exagérer son importance; ce qui est, pour les enfants, l'une des conséquences les plus fâcheuses de l'indulgence exagérée que l'on a pour eux.

Chacun des deux enfants cependant, non moins par goût que par habitude, s'attachait à la société de l'autre. Ils gardaient ensemble la petite troupe de moutons et les deux ou trois vaches que leurs parents envoyaient aux communs non clos de Dumbiedikes, pour y chercher la pâture plutôt que pour l'y trouver. C'était là qu'on pouvait voir les deux bambins, assis sous un buisson de houx en fleurs, leurs petites figures tout près l'une de l'autre à l'ombre d'un même plaid qui recouvrait leurs deux têtes, tandis qu'autour d'eux, sous un nuage tout gros encore de l'ondée qui venait de les chasser sous cet abri, le paysage se teignait de couleurs foncées. D'autres fois, ils allaient ensemble à l'école; le petit garçon recevait de sa compagne l'encouragement et l'exemple, au passage des petits ruisseaux qui se trouvaient sur leur chemin, à la rencontre des bestiaux, des chiens, et d'autres dangers, dont le sexe masculin prétend d'ordinaire avoir pour prérogative de préserver un sexe plus faible. Mais lorsqu'assis sur les bancs de l'école ils commençaient à apprendre leurs leçons ensemble, Ruben se montrait aussi supérieur à Jeanie Deans par la vivacité de l'intelligence qu'il lui était inférieur pour la fermeté de la constitution et pour ce mépris de la fatigue et du danger qui dépend surtout des nerfs. Ruben se trouvait alors à même de rembourser à Jeanie la complaisance et le secours dont, en d'autres cas, elle avait coutume de le gratifier. Il était, sans conteste, le meilleur élève de la petite école de la paroisse ; et son caractère, sa manière d'être étaient si aimables, qu'il était un objet d'admiration plutôt que d'envie pour le petit peuple de cette bruyante demeure, où cependant il était le favori déclaré de l'instituteur. Plusieurs petites filles, surtout (car, en Écosse, elles font leurs études avec les garçons), avaient particulièrement à cœur de montrer leur bienveillance et de procurer leur appui au petit garçon délicat qui, par son savoir, s'élevait tant au-dessus de ses compagnons. Ruben Butler était fait pour appeler à la fois leur sympathie et leur admiration, les sentiments, peut-être, par lesquels les femmes (j'entends ici les meilleures) se laissent captiver le plus aisément.

Ruben, réservé et circonspect de sa nature, n'encourageait pas ces avances ; à mesure que l'approbation enthousiaste de son maître lui promettait un bel avenir dans la vie et éveillait son ambition, il n'en devenait que plus attaché à Jeanie Deans. En même temps, chaque progrès que faisait Ruben dans ses études (et ils étaient fort grands, eu égard à la mesure de ce qui se pouvait récolter à l'école), le rendait moins capable d'être utile à sa grand'mère dans les occupations de la ferme. En étudiant dans Euclide le *pons asinorum* (en d'autres termes, le carré de l'hypoténuse), il laissait tout le bétail par lui mené aux communs entrer sur un grand champ de pois qui appartenait au laird, et il fallait la précipitation et les efforts de Jeanie Deans et de son petit chien Pied-Poudreux pour sauver un grand dommage et la punition qui aurait suivi. D'autres méfaits du même genre marquaient encore les progrès de Ruben dans les études classiques. Il lisait si bien les *Géorgiques* de Virgile qu'il ne savait plus distinguer l'avoine de l'orge ; il avait presque détruit les récoltes de Beersheba, en essayant de les cultiver d'après la pratique de Columelle et de Caton le Censeur.

Ces erreurs fâcheuses furent pour sa grand'mère un sujet de déplaisir, et gâtèrent la bonne opinion que, pendant un certain temps, son voisin David Deans avait eue de Ruben.

« Je ne vois point, voisine Butler, que vous puissiez rien faire de ce nigaud, » dit-il à la vieille dame, « à moins que vous ne l'éduquiez pour être ministre du culte. Il n'y a jamais eu plus besoin de bons prédicateurs que maintenant, dans ces jours mauvais et froids, où les cœurs des hommes sont devenus durs comme des meules de moulin, au point qu'ils en viennent à ne plus s'occuper des choses du ciel. Il est évident que le pauvre garçon que vous avez ne sera jamais capable de faire utilement le travail du jour, à moins de servir comme ambassadeur de notre maître. J'en fais mon affaire : je lui procurerai une licence quand il y sera préparé ; il sera, j'en ai l'assurance, une flèche finement polie et digne qu'on en fasse usage dans l'intérêt de l'Église. Il n'ira pas, comme le pourceau, se vautrer à nouveau dans le bourbier des excès et des révoltes de l'hérésie, mais il aura les ailes d'une colombe, encore qu'à la première heure il ait couché dans une écuelle. »

Douce David Deans.

La pauvre veuve dévora l'affront aux principes de son mari que cette restriction dernière laissait deviner, et se hâta de retirer Butler de l'école et de le pousser à l'étude des mathématiques et de la théologie, les seules sciences physiques et morales qui fussent de mode en ce temps-là.

Jeanie Deans fut forcée de se séparer du compagnon de ses travaux, de ses études et de ses jeux ; et dans l'impression que tous deux ressentirent de cette séparation, il y eut quelque chose de plus qu'une sensibilité d'enfant. Mais ils étaient jeunes, l'espérance leur parlait haut ; ils se séparèrent avec l'espoir de se retrouver en une heure plus favorable.

Pendant que Ruben Butler acquérait, à l'université de Saint-André, les connaissances dont un homme d'Église a besoin, et, en cherchant de la nourriture pour son esprit, infligeait à son corps les privations nécessaires, sa grand'mère devenait chaque jour plus incapable de s'en tirer dans la conduite de sa petite ferme, et fut enfin obligée d'en faire abandon aux mains du nouveau laird de Dumbiedikes. Ce grand personnage n'était pas absolument un juif, et n'abusa pas outre mesure de la circonstance. Il donna même à la pauvre femme la permission d'habiter, aussi longtemps qu'elle serait *habitable*, la maison dans laquelle elle avait vécu avec son mari ; mais il déclara formellement qu'il ne paierait pas un liard de réparations, toute la bienveillance qu'il possédait paraissant être de nature passive, et nullement de nature active.

Dans le même temps, grâce à la supériorité de son intelligence et de son savoir-faire, grâce à d'autres circonstances, dont quelques-unes purement accidentelles, David Deans prenait pied dans le monde, obtenait la possession d'un certain avoir, la réputation d'en posséder davantage, et une disposition toujours croissante à conserver et à grossir ce qu'il possédait ; si bien que, lorsqu'il y pensait sérieusement, il se sentait prêt à s'en blâmer. Les connaissances qu'il avait dans l'agriculture, telle qu'on la pratiquait alors, firent de lui une espèce de favori du laird. Ce dernier, disons-le, ne trouvait beaucoup de plaisir ni aux exercices du *sport* ni aux distractions de la société ; il prit l'habitude de terminer par une visite à la chaumière de Woodend sa promenade de tous les jours.

Dumbiedikes était lent dans ses idées et confus pour les exprimer. La tête coiffée d'un vieux chapeau galonné qui lui venait de son père, une pipe vide à la bouche, il avait coutume de venir s'asseoir une demi-heure à Woodend, et d'y rester sans bouger, suivant des yeux Jeanie

Deans (la fillette, comme il l'appelait), tandis qu'elle se livrait à ses travaux domestiques. Pendant ce temps, le père de Jeanie, après avoir épuisé les sujets fournis par le bétail, les charrues, les herses, saisissait fréquemment l'occasion d'entrer à pleines voiles dans les domaines de la controverse : le dignitaire écoutait ces discussions avec un grand air de patience, sans y répondre jamais; ou plutôt, comme beaucoup de gens le prétendaient, sans comprendre un seul mot de ce que disait l'orateur. Cette dernière allégation, Deans la repoussait avec énergie, comme une insulte au talent, qu'il se croyait et dont il était fier, d'expliquer les vérités abstraites; comme une insulte aussi à la compréhension du laird. « Dumbiedikes, » disait-il, « n'est pas un de ces gentilshommes superficiels qui ne savent que porter des galons à leurs habits et traîner l'épée derrière eux, plus aptes à aller en enfer à cheval qu'au ciel nupieds. Il n'est pas comme son père : il n'entretient pas de compagnies profanes, il ne jure pas, il ne boit pas, il ne fréquente pas les lieux où l'on joue, où l'on fait de la musique, où l'on danse; il ne viole pas le jour du sabbat; il n'impose ni serment ni promesse écrite, et ne porte pas atteinte à la liberté des gens. Il tient un peu trop au monde et aux biens du monde, mais c'est qu'en ces moments-là, un vent mauvais vient souffler sur son esprit. *Et cetera, et cetera.* » L'honnête David disait tout cela, et il le croyait.

De la part d'un père et d'un homme de sens et d'observation, il n'est guère à supposer que la direction constante des regards du laird vers Jeanie n'eût pas été remarquée. Cette circonstance, toutefois, avait fait une impression beaucoup plus grande sur un autre membre de la famille de Deans, une seconde compagne qu'il avait choisie pour l'attacher à son cœur dix ans après la mort de la première. Certaines personnes étaient d'avis que, dans cette rencontre, Douce David s'était laissé surprendre; car, en règle générale, il n'était pas pour qu'on se mariât ou pour qu'on mariât les autres. Il ne voyait dans cet état social qu'un mal nécessaire : c'était chose légale, qu'il fallait tolérer dans les conditions imparfaites de notre nature, mais propre à couper les ailes qui nous doivent élever en haut, et à attacher l'âme à sa demeure d'argile et aux consolations charnelles que procurent une femme et des enfants. Dans sa pratique personnelle, il s'était cependant, sur ce point, écarté de ses principes, puisque, nous l'avons vu, il avait deux fois, pour lui-même, ourdi les mailles de ce dangereux filet.

Rébecca, son épouse, n'avait pas la même horreur pour les combinaisons matrimoniales; et, comme elle faisait, en imagination, des mariages pour tous les voisins qui l'environnaient, elle ne manqua pas d'en entrevoir un entre Dumbiedikes et sa belle-fille Jéanie. Toutes les fois que ce sujet était touché, le mari avait régulièrement coutume de froncer le sourcil, et de lancer un *fi donc* significatif; mais il finissait d'ordinaire par prendre son chapeau et sortir de la maison, pour cacher le rayon de satisfaction qui s'était répandu malgré lui sur ses traits austères.

Les plus jeunes de mes lecteurs vont naturellement demander si Jeanie Deans méritait, de la part de Dumbiedikes, cette admiration muette? Avec les égards dus à la vérité, l'historien est obligé de répondre que dans les qualités attractives de sa personne, il n'y avait rien d'extraordinaire. Elle était petite, et un peu trop forte pour sa taille; elle avait les yeux gris, les cheveux d'un blond clair, une figure ronde, de bonne humeur, passablement hâlée par le soleil; le seul charme qui lui fût particulier, c'était une inexprimable sérénité, que répandaient sur ses traits une bonne conscience, des sentiments affectueux, un caractère heureux et satisfait, et l'accomplissement exact de tous ses devoirs. Il n'y avait donc rien qui pût émouvoir beaucoup dans le physique ou dans les manières de cette rustique héroïne; soit timidité cependant, soit manque de décision ou connaissance imparfaite de ce qu'il pensait lui-même, le laird de Dumbiedikes, avec son vieux chapeau galonné et sa pipe non remplie, venait jouir de la vision béatifique de Jeanie Deans; les jours se succédaient, les mois, les années, sans qu'aucune proposition vînt réaliser les prophéties de la belle-mère.

On vit doubler, sur ce sujet, l'impatience de la bonne dame, lorsqu'après plusieurs années de mariage, elle fit elle-même présent à Douce David d'une autre fille, qu'on appela Euphémie; par corruption, Effie. Ce fut alors que Rébecca commença à s'exaspérer de la lenteur du laird dans ses procédés amoureux. Elle se disait avec raison que lady Dumbiedikes n'ayant guère besoin de dot, la principale portion de l'avoir de son mari irait naturellement à l'enfant du second mariage. D'autres belles-mères ont essayé de moyens moins louables pour frayer à leurs propres enfants le chemin de la succession; pour rendre justice à Rébecca, elle ne cherchait l'avantage de la petite Effie que par l'élévation de la sœur aînée, par un moyen, du moins, que presque tout le monde aurait jugé tel. Elle mit donc en œuvre pour amener le laird à se déclarer, tous les artifices féminins qui se trouvaient dans la sphère de ses moyens; mais elle eut la mortification de voir que tous ses efforts, comme ceux d'un pêcheur mal habile, ne faisaient que donner peur à la truite qu'elle voulait attraper. Une fois, surtout, qu'elle avait plaisanté le laird sur l'à-propos qu'il y aurait à donner une maîtresse à la maison de Dumbiedikes, l'impression fut si vive que ni le chapeau galonné, ni la pipe, ni l'intelligent propriétaire de ces objets, ne reparurent à Woodend de quinze jours. Rébecca fut donc forcée de laisser le laird reprendre sa marche de colimaçon, convaincue par expérience de la justesse de l'aphorisme du fossoyeur : « si votre âne est rétif, vous aurez beau le battre, il n'en ira pas plus vite. »

Ruben, pendant ce temps, poursuivait ses études à l'université, pourvoyant à ses besoins en enseignant aux plus jeunes élèves les choses qu'il avait apprises lui-même : c'était ainsi que, tout à la fois, il se procurait les moyens de se maintenir au foyer de l'instruction, et de fixer en son esprit les éléments des études qu'il venait de faire. De cette façon, et comme c'est l'usage parmi les plus pauvres étudiants en théologie des universités d'Écosse, il parvint non seulement à suffire aux modestes besoins qui lui étaient personnels, mais encore à envoyer un secours de quelque importance au seul parent qui lui restait, devoir sacré que négligent rarement les Écossais. Dans l'ordre général des connaissances, aussi bien que dans les études spéciales à sa profession, ses progrès furent très grands; mais ils furent peu remarqués, grâce à sa modestie et à sa réserve, qui ne le portaient point à mettre son savoir en son meilleur jour. Butler donc, s'il eût été homme à se plaindre, aurait eu, comme bien d'autres, ses griefs à raconter : préférences injustes, mauvaise chance, déplorables habitudes. Sur tout cela pourtant, il gardait d'ordinaire le silence, par modestie peut-être, peut-être par un sentiment d'orgueil, peut-être aussi par un mélange des deux.

Il obtint sa licence comme prédicateur de l'Évangile, avec quelques compliments de la commission d'examen qui la lui accorda ; mais cela n'amena pour lui aucune nomination, et il dut venir résider quelques mois dans la chaumière de Beersheba, sans autre revenu que le gain précaire de leçons données dans une ou deux familles du voisinage. Après avoir embrassé sa vieille grand'mère, sa première visite avait été pour Woodend ; il y fut reçu par Jeanie avec une chaude cordialité, résultat de souvenirs qui n'étaient point sortis de l'esprit de la jeune fille ; par Rébecca, avec une hospitalité bonne et franche. Quant au vieux Deans, il eut pour recevoir Butler, une façon tout à fait à lui.

Jeanie Deans.

Quelque haute estime que Douce David eût pour le clergé, ce n'était pas individuellement à chacun de ceux qui portaient l'habit ecclésiastique qu'il accordait son approbation. Un peu jaloux, peut-être, de voir son jeune ami élevé à la dignité de maître et de prédicateur, il l'attaqua de suite sur divers points de controverse, pour voir s'il ne serait pas tombé dans quelques-unes des défections ou des désertions du temps.

Butler n'était pas seulement un homme de principes presbytériens bien arrêtés, il voulait éviter aussi de chagriner son vieil ami en disputant sur des points de peu d'importance ; il souhaitait donc de sortir, comme l'or affiné au feu, du fourneau de l'interrogatoire de David. Mais, dans l'esprit de ce rigide investigateur, le résultat ne fut pas aussi favorable qu'on l'aurait pu désirer et supposer. Clopin-clopant, ce soir-là, la vieille Judith Butler était allée jusqu'à Woodend, pour jouir des félicitations de ses voisins sur le retour de Ruben, sur le grade élevé qu'il avait mérité et dont elle était très fière ; elle fut un peu mortifiée de voir que son ancien ami Deans n'abordait pas ce sujet avec la chaleur à laquelle elle s'attendait. Deans, au premier abord, s'était montré silencieux plutôt que mécontent ; ce ne fut qu'après que Judith eut essayé plusieurs fois d'entamer cette matière, que le dialogue suivant s'engagea.

« Or çà, voisin Deans, je croyais que vous seriez bien aise de le revoir parmi nous, ce pauvre garçon?

— Je le suis, Mistress Butler. » Telle fut la réponse concise qu'elle reçut du voisin.

« Puisqu'il a perdu son grand-père et son père (loué soit Celui qui nous donne et qui nous reprend!), je ne sache pas qu'il ait dans le monde un ami qui, plus que vous, voisin Deans, se soit conduit comme un père à son égard.

— Dieu seul est le père de ceux qui n'en ont pas, » répondit Deans, touchant son chapeau et regardant le ciel. « Rendez l'honneur à qui il est dû, ma bonne dame, et non à un instrument indigne.

— C'est votre manière de tourner les choses, et, sans aucun doute, vous avez raison ; mais je vous ai vu, David, envoyer des aliments à Beersheba alors qu'il ne restait pas grand'chose dans le garde-manger de Woodend ; et je sais bien que...

— Bonne femme, » dit David en l'interrompant, « ce sont paroles en l'air que vous me donnez là ; elles ne sont bonnes à rien qu'à gonfler l'homme intérieur de la vanité de ses propres actes. J'étais à côté d'Alexandre Peden alors qu'il disait que la mort et le témoignage de nos bienheureux martyrs ne sont que des gouttes de sang et des taches d'encre, comparés à ce que demande l'accomplissement de nos devoirs. Que penser donc de ce qu'a pu faire un individu comme moi?

— Assurément, voisin Deans, vous avez raison ; mais je puis dire, et j'en suis sûre, que vous êtes bien aise de revoir mon garçon. Le voilà ici, maintenant ; et, s'il nous quitte, ce ne sera que pour aller à quelques milles de distance. Il a sur les joues de bonnes couleurs qui réjouissent mes vieux regards ; et son bel habit noir, bien propre, comme celui du ministre ; et...

— Je suis très heureux qu'il se porte bien et que ses habits soient en bon état, » répliqua Deans, avec une gravité qui semblait vouloir couper court à cet entretien. Mais une femme qui a un sujet en vue n'en est pas aisément détournée.

« Et maintenant, voisin Deans, » continua Mistress Butler, « il peut monter dans une chaire, lui, mon fils. Songez donc à cela. Et toute une assemblée sera là assise à l'écouter comme s'il était le pape de Rome.

— Le...? Le qui? Le quoi? femme! » s'écria Deans, dès que ces paroles malsonnantes eurent frappé le tympan de son oreille. Il disait cela d'un ton qui dépassait de beaucoup la sévérité ordinaire de ses discours.

« Dieu me pardonne ! » dit la pauvre femme ; « j'avais oublié que vous n'aimiez pas du tout le pape, et que mon pauvre mari, Étienne Butler, ne l'aimait pas non plus. Bien des fois, après dîner, lorsqu'il restait assis près de la table, je l'ai entendu parler et rendre témoignage contre le pape, contre le baptême des enfants et autres choses pareilles.

— Femme ! » s'écria de nouveau Deans, « parlez d'un sujet auquel vous connaissiez quelque chose, ou taisez-vous. L'indépendance, sachez-le bien, est une coupable hérésie, l'anabaptisme est une erreur damnable et manifeste, qui devrait être déracinée de la terre avec le feu du magistrat spirituel et l'épée du magistrat civil.

— Oui, voisin, oui ; je me garderai bien de dire que vous n'avez pas raison, » répondit Judith avec soumission. « Je suis sûre que vous avez raison quand il s'agit de semailles et de fauchaison, comme aussi de tonte et de pâturage ; pourquoi n'auriez-vous pas raison de même lorsqu'il s'agit de l'Église ? Mais en ce qui concerne mon fils, Ruben Butler...

— Ruben Butler, Madame, » dit David avec solennité, « est un jeune homme auquel je souhaite du bien de tout mon cœur, autant que s'il était mon propre enfant ; mais j'ai peur que, dans le cours de sa vie, il n'y ait des hauts et des bas. Je crains fort que, chez lui, le talent ne heurte les talons de la grâce, au lieu seulement de rester derrière ; il a trop de savoir et de préoccupations humaines ; il songe au moins autant à la forme de l'argument qu'à la salubrité de la nourriture ; il faut qu'il brode de passementeries et de fils d'or l'habit de noce qui, sans cela, ne serait pas assez bon pour lui. Il est probablement un peu fier de ces talents et de cette science humaine qui lui permettent de parer sa doctrine d'un aussi beau vêtement. Mais, » ajouta-t-il, en voyant la vieille dame toute malheureuse de ce discours, « l'affliction pourra lui mettre un poids suffisant sur les épaules, et chasser de lui ces vapeurs, comme il arrive pour les vaches qui ont mangé de la luzerne humide ; ce jeune homme pourra bien faire, être un flambeau qui brûle et qui brille. J'espère qu'il sera donné à vous de le voir, à lui de le comprendre, et que cela arrivera bientôt. »

La veuve Butler dut partir, sans pouvoir tirer rien de mieux de son voisin ; les discours de celui-ci quoiqu'elle ne les comprît pas, la remplissaient, sur le compte de son petit-fils, d'appréhensions mal définies, et diminuaient beaucoup la joie avec laquelle elle avait salué son retour. Il ne faut pas cacher, pour rendre justice au discernement de Deans, que Butler, dans leur conférence, avait déployé plus de science que l'occasion ne le demandait, plus, dans tous les cas, que n'était disposé à en accepter un vieillard accoutumé à se considérer comme remarquablement apte à dicter son avis dans les sujets de controverse théologique, et qui se sentait humilié et mortifié lorsque de hautes autorités étaient rangées en bataille contre lui. Butler, il faut l'avouer, n'avait pas échappé à la teinte de pédantisme qui découlait naturellement de son éducation, et était enclin parfois à faire parade de son savoir, en des cas où cela n'était nullement nécessaire.

Jeanie Deans, toutefois, ne trouva pas à redire à ce déploiement de connaissances ; elle ne sut, au contraire, que l'admirer ; de même peut-être, dit-on, que les personnes de son sexe admirent les hommes de courage à raison de l'insuffisance qu'elles se sentent à elles-mêmes sur ce chapitre. Les rapports de leurs familles rapprochèrent constamment les deux jeunes gens; leur ancienne intimité se renouvela, bien que sur un autre pied qui convenait mieux à leur âge. Il fut, en fin de compte, suffisamment entendu entre eux que leur union ne serait pas retardée au delà du temps nécessaire pour que Butler obtînt des moyens de vivre assurés quoique modestes. C'était chose, cependant, qui ne devait pas s'accomplir vite. Plan sur plan fut formé; plan sur plan échoua. Les bonnes joues de Jeanie perdaient le premier éclat de la fraîcheur juvénile, la virilité s'accentuait au front de Ruben, et les moyens de s'établir semblaient aussi éloignés que jamais. Heureusement pour les amoureux, leur passion n'était pas d'une nature ardente et romanesque; le sentiment du devoir leur faisait supporter, avec patience et courage, le trop long ajournement qui les séparait l'un de l'autre.

Le temps ne s'écoulait pas, d'ailleurs, sans amener les changements ordinaires. La veuve d'Étienne Butler, si longtemps l'appui de la famille de Beersheba, alla rejoindre ses pères. Rébecca, la vigilante épouse de notre ami David Deans, fut enlevée aussi à ses plans de mariage et d'économie domestique. Le matin qui suivit sa mort, Ruben Butler vint offrir à son vieil ami et bienfaiteur son tribut de consolations. Il fut témoin, en cette occasion, d'une remarquable lutte entre la force des affections de la nature et le stoïcisme religieux que l'époux affligé se croyait tenu de garder en face de toutes les dispensations terrestres, qu'elles apportassent le bonheur ou l'infortune.

A l'arrivée de Butler à la chaumière, Jeanie, les yeux tout remplis de larmes, lui montra le petit verger, « dans lequel, » murmura-t-elle en sanglotant, « mon pauvre père est resté depuis son malheur. » Alarmé de ce qu'on lui disait, Butler entra dans le verger, et s'avança lentement vers son vieil ami, qui, assis sous un petit bosquet rustique, paraissait plongé dans l'affliction la plus profonde. A l'approche de Butler, Deans leva les yeux; on eût dit qu'il était contrarié d'être dérangé. Comme le jeune homme, hésitant, ne savait s'il devait s'éloigner ou s'approcher, Deans, maître de lui, et même avec dignité, se leva pour aller au-devant de son visiteur.

« Jeune homme, » dit-il, « que votre cœur ne s'alarme pas si les justes périssent et si les bons sont écartés; le ciel, nous pouvons le dire, ne fait que les enlever au mal que l'avenir porte dans ses flancs.

Malheur à moi si je versais une larme pour une épouse chérie, alors que j'en dois verser des flots pour cette Église affligée, désolée par ceux qui n'ont que des appétits charnels, et par ceux dont le cœur est mort.

— Je suis heureux, » dit Butler, « que vous puissiez oublier votre affliction personnelle dans la pensée plus large du bien de tous. »

— Oublier, Ruben? » dit le pauvre Deans, portant son mouchoir à ses yeux. « Sur ce côté du chemin des temps, elle n'est pas faite pour être oubliée; mais Celui qui donne la blessure peut envoyer le baume pour l'adoucir. Je déclare qu'il y a eu, cette nuit, des moments où mes méditations étaient si profondes que je n'avais plus souvenir de la perte immense que j'ai faite. Il en était de moi comme du vénérable Jean Semple, qu'on appelait Carspharn Jean (E), dans une épreuve semblable. J'ai passé la nuit sur les rivages d'Ulaï, et, de temps en temps, j'y cueillais une pomme. »

En dépit de la fermeté qu'il affectait, et qu'il considérait comme l'accomplissement d'un des premiers devoirs du chrétien, Deans avait trop bon cœur pour ne pas cruellement souffrir sous le poids d'une pareille perte. Le séjour de Woodend lui devint tout à fait insupportable; et comme, en dirigeant cette petite ferme, il avait acquis à la fois un capital et de l'expérience, il résolut d'employer l'un et l'autre à se faire laitier ou nourrisseur de vaches, comme l'on dit en Écosse. Le lieu qu'il choisit pour son nouvel établissement fut un endroit nommé les Rochers de Saint-Léonard, sis entre Édimbourg et la montagne dite le siège d'Arthur; ce lieu touche aux vastes pâturages de bêtes à laine qui portent encore le nom de Parc du Roi, parce qu'ils avaient été, dans les anciens temps, consacrés à la conservation du gibier royal. Deans loua de ce côté une petite maison écartée, à un demi-mille environ de la cité : cet emplacement et les terrains contigus sont actuellement occupés par les maisons du faubourg sud-est d'Édimbourg. Un vaste pâturage, joignant son habitation, et que Deans prit en location du conservateur ou fermier du Parc Royal, le mit en état de nourrir ses vaches laitières; les soins et l'activité incessante de Jeanie, sa fille aînée, s'exercèrent à tirer de leurs produits le meilleur parti possible.

Elle avait alors moins fréquemment occasion de voir Ruben. Celui-ci avait été, après plusieurs déconvenues, obligé d'accepter la position subordonnée de sous-maître dans une école paroissiale de quelque importance, à trois ou quatre milles de la cité. Il s'y distingua, et fit la connaissance de plusieurs bourgeois respectables, qui, pour des raisons de santé ou pour d'autres, avaient voulu que leurs enfants commençassent leur éducation dans ce petit village. Ses perspectives d'avenir devenaient ainsi un peu plus brillantes, et, à chaque visite qu'il faisait à Saint-Léonard, il avait sujet de glisser sur ce point quelque légère espérance dans l'oreille de Jeanie. Ces visites étaient nécessairement très rares, vu le peu de temps que l'école laissait à Butler. Il n'osait pas, d'ailleurs, les rendre tout à fait aussi fréquentes que ses quelques loisirs l'auraient permis. Deans le recevait avec civilité, on peut dire même avec amitié; mais Ruben, comme c'est l'usage en pareil cas, s'imaginait que le vieillard lisait son projet dans ses yeux, et il craignait qu'une explication trop prématurée n'amenât une désapprobation formelle. Il jugeait donc prudent, en définitive, de ne venir à Saint-Léonard que juste aussi souvent que paraissaient l'autoriser la vieille connaissance et le voisinage; pas davantage. Une autre personne était plus régulière dans ses visites.

Lorsque David Deans fit part au laird de Dumbiedikes de son intention de « quitter la terre et la maison de Woodend, » le laird ouvrit de grands yeux, et ne dit rien. Il continua ses visites ordinaires, à son heure accoutumée, et sans faire aucune remarque. La veille du terme cependant, voyant qu'on avait commencé déjà la remue-ménage nécessaire pour le transport du mobilier, et que le grand chariot était sorti de son coin, le laird, debout, tournant le dos à la compagnie, comme un petit garçon timide qui va sortir de la chambre, ouvrit les yeux plus grands que jamais, et l'on entendit sortir de sa bouche cette exclamation : « Dame! oui. » Après que le jour du départ fut venu et passé, le laird de Dumbiedikes, à son heure ordinaire (celle où David Deans avait coutume de *lâcher la charrue*), se présenta devant la porte close de la chaumière de Woodend, et parut aussi étonné de la trouver fermée que si ce n'avait pas été précisément ce à quoi il devait s'attendre. On l'entendit alors s'écrier : « Dieu nous conduise! » ce qui fut considéré par ceux qui le connaissaient comme une marque d'émotion éminemment exceptionnelle. A partir de ce moment, Dumbiedikes devint un autre homme, et la régularité de ses mouvements, si exemplaire jusque-là, fut dérangée d'une façon aussi complète que la montre d'un écolier quand il en a brisé le grand ressort. Semblable à l'aiguille de la montre en question, Dumbiedikes tournait, avec une vitesse inaccoutumée, autour des limites extrêmes de son petit domaine, que nous comparerons au cadran de l'objet déjà signalé. Il n'y avait pas une chaumière dans laquelle il n'entrât, pas une jeune fille presque qu'il ne regardât avec de grands yeux. Mais, bien qu'il y eût sur le domaine plus d'une ferme valant mieux que Woodend, et beaucoup de filles, à coup sûr, plus jolies que Jeanie Deans, les loisirs du laird ne furent pas, malgré tout, aussi bien remplis qu'ils l'étaient jadis. Pas de siège qui lui convînt autant que le banc de Woodend, pas de figure qu'il aimât à regarder autant que celle de Jeanie Deans. Bref, après avoir tourné et tourné encore dans les limites de sa petite orbite, après être demeuré en place pendant une semaine, il lui vint à l'esprit (c'est probable) qu'il n'était pas absolument forcé, comme les aiguilles de la montre, de circuler autour d'un pivot, mais qu'il possédait le pouvoir de déplacer son point central, et d'étendre son cercle s'il le jugeait à propos. Pour amener à un résultat pratique ce privilège de locomotion, il acheta un poney à un éleveur des hautes terres, et, avec l'aide et la compagnie de cet animal, se transporta tant bien que mal jusqu'aux Rochers de Saint-Léonard.

Jeanie Deans, encore qu'elle fût tellement habituée aux regards du laird que c'était à peine parfois si elle avait conscience de sa présence, craignait cependant, de temps à autre, de le voir recourir à l'organe de la parole pour appuyer les expressions admiratives que les yeux seuls avaient prodiguées jusque-là. Si cela arrivait, adieu, pensait-elle, toute chance d'une union avec Butler. Car son père, quelque ferme et indépendant qu'il fût dans ses principes civils et religieux, n'était pas exempt de ce respect pour le laird du pays, si profondément imprimé, à cette époque, dans l'esprit des paysans d'Écosse. De plus, s'il n'avait pas pour Butler un éloignement véritable, le fonds de science charnelle que possédait le jeune ministre était souvent, de la part de David, un objet de sarcasmes ; c'était probablement la jalousie qui les inspirait, et ils n'indiquaient pas beaucoup de goût pour celui auquel ils s'adressaient. Enfin, le mariage avec Dumbiedikes aurait eu des charmes irrésistibles pour un homme qui se plaignait d'une disposition à se charger « d'une brassée trop grande des vanités de ce monde. » Si bien qu'à tout prendre les visites journalières du laird étaient désagréables à Jeanie à raison des conséquences futures qu'elle en pouvait redouter ; en s'éloignant du lieu où elle était née et où elle avait été élevée, ç'avait été pour elle une consolation sérieuse de songer qu'elle avait vu pour la dernière fois Dumbiedikes, son chapeau galonné et sa pipe. La pauvre fille ne s'attendait pas à le voir rassembler assez de courage pour la suivre aux Rochers de Saint-Léonard ; elle n'aurait pas été plus étonnée de voir quelques-uns des pommiers ou

Jean Dumbiedikes.

des choux qu'elle avait laissés enracinés dans l'enclos de Woodend, entreprendre le même voyage spontanément et sans secours. Ce fut donc avec plus de surprise que de plaisir que, le sixième jour après leur installation à Saint-Léonard, elle vit arriver Dumbiedikes, le chapeau galonné, la pipe et le reste, et qu'avec sa salutation invariable : « Comment vous portez-vous, Jeanie? Où est votre père? » elle le vit prendre, dans la chaumière de Saint-Léonard, aussi identiquement que possible, la même posture qu'il avait eue si longtemps et si régulièrement à

Woodend. Il ne fut pas plutôt assis, cependant, que, par un effort inaccoutumé, il mit en mouvement toutes ses puissances de conversation ; car il ajouta : « Jeanie, Jeanie mon enfant... » et il étendait la main vers l'épaule de la jeune fille, les doigts allongés comme pour la saisir, d'une façon si gauche que, dès que Jeanie se fut esquivée hors de sa portée, la main resta suspendue dans les airs, toute ouverte, pareille à la patte d'un griffon dans une armoirie. « Jeanie, » continua l'amoureux à cette heure d'inspiration, « voyez-vous, Jeanie, il fait très beau aujourd'hui, et les routes ne sont pas mauvaises quand on a des guêtres.

— Il a le diable au corps, » murmura Jeanie entre ses dents ; « qui donc l'aurait cru capable de prononcer une phrase aussi longue ? » Elle avoua depuis qu'elle mit dans son accent et dans sa manière d'être une certaine dose du sentiment peu favorable qu'elle éprouvait. « Car, » disait-elle, « mon père étant sorti, et l'individu » qualification peu respectueuse pour le propriétaire foncier, « paraissant tout joyeux et tout animé, je ne savais pas trop jusqu'où il pourrait aller. »

Les grands airs de la demoiselle furent un sédatif merveilleux ; et, à partir de ce jour, le laird retomba dans ses habitudes taciturnes du temps passé, visitant la chaumière du nourrisseur trois ou quatre fois par semaine, quand le temps le permettait, sans autre objet apparent que de regarder Jeanie Deans, pendant que Douce David versait les torrents de son éloquence sur les controverses et les témoignages du temps.

CHAPITRE IX.

> Tous admiraient sa grâce et ses douces manières,
> Libres avec pudeur, engageantes mais fières ;
> En ses regards vivaient la joie et la santé,
> Et le calme du cœur brillait dans sa beauté.
>
> CRABBE.

ES visites du laird redevinrent chose d'habitude et de routine, dont on n'avait rien à attendre ni à redouter. Si un amoureux pouvait, comme on dit que le serpent fascine un oiseau, conquérir une belle en la regardant obstinément avec de grands yeux, verdâtres et stupides, auxquels des lunettes commençaient maintenant à prêter parfois leur secours, nul doute que Dumbiedikes n'eût été l'homme qu'il fallait pour accomplir ce tour de force. Mais l'art de fasciner semble au nombre des *artes perditæ,* et je ne sache pas que cet admirateur, le plus prodigue de regards qu'on ait jamais vu, ait produit d'autre effet par ses attentions qu'un bâillement de temps à autre.

Cependant, l'objet de son attention avait progressivement atteint le point culminant de la jeunesse, et approchait de l'époque que, pour les femmes, on appelle l'âge moyen ; fort impoliment, on fait, chez le sexe fragile, commencer cette époque quelques années plus tôt que chez les hommes. Beaucoup auraient été d'avis que le laird eût mieux fait de porter ses regards sur un autre objet, doué de charmes bien supérieurs à ceux que Jeanie avait possédés aux jours de son plus grand éclat ; l'objet dont nous parlons commençait d'être remarqué par tous ceux qui visitaient la chaumière des Rochers de Saint-Léonard.

Effie Deans, sous les soins tendres et affectionnés de sa sœur, était devenue une belle fille dans tout l'épanouissement de la jeunesse. Sur sa tête grecque ondoyaient avec abondance de riches anneaux de cheveux bruns, retenus par un ruban de soie bleue ; ombrageant le visage d'une souriante Hébé, ils semblaient peindre la santé, la satisfaction et le plaisir. Sa robe courte, d'un brun rougeâtre, faisait valoir une taille que le temps, peut-être, aurait rendue trop robuste (c'est l'écueil ordinaire des beautés d'Écosse), mais qui, dans ce matin de la vie, était svelte et élancée, avec ces lignes gracieuses et souples qui indiquent à la fois l'équilibre de la force et les proportions harmonieuses de la personne.

Ces charmes naissants, dans toute leur richesse juvénile, n'eurent pas le pouvoir d'ébranler la constance du laird de Dumbiedikes, ou de détourner son regard du but qu'il avait choisi. Son œil était presque le seul qui pût voir, sans s'y arrêter avec plaisir, cette peinture vivante de la grâce et de la santé. Sur le point d'atteindre la ville où devait finir son voyage, le cavalier arrêtait sa monture fatiguée pour contempler la sylphide qui cheminait près de lui un seau de lait sur la tête, se tenant si droite, marchant d'un pas si libre et si léger, qu'on eût cru voir dans son fardeau plutôt un ornement qu'un embarras. Les jeunes gens du faubourg voisin, qui se donnaient rendez-vous, le soir, pour se livrer au jet des pierres, au jet du marteau, au jeu de boules, ou à d'autres exercices du corps, observaient volontiers Effie Deans, et se disputaient la bonne fortune d'attirer son attention. Les rigides presbytériens eux-mêmes, qui partageaient les convictions de son père, qui tenaient pour un piège, sinon pour un crime, toute satisfaction de l'œil ou des sens, étaient surpris d'un ravissement fugitif quand leur regard contemplait une créature si exquise. Un soupir réprimait à l'instant ce sentiment involontaire : ils se reprochaient leur faiblesse, et s'affligeaient en même temps de ce qu'une créature si belle avait sa part du crime commun et des imperfections héréditaires de notre triste nature. On l'appelait couramment *le Lis de Saint-Léonard,* un nom qu'elle méritait autant par la pureté douce de ses pensées, de ses paroles, de ses actions, que par la grâce inexprimable de son visage et de sa personne.

Il y avait cependant, dans le caractère d'Effie, certaines choses qui faisaient naître des doutes et des inquiétudes dans l'esprit de Douce David Deans, dont les idées étaient rigides (on le croira sans peine) à l'endroit des amusements de la jeunesse; qui provoquaient même des appréhensions sérieuses de la part d'une sœur plus portée à l'indulgence. En Écosse, les enfants des classes inférieures sont assez ordinairement gâtés par la faiblesse des parents durant les premières années. Comment, pourquoi, à quel degré, le récit instructif et animé de Mistress Élisabeth Hamilton, l'aimable et excellent auteur de *Glenburnie*, m'épargnera, à moi et à tous les barbouilleurs de l'avenir, la peine de le raconter. Cette tendresse inconsidérée, irréfléchie, Effie Deans en avait eu sa double part. En dépit de ses principes rigoureux, son père n'allait pas jusqu'à condamner les jeux de l'enfance; et, pour le bon vieillard, la fille qu'il avait eue dans ses vieux jours était encore une enfant quelques années après avoir atteint l'âge de la femme; on continuait de l'appeler « la petite, la petite Effie, » et on la laissait courir sans surveillance de côté et d'autre, excepté le jour du sabbat, ou au moment des dévotions de la famille. Sa sœur avait toute la tendresse et la vigilance d'une mère, mais elle n'en possédait pas toute l'autorité. Le peu qu'elle en avait eu s'amoindrit progressivement, à mesure qu'Effie, avançant en âge, crut avoir droit à plus d'indépendance et de liberté. Nous le voyons donc : avec toute l'innocence et toutes les bonnes dispositions que nous avons mentionnées plus haut, le Lis de Saint-Léonard avait un petit fonds d'amour-propre et d'obstination, un peu de chaleur et d'irritabilité dans le tempérament; cela pouvait tenir à sa nature, mais s'était accru beaucoup par l'indépendance extrême dont elle avait joui dans son enfance. La scène suivante, qui se passa un soir dans la chaumière, fera mieux connaître le caractère de la jeune Effie.

Le père était à ses travaux : dans son étable soigneusement tenue, il donnait le fourrage aux animaux utiles et patients du produit desquels il vivait. C'était l'été; la soirée commençait à s'avancer, et Jeanie s'inquiétait fort de ne pas voir paraître sa sœur. Elle craignait qu'Effie ne fût pas rentrée lorsque le père reviendrait de son travail pour faire, comme de coutume, « les exercices de famille ; » elle savait qu'à ce moment, l'absence d'Effie causerait à Deans le plus sérieux déplaisir. Ces appréhensions pesaient d'autant plus sur l'esprit de Jeanie que, depuis plusieurs soirs déjà, Effie avait disparu à peu près à la même heure ; son absence avait d'abord été si courte qu'on l'avait à peine remarquée ; elle s'était, graduellement, prolongée une demi-heure, puis une heure, et enfin, dans l'occasion présente, elle avait considérablement excédé cette dernière limite. Jeanie donc était à la porte, la main devant les yeux pour éviter les rayons du soleil couchant ; elle regardait alternativement vers les différents sentiers qui conduisaient à leur habitation, pour voir si elle apercevrait la gracieuse silhouette de sa sœur. Un mur et une barrière séparaient de la voie publique le domaine royal ou Parc du Roi. Son attention s'était souvent portée de ce côté, lorsqu'elle y vit soudain apparaître deux personnes, qui avaient marché jusque-là, pour ne pas être vues, tout auprès de la muraille. L'une des deux (c'était un homme) battit lestement en retraite ; l'autre (une femme) traversa la barrière, et s'avança vers la chaumière. C'était Effie. Elle aborda sa sœur avec l'enjouement affecté que, parmi les personnes de son rang, et même d'un rang supérieur, les femmes prennent à l'occasion pour cacher leur surprise ou leur confusion. Elle arriva chantant ce couplet :

« Le chevalier lutin s'assied sous la feuillée :
Le genêt grandit, le genêt est beau.
Au même lieu pimpante une dame est allée ;
J'irais bien aussi, mais le cœur me fault.

— Allons donc, Effie », lui dit sa sœur ; « notre père va revenir de l'étable. » La demoiselle interrompit sa chanson. « Où avez-vous pu aller si tard, ce soir ?

— Il n'est pas tard, » répondit Effie.

« Huit heures sonnées à toutes les horloges de la ville, et le soleil est couché derrière les hauteurs de Corstorphine. Où étiez-vous donc si tard ?

— Nulle part, » répondit Effie.

« Et qui est-ce qui vous a quittée à la barrière ?

— Personne, » répondit encore Effie.

« Nulle part ? Personne ? Je voudrais que cela fût vrai, et qu'on trouvât de bonnes raisons pour rester dehors, le soir, aussi tard que cela, Effie.

— Quel besoin avez-vous aussi d'être toujours à espionner les gens ? » répliqua Effie. « Bien sûr, si vous ne me faisiez pas de questions, je ne vous ferais pas de mensonges. Je ne vous demande pas pourquoi le laird de Dumbiedikes vient se planter ici comme un chat sauvage (il y ressemble, sauf que ses yeux sont plus gris, et pas aussi brillants) ; pourquoi il y vient presque tous les jours, si bien qu'il nous fera bâiller tous à nous démancher la mâchoire.

— Vous savez très bien qu'il vient pour voir notre père, » répondit Jeanie à cette impertinente remarque.

« Et M. Butler, vient-il pour voir notre père, qu'il ennuie tant avec son latin ? » repartit Effie, enchantée de voir qu'en portant la guerre dans le pays ennemi, elle faisait diversion à l'attaque qui la menaçait elle-même. Avec la pétulance de la jeunesse, elle poursuivait son triomphe sur sa sœur aînée, que la prudence retenait davantage. La regardant d'un air malin, dans lequel il y avait un peu d'ironie, elle se mit à chanter, d'un ton bas mais accentué, ce petit fragment d'une vieille chanson écossaise :

> « En traversant le cimetière,
> J'ai fait la rencontre du laird :
> Celui-là ne m'effrayait guère.
> Mais, lorsque l'heure était moins claire,
> J'ai fait la rencontre du clerc... »

Ici, la chanteuse s'arrêta, regarda fixement sa sœur, et, remarquant que des larmes lui venaient aux yeux, elle jeta brusquement les bras autour du cou de Jeanie, et l'embrassa. Quoique blessée et mécontente, Jeanie ne put résister aux caresses de cet enfant mal appris de la nature, en qui le bien et le mal semblaient couler plutôt par instinct que par réflexion. Mais en rendant le baiser à sa sœur, en témoignage de réconciliation, elle laissa échapper ce léger reproche : « Si vous apprenez de vilaines chansons, Effie, il faudrait en faire un meilleur usage.

— Je le ferai, Jeanie, » répondit la jeune fille en se pendant au cou de sa sœur ; « je voudrais bien ne les avoir jamais apprises ; je voudrais que jamais nous ne fussions venus ici, et que ma langue se fût séchée avant de vous faire du chagrin.

— Ne pensez plus à cela, Effie, » répliqua la bonne sœur. « Un mot de trop que vous me dites, cela n'est pas fait pour me chagriner beaucoup. Mais prenez garde, ô ma sœur, prenez garde de chagriner notre père !

— Je ne le ferai plus, » dit Effie, « je ne le ferai plus ; et, y eût-il, un

beau soir, autant de danses que d'étoiles au ciel en une nuit de gelée, je ne bougerai point d'un pas pour en danser une seule.

— Une danse ! » répéta Jeanie Deans avec étonnement. « Comment se fait-il, Effie, que vous ayez pris part à une danse ? »

Dans les dispositions communicatives dont le Lis de Saint-Léonard se trouvait surpris en ce moment, il aurait livré, peut-être, à sa sœur sa confidence tout entière, et m'aurait ainsi épargné la peine de raconter une triste histoire ; mais, alors que le mot *danse* était prononcé, il atteignit l'oreille du vieux David Deans : celui-ci venait de tourner le coin de la maison, et arrivait tout près de ses filles sans avoir été aperçu.

Le mot *prélat*, ou même le mot *pape*, auraient à peine produit un effet aussi épouvantable sur l'oreille de David; car, de tous les exercices, la danse, appelée par lui un accès volontaire et raisonné de perdition, était à ses yeux le plus propre à détruire les pensées sérieuses; c'était la porte ouverte aux licences de toute espèce. Encourager ou permettre entre toutes personnes, d'un rang élevé ou non, des réunions destinées à cette bizarre et absurde occupation, ou ayant pour objet des représentations dramatiques, il considérait cela comme l'une des preuves de défection les plus flagrantes et l'une des causes les plus graves de la colère céleste. Entendre prononcer le mot *danse* par ses propres filles et sur son propre seuil, il y avait de quoi le pousser bien loin des limites de la patience. « La danse! » s'écria-t-il. « La danse! Vous parlez de danse! Je vous défends, malheureuses que vous êtes, de prononcer un pareil mot sur le seuil de ma demeure! C'est un passe-temps profane, dissolu, pratiqué par les Israélites au jour seulement qu'ils se livrèrent, à Béthel, au culte infâme et brutal du Veau d'or; pratiqué aussi par cette déplorable jeune fille qui sut obtenir en dansant la tête de saint Jean-Baptiste. C'est sur ce chapitre que porteront ce soir nos exercices de dévotion, pour vous instruire là-dessus davantage puisque vous en avez tant besoin. Cette fille, cette Hérodiade, elle a dû, n'en doutez pas, maudire le jour, exécrer l'instant où, dans un pareil but, elle ne craignit pas d'agiter ses membres impurs. Mieux eût valu pour elle venir au monde estropiée, être conduite de porte en porte, en demandant l'aumône, comme la vieille Bessie Bowie, que d'être fille de roi pour se trémousser et se ballader comme elle l'a fait. Je me suis souvent étonné de ce qu'une créature qui, une seule fois, a fléchi le genou pour le bon motif, ait osé jamais ensuite plier le jarret pour sautiller et bondir au souffle d'une cornemuse ou sous l'archet criard d'un violon. Comme ce personnage étrange et vénéré, Pierre Walker, le colporteur de Bristo-Port (F), je rends grâces à Dieu, qui, dans les jours où j'aurais pu danser, a si bien disposé le lot à moi imparti, que les craintes pour ma tête et pour ma gorge, le péril des cordes sanglantes et des balles rapides, le tranchant des épées, les brodequins du bourreau et les poucettes, le froid et la faim, l'humidité et la fatigue, ont empêché la légèreté de ma tête et la folie de mes pieds. Or donc, filles sans pudeur, si je vous entends seulement prononcer le mot de danse, si vous avez l'air de croire que c'est chose faisable en ce monde de sauter au son d'un violon ou aux accords d'une flûte, aussi sûr que l'esprit de mon père est avec les justes, je ne m'occupe plus de vous, je ne songe plus à vous. Allons, mes chéries, allons, » ajouta-t-il d'un ton plus doux, car les larmes de ses deux filles, et principalement celles d'Effie, commençaient à couler avec abondance. « Allons, mes petites, nous demanderons la grâce pour nous préserver des folies profanes de toute sorte, qui conduisent au péché, et qui font grandir le royaume des ténèbres, en lutte avec celui de la lumière. »

La verte réprimande de David Deans, quelque bien intentionnée qu'elle fût, ne venait pas à propos. Elle établissait au cœur d'Effie deux sentiments opposés, et la détournait de la confiance qu'elle allait avoir en sa sœur. « Elle ne m'estimerait pas plus que la boue de ses souliers, » se dit Effie en elle-même, « si je lui avouais que j'ai dansé avec lui quatre fois sur la pelouse, et une fois chez Maggie Macqueen ; elle pourrait me menacer de le dire à mon père, et serait la maîtresse, avec cela, beaucoup plus qu'il ne faut. Mais je n'y retournerai plus. Je suis bien décidée à n'y pas retourner. Je ferai un pli à l'un des feuillets de ma bible, et ce sera presque un serment de n'y retourner jamais. » Elle observa ce vœu pendant huit jours, durant lesquels elle fut particulièrement maussade et désagréable, deux qualités que, jusque-là, on n'avait jamais remarquées en elle que dans un moment de contrariété.

Il y avait là trop de mystère pour ne pas alarmer la prudence et l'affection de Jeanie. Que faire ? Les motifs d'inquiétude qui avaient surgi dans son imagination, il lui semblait peu charitable pour sa sœur de les indiquer à son père ; et, d'ailleurs, le respect qu'elle avait pour le bon vieillard ne l'empêchait pas de reconnaître qu'il avait le tempérament trop chaud et les idées trop absolues, et elle le soupçonnait quelquefois de pousser la haine des amusements de la jeunesse au delà de ce que demandaient la religion et la raison. Jeanie avait assez de sens pour voir, qu'en réagissant d'une façon sévère et soudaine contre la liberté sans limite que sa sœur avait eue jusque-là, on pourrait faire plus de mal que de bien, et qu'Effie, dans la turbulence indocile de la jeunesse, trouverait dans l'exagération même des préceptes de son père une excuse pour les négliger tout à fait. Dans les classes plus élevées, une demoiselle, quelque étourdie qu'elle puisse être, est toujours un peu sous la domination de l'étiquette, et soumise à la surveillance des mamans ou des chaperons; mais la fille de la campagne, qui, durant les intervalles du travail, saisit au vol un moment de gaieté, n'a pas cette tutelle et ces contraintes, et ses amusements en deviennent d'autant plus périlleux. Jeanie voyait tout cela avec beaucoup d'inquiétude, lorsqu'une circonstance se présenta qui semblait faite pour la tirer d'embarras.

Mistress Saddletree, avec laquelle nos lecteurs ont déjà fait connaissance, était la parente éloignée de Douce David Deans, et, comme elle était femme bien ordonnée dans sa vie et dans ses relations, comme elle était de plus en une bonne situation, des rapports assez en règle étaient entretenus entre les familles. Or, un an et demi environ avant que notre histoire ne commence, il advint que la bonne dame eut besoin, pour l'aider dans sa profession, d'une servante d'un degré un peu supérieur, ou plutôt d'une demoiselle de magasin. « Monsieur Saddletree, » disait-elle, « n'était jamais à la maison quand il pouvait fourrer son nez dans le palais du Parlement, et c'était chose ennuyeuse pour une femme de rester là toute seule, au milieu des paquets de cuir, à vendre des selles et des brides. » Elle avait jeté les yeux sur sa petite-cousine Effie Deans, comme étant juste ce qu'il fallait pour lui tenir compagnie en ces occasions.

Il y avait en cette proposition bien des choses qui plaisaient au vieux David : on y trouvait le coucher, la nourriture et les gages; c'était une situation convenable; la jeune fille serait sous l'œil de Mistress Saddletree, qui marchait dans la bonne voie, et qui demeurait tout près de l'église de la Tolbooth, où l'on pouvait encore entendre les doctrines fortifiantes de l'un de ces rares ministres de l'Église d'Écosse qui, selon l'expression de David, n'avaient pas courbé le genou devant Baal, et n'avaient pas suivi le courant des défections nationales; qui n'avaient pas accepté l'union, le tolérantisme, les patronages, et tous ces serments épiscopaux, marqués au caractère d'Érasme, qu'on avait imposés à l'Église depuis la révolution, principalement sous le règne de « la femme défunte, » (comme il appelait la reine Anne), le dernier souverain de la race infortunée des Stuarts. Dans la sécurité que lui donnait la solidité des doctrines théologiques que sa fille allait entendre, le bonhomme ne se préoccupait en rien des embûches d'une autre sorte auxquelles une créature si belle, si jeune, si peu réfléchie, pourrait être exposée au centre d'une ville populeuse et corrompue. Le fait est que, pour tout ce qui pouvait toucher aux imperfections de la nature le plus à craindre en pareil cas, il avait une horreur telle, qu'il ne songeait pas même que sa fille y pût céder, pas plus qu'il ne l'aurait supposée capable de commettre un assassinat. Il regrettait seulement qu'Effie dût vivre sous le même toit qu'un personnage aussi adonné à la sagesse humaine que l'était Bartholin Saddletree : David ne soupçonnait pas cet homme d'être simplement un sot; il prêtait à Bartholin toutes les connaissances légales et juridiques que celui-ci prétendait avoir, et ne l'en aimait que moins, précisément à cause de cela. Les hommes de loi, particulièrement ceux qui siégeaient à titre d'anciens dans l'assemblée générale de l'Église, s'étaient mis en avant pour faire admettre les mesures relatives au patronage, le serment d'abjuration, et d'autres choses qui, dans l'opinion de David Deans, étaient la destruction des ciselures du sanctuaire, et une usurpation sur les libertés de l'Église. Sur le danger qu'il y aurait à prêter l'oreille aux doctrines d'un adorateur des formes légales, tel que l'était Saddletree, David donna à sa fille de larges instructions; si larges qu'il n'eut que le temps de toucher légèrement le danger des conversations frivoles, des compagnies imprudentes, des danses mêlées, périls auxquels, à l'âge qu'elle avait, beaucoup de gens auraient cru Effie plus exposée qu'aux risques d'une erreur théorique dans sa foi religieuse.

Jeanie se sépara de sa sœur avec un mélange de regret, d'inquiétude et d'espérance. Elle n'avait pas dans la prudence d'Effie autant de confiance que son père, car elle l'avait étudiée de plus près, connaissait mieux ses sentiments, et savait mieux apprécier les tentations auxquelles elle serait exposée. D'un autre côté, Mistress Saddletree était une femme observatrice, intelligente, active, ayant tout ce qu'il fallait pour exercer sur Effie, dans toute sa plénitude, l'autorité d'une maîtresse; il était vraisemblable qu'elle le ferait à la fois avec sévérité et sans rigueur. Son éloignement chez les Saddletree servirait aussi, probablement, à rompre de fâcheuses connaissances, que Jeanie soupçonnait sa sœur d'avoir formées au faubourg voisin. Au total, donc, elle voyait avec plaisir ce départ de Saint-Léonard, et ce ne fut qu'au moment où elles se séparèrent pour la première fois de leur vie, qu'elle sentit toute la force de son chagrin. Tandis qu'elles s'embrassaient à plusieurs reprises et qu'elles se serraient les mains, Jeanie saisit ce moment de sympathique effusion pour rappeler à sa sœur la nécessité d'une extrême réserve dans sa conduite lorsqu'elle habiterait Édimbourg. Effie l'écouta sans lever une seule fois ses grands yeux noirs, d'où les larmes coulaient comme d'une fontaine. Au dernier moment, elle sanglota de nouveau, embrassa sa sœur, promit de se souvenir de tous ses bons conseils; et elles se séparèrent.

Durant les premières semaines, Effie donna tout ce que sa parente attendait d'elle, et plus encore. Mais, avec le temps, il y eut un relâchement dans le premier zèle qu'elle avait apporté au service de Mistress Saddletree. Pour faire un nouvel emprunt au poète dont le nom figure en tête de ce chapitre, et qui décrit les choses de la vie d'une façon si correcte et si belle :

> Quelque chose de vague est flottant dans l'espace ;
> C'est dans un ciel d'été le fin brouillard qui passe,
> Aux oreilles l'écho versé faible et petit :
> On l'entend, sans pouvoir deviner ce qu'il dit.

A cette époque-là, Mistress Saddletree fut parfois mécontente de ce qu'Effie perdait son temps lorsqu'elle était envoyée en commission pour les affaires du magasin, mécontente aussi d'une certaine impatience que témoignait la jeune fille aux observations qu'on lui faisait. Mais elle se dit avec indulgence que le premier tort était bien naturel de la part d'une jeune fille pour qui tout était nouveau dans Édimbourg, que le second n'était que la pétulance d'une enfant gâtée, soumis pour la première fois au joug de la discipline domestique. L'exactitude et la soumission ne pouvaient s'apprendre d'un seul coup ; Holy-Rood ne s'était pas bâti en un jour ; l'habitude, à coup sûr, la perfectionnerait.

On put croire que l'expérience de la vieille dame avait deviné juste. Avant qu'il se fût écoulé plusieurs mois, Effie s'était comme mariée à l'accomplissement de ses devoirs, encore qu'elle ne s'en acquittât plus avec la joue souriante et le pas léger qui, dans les premiers temps, avaient enchanté tous les visiteurs. Sa maîtresse, quelquefois, la surprenait en larmes, signes d'une douleur secrète, qu'elle cachait aussitôt qu'elle les voyait remarqués. Le temps s'écoula; son visage devint pâle, et sa marche devint pesante. La cause de ces changements n'aurait pu échapper à l'œil exercé d'une matrone comme Mistress Saddletree; mais, pendant une portion considérable des derniers temps qu'Effie passa à son service, la bonne dame fut presque toujours retenue à la chambre par une indisposition. Cette période fut marquée, chez Effie, par des symptômes de tristesse qui s'élevaient presque jusqu'au désespoir. Tous les efforts de la pauvre fille pour commander aux impressions de ses nerfs furent souvent fort impuissants, et les méprises qu'elle commit alors dans le magasin furent si nombreuses et si irritantes que Bartholin Saddletree, obligé durant la maladie de sa femme de s'occuper des affaires plus qu'il ne convenait à ses hautes études légales, perdit tout à fait patience à l'endroit de la demoiselle, et, dans un latin de jurisconsulte, sans grand respect pour le genre des personnes, la déclara digne d'être reconnue, devant jury et par enquête, *fatuus, furiosus,* et *naturaliter idiota.* Avec une maligne curiosité, ou une pitié méprisante, les voisins et les domestiques remarquaient la taille altérée, les vêtements lâches, les joues pâles de la jeune fille, jadis si belle, et toujours si charmante. Mais Effie n'accordait sa confiance à personne, répondant aux railleries par des sarcasmes amers, aux questions sérieuses par une dénégation obstinée ou par des torrents de larmes.

A la fin, et lorsque le rétablissement de Mistress Saddletree allait permettre à cette dame de donner ses soins ordinaires à la direction de la maison, Effie Deans, qui ne voulait pas affronter en face les investigations de sa maîtresse, demanda à Bartholin la permission d'aller passer une semaine ou deux à la maison paternelle, alléguant, à l'appui de sa requête, une indisposition, et le désir de se reposer et de changer d'air. En dépit de ses yeux de lynx (de ceux, du moins, qu'il croyait avoir) dans le domaine ingénieux et subtil de la discussion légale, Bartholin était aussi obtus pour induire quelque chose des événements de la vie commune, qu'un professeur de mathématiques hollandais. Il laissa partir Effie sans se douter de grand'chose et sans s'informer de rien.

On reconnut plus tard qu'une semaine s'était écoulée entre le moment où elle avait quitté la maison de son maître et son arrivée à Saint-Léonard. Lorsqu'elle se présenta devant sa sœur, on eût dit plutôt un spectre que la créature pleine de vie, la joyeuse et belle jeune fille qui, sept mois auparavant, avait dit pour la première fois adieu à la chaumière de son père. La longue maladie de sa maîtresse lui avait fourni, durant les derniers mois, un prétexte pour se confiner entièrement dans les sombres limites de la boutique du marché de la Pelouse, et Jeanie avait été si occupée, à la même époque, des affaires de la maison, qu'elle avait rarement trouvé le loisir d'aller en ville, et de faire à la hâte une courte visite à sa sœur. Les jeunes filles, donc, s'étaient à peine vues depuis quelques mois, et pas un soupçon n'avait atteint les habitants retirés du monde de la chaumière de Saint-Léonard. Jeanie donc, mortellement émue de l'état dans lequel elle voyait sa sœur, l'accabla de questions ; l'infortunée ne répondit d'abord que par des paroles vagues et incohérentes, et finit par être prise d'une attaque de nerfs. Trop certaine alors du malheur de sa sœur, Jeanie se trouva dans la terrible alternative de communiquer à son père la honte d'Effie, ou d'essayer de la lui cacher. A toutes les questions sur le nom ou la condition de son séducteur, et sur le destin du petit être auquel sa faute avait donné naissance, Effie restait muette comme la tombe, vers laquelle elle semblait marcher ; la moindre allusion à l'un de ces deux sujets semblait la rendre presque folle. Dans sa douleur et son désespoir, Jeanie songeait à se rendre auprès de Mistress Saddletree pour prendre conseil de son expérience, et pour obtenir en même temps les lumières qu'elle pourrait sur cette malheureuse affaire. Un événement nouveau, semblant porter le mal à son comble, lui en épargna la peine.

David Deans s'était alarmé de l'état de santé fâcheux dans lequel sa fille revenait au toit paternel ; Jeanie s'était efforcée d'écarter, de sa part, une inquisition trop minutieuse. Ce fut donc comme un coup de tonnerre pour l'infortuné vieillard lorsque, juste au moment où l'heure de midi avait amené, comme de coutume, la visite du laird de

Dumbiedikes, d'autres visiteurs, plus effrayants et moins attendus, arrivèrent à la chaumière de Saint-Léonard. C'étaient les officiers de justice, avec mandat de rechercher et d'arrêter Euphémie ou Effie Deans, accusée d'infanticide. Un assaut si rude et si imprévu triompha de ce vieillard, qui avait, dans sa jeunesse, résisté à l'oppression de la tyrannie civile et militaire, appuyées qu'elles étaient de glaives et de canons, de tortures et de

gibets. Il tomba sans connaissance sur le sol de son foyer; les agents, heureux d'échapper au spectacle de son retour au sentiment, firent, avec une humanité rude, sortir de son lit celle à qui s'appliquait leur mandat, et la mirent dans une voiture qu'ils avaient amenée avec eux. Les prompts secours employés par Jeanie pour ranimer son père avaient à peine commencé à opérer, quand le bruit des roues qui se mettaient en mouvement rappela son attention vers sa malheureuse sœur. Éperdue, sa première impulsion fut de courir après la voiture en poussant des cris ; elle fut retenue par une ou deux voisines, qu'avaient attirées la venue insolite d'une voiture en cet endroit écarté ; elles la firent rentrer, presque de force, dans la maison de son père. L'affliction sincère et vive de ces pauvres femmes, qui tenaient en haute estime l'humble famille de Saint-Léonard, remplit la maison de lamentations. Il n'y eut pas jusqu'à Dumbiedikes qui ne sortît de son apathie accoutumée : il cherchait, tout en parlant, quelque chose dans ses habits : « Jeanie, mon enfant ! Jeanie ! ne pleurez pas ; c'est fâcheux, mais l'argent y remédiera. » Et sa bourse sortit de sa poche.

Le vieillard s'était relevé, et, regardant autour de lui comme s'il lui eût manqué quelque chose, il parut reprendre peu à peu le sentiment de son infortune.

« Où est-elle, » dit-il, d'une voix qui faisait résonner les parois de la demeure, « où est-elle, la vile créature qui a déshonoré le sang d'un honnête homme ? Où est celle qui n'a plus de place parmi nous, mais que ses péchés ont rendue impure comme l'esprit mauvais au milieu des enfants de Dieu ? Où est-elle, Jeanie ? Amenez-la devant moi, pour que je la tue d'une parole et d'un regard ! »

Tous se pressèrent autour de lui, apportant chacun ce qu'il pouvait de consolation ; le laird avec sa bourse, Jeanie avec des sels et du vinaigre, et les femmes avec leurs exhortations : « Cher voisin, bon Monsieur Deans, c'est une rude épreuve, assurément ; mais songez au rocher des âges, voisin ; songez à la promesse !

— J'y songe, voisines, j'y songe ; et je bénis Dieu de ce qu'il en est ainsi, au milieu même du naufrage et de la ruine de tout ce qui m'est le plus proche et le plus cher. Mais être père d'une réprouvée, d'une coupable, d'une sanguinaire Zipporah, d'une homicide ! Oh ! comme ils vont triompher, les méchants, dans les sphères superbes de leur crime, les épiscopaux, les latitudinaires, les assassins dont la main s'est endurcie comme de la corne à manier l'épée du carnage! Leurs lèvres s'ouvriront pour dire : « Ils sont comme nous. » Cuisante est ma douleur, voisins, cuisante et terrible, lorsque je contemple la réprouvée, la triste enfant de ma vieillesse; mais ma douleur grandit encore en songeant à la pierre d'achoppement et de scandale qui en va surgir pour toutes les âmes honnêtes et aimant Dieu.

— L'argent, David, n'y fera-t-il pas quelque chose? » insinua le laird, offrant toujours sa bourse verte, qui était pleine de guinées.

« Dumbiedikes, je vous le dis, » répliqua Deans; « si, en versant tout ce que je possède, je pouvais empêcher qu'elle ne fût tombée dans ce ténébreux abîme, je m'en irais sans rien, sans rien que mon bonnet et mon bâton, demander l'aumône pour l'amour de Dieu, et je me trouverais heureux. Mais si je pouvais avec un dollar, un liard, la dix-neuvième partie d'un sou, épargner à son crime manifeste, à sa honte évidente, une punition solennelle, ce marché-là, David Deans ne le ferait pas. Non, non; œil pour œil, dent pour dent, vie pour vie, sang pour sang : c'est la loi de l'homme, et c'est la loi de Dieu. Laissez-moi, mes amis, laissez-moi; c'est dans le secret, c'est à genoux, que je dois lutter contre cette épreuve. »

Jeanie avait repris un peu de pouvoir sur elle-même; elle se joignit à cette demande. Le lendemain trouva le père et la fille plongés encore dans la douleur la plus profonde; mais le père, par un sentiment d'orgueil et par devoir religieux, supportait fermement le fardeau de son infortune, et la fille réprimait avec soin ce qu'elle éprouvait elle-même pour éviter le réveil du désespoir paternel. Ainsi se passèrent les choses dans cette famille affligée, jusqu'au matin qui suivit la mort de Porteous. C'est à ce moment que nous sommes maintenant arrivés.

CHAPITRE X.

> Les avis échangés entre nous d'autres jours,
> Les souhaits d'une sœur, et ces adieux trop courts
> Où des instants nos cœurs plaignaient le pas rapide,
> Est-ce que tout cela n'est qu'une page vide ?
>   SHAKSPEARE. *Le Songe d'une nuit d'été.*

ous avons été longs pour conduire Butler à la porte de la chaumière de Saint-Léonard ; toutefois, nous n'avons pas employé plus de temps à la narration qui précède qu'il n'en passa véritablement aux Rochers de Salisbury, le matin qui suivit l'exécution de Porteous par les émeutiers. Pour ce retard, il avait ses motifs. Il désirait rassembler ses esprits, étrangement agités et par la triste nouvelle qu'il avait reçue d'Effie Deans, et par la scène effrayante dont il avait été témoin. Dans les conditions, d'ailleurs, dans lesquelles il se trouvait vis-à-vis de Jeanie et de son père, quelque précaution, ou, tout au moins, un choix convenable du moment et de l'occasion, était nécessaire pour leur rendre visite. Huit heures du matin était, dans ce temps-là, l'heure habituelle du déjeuner ; il résolut de l'attendre avant de se présenter à la chaumière.

Jamais les heures n'avaient passé si péniblement. Butler changea de place, et élargit, pour tuer le temps, le cercle dans lequel il se mouvait. Il entendit le grand beffroi de Saint-Gilles sonner toutes les heures de son timbre solennel, auquel, à l'instant, répondaient tour à tour tous les clochers. Au coup de sept heures, il jugea qu'il pouvait se rapprocher de Saint-Léonard, d'où il était encore éloigné d'un mille.

Quittant donc son poste élevé, il descendit jusqu'au fond de la vallée qui sépare les Rochers de Salisbury des rochers plus petits qui ont emprunté leur nom à Saint-Léonard. C'est, comme le peuvent savoir quelques-uns de mes lecteurs, une vallée profonde, sauvage, herbeuse, parsemée de grosses roches et de fragments de pierre descendus des sommets et de la pente rapide de l'est.

Ce vallon écarté, comme aussi d'autres endroits des pâturages non clos du Parc du Roi, était souvent le rendez-vous des galants de cette époque, qui avaient des affaires d'honneur à régler avec l'épée. Les duels étaient fort communs en Écosse, car les gentilshommes étaient à la fois oisifs, altiers, orgueilleux, divisés en factions et adonnés à l'intempérance; ils ne manquaient donc ni d'occasions pour provoquer les autres, ni de bonnes dispositions pour répondre aux provocations qu'on leur adressait; l'épée, qui faisait partie de l'habillement de tout gentilhomme, était la seule arme employée pour vider ces différents. Lors donc que Butler aperçut un jeune homme, se dérobant aux regards au milieu de roches éparses à peu de distance du sentier, il fut naturellement conduit à supposer que c'était pour quelque affaire de ce genre que le personnage en question avait cherché ce lieu solitaire. Cela l'émut au point que, pénétré comme il l'était de ses devoirs d'ecclésiastique, il ne put, en dépit de ses préoccupations personnelles, passer auprès de cet homme sans lui adresser la parole. « Il y a des moments, » pensait-il, « où la moindre intervention peut écarter un grand malheur, où un mot dit à propos fait plus pour prévenir le mal que l'éloquence d'un Cicéron pour y remédier. Quant à mes chagrins, quelque grands qu'ils soient, je les sentirai moins s'ils ne me détournent pas de l'accomplissement de mes devoirs. »

Dans ces sentiments, il quitta le sentier ordinaire, et se rapprocha de l'homme qu'il avait remarqué. Celui-ci, d'abord, remonta la hauteur, dans l'intention d'éviter cet inconnu; mais lorsqu'il vit que Butler se disposait à le suivre, il ajusta fièrement son chapeau, fit volte-face, et s'avança, comme pour accepter ou défier l'examen dont il était l'objet.

Tandis qu'ils avançaient lentement l'un vers l'autre, Butler eut le temps d'étudier avec attention les traits de l'étranger. Il paraissait âgé de vingt-six ans environ. Le vêtement qu'il portait n'était guère propre à faire deviner sa condition ; il était de ceux que les jeunes gentilshommes revêtent quelquefois pour leurs exercices du matin; mais, à l'exemple de ceux-ci, des personnes d'un rang inférieur, jeunes clercs et commerçants, l'adoptaient également, car, par son prix, il était à leur portée, et il les rapprochait plus de la mise des jeunes gens à la mode qu'aucun autre des vêtements que l'usage du temps leur permettait. A en juger par les apparences, cette personne semblait plutôt habillée au-dessous de son rang qu'au-dessus; son air

Robertson.

était fier, avec une nuance de dédain ; sa démarche aisée et libre, son attitude audacieuse et déterminée. Sa taille était un peu au-dessus de la moyenne, ses membres bien proportionnés, et plutôt fins que trop forts. Ses traits étaient remarquablement beaux, et tout aurait prévenu et intéressé en sa faveur, s'il n'y avait eu en lui cette expression indéfinissable qu'une vie déréglée imprime d'ordinaire à la physionomie, et s'il ne s'y était joint une audace de regards et d'allures qui n'est souvent que le masque de la crainte ou de l'embarras.

Butler et l'étranger se rencontrèrent, et s'observèrent. Au moment où le dernier, touchant légèrement son chapeau, allait passer à côté de Butler, celui-ci, rendant le salut, prit la parole en ces termes : « Il fait beau ce matin, Monsieur. Vous êtes de bonne heure sur la montagne.

— J'y ai affaire, » dit le jeune homme, d'un ton qui voulait couper court aux questions qu'on lui faisait.

« Je n'en doute pas, Monsieur, » dit Butler. « Vous me pardonnerez, je pense, d'espérer que vos affaires n'ont rien que la loi réprouve.

— Monsieur, » dit l'autre, avec un étonnement visible, « je ne pardonne jamais les questions impertinentes, et je ne puis concevoir à quel titre vous vous permettez d'espérer ou de ne point espérer, lorsqu'il s'agit de choses qui ne vous concernent en rien.

— Je suis soldat, Monsieur, » dit Butler, « et j'ai mission, au nom de mon maître, d'arrêter ceux qui font mal.

— Soldat ? » dit le jeune homme, reculant d'un pas et mettant la main à son épée. « Soldat ? Et vous venez m'arrêter ? Avez-vous pesé le cas que vous faites de votre vie, avant d'accepter cette commission ?

— Vous vous méprenez sur mon caractère, Monsieur, » dit Butler d'un ton grave ; « mon service et mon mandat ne sont pas de ce monde. Je suis prédicateur de l'Évangile, et j'ai pouvoir pour commander, au nom de mon maître, la paix sur la terre et la bonne volonté envers les hommes, que l'Évangile a proclamées.

— Un ministre ! » dit négligemment l'étranger, d'un ton qui touchait au dédain. « Je sais qu'en Écosse ceux qui portent votre habit s'arrogent des droits étranges pour se mêler des affaires des autres. Mais j'ai voyagé, et je sais faire mieux que d'être conduit par des prêtres.

— S'il était vrai, Monsieur, que certaines personnes portant mon habit (mieux vaudrait dire, exerçant mon ministère) se mêlassent des affaires des autres soit par curiosité soit par des motifs plus mauvais, vous n'auriez pu mieux faire, dans vos voyages, que d'apprendre à mépriser ces pratiques. Mais, pour le service de mon maître, je suis tenu de travailler à temps et à contre-temps ; et, conscient comme je le suis de la pureté de mes intentions, je préfère vos dédains pour avoir parlé, aux reproches de ma conscience pour m'être tu.

— Au nom du diable! » dit le jeune homme avec impatience, « dites ce que vous avez à dire ; encore que je ne sache pas pour qui vous me prenez, ni de quel droit vous vous occupez de mes affaires sans me connaître, ou de mes actions et de leurs motifs dont vous ne savez pas un mot.

— Vous êtes sur le point, » dit Butler, « de violer une des lois les plus sages de votre pays ; et, ce qui est plus grave, de violer une loi que

Dieu a imprimée dans notre nature, a écrite en quelque sorte dans la table de nos cœurs, et dont le tressaillement de tout notre être est le révélateur et le témoin.

— Quelle est-elle donc, cette loi ? » répondit l'étranger d'une voix sourde et un peu altérée.

« Tu ne commettras pas d'homicide. » Les accents de Butler étaient graves et solennels.

Le jeune homme tressaillit et pâlit. Butler s'aperçut qu'il avait produit une impression favorable, et résolut de poursuivre ses avantages. « Songez, » dit-il en mettant doucement la main sur l'épaule de l'étranger, « à la redoutable alternative en laquelle vous vous placez, de tuer ou d'être tué. Songez combien il est grave de se présenter devant un Dieu offensé sans y avoir été appelé, le cœur bouillant de passions mauvaises, la main chaude au contact de l'acier poussé par vous, au mieux de votre adresse et de votre perversité, contre le sein de votre semblable. Supposez, au contraire, que vous êtes le survivant, ce qui ne vaut guère mieux ; que vous demeurez là, ayant au cœur le crime de Caïn, le premier des meurtriers ; que vous en portez au front la terrible empreinte, qui frappe tous les yeux d'une horreur inexprimable, et qui manifeste à tous le visage de l'homicide. Songez... »

L'étranger s'était soustrait peu à peu à la main de son mentor. Enfonçant son chapeau sur son visage, il répondit en ces termes : « Ce que vous dites, Monsieur, est excellent, je le crois ; mais votre conseil ne va pas à son adresse. Je n'apporte en cette place des intentions violentes envers personne. Passablement mauvais, je le suis sans doute (vous autres prêtres, vous prétendez que nous le sommes tous); mais je suis ici pour sauver la vie, non pour l'arracher. Si vous voulez faire une bonne action au lieu de parler de ce que vous ne savez pas, je vous en donnerai l'occasion. Voyez-vous, sur la droite, ce rocher, au-dessus duquel apparaît la cheminée d'une maison solitaire? Allez-y, demandez une certaine Jeanie Deans, la fille du maître de ce logis ; dites-lui que celui qu'elle sait bien est resté ici depuis le point du jour jusqu'à cette heure, et n'y saurait demeurer plus longtemps. Dites-lui qu'il faut qu'elle me vienne trouver ce soir près de l'étang du Chasseur, quand la lune se lèvera derrière les hauteurs de Saint-Antoine ; que si elle ne le fait, je suis capable de tout.

— Qui êtes-vous? » répliqua Butler, avec une surprise extrême et peu agréable ; « qui êtes-vous, pour me charger d'un pareil message?

— Je suis le diable ! » répondit vivement le jeune homme.

Butler fit instinctivement un pas en arrière, et, au dedans de lui, se recommanda au ciel : quoique raisonnable et ferme d'esprit, il ne l'était pas plus que les gens de son siècle et de son éducation, pour qui c'eût été preuve incontestable d'athéisme de ne pas croire à la sorcellerie et aux spectres.

Sans remarquer l'émotion de Butler, l'étranger continua. « Oui ! appelez-moi Belzébuth, Astaroth, tout ce que vous voudrez ; donnez-moi tous les noms que vous pourrez imaginer ; vous qui connaissez, par métier, les cercles supérieurs et inférieurs où s'agitent les divers esprits, vous ne trouverez pas un nom plus odieux à celui qui le porte que le mien ne me l'est à moi-même. »

Cette phrase fut prononcée avec la conviction amère d'un reproche mérité, avec une contorsion du visage absolument démoniaque. Quoique brave par principe, sinon par tempérament, Butler se sentit intimidé : l'intensité de la souffrance morale porte en elle une sorte de sublimité qui frappe tous les hommes, ceux-là surtout dont les dispositions sont douces et sympathiques. L'étranger, en parlant, s'éloigna brusquement de Butler; puis, revenant tout à coup, d'un ton fier et décidé, et le touchant presque :

« Je vous ai dit qui je suis ; et vous, qui êtes-vous ? Quel est votre nom ?

— Je me nomme Butler, » répondit celui à qui cette question soudaine était adressée. Il s'étonnait, en répondant, du ton rapide et résolu de son interrogateur. « Ruben Butler, prédicateur de l'Évangile. »

A cette réponse, l'étranger rabattit sur ses yeux le chapeau que, dans son agitation, il avait laissé retomber en arrière. « Butler ! » répéta-t-il, « le maître adjoint de l'école de Libberton ?

— Lui-même, » répondit Butler avec calme.

Comme frappé d'une réflexion soudaine, l'étranger se couvrit le visage avec la main. Il s'éloigna, puis s'arrêta après avoir fait quelques pas; et, voyant que Butler le suivait des yeux, il ajouta d'un ton accentué, mais en modérant sa voix, comme s'il en avait calculé la portée pour n'être point entendu deux pas plus loin que l'endroit où se tenait Butler : « Allez votre chemin et faites ma commission. Que vos yeux ne me suivent pas. Je ne descendrai point au travers des entrailles de ces rochers, je ne m'évanouirai point dans un éclat de lumière ; et cependant, celui qui chercherait à observer mes mouvements aurait à regretter que ses paupières n'eussent pas été toujours fermées. Partez, et ne regardez pas derrière vous. Dites à Jeanie Deans qu'à l'heure où se lèvera la lune, je l'attends aux Pierres de Nicol Muschat, au-dessous de la chapelle Saint-Antoine. »

Après avoir prononcé ces mots, il fit volte-face, et prit sa route vers les hauteurs, avec une rapidité non moins décisive pour terminer l'entretien que le ton d'autorité qu'il s'était permis.

Craignant de voir s'ajouter un nouveau malheur à tant d'infortunes, désespéré à la pensée qu'un homme osât adresser, en ces termes impératifs, une requête aussi extraordinaire à celle qui était presque sa fiancée, à l'objet de sa première et de son unique affection, Butler se hâta de se diriger vers la chaumière : il voulait savoir dans quelle mesure ce hardi et rude personnage avait le droit d'adresser à Jeanie Deans une sommation à laquelle la prudence, peut-être même la modestie, ne permettait pas d'accéder.

Butler n'était, de sa nature, ni superstitieux ni jaloux ; les sentiments qui conduisent à ces dispositions de l'esprit avaient cependant une racine dans son cœur, emprunt nécessaire fait au fonds commun de l'humanité. Penser qu'un débauché, tel que se montrait ce jeune homme par sa manière d'être et son langage, aurait le pouvoir de faire venir en pareil lieu, à pareille heure, sa future épouse, celle qui s'était promise à son véritable amour, il y avait de quoi devenir fou ! Le ton de l'étranger, cependant, n'avait rien des doux accents, des demi-murmures avec lesquels un séducteur sollicite un rendez-vous ; ce ton était fier, hardi, impérieux : il exprimait moins l'amour que l'intimidation et la menace.

Les conseils de la superstition auraient paru plus plausibles, si l'esprit de Butler y avait davantage été accessible. Était-ce le lion rugissant qui rôde cherchant qui dévorer ? La question se présentait à sa pensée avec une insistance que nos contemporains auraient peine à concevoir. Ces regards fiers, cette brusque démarche ; cette voix qui, toute rude qu'elle était, savait, à l'occasion, se ménager avec art ; ces traits, beaux assurément, mais tantôt obscurcis par les nuages de l'orgueil, tantôt troublés par le soupçon, tantôt enflammés par la colère ; ces yeux orangés qu'il ombrageait par instants de son chapeau, jaloux de les cacher tandis qu'ils observaient avec finesse les mouvements et l'attitude des autres ; ces yeux troublés par la tristesse, puis tout brillants de dédain, puis étincelants de fureur ; tout cela exprimait-il les passions d'un simple mortel, ou les émotions d'un démon, cherchant, et cherchant en vain, à cacher ses projets infernaux sous le masque emprunté de la beauté humaine ? Dans cet ensemble, il y avait quelque chose du maintien, du langage, du port de l'ange déchu; nous n'avons pu faire de tout ceci qu'une description imparfaite, et l'effet de l'entrevue sur les nerfs de Butler, qu'avaient ébranlés les horreurs de la nuit précédente, fut plus grand que ne l'aurait voulu son jugement ou son amour-propre. L'endroit où il avait fait rencontre de ce singulier personnage était, paraît-il, réputé suspect et profane, à cause des morts violentes, duels ou suicides, qui s'y étaient jadis accomplis ; et le lieu que, pour une heure si tardive, il avait assigné comme rendez-vous, était généralement tenu pour maudit, à cause d'un meurtre épouvantable commis sur sa femme, en cet endroit même, par le scélérat qui lui a donné son nom (G). D'après la croyance du temps, alors que les lois sur la sorcellerie étaient encore en vigueur et venaient d'être appliquées récemment, c'était en de pareils lieux que les mauvais esprits avaient le pouvoir de se rendre visibles aux yeux mortels, et d'agir sur les pensées et les sentiments de l'humanité. Des idées de ce genre se précipitèrent en foule dans l'esprit de Butler, insuffisamment préparé par des réflexions préalables à repousser ce que croyaient toutes les personnes de son temps, de son pays, de sa profession; mais le sens commun repoussait ces vaines imaginations comme ne pouvant s'accorder, sinon avec le possible, du moins avec les règles générales du gouvernement de l'univers, règles auxquelles, comme Butler se le disait fort bien à lui-même, on ne doit admettre de dérogation, que sur des preuves précises et incontestables. D'autre part, un amoureux purement terrestre, un jeune homme qui pouvait se croire le droit d'exercer, sans plus de cérémonie, une autorité pareille sur l'objet de la longue affection de Butler, payée de retour en apparence, c'était pour notre ami une chose presque aussi surprenante que les idées que lui suggérait la superstition.

Le corps épuisé de fatigue, l'esprit dévoré d'inquiétude, à la fois accablé de doutes pénibles et de pénibles souvenirs, Butler remonta la vallée vers les Rochers de Saint-Léonard, et se présenta à la porte de l'habitation de Deans : les sentiments du visiteur ne valaient guère mieux que les réflexions et les angoisses des malheureux habitants.

CHAPITRE XI.

> Vers Guillaume elle étendit
> Sa main de lis, et lui dit,
> De son mieux désirant faire :
> « Guillaume, reprends ta foi ;
> Dieu fasse vivre légère
> Ton âme au dedans de toi ! »
>
> *Vieille ballade.*

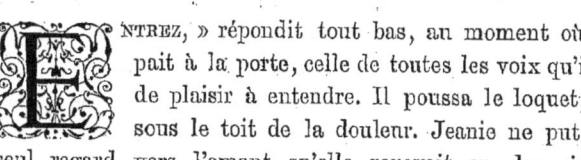NTREZ, » répondit tout bas, au moment où Butler frappait à la porte, celle de toutes les voix qu'il avait le plus de plaisir à entendre. Il poussa le loquet, et se trouva sous le toit de la douleur. Jeanie ne put lancer qu'un seul regard vers l'amant qu'elle revoyait en des circonstances si cruelles à son cœur et si humiliantes pour son honnête fierté. Une grande part de ce qu'il y a de bon et de mauvais dans le caractère national des Écossais prend sa source, on le sait, dans le sentiment profond des liens de famille. « Être né de gens honnêtes, » c'est-à-dire de personnes qui ont joui d'une réputation pure et sans tache, c'est un avantage prisé aussi haut parmi les classes inférieures de ce pays, que celui qui s'attache, dans la noblesse, à cette expression plus ambitieuse : « être de bonne famille. » Le caractère digne et respectable de l'un des membres d'une famille de paysans, est toujours considéré, et par ceux de la famille et par les autres, non seulement comme un sujet de légitime orgueil, mais encore comme une garantie de bonne

conduite pour l'ensemble de la maison. Au contraire, une souillure aussi fâcheuse que celle qui tombait en ce moment sur l'un des enfants de Deans, étendait le déshonneur à tous les parents du coupable, et Jeanie se sentait abaissée à ses propres yeux, et aux yeux de celui qui l'aimait. En vain voulait-elle imposer silence à ce sentiment, d'un ordre inférieur, pensait-elle, et trop personnel pour devoir se mêler aux douleurs qu'inspirait le sort de sa sœur. La nature réclamait ses droits ; et aux pleurs que versait Jeanie sur la faute et le danger d'Effie, se joignaient des larmes amères sur sa propre dégradation.

Butler entra. Le maître du logis était assis près du feu, sa vieille bible à la main : ce livre avait été le compagnon des courses errantes et des périls nombreux de sa jeunesse, le legs que lui avait fait sur l'échafaud l'un de ceux qui, en l'an 1686, avaient scellé de leur sang l'enthousiasme de leurs principes. Une petite fenêtre envoyait, par derrière, les rayons du soleil sur le vieillard.

Faisant briller l'atôme au sein de l'atmosphère,

pour employer l'expression d'un barde de ce temps et de ce pays, l'astre du jour illuminait les cheveux gris de David, et la page sacrée sur laquelle il méditait. Ses traits, loin d'être beaux, et plutôt sévères et durs, avaient emprunté cependant à sa gravité habituelle et à son mépris des choses de la terre une sorte de dignité stoïque. Deans se faisait gloire de posséder, à un haut degré, les qualités que Southey attribue aux anciens Scandinaves :

Fermes pour infliger, pour souffrir inflexibles.

Le tout formait un tableau, dont Rembrandt aurait donné la lumière, dont les lignes auraient demandé la force et la vigueur de Michel Ange.

A l'entrée de Butler, Deans leva les yeux, mais pour les écarter à l'instant, comme frappé de surprise et d'un soudain déplaisir: Il avait jugé de si haut ce savant à l'esprit charnel (c'est ainsi que, dans son orgueil, il avait appelé Butler), qu'il n'était personne au monde dont la vue, sous l'humiliation qu'il subissait, aggravât plus sa souffrance; c'était pour lui le *nec plus ultra* de la douleur, semblable au chef mourant qui s'écrie dans la ballade :

Quoi! le comte Percy va contempler ma chute!

De la main gauche, Deans souleva sa bible pour cacher un peu son visage, et, par derrière, il allongea le bras, et tendit la main droite à Butler, se détournant en même temps pour l'empêcher de voir les émotions de son visage. Butler saisit cette main qui avait été l'appui de son enfance, la couvrit de pleurs, et ne put dire que ces mots : « Dieu vous protège! Dieu vous console!

— Il le fera, mon ami; il le fait, » répondit Deans, reprenant sa fermeté devant l'agitation de son visiteur; « il le fait déjà maintenant, et le fera davantage encore à l'heure marquée par sa volonté. J'ai été trop fier, Ruben, des souffrances que j'ai endurées pour la bonne cause, et je dois subir une épreuve qui changera mon orgueil et ma gloire en moqueries et en reproches. J'ai cru valoir mieux que ceux qui couchent dans le duvet, qui se nourrissent d'aliments délicats et qui boivent à leur fantaisie, lorsque j'étais dans la mousse des rochers et dans l'humidité des marais, avec cet incomparable Donald Cameron et ce digne monsieur Blackadder, surnommé *Devine-tout!* J'étais glorieux d'être un spectacle pour les hommes et pour les anges, moi qui, avant l'âge de quinze ans, avais été mis au pilori de la Canongate pour la cause du Covenant national! Hélas! Ruben, est-ce possible? Moi, honoré à ce point et exalté dans ma jeunesse, alors que je ne faisais que balbutier mes premiers accents! Moi qui ai porté témoignage contre les défections des temps, tous les ans, tous les mois, tous les jours, à chaque heure, à chaque minute, affirmant et combattant de la main et de la voix, faisant retentir mes cris, sans m'épargner jamais, contre tous les pièges que rencontrait la grande cause nationale; contre les abominations de l'union, cet opprobre du pays, ce renversement de l'Église; contre le tolérantisme, contre le patronage, imposés par la dernière femme de cette malheureuse race des Stuarts! Moi qui me suis élevé aussi contre les restrictions et la violation du juste pouvoir des anciens; qui ai fait là-dessus mon opuscule : *Le cri d'un Hibou dans le désert*, imprimé à Bow-Head, et vendu par tous les colporteurs de la ville et de la campagne! Moi qui... Et maintenant, maintenant...! »

Il s'arrêta. On suppose bien que Butler, sans partager absolument toutes les idées du bonhomme sur le gouvernement de l'Église, eut pour lui trop d'égards et d'humanité pour l'interrompre dans l'énumération orgueilleuse de ses souffrances et de la constance de son témoignage. Ce ne fut que lorsque Deans garda le silence sous l'impression amère de l'heure présente, que Butler crut devoir offrir son tribut d'encouragement.

« Vous êtes bien connu, mon ancien et vénérable ami, pour un sectateur de la croix, fidèle et éprouvé ; un de ceux qui ont su, comme le dit saint Jérôme, *per infamiam et bonam famam grassari ad immortalitatem*, ce qu'on peut rendre par ces mots : « ceux qui courent vers la vie immortelle et par la bonne renommée et par la mauvaise. » Vous avez été l'un des hommes auxquels les âmes faibles et timides ont crié, dans la solitude de la nuit : « Sentinelle, quelle heure est-il ? » Et quant à cette lourde épreuve, de même, assurément, qu'elle ne vient pas sans la permission divine, elle ne vient pas non plus sans un objet et une destination spéciales.

— Je l'accepte ainsi, » dit le pauvre Deans, rendant à Ruben son serrement de main ; « et si je n'ai pas appris à lire l'Écriture autrement que dans ma langue maternelle, » (au milieu même de son malheur, le latin de Butler ne lui avait pas échappé) « je la connais cependant assez pour me croire capable de supporter avec soumission l'épreuve même qui vient de m'échoir en partage. Mais l'Église, ô Ruben Butler ! l'Église dont, tout indigne que je suis, l'on a vu en moi l'une des flèches aiguisées, l'Église dont on a vu en moi un pilier, où je tiens, dès ma jeunesse une place parmi les anciens ! Que penseront les esprits légers et profanes du guide qui ne sait pas préserver de la chute sa propre famille? Comme ils vont élever leurs chants de triomphe et leurs reproches, en voyant que les enfants de ceux qui professent la vraie doctrine sont aussi sujets à la défaillance que les rejetons de Bélial ! Je porterai ma croix avec cette pensée que tout ce qui a pu paraître bon en moi ou dans les miens, ressemblait à la clarté jaillissant, en une nuit obscure, du corps de l'insecte qui rampe sur la bruyère : cela brille aux yeux parce que tout est sombre alentour ; mais, lorsque le matin vient sur les montagnes, ce n'est plus, après tout, qu'un ver luisant. Ainsi sera de tous les lambeaux de justice humaine, de toutes les œuvres orthodoxes que, pour cacher notre honte, nous entassons autour de nous. »

Comme il disait ces mots, la porte s'ouvrit de nouveau, et Bartholin Saddletree entra, son chapeau à trois cornes jeté en arrière, un mouchoir de soie placé dessous pour maintenir le couvre-chef en cette position commode; il avait en main sa canne à pomme d'or; tout en lui annonçait un riche bourgeois, destiné à prendre part un jour aux honneurs de la magistrature, sinon même à s'asseoir jusque dans la chaise curule.

La Rochefoucault, qui a ôté le voile à tant de gangrènes du cœur humain, affirme que, « dans l'adversité de nos meilleurs amis, nous trouvons souvent quelque chose qui ne nous déplaît pas. » M. Saddletree aurait été fort en colère si quelqu'un lui avait dit qu'il trouvait un certain plaisir dans le désastre de la pauvre Effie et dans la désolation de sa famille; c'eût été, cependant, une grande question, de savoir si la satisfaction de jouer le personnage d'importance, de faire des investigations et des enquêtes, de citer sur cette affaire les dispositions de la loi, n'étaient pas, tout au moins, pour lui, une consolation suffisante de la compassion que, par bonté d'âme, il ressentait pour la parente de sa femme. Il avait en main à présent une véritable affaire, au lieu d'être obligé, comme d'habitude, d'introduire de force son opinion là où elle n'était ni demandée ni désirée; aussi heureux de ce changement que le jeune garçon auquel on donne sa première montre, qui marche quand elle est montée, et qui a de vraies aiguilles et un véritable cadran. Indépendamment de ce sujet de dissertation légale, le cerveau de Bartholin était en outre tout plein de l'affaire de Porteous, de sa mort violente, et de tout ce qui pourrait en résulter pour la cité et pour la communauté municipale. C'était ce que les Français appellent *l'embarras des richesses*, la confusion naissant d'une trop grande abondance des provisions de l'esprit. Saddletree fit son entrée avec une parfaite conscience de sa double importance, avec la supériorité d'un homme qui en sait plus long que les gens au milieu desquels il arrive, et qui se sent le droit de décharger sur eux sans merci ses informations. « Bonjour, Monsieur Deans; bonjour aussi, Monsieur Butler. Je ne savais pas que vous connussiez M. Deans. »

Butler fit une réponse vague ; on devine aisément pourquoi, avec des indifférents comme Saddletree, il n'avait pas souvent parlé de ses relations avec cette famille, relations qu'à ses yeux enveloppait un tendre mystère.

Tout rempli de son importance, le digne bourgeois se jeta dans un siège, s'essuya le front, et reprit haleine. Le premier essai de la vigueur renaissante de ses poumons fut un soupir profond et digne, dont la musique et l'intonation avaient assez l'air d'un grognement.

« Les temps sont graves, voisin Deans ; les temps sont graves!

— Les temps sont chargés de crime et de honte, les temps s'élèvent contre le ciel, » répliqua Deans, d'un ton plus bas et plus contenu.

« Pour ma part, » continua Saddletree, se rengorgeant de plus en plus, « au milieu du malheur de mes amis, et de celui de mon pauvre vieux pays, tout ce que j'ai pu jamais avoir de valeur m'a abandonné, au point que je me croirais par instants aussi ignorant que si j'étais *inter rusticos*. Quand je me lève le matin, ayant bien arrangé dans mon esprit ce qu'il y a à faire dans l'intérêt de la pauvre Effie, quand j'ai sur le bout du doigt toutes les dispositions du statut, le peuple se soulève, vient pendre Jean Porteous à la solive d'un teinturier, et fait sortir de ma tête tout ce qui y était entré. »

Quelque absorbé que fût Deans par ses malheurs domestiques, il ne put s'empêcher de montrer quelque intérêt pour ces nouvelles. Saddletree entra immédiatement dans des détails sur l'insurrection et ses conséquences ; Butler en profita pour avoir avec Jeanie Deans un entretien particulier. Jeanie lui fournit l'occasion qu'il désirait, en quittant la chambre comme pour vaquer à l'une des occupations de la matinée. Butler la suivit peu de temps après, laissant Deans si occupé par son visiteur, qu'il ne penserait guère à leur absence.

Le lieu de l'entrevue fut une pièce écartée, où Jeanie avait coutume de ranger les produits de la laiterie. Lorsque Butler eut saisi le moment de s'éclipser et de la rejoindre, il la trouva muette, abattue, prête à fondre en larmes. Qu'était devenue cette activité avec laquelle, même en parlant, elle employait d'ordinaire ses mains à quelque occupation domestique ? Elle était assise dans un coin, sans rien faire, et comme absorbée sous le poids de ses pensées. A l'entrée de Butler, cependant,

Jeanie s'essuya les yeux, et, avec la simplicité et la franchise de son caractère, entra de suite en conversation.

« Je suis bien aise que vous soyez venu, Monsieur Butler, » lui dit-elle, « car... car... car je voulais vous dire que... tout est fini entre nous. C'est ce qu'il y a de mieux à faire pour tous les deux.

— Fini! » dit Butler avec surprise ; « pourquoi cela serait-il fini? C'est une lourde épreuve, je le sais ; mais elle n'a touché vraiment ni

votre porte ni la mienne. C'est un mal que Dieu nous envoie ; il faut le supporter, mais il ne doit pas rompre la foi promise, alors que ceux qui ont fait la promesse ont le désir, Jeanie, de la garder.

— Ruben, » dit la jeune femme, en le regardant avec tendresse, « je sais bien que vous pensez plus à moi qu'à vous ; et en retour aussi, Ruben, je dois penser plus à votre intérêt qu'au mien. Votre nom est sans tache, vous êtes élevé pour le ministère de Dieu, et tous disent qu'un jour vous monterez haut dans l'Église, encore que la pauvreté vous retienne en bas à présent. La pauvreté, Ruben, est un fâcheux compagnon, nous le savons ; mais la mauvaise renommée en est un pire encore, et c'est une vérité que vous n'apprendrez jamais par ma faute.

— Que voulez-vous dire? » répondit Butler, avec une vive impatience; « quel rapport y a-t-il entre nos engagements et le crime de votre sœur, si crime il y a, car, grâce à Dieu, le contraire peut encore être démontré? En quoi ce malheur pourrait-il nous atteindre personnellement, vous ou moi?

— Pouvez-vous me le demander, Monsieur Butler? Croyez-vous que cette tache s'oubliera jamais, aussi longtemps que nous serons sur la terre? Ne s'attachera-t-elle pas à nous et à nos enfants, et jusqu'aux enfants de nos enfants? Avoir été la fille d'un honnête homme, cela parlera pour moi et pour les miens; mais être la sœur de... O mon Dieu! » Le courage lui manqua, et elle éclata en sanglots.

Son amant fit ce qu'il put pour l'inviter à se remettre; il y réussit enfin; mais elle ne reprit son sang-froid que pour s'exprimer d'une façon aussi nette qu'auparavant. « Non, Ruben, je n'introduirai le déshonneur dans le foyer d'aucun homme. Je puis porter mon malheur, je le dois; mais il n'y a pas lieu de l'imposer à autrui. Je porterai seule mon fardeau; les épaules sont faites pour cela. »

Un amoureux est forcément, par nature, bizarre et soupçonneux. La facilité avec laquelle Jeanie renonçait à leurs engagements sous prétexte d'un vif intérêt pour la tranquillité de Butler et pour l'honorabilité de son caractère, parut à celui-ci se combiner d'une façon alarmante avec la commission de l'étranger qu'il venait de rencontrer. Sa voix tremblait lorsqu'il demanda, « si rien autre chose qu'un sentiment né de l'infortune de sa sœur ne la faisait parler de la sorte?

— Comment serait-ce autre chose? » répliqua-t-elle avec simplicité. « N'y a-t-il pas dix ans que nous en avons parlé ensemble?

— Dix ans? » dit Butler. « C'est bien long, et suffisant peut-être, chez une femme, pour user...

— Pour user une robe, » dit Jeanie, « et pour en désirer une autre si l'on aime à se faire belle; mais ce n'est pas assez long pour user une amitié. L'œil peut souhaiter le changement; le cœur jamais.

— Jamais? » dit Ruben; « c'est parler hardiment.

— Il n'y a pas là plus de hardiesse que de vérité, » répondit Jeanie, avec la placidité qui l'accompagnait dans la joie comme dans la douleur, dans les affaires ordinaires comme dans celles qui touchaient le plus à son cœur.

Butler cessa de parler ; puis, la regardant fixement : « Jeanie, » dit-il, « je suis chargé pour vous d'une commission.

— Vraiment! De la part de qui? Que peut-on avoir à me dire?

— De la part d'un étranger, » répondit Butler, affectant de parler avec une indifférence que démentait sa voix. « De la part d'un jeune homme que j'ai rencontré ce matin dans le Parc.

— Grand Dieu! » répliqua vivement Jeanie ; « que vous a-t-il dit?

— Qu'il ne vous a pas vue à l'heure où il vous attendait, mais qu'il vous requiert de vous trouver seule avec lui aux Pierres de Muschat, cette nuit, dès que la lune sera levée.

— Dites-lui, » répondit promptement Jeanie, « que j'y serai bien sûr.

— Puis-je vous demander, » dit Butler, dont les soupçons croissaient avec la vivacité de la réponse, « quel est cet homme à qui, à une heure et dans un lieu si étranges, vous donnez rendez-vous aussi volontiers?

— Il faut faire en ce monde, » répliqua Jeanie, « bien des choses qu'on aimerait mieux ne pas faire.

— C'est vrai, » dit l'amoureux ; « mais quelle raison vous pousse à faire celle-là? Quelle est cette personne? Ce que j'en ai vu ne lui est pas favorable. Qui est-ce?

— Je ne sais pas, » répliqua Jeanie d'un air calme.

« Vous ne savez pas? » dit Butler, marchant à grands pas dans la chambre. « A pareille heure, en pareil lieu, vous vous rendrez auprès d'un jeune homme que vous ne connaissez pas? vous êtes forcée de le faire? et cependant vous dites que vous ne connaissez pas celui qui a sur vous un si grand pouvoir! Qu'en dois-je penser, Jeanie?

— Pensez seulement, Ruben, que je vous dis la vérité, comme si j'avais à répondre au jour même du jugement. Je ne connais pas cet homme ; je ne l'ai peut-être jamais vu ; et cependant je dois lui donner le rendez-vous qu'il demande. Il y va de la vie et de la mort.

— Ne sauriez-vous le dire à votre père, ou l'emmener avec vous ? » dit Butler.

« Je ne puis, » répondit Jeanie, « je n'en ai pas la permission.

— Et moi, me laisserez-vous vous accompagner ? Je vous attendrai dans le Parc jusqu'à la chute du jour, et je me joindrai à vous quand vous partirez.

— C'est impossible, » dit Jeanie ; « nulle créature mortelle ne doit être à portée de nous entendre.

— Avez-vous bien considéré, Jeanie, ce que vous allez faire ? le temps, le lieu, un homme inconnu, suspect ? S'il avait demandé de vous voir à cette heure, mais dans votre maison, votre père dans la pièce voisine et à portée de votre appel, vous auriez donc refusé de le voir ?

— Je me dois à ma parole, Monsieur Butler ; ma sûreté et ma vie sont aux mains de Dieu, mais, pour ce que j'ai à faire, je les risquerai toutes deux.

— Alors, Jeanie, » dit Butler, avec un mécontentement marqué, « nous devons rompre, en effet, et nous dire adieu. Quand, sur un sujet pareil, il ne peut plus y avoir de confiance entre un homme et celle qui lui est promise, c'est signe qu'elle n'a plus pour lui les sentiments qui rendent leur engagement sûr et acceptable. »

Jeanie le regarda en soupirant. « Je me croyais résignée, » dit-elle, « à supporter cette séparation ; mais... mais je ne pensais pas qu'elle aurait lieu en mauvais termes. Je suis une femme, et vous êtes un homme ; ce n'est pas pour vous la même chose que pour moi ; si cela vous rend moins malheureux de me juger si sévèrement, je ne saurais désirer que vous ayez d'autres pensées.

— Vous êtes, » répondit Butler, « ce que vous avez toujours été ; plus sage, meilleure, et moins égoïste, de votre nature, que je ne le suis moi-même avec tous les secours que la philosophie peut donner à un chrétien. Mais pourquoi, pourquoi persister dans une entreprise aussi périlleuse ? Pourquoi ne pas me permettre d'être votre assistant, votre secours, ou, du moins, votre conseil ?

— Parce que je ne le puis, ni ne l'ose, » répondit Jeanie. « Mais

18

écoutez! Qu'est-ce donc? Mon père, bien sûr, a quelque chose. »
Dans la pièce où Deans était resté, les voix s'étaient élevées tout à coup d'une manière extraordinaire. Il faut, avant d'aller plus loin, expliquer la cause de ces grands éclats.

Quand Jeanie et Butler se furent retirés, M. Saddletree aborda le sujet qui intéressait le plus la famille. Dans son état d'esprit accoutumé, le vieux Deans n'était pas porté à accepter silencieusement l'argumentation d'un autre ; mais, au commencement de la conversation, son interlocuteur le trouva si écrasé sous le sentiment du déshonneur et du danger de sa fille, que Deans entendit sans y répliquer, ou peut-être sans les comprendre, une ou deux dissertations savantes sur la nature du crime imputé à la pauvre enfant, et sur ce que, par suite, il était expédient de faire. La seule réponse de Deans, chaque fois que Saddletree s'arrêta, fut la suivante : « Vous nous voulez du bien, je n'en doute pas; car votre femme est notre cousine. »

Encouragé par ces symptômes d'acquiescement, Saddletree qui, en sa qualité d'adorateur zélé de la loi, avait une suprême déférence pour toutes les autorités constituées, en revint à son autre sujet, le meurtre de Porteous, et prononça un blâme sévère contre ceux qui l'avaient commis.

« Ce sont des temps difficiles, Monsieur Deans, des temps difficiles, quand le peuple arrache le pouvoir de vie et de mort des mains des magistrats réguliers pour se l'arroger à lui-même. Je suis d'avis (M. Crossmyloof en sera aussi, je crois, ainsi que le Conseil Privé), que cette insurrection pour attenter à la vie d'un homme à l'égard duquel il y a sursis, sera considérée comme ne valant guère mieux qu'un *perduellion*.

— Si je n'avais dans l'esprit des choses dures à supporter, Monsieur Saddletree, » répliqua Deans, « je me ferais fort, sur ce point, de discuter avec vous.

— Comment pourriez-vous discuter, mon cher, sur des questions de droit pur ? » dit à son tour Saddletree, d'un ton un peu méprisant; « vous ne trouverez pas un homme ayant eu au bras un portefeuille de procédure qui ne vous dise que le *perduellion* est l'espèce de trahison la plus mauvaise et la plus chargée du venin de la sédition : c'est un appel ouvert aux liges du roi contre l'autorité du souverain, en armes, spécialement, et au son du tambour, car mes yeux et mes oreilles ont été témoins de ces modalités accessoires. C'est pis que la lèse-majesté ; pis que de cacher un dessein entaché de trahison. Cette chose-là, voisin, ne se discute pas.

— Elle se discutera, » répliqua Douce David Deans. « Une dispute, je vous le promets, saura bien naître là-dessus. Je n'aime pas, voisin Saddletree, toutes vos doctrines légales, formalistes et froides ; et je fais peu de cas de vos chambres du parlement, depuis cette chute effroyable des espérances des honnêtes gens qui a suivi la révolution.

— Que vouliez-vous donc avoir, Monsieur Deans ? » dit impatiemment Saddletree ; « n'avez-vous pas eu la liberté civile, la liberté de conscience assurées à jamais pour vous et vos héritiers ?

— Monsieur Saddletree, » répliqua Deans, « je vous connais pour un de ces hommes qui sont sages à la manière du monde ; je sais que vous fréquentez les robes longues, et que vous aimez à vivre avec les subtiles perruques de ce pays-ci. Vous devriez déplorer plutôt le sombre et douloureux sort qu'ils ont fait à ce royaume infortuné lorsque leurs mains, noircies des souillures de la défection, se sont unies aux mains rouges de sang de nos meurtriers acharnés ; lorsque ceux qui avaient compté les tours de Sion, et marqué les boulevards de la réforme, ont vu leurs espérances se changer en pièges, et leurs joies se tourner en pleurs.

— Je ne vous comprends pas, voisin, » répondit Saddletree. « Je suis un honnête presbytérien de l'Église d'Écosse ; je tiens pour elle, pour l'assemblée générale, et pour l'administration régulière de la justice par les quinze lords des sessions et les cinq lords de judicature.

— Malheur à vous, Monsieur Saddletree ! » s'écria David, qui, dans cette occasion de donner son témoignage contre les défaillances et les iniquités du pays, oubliait pour un moment ses calamités domestiques ; « malheur à votre assemblée générale, et puisse le revers de ma main renverser votre cour des sessions ! Qu'est-ce que ce conciliabule sur lequel vous vous appuyez, sinon un funeste assemblage de professeurs et de ministres satisfaits et tyranniques, qui se sont assis à leur aise et bien chaudement, pendant que les persécutés qui restaient encore enduraient la faim et le froid, exposés à la mort, au fer et au feu, sur les bruyères humides, au milieu des tourbières, sur les tapis de mousse trempés par la pluie ; un ramassis d'hommes sortis de leurs repaires, ainsi que font, sous un rayon de soleil, les mouches bleues qui se nourrissent de viande ; des sycophantes venus pour s'emparer des chaires et des places de gens qui valaient mieux qu'eux, qui avaient rendu témoignage, qui avaient combattu, souffert les basses-fosses, la prison, la déportation au delà des mers? Une belle clique, vraiment, que votre assemblée! Et quant à votre cour des sessions...

— Vous pouvez dire ce que vous voudrez de l'assemblée générale, » répondit Saddletree, « et laisser, là-dessus, se démêler ceux qui s'y connaissent ; mais quant aux lords des sessions, ce sont mes voisins d'à côté, et je vous prie, pour votre gouverne, de ne pas oublier que les décrier, ce qui, en langage technique s'appelle *murmurer* contre eux, constitue un crime *sui generis*. *Sui generis*, Monsieur Deans, savez-vous ce que cela veut dire?

— Je ne connais guère, » répliqua Deans, « le langage de l'antéchrist, et je m'embarrasse peu de savoir quels noms peuvent donner des cours charnelles aux paroles des honnêtes gens. Pour ce qui est de murmurer contre eux, c'est ce que font, à coup sûr, tous les gens qui perdent leurs procès, et les neuf dixièmes de ceux qui les gagnent. Sachez donc bien que tous vos avocats à langue affilée qui vendent leur savoir pour de l'argent, tous vos juges à sagesse mondaine, qui donnent trois jours d'audience pour éplucher une friponnerie, et qui ne donnent pas une demi-heure pour le témoignage de l'Évangile, ne sont que des ergoteurs et des formalistes, favorisant par leurs sentences, leurs subtilités, leur captieux jargon juridique, la marche depuis longtemps commencée des défections nationales, l'union, le tolérantisme, le patronage, et les serments épiscopaux à la façon d'Éraste. Quant à votre cour de judicature, qui tue les âmes et les corps... »

C'est à ce point que le brave David s'était laissé emporter, habitué qu'il était à considérer sa vie comme un témoignage perpétuel en faveur de ce qui était pour lui la cause souffrante et déserte de la religion vraie. Mais, en prononçant le nom de la cour criminelle, le souvenir de la situation déplorable de sa fille rentra subitement dans son esprit ;

il s'arrêta court au milieu de ses déclamations triomphantes, pressa son front de ses mains, et se tut.

Saddletree était un peu ému, pas assez cependant pour abandonner le tour de parole que lui laissait le silence soudain de David. « Sans aucun doute, voisin, » dit-il, « c'est une cruelle chose d'avoir affaire aux cours de justice, à moins que ce ne soit comme auditeur, à l'effet d'ajouter à ses connaissances et à sa pratique. Pour en revenir à la malheureuse affaire d'Effie, vous avez déjà, sans aucun doute, vu l'acte d'accusation ? » Et, tirant de sa poche un paquet de papiers, il commença à le feuilleter. « Ce n'est pas cela ; c'est la demande de Mungo Marsport contre le capitaine Lackland. Le susdit Mungo se plaint de ce que le capitaine susnommé vient sur ses terres de Marsport avec faucons, chiens courants, chiens couchants, filets, armes à feu, arbalètes, arquebuses, et autres engins plus ou moins propres à la destruction du gibier ; tel que bêtes fauves à poil rouge ou rougeâtre, coqs de bruyères, plumes grises, plumes de marais, perdrix, héron, et le reste ; le défendeur sus-désigné n'étant pas d'ailleurs qualifié dans les termes du statut seize cent vingt et unième, c'est-à-dire ne possédant pas la portion de sol que laboure une charrue. Or donc, le défendeur a proposé cet argument que *non constat*, jusqu'à nouvel ordre, quelle est la mesure qu'une charrue peut labourer, et que cette incertitude suffit pour repousser les conclusions de la demande. A cette défense, le demandeur, dans sa réplique (elle est signée Crossmyloof, mais a été faite par M. Younglad), oppose que, *in hoc statu*, peu importe ce qu'il faut entendre par le labour d'une charrue, attendu que le demandeur ne possède pas le moindre brin de terre, ni peu ni prou. « Accordons, par hypothèse, » ici, M. Saddletree, se mit à lire dans le papier qu'il avait en main, « par hypo« thèse, qu'un labour de charrue ne soit pas plus étendu que la dix« neuvième partie du terrain qui tiendrait sous la patte d'une oie (c'est « M. Crossmyloof qui a ajouté cela ; je reconnais son style), la dix« neuvième partie, qu'y gagnera le défendeur, puisqu'il ne possède « pas en Écosse un pauvre lopin de terre ? » *Nihil interest de possessione*, fait valoir, dans sa réplique, l'*Advocatus* de Lackland : « l'auteur « de la poursuite doit placer son *propositum* sous les termes même du « statut (faites bien attention, voisin), et doit montrer, *formaliter et*

« *specialiter,* aussi bien que *generaliter,* quelle est la quantité de terre
« que Lackland ne possède point. Qu'il me dise ce que c'est qu'un labour
« de charrue, et je lui dirai si je le possède ou non. Assurément, c'est
« au demandeur qu'il incombe d'expliquer sa demande, et de donner
« lui-même le sens du statut qu'il invoque. *Titius* poursuit *Mævius* en
« restitution du cheval *noir* par lui prêté à Mævius ; il obtiendra juge-
« ment. Mais si Titius poursuit Mævius pour que celui-ci lui rende
« un cheval *écarlate* ou *cramoisi,* Titius sera d'abord, sans aucun doute,
« tenu de démontrer qu'il existe *in rerum natura* un animal ainsi qua-
« lifiable. Nul ne peut être contraint de répondre à une demande qui
« n'a pas de raison d'être, à une accusation qui ne saurait être expli-
« quée ou comprise (sur ce point-là, il a tort, car moins on comprend
« une plaidoirie, mieux elle vaut). S'en référer à cette mesure de terre
« mal définie et peu facile à comprendre, c'est comme si l'on prétendait,
« par statut, imposer une pénalité à l'homme qui chasse à courre,
« à faucons, ou à chiens couchants, avec une culotte bleu de ciel, et
« sans avoir... »

« Mais je vous ennuie, Monsieur Deans, et nous allons passer à l'affaire qui vous est propre ; néanmoins, ce procès Marsport contre Lackland a fait beaucoup de bruit au Palais. Voici donc l'acte d'accusation de la malheureuse Effie. « Considérant qu'il nous est hum-
« blement expliqué et démontré, *et cætera.* » Passons, car ce ne sont
là que des paroles de style. A présent : « Considérant que, d'après les
« lois de ce royaume et de tous autres pays bien réglés, le meurtre
« de qui que ce soit, et spécialement celui d'un enfant, est un crime
« grave et sévèrement punissable ; considérant que, sans porter at-
« teinte aux généralités susdites, par un acte fait dans la seconde
« session du premier parlement de nos très hauts et très respectés
« souverains Guillaume et Marie, il a été spécialement dit et or-
« donné que toute femme qui cachera sa condition, et qui ne prouvera
« qu'elle a demandé, au cas voulu, les secours dont elle avait be-
« soin, sera, si l'enfant est trouvé mort ou ne se retrouve pas du tout,
« réputée et déclarée coupable du meurtre de l'enfant susdit ; que,
« lesdits faits de maternité et de non représentation de l'enfant vivant
« étant démontrés ou confessés, la femme à la charge de laquelle ils

« sont établis subira, par voie de conséquence, les peines portées par
« la loi. De tout quoi il résulte que vous, Effie, ou Euphémie Deans...

— N'en lisez pas plus long, » s'écria Deans relevant la tête ; « j'aimerais mieux vous voir m'enfoncer une épée dans le cœur, que de vous entendre lire un mot de plus !

— Cher voisin, » dit Saddletree, « je croyais que cela vous soulagerait d'entendre là-dessus le pour et le contre. Mais la question importante est de savoir ce qu'il faut faire.

— Rien, » répondit le vieux Deans avec fermeté, « rien que de subir la destinée que le Seigneur juge à propos de nous envoyer. Oh ! si ç'avait été sa volonté de conduire au repos cette tête grise avant que l'épreuve terrible n'eût visité ma demeure et mon nom ! Que sa volonté soit faite. Je puis encore prononcer ces mots, bien que je ne sois guère, hélas ! capable d'en dire davantage.

— Vous prendrez cependant, voisin, » dit Saddletree, « des avocats pour la pauvre fille ? C'est une chose à laquelle il faudra nécessairement penser.

— S'il y en avait un seul, » répondit le vieillard, « un seul dont l'intégrité fût vraie... Mais je les connais bien ; ils sont tous charnels, astucieux, chasseurs en quête seulement de satisfactions personnelles ; des érastiens, des arminiens, du premier jusqu'au dernier.

— Or çà, voisin, » fit Saddletree, « il ne faut pas prendre à la lettre tout ce qu'on dit du monde. Le diable lui-même n'est pas si mauvais qu'on le prétend, et je sais plus d'un avocat qui passe à bon droit pour aussi intègre que ses voisins : ils sont honnêtes à leur manière.

— Ce qu'on trouve chez eux, en effet, » répliqua David Deans, « n'est qu'une manière d'honnêteté, une manière de sagesse, une manière de savoir charnel. Ces gens-là sont comme des lunettes, qu'on ajuste pour rapprocher ou pour éloigner les objets ; des trompe-l'œil, avec leur politique astucieuse et leurs engins terrestres, leurs habiletés, leurs détours, et leurs périodes d'éloquence puisées aux empereurs païens ou dans les canons des papes. Dans les grimoires comme celui que vous me lisiez tout à l'heure, ils ne peuvent pas seulement donner aux personnes qui ont eu le malheur de tomber dans leurs mains les noms que celles-ci avaient reçus lorsque leur fut dispensée la grâce, mais il faut qu'ils les rebaptisent, et qu'ils leur appliquent le nom maudit de ce Titus, qui a servi d'instrument pour brûler le temple saint, et d'autres appellations qui ne sont pas moins païennes.

— C'est *Titius*, » interrompit Saddletree, « et non pas Titus. M. Crossmyloof ne s'embarrasse pas plus que vous de Titus ou du latin. Mais c'est absolument nécessaire ; il faut que votre fille ait un conseil. J'en pourrais parler à M. Crossmyloof. Il est connu pour bon presbytérien, et pour un ancien, par-dessus le marché.

— Un érastien renforcé, » répliqua Deans ; « un de ces politiques à sagesse humaine qui, au jour de la puissance, se sont étudiés à mettre obstacle à l'aveu général de la cause.

— Que dites-vous du vieux laird de Cuffabout ? » demanda Saddletree ; « il vous débrouille une affaire assez joliment.

— C'est un misérable, un traître ! » répliqua Deans ; « un de ces bandouliers qui auraient rejoint, en 1715, les tristes guerriers des hautes terres, s'ils avaient eu la chance de passer le Firth.

— Arniston, alors ? Ce sera pour vous un excellent bouclier ! » dit Bartholin d'un air de triomphe.

« Oui, un homme qui a, jusque dans sa bibliothèque, des médailles du pape, que lui a données cette schismatique du nord, la duchesse de Gordon

— C'est bien, mais il faut avoir quelqu'un. Que pensez-vous de Kittlepunt ?

— C'est un arminien.

— De Woodsetter ?

— Un coccéien, ce n'est pas douteux.

— Du vieux Whilliewaw.

— Il est tout ce que vous voudrez.

— Du jeune Naemmo ?

— Il n'est rien du tout.

— Vous n'êtes pas facile à satisfaire, voisin, » dit Saddletree ; « je viens de les passer tous en revue ; choisissez maintenant. Il y a sûreté, ce me semble, dans le nombre des conseillers. Que diriez-vous d'essayer du jeune Mackenzie ? Il a au bout de la langue toutes les *Pratiques* que son oncle avait dans ses livres.

— Pouvez-vous me parler, Monsieur, » s'écria, tout en colère, le presbytérien obstiné, « pouvez-vous me parler d'un homme qui porte au bout des doigts le sang inestimable des saints? Son oncle n'a-t-il

pas vécu, n'est-il pas mort avec le nom de Mackenzie le sanguinaire? et ne sera-t-il pas connu sous ce nom aussi longtemps qu'une langue écossaise existera pour le prononcer? Si pour sauver, sous cette rude épreuve, la vie de ma pauvre chère enfant, la vie de Jeanie, la mienne;

si, pour sauver le genre humain tout entier, je n'avais qu'à demander à cet esclave de Satan de dire un mot pour eux ou pour moi, tout cela périrait avec le vieux David Deans ! »

Ce fut le ton exalté dont furent prononcés ces derniers mots qui interrompit la conversation de Butler et de Jeanie, et les ramena dans la chambre où se trouvait le pauvre vieillard. Ils le trouvèrent hors de lui, à moitié fou de chagrin, à moitié fou de la pieuse colère soulevée en lui par les propositions de Saddletree. Ses joues étaient enflammées, ses mains crispées, sa voix s'élevait ; cependant que les larmes de ses yeux et le tremblement de sa parole témoignaient de son impuissance à secouer le joug de la douleur. Craignant pour une personne âgée et faible les suites d'une agitation pareille, Butler s'aventura à l'exhorter à la patience.

« Patient, je le suis, » répondit le vieillard d'un ton sévère ; « plus patient que ne saurait l'être aucun de ceux dont la vie pactise avec les défaillances de nos misérables temps. Pour apprendre à mes cheveux gris comment supporter ma croix, je n'ai besoin ni de sectaires, ni de fils de sectaires, ni de petits-fils de sectaires.

— Monsieur Deans, » continua Butler, sans s'offenser du reproche que le maître du logis faisait à la foi de son grand-père, « servons-nous des moyens humains. Quand vous faites venir un médecin, vous ne le questionnez pas, je suppose, sur ses principes religieux ?

— Je ne le questionne pas ? Si, vraiment, » répondit David. « Avant que je n'aie la preuve qu'il a le sentiment vrai des défections du jour présent, défections de droite et défections de gauche, pas une goutte de sa médecine n'entrera dans le corps du fils de mon père. »

Les comparaisons sont dangereuses. Butler venait d'en faire une et ne s'en trouvait pas bien ; mais, comme un vaillant soldat dont le mousquet a fait long feu, il resta ferme au poste et chargea à la baïonnette. « C'est, Monsieur, une interprétation trop rigide de votre devoir. Le soleil brille et la pluie descend pour les justes et pour les injustes, et, durant le cours de la vie, des rapports sont souvent indispensables entre les uns et les autres ; c'est peut-être pour que le mal ait l'occasion de se changer en bien, peut-être aussi pour que les amis de la justice soient assujettis, entre autres épreuves, à converser parfois avec les profanes.

— Vous n'êtes pas fort dans vos arguments, Ruben, » répondit le vieillard. « Peut-on toucher à la poix sans se salir? Ou que pensez-vous des braves et dignes champions du Covenant, qui ne voulaient pas seulement entendre parler un ministre, quels que pussent être d'ailleurs ses talents et ses grâces, qu'il n'eût rendu témoignage, avant tout, contre les énormités du temps? Jamais un homme de loi ne parlera pour moi ou pour les miens, qu'il n'ait porté témoignage en faveur des restes dispersés, mais brûlants d'amour, qui ne connaissaient pour demeure que les fentes des rochers. »

Parlant ainsi, et comme fatigué à la fois de son argumentation et de la présence de ses hôtes, le vieillard se leva, et, leur faisant un adieu de la tête et de la main, alla s'enfermer dans sa chambre à coucher.

« Parler de la sorte, » dit Saddletree à Butler, « c'est abandonner la vie de sa fille. Où trouvera-t-il jamais un avocat caméronien? A-t-on entendu parler d'un homme de loi qui ait souffert pour une religion ou pour une autre? C'en est fait de la vie de la pauvre enfant. »

Vers la fin de la discussion, Dumbiedikes était arrivé à la porte de la maison, avait mis pied à terre, avait attaché la bride du poney à son crochet ordinaire, et s'était assis dans le siège accoutumé. Avec plus d'animation que de coutume, ses yeux suivaient tantôt l'un des interlocuteurs, tantôt l'autre, jusqu'au moment où les derniers mots de Saddletree lui donnèrent le triste sens de la conversation tout entière. Il se leva, et, d'un air gauche, traversa lentement la chambre. Arrivé tout près de Saddletree : « Monsieur, » lui dit-il, d'une voix inquiète et tremblante, « l'argent ne pourrait-il rien pour eux? »

— Hum! » dit Saddletree d'un ton grave, « si quelque chose peut servir au palais du Parlement, sans nul doute, ce sera l'argent. Mais d'où viendra-t-il, cet argent? M. Deans, vous le voyez, ne fera rien; et, quoique Mistress Saddletree soit leur amie depuis longtemps, leur veuille beaucoup de bien et soit parfaitement disposée à les aider, elle n'aimerait pas à s'obliger *singuli in solidum* pour une besogne aussi coûteuse. Si quelques amis consentaient à prendre leur part du fardeau, on pourrait faire quelque chose, chacun ne répondant que de son versement individuel. Il me répugnerait de voir cette affaire tomber sans avoir été plaidée; cela serait déplorable, quoi qu'en puisse dire ce *whig* insensé. »

— Je le ferai, » dit Dumbiedikes, « je le ferai. » Et, prenant courage, il ajouta : « Oui, vraiment, je répondrai pour une vingtaine de livres sterling. » Puis il garda le silence, tout étonné d'avoir été capable d'une résolution aussi extraordinaire et d'une générosité aussi excessive.

« Que le Très Haut vous bénisse, laird! » s'écria Jeanie, dans un transport de reconnaissance.

« Au lieu de vingt vous pouvez dire trente, » dit encore Dumbiedikes, écartant timidement ses regards de Jeanie, pour les porter vers Saddletree.

« Cela fera merveille, » dit Saddletree, se frottant les mains ; « et vous aurez, pour faire aller l'argent où il faut, toute mon habileté et ma connaissance des affaires. Je manœuvrerai cela; je connais le moyen d'amener les avocats à prendre de faibles honoraires et à en être contents ; il ne s'agit que de leur faire croire que vous avez deux ou trois causes importantes qui vont venir bientôt, et ils travailleront à bon marché pour obtenir la clientèle. Fiez-vous à moi pour entortiller un avocat ; ce n'est pas un péché de tirer d'eux, pour notre argent, tout ce que nous en pouvons tirer. Ce qu'ils nous fournissent, après tout, ce n'est que le vent qui sort de leur bouche, et qui ne leur coûte rien; tandis que, dans ma chétive profession de sellier, d'habilleur et de harnacheur de chevaux, il faut débourser des sommes incalculables pour avoir des peaux et du cuir.

— Ne pourrai-je servir à rien? » dit Butler. « Mes ressources, hélas! ne vont pas au delà de l'habit noir que je porte ; mais je suis jeune, je dois beaucoup à la famille. Ne puis-je rien faire?

— Vous pouvez nous aider, » dit Saddletree, « à recueillir les témoignages. Si vous trouviez seulement une personne pour dire qu'Effie lui a touché un petit mot de son état, l'accusée serait tirée d'affaire en un tour de main. M. Crossmyloof me l'a dit. « L'avocat de la couronne, » m'a-t-il expliqué, « ne saurait être forcé de faire une preuve « positive. » Est-ce *positive* qu'il m'a dit, ou *négative?* L'un des deux, bien sûr ; mais lequel ? Après tout, il importe peu. « Or donc, » dit-il, « le *libelle* qui contient l'accusation doit être réfuté par les *conclusions* « *en forme* dans lesquelles le défendeur établit sa preuve. » Cela ne peut se faire autrement.

— Mais le fait, Monsieur, » indiqua Butler, « le fait que cette pauvre fille a eu un enfant, les avocats de la couronne, assurément, ne doivent-ils pas le prouver? »

Saddletree garda le silence un moment ; tandis que le visage de Dumbiedikes, tournant, comme sur un pivot, de l'un des interlocuteurs à l'autre, prenait une expression plus satisfaite.

« Heu ! heu !... Oui, » dit Saddletree, après une hésitation pleine de gravité ; « c'est chose à prouver sans aucun doute, comme la cour le déclarera plus complètement par l'interlocutoire de mise en état ; mais le tour, j'imagine, est déjà joué, car elle a avoué son crime.

— Avoué le meurtre ? » s'écria Jeanie, d'une voix qui, tous, les fit tressaillir.

« Je n'ai pas dit cela, » répliqua Bartholin. « Mais elle a avoué qu'elle avait eu un enfant.

— Et qu'est-il devenu ? » dit encore Jeanie ; « je n'ai obtenu d'elle que des soupirs et des larmes, sans en tirer un seul mot.

— Elle dit qu'il a été emporté par la femme dans la maison de laquelle la naissance a eu lieu et qui l'assistait à ce moment.

— Qui était cette femme ? » dit Butler. « Par elle, assurément, la vérité peut se découvrir. Qui est-elle ? j'y cours sur-le-champ.

— Je voudrais, » dit à son tour Dumbiedikes, « être aussi jeune et aussi agile que vous, et posséder aussi bien le don de la parole.

— Qui est-elle ? » répéta Butler avec impatience. « Qui peut-elle être, cette femme ?

— Effie seule le sait, » répondit Saddletree ; « et, dans son interrogatoire, elle a refusé de répondre sur ce point-là.

— Je me rends à l'instant près d'Effie, » dit Butler ; « adieu, Jeanie. » Et s'approchant d'elle, il ajouta : « Pas de démarches imprudentes, que vous n'ayez entendu parler de moi. Adieu ! » Et, de suite, il quitta la chaumière.

« J'irais bien aussi, » dit le gentilhomme terrien, d'un ton inquiet, envieux et chagrin ; « mais, y allât-il de ma vie, mon poney ne fera pas une autre route que celle de Dumbiedikes ici, et le retour en ligne droite.

— Ce que vous ferez de mieux pour eux, » dit Saddletree, comme ils sortaient ensemble de la maison, « ce sera de m'envoyer les trente livres sterling.

— Trente, » dit en hésitant Dumbiedikes, que n'atteignaient plus les yeux où sa générosité s'était enflammée ; « je n'ai dit que vingt. »

— Oui, » dit Saddletree; « mais c'était sous réserve d'addition et augmentation ; et vous avez amendé vos offres en les portant à trente.

— L'ai-je fait? Je ne me souvenais pas de l'avoir fait, » répondit Dumbiedikes. « Mais tout ce que j'ai dit, je le maintiens. » Et enfourchant sa monture avec quelque peine : « Ne trouvez-vous pas, Monsieur Saddletree, que les yeux de Jeanie avaient l'air de grains d'ambre, quand elle pleurait?

— Laird, » répliqua l'insensible Bartholin, « en fait d'yeux de femmes, je ne m'y connais pas beaucoup, et je ne m'en soucie pas plus que je ne m'y connais. Je voudrais être aussi à l'abri de leurs langues que de leurs yeux ; et cependant, laird, peu de femmes, » ajouta-t-il, se souvenant qu'au point de vue du gouvernement domestique, il fallait préserver sa réputation, « peu de femmes sont mieux disciplinées que la mienne. Je n'admets ni perduellion ni lèse-majesté à l'encontre de mon autorité souveraine. »

Le laird ne vit en cette observation rien d'assez important pour appeler une réponse. Échangeant une salutation muette, ils se séparèrent tranquillement pour aller chacun à ses affaires.

CHAPITRE XII.

> J'empêcherai cet homme de se noyer, son esquif ne fût-il pas plus solide qu'une coquille de noix.
>
> SHAKSPEARE. *La Tempête.*

UTLER ne ressentait ni fatigue ni besoin. A la façon dont il avait passé la nuit, il eût été naturel qu'il souffrît de l'un et de l'autre ; mais son zèle pour venir en aide à la sœur de Jeanie Deans, les lui faisait oublier tous deux.

Il courait presque, tant il marchait vite. Tout à coup, il entendit, derrière lui, quelqu'un l'appeler par son nom ; une toux asthmatique accompagnait cet appel, qui se noyait à moitié dans le bruit fait, en trottant, par un poney des hautes terres. Butler tourna les yeux, et vit le laird de Dumbiedikes poussant vers lui de toute la vitesse possible : fort heureusement pour le laird, qui voulait converser avec Butler, la route qui conduisait à Dumbiedikes était, pendant deux cents yards environ, la même que celle d'Édimbourg. S'entendant appeler de la sorte, Butler s'arrêta, sans vouloir grand bien au cavalier tout essoufflé qui retardait ainsi sa marche.

« Ho ! ho ! ho ! » fit Dumbiedikes, en retenant, auprès de notre ami Butler, l'allure clopinante du poney. « Ho ! ho ! c'est une bête bien volontaire que la mienne. » Il n'était que temps de rattraper l'objet de sa poursuite ; il eût été impossible de pousser plus loin, car c'était précisément l'endroit où la route de Butler se séparait de celle du manoir de Dumbiedikes : tous les moyens de persuasion ou de contrainte dont aurait pu se servir le cavalier vis-à-vis de son Bucéphale, n'auraient pu triompher de l'obstination celtique de *Fève de marais* (c'était le nom du poney), et l'écarter d'un pas du sentier menant à son herbage.

Dumbiedikes retrouva enfin la respiration que lui avait ôtée un trot beaucoup trop rapide pour les habitudes de la monture et du cavalier ; mais le grand dessein qu'il avait formé semblait s'attacher à son gosier, et empêcher quoi que ce fût d'en sortir, si bien que Butler resta devant lui près de trois minutes sans que laird eût le pouvoir de prononcer une syllabe. Lorsque Dumbiedikes retrouva la voix, ce ne fut que pour dire, après un ou deux efforts : « Ho, ho ! hum ! Un beau temps, Monsieur Butler, pour la moisson.

— Très beau, » répondit Butler. « Je vous souhaite le bonjour, Monsieur.

— Arrêtez ; arrêtez un instant, » reprit Dumbiedikes ; « ce n'est pas là ce que je voulais vous dire.

— De grâce, alors, soyez prompt, et faites-moi savoir vos désirs, » repondit Butler. « Je vous demande pardon, mais je suis pressé, et *tempus nemini*... Vous connaissez le proverbe. »

Dumbiedikes ne connaissait pas le proverbe, et ne se donna pas même la peine d'avoir l'air de le connaître, ainsi que d'autres l'auraient fait à sa place. Il concentrait pour une grande proposition toutes les forces de son intelligence, et n'était en état de fournir aucun détachement pour la défense des postes extérieurs. « Monsieur Butler, » dit-il, « savez-vous si M. Saddletree est un bien grand homme de loi ?

— Je n'ai, pour le croire, la parole de personne, excepté la sienne, » répondit Butler d'un ton sec ; « mais il doit, probablement, savoir un peu ce qu'il vaut.

— Hum ! » répliqua le taciturne Dumbiedikes, d'un ton qui semblait dire : Monsieur Butler, je vous comprends. « En ce cas, » poursuivit-il, « pour diriger le procès d'Effie, j'emploierai mon homme d'affaires, Nichil Novit, le fils du vieux Nichil, presque aussi adroit que son père. »

Ayant ainsi montré plus de sagacité que Butler n'en attendait de lui, il toucha poliment son tricorne à galon d'or, et, donnant un coup de talon dans les flancs de Fève de marais, il fit en sorte que la bête retourna chez elle par la volonté du cavalier : le quadrupède obéit avec l'empressement que mettent les hommes et les bêtes à faire ce qu'on leur ordonne lorsque cela leur convient.

Butler reprit sa marche, non sans avoir ressenti une légère atteinte de jalousie, que les attentions du brave laird pour la famille de Deans avaient excitée plusieurs fois en lui. Mais il était trop généreux pour nourrir longtemps un sentiment qui se rapprochait de l'égoïsme. « Il est riche de ce que je n'ai pas, » se dit Butler ; « pourquoi me froisserais-je de ce qu'il a assez de cœur pour employer à leur rendre service quelque peu de son avoir, là où je ne puis, quant à moi, que former un souhait stérile? Au nom sacré du Seigneur, que chacun de nous fasse de son mieux. Puisse-t-elle être heureuse! être sauvée de l'infortune et du déshonneur qui la menacent de près. Puissé-je, moi, trouver le moyen d'empêcher l'épreuve terrible de ce soir! Adieu toutes autres pensées, bien que mon cœur se brise en les écartant! »

Il redoubla le pas, et fut bientôt devant la porte de la Tolbooth, ou plutôt devant l'endroit où jadis avait été la porte. Son entrevue avec le mystérieux étranger, le message qu'il avait reçu pour Jeanie, la conversation dans laquelle elle avait touché la rupture de leurs engagements, la scène émouvante avec le vieux Deans, tout cela avait occupé Butler au point d'effacer jusqu'au souvenir du tragique événement dont il avait été témoin la nuit précédente. Son attention n'y fut ramenée ni par les groupes épars qui stationnaient et causaient dans les rues, baissant la voix quand des étrangers s'approchaient, ni par les perquisitions affairées des agents de la police municipale appuyés de forces militaires, ni par l'aspect du corps de garde, devant lequel étaient de triples sentinelles, ni enfin par l'air intimidé des personnes des classes inférieures, qui, fussent-elles restées étrangères au tumulte, se sentaient exposées au soupçon, et, humbles et décontenancées, se glissaient par les rues, semblables à des gens fatigués des plaisirs et des dangers d'une débauche de nuit, nerveux, craintifs, et n'ayant pas envie de recommencer.

Aucun de ces symptômes d'inquiétude et de frayeur ne frappa Butler, dont l'esprit était plein d'un sujet plus intéressant encore pour lui. Il fallut bien pourtant s'en apercevoir lorsqu'arrivé devant la prison, il la vit défendue, en guise de barres et de verrous, par une double ligne de grenadiers. Les « halte-là! » dont ils l'accueillirent, l'aspect noirâtre de cette prison sans porte, de l'escalier tournant et des salles intérieures de la Tolbooth ouverts maintenant aux regards du public, lui rappela forcément tous les actes de cette nuit féconde. Lorsqu'il eut formulé la demande de parler à Effie Deans, le même porte-clefs grand, maigre, à cheveux argentés, qu'il avait vu le soir précédent, fit encore son apparition.

« Je crois, » répliqua-t-il à la demande de Butler, avec l'expression dubitative d'un véritable Écossais, « je crois que vous êtes la même personne qui, hier, était venue pour la voir. »

Butler répondit affirmativement.

« Et c'est vous, je crois, » continua le porte-clefs, « qui m'avez demandé à quelle heure nous fermions, et si nous ne fermions pas plus tôt à cause de Porteous?

— Il se peut bien, » dit Butler, « que j'aie fait une observation semblable ; mais, à présent, ce que je demande, c'est si je puis voir Effie Deans?

— Je n'en sais rien. Mais entrez ; prenez l'escalier tournant, et montez jusqu'à la salle qui est à main gauche. »

Le vieux geôlier marcha derrière Butler, très près de lui, ses clefs en main, sans même oublier la grosse clef qui avait précédemment fermé la porte extérieure de ses domaines, mais qui n'était plus maintenant qu'un inutile fardeau. Butler ne fut pas plutôt entré dans la salle qu'on lui avait indiquée, que la main experte de son guide choisit la clef qu'il fallait, et, de l'extérieur, en donna un tour sur le visiteur. Butler supposa d'abord que c'était seulement l'effet des habitudes et des précautions professionnelles de celui qui le conduisait. Mais lorsqu'il entendit une voix rauque crier : « Un homme de garde! » et, bientôt après, le bruit de l'arme d'une sentinelle postée devant la salle qu'il occupait, il appela de nouveau le porte-clefs. « Mon bon ami, c'est de choses importantes que j'ai à parler avec Effie Deans, et je demande à la voir aussitôt que possible. » On ne lui répondit pas. « S'il est contraire à vos règlements, » répéta Butler d'un ton plus haut, « de me laisser voir la prisonnière, veuillez me le dire, et me laisser aller à mes affaires. *Fugit irreparabile tempus !* » se murmura-t-il à lui-même.

« Si vous aviez quelque chose à faire, » répliqua, du dehors, l'homme qui maniait si bien les clefs, « il aurait fallu le faire avant de venir ici. Vous verrez qu'il est plus facile d'y entrer que d'en sortir. Il n'est guère probable qu'une autre émeute nous vienne déranger encore. La loi, voisin, va reprendre ses droits, et vous l'éprouverez à vos dépens.

— Que voulez-vous dire, Monsieur ? » répondit Butler. « Vous me prenez pour un autre. Mon nom est Ruben Butler, prédicateur de l'Évangile.

— Je le sais bien, » dit le porte-clefs.

— Puisque vous savez qui je suis, j'ai le droit, en retour, de savoir quel mandat vous avez pour me retenir. Ce droit appartient à tout citoyen de la Grande Bretagne.

— Un mandat ? » dit le geôlier; « le mandat est en route pour Libberton avec deux officiers du shérif pour aller vous chercher. Si vous étiez resté chez vous, comme tout honnête homme doit le faire, vous auriez vu le mandat. Mais vous venez, de vous-même, vous faire emprisonner : avouez, ma foi, que ce n'est pas ma faute.

— Je ne puis donc pas voir Effie Deans, » dit encore Butler; « et vous êtes décidé à ne pas me laisser sortir ?

— Assurément, voisin, » répondit le vieillard d'un ton bourru; « pour ce qui est d'Effie Deans, laissez la penser à ses affaires, et contentez-vous de songer aux vôtres. Quant à vous laisser sortir, il en sera comme les magistrats le décideront. Portez-vous bien en attendant; il faut que j'aille voir Deacon Sawyers remettre une ou deux des portes que vos braves amis, Monsieur Butler, ont brisées la nuit dernière. »

Tout cela était irritant, et fait aussi pour donner de sérieuses alarmes. Être emprisonné, même sur une accusation sans fondement, est fort désagréable et fort inquiétant en soi, eût-on plus de courage naturel que Butler n'en possédait. Il était armé de cette résolution qui dérive du sentiment du devoir et de la volonté de l'accomplir; mais, avec son imagination vive et sa constitution délicate, il était loin d'avoir, devant le danger, cette insensibilité froide, heureux privilège des tempéraments plus robustes, à nerfs plus fermes et moins impressionnables. L'idée confuse d'un danger dont il ne pouvait ni se rendre compte ni se défendre, flottait vaguement à ses yeux. Il se remit en mémoire les événements de la nuit précédente, dans l'espoir de trouver quelque moyen d'expliquer ou de justifier sa conduite et comment il s'était trouvé parmi les auteurs du tumulte : il avait compris de suite, en effet, que sa détention devait être fondée sur cette circonstance. Ce fut avec anxiété qu'il s'aperçut que, les diverses fois qu'il avait tenté d'adresser des remontrances aux émeutiers, et de se faire rendre la liberté, il n'avait souvenir d'avoir été vu ou entendu par aucun témoin désintéressé. Le malheur de la famille Deans, le rendez-vous dangereux que Jeanie avait accepté, et qu'il ne pouvait plus à présent avoir l'espoir d'empêcher, occupaient aussi leur place dans ces réflexions peu rassurantes. Impatient d'être éclairci sur la cause de son incarcération, et d'obtenir la liberté, s'il était possible, il fut pris d'un tremblement qui ne lui disait rien de bon. Après une heure passée dans ce réduit solitaire, on l'avertit d'avoir à comparaître devant le magistrat. Il fut conduit hors de la prison sous une forte escorte de soldats, avec ce luxe de précautions intempestives et inutiles qu'on déploie en général après l'événement arrivé, alors qu'employées à temps, elles auraient prévenu le mal.

Butler fut introduit dans la chambre du conseil, ainsi qu'on appelle le lieu où les magistrats tiennent leurs séances ; cette salle était à peu de distance de la prison. Un ou deux des sénateurs de la cité étaient présents, sur le point de commencer l'interrogatoire d'un individu amené devant la longue table verte autour de laquelle le conseil avait coutume de se rassembler. « Est-ce là le prédicateur ? » dit l'un des magistrats, au moment où l'officier de service introduisait Butler. L'homme répondit affirmativement. « Qu'il s'asseoie un instant ; nous aurons achevé promptement l'affaire de celui-ci.

— Faut-il faire retirer M. Butler ? » demanda l'officier.

« Ce n'est pas nécessaire. Qu'il reste où il est. »

En conséquence, Butler, accompagné d'un de ses gardiens, s'assit sur un banc, vers l'entrée de la pièce.

C'était une vaste salle, imparfaitement éclairée; soit par hasard, soit par l'habileté de l'architecte, qui s'était rendu compte peut-être de l'avantage qu'on pouvait tirer d'une disposition semblable, une fenêtre

Butler écoute l'interrogatoire de Ratcliffe.

était placée de façon à verser une forte lumière sur l'extrémité de la table où les prisonniers étaient placés pour leur interrogatoire, tandis que le haut bout de la table, où s'asseyaient les magistrats instructeurs, était laissé dans l'ombre. Les yeux de Butler se fixèrent attentivement sur l'individu à l'interrogatoire duquel on procédait, dans la pensée qu'il pourrait reconnaître en lui l'un des conspirateurs de la nuit précédente. Mais, quoique les traits fussent prononcés et faits pour rester dans la mémoire, il ne se souvint pas de les avoir jamais vus.

Cet homme était brun de peau, et d'un âge un peu avancé. Il portait ses vrais cheveux, peignés plat et coupés court. Les cheveux en question étaient noirs comme jais, frisant un peu de leur naturel, et déjà tachetés de gris. Le visage exprimait plutôt l'inconduite que le vice; on y lisait moins la trace des passions orageuses que la pénétration, la subtilité, la malice. Ses yeux foncés, actifs et perçants, ses traits fins, le sourire sardonique toujours prêt à visiter ses lèvres, sa vivacité, son effronterie, lui donnaient, au plus haut point, ce que le vulgaire appelle l'air finot, expression qui marque une tendance à passer les bornes de l'honnêteté. A une foire ou à un marché, vous n'auriez pas hésité à le prendre pour un maquignon, au courant de tous les tours du métier; si vous l'aviez rencontré cependant dans une bruyère écartée, vous n'auriez redouté de lui aucune violence. Son costume était celui d'un homme qui fait le commerce des chevaux; il avait un habit juste et serré, un gros pardessus avec de larges boutons de métal, des hauts-de-chausses de drap bleu assez épais pour faire office de bottes, et un chapeau rabattu. Il ne lui manquait qu'une cravache plombée sous le bras et des éperons aux talons pour compléter le vêtement du personnage auquel il faisait penser.

« Votre nom est Jacques Ratcliffe? » dit le magistrat.

« Oui-dà, toujours avec la permission de Votre Honneur.

— C'est-à-dire que vous trouveriez un autre nom à me dire si celui-là ne me convenait pas?

— Vingt au choix, toujours avec la permission de Votre Honneur, » reprit l'homme interrogé.

« Jacques Ratcliffe est donc le nom que vous portez à présent? Quelle est votre profession?

— Je ne puis pas dire précisément que j'aie ce que, dans votre pensée, on pourrait appeler une profession.

— Mais vos moyens d'existence? » répéta le magistrat ; « votre occupation?

— Oh, » répliqua-t-il, « si vous le permettez, Votre Honneur le sait aussi bien que moi.

— Il n'importe, » dit le juge ; « j'ai besoin que vous me l'indiquiez.

— Moi l'indiquer? et à Votre Honneur? Jacques Ratcliffe se garderait bien de le faire, » répondit le prisonnier.

« Allons, allons, pas de perte de temps, et répondez.

— Eh bien, Monsieur, » répliqua le prisonnier, « je vais parler net, car, avec votre permission, j'ai quelque faveur à solliciter. Expliquer ce que je fais? ce n'est pas commode en termes convenables et dans cet endroit-ci. Que dit le septième commandement?

— Tu ne voleras pas, » dit le magistrat.

« En êtes-vous sûr? » répondit l'accusé. « Alors donc, mes occupations et ce commandement ne se ressemblent pas tout à fait, mais il s'en faut de peu : de l'article du décalogue, je retranche deux petites syllabes, et je lis : « Tu voleras. »

— Bref, Ratcliffe, » répondit le magistrat, « vous êtes parfaitement connu pour un voleur de profession.

— Les hautes terres le savent, les basses aussi, et peut-être bien l'Angleterre et la Hollande, » répliqua Ratcliffe avec le plus grand calme et la plus grande effronterie.

« Comment pensez-vous, » dit le juge, « que finira votre beau métier?

— Je l'aurais deviné hier, » répondit le prisonnier ; « mais, aujourd'hui, je ne le sais pas aussi bien.

— Qu'auriez-vous donc dit, si l'on vous avait posé la question hier?

— J'aurais dit que je serais pendu, » répliqua Ratcliffe, avec le même sang-froid.

« Vous êtes un effronté coquin, » dit le magistrat ; « comment osez-vous penser qu'aujourd'hui, les temps valent mieux pour vous?

— Votre Honneur remarquera, » répondit Ratcliffe, « qu'il y a beaucoup de différence entre l'homme enfermé dans une prison sous le coup d'une condamnation à mort, et celui qui y reste de bon gré, alors qu'il ne lui en aurait rien coûté de se lever et de se sauver. Qui m'aurait empêché de m'en aller tranquillement, lorsque tout le monde, hier, sortait d'ici avec Jean Porteous? Votre Honneur pensera-t-il que j'y sois resté pour le plaisir d'être pendu?

— Je ne sais pas ce que vous avez pu vous dire, » reprit le magistrat ; « mais la loi parle pour vous, et affirme que vous serez pendu dans huit jours, mercredi prochain.

— Non, non, Votre Honneur, » dit Ratcliffe avec assurance ; « je vous demande bien pardon, mais je ne croirai cela que quand je le verrai. Il y a bien des années que je connais la loi; nous avons eu beaucoup de démêlés ensemble et jadis et depuis ; mais elle n'est pas si méchante qu'on veut bien le dire, et j'ai toujours trouvé qu'elle aboie plus qu'elle ne mord.

— Qu'attendez-vous donc, sinon le gibet, auquel vous êtes condamné (pour la quatrième fois, à ma connaissance)? » repartit le magistrat. « Soyez assez bon pour me dire à quoi vous vous attendez pour n'avoir pas pris votre volée avec les autres. Votre ligne de conduite, j'en conviens, ne s'explique pas aisément.

— Je n'aurais pas songé un moment à rester dans cette vieille maison malsaine, » répondit Ratcliffe, « si d'anciennes habitudes ne m'avaient donné du goût pour elle, et si je n'avais eu l'espoir d'y trouver une position.

— Une position! » s'écria le magistrat ; « la position qu'il faut prendre pour être fouetté?

— Non, Monsieur ; non ; ce n'est pas à celle-là que je pense. Après avoir été quatre fois condamné à être pendu par le cou jusqu'à ce que mort s'en suive, le fouet vous le sentez bien, serait au-dessous de moi.

— Alors donc, au nom du ciel, qu'attendiez-vous?

— Les fonctions de sous-porte-clefs, car je sais qu'il y a une vacance, » répondit le prisonnier ; « si c'était l'office de bourreau, je ne songerais pas à le demander ; cela me conviendrait moins qu'à certains autres : je n'ai jamais pu tuer une bête ; un homme, encore moins.

— Cela est en votre faveur, » dit le magistrat. C'était à cet ordre d'idées que Ratcliffe avait voulu le conduire, tout en voilant son dessein d'une recherche d'originalité. « Mais, » continua le magistrat, « comment pouvez-vous croire qu'on vous confiera un emploi dans la prison, vous qui vous êtes évadé de la moitié des prisons d'Écosse?

— Avec la permission de Votre Honneur, » dit Ratcliffe, « connaissant si bien l'art de m'échapper pour mon compte, je n'en vaudrais que mieux pour empêcher les autres d'en faire autant. Il faut bien savoir son affaire pour me garder dedans quand il me plaît d'être dehors, ou pour s'en aller soi-même dehors quand il me convient qu'on reste dedans. »

La remarque parut frapper le magistrat; mais il ne fit pas, sur l'heure, d'autre observation, et se borna à donner l'ordre d'emmener Ratcliffe.

Lorsque ce coquin audacieux, et rusé en même temps, fut hors de portée de la voix, le magistrat demanda au greffier « ce qu'il pensait de l'assurance de cet homme.

— Ce n'est pas à moi à le dire, » répliqua le greffier, « mais si Jacques Ratcliffe veut tourner à bien, de tous ceux qui ont franchi les portes de notre bonne ville, il n'y en a pas un qui puisse rendre plus de services, quand il s'agira de vols ou de bien garder les prisonniers. J'en parlerai à M. Sharpitlaw. »

Après le départ de Ratcliffe, Butler fut conduit au bout de la table pour être interrogé. Le magistrat mena les choses avec civilité, mais d'une manière cependant qui fit comprendre à Butler qu'il était l'objet de graves soupçons. Avec une franchise qui convenait à la fois à sa profession ecclésiastique et à son caractère personnel, Butler avoua sa présence involontaire au meurtre de Porteous ; et, à la demande du magistrat, il entra dans un minutieux détail des circonstances de ce malheureux événement. Toutes les particularités, telles que nous les avons racontées, furent, sous la dictée de Butler, soigneusement recueillies par le greffier.

Le récit achevé, le contre-examen commença. C'est une épreuve difficile à soutenir, même pour le témoin le plus véridique ; car une narration, surtout lorsqu'elle se rapporte à des incidents qui ont ému et effrayé, est difficile à faire avec une clarté et une précision telle qu'il ne s'y mêle ni ambiguïté ni doute dans le cours d'une série d'investigations minutieuses.

La première observation du magistrat fut que Butler avait dit que son intention était de retourner au village de Libberton, mais qu'il avait été arrêté par la foule à la porte de l'Est. « Est-ce que la porte de l'Est est ordinairement le chemin par lequel vous sortez de la ville pour aller à Libberton ? » dit le magistrat avec ironie.

« Non, sans doute, » répondit Butler, avec l'empressement d'un homme jaloux d'établir la véracité de son témoignage ; « mais j'étais plus près de cette entrée de la ville que d'aucune autre, et l'heure de fermer les portes était sur le point de sonner.

— Cela s'est mal trouvé, » dit sèchement le magistrat. « Placé comme vous le dites, sous la pression et la crainte d'une multitude effrénée, et forcé de l'accompagner au milieu de scènes qui répugnent à quiconque a de l'humanité, et plus particulièrement à un ministre de l'Évangile, n'avez-vous pas essayé de résister, ou d'échapper au rôle qu'on vous imposait ? »

Butler répondit « que le nombre des émeutiers ne permettait pas la résistance, et que leur vigilance rendait l'évasion impossible.

— C'est fâcheux, » dit encore le magistrat, du même ton sec et peu convaincu. Le juge, avec convenance et politesse, mais avec une raideur indiquant que ses soupçons n'avaient pas disparu, continua de faire à Butler nombre de questions sur la manière dont s'était comportée la foule, sur la tournure et l'habillement des chefs. Lorsqu'il supposa que Butler, s'il le voulait tromper, n'était plus sur ses gardes, le magistrat fit un retour soudain et adroit vers les premières parties de la déclaration du témoin. Il lui demanda de résumer de nouveau, sans omettre les plus minutieux et les plus insignifiants détails, toutes les circonstances de cette triste scène. Il ne se produisit ni confusion ni contradiction qui vînt appuyer les soupçons que le magistrat semblait avoir. L'interrogatoire toucha enfin le point relatif à Madge Feu-follet : le magistrat et le greffier échangèrent, à ce nom, des regards significatifs. Si le destin de la bonne ville avait dépendu du soin que prendrait le magistrat de connaître les traits et l'habillement de ce personnage, les questions n'auraient pas été faites avec plus de précision ; mais Butler ne put presque rien dire des traits de cet individu, barbouillés de peinture rouge et de suie, comme ceux d'un Indien allant en guerre ; sans compter l'ombre projetée par une coiffe qui défendait des injures de l'air la chevelure de la prétendue femme. Il déclara qu'il ne reconnaîtrait pas cette Madge Feu-follet sous d'autres vêtements; mais que, probablement, il reconnaîtrait sa voix.

Le magistrat le requit encore de dire par quelle porte il était sorti de la ville après le meurtre de Porteous.

Le ministre Butler.

« La porte aux Vaches, » répliqua Butler.

« Était-ce la route la plus proche pour aller à Libberton?

— Non, » répondit Butler avec embarras; « mais c'était le plus court chemin pour me dégager de la foule. »

Le greffier et le magistrat échangèrent de nouveaux regards.

« Est-ce que, pour aller à Libberton en partant du marché aux Herbes, la porte aux Vaches était plus près que la porte de Bristo?

— Non, » répliqua Butler; « mais j'avais à visiter un ami.

— Ah! » dit le juge; « vous étiez pressé, je suppose, de raconter ce que vous aviez vu?

— En aucune façon, » répondit Butler, « et je n'en ai pas dit un mot tout le temps que j'ai été aux Rochers de Saint-Léonard.

— Quelle route avez-vous prise pour aller à Saint-Léonard?

— Le bas des Rochers de Salisbury, » répliqua-t-il.

« Vraiment? Vous aimez les routes qui font des détours, » dit encore le magistrat. « Qu'avez-vous vu, après être sorti de la ville? »

Il se fit faire, un à un, la description de tous les groupes qui, comme nous l'avons indiqué déjà, avaient passé près de Butler, leur nombre, leur tenue, leur aspect ; et il arriva à l'incident du mystérieux étranger du Parc du Roi. Butler aurait vivement désiré garder le silence à ce sujet ; mais le magistrat n'eut pas plutôt un léger aperçu de cet incident, qu'il voulut en connaître à fond toutes les particularités.

« Vous êtes jeune, » dit-il, « Monsieur Butler, et votre réputation est excellente ; c'est ce dont, moi-même, je me porterais garant. Mais il y a eu parfois, chez certaines personnes de votre profession, irréprochables à d'autres égards, un zèle trop ardent et mal entendu, qui les a conduites à encourager et à faire des choses fort irrégulières, propres à ébranler la paix du pays. Je serai franc avec vous. Je ne suis point satisfait de cette manière dont, à deux reprises, vous auriez gagné votre demeure par deux routes différentes, l'une et l'autre fort peu directe. Pour parler net, pas un de ceux que nous avons interrogés sur cette malheureuse affaire n'a rien vu qui indiquât que vous agissiez par contrainte. Il y a plus : les gardiens de la porte aux Vaches ont observé en vous un tremblement qui semblait un indice de culpabilité ; ils déclarent que vous avez été le premier à leur ordonner d'ouvrir la porte, d'un ton d'autorité, comme si vous aviez commandé encore les sentinelles et les postes avancés de la multitude qui les avait assiégés toute la nuit.

— Dieu leur pardonne! » dit Butler ; « je n'ai fait que leur demander passage. Ils se sont bien trompés, si ce n'est pas à mauvais dessein qu'ils ont parlé de la sorte.

— Monsieur Butler, » reprit le magistrat, « j'ai, à votre sujet, les meilleures pensées et les meilleures espérances ; je forme, surtout, les meilleurs souhaits. Mais il faut être franc avec moi, si vous voulez fortifier ma bonne opinion, et diminuer pour vous les désagréments. Vous avez reconnu qu'en traversant le Parc du Roi pour aller aux Rochers de Saint-Léonard, vous avez rencontré un individu. Il faut que je sache, mot pour mot, ce qui s'est passé entre vous. »

Ainsi pressé, Butler pensa que le mieux serait de dire la vérité tout entière, depuis un bout jusqu'à l'autre : pour cacher les détails de cette rencontre, il n'avait eu qu'une raison, c'est qu'ils concernaient Jeanie.

« Pensez-vous, » dit le magistrat, après un silence, « que cette jeune femme accepte une aussi mystérieuse invitation ?

— Je le crains, » répliqua Butler.

« Pourquoi employer ces mots : *je le crains?* » dit le magistrat.

« Parce qu'il ne me paraît pas sûr pour elle d'aller trouver, à pareille heure et en pareil lieu, un individu dont les allures sont plus que bizarres, et dont le message a un caractère si inexplicable.

— On veillera à sa sûreté, » dit le magistrat. « Monsieur Butler, j'ai le regret de ne pouvoir vous remettre immédiatement en liberté, mais j'espère que vous ne serez pas retenu longtemps. Faites sortir M. Butler, et qu'on le traite, à tous égards, de façon convenable. »

En conséquence, notre ami fut reconduit à la prison ; on se conforma strictement, pour sa nourriture et son logement, aux recommandations du magistrat.

CHAPITRE XIII.

> Sombre et triste était la nuit,
> La route était bien déserte,
> Lorsque Jeannette au lieu dit
> Allait sous sa mante verte.
> *Vieille ballade.*

ous laisserons Butler aux pensées désagréables que sa situation nouvelle comportait : ce qui le frappait le plus en ce moment, c'était l'impossibilité dans laquelle son emprisonnement le mettait de rendre service à la famille de Saint-Léonard, qui en avait tant besoin. Revenons à Jeanie Deans. Elle avait vu partir son amant, sans avoir eu le temps de s'expliquer davantage avec lui ; elle restait en proie aux angoisses que ressent un cœur de femme lorsqu'il dit adieu aux sensations complexes si bien décrites par Coleridge :

> De l'espoir douce et vive flamme,
> Craintes où s'allume l'espoir,
> Longs désirs bercés dans une âme
> Qui ne les a pas laissé voir.

Le cœur le plus ferme (et Jeanie, sous son corset d'étoffe grossière, en possédait un qui n'aurait pas déshonoré la fille de Caton), le cœur le plus ferme ne dit pas aisément adieu à ces émotions douces et confuses.

Durant quelques minutes, elle versa des larmes amères, sans tâcher de retenir le libre élan de sa douleur. Mais un moment de réflexion suffit pour l'amener à dominer un chagrin qui ne touchait qu'à ses affections personnelles, alors que son père et sa sœur étaient plongés dans une affliction si profonde et si irréparable. Elle tira de sa poche la lettre qui, par une fenêtre ouverte, avait été, le matin, lancée dans sa chambre, lettre aussi singulière par son contenu qu'énergique et violente dans ses expressions. « Si elle voulait sauver un être humain du plus exécrable des crimes et de ses terribles conséquences ; si elle désirait arracher la vie et l'honneur de sa sœur aux atteintes sanglantes d'une loi injuste; si elle ne voulait pas perdre la paix de l'esprit en ce monde et le bonheur dans l'autre, » tel était le style désordonné de cette adjuration, « on la suppliait d'accorder un rendez-vous à celui qui lui écrivait. Elle seule, » poursuivait la lettre, « elle seule pouvait le sauver ; et lui seul aussi lui pouvait apporter le salut. » L'auteur du billet se trouvait, disait-il, en des conditions telles, que tenter d'amener à la conférence un témoin, quel qu'il fût, informer seulement son père, ou tout autre, de l'existence de la lettre, c'était inévitablement empêcher la réalisation de l'entrevue, et assurer la perte d'Effie. Le billet se terminait par des protestations incohérentes mais violentes, affirmant qu'en obéissant à cette injonction, Jeanie n'avait personnellement rien à craindre.

Le message apporté par Butler de la part de l'étranger du Parc était exactement d'accord avec le contenu de la lettre, mais indiquait une heure plus tardive et un autre lieu. C'était sans doute pour annoncer ce changement à Jeanie, que l'auteur de la lettre avait laissé Butler entrer si avant dans sa confidence. Plus d'une fois, pour se justifier des soupçons qui perçaient à demi dans le langage de son amant, Jeanie avait été sur le point de montrer le billet. Mais l'orgueil de l'innocence ne descend pas volontiers jusqu'à se justifier. Ajoutons que les menaces contenues dans la lettre, au cas où le secret serait trahi, préoccupaient vivement Jeanie. Il est probable, cependant, que, si l'entretien avait duré plus longtemps, Jeanie aurait pris le parti de tout communiquer à Butler, et de s'en remettre à lui pour la direction de sa conduite. Lorsque, par l'interruption soudaine de leur conférence, elle perdit l'occasion de le faire, il lui sembla qu'elle avait été injuste pour un ami dont les avis auraient pu être si utiles, et dont l'attachement méritait une confiance entière et sans réserve.

Avoir recours à son père lui aurait semblé fort imprudent. Il était impossible de deviner sous quel jour le vieux David aurait vu la chose : sa façon de penser et d'agir dans les circonstances extraordinaires dépendait de sentiments et de principes à lui tout particuliers, dont ceux-là même qui le connaissaient le mieux ne pouvaient calculer le travail. Demander à une personne de son sexe de l'accompagner au rendez-vous, cela aurait été peut-être l'expédient le plus opportun ; mais cette menace de la lettre, qu'en révélant le secret, on empêcherait un rendez-vous d'où dépendait le sort de sa sœur, aurait suffi pour la détourner d'une semblable confidence. Sur qui, d'ailleurs, se reposer avec sécurité ? Ses relations avaient été rares avec les habitantes des maisons les plus rapprochées, et s'étaient bornées à de simples actes de bon voisinage. Jeanie les connaissait peu, et ce qu'elle en savait ne la portait guère à se confier à elles. C'étaient des commères bavardes et rieuses, comme on en trouve beaucoup dans leur condition ; et leur conversation avait toujours eu peu de charmes pour une personne que la nature et des habitudes de vie solitaires avaient douée d'une profondeur de pensée, d'une force de caractère, supérieures à la frivolité de son sexe, dans quelques rangs que ce soit.

Laissée à elle-même, et privée de tout conseil humain, Jeanie eut recours à un ami et à un conseiller dont l'oreille est ouverte aux plus pauvres et aux plus affligés de ses enfants. Elle tomba à genoux, et, dans sa prière ardente et sincère, demanda à Dieu de lui montrer la route à suivre au milieu de ces difficultés et de ces douleurs. C'était la croyance de l'époque, celle surtout de la secte à laquelle elle appartenait, qu'aux demandes formées dans une crise difficile, répondait une sorte d'inspiration spéciale et divine, comme « enfantée dans les esprits. » Tel était le mot dont on se servait. Sans entrer dans l'examen d'un point abstrait de théologie, il est certain que celui qui, dans la prière, ouvre avec abandon et sincérité les doutes et les chagrins de son cœur, doit purifier par là son esprit de la souillure des passions et des intérêts du monde, et l'amener à un état dans lequel les sentiments du devoir le dirigeront vraisemblablement plus que des motifs d'un ordre inférieur. Jeanie se releva, le cœur plus fort pour endurer l'affliction, le courage plus grand pour faire face aux difficultés.

« J'irai parler à ce malheureux, » se dit-elle en elle-même. « Malheureux, il doit l'être, puisqu'il a sans doute été la cause du déshonneur de la pauvre Effie. J'irai, quoiqu'il advienne. Je n'aurai pas à me reprocher d'avoir, par crainte de ce qu'on pourrait me dire ou me faire, négligé ce qui pouvait être sa délivrance. »

Plus calme après cette résolution, elle se rendit auprès de son père. Le vieillard était trop ferme dans les principes qu'il avait nourris dès sa jeunesse, pour permettre (en apparence, du moins) que la pensée de son malheur de famille altérât la raideur stoïque de son maintien ou de son visage. Il réprimanda sa fille d'avoir négligé, dans les afflictions de la matinée, quelques menus devoirs domestiques qui rentraient dans son département.

« Qu'est-ce que cela signifie, Jeanie ? » dit le vieux Deans. « Le lait de la Brune de quatre ans n'est pas encore passé au tamis, et les jattes ne sont pas sur la planche. Si, au jour de la douleur, vous négligez vos devoirs terrestres, quelle confiance puis-je avoir que vous songerez aux choses plus importantes qui concernent votre salut ? Dieu le sait ! nos seaux de bois, nos vases de terre, nos mesures de lait et nos miches de pain, sont plus près de nos pensées et plus chers à nos cœurs que ne l'est le pain de vie. »

Jeanie n'était pas fâchée de voir son père sortir ainsi du cercle douloureux de ses pensées ; elle lui obéit, et s'occupa de remettre les choses en ordre. Pendant ce temps, David allait de place en place, vaquant à ses occupations ordinaires : une impatience nerveuse qui ne lui permettait pas de rester longtemps en place, un soupir convulsif, un léger mouvement de la paupière, trahissaient à peine, par instant, l'affliction profonde dont il subissait le joug.

L'heure de midi arriva, et le père et la fille s'assirent pour leur repas. A la bénédiction qu'il demanda au ciel, le pauvre vieillard ajouta cette prière : « Puissent le pain mangé dans la tristesse du cœur, et les eaux amères de Merah, être aussi nourrissants que les aliments puisés à une coupe pleine et dans une corbeille remplie. » Ayant achevé cette prière, et remis sur sa tête le bonnet qu'il en avait respectueusement ôté, il exhorta sa fille à manger, non par son exemple il est vrai, mais par ses discours.

« L'homme selon le cœur de Dieu, » dit-il, « s'est lavé et parfumé ; il a mangé le pain, pour exprimer sa soumission sous les souffrances que Dieu lui dispense ; il ne convient pas à un chrétien, homme ou femme, de s'attacher aux consolations que donnent les créatures, que ce soit une épouse, que ce soient des enfants... » Les paroles ici devenaient trop magnifiques pour qu'il pût aisément les prononcer. « De s'y attacher, » ajouta-t-il cependant, « au point d'oublier le premier des devoirs, la soumission à la volonté divine. »

Pour donner force à son précepte, il prit un morceau dans son assiette, mais la nature fut plus forte que les sentiments par lesquels il voulait la maîtriser. Honteux de sa faiblesse, il se leva brusquement et courut hors de la maison, d'une vitesse peu en rapport avec la gravité ordinaire de ses mouvements. Cinq minutes après, il reparut ; il avait su calmer son esprit et son visage. Il essaya de colorer sa retraite, en murmurant à demi qu'il avait cru entendre « le poulain se détacher dans l'étable. »

Il ne se risqua plus, d'ailleurs, à une conversation du même genre, et sa fille vit avec satisfaction qu'il évitait de revenir sur une matière aussi émouvante. Les heures s'écoulèrent, comme il faut toujours qu'elles le fassent, volant sur l'aile de la joie, ou portant le fardeau de la douleur. Le soleil se cacha derrière la sombre éminence du château et le rideau des hauteurs de l'ouest, et la chute du jour appela David Deans et sa fille à leurs dévotions du soir. Un souvenir amer vint en la pensée de Jeanie : combien de fois, lorsqu'approchait l'heure de la prière, n'avait-elle pas épié les ombres qu'allongeait le coucher prochain du soleil, et regardé, du seuil de la porte, si sa sœur rentrait au logis. Hélas ! ce temps perdu sans objet et sans réflexion, à combien de malheurs n'avait-il pas conduit ? N'était-elle pas coupable, elle aussi ; qui, remarquant le penchant d'Effie pour les sociétés légères et dangereuses, n'avait pas fait appel, pour la retenir, à l'autorité paternelle ? « J'ai cru faire pour le mieux, » se répondait-elle encore ; « dans cette graine si douce, si candide, si généreuse, qui aurait pu croire que le levain de l'humanité aurait à ce point fait croître le mal ? »

Tandis que le père et la fille étaient assis à leur « exercice » (c'est le mot consacré), il se trouva par hasard une chaise à la place qu'Effie occupait ordinairement. David Deans vit les yeux de sa fille se remplir de larmes en se dirigeant vers cet objet; avec un peu d'impatience, il poussa le meuble de côté, comme pour effacer tout souvenir des intérêts de ce monde, au moment où il allait s'adresser à la divinité. On lut le passage de l'Écriture, on chanta le psaume, on fit la prière; et ce

fut chose à remarquer qu'en accomplissant ces dévotions, le vieillard évita tous les endroits, toutes les expressions, si nombreuses dans l'Écriture, qui auraient pu s'appliquer à son malheur domestique. En agissant ainsi, son intention était peut-être de ménager la sensibilité de sa fille; il voulait en même temps conserver, en apparence du moins, cet air stoïque, cette patience à supporter les malheurs de la vie, qualités essentielles, dans sa pensée, de l'homme qui estime à leur véritable néant toutes les choses de la terre. Quand il eut achevé l'exercice du soir, il se leva, s'approcha de sa fille, lui souhaita bonne nuit, et, pendant une demi-minute, continua de tenir les mains de Jeanie dans les siennes;

puis, l'attirant vers lui, il la baisa au front, et prononça ces mots :
« Que le Dieu d'Israël vous bénisse, mon enfant, des bénédictions de
la promesse ! »

Avoir l'air d'un père tendre, cela n'était ni dans la nature ni dans
les habitudes de David Deans; et, même envers ceux qui lui étaient le
plus chers, on ne l'avait pas vu souvent éprouver, ou du moins trahir
au dehors, cette plénitude du cœur qui se répand en paroles ou en caresses. C'était chose qu'il blâmait, au contraire, comme une preuve
de faiblesse, chez quelques-uns de ses voisins, et qu'il avait blâmée
particulièrement chez la pauvre veuve Butler. Cette rareté même des
émotions dans un homme si maître de lui et si réservé, faisait attacher
par ses enfants une haute et solennelle importance aux rares témoignages de sa tendresse et de son approbation ; ils y voyaient l'indice de
sentiments qui ne s'exprimaient que lorsqu'ils étaient devenus trop
intenses pour être réprimés ou cachés.

Ce fut donc avec une émotion profonde qu'il donna, et que sa fille
reçut, cette bénédiction et cette caresse. « Et vous, mon cher père, »
s'écria Jeanie, dès que la porte se fut fermée sur le vénérable vieillard,
« puissent les bénédictions du ciel se multiplier pour vous ! pour vous
qui marchez dans le monde comme si vous n'étiez pas du monde, qui
considérez tout ce que le monde donne et tout ce qu'il enlève comme
des moucherons que le soleil fait naître à son lever et que balaye le
vent du soir ! »

Elle fit alors ses préparatifs pour sa sortie nocturne. Son père couchait dans une autre partie de la demeure, et, régulier dans ses habitudes, il était bien rare, ou plutôt il n'arrivait jamais, qu'il sortît de
sa chambre après s'y être retiré le soir. Il fut donc aisé pour Jeanie de
quitter la maison sans être vue, aussitôt qu'approcha l'heure fixée pour
le rendez-vous. Mais encore qu'elle n'eût pas à craindre l'intervention
de son père, la démarche qu'elle allait faire était pleine, à ses yeux, de
difficultés et de terreurs. Sa vie s'était passée dans la retraite tranquille,
uniforme et régulière, d'une maison paisible et monotone. L'heure
qu'un certain nombre de demoiselles de nos jours, soit du rang de Jeanie
soit d'un rang plus élevé, considèrent comme la plus agréable dans une
soirée de plaisir, était pour elle une heure de respect et de solennité ; la

résolution qu'elle avait prise avait un caractère singulier, hardi, aventureux, et elle avait peine à s'y faire lorsqu'approchait le moment de la mettre à exécution. Ses mains tremblaient en attachant sur ses cheveux blonds le ruban qui les devait retenir, seul ornement, seule protection que, dans ce temps, les filles non mariées eussent sur la tête; en ajustant la mante de tartan écarlate que portaient les femmes d'Écosse, à la façon, à peu près, de ces voiles de soie noire qui font encore partie, en Hollande, de l'habillement féminin. L'étrangeté de son action ne l'agitait pas moins que le danger qu'elle allait courir, lorsqu'elle souleva le loquet de la demeure paternelle pour une expédition si bizarre, à une heure si tardive, sans protection, à l'insu de celui que le ciel lui avait donné pour gardien.

Dehors et en pleine campagne, de nouveaux sujets de crainte se pressèrent en son esprit. C'était l'automne; la nuit était claire: dans la route à parcourir pour aller au lieu marqué, les escarpements blafards des rochers, ou les fragments épars au milieu de la verdure des gazons, brillaient devant elle et rappelaient à sa mémoire maint acte de violence qui, d'après la tradition, y avaient été commis et soufferts. En des temps plus anciens, ces lieux avaient été le repaire des voleurs et des assassins; le souvenir de leurs crimes est conservé par les différents édits que le conseil de la cité, et le parlement d'Écosse lui-même, ont rendus pour disperser ces bandes, et pour garantir, si près de la ville, la sécurité des sujets fidèles. Les noms de ces criminels et leurs atrocités vivaient encore dans les traditions des chaumières clairsemées et du faubourg du voisinage. Plus récemment, nous l'avons dit, l'isolement de ce lieu, et le caractère accidenté que lui a donné la nature, en avaient fait pour les duels et les rencontres de la jeunesse du jour, un théâtre parfaitement approprié. Deux ou trois de ces incidents, où le sang toujours avait coulé, l'un d'eux fatal dans ses conséquences, étaient survenus depuis que Deans habitait Saint-Léonard. Sa fille n'avait donc en pensée que des scènes de sang et d'horreur, pendant qu'elle poursuivait le petit sentier solitaire dont la trace à peine était marquée sur le gazon; chaque pas la mettait plus loin du secours, et l'enfonçait davantage dans la solitude funeste de ce territoire profane.

Lorsqu'avec une lumière douteuse, fugitive et solennelle, la lune commença de venir éclairer la scène, les appréhensions de Jeanie prirent un autre tour, trop en rapport avec la condition et le pays de la jeune femme pour que nous omettions d'en parler. Ce sera dans un autre chapitre que nous en dirons les causes.

CHAPITRE XIV.

> Ce peut n'être, après tout, qu'un démon, cet esprit :
> De ce que nous aimons l'enfer a la puissance
> De revêtir ainsi la trompeuse apparence.
> SHAKSPEARE. *Hamlet*, acte II, scène 2.

INSI que nous avons eu déjà occasion de le remarquer, la sorcellerie et la démonologie étaient, à cette époque, une croyance dans presque tous les rangs de la société ; cette croyance existait surtout parmi les presbytériens les plus rigides, qui, à l'époque où leur parti était à la tête des affaires, s'étaient largement souillés par leur zèle à poursuivre et à persécuter pour ces crimes imaginaires. A cet égard aussi, les rochers de Saint-Léonard et les terrains de chasse environnants étaient un district redouté et de mauvais renom. Non seulement des sorcières y avaient tenu leurs sabbats, mais, à une date récente, l'enthousiaste, ou l'imposteur, dont Richard Bovet parle dans son *Pandémonium* (H), avait trouvé dans les solitudes de ces rochers romantiques, le chemin des retraites cachées où les fées célèbrent leurs fêtes dans les entrailles de la terre.

Jeanie Deans était trop au courant de ces légendes pour échapper à l'impression qu'elles ont coutume de faire sur les imaginations. Des récits de ce genre lui avaient été familiers dès l'enfance. C'était, dans la conversation de son père, la seule distraction qu'on pût trouver aux arguments de la controverse, ou aux ténébreuses histoires des luttes et des témoignages, des évasions, des captures, des tortures, des exécutions de ces martyrs du Covenant, que Deans, par-dessus tout, se vantait d'avoir connus. Dans les lieux cachés des montagnes, dans les cavernes et les marécages, où ces enthousiastes persécutés étaient poursuivis sans pitié, ils s'imaginaient avoir eu souvent à combattre les assauts visibles de l'Ennemi du genre humain, de même que, dans les villes et dans les champs cultivés, ils étaient exposés aux assauts d'un gouvernement tyrannique et de la soldatesque à ses gages. C'était sous l'empire de semblables terreurs qu'un de ces voyants inspirés, laissé seul par un des siens à Sorn, au comté de Galloway, dans une caverne hantée par les esprits, s'écriait, au retour de son compagnon : « Il est dur de vivre en ce monde : des diables incarnés au-dessus de la terre, des diables encore au-dessous ! Satan a été ici depuis que vous êtes parti ; mais je l'ai chassé par ma résistance, et, cette nuit, nous n'en serons plus inquiétés. » David Deans croyait à cela, et à beaucoup d'autres rencontres ou victoires auxquelles les esprits se trouvaient mêlés ; il y croyait sur la foi des Ansars ou auxiliaires des prophètes bannis. L'événement que nous venons d'indiquer remontait plus haut que les souvenirs personnels de David. Mais, avec une respectueuse frayeur, et non sans fierté de sa supériorité sur ses auditeurs, il racontait volontiers ce qui était arrivé à Crochmade, en sa présence, dans une assemblée tenue dans les champs : le service du jour fut interrompu par l'apparition d'un grand homme noir, qui, voulant passer un gué pour se joindre à la réunion, perdit pied, et parut emporté par la force du courant. En un instant, tous étaient à l'œuvre pour lui prêter secours, mais avec si peu de succès que dix ou douze hommes vigoureux, qui avaient saisi la corde à lui jetée pour sa délivrance, furent eux-mêmes sur le point d'être entraînés par le courant et d'y perdre tous la vie, plutôt que de parvenir à sauver celle de l'homme qu'on croyait en danger. « Mais le célèbre Jean Semple de Carspharn, » ajoutait David Deans avec enthousiasme, « aperçut le diable au bout de la corde. « Lâchez la corde, » nous cria-t-il (car j'étais un rude gaillard et l'un de ceux qui tenaient la corde); « c'est le grand Ennemi ! il brûlera, mais ne se noiera point ; « son dessein est de nous troubler dans nos bonnes œuvres, pour jeter « dans nos esprits la surprise et la confusion. » Et David achevait en disant : « Alors donc, nous avons lâché la corde, et l'homme a coulé au fond de l'eau, poussant des mugissements et des cris comme un taureau de Basan, ainsi que le diable est appelé dans l'Écriture (I). »

Élevée avec ces légendes et avec d'autres semblables, il n'était pas étonnant que Jeanie commençât à sentir une appréhension mal définie, non seulement au sujet des fantômes qui pourraient lui barrer la route, mais à raison aussi de l'essence, de la nature et des desseins de l'être qui lui avait donné rendez-vous : le lieu, l'heure, étaient faits pour inspirer l'effroi, et cette épreuve survenait pour elle au moment où l'obsédaient les pensées tentatrices et captieuses de la douleur et du désespoir, tout particulièrement faites pour ouvrir ceux qu'elles visitent aux tentations du mauvais esprit. Si une pareille idée avait pu traverser le cerveau plus éclairé de Butler, elle était propre à exercer sur celui de Jeanie une impression plus forte encore. Elle croyait donc fermement à la possibilité d'une rencontre si redoutable pour la chair et pour le sang, et son imagination y voyait les plus immenses périls. Elle persista cependant à ne pas manquer une occasion de faire quelque chose pour le salut de sa sœur. Il lui fallait pour cela un degré de résolution dont nous ne sommes pas suffisamment à même d'apprécier le mérite, aujourd'hui que l'incrédulité de notre siècle nous a rendus étrangers à la nature et à la force des sentiments qui la dominaient. Semblable à Christiana lorsque, dans *le Voyage du Pèlerin*, elle traverse d'un pas timide mais résolu les terreurs de *la Vallée de l'Ombre de la Mort*, Jeanie allait glissant parmi les rochers et les pierres,

Tantôt dans la lumière et tantôt dans la nuit,

selon que le sentier passait sous les rayons de la lune ou se dérobait dans l'ombre. Elle s'efforçait de vaincre les suggestions de la crainte, en songeant à la condition lamentable de sa sœur et à ses devoirs envers elle, et, plus souvent encore, en recourant, par une prière intérieure, à la protection de Celui pour lequel la nuit a les splendeurs du jour.

Ainsi, tantôt refoulant ses craintes en dirigeant son esprit vers le sujet qui l'intéressait le plus, tantôt les inclinant sous la protection divine, elle finit par approcher de l'endroit fixé pour cette mystérieuse conférence.

C'était au fond de la vallée qui s'ouvre derrière les Rochers de Salisbury, et qui s'adosse, au nord-ouest, aux contreforts de la montagne appelée *le Siège d'Arthur;* sur le versant de cette dernière montagne subsistent encore les ruines de ce qui fut jadis une chapelle, ou un ermitage, dédié à saint Antoine ermite. Il eût été difficile de choisir un meilleur site pour une habitation pareille : au milieu de rochers sauvages et dépourvus de sentiers, la chapelle est dans un désert, au voisinage même d'une capitale riche, populeuse et bruyante ; le bourdonnement de la cité pouvait se mêler aux oraisons des reclus, n'apportant des préoccupations du monde qu'une rumeur semblable au murmure lointain de l'Océan. Au bas de la rude montée où ces ruines se voient encore, était marquée (peut-être l'est-elle encore aujourd'hui) la place où Nicol Muschat, le scélérat déjà mentionné plus haut, avait clos une longue suite de cruautés envers son épouse, en l'assassinant avec une barbarie non commune. L'exécration attachée à ce crime s'était étendue au lieu où il avait été commis ; il était marqué d'un *cairn,* monceau de pierres jetées, en témoignage d'horreur, par chacun des rares passants, sous l'impulsion, sans doute, de l'ancienne malédiction bretonne : « Puissiez-vous avoir un *cairn* pour tombeau! »

Au moment où notre héroïne approchait de ce lieu funeste et maudit, elle s'arrêta et regarda la lune, qui, dans son plein, se levait au nord-ouest, versant une lumière plus distincte qu'elle n'en avait donné durant la route. Après avoir un instant fixé la planète, lentement et avec crainte elle tourna la tête vers le *cairn,* d'où ses regards d'abord s'étaient écartés. Elle fut trompée dans son attente. Rien n'était visible auprès du monceau de pierres, que la lune marquait d'une teinte grisâtre. Une foule d'idées confuses se précipitaient dans l'esprit de Jeanie. Son correspondant l'avait-il trompée, et manquerait-il au rendez-vous? N'était-ce qu'un retard? Ou quelque combinaison étrange du destin l'avait-il empêché de se présenter comme il le voulait? Ou bien encore, si ce n'était pas un être terrestre, comme des appréhensions secrètes la portaient à le supposer, n'était-ce qu'un moyen de la leurrer d'espérances, et de lui imposer une fatigue et des terreurs vaines? C'eût été, d'après ce qu'elle avait ouï dire, parfaitement d'accord avec la nature de ces esprits vagabonds. L'esprit avait-il dessein de la foudroyer des horreurs soudaines de sa présence alors seulement qu'elle toucherait à la place même du rendez-vous? Ces réflexions inquiétantes ne l'empêchaient pas d'approcher du *cairn* d'un pas lent, mais décidé.

Lorsqu'elle toucha presque au monceau de pierres, une forme, qui s'était cachée derrière, se redressa tout à coup, et Jeanie put à peine retenir un cri en croyant voir se réaliser la plus effrayante de ses prévisions. Elle sut, toutefois, se contraindre au silence; restant immobile, elle laissa le personnage engager la conversation. Il le fit en demandant, d'une voix que l'émotion rendait tremblante et sourde : « Êtes-vous la sœur de cette jeune fille infortunée?

— Oui, » s'écria Jeanie; « je suis la sœur d'Effie Deans. Par l'espérance que vous avez d'être écouté de Dieu à l'heure de la mort, dites-moi, s'il vous appartient de le dire, ce que l'on peut faire pour la sauver!

— Je n'espère pas que Dieu m'écoute à l'heure de la mort. » Telle fut la singulière réponse qu'elle reçut de l'étranger. « Je ne le mérite pas; je ne m'y attends pas. » Il prononça ces paroles d'un ton plus calme : le choc qu'il avait éprouvé en s'adressant à elle pour la première fois avait été, pour lui, le plus difficile à surmonter. Jeanie resta muette d'horreur en entendant ce langage : il était si différent de ce qu'elle avait ouï ou appris jusque-là, qu'il résonnait à ses oreilles comme celui d'un démon plutôt que d'un être humain. L'étranger continua, sans avoir l'air de remarquer sa surprise. « Vous voyez devant vous un misérable, prédestiné pour le mal et dans ce monde et après.

— Pour l'amour du ciel, qui entend tout et qui voit tout, » dit Jeanie, « ne parlez pas de la sorte! L'Évangile est envoyé au plus grand des pécheurs, au plus misérable des misérables.

— J'en dois, alors, avoir ma part, » dit l'étranger, « si vous appelez péché d'avoir été la ruine de la mère qui m'a porté, de l'ami qui m'a chéri, de la femme qui s'est confiée à moi, de l'enfant innocent dont j'ai causé la naissance. Si, lorsqu'on a fait cela, l'on est un pécheur; si, lorsqu'on survit à ces choses, on est un misérable, je suis alors, en effet, bien coupable et bien misérable.

— C'est donc vous qui êtes cause de la ruine de ma sœur? » dit

Jeanie, avec une indignation bien naturelle qu'exprimait le ton de sa voix.

« Maudissez-moi, si vous voulez, » dit l'étranger; « je l'ai mérité.

— Je ferai mieux, » dit Jeanie, « je prierai Dieu de vous pardonner.
— Faites ce que vous voudrez, » répliqua-t-il, avec véhémence; « promettez-moi seulement d'obéir à mes instructions, et de sauver la vie de votre sœur.

— Il faut d'abord que je sache, » répondit Jeanie, « les moyens dont vous voulez que je me serve.

— Non! faites avant tout serment, serment solennel, de vous en servir quand je les aurai dits.

— Est-il besoin de jurer que, pour sauver la vie de ma sœur, je ferai tout ce qui est permis à un chrétien?

— Pas de réserves? » dit l'étranger d'une voix tonnante; « permis ou non, chrétien ou païen, vous jurerez de faire ce que j'ordonne et de vous diriger d'après mon conseil, ou... Vous ne connaissez pas celui dont vous provoquez la colère!

— Je réfléchirai à ce que vous m'avez dit, » répondit Jeanie, très alarmée des transports de ce personnage, et qui commençait à se demander si elle parlait à un fou ou à un diable incarné. « Je réfléchirai à ce que vous dites, et, demain, vous aurez ma réponse.

— Demain! » s'écria-t-il avec un rire de dédain. « Où serai-je, demain? Et vous-même, cette nuit, où serez-vous, si vous ne jurez point d'obéir à mes conseils? Un acte maudit fut accompli jadis en ce lieu; un autre va s'y accomplir si vous ne cédez, corps et âme, à celui qui veut vous guider. »

En parlant ainsi, il présentait un pistolet à la malheureuse jeune femme. Elle n'essaya pas de fuir, nulle faiblesse ne parut en elle, mais elle tomba à genoux, et demanda à l'étranger d'épargner sa vie.

« Est-ce tout ce que vous avez à dire? » répondit le scélérat sans s'émouvoir.

« Ne plongez pas vos mains dans le sang d'une créature sans défense qui s'était confiée à vous, » dit Jeanie, toujours à genoux.

« Pour sauver votre vie, c'est tout ce que vous pouvez dire? N'avez-vous rien à promettre? Allez-vous perdre votre sœur, et me forcer, moi, à verser plus de sang encore?

— Je ne puis rien promettre, » dit Jeanie, « de ce qui est défendu à un chrétien. »

Il arma le pistolet, et le dirigea vers elle.

« Que Dieu vous pardonne! » dit-elle, en pressant avec force ses mains contre son visage.

« Mille démons! » murmura cet homme; et, se détournant, il désarma le pistolet, et le remit dans sa poche. « Je suis un scélérat, » dit-il, « plongé dans le vice et dans le crime, mais pas assez méchant pour vous faire du mal! Je voulais seulement, par la peur, vous forcer à ce que je veux. Elle ne m'entend pas! Morte, peut-être! Grand Dieu! jusqu'où faut-il que je sois tombé! »

Tandis qu'il parlait, elle revenait de cette angoisse presque aussi amère que la mort. Au bout d'une ou deux minutes, grâce aux vigoureux efforts de son bon sens naturel et de son courage, elle se remit assez pour comprendre qu'on ne voulait lui faire aucun mal.

« Non! » répéta l'étranger; « à la mort de votre sœur et de son enfant, je n'ajouterai pas la mort d'un de ceux qui lui sont proches! Je suis éperdu, je suis fou, je ne suis retenu ni par la crainte ni par la pitié, je suis possédé de l'esprit du mal, abandonné de tous ceux qui aiment le bien; et cependant je ne vous ferais pas de mal, dût-on, pour salaire, m'offrir le monde! Mais, au nom de tout ce qui vous est cher, jurez de suivre mon conseil. Prenez cette arme, percez-moi la tête d'une balle, et, de votre main, vengez la honte de votre sœur; mais adoptez le moyen, le seul moyen, par lequel sa vie puisse être sauvée.

— Hélas, hélas! Est-elle innocente, ou coupable?

— Elle n'est pas coupable; elle n'est coupable de rien que de s'être confiée à un misérable! Mais, sans la faute de gens qui sont plus mauvais que moi (oui, plus mauvais, quoique je le sois beaucoup), ce malheur-là ne serait pas arrivé.

— Et l'enfant, » s'écria Jeanie; « est-il vivant?

— Non, assassiné! des mains barbares ont assassiné l'enfant nouveau-né, » murmura-t-il d'une voix basse, mais ferme et distincte. Et il ajouta à la hâte: « Sans qu'elle l'ait su, sans son consentement.

— Pourquoi le coupable n'est-il pas livré à la justice, et l'innocent rendu à la liberté?

— Ne me tourmentez pas de questions qui ne peuvent servir à rien, » répliqua l'étranger d'un ton sévère. « L'acte a été commis par des gens qui sont loin, et qui ne craignent pas d'être découverts. Personne, excepté vous, ne pourra sauver Effie.

— Comment cela serait-il en mon pouvoir? » demanda Jeanie, dans une anxiété cruelle.

« Écoutez-moi ! Vous avez du sens ; et, ce que je vais vous dire, vous le comprendrez. Votre sœur est innocente du crime dont elle est accusée.

— Dieu soit loué ! » s'écria Jeanie.

« Restez calme, et écoutez ! La personne qui l'a assistée a tué l'enfant ; mais hors la connaissance ou le consentement de la mère. Elle est donc innocente, aussi innocente que le petit être qui, dans ce malheureux monde, n'a respiré que quelques minutes : aller si vite au repos, c'était le meilleur pour lui. Elle est innocente comme cet enfant, et cependant elle mourra ; car il est impossible de l'arracher à la loi !

— Les coupables ne peuvent-ils pas être découverts et livrés au châtiment ? » dit Jeanie.

« N'espérez pas persuader à ceux qui sont endurcis dans le crime de mourir pour sauver la vie d'un autre ! Est-ce là le roseau sur lequel vous vous appuieriez ?

— Vous disiez qu'il y avait un remède ? » balbutia de nouveau la jeune femme avec terreur.

« Il y en a un, » répondit l'étranger, « et il est en vos mains. Le coup dont la loi menace Effie ne saurait être arrêté en allant directement à sa rencontre, mais on peut le détourner. Vous avez vu votre sœur au temps qui a précédé la naissance de l'enfant. Qu'elle vous ait confié sa position, quoi de plus naturel ? Cela, dans le jargon des légistes, soustrairait le cas à l'application du statut, en écartant la circonstance de dissimulation. Je connais leur langage, ayant eu pour cela des raisons assez fâcheuses, et la dissimulation est essentielle pour constituer le délit tel que le statut le définit (J). Qu'Effie vous ait dit son sort, c'est vraisemblable. Songez-y ; réfléchissez. Je suis sûr qu'elle vous l'a dit.

— Malheur à moi ! » répliqua Jeanie ; « elle ne m'en a jamais parlé ; mais elle était bien émue quand je lui parlais de l'altération de ses traits et de la perte de sa gaieté.

— Vous lui avez fait des questions là-dessus ? » dit-il avec vivacité. « Vous devez vous souvenir de sa réponse : elle a confessé qu'elle avait été perdue par un misérable ; oui, un misérable (ne vous gênez pas pour le dire) ; un cruel, un traître ! ce ne sera que la vérité ! Elle vous a confié qu'elle portait dans son sein le fruit du crime d'un homme et de la folie d'une femme ; et que le coupable lui avait promis de pourvoir comme il conviendrait aux nécessités de l'heure prochaine. Il l'a bien tenue, sa parole? » Ces derniers mots, l'étranger semblait se les dire à lui-même, les accompagnant d'un geste violent par lequel il s'accusait. Puis il reprit, d'un air calme : « Tout cela, vous vous en souviendrez. C'est tout ce qu'il est nécessaire de dire.

— Comment me souviendrais-je? » répondit Jeanie avec simplicité, « de choses qu'Effie ne m'a jamais dites?

— Avez-vous la tête si dure, l'intelligence si étroite? » s'écria-t-il, en la saisissant brusquement par le bras, et l'étreignant avec force ; « sachez-le bien, » et il parlait entre les dents et à mi-voix, mais avec grande énergie, « qu'elle en ait ou non prononcé une syllabe, il faut vous souvenir qu'elle vous a dit tout cela. Vous ferez ce récit, dans lequel il n'y a rien de faux, sauf cette circonstance que ce n'est pas elle qui vous l'a dit ; vous le ferez devant ces juges, devant cette judicature (de quelque nom qu'ils appellent leur tribunal de sang), et vous sauverez votre sœur d'un assassinat, vous les empêcherez eux-mêmes de devenir des assassins. N'hésitez pas. J'en prends à témoins et la vie et le salut : en répétant mes paroles, vous ne direz que la vérité.

— Mais, » répliqua Jeanie, dont le jugement était trop juste pour ne pas voir le sophisme au milieu de cet argument, « mon serment portera sur le point même sur lequel mon témoignage ne serait pas vrai : c'est la dissimulation de son état que l'on reproche à la pauvre Effie, et vous voudriez, là-dessus, me faire dire une fausseté.

— Je le vois, » dit-il, « mes premiers soupçons à votre égard étaient fondés, et vous laisserez votre sœur, innocente et belle, sans autre faute que d'avoir cru à la parole d'un traître, mourir de la mort des assassins, plutôt que de prêter, pour son salut, le souffle de vos lèvres et le son de votre voix.

— Que ne faut-il, pour elle, donner le meilleur de mon sang! » dit Jeanie versant des larmes amères ; « mais je ne puis changer en bien ce qui est mal, et rendre vrai ce qui est faux.

— Insensée! cœur dur! » dit l'étranger ; « avez-vous peur de ce que l'on pourrait vous faire? Je vous dis que les serviteurs même de la loi, qui poursuivent la vie des gens comme les lévriers poursuivent les lièvres, se réjouiront de voir échapper à la mort une créature si jeune et si belle ; contre ce que vous direz, ils n'auront pas de soupçon ; et, s'ils en avaient, ils vous trouveraient digne non pas seulement de pardon, mais d'éloges, pour avoir obéi aux affections de la nature.

— Ce n'est pas l'homme que je crains, » dit Jeanie levant les yeux au ciel ; « le Dieu, dont je dois appeler le nom en témoignage de la vérité de mes paroles, en saura la fausseté !

— Il en saura aussi les motifs, » dit vivement l'étranger ; « il saura que, si vous le faites, ce n'est pas pour un vain lucre, mais pour sauver la vie de l'innocent, et pour empêcher de commettre un crime pire que celui que la loi prétend venger.

— Dieu nous a donné une loi, » dit Jeanie, « pour être la lampe de notre route ; si nous nous écartons d'elle, nous péchons volontairement contre ce qu'il nous a appris. Je ne dois point faire le mal, même en vue du bien qui pourrait en résulter. Mais vous, vous qui savez que tout cela est vrai (puisque c'est sur votre parole que je devrais l'accepter), vous qui, si j'ai bien compris ce que vous venez de me dire, lui aviez promis abri et protection dans son heure cruelle, pourquoi ne vous présentez-vous pas ? pourquoi n'apportez-vous pas pour elle un témoignage loyal et empressé, ainsi que vous pouvez le faire avec une conscience pure ?

— O femme ! » s'écria-t-il, avec un accès de colère qui renouvela les terreurs de Jeanie, « à qui parlez-vous de conscience pure ? A moi ? Combien n'y a-t-il pas d'années que je ne sais plus ce que c'est ! Je porterais, moi, témoignage en sa faveur ? Quel témoin que celui qui, même pour dire ces quelques mots à une femme sans conséquence comme vous, doit choisir une pareille heure et un pareil lieu ! Quand vous verrez les chats-huants et les chauves-souris voler en plein midi comme les alouettes, vous pourrez vous attendre à me voir dans les assemblées des hommes. Silence ! écoutez. »

On entendait une voix, chantant l'un de ces airs naïfs et monotones qui sont si communs en Écosse, et sur lesquels les naturels de ce pays chantent leurs vieilles ballades. Les sons s'arrêtèrent, puis recommencèrent plus proches. L'étranger écoutait avec attention, tenant encore par le bras Jeanie immobile et terrifiée, comme pour l'empêcher de troubler, par une parole ou par un mouvement, les accents du chanteur. Quand la chanson fut reprise, on en put entendre distinctement les paroles :

> Lorsque dans le ciel bleu vole l'oiseau de proie,
> L'alouette ne bouge point ;
> Dans les vertes forêts lorsque le chien aboie,
> Le daim se cache haut et loin.

La personne qui chantait avait la voix forte, et la poussait au plus haut, de sorte qu'on la pouvait ouïr à une distance considérable. Lorsque le chant eut cessé, un bruit étouffé se fit entendre, comme les pas et les chuchotements de personnes qui approcheraient. Le chant fut repris, mais sur un autre air :

> Sir Jacques, vous dormez à contre-temps, dit-elle ;
> Levez-vous ! à cheval ! courez !
> Vingt hommes bien armés vous cherchent : vite, en selle !
> Et cachez-vous où vous pourrez.

« Je n'ose rester plus longtemps, » dit l'étranger ; « retournez chez vous, ou restez jusqu'à ce qu'ils aient passé ; vous n'avez rien à craindre. Mais ne leur dites pas que vous m'avez vu. Le sort de votre sœur est dans vos mains. » Parlant ainsi, il la quitta, et, d'un pas rapide, mais avec précaution et sans bruit, il se plongea dans l'obscurité, du côté le plus éloigné des sons qui venaient vers eux. Jeanie bientôt l'eut perdu de vue. Elle restait à côté du *cairn*, terrifiée au delà de toute expression, incertaine si elle devait fuir vers sa demeure de toute la vitesse dont elle était capable, ou attendre ceux qui se dirigeaient vers elle. Cette incertitude la retint si longtemps qu'elle aperçut enfin distinctement deux ou trois personnes, déjà si près d'elle, qu'une fuite précipitée aurait été inutile et impolitique.

CHAPITRE XV.

> Un doute singulier flotte dans ses paroles ;
> Un demi-sens circule en ses propos frivoles ;
> Ce qu'elle dit n'est rien, et captive pourtant
> Par son étrangeté l'oreille qui l'entend ;
> L'esprit s'émeut, travaille, et de ses bagatelles
> Se fatigue à vouloir recoudre les parcelles.
>
> SHAKSPEARE, *Hamlet*, acte IV, scène 5.

De même que l'Arioste, ce poëte fertile en digressions, je me vois dans la nécessité de lier ensemble les branches diverses de mon récit, en reprenant les aventures d'un autre de mes personnages, et en les conduisant au point même où nous avons laissé celles de Jeanie Deans. Ce n'est peut-être pas la manière la plus ingénieuse de raconter une histoire, mais elle a l'avantage de dispenser de *relever les mailles,* comme le dirait une tricoteuse, si les métiers à bas ont laissé dans le pays une seule personne de cette profession. Or *relever les mailles* est un travail pour lequel l'auteur se donne en général beaucoup de peine sans en être récompensé.

« Je parierais quelque chose, » dit le greffier au magistrat, « que ce coquin de Ratcliffe, si la sûreté de son cou lui était bien garantie, en ferait plus que dix de nos agents de police et de nos constables pour nous tirer d'embarras dans cette affaire de Porteous. Il connaît à merveille tous les contrebandiers, les voleurs et les bandits d'Édimbourg et des environs ; on l'appelait à bon droit le père de tous les malfaiteurs de l'Écosse, car voici quelques vingt années qu'il a passées parmi eux sous le nom de Daddie Rat.

— Un plaisant coquin, » répliqua le magistrat, « pour espérer une place sous les ordres de la cité.

— J'en demande pardon à Votre Honneur, » dit le procureur fiscal d'Édimbourg, à qui étaient dévolues les fonctions de surintendant de police ; « M. Fairscrieve a parfaitement raison. C'est de gens comme Ratcliffe que la ville a besoin dans le département qui m'est échu ; et, s'il est vraiment disposé à faire emploi de ses connaissances pour le service de la cité, nous ne trouverons jamais un homme qui vaille mieux que lui. Ce ne seront pas des saints que vous aurez pour rechercher les marchandises qui ont échappé à la douane, pour trouver les voleurs et autre gibier de même espèce, et vos gens honnêtes, à principes religieux, vos négociants malheureux en affaires, que l'on met en de pareils emplois, ne font pas grand'chose de bon. Ils ont des craintes à cet endroit-ci, des scrupules à cet endroit-là ; ils ne sont pas à l'aise pour mentir, au cas même où c'est pour le bien de la cité ; ils n'aiment pas à sortir à des heures indues ou par une nuit sombre et froide, préférant rester chez eux, dans des draps bien chauds. Et, de la sorte, avec la crainte de Dieu et celle des hommes, la crainte d'attraper un mal de gorge ou de se faire casser les reins, il y en a une douzaine de notre ville, gardes, officiers et constables, qui ne sont bons à rien qu'à découvrir un petit scandale par ci par là au profit de la caisse du trésorier de l'Église. Jean Porteous, cela est certain, en valait douze comme eux, le pauvre diable ; car il n'avait ni craintes, ni scrupules, ni doutes, ni conscience, quand il s'agissait de choses que lui ordonnaient Vos Honneurs.

— C'était un bon serviteur de la ville, » dit le bailli, « quoiqu'il eût dans son genre de vie beaucoup trop de laisser-aller. Si vous pensiez cependant que ce coquin de Ratcliffe pût nous être vraiment utile pour découvrir ces malfaiteurs, je lui garantirais la vie, une récompense et de l'avancement. C'est une terrible chose pour la cité, Monsieur Fairscrieve, que cette affaire-là. Cela sera mal pris à la cour. La reine Caroline (que Dieu la bénisse !) est femme ; du moins, je le crois, et ce n'est pas trahison de pousser aussi loin l'expression de ma pensée. Vous devez savoir comme moi (car, sans être marié, vous avez une ménagère) que les femmes ont leurs idées et ne pardonnent pas une offense. Cela sonnerait donc mal aux oreilles de la reine qu'un désordre pareil eût eu lieu, et que pas une personne n'eût été mise pour cela dans la Tolbooth.

— Si vous le pensez ainsi, Monsieur, » dit le procureur fiscal, « nous pourrions aisément, sous couleur de soupçon, jeter en prison quelques vauriens. Cela prouverait notre activité, et j'en ai toujours bon nombre sur ma liste; qui n'en seraient pas plus malades pour avoir passé une semaine ou deux en prison. Si vous craigniez que cela ne fût pas tout à fait juste, on pourrait leur en tenir compte en se montrant facile envers eux la prochaine fois qu'il y aura sujet. Ils ne seront pas longs à nous donner l'occasion de régler nos comptes avec eux.

— Je doute, Monsieur Sharpitlaw, » répliqua le greffier, « qu'au cas présent, cela fît l'affaire. Ils *courront leurs lettres* (l'*habeas corpus* de notre Écosse), et seront à flot avant que nous ne sachions où nous en sommes.

— Je parlerai de Ratcliffe au lord prévôt, » dit le magistrat. « Vous viendrez avec moi, Monsieur Sharpitlaw, pour recevoir des instructions. On peut faire quelque chose aussi de l'histoire de Butler et de son personnage inconnu. Je ne vois pas quel intérêt a un homme à aller faire le fanfaron dans le Parc du Roi, et à s'intituler le diable, à la grande terreur des honnêtes gens, qui ne se soucient pas d'entendre parler du diable ailleurs qu'en chaire et à l'office. Je ne saurais penser que le ministre fût à la tête de la foule, encore qu'il y ait eu des temps où les gens de ce costume étaient, dans une algarade, aussi en avant que leurs voisins.

— Ces temps-là sont loin de nous, » dit M. Sharpitlaw. « Du vivant de mon père, il y avait plus de perquisitions pour mettre la main sur les ministres cachés au Clos du Covenant, dans les faubourgs, dans toutes les tentes de Cédar, ainsi qu'on appelait alors les habitations des justes, qu'il n'y en a maintenant pour happer les voleurs et les vagabonds à Laigh Calton ou derrière la Canongate. Mais ce temps est bien loin. Et si le bailli me procure l'autorisation du prévôt, je causerai moi-même avec Daddie Rat; car je crois que j'en tirerai plus de lui que vous n'en auriez vous-même. »

M. Sharpitlaw, nécessairement, était un homme auquel on pouvait se fier; il reçut en conséquence, dans le cours de la journée, pouvoir de faire les arrangements qui, dans les circonstances présentes, paraîtraient le plus avantageux pour la bonne ville. Il alla donc à la prison, et fit, à huis clos, une visite à Ratcliffe.

Les positions respectives d'un officier de police et d'un voleur de profession ont, selon les moments, un caractère tout différent. La comparaison qui s'offre le plus naturellement à l'esprit, celle du faucon fondant sur sa proie, est souvent la moins applicable de toutes. L'homme de la justice a parfois l'air d'un chat qui guette une souris : dans le moment qu'il ajourne son dessein de sauter sur le maraudeur, il a soin toujours de calculer ses mouvements de façon que celui-ci ne sorte point de sa portée ; ou, plus immobile encore, il emploie cette fascination que l'on attribue au serpent à sonnettes, et se contente de fixer la victime au milieu de ses zig-zag et de ses ondulations, certain que la terreur du coupable et le trouble de ses idées finiront par le jeter dans la gueule qui le convoite. L'entrevue de Ratcliffe et de Sharpitlaw fut d'un genre différent de tout ce que nous venons de dire. Ils restèrent cinq minutes assis en silence des deux côtés d'une petite table, et se regardèrent fixement l'un l'autre, d'un air vigilant, fin, avisé, éveillé, non sans mélange d'envie de rire. Ils ressemblaient assez à deux chiens, qui, se préparant à jouer ensemble, se couchent par terre et restent quelques instants dans cette posture, à surveiller leurs mouvements mutuels et à attendre qui commencera le jeu.

« Ainsi donc, » dit l'officier, sentant qu'il était de sa dignité de porter le premier la parole, « vous voulez, m'a-t-on dit, vous retirer des affaires ?

— Oui, Monsieur, » répliqua Ratcliffe ; « je ne m'en mêlerai plus ; et je crois, Monsieur Sharpitlaw, que cela épargnera de la peine à votre monde.

— Jean Dalgleish, » (c'était alors, dans la métropole de l'Écosse, le personnage qui menait à fin les sentences de la justice) « leur épargnerait cette peine aussi aisément, » répondit le procureur fiscal.

« Oui, si je n'avais attendu dans la Tolbooth qu'à l'unique fin qu'il m'attachât la cravate ; mais ce que nous disons là, Monsieur Sharpitlaw, ne signifie rien.

— Hein ! Je suppose, Monsieur Ratcliffe, que vous n'ignorez pas être sous le coup d'une sentence de mort ? » répliqua M. Sharpitlaw.

« Nous y sommes tous, comme le disait le très respectable ministre, dans la chapelle de la Tolbooth, le jour de l'évasion de Robertson; mais personne ne sait quand elle s'exécutera. Et il avait plus raison de le dire qu'il ne croyait, à l'heure où la comédie n'était pas encore jouée.

— Ce Robertson, » dit Sharpitlaw, d'un ton plus bas et un peu confidentiel, « savez-vous, Rat... pourriez-vous, du moins, nous faire soupçonner, l'endroit où l'on pourrait entendre parler de lui?

— Ma foi, Monsieur Sharpitlaw, je serai franc avec vous. Robertson est d'un cran au-dessus de moi. C'était un vrai démon, et qui a joué plus d'un tour ; mais, excepté l'affaire du collecteur dans laquelle Wilson l'a engagé, et quelques anicroches avec les préposés et les soldats de la douane pour marchandises en fraude, il n'a jamais rien fait qui entrât dans notre ligne d'opérations.

— C'est singulier, avec la compagnie qu'il voyait.

— D'honneur, c'est positif, » dit Ratcliffe d'un air sérieux. « Il se tenait en dehors de nos petites affaires ; c'est plus que n'en faisait Wilson ; j'ai fait, dans le temps, des opérations avec Wilson. Mais Robertson y viendra ; il n'y a pas à craindre que non ; personne n'a mené cette vie là sans y arriver, tôt ou tard.

— Qu'est-ce donc que ce Robertson? Vous devez le savoir, Ratcliffe? » dit Sharpitlaw.

« Il est de meilleure naissance, je le crois, qu'il ne voudrait le laisser voir ; il a été soldat et acteur ; je ne sais ce qu'il a été ou ce qu'il n'a pas été, car, pour un homme aussi jeune, c'est incroyable et cocasse.

— Il a joué, je suppose, de jolis tours dans son temps ?

— Vous pouvez le dire sans crainte, » répliqua Ratcliffe avec un sourire sardonique ; « et, avec les filles, c'était un diable, » ajouta-t-il en se touchant le nez.

« C'est assez probable, » dit Sharpitlaw. « Or donc, Ratcliffe, sans barguigner davantage, vous savez comment l'on entre en faveur dans mon département : il faut vous rendre utile.

— Certainement, Monsieur, et de mon mieux. Rien pour rien : je connais la règle, » ajouta l'ex-voleur.

« L'affaire principale, maintenant, » dit le personnage officiel,

« c'est celle de Porteous, où vous pouvez nous donner un coup de main. L'emploi de porte-clefs à l'intérieur, pour commencer, et le grade de capitaine quand le temps viendra. Vous comprenez ce que je veux dire?

— Parfaitement, Monsieur : pour un cheval aveugle, un clignement d'yeux vaut un mouvement de tête. Mais, quant à l'affaire de Jean Porteous, le bon Dieu vous soit en aide! j'étais sous les verrous dans ce moment-là. Je n'ai pu, le ciel me pardonne! m'empêcher de rire quand j'ai entendu Jean, aux mains de tous ces gaillards, demander grâce à

grands cris! Vous m'avez, voisin, donné plus d'une fois la chair de poule, pensais-je en moi-même; à votre tour à présent : voici venir la revanche, et vous verrez si c'est bon d'être pendu.

— Allons, allons, Rat, tout cela n'a pas de sens, » dit le procureur fiscal. « Il ne s'agit pas de rester dans les lieux communs; il faut en venir au fait. Vous me comprenez bien; et, si vous voulez qu'on s'intéresse à vous... *Donnant donnant*, c'est ce qui fait les bons amis.

— Comment pourrais-je parler, et en venir au fait, suivant l'expression de Votre Honneur, » dit Ratcliffe d'un ton cafard et avec un air de grande simplicité, « alors que, vous le savez, j'étais sous le coup d'une sentence de mort, et dans la chambre de sûreté, tout le temps que cela s'est fait?

— Dites-moi aussi, Daddie Rat, comment nous pourrions vous lâcher, à la face du public, sans que vous ayez fait ou dit quelque chose pour le mériter?

— Au diable, alors! » répondit le criminel ; « puisqu'il le faut, j'ai vu Georges Robertson au milieu des gens qui ont forcé la prison. C'est une chose, je crois, qui me fera du bien?

— C'est donner, en effet, une indication qui peut servir, » répondit l'homme de la police. « Où pensez-vous, Rat, que nous pourrions le trouver?

— Ce n'est pas commode à savoir, » répliqua Ratcliffe ; « il n'est probablement pas allé dans quelqu'un de ses vieux endroits; il aura plutôt quitté le pays. Il a de bons amis de côté et d'autre, malgré la vie qu'il a menée. Il a été bien élevé.

— Il n'en aura que meilleure grâce à la potence, » dit M. Sharpitlaw. « Un abominable chien, de tuer un officier de la cité parce qu'il a fait son devoir! Qui sait, la prochaine fois, de qui ce sera le tour? Vous l'avez bien vu?

— Aussi bien que je vous vois.

— Comment était-il habillé? » dit Sharpitlaw.

« Je n'ai pas pu bien voir ; il avait sur la tête une espèce de coiffure de femme. On n'a jamais vu pareille bagarre, et l'on ne pouvait avoir l'œil à tout.

— N'a-t-il parlé à personne? » dit Sharpitlaw.

« Ils étaient tous parlant et faisant tapage ensemble, » dit Ratcliffe, qui ne se souciait évidemment pas d'aller, dans son témoignage, plus loin que l'indispensable.

« Cela n'ira pas ainsi, Ratcliffe, » dit le procureur ; « il faut dire *tout, tout, tout.* » En prononçant ce monosyllabe significatif, il frappait la table avec énergie.

« Cela est dur, Monsieur, » dit le prisonnier ; « et, n'était la place de porte-clefs...

— Et la survivance des fonctions de capitaine, capitaine de la Tolbooth ; au cas de bonne conduite, bien entendu.

— Oui, oui, » dit Ratcliffe, « de bonne conduite : voilà le diable. Et puis il faut attendre, par-dessus le marché, les souliers d'un mort.

— La tête de Robertson pèsera bien quelque chose, » dit Sharpitlaw, « quelque chose de bon et de lourd, Rat : la ville y aura égard, comme ce sera raison et justice ; et vous serez libre alors de jouir honnêtement de ce qu'on vous aura donné.

— Je n'en sais trop rien, » dit Ratcliffe ; « c'est une singulière façon de commencer le métier de l'honnêteté. Tant pis ; c'est l'affaire du diable. Eh bien, donc, je l'ai vu et entendu parler à la fille Effie Deans, incarcérée pour infanticide.

— Vous avez vu cela ? Diable, Rat ! Mais c'est trouver la pie au nid ! Et l'homme qui a parlé à Butler dans le Parc, et qui donnait rendez-vous à Jeanie Deans aux pierres de Muschat ? Rapprochons les deux choses : aussi sûr que je vis, il est le père de l'enfant.

— On pourrait deviner plus mal, » observa Ratcliffe, en tournant sa chique dans sa joue pour en exprimer le jus. « J'ai entendu dire quelque chose d'une intrigue qu'il a eue avec une jolie personne dans le quartier des Pleasaunts ; et tout ce qu'a pu faire Wilson, ç'a été de l'empêcher de l'épouser. »

A ce moment, un officier de la ville entra, et dit à Sharpitlaw qu'on avait en garde la femme qu'il avait ordonné d'amener devant lui.

« Cela n'importe guère, maintenant, » dit-il ; « l'affaire prend un autre tour. Cependant, Georges, faites-la entrer. »

L'officier se retira, et, revenant bientôt, introduisit une femme de dix-huit à vingt ans, grande, bien découplée, vêtue d'une sorte d'habit de cheval tout à fait bizarre : un corsage bleu orné de galons ternis et passés, les cheveux disposés comme ceux d'un homme, une toque de montagnard sur la tête avec un panache de plumes à moitié cassées, un jupon laine et soie, de couleur écarlate, brodé de fleurs qui n'étaient pas plus fraîches que les ornements du corsage. Cette femme avait les traits gros et masculins, et cependant, à quelque distance, grâce à des yeux noirs, brillants et hardis, à un nez aquilin, à un profil qui ne manquait pas de caractère, elle paraissait assez belle. Elle brandit la cravache qu'elle portait à la main, fit une révérence aussi basse qu'en pourrait faire une grande dame à sa présentation à la cour, se recueillit comme Audrey pour écouter, dans *Comme il vous plaira*, les observations de Touchstone, et ouvrit la conversation sans attendre qu'on la questionnât.

« Que Dieu garde Votre Honneur, et qu'il vous donne de longs jours, cher Monsieur Sharpitlaw! Bonjour aussi, Daddie Ratton; on m'avait dit, mon bonhomme, que vous étiez pendu. Seriez-vous sorti des mains de Dalgleish comme l'a fait Maggie Dickson, l'homme à moitié pendu?

— Silence, bavarde, » répondit Ratcliffe, « et écoutez ce qu'on va vous dire.

— De tout mon cœur, Ratton. Un grand honneur pour la pauvre Madge d'être conduite par les rues, à cette heure du jour, par un bel homme tout galonné, pour venir parler à des prévôts, à des baillis, à des greffiers, à des procureurs. Toute la ville m'a regardée passer. Il y a de quoi être fière.

— Oui, Madge, » dit M. Sharpitlaw d'un ton caressant; « et je vois qu'on s'est faite belle : ce ne sont pas là vos habits de tous les jours.

— Puissé-je alors, » dit Madge, « avoir eu le diable au bout des doigts. » Et remarquant que Butler entrait dans la pièce : « Holà, Messieurs! il y a un ministre dans la Tolbooth; qui osera dire maintenant que la grâce n'y entre point? Je gagerais que le ministre est ici pour la bonne vieille cause; mais cette cause-là, ce n'est pas la mienne. » Et elle se mit à chanter :

> « Des cavaliers sont sur la route :
> Patapan, patapan, pan, pan!
> Le grand Olivier les redoute;
> Ce sont des suppôts de Satan.

— Avez-vous jamais vu cette folle? » dit Sharpitlaw à Butler.

« Pas que je sache, Monsieur, » répondit Butler.

« Je le pensais bien, » dit le procureur fiscal en regardant Ratcliffe, qui répondit à son coup d'œil par un signe d'acquiescement et d'intelligence.

« Son nom, cependant, est Madge Feu-follet, » dit à Butler le représentant de la loi.

« Oui vraiment, c'est mon nom, » dit Madge; « c'est celui que j'ai porté toujours depuis que j'ai cessé d'être quelque chose de mieux. Oh, la, la! » et une sorte de tristesse se répandit un instant sur ses traits;

« mais je ne peux plus guère me rappeler ce temps-là; il est loin, et c'est chose pour laquelle je ne remuerais plus seulement le bout du doigt. »

>Par la campagne et la ville,
>Sur la dune et sur le pont,
>Comme un feu follet je file,
>Brillante et belle, dit-on.
>
>Et l'éclair qui vient, rapide,
>Sillonner les vastes cieux,
>N'est pas plus que moi splendide,
>Bien moins que moi rend joyeux.

— Taisez-vous, bavarde effrontée, » dit l'officier qui avait agi comme maître des cérémonies pour introduire ce singulier personnage, et qu'une pareille conduite scandalisait beaucoup devant un homme de l'importance de M. Sharpitlaw; « taisez-vous, ou je vous fais chanter une autre gamme.

— Laissez-la, Georges, » dit Sharpitlaw; « et ne la déroutez pas. J'ai quelques questions à lui faire. Et d'abord, Monsieur Butler, regardez-la encore une fois.

— Faites, ministre, faites, » cria Madge; « je suis aussi bonne à regarder qu'un de vos livres; et en état de vous parler du catéchisme, petit ou grand, de la justification, de la grâce efficace, et de l'assemblée des théologiens à Westminster. C'est-à-dire, » ajouta-t-elle d'un ton plus bas, « j'ai su tout cela, mais il y a longtemps; et, dame! on oublie. » Madge laissa derechef échapper un profond soupir.

« Eh bien, Monsieur, » dit M. Sharpitlaw à Butler, « qu'en pensez-vous à présent?

— La même chose que tout à l'heure, » dit Butler; « que jamais de la vie je n'avais vu auparavant cette singulière créature.

— Ce n'est donc pas la personne que les émentiers appelaient, l'autre nuit, du nom de Madge Feu-follet?

— Certainement non, » dit Butler. « Ces deux personnes peuvent être à peu près de la même taille. Elles sont grandes toutes deux; mais je ne vois guère d'autre ressemblance.

— Leur vêtement n'est pas le même? » demanda Sharpitlaw.

« Pas le moins du monde, » dit Butler.

« Madge, ma bonne fille, » dit Sharpitlaw, toujours d'un ton doucereux, « qu'avez-vous fait hier de vos habits de tous les jours?

— Je ne sais pas, » dit Madge.

« Où étiez-vous hier soir, Madge?

— D'hier soir, je ne me rappelle plus rien, » répondit Madge ; « chaque jour suffit à peine aux occupations qu'il donne, et ce serait faire trop que d'y penser le lendemain.

— Si cependant, Madge, je vous donnais cette demi-couronne, vous sauriez peut-être bien vous souvenir de quelque chose? » dit Sharpitlaw, tirant l'argent de sa poche.

« Cela pourrait me faire rire, mais ne me donnerait pas de mémoire.

— Madge, » continua Sharpitlaw, « si je vous envoyais à la maison de correction de Leith-Wynd, et si je disais à Jean Dalgleish de vous caresser le dos avec ses verges?

— Cela me ferait de la peine, » dit Madge en sanglotant ; « mais ne pourrait, malgré tout, me rafraîchir la mémoire.

— Elle ne saurait comprendre, Monsieur, » dit Ratcliffe, « les motifs qui décideraient des gens raisonnables, l'argent, Jean Dalgleish, ou son chat à neuf queues. Mais je pourrais l'amener, je crois, à nous dire quelque chose.

— Essayez donc, Ratcliffe, » dit Sharpitlaw ; « car elle commence à m'ennuyer, et je l'enverrais à tous les diables.

— Madge, » dit Ratcliffe, « avez-vous des amants pour le quart d'heure?

— Si on vous le demande, dites que vous n'en savez rien. Voilà qui est fort : le vieux Daddie Ratton qui me parle de mes amants!

— Du diable alors, je le vois, si vous en avez un seul.

— Je n'en ai pas! » répondit Madge, relevant brusquement la tête comme une beauté offensée. « Voyez un peu si je n'en ai pas. Il y a Rob l'Enragé, Will Fleming, et puis encore Geordie Robertson, un gentilhomme, celui-là. Qu'en dites-vous Ratcliffe? »

Ratcliffe se mit à rire, et, faisant de l'œil un signe au procureur fiscal, il poursuivit l'enquête à sa manière. « Mais, Madge, ces gaillards-là ne vous aiment que quand vous avez vos beaux habits ; ils ne voudraient pas vous toucher avec des pincettes sous vos haillons de tous les jours.

— Vous mentez, vieux drôle, » répliqua la belle; «'car Geordie Robertson, le gentilhomme, s'est habillé, hier, de mes habits de tous les jours, et en est allé vêtu par toute la ville; et il était grand et beau avec, comme la reine du pays.

— Je n'en crois pas un mot, » dit Ratcliffe, en lançant au procureur un nouveau coup d'œil. « Toutes ces loques, Madge, avaient la couleur du clair de lune dans l'eau. La robe, je le garantis, avait été bleu de ciel?

— Ce n'est pas vrai, » dit Madge, dont la mémoire mal équilibrée laissait échapper, dans

Madge Feu-Follet.

l'élan de la contradiction, ce qu'elle aurait caché le plus si son jugement était resté d'accord avec ses désirs. « Ce n'était pas bleu de ciel, c'était mon vieux jupon brun, la vieille coiffure de ma mère, et ma mante rouge. Il m'a donné, pour s'en servir, une couronne et un baiser; qu'il en soit béni, le gentil garçon, quoique cet homme-là m'ait coûté cher.

— Et après, ma belle, où a-t-il changé d'habits? » dit Sharpitlaw, du ton le plus insinuant.

« Le procureur fiscal a tout gâté, » observa sèchement Ratcliffe

Cela était vrai : une question aussi directement posée, éveilla soudain chez Madge la nécessité d'être réservée, là où Ratcliffe, par des chemins indirects, l'avait rendue communicative.

« Ah! vous nous écoutiez, Monsieur? » reprit-elle, avec un air de stupidité si subitement emprunté, qu'on voyait bien qu'à sa folie se mêlait un bon appoint de scélératesse.

« Je vous ai demandé, » dit le procureur fiscal, « à quelle heure et en quel lieu Robertson a rapporté vos habits.

— Robertson? Que le Seigneur nous ait en garde! Quel Robertson?

— Celui dont vous parliez, Geordie le gentilhomme, ainsi que vous l'avez appelé?

— Geordie le Gentilhomme! » répondit Madge, avec une surprise bien jouée; « je ne connais personne qui s'appelle Geordie le Gentilhomme.

— Allons, allons, » dit Sharpitlaw, « cela ne prendra pas; et vous allez me dire ce que vous avez fait de vos vêtements. »

Madge Feu-follet ne fit pas de réponse, à moins qu'il n'existe un lien entre la question posée et le bout de chanson dont elle gratifia l'investigateur déconfit :

« De votre anneau de fiancée,
Dites-moi le, qu'avez-vous fait?
Votre bague de mariée,
Où la retrouver, s'il vous plaît?

— Un soldat de ma connaissance
Les a reçus de moi, vraiment ;
J'en ai la pleine conscience.
C'est un vieil et fidèle amant. »

De toutes les folles qui ont parlé et chanté depuis les jours d'Hamlet le Danois, si Ophélie fut la plus touchante, Madge Feu-follet était la plus apte à provoquer la colère.

Le procureur fiscal était hors de lui. « Pour ce gibier de Bedlam, » dit-il, « je saurai prendre des mesures qui lui feront retrouver sa langue.

— Sauf votre bon plaisir, Monsieur, » repartit Ratcliffe, « laissez-la plutôt se remettre. Nous avons déjà découvert quelque chose.

— C'est vrai, » dit l'homme officiel; « un jupon brun, une vieille coiffe, une mante rouge. Cela s'accorde, Monsieur Butler, avec votre Madge Feu-follet? » Butler reconnut que oui. « Il avait en effet, » dit encore le procureur, « de bonnes raisons pour prendre les habits et le nom de cette pauvre créature, alors qu'il exécutait une pareille besogne.

— Et je puis dire, maintenant, en toute liberté, » ajouta Ratcliffe, « que...

— Maintenant que vous voyez qu'on l'a deviné sans vous, » interrompit Sharpitlaw.

« Oui, Monsieur, » répéta Ratcliffe. « Je puis dire en toute liberté maintenant, puisqu'on l'a trouvé d'une autre manière, que tels étaient les vêtements que j'ai vus portés par Robertson, l'autre nuit, dans la prison, lorsqu'il était à la tête des émeutiers.

— Preuve évidente! » dit Sharpitlaw. « Comptez-y bien, Rat; je ferai sur vous au prévôt un rapport favorable, car j'ai, ce soir, de la besogne à vous donner. Il se fait tard; je vais chez moi prendre un morceau, et je reviendrai ce soir. Gardez Madge avec vous, Ratcliffe, et tâchez de la remettre en belle humeur. » Parlant ainsi, il quitta la prison.

CHAPITRE XVI.

> L'un d'eux siffle, l'autre chante;
> Un autre : « De lord Barnard
> J'entends la corne bruyante...
> Musgrave, fuis sans retard! »
>
> *La Ballade du petit Musgrave.*

QUAND le fonctionnaire public fut de retour à la prison, il reprit sa conférence avec Ratcliffe, de l'expérience et de l'aide duquel il se sentait sûr à présent. « Il faut, Rat, que vous parliez à l'accusée Effie Deans. La passer au crible est indispensable; car, sans aucun doute, elle sait où l'on pourrait trouver Robertson. Travaillez-la, Rat; travaillez-la sans retard.

— Sauf votre respect, Monsieur Sharpitlaw, » dit le porte-clefs désigné, « c'est une chose que je ne suis pas libre de faire.

— Pas libre de faire? Qu'est-ce donc qui vous prend? Nous avions, il me semble, arrangé tout cela?

— Ce qui me prend, Monsieur, je n'en sais rien, » dit Ratcliffe. « J'ai parlé à Effie; elle est étrangère à cet endroit-ci, Monsieur Sharpitlaw, à ce qui s'y fait, à tous nos usages. Elle pleure, la pauvre fille, et elle se met déjà le cœur à l'envers au sujet de ce mauvais drôle; si c'était elle qui le faisait prendre, elle en mourrait de chagrin.

— Elle n'en aura pas le loisir, » dit Sharpitlaw; « la potence, avant cela, réclamera ses droits sur elle. Il faut longtemps à une femme pour mourir de chagrin.

— Cela dépend de l'étoffe dont elles sont faites, » répliqua Ratcliffe. « Mais, pour faire court, je ne puis entreprendre cette besogne. C'est contre ma conscience.

— Votre conscience, Rat? » dit Sharpitlaw avec un ricanement que le lecteur, sans doute, trouvera fort naturel au cas présent.

« Oui, Monsieur, ma conscience, » répondit Ratcliffe avec calme. « Tout le monde a une conscience, bien que certains aient le tort de ne pas l'écouter beaucoup. Et moi qui, comme tant d'autres, essaie de passer au large, ma conscience est comme mon coude, qui attrape encore quelquefois un brin de poussière en frôlant le mur dans un tournant.

— Eh bien, Rat, » répliqua Sharpitlaw, « puisque vous êtes si scrupuleux, je lui parlerai moi-même. »

Sharpitlaw se fit donc conduire à la petite pièce sombre dont Effie était locataire. La pauvre fille était assise sur son matelas, plongée dans une rêverie profonde. Quelques aliments étaient sur la table; ils valaient un peu mieux que ceux fournis d'ordinaire aux prisonniers, mais on n'y avait pas touché. La personne aux soins de laquelle Effie était plus particulièrement confiée, dit « que, quelquefois, en vingt-quatre heures, elle ne prenait pas autre chose qu'un verre d'eau. »

Sharpitlaw prit un siège, et, donnant au porte-clefs l'ordre de se retirer, il ouvrit la conversation, s'efforçant de mettre dans sa voix et sur son visage autant de commisération qu'ils pouvaient en exprimer, car la voix était aigre et rude, et le visage sournois, fin et peu sympathique.

« Comment allez-vous, Effie? Comment vous trouvez-vous, mon enfant? »

Un profond soupir fut la seule réponse.

« Les employés de la prison, Effie, sont-ils polis avec vous? C'est mon devoir de m'en informer.

— Très polis, Monsieur, » dit Effie, se contraignant à répondre, mais sachant à peine ce qu'elle disait.

« Et votre nourriture? » continua Sharpitlaw, du même ton d'intérêt; « vous donne-t-on ce que vous voulez? Y a-t-il quelque chose dont vous auriez envie? Votre santé ne paraît pas forte.

— Tout est très bien, Monsieur, je vous remercie, » dit la pauvre prisonnière, d'un ton bien différent de la vivacité rieuse du Lis de Saint-

Léonard; « tout ce qu'on me donne est très bon, trop bon pour moi.

— Il faut que ce soit un grand coquin, Effie, celui qui vous a menée là, » dit Sharpitlaw.

Cette remarque était dictée en partie par un sentiment naturel dont il ne pouvait lui-même se défendre, tout accoutumé qu'il était à travailler les passions des autres et à se garder des siennes; en partie par le désir d'amener le genre de conversation qui servirait le mieux ses

desseins. Au cas présent, la sensibilité et l'adresse s'harmoniaient ensemble à merveille; car, se disait Sharpitlaw, plus Robertson est un misérable, plus il y aura de mérite à le mettre aux mains de la justice. « Il faut que ce soit un grand scélérat, » répéta-t-il, « et je voudrais bien le tenir.

— Je suis plus à blâmer que lui, » dit Effie; « j'avais été élevée pour mieux faire; mais lui, le pauvre garçon... » Et elle s'arrêta.

« N'a, toute sa vie, été qu'un vaurien, » continua Sharpitlaw. « Étranger au pays, et compagnon de ce vagabond de Wilson ! N'est-il pas vrai, Effie ? »

— Il eût été bien heureux pour lui de ne voir jamais Wilson !

— Vous avez raison, Effie, » dit Sharpitlaw. « Où vous rencontriez-vous d'habitude, Robertson et vous ? Aux environs de Laigh Calton, je crois. »

Simple et abattue, Effie s'était laissé conduire jusque-là par M. Sharpitlaw. Il avait habilement ajusté ses paroles au cours des pensées de la jeune fille, si bien qu'en répondant, Effie ne faisait plus guère que penser tout haut : par une série de suggestions adroites, on conduit aisément à cet état les personnes prédisposées par nature aux absences de l'esprit, ou devenues telles sous la pression momentanée de la douleur. Mais la dernière observation du procureur fiscal avait par trop le caractère d'interrogatoire, et rompit le charme.

« Qu'est-ce que j'ai dit ? » s'écria Effie, quittant brusquement sa position inclinée pour se redresser sur le lit, et rejetant en arrière ses cheveux noirs, flottant épars sur un visage qu'avait ravagé la douleur mais que la beauté décorait encore. D'un air fier et pénétrant, elle fixa des yeux Sharpitlaw : « Vous êtes trop homme d'honneur, Monsieur, vous êtes trop honnête homme, pour tirer avantage de ce que dit une pauvre créature comme moi, à peine maîtresse de ses sens. Dieu me soit en aide !

— Tirer avantage ! » dit Sharpitlaw d'un ton doucereux. « Ce serait votre avantage, à vous, si je découvrais quelque chose ; et, pour vous rendre service, Effie, je ne connaîtrais rien de mieux que de mettre la main sur ce coquin de Robertson.

— Oh ! ne parlez pas ainsi, Monsieur, d'un homme qui ne vous a pas offensé ! Robertson ? Je n'ai vraiment rien à dire et je ne dirai rien contre lui.

— Si vous êtes insensible, Effie, à votre propre malheur, vous devriez songer au déshonneur que cet homme a jeté sur votre famille, » dit le représentant de la loi.

« O ciel ! » s'écria la pauvre Effie ; « mon malheureux père ! Ma chère Jeanie ! Oh ! c'est le plus cruel de tout ! Si vous avez un peu de bonté, Monsieur, un peu de compassion (car tous ceux que je vois ici sont aussi durs que des pierres)... Dites-leur seulement de laisser entrer ma sœur Jeanie la prochaine fois qu'elle viendra ! Lorsque je les entends la repousser de la porte, et que je ne puis pas même monter à cette haute fenêtre pour voir le bout de sa robe, il y a de quoi m'ôter la raison. » Et elle le regarda d'un air si suppliant, si touchant, et si humble à la fois, qu'elle ébranla fortement la résolution de Sharpitlaw.

« Vous verrez votre sœur, » commença-t-il, « si vous me dites... » Puis, s'interrompant, il ajouta, d'un ton plus rapide : « Eh bien, soit! Au diable! Vous verrez votre sœur, que vous me disiez quelque chose ou non. » Parlant ainsi, il se leva, et quitta la pièce.

Lorsqu'il eut rejoint Ratcliffe : « Vous avez raison, Ratton ; il n'y a pas grand'chose à faire de cette fille. Mais un point est tiré au clair : c'est Robertson qui est le père de l'enfant ; je parierais que c'est lui qui a donné rendez-vous à Jeanie Deans, pour cette nuit, au *cairn* de Muschat ; et c'est là, Rat, que nous le prendrons, ou mon nom n'est pas Gédéon Sharpitlaw.

— Mais, » dit Ratcliffe, peu pressé peut-être de voir les choses tourner à la découverte et à l'arrestation de Robertson, « si tel était le cas, M. Butler aurait reconnu l'homme du Parc du Roi pour être le même que celui qui, sous les habits de Madge Feu-follet, était à la tête de l'émeute.

— Ce n'est pas une raison, Ratton, » répliqua Sharpitlaw ; « les vêtements, la façon d'être éclairé, la confusion de l'émeute, et l'effet, peut-être, d'un bouchon noirci ou d'un brin de peinture... Ne vous ai-je pas vu vous-même vous déguiser de façon, que le diable, qui vous connaît, n'aurait pas osé jurer que c'était vous?

— C'est vrai, » dit Ratcliffe.

« Et de plus, pauvre innocent, » continua Sharpitlaw d'un air de triomphe, « le ministre a dit qu'il lui semblait avoir vu quelque part les traits du drôle qui lui a parlé dans le Parc, bien que sa mémoire ne lui rappelât ni où ni quand.

— Il est évident que Votre Honneur a raison, » répliqua Ratcliffe.

« En conséquence, Ratton, vous et moi, nous irons, avec quelques hommes, l'empoigner cette nuit ; ou, sans cela, plus moyen de l'avoir.

— Je ne vois guère à quoi je servirais là à Votre Honneur, » dit Ratcliffe, en se défendant.

« A quoi? » répondit Sharpitlaw. « Vous connaissez les lieux, et vous serez le guide de l'expédition. Je ne vous perds pas de vue d'ailleurs, mon bon ami, que je ne l'aie dans les mains

— Fort bien, Monsieur, » dit Ratcliffe, d'un ton d'assentiment qui n'avait rien de joyeux ; « vous ferez comme bon vous semblera ; mais songez que c'est un homme résolu.

— Nous aurons avec nous, » répondit Sharpitlaw, « de quoi le calmer, s'il est besoin.

— Je ne puis me charger, Monsieur, » répondit Ratcliffe, « de vous conduire, de nuit, au *cairn* de Muschat. Je connais le lieu, comme bien d'autres, quand il fait jour ; mais comment le trouver au clair de la lune, parmi tant de rochers et de pierres, qui se ressemblent l'un à l'autre comme un charbonnier au diable, je n'en saurais vraiment rien. J'aurais aussitôt fait de prendre la lune dans l'eau.

— Qu'est-ce que cela signifie, Ratcliffe ? » dit Sharpitlaw, l'œil fixé sur le récalcitrant d'un air significatif et menaçant. « Oubliez-vous que vous êtes encore sous le coup d'une sentence de mort ?

— Non, Monsieur, » répondit Ratcliffe ; « cela ne sort pas aisément de la mémoire ; et, si ma présence est jugée nécessaire, nul doute que je n'aille avec Votre Honneur. Ce que je voulais dire à Votre Honneur, c'est qu'il y a quelqu'un qui vaudrait mieux que moi pour cela, Magde Feu-follet.

— Que diable me dites-vous là ? Me croyez-vous aussi fou qu'elle pour me confier à sa conduite dans une occasion pareille ?

— Votre Honneur en est le meilleur juge, » répondit Ratcliffe ; « mais je sais la mettre dans l'humeur qui me convient, et la faire, quand je veux, marcher dans le bon chemin. Elle va souvent, la pauvre folle, faire son somme ou errer, au milieu de ces hauteurs, pendant toute une nuit d'été.

— Faisons-le, Ratcliffe, » répliqua le procureur fiscal, « si vous pensez qu'elle puisse nous diriger comme il faut. Mais songez à ce que vous allez faire : votre vie dépend de votre conduite.

— Lorsqu'on est allé dans le mal aussi loin que je l'ai fait, c'est rude de ne plus pouvoir être honnête de quelque chemin qu'on essaie. » Telle fut la réflexion de Ratcliffe, laissé à lui-même quelques minutes tandis que l'auxiliaire de la justice se procurait le mandat voulu et donnait les ordres nécessaires.

La lune, à son lever, vit toute la bande hors des murs de la cité et entrant en pleine campagne. Le siège d'Arthur, comme un lion couchant de proportion gigantesque, les rochers de Salisbury comme une large ceinture de granit, n'étaient qu'imparfaitement visibles. Faisant route du côté sud de la Canongate, les membres de l'expédition gagnèrent l'abbaye de Holyrood, et, à partir de là, firent route, par le Parc du Roi, à travers les haies et les obstacles. Ils n'étaient d'abord que quatre : un officier de justice et Sharpitlaw, tous deux bien armés de pistolets et de poignards ; Ratcliffe, à qui l'on n'avait pas donné d'armes de peur qu'il ne s'en servît, par aventure, autrement qu'on ne voulait; et l'acolyte féminin. Mais à la dernière haie, en entrant dans les terrains de chasse, ils furent rejoints par deux autres officiers, auxquels Sharpitlaw, désireux à la fois de disposer d'une force suffisante et de ne pas appeler l'attention, avait donné l'ordre de l'attendre en ce lieu. Ratcliffe vit ce renfort avec inquiétude : il avait jusque-là supposé probable que Robertson, jeune, hardi, vigoureux et leste, pourrait échapper, par la violence ou par son agilité, à Sharpitlaw et à un seul officier, sans qu'il eût besoin, lui, de s'en mêler. Mais les forces actuelles des agents de l'autorité étaient écrasantes : essayer de donner à Robertson quelque signal de leur approche était le seul moyen de le sauver, ce qu'aurait fait volontiers le vieux pêcheur endurci, s'il l'avait pu sans se compromettre. C'était dans cette vue, sans doute, que Ratcliffe avait demandé l'adjonction de Madge, se fiant beaucoup à la propension qu'il lui connaissait pour exercer ses poumons. Elle leur avait déjà donné tant d'exemples de sa loquacité bruyante, que Sharpitlaw était à moitié tenté de la renvoyer avec un des officiers, plutôt que d'emmener plus loin avec lui une personne aussi peu faite pour guider une expédition secrète. On eût dit, en outre, que le grand air, l'approche des hauteurs et l'apparition de la lune, si puissante, prétend-on, sur les cervelles malades, montaient maintenant cette fille à un degré de loquacité dix fois plus haut que celui qu'elle avait montré jusque-là. La faire taire en employant la raison semblait impossible ; elle mettait également au défi le ton d'autorité et les supplications amicales ; les menaces ne servaient qu'à la rendre boudeuse et tout à fait intraitable.

« N'en est-il pas un parmi vous, » dit Sharpitlaw avec impatience,

« qui sache le chemin de ce lieu maudit, de ce *cairn* de Nicol Muschat? N'y a-t-il donc, pour cela, que cette satanée bavarde? »

— Personne ne le sait que moi, » s'écria Madge ; « comment connaîtraient-ils le chemin, tous ces poltrons-là ? Moi, je me suis assise sur le tombeau depuis l'heure des chauves-souris jusqu'au chant du coq, et j'ai eu de fameuses querelles avec Muschat et sa femme Ailie qui dorment dessous.

— Peste soit du cerveau fêlé ! » dit Sharpitlaw ; « ne laisserez-vous pas mes hommes répondre à ma question ? »

Les officiers trouvèrent moyen de se faire entendre un instant, pendant que Ratcliffe détournait l'attention de Madge. Ils déclarèrent que, bien qu'ils eussent de ces parages une connaissance générale, ils ne sauraient, à la lumière incertaine de la lune, se charger de guider la marche avec une précision suffisante pour le succès de l'expédition.

« Que ferons-nous, Ratcliffe ? » dit Sharpitlaw ; « s'il nous voit avant que nous ne l'ayons vu (ce qui ne peut manquer si nous allons hésitants sans bien suivre le droit chemin), nous pouvons dire adieu à notre entreprise. J'aimerais mieux perdre cent livres sterling, et parce qu'il y va de l'honneur de la police, et parce que (le prévôt l'a dit) il faut, coûte que coûte, que quelqu'un soit pendu pour cette affaire de Porteous.

— Je pense, » dit Ratcliffe, « que nous devons essayer encore de tirer parti de Madge ; et je vais tâcher de mettre sa cervelle un peu plus en ordre. A tout événement, s'il l'entend vociférer les couplets de ses vieilles chansons, il ne saura pas pour cela qu'il y ait quelqu'un avec elle.

— C'est vrai, » dit Sharpitlaw ; « et, s'il la croit toute seule, il viendra vers elle, probablement, plutôt que de se sauver. Avançons donc ; nous avons perdu déjà bien du temps. Veillez à ce qu'elle reste dans le bon chemin.

— Comment vivent-ils ensemble, à présent, Nicol Muschat et sa femme ? » dit Ratcliffe à la folle, en essayant de la suivre dans ses idées ; « au temps jadis, ils ne faisaient pas bon ménage, si ce qu'on raconte est vrai.

— Oui, oui, c'est vrai ; mais, maintenant, tout est oublié, » répliqua

Madge, de l'air confidentiel d'une commère qui raconte l'histoire de ses voisins d'à côté. « C'est moi, voyez-vous, qui leur ai parlé, et je leur ai dit que ce qui est fait est fait. La gorge d'Ailie, malgré tout, est un peu endommagée ; elle a beau relever son linceul tant qu'elle peut pour cacher l'endroit, cela n'empêche pas le sang de passer à travers. Je lui ai conseillé de se laver à la source Saint-Antoine, ce qui la nettoiera si quelque chose peut le faire ; mais on prétend que le sang ne s'efface jamais sur ces étoffes-là. Les gouttes que Deacon Sanders a inventées dernièrement n'en viendraient pas même à bout ; je l'ai essayé moi-même sur un vêtement que nous avons chez nous, et que teignait le sang d'un tout petit bébé qui, je ne sais comment, a été blessé ; mais cela n'est pas parti. C'est singulier, n'est-ce pas ? Eh bien ! quelque belle nuit, comme celle-ci, je l'emporterai à la source bénie de Saint-Antoine ; j'appellerai Ailie Muschat ; et, elle et moi, nous ferons une grande lessive, et nous laverons nos habits dans les rayons de cette bonne madame la Lune, que j'aime bien mieux que le soleil. Le soleil est trop brûlant ; et mon cerveau, chères bonnes amies, est déjà bien assez chaud. Mais la lune, la rosée, le vent de la nuit, sont pour mon front comme un baume rafraîchissant ; et je m'imagine parfois que la lune ne brille que pour mon plaisir, et que personne ne la voit excepté moi. »

Ce fut avec une volubilité prodigieuse qu'elle débita cette tirade, marchant à grands pas, et entraînant avec elle Ratcliffe, qui, en apparence du moins, s'efforçait de lui faire modérer un peu sa voix.

Soudain, elle s'arrêta court au sommet d'un petit monticule, regarda fixement en haut, et ne dit pas un mot pendant cinq minutes. « Qu'est-ce qu'elle a maintenant ? » dit Sharpitlaw à Ratcliffe. « Ne sauriez-vous la faire avancer ?

— Il faut, avec elle, de la patience, Monsieur, » dit Ratcliffe. « Vous ne la ferez pas aller un pas plus loin qu'elle ne veut.

— Au diable ! » dit Sharpitlaw ; « j'aurai soin de la loger à Bedlam ou à Bridewell, à tous les deux même, car elle est à la fois folle et scélérate. »

Au même instant, Madge, qui, en s'arrêtant, avait pris un air pensif, fut agitée tout à coup de l'éclat de rire le plus violent. A un nouveau silence, succéda un soupir amer ; puis, de nouveau, elle éclata de rire.

Madge, s'arrêtant court au sommet d'un petit monticule, se mit à chanter, les yeux fixés sur la lune.

Fixant enfin les yeux sur la lune, d'une voix forte, elle chanta ces mots :

> « Lune, bonsoir ; bonsoir, lune :
> Puisse ton disque charmant,
> Par une heureuse fortune,
> Peindre à mes yeux mon amant!

« Mais je n'ai pas besoin de demander cela à cette bonne dame la Lune ; je sais bien moi-même comment il est fait. Est-il fidèle ? c'est moins sûr. Mais personne ne m'accusera d'avoir jamais dit un mot de cette affaire-là. J'aurais désiré, cependant, que l'enfant vécût. Allons ! que Dieu nous guide ! Il y a un ciel au-dessus de nous tous, » (ici se plaçait un profond soupir) « une bonne lune, et des étoiles. » Et elle se remit à rire.

« Resterons-nous là toute la nuit ? » dit Sharpitlaw de plus en plus impatient. « Poussez-la en avant.

— Oui, Monsieur, » dit Ratcliffe ; « si nous savions de quel côté la pousser, cela arrangerait tout. Allons, Madge, » dit-il, « nous n'arriverons pas à temps pour voir Nicol et sa femme, si vous ne nous montrez pas le chemin.

— Je vais le faire, Ratton, » dit la folle, le saisissant par le bras, reprenant sa route, et allongeant le pas d'une façon rare pour une femme. « Vous pouvez m'en croire, Ratton, Muschat sera enchanté de vous voir ; il sait qu'il n'y a pas, hors de l'enfer, un coquin pareil à vous, et il sera ravi d'avoir une conversation avec vous. Qui se ressemble s'assemble, c'est un proverbe qui ne se trompe jamais ; et vous faites, à vous deux, une paire de fameux démons. Auquel donner le coin le plus chaud ? c'est difficile à savoir. »

Ratcliffe, en conscience, ne put retenir une protestation involontaire contre cette classification. « Je n'ai jamais versé de sang, » répliqua-t-il.

« Vous l'avez vendu, Ratton ; vous l'avez vendu bien des fois. On tue avec la langue aussi bien qu'avec la main ; avec une parole aussi bien qu'avec un poignard !

> « C'est le boucher, je gage,
> Le joli boucher du village,
> Qui vend le samedi
> Ce qu'il tua le vendredi.

— Et que fais-je maintenant? » pensa Ratcliffe. « Mais, si je puis l'éviter, je n'aurai pas sur moi une goutte du sang de ce jeune homme. » Parlant bas à Madge : « Ne vous souvenez-vous plus, » demanda-t-il, « d'aucune de vos vieilles chansons ?

— J'en sais beaucoup, et de très jolies, » dit Madge ; « et je les chanterai volontiers ; les chansons, c'est la gaieté. » Et elle entonna ce couplet :

> « Lorsque dans le ciel bleu vole l'oiseau de proie,
> L'alouette ne bouge point ;
> Dans les vertes forêts lorsque le chien aboie,
> Le daim se cache haut et loin.

— Faites-la taire, dussiez-vous l'étrangler, » dit Sharpitlaw ; « je vois quelqu'un là-bas. Attention, mes enfants, tournons doucement la hauteur. Georges Poinder, restez avec Ratcliffe et avec cette folle qui hurle ; et, sous l'ombre de ce rocher, que les deux autres viennent avec moi. »

Il s'avançait à la dérobée, comme le sauvage Indien qui conduit sa bande pour surprendre à l'improviste des guerriers d'une tribu hostile. Ratcliffe les vit se glisser, évitant de leur mieux les rayons de la lune, et restant dans l'ombre autant que possible. « Robertson est perdu, » se dit-il en lui-même ; « les jeunes gens sont toujours si étourdis. Qu'avait-il donc à dire à Jeanie Deans, ou à n'importe quelle femme au monde, pour s'en aller, comme cela, se faire ratisser le cou pour elle ? Et voilà cette folle qui, après avoir, toute la nuit, bavardé comme une pie et crié comme un paon, semble avoir caché sa langue au moment où son babil pourrait faire du bien ! C'est toujours comme cela que font les femmes ; et, quand elles retiennent leur langue, on peut jurer que c'est pour mal faire. Comme je la mettrais en voix, si je n'avais là ce limier pour examiner ce que je fais. Mais il est aussi perçant que l'alène de Mac-Keachan, qui traversait six bandes de cuir et un demi-pouce du talon du roi. »

Il se mit alors à fredonner, mais tout bas tout bas, le premier couplet d'une ballade favorite de Feu-follet, dont les paroles avaient quelque lointaine analogie avec la situation de Robertson, espérant que l'association des idées ne manquerait pas d'en porter la suite à l'esprit de la pauvre fille :

> « Les limiers sont courant sous la forêt ombreuse,
> Les armes brillent dans les bois ;
> Et, du haut d'un rocher, une jeune chanteuse
> Répand les éclats de sa voix. »

Madge n'eut pas plutôt reçu le dernier mot du recto qu'elle justifia la sagacité de Ratcliffe, en entonnant sans retard la première ligne du verso :

> « Sir Jacques, vous dormez à contre-temps, dit-elle ;
> Levez-vous ! A cheval ! Courez !
> Vingt hommes bien armés vous cherchent : vite, en selle !
> Et cachez-vous où vous pourrez. »

Bien que Ratcliffe fût à une distance considérable du lieu dit le *cairn* de Muschat, ses yeux, exercés comme ceux d'un chat à percer les ténèbres, purent voir que Robertson avait saisi l'avertissement. Georges Poinder, dont la vue était moins perçante ou l'attention moins soutenue, ne s'aperçut pas de cette fuite, pas plus que Sharpitlaw et ses assistants, qui étaient beaucoup plus près du *cairn*, mais dont les regards étaient gênés par les accidents de terrain sous lesquels ils s'abritaient. A la fin cependant, et après cinq ou six minutes d'intervalle, ceux-ci reconnurent eux-mêmes que Robertson avait pris la fuite, et se précipitèrent en hâte vers le *cairn*, Sharpitlaw criant à haute voix, avec des accents qui rappelaient une scierie en mouvement : « En chasse, les enfants, en chasse ! grimpons le rocher ! je le vois sur le sommet ! » Puis, s'adressant de loin à l'arrière-garde du détachement, il délivra ses derniers ordres : « Ratcliffe, venez prendre cette femme. Courez vite, Georges, et gardez la trouée de l'allée du Duc. Venez, Ratcliffe ! mais d'abord, cassez la tête à cette coquine !

— Sauvez-vous, Madge, » dit Ratcliffe ; « il n'est pas bon d'avoir affaire avec un homme en colère. »

Madge Feu-follet n'était pas assez dépourvue de bon sens pour ne point comprendre un pareil avis ; et tandis que Ratcliffe, feignant l'obéissance la plus empressée, se hâtait vers le lieu où Sharpitlaw l'attendait pour confier Jeanie Deans à sa garde, la folle s'enfuit, de toute la vitesse qu'elle put, dans la direction opposée. Ainsi toute la bande se trouva séparée, et dans un mouvement rapide d'évasion ou de poursuite, excepté Ratcliffe et Jeanie. Encore bien que celle-ci ne fît aucune tentative pour s'échapper, Ratcliffe l'avait saisie par sa mante, et ils restaient debout tous les deux à côté du *cairn* de Muschat.

CHAPITRE XVII.

> Vous vous êtes acquitté de vos devoirs envers les cieux, et vous avez payé au prisonnier la dette que vous imposait votre ministère.
>
> SHAKSPEARE. *Mesure pour mesure.*

JEANIE Deans (car nôtre histoire rejoint à présent le récit interrompu à la fin du chapitre XIV), Jeanie Deans, après avoir écouté avec effroi les pas rapides de deux ou trois hommes qui venaient vers elle, fut plus épouvantée encore lorsqu'elle les vit surgir l'un d'un côté l'autre de l'autre, et donner la chasse, en des directions différentes, à l'homme qui, un instant avant, avait été lui-même l'objet de ses craintes. Sans qu'elle pût en donner une cause raisonnable, elle se sentait presque de l'intérêt pour lui. L'un des arrivants (c'était Sharpitlaw) vint tout droit à elle, en disant : « Votre nom est Jeanie Deans, et vous êtes ma prisonnière ; » et, immédiatement, il ajouta : « Si vous me dites le chemin qu'il a pris, je vous laisse aller. »

— Je n'en sais rien, Monsieur. » Ce fut tout ce que la pauvre fille put articuler ; c'est la phrase, en effet, qui vient naturellement sur les lèvres de toute personne de son rang, en réponse aux questions embarrassantes.

« Mais, » dit Sharpitlaw, « vous savez avec qui vous parliez, ma belle dame, en ce lieu solitaire, et si près de minuit ; vous savez cela bien sûr, ma chère.

« — Je n'en sais rien, Monsieur, » dit encore Jeanie, qui, dans sa terreur, ne comprenait véritablement pas ces questions si rapidement posées.

« Nous essaierons, ma petite, de vous rafraîchir la mémoire, » dit Sharpitlaw; et, comme nous en avons informé déjà le lecteur, il cria à Ratcliffe de venir garder cette femme, pendant que le procureur fiscal dirigerait lui-même contre Robertson une poursuite dont il espérait encore le succès. Comme Ratcliffe approchait, Sharpitlaw poussa vers lui la jeune femme assez rudement, et, courant à la besogne la plus importante, se mit à escalader les rochers et à grimper les hauteurs avec une rapidité dont sa profession et la gravité ordinaire de sa tenue l'auraient fait croire incapable. Au bout de quelques minutes, personne n'était plus en vue : un cri d'appel lointain que se lançaient l'un à l'autre ceux qui se livraient à la poursuite, et qu'on entendait faiblement sur le flanc de la montagne, indiquait seul qu'il y avait quelqu'un à portée de la voix. Jeanie Deans restait sous la clarté de la lune, à la garde d'un homme qu'elle ne connaissait pas, et sur lequel (ce qui est bien pis) elle n'aurait pu (le lecteur le sait) rien apprendre qui ne fût fait pour augmenter ses inquiétudes.

Lorsque tout fut silence autour d'eux, Ratcliffe, pour la première fois, adressa la parole à Jeanie. Ce fut de ce ton froid, sarcastique, sans gêne, familier aux gens dépravés chez lesquels le vice est le résultat de l'habitude plutôt que de la passion. « Une belle nuit pour vous, ma chère, » dit-il, en essayant de lui passer le bras sur l'épaule, « une belle nuit pour être sur la colline verte avec votre amoureux. » Jeanie, sans rien répondre, se débarrassa de son étreinte. « Les garçons et les filles, » continua le mauvais drôle, « ne se rencontrent pas, que je sache, aux pierres de Muschat, à minuit, pour casser la noisette. » Et il essaya de la ressaisir.

« Si vous êtes officier de justice, » dit Jeanie, trompant de nouveau ses efforts, « vous méritez qu'on vous dépouille de l'habit que vous portez.

— C'est vrai, ma poulette, » dit-il, en même temps que, par force, il parvenait à la reprendre; « mais si c'était moi qui vous dépouillais de votre manteau?

— Vous êtes, j'en suis sûre, assez digne d'être un homme, pour ne pas me faire d'injure, Monsieur, » dit Jeanie ; « pour l'amour de Dieu, ayez pitié d'une pauvre créature à moitié folle de terreur !

— Allons, allons, » dit Ratcliffe, « vous avez l'air d'une brave fille, et il ne faut rien faire de trop. J'allais devenir honnête, et voici que, le jour même, le diable jette sur ma route un homme de loi, d'abord, et après, une femme. Que je vous dise, Jeanie : ils sont maintenant de l'autre côté de la montagne ; si vous voulez me prendre pour guide, je vous conduirai dans un petit recoin des terrains de chasse, où je connais une vieille femme dont aucun procureur d'Écosse n'a jamais entendu parler ; nous ferons dire à Robertson de nous retrouver dans le Yorkshire, car il y a, dans les provinces du centre, bon nombre de braves gaillards avec lesquels j'ai fait des affaires dans le temps ; et nous laisserons M. Sharpitlaw siffler sur son pouce ainsi que bon lui semblera. »

Bien en prit à Jeanie, dans une circonstance pareille, de savoir, après la première surprise, rallier ses idées, et retrouver la présence d'esprit et le courage. Elle vit le risque qu'elle courait de la part d'un misérable, dont le mal était la profession, et qui, de plus, avait endormi ce soir-là, par l'usage des liqueurs fortes, son aversion naturelle pour la besogne à laquelle l'employait Sharpitlaw.

« Ne parlez pas si haut, » dit-elle à voix basse ; « il est là.

— Qui cela ? Robertson ? » dit vivement Ratcliffe.

« Oui, » répliqua Jeanie ; « là-haut. » Et elle montrait les ruines de l'ermitage et de la chapelle.

« Mille tonnerres ! » dit Ratcliffe ; « d'une façon ou d'une autre, je l'aurai. Attendez-moi ici. »

Il ne se fut pas plutôt dirigé vers la chapelle, du plus vite qu'il pouvait courir, que Jeanie s'élança dans la direction opposée, poursuivant à travers les montées et les descentes le plus court sentier pour retourner à sa demeure. Les exercices de bergère auxquels s'était adonnée son enfance avaient mis dans ses talons « vie et courage, » et jamais elle n'avait suivi Pied-Poudreux, lorsque les vaches étaient dans les blés, avec la moitié de l'agilité qu'elle mettait en ce moment à parcourir la distance entre le *cairn* de Muschat et la chaumière paternelle de

Saint-Léonard. Lever le loquet, entrer, fermer, mettre verrou, double verrou, et, pour se prémunir davantage encore contre la violence, pousser derrière la porte un des plus gros meubles de la pièce (qu'elle n'aurait pu remuer dans un autre moment), tout cela fut l'affaire d'un instant, et se fit avec autant de silence que de célérité.

Sa préoccupation se porta ensuite sur son père : elle se rendit doucement à la porte de la chambre qu'il occupait, pour savoir s'il n'avait pas été dérangé par son retour. Il était éveillé, et, probablement, n'avait pas dormi beaucoup ; mais la pensée constante de sa douleur, la distance à laquelle se trouvait sa chambre de la porte extérieure de la maison, les précautions prises par Jeanie pour cacher son départ et son retour, l'avaient empêché de s'apercevoir de rien. Il était occupé à ses dévotions, et Jeanie put distinctement l'entendre prononcer ces mots : « Quant à l'autre enfant que tu m'as donnée pour être la consolation et l'appui de ma vieillesse, puissent ses jours être longs sur la terre, conformément à la promesse que tu as faite à ceux qui honoreront leur père et leur mère ; puissent toutes les bénédictions de la rédemption et de la promesse se multiplier sur elle ; garde-la durant les veilles de la nuit et au réveil du matin, pour que tous puissent comprendre que tu n'as pas tout à fait dérobé ton visage à ceux qui te cherchent dans la vérité et dans la sincérité. » Il se tut, mais continua probablement sa prière dans la ferveur profonde de ses oraisons mentales.

Jeanie se retira dans sa chambre. Il lui était doux de penser que, tandis qu'elle s'exposait au danger, sa tête avait été couverte comme d'un casque par les prières du juste, et d'avoir la ferme confiance qu'aussi longtemps qu'elle cheminerait digne de la protection du ciel, cette protection ne lui manquerait pas. Ce fut en ce moment que, pour la première fois, une idée vague lui traversa l'esprit : n'aurait-elle pas quelque chose à faire pour le salut de sa sœur, sûre maintenant que celle-ci n'avait pas commis le crime contre nature dont elle était accusée? Elle a dit depuis que cela lui vint dans l'esprit comme un rayon de soleil sur une mer orageuse ; et, bien que cette pensée se fût évanouie sur-le-champ, elle sentit cependant un calme qu'elle n'avait pas éprouvé depuis plusieurs jours ; elle ne put s'empêcher d'être fermement persuadée que, d'une manière ou d'une autre, elle serait appelée, elle serait dirigée pour travailler à la délivrance de sa sœur. Elle se mit au lit, sans oublier ses dévotions ordinaires, faites avec plus de ferveur encore à cause des dangers auxquels elle venait d'échapper, et elle dormit profondément en dépit de tant d'émotions.

Retournons à Ratcliffe, qui, dès que Jeanie lui avait indiqué les ruines, s'était élancé comme un lévrier qu'excite le cri du chasseur. Avait-il l'intention de contribuer à l'évasion de Robertson ou de venir en aide à ceux qui le poursuivaient? le doute, là-dessus, est fort permis. Peut-être n'en savait-il rien lui-même, mais avait-il résolu de se laisser guider par les circonstances. Il n'eut d'ailleurs occasion d'agir ni dans un sens ni dans l'autre; car il n'eut pas plutôt gravi la pente et franchi les arceaux brisés de la ruine, qu'un pistolet était sous sa gorge, et qu'une voix rude lui commandait, au nom du roi, de se rendre prisonnier. « Monsieur Sharpitlaw ! » dit Ratcliffe surpris; « est-ce bien Votre Honneur?

— Ce n'est que vous, » répondit le procureur fiscal, plus désappointé encore ; « vous seulement ! Que le diable vous emporte ! Pourquoi avez-vous quitté cette femme ?

— Elle m'a dit qu'elle avait vu Robertson aller dans les ruines, et je me suis lancé de mon mieux pour prendre la bête au gîte.

— C'est fini, » dit Sharpitlaw ; « nous ne le verrons plus cette nuit. Mais il faudra qu'il se cache dans une cosse de fève s'il prétend, sans que je le trouve, rester sur terre écossaise. Rappelez nos gens, Ratcliffe. »

Ratcliffe rassembla par ses cris les officiers dispersés. Ils obéirent volontiers ; car pas un d'entre eux, sans doute, n'aurait été désireux d'une rencontre, seul à seul, et loin de ses camarades, avec un individu aussi actif et aussi résolu que Robertson.

« Où sont les deux femmes ? » dit Sharpitlaw.

« Elles ont, j'en ai peur, joué des jambes toutes les deux, » répliqua Ratcliffe ; et il fredonna la fin de la vieille chanson :

> « Où la future est-elle allée ?
> Je crois qu'elle s'est envolée.

— Une femme, » dit Sharpitlaw (comme tous les hommes sans mœurs, il calomniait volontiers le beau sexe), « une femme suffit pour gâter le plus beau projet que l'on ait jamais formé ; comment ai-je été assez sot pour espérer sortir d'une affaire dans laquelle il y en avait deux ? Mais nous savons où les retrouver au besoin ; ce qui est toujours une bonne chose. »

Comme un général vaincu, l'humeur sombre et mécontente, le procureur fiscal battit en retraite vers la métropole avec ses forces déconfites, et les congédia pour la nuit.

Le lendemain matin, de bonne heure, Sharpitlaw dut faire son rapport au magistrat de service. Il se trouva que celui qui occupait le siège (car les baillis, en anglais *aldermen*, le prennent à tour de rôle) était le même à qui Butler avait été confié : ce magistrat était un homme très généralement estimé parmi ses concitoyens. Il était un peu original, et son éducation, en somme, laissait peut-être à désirer ; mais il était fin, patient et juste, et sa fortune, acquise par une honnête industrie, le rendait fort indépendant. Bref, il avait tout ce qu'il faut pour faire respecter l'emploi dont il était investi.

M. Middleburgh venait de prendre place sur son siège, et discutait d'un ton animé, avec un de ses collègues, les chances douteuses d'une partie de paume qu'ils avaient jouée la veille, quand une lettre lui fut remise. « Monsieur le bailli Middleburgh, » lisait-on sur la couverture, avec la mention : « pressé. » La lettre contenait ces mots :

« Monsieur,

« Je vous connais pour un homme de cœur et un magistrat considéré, qui continuera de servir Dieu, quelque pensée que le diable veuille lui souffler. J'ai donc la confiance que, bien qu'en signant cette lettre je reconnaisse ma participation à un acte (qu'en temps et lieu, d'ailleurs, je ne craindrais ni d'avouer ni de justifier), vous ne repousserez pas, pour cela, la preuve que je vais placer devant vous. Le ministre Butler est innocent de tout, sauf de présence involontaire : c'est malgré lui qu'il a assisté à une action qu'il n'avait pas assez d'énergie pour approuver, et dont, par de belles paroles, il a essayé de nous détourner. Ce n'est pas à cause de lui, cependant, que j'ai résolu de parler. Il y a dans votre geôle une femme qui tombe sous le coup d'une loi cruelle, si cruelle que, depuis vingt ans, c'est une arme qu'on laisse suspendue à la muraille, sans la nettoyer ; on la décroche aujourd'hui et on l'aiguise pour verser le sang de la créature la plus belle et la plus innocente qu'aient enfermée jamais les murailles d'une prison. Sa sœur connaît son innocence ; celle que l'on accuse lui a confié qu'elle avait été trahie par un scélérat. Oh! pourquoi le ciel n'a-t-il pas daigné, dans sa justice,

> En toute honnête main placer un fouet vengeur,
> Qui par le monde entier suive ce malfaiteur !

« Cette lettre se ressent du trouble de mon esprit. Cette Jeanie Deans est une intraitable puritaine, superstitieuse et scrupuleuse comme les gens de sa secte ; je prie Votre Honneur (c'est jusque-là que je dois aller) d'insister pour qu'elle comprenne que la vie de sa sœur dépend de son témoignage. Et si cette sœur refusait de parler, ne pensez pas pour cela que la jeune femme soit coupable, gardez-vous surtout de permettre son exécution. Souvenez-vous que la mort de Wilson a été vengée d'une manière terrible, et que ceux-là vivent encore qui pourraient vous faire boire la lie de votre calice empoisonné. Souvenez-vous de Porteous, et sachez que vous recevez un bon conseil de

L'UN DE SES MEURTRIERS. »

Le magistrat lut et relut cette lettre extraordinaire. Il fut tenté d'abord de la jeter de côté comme la production d'un fou, tant les « bribes de comédie » (c'est ainsi qu'il appelait la citation poétique) ressemblaient peu à la correspondance d'un être raisonnable. Après plusieurs lectures, cependant, il pensa qu'au milieu de cette incohérence, il pouvait y avoir, sous une forme insolite, un réveil de la vérité.

« C'est un statut bien sévère, » dit le magistrat à son assistant, « et je souhaiterais que cette jeune fille pût échapper à son application. Il se peut qu'un enfant naisse, et qu'on profite, pour le faire disparaître, du moment où la mère est sans connaissance ; il se peut encore que le nouveau-né périsse faute de soins, tandis que sans secours, terrifiée, à moitié folle, au désespoir, épuisée, la pauvre créature qui lui a donné le jour était incapable de rien faire pour lui. Nul doute cependant que si la femme est reconnue coupable dans les termes mêmes du statut, l'exécution s'ensuivra. Le crime a été trop fréquent, et des exemples sont nécessaires.

— Mais si l'autre, » dit le greffier, « peut déclarer que sa sœur lui a communiqué sa situation, le cas ne tombe plus sous l'application du statut.

— Assurément, » répliqua le bailli ; « et j'irai moi-même, un de ces jours, à Saint-Léonard, interroger cette fille. Je sais un peu ce qu'est le père, un vieux caméronien, de la nuance la plus foncée, qui verrait aller à vau-l'eau sa maison et sa famille avant de souiller son témoignage par une complaisance criminelle pour les défections des temps ; c'est ainsi qu'il appellerait, probablement, la prestation d'un serment devant un magistrat civil. S'ils continuent à faire parade de cette obstination ridicule, la législature sera forcée de voter un acte pour recevoir leurs affirmations comme on le fait pour les quakers. Je tiens pour assuré, cependant, que ni un père ni une sœur n'aura de scrupules dans un cas de cette espèce. Comme je viens de le dire, j'irai leur parler moi-même, dès que nous serons un peu sortis de l'affaire de Porteous ; de cette façon, leur orgueil et leur esprit de contradiction s'alarmeront moins que s'ils étaient appelés, de prime saut, devant une cour de justice.

— Butler, je suppose, va rester en prison ? » dit le greffier.

« Quant à présent, cela est certain, » dit le magistrat ; « mais j'espère, bientôt, le mettre en liberté sous caution.

— Attachez-vous de l'importance à cette lettre bizarre ? » demanda le greffier.

« Pas beaucoup, » répondit le bailli ; « il y a en elle, cependant, quelque chose qui me frappe ; c'est la lettre d'un homme mis hors de lui, soit par une grande émotion, soit par un sentiment profond de sa culpabilité.

— Oui, » dit le greffier, « c'est probablement la lettre d'un comédien ambulant aux trois quarts fou, qui mérite d'être pendu avec le reste de sa bande, comme le fait observer fort justement Votre Honneur.

— Je n'ai pas à ce point la soif du sang, » continua le magistrat. « Mais venons à notre affaire. Le caractère privé de Butler est excellent ; et j'ai sujet de croire, d'après quelques informations que j'ai prises ce matin, qu'il n'était arrivé en ville qu'avant-hier, de sorte qu'il n'avait pu être mêlé aux machinations antérieures de ces émeutiers ; et il n'est pas probable qu'il se soit subitement joint à eux.

— On ne peut pas savoir : le zèle prend feu par une étincelle, aussi vite qu'un amadou, » remarqua le greffier. « J'ai connu un ministre qui aurait donné le bonjour ou le bonsoir à tous les habitants de la paroisse, et qui se tenait aussi tranquille qu'une fusée sur sa baguette ; mais prononciez-vous le mot de serment, d'abjuration, de patronage, ou quelque autre du même genre, soudain, il n'y était plus, et vous aurait sauté en l'air, à cent milles au delà des bonnes manières et du bon sens.

— Je ne pense pas, » répondit le magistrat municipal, « que le zèle du jeune Butler soit d'une nature aussi inflammable. Mais je pousserai plus loin mes investigations. Quelle autre besogne avons-nous ici ? »

Ils s'engagèrent alors dans des recherches minutieuses sur l'affaire du meurtre de Porteous, et sur d'autres affaires dans lesquelles nous n'avons pas à les suivre.

Au cours de leur travail, ils furent interrompus par une vieille femme de la plus basse classe, au visage hâve, à l'air misérable, qui entra brusquement dans la chambre du conseil.

« Que demandez-vous, bonne femme? Qui êtes-vous? » dit le bailli Middleburgh.

« Ce que je demande! » répliqua-t-elle d'un ton bourru ;- « je demande mon enfant ; ou je ne vous demande rien, si grands que vous puissiez être. » Et elle continua de murmurer en elle-même, avec l'humeur chagrine qu'a parfois la vieillesse. « Il faut leur donner du Monseigneur et du Votre Honneur. Ils veulent toujours grimper, ces chats de gouttières! Et du diable si, parmi eux, il y a un seul gentilhomme. » Puis, s'adressant de nouveau au magistrat : « Votre Honneur veut-il me rendre ma pauvre innocente ? Son Honneur ! J'ai connu un temps où il se serait contenté de moins que cela, lui le mioche d'un patron de navire.

— Bonne femme, » dit le magistrat à cette peu aimable suppliante, « dites-nous ce que vous voulez, et ne nous dérangez pas dans notre travail.

— Autant vaudrait dire : Aboie, mâtin, et va-t-en! » Et élevant sa voix acariâtre : « Je vous le dis, je veux ma fille ! Est-ce que ce n'est pas du bon écossais ?

— Qui êtes-vous ? Qui est votre fille? » demanda le magistrat.

« Qui je suis? Qui donc serais-je si je n'étais pas Meg Murdockson? Et que peut être ma fille, sinon Madeleine Murdockson ? Vos gardes et vos soldats, vos constables et vos officiers nous connaissent bien assez quand ils nous arrachent les habits que nous avons sur le dos, quand ils nous arrachent les pauvres sous d'argent que nous pouvons posséder, qu'ils nous poussent à la maison de correction de Leith-Wynd, nous nourrissent de pain et d'eau, et nous font tant d'autres misères.

— Quelle est cette femme ? » dit le magistrat en regardant les officiers qui se trouvaient là.

« Le contraire d'une bonne femme, » dit l'un d'eux, avec un mouvement d'épaules et un sourire.

« Vous osez dire cela ! » reprit la méchante vieille, les yeux brillants d'une colère impuissante ; « si je vous tenais dans un autre endroit, je vous mettrais, pour cette parole, les dix doigts sur la figure. » Et, joignant l'action au langage, elle allongeait des griffes ressemblant à celles du dragon de saint Georges sur une enseigne de village.

« Que demande-t-elle ici ? » dit le magistrat impatienté. « Qu'elle dise ce qu'elle veut, ou qu'elle s'en aille.

— C'est mon enfant que je veux ; c'est Madeleine Murdockson ! » répondit la vieille, élevant au plus haut degré les accents de sa voix fausse et cassée. « N'y a-t-il pas une demi-heure que je vous le dis ? Si vous êtes sourd, quel besoin avez-vous de vous asseoir là comme un coq en pâte, avec des gens devant vous pour s'égosiller ?

— Elle demande sa fille, Monsieur, » dit le même officier dont l'intervention avait si fort irrité la mégère ; « sa fille, qui a été arrêtée hier soir, Madge Feu-follet, puisque c'est ainsi qu'on l'appelle.

— Madge Feu-d'enfer ! » s'écria la vieille sorcière. « De quel droit un coquin comme vous appelle-t-il autrement que par son nom la fille d'une honnête femme ?

Meg Murdockson.

— La fille d'une honnête femme, Maggie ? » répondit l'officier de paix, souriant et secouant la tête, en appuyant ironiquement sur l'adjectif, et avec un calme calculé pour rendre la vieille mégère tout à fait folle de rage.

« Si je ne suis pas honnête, je l'ai été, » répliqua-t-elle ; « et c'est plus que vous n'en pouvez dire, vous né voleur, et qui n'avez jamais su distinguer le bien des autres du vôtre depuis que vous êtes au monde. Honnête, dites-vous? vous qui, à cinq ans, avez soutiré douze sous de la poche de votre mère, le jour même qu'elle prenait congé de votre père au pied de la potence.

« Elle vous tient, Georges, » dirent les assistants, et il y eut un rire général ; la plaisanterie convenait au méridien de la place où elle était prononcée. Ces applaudissements furent une satisfaction pour la vieille ; ses traits hideux ébauchèrent un sourire, un rire même, mais de mépris. Comme apaisée par le succès de la saillie qu'elle avait lancée, elle consentit à s'expliquer un peu mieux, après que le magistrat, ayant commandé le silence, l'eut invitée de nouveau à dire ce qu'elle voulait ou à sortir.

« Sa fille, » dit-elle, « était sa fille, et elle venait la tirer d'une mauvaise compagnie et de mauvais conseils. Si Madge n'était pas aussi avisée que d'autres, il y en avait peu parmi les autres qui eussent souffert autant qu'elle ; était-ce une raison pour la mettre entre les quatre murs d'une prison ? Elle pouvait prouver par cinquante témoins, et cinquante autres encore, que sa fille n'avait jamais vu Jean Porteous, vivant ou mort, depuis le jour où celui-ci, comme un nègre qu'il était, lui avait donné un coup de canne, pour avoir jeté un chat mort sur la perruque du prévôt le jour de la naissance de l'électeur de Hanovre. »

En dépit de la pauvre apparence et de la manière d'être violente de cette femme, le magistrat sentit la justice de cet argument, qu'elle pouvait avoir pour sa fille une affection égale à celle d'une mère plus fortunée et plus aimable. Il examina les circonstances qui avaient fait arrêter Madge Murdockson, ou Feu-follet, et comme il fut clairement démontré qu'elle n'avait pas été engagée dans le tumulte, il se contenta de prescrire à la police d'avoir l'œil sur elle, permettant en même temps qu'elle retournât chez elle avec sa mère. Tandis qu'on allait chercher Madge à la prison, le magistrat tâcha de découvrir si la mère aurait eu connaissance du changement d'habits entre la jeune folle et Robertson. Il ne put obtenir de lumière sur ce point. La vieille persista à déclarer qu'elle n'avait pas vu Robertson depuis sa mémorable évasion pendant le service divin ; et que, si la fille avait prêté ses habits à ce personnage, ç'avait dû être pendant l'absence de la mère, alors que celle-ci était, à deux milles de la ville, au hameau de Duddingstone, où elle se faisait fort de prouver qu'elle avait passé cette nuit si agitée. Un des officiers de la ville, qui était allé dans ce village, pour y faire, chez une blanchisseuse, une recherche de linge volé, rendit témoignage d'avoir vu là Maggie Murdockson ; « dont la présence, » ajouta-t-il, « avait considérablement augmenté ses soupçons sur la maison où elle était en visite, vu qu'il la considérait comme une personne de réputation mauvaise.

— Je vous l'ai déjà dit, » s'écria la vieille ; « voyez ce que c'est que d'avoir un caractère établi, bon ou mauvais. Je pourrais peut-être, après tout, vous dire, sur Porteous, des choses que toutes les bonnes têtes de votre chambre du conseil ne trouveront jamais malgré leur remue-ménage. »

Tous les yeux se tournèrent vers elle ; toutes les oreilles étaient attentives. « Expliquez-vous ! » dit le magistrat.

« Vous vous en trouverez bien, » insinua le greffier.

« Ne faites pas attendre le bailli, » dirent les assistants.

Elle persista, deux ou trois minutes, dans un silence bourru, jetant autour d'elle un regard méchant et brutal, où se lisait le plaisir de prolonger l'anxiété avec laquelle on attendait sa réponse. Puis elle lança ces paroles : « Tout ce que je sais sur lui, c'est qu'il n'était ni un soldat ni un honnête homme, mais un voleur et un goujat comme la plupart d'entre vous, mes amis. Qu'allez-vous me donner pour cette nouvelle ? Il aurait longtemps servi la bonne ville, avant que prévôt ou bailli eussent trouvé cela. »

Pendant cet incident, Madge Feu-follet entra. Sa première exclamation fut : « Eh, mais ! que vois-je ? Ma vieille diablesse de mère, si bonne à mal faire. Vous êtes d'heureux gaillards, Messieurs, de nous avoir à la fois toutes les deux en votre garde. Nous avons vu de meilleurs jours, cependant ; n'est-ce pas, ma mère ? »

Les yeux de la vieille Maggie avaient brillé d'une sorte de plaisir en voyant que sa fille était mise en liberté. Mais, soit que ses affections naturelles, semblables à celles d'une tigresse, ne pussent se déployer qu'avec un caractère de férocité, soit qu'il y eût dans les idées que le discours de Madge avait éveillées une excitation nouvelle pour son tempérament chagrin et sauvage : « Et qu'importe, chien des rues, ce que nous avons été ! » s'écria la vieille, poussant devant elle sa fille vers la porte, avec une violence extrême. « Ce que tu es maintenant, je vais te le dire : tu n'es qu'un chat d'enfer et un gibier de Bedlam ; et tu n'auras, pendant quinze jours, que du pain et de l'eau, pour te récompenser de la peine que tu m'as donnée. Et c'est encore trop bon pour vous, mauvaise coureuse ! »

Vers la porte, Madge échappa à sa mère ; elle courut au bas bout de la table, y fit au juge une révérence très basse et fort étrange ; puis, en riant, elle dit à mi-voix : « Notre mère est de mauvaise humeur, comme à l'ordinaire, Monsieur. Elle aura eu querelle avec son vieux bonhomme ; c'est-à-dire, avec Satan. Vous savez cela, Messieurs, n'est-ce pas ? » Cette note explicative fut donnée d'un ton bas et confidentiel ; en ce temps crédule, les spectateurs ne l'entendirent point sans un frissonnement involontaire. « Le bonhomme et elle ne sont pas toujours d'accord, et c'est moi, alors, qui paie les violons, mais j'ai le dos assez large pour porter tout. Si elle n'a pas de manières, ce n'est pas une raison pour que des personnes mieux apprises n'en aient pas un peu. » Autre révérence profonde, à laquelle se mêla la voix peu gracieuse de la mère.

« Madge, chienne que vous êtes ! Si je vous attrape !

— L'entendez-vous encore ? » dit Madge. « Je saurai bien me sauver, la nuit, pour danser au clair de la lune, à l'heure où le bonhomme et elle tourbillonneront dans le ciel bleu sur un manche à balai, et iront voir Jean Jap qu'on a mis dans la Tolbooth de Kirkcaldy. Oh ! quel joli voyage ils feront au-dessus d'Inchkeith, et de toutes ces belles vagues qui se trémoussent et qui font plique-ploque contre les rochers sous les rayons d'or de la lune ! Je viens, ma mère, je viens, » ajouta-t-elle, en entendant, à la porte, une lutte entre la vieille et les officiers qui l'empêchaient de rentrer. D'un geste égaré, Madge, élevant la main vers le plafond, chanta, du plus haut de sa voix :

« Dans les airs, là-haut,
Sur ma jument grise
Je la vois assise,
Filant comme il faut. »

Et, en trois bonds, elle sortit de la salle, comme, en des jours moins raffinés que les nôtres, les sorcières de Macbeth s'envolaient hors de la scène.

Quelques semaines s'écoulèrent avant que M. Middleburgh, conformément à sa résolution bienveillante, eût trouvé le temps de diriger sa promenade vers Saint-Léonard, pour voir s'il serait possible d'obtenir, au sujet d'Effie Deans, le témoignage indiqué par la lettre anonyme.

En fait, les perquisitions opérées avec le plus grand zèle pour découvrir les meurtriers de Porteous occupaient l'attention de tous ceux que concernait l'administration de la justice.

Dans le cours de ces recherches, se présentèrent deux circonstances importantes pour notre histoire. Après examen minutieux de sa conduite, Butler fut déclaré innocent de toute participation au meurtre de Porteous ; mais, ayant été présent durant toute l'affaire, il fut obligé de fournir caution de ne pas quitter sa résidence habituelle de Libberton, pour être à même de comparaître comme témoin lorsqu'il serait appelé. L'autre incident regarda la disparition de Madge Feu-follet et de sa mère. Lorsqu'on les chercha pour plus ample interrogatoire, il fut reconnu par M. Sharpitlaw qu'elles avaient trompé la surveillance de la police, et quitté la ville dès qu'elles avaient été renvoyées de la chambre du conseil. Tous les efforts furent inutiles pour trouver le lieu de leur retraite.

Cependant le conseil de régence continuait d'être ému vivement du mépris que les meurtriers de Porteous avaient fait de son autorité ; une indignation excessive lui avait dicté des mesures s'inspirant beaucoup plus du désir de découvrir les auteurs de la conspiration, que du tempérament du peuple d'Écosse et du caractère des membres de son clergé. Un acte du parlement fut rendu à la hâte, offrant deux cents livres sterling de récompense à ceux qui fourniraient des informations contre quelqu'une des personnes impliquées dans l'affaire : par une disposition inusitée et sévère, la peine de mort était prononcée contre ceux qui donneraient asile aux coupables. Mais ce qui fut surtout considéré comme exceptionnel, ce fut une clause prescrivant que, pendant un certain temps, l'acte serait lu dans les églises, par le ministre officiant, le premier dimanche de chaque mois, immédiatement avant le sermon. Les ministres qui refuseraient de se conformer à cette injonction seraient, pour la première contravention, déclarés incapables de siéger ou de voter dans aucun tribunal ecclésiastique et, pour la seconde, incapables d'occuper, en Écosse, aucun poste dans l'Église.

Cette dernière disposition unit dans une cause commune ceux qui se réjouissaient en secret de la mort de Porteous, bien qu'ils n'osassent pas justifier la manière dont elle avait eu lieu, et les presbytériens plus scrupuleux, qui tenaient pour certain que prononcer seulement le nom des « lords spirituels » dans une chaire d'Écosse, c'était, *quodammodo*, reconnaître la prélature, et que l'injonction du parlement était une intervention du gouvernement civil dans le *jus divinum* du presbytérat, puisqu'à l'assemblée générale seule, comme représentant le chef invisible de l'Église, appartenait le droit entier et exclusif de régler tout ce qui touchait au culte public. Un très grand nombre, ayant d'autres opinions politiques ou religieuses, et que, par suite, ces considérations ne touchaient guère, croyaient voir, dans une loi aussi violente, un esprit de vengeance qui ne convenait pas à la législature d'un grand pays, et une sorte de tentative pour fouler aux pieds les droits et l'indépendance de l'Écosse. Les divers moyens adoptés pour punir la ville d'Édimbourg, en violant sa charte et ses libertés, d'actes accomplis dans ses murs par une multitude un instant la plus forte, paraissaient une injure aux yeux de beaucoup de gens : ils estimaient qu'on avait pris avec trop de hâte un prétexte pour abaisser l'ancienne métropole de l'Écosse. Bref, il y eut beaucoup d'irritation, de mécontentement, de désaffection, occasionnés par ces mesures peu réfléchies.

Au milieu de tant d'ardeurs et de disputes, le procès d'Effie Deans allait enfin être repris, après une incarcération de plusieurs semaines. M. Middleburgh trouva le temps d'aller s'enquérir du témoignage qui la concernait. A cette intention, il choisit un jour de beau temps pour sa promenade à Saint-Léonard.

Cette excursion dans la campagne était un peu longue pour un bourgeois de ce temps-là. Nombre de bourgeois d'à présent habitent, dans les faubourgs, des villas beaucoup plus éloignées que le lieu auquel nous faisons allusion. Trois quarts d'heure de marche, accomplis du pas voulu par la gravité magistrale, conduisirent notre bienveillant fonctionnaire aux Rochers de Saint-Léonard, et à l'humble demeure de David Deans.

Le vieillard était assis sur un banc de gazon, à l'extrémité de sa chaumière, occupé à raccommoder, de ses propres mains, le harnais de sa charrette ; car, dans ce temps-là, tout travail qui demandait un peu plus d'adresse que de coutume tombait en partage au maître lui-même, occupât-il dans le monde une situation convenable. Avec une dignité grave, Deans continua son travail, après avoir relevé la tête juste autant qu'il fallait pour reconnaître l'approche de l'étranger. A son visage, à sa manière d'être, il eût été impossible de deviner la profonde tristesse contre laquelle il luttait. M. Middleburgh s'arrêta un instant, attendant que Deans voulût bien s'apercevoir de sa présence et entamer la conversation ; celui-ci semblant décidé à garder le silence, le magistrat fut obligé de prendre la parole le premier.

« Mon nom est Middleburgh, M. Jacques Middleburgh, un des magistrats en fonctions de la cité d'Édimbourg.

— Cela se peut, » fit laconiquement Deans, sans interrompre son travail.

« Vous devez comprendre, » continua Middleburgh, « que les devoirs d'un magistrat ne sont pas toujours agréables.

— Cela se peut, » répliqua Deans ; « je n'ai pas à dire le contraire. » Et il se replongea dans son silence.

« Vous devez savoir, » poursuivit le magistrat, « que, dans ma situation, on est souvent obligé, par devoir, de faire sur certaines personnes des recherches pénibles.

— Cela se peut, » répliqua de nouveau Deans ; « je ne dis ni oui ni non. Je sais qu'il y eut, au temps passé, dans cette cité d'Édimbourg, une magistrature juste et craignant Dieu, qui ne portait pas l'épée en vain, qui était la terreur des méchants, aussi bien que la gloire de ceux qui gardent le vrai sentier. C'était aux jours glorieux du vieux Dick, le prévôt digne et fidèle (K), alors qu'il existait une assemblée générale de l'Église cheminant dans la justice et dans la foi, marchant la main dans la main avec les vrais nobles, les vrais barons au cœur écossais, avec les magistrats de cette ville et d'autres, avec les gentilshommes, les bourgeois, les citoyens de tous états, voyant du même œil, écoutant de la même oreille, et unissant toutes leurs forces pour le soutien de l'arche sainte. On voyait alors des gens verser leur argent pour l'usage de l'État, comme si ç'avaient été des ardoises. Mon père les a vus jeter les sacs de dollars par la fenêtre du prévôt Dick dans les charrettes qui les emportaient à l'armée de *Dunse-Law;* et si vous refusez d'en croire son témoignage, la fenêtre est encore là pour le dire dans les Luckenbooths. Je crois que c'est aujourd'hui la boutique d'un drapier, là où il y a des barreaux de fer, cinq portes au-dessus de la cour de Gossford. Mais cet esprit, maintenant, n'habite plus parmi nous ; nous pensons au dernier des veaux que nous avons dans notre étable plus qu'à la bénédiction donnée au patriarche par l'ange du Covenant aux lieux de Peniel et de Mahanaim, plus qu'à l'obligation que nos vœux nationaux ont créée pour nous. Nous donnerions plutôt une livre d'Écosse pour acheter un onguent qui débarrassât nos arbres et nos lits de ce que nous appelons les punaises anglaises, que nous ne donnerions un sou pour nettoyer le pays de ces essaims de chenilles arminiennes, de fourmis sociniennes et de demoiselles déistes, qui sont montées de l'abîme sans fond pour empester cette génération perverse, perfide et tiède. »

Il arriva à David Deans, en cette occasion, ce qui est arrivé à bien d'autres discoureurs : quand une fois il se fut embarqué dans son élément favori, le flot de l'enthousiasme l'emporta en avant en dépit des chagrins de son esprit, et sa mémoire bien exercée lui fournit amplement toutes les formes et les figures de rhétorique particulières à sa secte et à sa cause.

M. Middleburgh se contenta de répondre ainsi : « Tout cela peut être vrai, mon ami ; mais, comme vous le disiez vous-même à l'instant, je n'ai, quant à présent, rien à dire là-dessus, ni dans un sens ni dans l'autre. Vous avez deux filles, je crois, Monsieur Deans? »

Le vieillard tressaillit, comme une personne dont, soudain, on vient

à toucher la blessure ; mais il se remit promptement, reprit l'ouvrage qu'il avait abandonné dans la chaleur de sa déclamation, et répondit, avec une sombre résolution : « Une seule, Monsieur; une seule.

— Je vous comprends, » dit M. Middleburgh ; « vous n'avez ici qu'une fille avec vous ; mais cette infortunée qui est en prison, c'est, je crois, votre second enfant ? »

Le presbytérien leva les yeux d'un air sévère : « Selon le monde, et conformément à la chair, elle est ma fille ; mais quand elle est devenue un suppôt de Bélial, quand elle a fait société avec le crime et commerce avec l'iniquité, elle a cessé d'être mon enfant.

— Hélas ! Monsieur Deans, » dit Middleburgh s'asseyant à côté de lui, et essayant de saisir une main que le vieillard retirait avec fierté, « nous sommes tous pécheurs ; les erreurs de ceux qui sortent de nous ne doivent pas nous surprendre, puisqu'elles sont la part de cet héritage de corruption que nous leur avons transmis ; elles ne nous autorisent pas non plus à les rejeter loin de nous parce qu'ils se sont perdus.

— Monsieur, » répliqua Deans avec impatience, « je sais tout cela aussi bien que... Je veux dire, » reprit-il en réprimant l'irritation qu'il ressentait d'être sermonné (c'est une discipline de l'esprit à laquelle répugnent tout particulièrement ceux qui la prodiguent le plus aux autres) ; « je veux dire que votre observation peut être juste et raisonnable. Mais je ne crois pas devoir, avec des étrangers, entrer dans mes affaires privées. Et aujourd'hui, en présence de ce grand événement national, quand l'acte relatif à Porteous vient de nous arriver de Londres, c'est pour ce royaume infortuné et coupable, pour cette Église souffrante, un coup bien plus terrible qu'aucun de ceux dont on a parlé depuis le jour de ce *Test* impur et fatal. Dans un temps comme celui-ci...

— Mon brave Monsieur, » interrompit M. Middleburgh, « il faut penser d'abord à votre famille, ou vous seriez pire que les infidèles.

— Je vous le dis, bailli Middleburgh, » rétorqua David Deans, « si vous êtes bailli (et ce n'est pas un grand honneur en ces jours mauvais); je vous le dis : j'ai entendu Saunders Peden, cet homme si plein de la grâce divine (quand cela? je ne m'en souviens plus, mais c'était au temps où l'on tuait, où les laboureurs traçaient leurs sillons aux flancs de l'Église d'Écosse) ; j'ai donc entendu Saunders Peden disant à ses auditeurs (de bons et fermes chrétiens) que quelques-uns d'entre eux s'affligeraient plus de la perte d'un veau ou d'une vache que des défections et des oppressions du jour présent ; que, parmi eux, il y en avait qui pensaient à une chose, d'autres à une autre, que lady Hundleslope, notamment, ne pensait qu'à aller trouver Jean au coin du feu. Et la dame confessa, en ma présence, avoir été sous l'empire d'une grande inquiétude au sujet de son fils laissé malade à la maison. Qu'aurait-il dit de moi, si j'avais cessé de penser à la bonne cause pour une maudite, une...? Cela me tue de songer à ce qu'elle est!

— Mais la vie de votre enfant. Pensez-y donc. Si l'on pouvait lui sauver la vie! » dit Middleburgh.

« Sa vie! » s'écria David; « je ne donnerais pas pour sa vie un seul de mes cheveux gris si sa bonne renommée est perdue. Et cependant, » dit-il, adoucissant son premier élan et revenant sur ses premiers mots, « je voudrais faire autrement, Monsieur Middleburgh; je donnerais, pour sa vie, ces cheveux gris sur lesquels elle a jeté le déshonneur; la tête vieillie sur laquelle ils ont poussé, je la donnerais pour que la malheureuse enfant eût le temps de s'amender et de revenir au bien : qu'ont-ils à attendre, les coupables, lorsqu'ils ont perdu la vie! Mais je ne la reverrai jamais. Non! Cela, je l'ai décidé. Je ne la reverrai jamais! » Et, durant une minute, ses lèvres continuèrent à se mouvoir bien que sa voix ne se fît plus entendre, comme s'il avait, au dedans de lui, répété cette résolution.

« Laissez-moi vous parler, Monsieur, le froid langage de la raison, » dit M. Middleburgh; « si vous voulez sauver la vie de votre fille, il faut employer les moyens humains.

— Je vous comprends. Mais M. Novit, le procureur et l'homme d'affaires d'une personne honorable, le laird de Dumbiedikes, doit s'occuper de ce que la sagesse charnelle peut faire pour elle. Je n'ai pas, quant à moi, ce qu'il faut pour parlementer et trafiquer avec les cours de justice, telles qu'elles sont constituées maintenant; j'ai, à leur endroit, des délicatesses et des scrupules de conscience.

— C'est-à-dire, » ajouta Middleburg, « que vous êtes caméronien, et que vous ne reconnaissez pas l'autorité de nos cours de justice, ou du gouvernement actuel?

— Avec votre permission, Monsieur, » répliqua David, trop fier de ses connaissances en polémique pour se reconnaître sectateur de qui que ce soit, « vous me relevez avant que je ne tombe. Je ne vois pas pourquoi l'on m'appellerait caméronien, surtout depuis que vous avez donné le nom de ce fameux et vénéré confesseur à un régiment de soldats, qui, m'assure-t-on, prodiguent les malédictions, les jurements et les mots profanes aussi couramment que Richard Caméron les prédications et les prières ; et depuis, pareillement, que vous avez, autant qu'il était en vous, rendu vain et méprisable le nom de ce martyr, avec ces cornemuses, ces tambours et ces flûtes jouant la sarabande charnelle qu'on a nommée *la Danse caméronienne* : nombre de professeurs en théologie se prêtent à la danser, et je demande si cela convient à un professeur de danser sur n'importe quelle musique, alors principalement qu'il s'agit de danse *mêlée,* c'est-à-dire avec des femmes (F). Usage déplorable, et commencement de défection pour beaucoup de gens, ainsi que moi, comme bien d'autres, je n'ai que trop sujet de le certifier.

— Je voulais seulement vous dire, Monsieur Deans, » répliqua M. Middleburgh, « que vous étiez caméronien, ou macmillanite, que vous étiez, en d'autres termes, du nombre de ceux qui n'admettent pas qu'on puisse prêter serment sous un gouvernement qui n'a pas ratifié le Covenant.

— Monsieur, » répliqua l'homme aux controverses, auquel des discussions de ce genre faisaient oublier jusqu'à son malheur, « vous ne me ferez pas changer aussi facilement que vous croyez. Je n'appartiens ni à Mac Millan, ni à Russel, ni à Hamilton, ni à Harley ou à Howden, ni à aucune variété caméronienne. Je ne laisserai personne me mener par le bout du nez ; je n'emprunterai mon nom, comme chrétien, à aucun vase d'argile. J'ai mes principes et ma pratique dont je réponds, et je suis un humble fidèle, plaidant pour la bonne vieille cause dans les sentiers de la loi.

— Ce qui veut dire, Monsieur Deans, » répondit Middleburgh, « que vous êtes un *Deanite,* et que vous avez des opinions qui vous sont particulières.

— Parlez ainsi, Monsieur, si tel est votre bon plaisir, » dit David Deans ; « mais j'ai maintenu mon témoignage devant d'aussi grands personnages que vous, en des jours plus rigoureux ; et bien que je ne veuille ni m'exalter ni rabaisser les autres, je souhaiterais que tout homme et toute femme, en ce pays, eût gardé le vrai témoignage, eût gardé le sentier droit, le sentier du milieu, sur la crête de la montagne où le vent et l'eau vous assaillent, évitant les embûches et les extrémités de la droite, les glissades et les faux pas de la gauche, aussi bien que l'ont fait Johnny Dodds de Farthing's Acre et une autre personne que je ne nommerai pas.

— C'est comme si vous disiez, » répliqua le magistrat, « que Johnny Dodds de Farthing's Acre et David Deans de Saint-Léonard, constituent les seuls membres de la véritable Église d'Écosse, sincère et non altérée.

— Dieu me garde de prononcer un discours aussi plein de vaine gloire lorsqu'il y a tant de chrétiens qui professent la vraie foi, » répondit David ; « mais ce que je dis, c'est que tous les hommes agissent suivant les dons qu'ils ont reçus et la grâce qui est en eux, et qu'il n'est pas étonnant que...

— Tout cela est fort beau, » interrompit M. Middleburgh ; « mais le temps me manque pour l'écouter. Venons à notre affaire : j'ai ordonné qu'une citation fût remise aux mains de votre fille. Si elle comparaît le jour du procès et si elle apporte son témoignage, il y a sujet d'espérer qu'elle sauvera la vie de sa sœur ; si, par des scrupules exagérés, en discutant la légitimité qu'il peut y avoir à ce qu'elle se montre bonne sœur et loyal sujet, et à ce qu'elle comparaisse devant une cour tenue sous l'autorité de la loi et du gouvernement ; si, par des raisons de ce genre, vous êtes cause qu'elle s'écarte de l'accomplissement de son devoir, je dois vous dire, quoique cela puisse résonner mal à vos oreilles, qu'après avoir donné la vie à l'infortunée que l'on va juger, vous serez cause qu'elle la perdra d'une manière violente et prématurée. »

Parlant ainsi, M. Middleburgh se préparait à s'éloigner.

« Un moment, Monsieur Middleburgh, un moment, » dit David, fort perplexe et fort malheureux. Mais le bailli, qui sentait probablement qu'une discussion plus prolongée pourrait diminuer l'effet de son meilleur argument, prit congé sur l'heure, refusant d'entrer plus avant dans la controverse.

Écrasé sous le conflit des émotions les plus diverses, Deans se laissa retomber sur le banc de gazon. Parmi ceux qui avaient sur les matières religieuses des opinions semblables aux siennes, ç'avait été une grande source de controverse, de savoir jusqu'à quel point le gouvernement qui avait succédé à la révolution pouvait être, sans péché, accepté par les vrais presbytériens, gouvernement qui ne reconnaissait point le grand témoignage national de la ligue solennelle du Covenant. Dans les derniers temps, ceux qui étaient d'accord sur la doctrine générale, et qui prenaient les titres sonores d'anti-papistes, d'anti-prélatistes, d'anti-érastiens, d'anti-sectaires, et de restes des vrais presbytériens, étaient divisés entre eux en beaucoup de petites sectes, quant à l'étendue de soumission aux lois existantes et aux gouvernants actuels qui constituait une reconnaissance ayant le caractère du péché.

Dans un *meeting* très orageux et très turbulent, tenu en 1682 pour discuter ces points importants et délicats, les témoignages du petit nombre de ceux qui étaient restés fidèles se trouvèrent, les uns avec les autres, en un désaccord complet. Le lieu où se tint cette conférence était on ne peut mieux choisi pour une pareille assemblée. C'était un endroit sauvage dans la vallée de la Tweed, entouré de hautes collines, et fort éloigné des habitations humaines. Une petite rivière, ou plutôt un torrent de montagne, appelé le Talla, s'y précipite avec furie, s'élançant en plusieurs petites cascades, qui ont fait donner à cette place le nom de *Chutes du Talla*. Là se réunirent les chefs des adhérents épars du Covenant, ces hommes qui s'étaient bannis de la société de leurs semblables, et qui, gardant le souvenir des rigueurs subies, étaient devenus intraitables de caractère et plus que bizarres dans leurs opinions religieuses. Ils s'y rencontrèrent en armes, et, sur le bord du torrent, avec une turbulence que ne pouvait calmer le tumulte de ses eaux, ils discutèrent des points de controverse aussi vides et insaisissables que l'écume même des cascades.

Ce fut la décision arrêtée de la plus large partie du *meeting* que tout paiement de cens ou de tribut au gouvernement existant était absolument illégitime, et constituait un sacrifice aux idoles. Sur d'autres degrés ou indices de soumission, il y eut variété dans les opinions. Parmi les remarques à faire sur l'esprit qui animait ces pères militants de l'Église, signalons celle-ci comme la plus importante peut-être : alors que tous admettaient qu'il était impie de payer la taxe servant à entretenir l'armée permanente et la milice, il y eut une controverse terrible sur la légitimité du paiement des droits levés aux portes des villes et sur les ponts pour l'entretien des routes et autres objets de même nature. Quelques-uns, qui répugnaient à ces péages de barrières et de ponts, croyaient néanmoins pouvoir, en liberté de conscience, payer la taxe des bacs publics ; mais une personne d'un zèle extrême et scrupuleux, Jacques Russel, l'un des assassins de l'archevêque de Saint-André, rendit témoignage, avec grande animation, même contre cette faible et dernière ombre de sujétion aux autorités constituées. Cet homme ardent et illuminé et ses partisans avaient aussi de grands scrupules sur un autre point : était-il légitime de donner aux jours de la semaine et aux mois de l'année des noms qui exhalaient si fortement un parfum de paganisme ? Ils arrivèrent à cette conclusion que ceux qui acceptaient des mots tels que lundi, mardi, janvier, février, et autres semblables, « méritaient d'avoir en héritage un châtiment égal, sinon supérieur, au châtiment prononcé contre les anciens idolâtres. »

David Deans avait été présent à cette assemblée mémorable, quoique trop jeune pour prendre la parole parmi les héros de cette polémique. Sa cervelle avait été tout échauffée par le bruit, les clameurs, la métaphysique ingénieuse des discussions, et son esprit se reportait souvent vers ces controverses. Quelque soin qu'il prît de cacher aux autres son hésitation, et peut-être de se la cacher à lui-même, il n'était jamais parvenu à se tracer, sur ce sujet, une ligne de décision bien précise. Son bon sens naturel avait agi comme contrepoids pour balancer son zèle de controversiste. Il n'était nullement satisfait de la manière calme et indifférente dont le gouvernement du roi Guillaume avait effacé les erreurs des temps, alors que, loin de rendre à l'Église presbytérienne sa suprématie première, on avait fait une loi d'oubli à l'égard de ceux-là même qui en avaient été les persécuteurs, et l'on avait accordé à beaucoup d'entre eux des titres, des faveurs et des emplois. Au temps où, dans la première assemblée générale qui se tint après la révolution, une ouverture fut faite pour le rétablissement de la ligue du Covenant, ce fut avec horreur que Donce David vit cette proposition éludée par les hommes de sagesse et de politique charnelles (c'est ainsi qu'il les appelait), sous prétexte qu'elle serait inapplicable aux jours présents et ne tomberait pas dans le moule nouveau de l'Église. Le règne de la reine Anne avait accru en lui la conviction que le gouvernement de la révolution de 1689 n'avait véritablement pas le tempérament presbytérien. Moins injuste cependant que les plus exagérés de sa secte, il ne confondait pas la modération et la tolérance de ces deux règnes avec la tyrannie et l'oppression si activement exercées durant ceux de Charles II et de Jacques II. La religion presbytérienne, bien que privée de la puissance qui s'attachait précédemment à ses sentences d'excommunication, et forcée de tolérer la coexistence de l'épiscopat, et de sectes de natures différentes, était encore l'Église nationale, et, quoique la gloire du second temple fût bien inférieure à celle qui avait rayonné de 1639 jusqu'à la bataille de Dunbar, c'était encore un édifice qui, s'il n'avait plus la solidité et les terreurs du modèle original, en retenait du moins la forme et les proportions. Alors vint l'insurrection de 1715, et l'horreur de David Deans pour la faction des papistes et des prélatistes le rapprocha beaucoup du gouvernement du roi Georges, encore qu'à ses yeux ce monarque fût suspect d'un penchant vers l'érastianisme. Bref, mû par tant de considérations différentes, il avait varié à plusieurs reprises sur le degré d'élasticité permis quant aux actes de reconnaissance immédiate ou de soumission vis-à-vis du gouvernement actuel, qui, bien que doux et paternel, n'était pas encore celui du Covenant. A l'heure présente, le plus puissant de tous les motifs le poussait à autoriser sa fille à porter témoignage devant une cour de justice ; ce que, cependant, dans tous les temps, les caméroniens ont considéré comme un acte de défection déplorable et direct. La voix de la nature s'élevait haut dans son sein contre les conseils du fanatisme ; et son imagination, fertile dans la solution des difficultés de la polémique, cherchait un expédient pour se débarrasser du terrible dilemme dans lequel il voyait, d'un côté, l'abandon des principes, de l'autre, un spectacle duquel sa pensée de père se détournait avec effroi.

« J'ai été ferme, et je n'ai pas changé dans mon témoignage, » se disait David Deans ; « mais qui donc, pourtant, a pu dire de moi que j'aie jugé mon voisin trop sévèrement parce qu'il aurait eu dans ses voies plus de liberté que je n'en trouvais dans les miennes? Je n'ai jamais été séparatiste ; sans élever non plus de querelle avec les âmes faibles au sujet du monnayage et des autres droits de second ordre. Ma fille Jeanie peut avoir là-dessus une lumière qui se cache à mes propres yeux; cela regarde sa conscience, et non la mienne. Si elle se sent libre d'aller devant ce tribunal, et de lever la main pour cette pauvre réprouvée, je ne dirai pas, pour cela, qu'elle ait dépassé les limites; si, au contraire... » Dans l'argumentation qu'il se faisait à lui-même, il s'arrêta : une inexprimable angoisse agitait son visage ; il en triompha cependant, et reprit le cours de son raisonnement : « Sinon,... à Dieu ne plaise qu'elle aille au mal à mon instigation! Je n'émousserai pas la conscience de mon enfant... Non, pas même pour sauver l'autre. »

Un Romain aurait voué sa fille à la mort par d'autres sentiments et d'autres motifs, mais sans puiser plus d'héroïsme dans le principe du devoir.

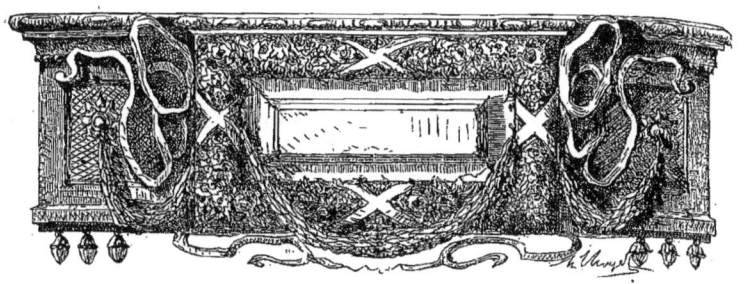

CHAPITRE XVIII.

L'homme a, dans son épreuve, en passant sur la terre,
Le privilège heureux
D'asseoir, lorsque trop haut se dresse l'onde amère,
Son ancre dans les cieux. .

Hymnes de WATTS.

E fut d'un pas ferme que Deans se rendit à la chambre de sa fille, résolu de laisser aux lumières propres de Jeanie le cas de conscience douteux dans lequel il la croyait placée.

Cette chambre avait été l'habitation des deux sœurs, et l'on y voyait encore un petit lit que, dans les derniers temps, on y avait installé pour Effie, alors que, se plaignant de malaises, elle avait désiré ne plus partager, comme en des jours plus heureux, la même couche que sa sœur. En entrant dans la chambre, les yeux de Deans se fixèrent involontairement sur cette couchette, avec ses grossiers rideaux vert foncé, et les idées qui se liaient à cet objet se dressèrent si fortement dans son esprit qu'il était presque incapable de s'ouvrir à sa fille du dessein pour lequel il était venu. L'occupation de Jeanie servit à rompre la glace. Son père la trouva regardant un morceau de papier, qui contenait pour elle citation à comparaître, comme témoin à décharge, dans le procès de sa sœur. Le digne magistrat, en effet, résolu de n'omettre aucun moyen de rendre justice à Effie, et de ne laisser à sa sœur aucune excuse pour celer le témoignage dont on la supposait en possession, lui avait, pendant qu'il conférait lui-même avec David, fait délivrer par un officier de la citation ordinaire, ou *sub pœna*, de la cour criminelle d'Écosse.

La précaution que Middleburgh avait prise fut très favorable à Deans : elle lui épargna d'entrer avec sa fille dans une explication en règle. D'une voix sourde et tremblante, il se contenta de lui dire : « Je vois que vous savez ce dont il s'agit.

— O mon père, nous sommes cruellement placés entre les lois de Dieu et les lois de l'homme. Que devons-nous faire ? Que ferons-nous ? »

Jeanie, remarquons-le, n'avait aucune hésitation quant à l'acte même de comparaître devant une cour de justice. Elle avait entendu bien des fois discuter ce point par son père ; mais elle avait coutume, ainsi que nous l'avons déjà dit, d'écouter avec révérence beaucoup de choses qu'elle ne comprenait pas, et, en matière de cas de conscience, la subtilité des arguments trouvait en elle un auditeur patient plutôt qu'édifié. En recevant donc la citation, sa pensée ne se porta pas sur les scrupules chimériques qui alarmaient l'esprit de son père, mais sur le langage que lui avait tenu l'étranger aux pierres de Muschat. Elle se voyait traînée devant la cour de justice, en cette position cruelle ou de sacrifier sa sœur en disant la vérité, ou de commettre un mensonge pour lui sauver la vie. Ses idées suivaient si fortement ce courant qu'elle appliqua les paroles de son père : « Vous savez ce dont il s'agit, » à la connaissance qu'il aurait eue lui-même de l'avis communiqué à sa fille d'une façon si effrayante. Elle leva donc les yeux avec une surprise mêlée de crainte ; les paroles qu'ajouta son père, l'interprétation et l'application qu'elle en fit, n'étaient pas de nature à la rassurer.

« Ma fille, » dit David, « ç'a toujours été ma pensée que, dans les choses de nature douteuse et sujette à controverse, chaque chrétien doit avoir pour guide sa conscience. Descendez donc en vous-même, faites, par les exercices de l'âme, l'examen de la résolution à prendre, et ce que, finalement, vous vous croirez libre de faire, faites-le.

— Mon père, » dit Jeanie, dont l'esprit se révoltait du sens attribué par elle à ce langage, « est-ce donc matière douteuse et de controverse ? Songez mon père, au huitième commandant : « Tu ne porteras pas « faux témoignage contre ton prochain. »

David Deans garda le silence ; appliquant les paroles de sa fille aux difficultés qu'il avait lui-même dans l'esprit, il lui semblait que, femme et sœur, Jeanie n'avait guère le droit d'être scrupuleuse en cette occasion, alors que lui, homme exercé dans les témoignages d'une époque qui en avait tant fourni, il l'avait indirectement conviée à suivre ses inspirations personnelles. Il resta ferme, cependant, jusqu'au moment où ses yeux, s'arrêtant involontairement sur la couchette, lui représentèrent l'enfant de sa vieillesse, telle qu'elle y reposait pâle, amaigrie, le cœur brisé. Et tandis que cette image se dressait dans son souvenir,

il conçut et prononça, sans le vouloir, des arguments sur la conduite à suivre pour le salut de son enfant. Quelle différence, hélas! avec le ton dogmatique et précis dont il avait l'habitude!

« Ma fille, » répondit-il, « je n'ai pas dit qu'il n'y eût pas de pierres d'achoppement en votre sentier; et, sans nul doute, cet acte peut être une transgression dans l'opinion de quelques-uns, puisque celui qui porte témoignage en des conditions illégitimes et contre sa conscience, porte, en quelque manière, un faux témoignage contre son prochain. Cependant, en matière de transactions et de compromis, le crime n'est pas tant dans les concessions même que l'on fait que dans la conscience et la pensée de celui qui y consent; c'est pour cela que moi, qui n'ai jamais épargné mon témoignage au milieu des défections générales, je ne me suis pas senti la liberté de me séparer de la communion de ceux qui écoutaient encore les ministres ralliés à des compromis fatals ; ils pouvaient peut-être tirer du bien de leurs instructions, alors que moi, je n'en tirais pas. »

Lorsque David se fut tant avancé, sa conscience lui fit reproche. N'allait-il pas, indirectement, miner en dessous la pureté de sa fille, et lui aplanir la route vers l'abandon du principe étroit. Il s'arrêta court, et changea de ton : « Je m'aperçois, Jeanie, que les viles affections de la terre (je les appelle ainsi quand je les compare à l'obligation de faire la volonté de notre père) ; je m'aperçois qu'elles s'attachent à moi, dans cette heure d'épreuve et de douleur, trop fortement pour me permettre de conserver la vue de mon devoir ou de vous diriger au vôtre. Je n'en dirai pas davantage sur ce trop cruel sujet. Si vous pouvez, Jeanie, marchant avec Dieu et votre conscience, parler en faveur de la pauvre infortunée... » Ici, la voix s'altéra. « C'est votre sœur selon la chair, tout indigne et réprouvée qu'elle est, c'est la fille d'une sainte du ciel, d'une sainte qui fut une mère pour vous, Jeanie, à la place de la vôtre. Mais si vous n'êtes pas, en conscience, libre de parler pour elle devant la cour de justice, suivez votre conscience, Jeanie, et que la volonté de Dieu s'accomplisse! » Après cette adjuration, il quitta la chambre, et sa fille demeura pleine d'angoisse et de perplexité.

Même en cet excès de douleur, ce n'aurait pas été pour David Deans une addition légère à ses souffrances s'il avait su que sa fille n'appliquait pas ses arguments de casuiste dans le sens qu'il entendait leur donner lui-même ; que ce n'était pas, aux yeux de Jeanie, l'invitation à suivre, dans un cas disputé et douteux, son opinion individuelle, mais un encouragement à transgresser l'un de ces commandements divins que les chrétiens de toute secte et de toute dénomination s'accordent, avant tout, à tenir sacrés.

« Cela se peut-il? » dit Jeanie, lorsque la porte se fermait sur son père. « Se peut-il qu'il ait prononcé, lui, les paroles que je viens d'entendre? Ou faut-il que l'Ennemi ait pris sa voix et ses traits pour donner poids au conseil qui conduirait à la perte? La vie d'une sœur! et mon père qui m'indique le moyen de la sauver! O tentation terrible! O mon Dieu, délivrez-moi! »

Roulant de pensée en pensée, elle vint à s'imaginer que son père comprenait le huitième commandement dans un sens littéral, comme défendant le faux témoignage *contre* le prochain, sans étendre la menace au mensonge *en faveur* du criminel. Mais l'intelligence nette et sans altérations sophistiques qu'elle avait pour distinguer entre le bien et le mal, rejeta de suite une interprétation aussi étroite, et aussi indigne de celui qui a fait la loi. Elle resta dans l'agitation, la terreur, l'incertitude, n'osant communiquer à son père sa pensée tout entière, de peur de l'amener à formuler davantage encore une opinion qu'elle ne pourrait suivre; torturée, au sujet de sa sœur, d'angoisses que rendait plus poignantes encore cette réflexion qu'elle avait le moyen de la sauver, sans que sa conscience lui permît d'en faire usage; semblable, enfin, à un vaisseau durant l'orage, dans une rade ouverte, qui n'a plus pour s'affermir qu'un seul câble et qu'une seule ancre, sa foi dans la Providence, et la résolution de faire son devoir.

L'affection de Butler, le sens religieux qui était en lui, aurait été, dans ces douloureuses circonstances, le principal appui de Jeanie; mais, encore enfermé, Butler ne pouvait venir aux Rochers de Saint-Léonard; et les préoccupations de Jeanie étaient telles que, dans l'imperfection de ses talents littéraires, il lui paraissait impossible de les exprimer par écrit. Elle fut donc forcée de se confier, sans aide aucune, au sentiment propre qu'elle avait du bien ou du mal.

Jeanie espérait et croyait que sa sœur était innocente, mais elle n'avait pas le moyen d'en recevoir l'assurance de la bouche même d'Effie: ce n'était pas le moindre de ses chagrins.

Le double jeu de Ratcliffe dans l'affaire de Robertson ne l'avait pas empêché d'être récompensé, comme l'ont été souvent ceux qui pratiquent ce jeu, par des faveurs et de l'avancement. Sharpitlaw, trouvant en cet homme un génie assez en rapport avec le sien, avait intercédé en sa faveur auprès des magistrats; à la façon dont Ratcliffe était resté dans la prison après que les portes en avaient été forcées, il eût été rigoureux de lui enlever une vie qu'il lui aurait été si facile de sauver. Il reçut un pardon complet; et, bientôt après, Jacques Ratcliffe, le voleur avec effraction le plus illustre de l'Écosse, était, sur la foi peut-être d'un ancien proverbe, choisi comme digne de confiance pour la garde des autres délinquants.

Ratcliffe ainsi placé dans un poste de confiance, le savant Saddletree, et d'autres personnes qui s'intéressaient à la famille Deans, s'adressèrent à lui à plusieurs reprises pour obtenir une entrevue entre les deux sœurs; mais les magistrats avaient donné en sens contraire des ordres formels. Désirant au plus haut degré l'arrestation de Robertson, ils espéraient qu'en tenant les deux sœurs séparées, ils pourraient tirer de l'une ou de l'autre des informations sur le fugitif. Sur ce sujet, Jeanie n'avait rien à leur dire. Elle déclara à M. Middleburgh qu'elle ne savait rien de Robertson, sinon qu'il l'avait appelée, la nuit, à un rendez-vous, pour lui donner, sur l'affaire de sa sœur, un avis qui devait rester, disait-elle, entre Dieu et la conscience de celle qui l'avait reçu. Où cet homme pouvait aller, ses projets ou ses plans, passés, présents ou futurs, elle n'en savait rien, et n'avait rien à communiquer.

Jacques Ratcliffe.

Pour une autre raison, Effie n'était pas moins silencieuse. En vain on lui offrit une commutation et une diminution de peine, en vain même on lui offrit un pardon complet, si elle voulait dire ce qu'elle savait de son amant. Elle ne répondit que par des larmes; sauf en certains moments, où, poussée à bout par la persistance de ceux qui l'interrogeaient, elle leur fit des réponses brusques et irrespectueuses.

Enfin, après que le procès eut traîné en longueur plusieurs semaines, dans l'espoir d'amener Effie à parler d'un sujet beaucoup plus intéressant pour les magistrats que la culpabilité ou l'innocence personnelle de la prisonnière, ceux-ci perdirent patience, et, M. Middleburgh lui-même ne trouvant plus personne pour écouter de nouvelles intercessions en faveur d'Effie, on fixa jour pour le procès.

Alors seulement Sharpitlaw, se souvenant de la promesse qu'il avait faite à Effie Deans, ou fatigué plutôt par les sollicitations incessantes de Mistress Saddletree, sa proche voisine, qui l'assourdissait de ses remontrances, et déclarait qu'il fallait être cruel comme un païen pour tenir ainsi séparées les deux pauvres créatures, Sharpitlaw donc délivra le mandat important qui leur permettait de se voir.

La veille du jour fixé pour le procès, Jeanie fut autorisée à rendre visite à sa sœur; entrevue redoutable, faite en un moment rempli de bien douloureuses préoccupations. C'était une portion de cette coupe amère que Jeanie était condamnée à boire en expiation de crimes et de folies auxquels elle était étrangère. A midi, l'heure marquée pour l'entrée dans la prison, elle s'y présenta, pour voir, la première fois depuis plusieurs mois, en un séjour de crime, d'égarement et de malheur, une sœur coupable, égarée, et bien malheureuse.

CHAPITRE XIX.

> Ma sœur, oh! fais-moi vivre! O ma sœur, sauve-moi!
> Sauver ton frère, hélas! est-ce un péché pour toi?
> Un acte qu'à ce point nous dicte la nature
> Devient une vertu tant la source en est pure.
>
> SHAKSPEARE. *Mesure pour mesure.*

e fut Ratcliffe qui introduisit Jeanie Deans dans la prison. En lui ouvrant la porte, garnie maintenant d'une triple serrure, cet homme, aussi exempt de pudeur que d'honnêteté, lui demanda, avec un regard qui la fit trembler, « si elle se souvenait de lui. »

Il eut pour réponse un « non » timide et à demi prononcé.

« Quoi! vous ne vous souvenez pas du clair de lune, et des pierres de Muschat, de Robertson et de Rat? » dit-il avec la même expression. « Votre mémoire, mon bijou, a besoin d'être rafraîchie. »

Si quelque chose avait pu augmenter le désespoir de Jeanie, ç'aurait été de trouver sa sœur sous la garde d'un pareil débauché. Ce n'est pas que, dans le caractère et les habitudes de Ratcliffe, il ne se trouvât rien de bon pour balancer le mauvais. Au milieu de ses méfaits, il n'avait jamais aimé le sang ou la cruauté, et, dans sa situation présente, il se montra assez accessible aux impressions de l'humanité. Mais ces bonnes qualités étaient inconnues à Jeanie, qui, se souvenant de la scène du *cairn* de Muschat, put à peine trouver assez de voix pour lui dire qu'elle avait un ordre du bailli Middleburgh, lui permettant de voir sa sœur.

« Je le sais, ma bonne fille ; à tel point que j'ai charge expresse de rester dans la salle avec vous tout le temps que vous serez ensemble.

— Est-ce possible? » demanda Jeanie, d'une voix suppliante.

« Oui, vraiment, ma poulette, » répondit le porte-clefs ; « quel mal cela vous fera-t-il, à votre petite sœur, et à vous, que Jacques Ratcliffe entende ce que vous aurez à vous dire? Du diable si vous dites un mot qui puisse lui en apprendre sur votre sexe plus qu'il n'en sait déjà ; et, d'ailleurs, pourvu que vous ne parliez pas de forcer la Tolbooth, le diable m'emporte si j'en rapporterai un mot, soit pour vous faire du bien soit pour vous faire du mal. »

Parlant ainsi, Ratcliffe la conduisit vers la pièce où Effie était enfermée.

Dans l'attente de cette visite, la honte, la crainte et la douleur s'étaient combattues, toute la matinée, dans le sein de la pauvre prisonnière ; mais, la porte venant à s'ouvrir, Effie n'eut plus qu'un sentiment étrange et confus, auquel se mêlait la joie, alors que, se jetant au cou de sa sœur, elle s'écria : « Ma chère Jeanie ! Ma chère Jeanie ! Qu'il y a longtemps que je ne vous ai vue ! » Jeanie lui rendit ces embrassements avec une tendresse qui tenait presque du transport ; mais ce ne fut qu'une émotion passagère, comme un rayon de soleil pénétrant à l'improviste entre les nuages d'une tempête, et presque aussitôt obscurci. Les deux sœurs se dirigèrent ensemble vers le misérable grabat de la prison, et s'y assirent l'une à côté de l'autre ; elles se prirent les mains, et se regardèrent fixement, sans prononcer une parole. Elles restèrent une minute ainsi ; la joie s'effaça graduellement de leurs traits, et fit place à l'expression la plus vive de tristesse d'abord, puis de désespoir, jusqu'au moment où, se jetant de nouveau dans les bras l'une de l'autre, elles élevèrent leurs voix, pour employer le langage de l'Écriture, et pleurèrent amèrement.

Le porte-clefs lui-même, qui avait passé sa vie dans des scènes faites pour étouffer la conscience et le sentiment, le porte-clefs au cœur dur ne put être témoin de cette scène sans être touché de compassion. Un détail le montra qui, tout insignifiant qu'il pouvait paraître, témoignait plus de délicatesse qu'on n'en aurait attendu du caractère et de la situation de Ratcliffe. La fenêtre non vitrée de la misérable chambre était ouverte, et les rayons d'un brillant soleil tombaient d'aplomb sur le lit où les deux pauvres filles étaient assises. Avec une urbanité qui tenait un peu du respect, Ratcliffe ferma en partie le battant, comme pour jeter un voile sur une scène aussi douloureuse.

« Vous êtes mal portante, Effie. » Tels furent les premiers mots que Jeanie put prononcer. « Vous êtes très mal portante.

— Oh! que ne donnerais-je pas, Jeanie, pour être dix fois plus malade! » répliqua la prisonnière. « Que ne donnerais-je pas pour être morte et refroidie avant que l'horloge, demain, n'ait sonné dix heures! Et notre père? Mais, à présent, je ne suis plus son enfant. Oh! je n'ai plus d'ami dans le monde! Oh! que ne suis-je étendue sans vie à côté de ma mère dans le cimetière de Newbattle!

— Chut, chut! ma fille, » dit Ratcliffe, voulant montrer l'intérêt sincère qu'il prenait à elle, « ne soyez pas si abattue que cela ; on chasse plus de renards qu'on n'en tue. L'avocat Langtale a tiré des gens de bien d'autres mauvais pas, et il n'y a pas d'agent plus habile que Nichil Novit pour obtenir un sursis. Pendu ou non, on se trouve bien d'un pareil agent et d'un pareil conseil ; avec eux, au moins, on est sûr d'avoir bien joué la partie. Vous êtes, de plus, une jolie fille, si vous voulez, un rien, vous bichonner comme il faut ; et une jolie fille trouvera faveur auprès des juges et du jury, eux qui feraient, les vieux scélérats! fouetter un pauvre diable comme moi pour la quinzième partie de la peau d'une puce. »

A ces consolations peu élégantes, les pauvres affligées ne répondirent point; elles étaient si absorbées dans leur douleur, qu'elles ne faisaient plus attention à la présence de Ratcliffe. « O Effie, » dit la sœur aînée, « comment avez-vous pu me cacher votre état? Avais-je mérité cela de vous? Si vous m'aviez dit un mot, nous aurions été dans la douleur, nous aurions été dans la honte, mais l'épreuve terrible d'aujourd'hui ne serait point tombée sur nous.

— Quel bien cela aurait-il fait? » répondit la prisonnière. « Non, non, Jeanie, tout a été fini lorsqu'une fois j'ai oublié ce que j'avais promis en faisant un pli dans ma bible. Voyez, » dit-elle en montrant le volume sacré; « le livre, de lui-même, s'ouvre toujours à cette page. Oh! voyez, Jeanie, comme sa parole est terrible! »

Jeanie prit la bible de sa sœur, et trouva que la marque était faite à ce texte éloquent du livre de Job : « Il m'a dépouillé de ma gloire « et a ôté la couronne de ma tête. Il m'a détruit de toutes parts, et « j'ai disparu. Et il a emporté mon espérance ainsi que l'arbre qu'on « déracine. »

« N'est-ce pas la vérité ? » dit la prisonnière. « Ma couronne et mon honneur ne sont-ils pas emportés ? Et que suis-je autre chose qu'un pauvre arbre ravagé, malade, dont la bêche a touché la racine, et qu'on a jeté pour périr sur le grand chemin, pour que l'homme et les animaux le puissent fouler sous leurs pas ? Je pensais au joli buisson d'épines que mon père a déraciné dans le clos au printemps dernier, dans tout l'éclat de ses fleurs ; puis il est resté dans la cour jusqu'à ce que les bêtes l'aient mis en pièces sous leurs pieds. Je ne songeais guère, lorsque j'avais pitié du buisson vert et de ses fleurs, qu'il allait m'en arriver autant.

— Oh! si vous m'aviez dit un mot, » répéta Jeanie en sanglotant, « si je pouvais jurer que vous m'avez dit un seul mot de votre état, ils ne pourraient pas, en ce jour, toucher à votre vie.

— Ils ne pourraient pas ? » dit Effie, comme en un réveil, car la vie est chère même à ceux qui sentent en elle un fardeau. « Qui vous a dit cela, Jeanie?

— Une personne, » répliqua Jeanie, « qui savait ce qu'elle disait. » Une répugnance instinctive l'empêchait de prononcer le nom du séducteur de sa sœur.

« Qui cela? Dites-moi le, je vous en conjure, » demanda Effie, se redressant sur son séant. « Qui a pu s'intéresser à une pauvre abandonnée comme moi? Qui est-ce? Était-ce *lui?*

— Fi! » dit Ratcliffe ; « qu'est-ce que cela signifie de la laisser dans l'incertitude? Je gagerais que c'est Robertson qui vous a appris cela quand vous l'avez vu aux pierres de Muschat.

— Est-ce lui? » dit Effie, saisissant avec empressement les paroles de Ratcliffe ; « est-ce lui, Jeanie? Est-ce lui ? Oh, je le vois, c'était lui! Pauvre garçon! Et je croyais son cœur aussi insensible que le gisant d'un moulin ! Lui qui, pour son propre compte, est en butte à tant de dangers ! Pauvre Georges ! »

Passablement indignée de l'élan de tendresse d'Effie pour l'auteur de son infortune, Jeanie ne put retenir cette exclamation : « O Effie, comment pouvez-vous parler ainsi d'un homme tel que celui-là ?

— Nous devons pardonner à nos ennemis, vous le savez, » dit la pauvre Effie d'un air timide et à voix basse. Sa conscience lui disait combien les sentiments qu'elle avait encore pour son séducteur différaient de la charité chrétienne sous laquelle elle essayait de les voiler.

« Vous avez tant souffert par lui, et vous pouvez encore penser à l'aimer ? » dit sa sœur d'une voix tenant à la fois du blâme et de la pitié.

« L'aimer ! » répondit Effie. « Si je ne l'avais aimé comme rarement aime une femme, je n'en serais pas venue où je me trouve à présent. Croyez-vous qu'un amour comme le mien soit facilement oublié ? Non, non ! On peut abattre l'arbre, mais on n'en change pas la courbure. O Jeanie, si, en ce moment, vous voulez me faire du bien, rapportez-moi toutes ses paroles, dites-moi s'il s'afflige ou non du sort de la pauvre Effie !

— Qu'ai-je besoin de vous en parler ? » dit Jeanie. « Il a trop à faire pour se sauver lui-même, pour en dire long sur qui que ce soit.

— C'est une sainte qui le dit, Jeanie, mais ce n'est pas vrai, » répliqua Effie, avec une étincelle de son tempérament vif et irritable. « Vous ignorez (et moi je le sais) combien il a exposé sa vie pour sauver la mienne. » Et regardant Ratcliffe, elle s'arrêta et resta muette.

« Je m'imagine, » dit Ratcliffe, avec un de ces ricanements qui lui étaient familiers, « que la fillette croit qu'il n'y a qu'elle qui a des yeux. N'étais-je pas là quand Geordie le gentilhomme cherchait à mettre hors de la Tolbooth tous ceux qui s'y trouvaient avec Jean Porteous ? Mais vous êtes, ma poulette, du même avis que moi :

> Pour goûter le repentir
> Mieux vaut s'asseoir que courir.

Il n'y a pas besoin de me regarder d'un air si étonné. J'en sais peut-être plus long.

— O mon Dieu, mon Dieu ! » dit Effie, bondissant tout à coup, et se jetant à genoux devant lui : « Savez-vous donc où l'on a mis mon enfant? O mon enfant, mon enfant ! Le pauvre petit innocent, les os de mes os, la chair de ma chair ! O Monsieur, si vous voulez mériter jamais une petite place dans le ciel, ou, sur la terre, la bénédiction d'une créature désolée, dites-moi, dites-moi où ils ont mis mon enfant, ce signe de ma honte et ce compagnon de mes souffrances ! Dites-moi qui l'a emporté, et ce qu'ils en ont fait !

— Allons, allons ! » dit le porte-clefs, cherchant à se dégager de son étreinte. « C'est me prendre au mot beaucoup plus qu'il n'est raisonnable. Votre enfant ? Comment diable, la belle, en saurais-je quelque chose de votre enfant ? Demandez-le à la vieille Meg Murdockson, si, vous-même, vous n'en savez pas plus long. »

Cette réponse détruisait la vague et faible espérance qui avait brillé aux yeux de la prisonnière ; l'infortunée lâcha le vêtement de Ratcliffe, et tomba la face sur le pavé de la chambre, en proie à une violente attaque de nerfs.

Jeanie Deans, au milieu même des angoisses les plus cruelles, savait joindre à la saine intelligence des choses le rare avantage de la promptitude d'esprit. Elle ne se laissa pas troubler par les émotions de la douleur, mais elle s'appliqua sur-le-champ à venir en aide à sa sœur par tous les moyens qu'elle avait en son pouvoir. Pour rendre justice à Ratcliffe, il se montra jaloux de les indiquer, et rapide pour les procurer. Il eut même la délicatesse de se retirer dans le coin le plus éloigné de la pièce, pour rendre aussi peu gênante que possible sa surveillance officielle, aussitôt qu'Effie fut assez remise pour reprendre son entretien avec sa sœur.

Une fois encore la prisonnière, avec les accents les plus ardents et les plus émus, conjura Jeanie de lui dire les particularités de la conférence avec Robertson, et Jeanie sentit qu'il n'était pas possible de lui refuser cette satisfaction.

« Effie, » lui dit-elle, « vous souvenez-vous de l'agitation dans laquelle nous étions avant de quitter Woodend, et comme votre mère, qui repose maintenant en un lieu meilleur, s'est fâchée contre moi parce que je vous avais donné à boire du lait et de l'eau sur l'unique motif que vous pleuriez pour en avoir? Vous étiez un enfant; vous êtes une femme à présent, et ce serait bien le moins aujourd'hui que vous sussiez mieux faire que demander ce qui vous sera nuisible. Mais qu'il en sorte du bien

ou du mal, je ne puis vous refuser une chose que vous me demandez les larmes dans les yeux. »

Effie, de nouveau, se jeta dans les bras de sa sœur, l'embrassa sur la joue, sur le front, en murmurant : « Oh! si vous saviez comme il y a longtemps que je n'ai entendu prononcer son nom! Si vous saviez quel bien cela me fait d'apprendre sur son compte quelque chose de bon ou de bien, vous ne vous étonneriez pas du désir que j'ai qu'on m'en parle! »

Jeanie soupira, et commença le récit de tout ce qui s'était passé entre Robertson et elle, l'abrégeant toutefois autant qu'il était possible. Effie l'écoutait, inquiète, respirant à peine, tenant dans sa main la main de sa sœur, les yeux fixés sur le visage de celle-ci comme pour dévorer chacune des paroles qu'elle prononçait. Les exclamations de « pauvre garçon! pauvre Georges! » lui échappaient à voix basse, entremêlées de soupirs : ce fut la seule façon dont elle interrompit cette histoire. Le récit achevé, elle garda longtemps le silence.

« C'est donc son avis? » Ce furent là les premiers mots qu'elle prononça.

« Absolument comme je vous l'ai dit, » répliqua sa sœur.

« Et il vous a demandé de leur dire quelque chose qui pourrait me sauver la vie?

— Il m'a demandé de me parjurer, » répondit Jeanie.

« Et vous lui avez dit, » répondit Effie, « que vous ne vouliez pas vous mettre entre moi et la mort qui m'attend. Et cependant, j'ai dix-huit ans!

— Je lui ai dit, » répliqua Jeanie, tremblant au tour que prenaient les réflexions de sa sœur, « que je n'oserais pas jurer ce qui n'était pas vrai.

— Ce qui n'est pas vrai! Qu'est-ce donc que vous appelez ainsi? » dit Effie, donnant de nouveau l'essor à son caractère d'autrefois. « Vous êtes bien à blâmer, ma sœur, si vous croyez qu'une mère voudrait, ou pourrait, donner la mort à son enfant. La mort! J'aurais donné ma vie pour voir un mouvement de ses yeux!

— Je crois, » dit Jeanie, « que vous êtes aussi innocente d'une pareille chose que le nouveau-né lui-même.

— Je suis heureuse que vous me rendiez cette justice, » dit Effie d'un ton hautain; « c'est parfois le défaut, Jeanie, des personnes aussi bonnes que vous, de croire que tout le reste du monde est assez mauvais pour céder aux tentations les plus exécrables.

— Je ne mérite pas cela de vous, Effie, » dit en sanglotant la pauvre sœur, qu'étreignaient à la fois l'injustice du reproche et sa compassion pour l'état d'esprit qui l'avait dicté.

« Peut-être ne le méritez-vous pas, ma sœur, » dit Effie. « Mais vous êtes irritée contre moi parce que j'aime Robertson. Comment n'aimerais-je pas celui qui m'aime plus que son corps et plus que son âme? Il a couru risque de la vie pour forcer la prison et me faire sortir ; et, j'en suis assurée, s'il avait dépendu de lui, comme il dépend de vous, de... » Ici, elle s'arrêta.

« Oh! s'il dépendait de moi de vous sauver au risque de ma vie! » dit Jeanie.

« Oui, » répliqua sa sœur, « c'est facile à dire, mais c'est moins facile à croire de la part d'une personne qui ne veut pas risquer un mot pour moi. Si ce mot est mauvais, vous aurez le temps de vous en repentir.

— Ce mot est un péché grave ; et le mal est d'autant plus grand que c'est un péché commis volontairement, de propos délibéré.

— C'est bien, Jeanie, c'est bien, » dit Effie; « je me souviens de tout ce qu'il y a dans le catéchisme sur le propos délibéré. Ne parlons plus de cela, et gardez votre langue pour dire vos prières. Quant à moi, bientôt, je n'aurai plus besoin de langue pour parler avec personne. »

Ratcliffe, à ce moment, crut devoir s'interposer. « Je suis forcé de dire que c'est diablement dur, lorsque trois mots de votre bouche donneraient à cette jeune fille la chance d'échapper à miss Gibet, de vous faire tant de scrupule pour les marmotter à ces gens-là. Qu'ils veuillent me prendre pour témoin, et vous verriez, mille tonnerres ! si je n'irais pas rondement à toutes ces simagrées-là. Je donnerais, pour lui sauver la vie, toutes les fables d'Ésope pour des paroles d'Évangile. Je l'ai fait pour moins que cela, Dieu me damne. Car j'ai cinquante fois, en Angleterre, embrassé la peau du livre pour une chopine de bière.

— N'en parlons plus, » dit la prisonnière. « C'est bien comme cela. Adieu, ma sœur ; vous faites attendre trop longtemps M. Ratcliffe. Vous reviendrez me voir, j'y compte, avant que... » Elle s'arrêta, et devint d'une pâleur mortelle.

« Nous séparerons-nous ainsi, » dit Jeanie, « alors qu'un péril si grand vous menace? Regardez-moi, Effie; dites-moi ce que vous voulez que je fasse, et je puis trouver en mon cœur de quoi dire que je le ferai.
— Non, Jeanie, » répliqua sa sœur après un effort ; « je vaux mieux à présent que je ne valais tout à l'heure. Dans mes meilleurs moments, je n'ai jamais été moitié aussi bonne que vous ; pourquoi commenceriez-vous à mal faire pour me sauver, alors que je ne suis plus digne qu'on s'occupe de mon salut? Quand je suis maîtresse de moi, je ne voudrais pas, Dieu le sait ! qu'une seule créature vivante fît une mauvaise action pour me sauver la vie. J'aurais pu m'enfuir de la Tolbooth, en cette nuit terrible, avec un homme qui m'aurait conduite à travers le monde, qui m'aurait aimée, qui m'aurait défendue ; et j'ai dit : « Que la vie s'en « aille, lorsque la bonne renommée s'en est allée avant elle ! » Mais ce long emprisonnement a brisé tout mon courage : livrée seule à mes pensées, il y a des heures où je donnerais toutes les mines d'or et de diamant des Indes pour respirer et pour vivre. J'ai par instant, Jeanie, des hallucinations comme j'en avais dans la fièvre ; mais, au lieu des yeux menaçants, des loups, et du taureau de la veuve Butler, que je voyais jouant sur mon lit, je songe maintenant à un gibet bien haut, bien noir, et moi dessus, et toute une mer de figures qui regardent la pauvre Effie Deans, et se demandent si c'est bien celle que Robertson appelait le Lis de Saint-Léonard. Et puis leurs figures s'allongent, ils tournent leurs bouches, ils me font la grimace, et, de quelque côté que je regarde, je vois une face qui rit comme celle de Meg Murdockson, quand elle m'a dit que je ne verrais plus mon enfant. Dieu nous protège, Jeanie ! Comme elle est effrayante, la figure de cette femme ! » Elle cacha ses yeux de ses mains en prononçant cette exclamation, comme pour s'empêcher de voir l'objet terrifiant auquel elle faisait allusion.

Jeanie Deans resta avec sa sœur deux heures, durant lesquelles elle s'efforça de tirer d'elle, s'il était possible, quelque moyen de la disculper. Mais Effie ne trouva rien à ajouter à ce qu'elle avait déclaré dans son premier interrogatoire, de la teneur duquel le lecteur aura connaissance en temps et lieu. « Ils ne voudraient pas la croire, » disait-elle, « elle n'avait rien de plus à leur dire. »

Enfin Ratcliffe, bien à contre-cœur, avertit les deux sœurs qu'elles devaient se séparer. « M. Novit, » dit-il, « devait voir là prisonnière, et peut-être aussi M. Langtale. Langtale aime à voir les jolies filles, soit en prison soit ailleurs. »

A regret donc, et lentement, après bien des larmes, bien des embrassements, Jeanie sortit de la pièce, et entendit les verrous se refermer avec bruit sur l'être chéri qu'elle avait quitté. Un peu familiarisée maintenant avec son rude conducteur, elle lui offrit en argent un petit cadeau, en lui demandant de faire ce qu'il pourrait pour le bien-être de sa sœur. A sa grande surprise, Ratcliffe refusa. « Je n'ai jamais été cruel, » dit-il, « lorsque j'étais sur les grands chemins ; et je ne veux pas être rapace (plus qu'il n'est juste et raisonnable, s'entend) à l'heure où je porte les clefs. Gardez cet argent ; votre sœur aura, par pure bienveillance, tout ce que je pourrai lui donner. Mais j'espère que vous réfléchirez mieux à ce dont vous avez parlé, et que vous viendrez à bout, pour elle, de brusquer un petit serment. Du mal, il n'y en a pas, de par tous les diables ! l'épaisseur d'un cheveu, lorsqu'on dépose contre l'avocat de la couronne. J'ai connu un brave ministre, aussi bon à croire (excepté dans sa déposition) que le plus habile de ceux que vous avez entendus en chaire, qui a prêté serment carrément, dans une affaire de boucaut de tabac en corde, juste pour autant de marchandise qu'il en fallait pour emplir sa poche. Mais peut-être que vous avez vos idées. Bien, bien, il n'y a pas de mal à cela. Quant à votre sœur, je verrai à ce qu'elle ait son dîner convenable et chaud, et je tâcherai qu'elle se couche et qu'elle dorme après le repas ; car du diable si, cette nuit, elle pourra fermer l'œil. J'ai l'expérience de ces choses-là. La première nuit est toujours la plus mauvaise. Je n'ai jamais ouï dire que personne ait dormi la nuit d'avant l'audience ; mais j'en sais plus d'un qui a dormi comme une taupe la nuit d'avant la pendaison. Ce n'est pas étonnant : on peut endurer le mal quand on le connaît ; et mieux vaut doigt coupé que doigt qui branle toujours. »

CHAPITRE XX.

*Et s'il te faut subir, comme une criminelle,
L'arbre ignominieux,
Tu ne manqueras pas d'une amitié fidèle
Les larmes dans les yeux.*

JEMMY DAWSON.

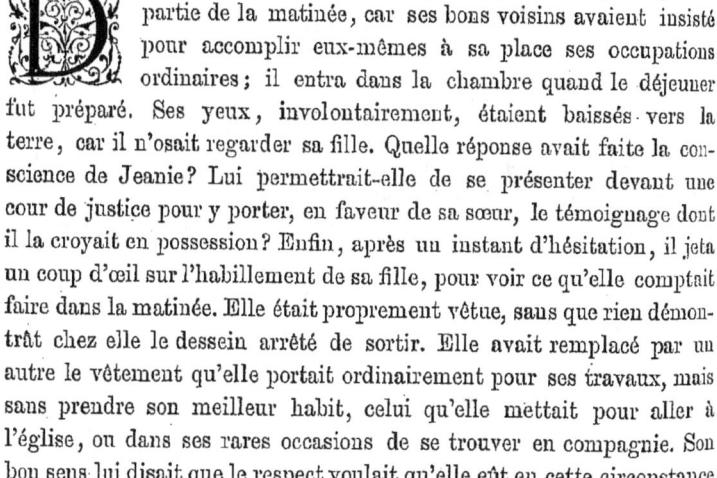AVID Deans avait passé à ses dévotions la plus grande partie de la matinée, car ses bons voisins avaient insisté pour accomplir eux-mêmes à sa place ses occupations ordinaires; il entra dans la chambre quand le déjeuner fut préparé. Ses yeux, involontairement, étaient baissés vers la terre, car il n'osait regarder sa fille. Quelle réponse avait faite la conscience de Jeanie? Lui permettrait-elle de se présenter devant une cour de justice pour y porter, en faveur de sa sœur, le témoignage dont il la croyait en possession? Enfin, après un instant d'hésitation, il jeta un coup d'œil sur l'habillement de sa fille, pour voir ce qu'elle comptait faire dans la matinée. Elle était proprement vêtue, sans que rien démontrât chez elle le dessein arrêté de sortir. Elle avait remplacé par un autre le vêtement qu'elle portait ordinairement pour ses travaux, mais sans prendre son meilleur habit, celui qu'elle mettait pour aller à l'église, ou dans ses rares occasions de se trouver en compagnie. Son bon sens lui disait que le respect voulait qu'elle eût en cette circonstance un vêtement convenable, et son chagrin l'engageait à ne pas se parer des quelques petits ornements qu'en d'autres cas elle se permettait de

porter. Il n'y avait donc rien, dans son extérieur, qui dénonçât avec certitude ses intentions à son père.

Les préparatifs de leur humble repas furent faits en vain ce matin-là. Le père et la fille s'assirent à la table, chacun faisant semblant de manger lorsque les yeux de l'autre se tournaient vers lui, et cessant avec dégoût de s'imposer cet effort, dès que la pieuse imposture ne semblait plus nécessaire.

Cette contrainte eut enfin un terme. Le son de la grosse cloche de Saint-Gilles annonça l'approche de l'heure où l'audience devait commencer; Jeanie se leva, et, avec un calme sur lequel elle n'aurait pas elle-même compté, prit son plaid, et fit les autres préparatifs que demandait une course à quelque distance. Il y eut un étrange contraste entre la fermeté de la fille et l'hésitation, l'incertitude cruelle que trahissaient les mouvements du père: celui qui ne les aurait pas connus tous les deux aurait difficilement supposé que la première fût, dans les habitudes ordinaires de la vie, une jeune fille docile, paisible, douce, et même timide, tandis que le père, avec un tempérament fier et vigoureux, soutenu par des opinions religieuses de nature austère, stoïque et inflexible, avait subi et défié, dans son temps, les plus rudes épreuves, les plus grands périls, sans jamais laisser abattre son courage ou subjuguer sa constance. Le secret de cette différence, c'est que Jeanie s'était tracé d'avance la conduite à suivre, avec toutes ses conséquences naturelles et nécessaires, tandis que David Deans, fort mal au courant des circonstances, se tourmentait à chercher ce que la sœur aînée pourrait dire ou jurer, et l'effet que son témoignage pourrait avoir sur la redoutable issue du procès.

Il suivit sa fille d'un regard indécis, jusqu'au moment où celle-ci, sur le point de quitter la chambre, se tourna vers lui d'un air d'inexprimable tristesse.

« Ma chère fille, » dit-il, « je vais... » L'agitation et le trouble avec lesquels il cherchait ses gants de laine et son bâton indiquaient le dessein de l'accompagner, encore que sa langue ne pût l'annoncer distinctement.

« Mon père, » dit Jeanie, répondant plutôt à l'acte qu'à la parole, « vous feriez mieux de ne pas venir.

— Dans la force de mon Dieu, » répliqua Deans devenu plus ferme, « j'irai. »

Et, prenant le bras de sa fille, il franchit le seuil d'un pas si rapide qu'à peine Jeanie aurait-elle été capable de le suivre. Une circonstance insignifiante, mais qui marquait la perturbation d'esprit du vieillard, arrêta sa course. « Votre bonnet, mon père ? » dit Jeanie, remarquant qu'il était parti ses cheveux gris découverts. Il retourna sur ses pas, rougissant un peu, honteux d'un oubli qui indiquait tant de trouble dans l'esprit; il prit son grand bonnet bleu écossais, et, d'un pas plus lent et plus contenu, comme convié par cet incident à rappeler son courage et à rassembler ses idées éparses, il appuya de nouveau le bras sur le bras de sa fille, et reprit le chemin d'Édimbourg.

Les cours de justice se tenaient, et se tiennent encore, au lieu appelé l'Enclos, ou, dans le langage moderne, le *square* du Parlement ; elles y occupaient les bâtiments destinés jadis à la tenue des États d'Écosse. Cet édifice, bien que d'un style architectural imparfait et dégénéré, avait alors un aspect grave et convenable, un caractère judiciaire, s'il est permis de parler ainsi ; son antiquité, tout au moins, lui donnait droit au respect. A sa façade vénérable, j'ai observé, lors de ma dernière visite à la métropole, que le goût moderne a substitué, probablement à grands frais, une construction si peu en rapport avec les monuments anciens qui l'entourent, si lourde à la fois et si fantaisiste, qu'on la peut comparer aux beautés décoratives de Tom Errand, le portier, dans *un petit Tour à la Fête*, de Farquhar, lorsqu'il entre en scène paré des élégances du petit maître Clincher. *Sed transeat cum cæteris erroribus.*

Le rectangle placé devant le palais, l'Enclos (si nous pouvons encore lui donner cette appellation, exacte quoique vieillie, dont on se sert pour désigner, à Litchfield, à Salisbury, et ailleurs, le terrain qui entoure la cathédrale), l'Enclos donc indiquait déjà par son aspect la scène fatale qui devait avoir lieu ce jour-là. Les soldats de la garde de la cité étaient à leur poste, tantôt endurants, tantôt repoussant rudement, de la crosse de leurs mousquets, la foule bigarrée qui se poussait en avant pour jeter un coup d'œil sur le malheureux objet de cette solennité, lorsque la prisonnière irait de la prison voisine à la cour de justice devant laquelle son sort se déciderait. Chacun doit avoir remarqué parfois, avec dégoût, l'insouciance avec laquelle le vulgaire contemple des scènes de ce genre, combien il est rare que la foule, à moins que ses sympathies ne soient excitées par des circonstances tout à fait exceptionnelles, laisse voir d'autre impression qu'un goût inqualifiable pour le tapage, et une curiosité brutale. On rit, on plaisante, on se querelle, on se pousse de droite et de gauche, avec la même indifférence que si l'on était assemblé pour une fête, un divertissement, une course, ou n'importe quel cortège. Il peut arriver cependant, que cette attitude, si naturelle à la populace dégradée d'une grande ville, se transforme, par instants, en un mouvement passager d'humanité. C'est ce qui survint dans la présente occasion.

Lorsque Deans et sa fille se présentèrent à l'entrée de l'Enclos, et tâchèrent de se frayer un chemin vers la porte de la cour de justice, ils furent enveloppés dans la foule, et exposés à ses insolences. Deans répondait avec vigueur aux rudes poussées qu'il recevait de toutes parts : sa figure, son habit à l'ancienne mode, attirèrent l'attention de la populace, qui fait preuve souvent d'une intuition merveilleuse pour juger d'après l'extérieur le caractère des gens.

« Du pont de Bothwell, mes vieux,
Vous nous venez en ces lieux, »

chanta quelqu'un de la foule ; car le peuple d'Édimbourg avait, à cette époque, des dispositions jacobites, probablement parce que c'était l'ordre d'idées diamétralement opposé à celui de l'autorité existante.

Une sirène, dont l'apparence faisait deviner la profession, continua la romance :

« Salut a vous ! Toi, beau sire,
Qu'entre mille on choisirait,
En chaire tu vas nous dire
Comment en whig on mourait. »

Une espèce de commissionnaire en guenilles, que Deans avait poussé en essayant de s'écarter de ce malveillant voisinage, s'écria d'une voix forte qui dénotait l'habitant du Nord : « Au diable le caméronien ! Qu'est-ce qui lui donne le droit de bousculer comme cela les gens?

— Faites place à l'ancien, » dit encore un autre ; « il vient voir une sœur vénérée glorifier Dieu au marché aux Herbes !

— Fi, fi ! N'avez-vous pas honte ? » dit très haut la voix d'un homme. Et, changeant tout à coup de diapason, la même voix ajouta distinctement, mais plus bas : « C'est le père, et c'est la sœur. »

Tous s'écartèrent pour livrer passage ; et tous, même les plus grossiers et les plus vils, furent frappés de honte, et se turent. Dans l'espace que la foule leur avait ainsi abandonné, Deans était debout, tenant Jeanie par la main. D'un visage qui exprimait fortement son émotion intérieure, il dit à sa fille : « Vous entendez de vos oreilles, et vous voyez de vos yeux, jusqu'où vont les insultes de ces impies. Ce n'est pas à eux seulement qu'ils imputent les défections et les chutes, mais à l'Église même dont ils sont membres, et à son chef invisible et béni. Prenons donc avec patience notre part d'un reproche qui monte si haut. »

L'homme qui avait parlé n'était autre que notre vieil ami Dumbiedikes, dont la bouche, comme celle de l'âne du prophète, avait été ouverte par les besoins de la circonstance. Il se joignit à eux, et, de l'air taciturne qui lui était propre, les escorta dans l'intérieur du palais. Nul garde, nul huissier ne s'opposa à leur entrée. On a même dit qu'un des huissiers aurait refusé un shilling à lui offert par le laird de Dumbiedikes, rallié à cette opinion que « l'argent faciliterait tout. » Mais ce dernier incident demande confirmation.

Admis dans l'enceinte de la justice, ils y trouvèrent le nombre ordinaire des officiers affairés et des flâneurs désœuvrés qui, pour leur plaisir ou par devoir, assistent aux spectacles de ce genre. Des bourgeois étaient là, bâillant et ouvrant de grands yeux ; de jeunes avocats se promenaient avec nonchalance, se moquant et riant comme dans le parterre d'un théâtre ; assis à l'écart sur un banc, d'autres raisonnaient savamment, *inter apices juris,* sur les conditions constitutives du crime et la vraie portée du statut. Les sièges du prétoire étaient préparés pour l'arrivée des juges. Les jurés étaient à leur poste. Les conseils de la couronne, occupés à feuilleter la procédure et leurs notes, étaient là d'un air grave, et chuchotaient ensemble. Ils étaient assis de l'un des côtés d'une grande table placée au-dessous des sièges de la cour ; de l'autre côté de la table étaient les avocats, dont la loi écossaise (plus libérale, à cet égard que celle de la nation-sœur) non seulement permet mais exige la présence, pour assister tous les accusés de leurs avis et de leur savoir. On y voyait M. Nichil Novit, affairé, remuant, important, donnant activement à l'avocat de la défense des renseignements dans l'intérêt du *panel* : c'est ainsi que, dans le patois juridique d'Écosse, on appelle l'ac-

cusé. En entrant dans la salle d'audience, Deans, d'une voix tremblante, demanda au laird : « Où sera-t-elle ? »

Dumbiedikes alla parler à l'oreille de Novit, qui lui montra une place inoccupée près de la barre, en face des juges. Il se mit en devoir de conduire Deans vers cet endroit.

« Non ! » dit celui-ci ; « je ne puis m'asseoir à côté d'elle. Je ne dois pas l'appuyer de ma présence ; pas maintenant, du moins. Je me tiendrai hors de sa vue, et je tournerai les yeux d'un autre côté. Cela vaudra mieux pour nous deux. »

Saddletree, qui, par son intervention réitérée auprès du défenseur, s'était attiré une ou deux rebuffades, et une injonction formelle de s'occuper de ce qui le regardait, aperçut avec plaisir une occasion de jouer l'homme d'importance. Il se dirigea vers le pauvre vieillard, et montra ce qu'il pouvait faire par ses relations avec les gardiens de la barre et les massiers, en procurant à Deans un siège placé de façon que l'un des coins du banc des juges le cachait aux regards du public.

« Il est bon d'avoir un ami dans la cour de justice, » dit-il, prodiguant impitoyablement ses harangues au protégé passif qui n'entendait ni ne répondait ; « d'autres que moi n'auraient guère pu vous faire avoir une place comme celle-ci ; les lords vont entrer incontinent, et vont procéder *instanter* au jugement de l'affaire. Ce n'est pas ici comme aux cours de circuit, où, lors des tournées de semestre, il faut établir des balustrades. La haute cour de justice en a toujours, des balustrades. Mais à quoi pensons-nous, grand Dieu ? Jeanie, vous êtes témoin cité. Massier, cette jeune fille est un témoin ; il faut qu'elle soit consignée dans la salle des témoins. Elle ne peut pas, évidemment, rester ici. Monsieur Novit, ne faut-il pas que Jeanie soit consignée dans la...? »

M. Novit répondit affirmativement, et offrit de conduire Jeanie à la salle où, selon la pratique scrupuleusement suivie en Écosse, les témoins attendent qu'on les appelle pour déposer devant la cour, séparés de tous ceux qui pourraient les influencer dans leur témoignage, ou les informer de ce qui se passe dans les débats.

« Est-ce nécessaire ? » dit Jeanie, répugnant encore à quitter la main de son père.

« Absolument nécessaire, » dit Saddletree ; « qui jamais a entendu parler de témoins qui n'auraient pas été consignés dans...? »

— C'est véritablement nécessaire, » dit le jeune avocat adjoint au défenseur d'Effie. Jeanie, avec regret, suivit au lieu voulu l'un des massiers de la cour.

« C'est ce qu'on appelle, Monsieur Deans, séquestrer un témoin, » continua Saddletree ; « mais c'est bien différent (ce que vous sauriez, peut-être, trouver de vous-même) du séquestre des immeubles ou des effets mobiliers, comme en cas de faillite ou de banqueroute. J'ai souvent encouru le séquestre comme témoin, car le shérif est dans l'usage de me faire citer quelquefois en cette qualité dans certaines affaires de forme, comme il fait citer aussi M. Sharpitlaw ; quant au séquestre des biens mobiliers et immobiliers, je ne l'ai jamais connu qu'une fois, il y a bien longtemps, avant mon mariage. Mais chut! voici la cour. »

Comme il parlait, les cinq lords de judicature, dans leurs longues robes d'écarlate à revers blancs, précédés de leur massier, entraient avec les cérémonies d'usage, et prenaient place au banc de justice.

L'assistance se leva pour les recevoir. Le mouvement occasionné par leur entrée fut à peine apaisé qu'un grand bruit de gens se poussant les uns les autres, et pénétrant avec impétuosité par les portes de la salle d'audience et de ses galeries, annonça que la prisonnière allait être conduite à la barre de la cour. Ce tumulte commença au moment où les portes, qui n'avaient admis jusque-là que ceux dont la présence était nécessaire, ou les personnes privilégiées, furent enfin ouvertes pour tous ceux que la curiosité appelait à ces débats. Les visages enflammés, les vêtements en désordre, luttant entre eux, tombant parfois les uns par-dessus les autres, le rude flot des curieux se précipita dans la salle. Quelques soldats en formaient, pour ainsi dire le centre, pouvant à peine, quoi qu'ils fissent, frayer un passage à la prisonnière vers la place qu'elle devait occuper. Sur l'ordre de la cour, et grâce aux efforts de ses officiers, le tumulte s'apaisa enfin ; la pauvre fille put avancer, et prendre place, en qualité d'accusée, entre deux sentinelles la baïonnette au fusil, à cette barre où elle devait attendre sa délivrance ou sa perte, selon l'issue du procès.

CHAPITRE XXI.

> Nous avons une loi dont les sévérités
> Courberont, s'il le faut, les esprits indomptés
> Mais depuis quatorze ans a dormi sa colère,
> Ainsi qu'un vieux lion qui ne va plus en guerre.
>
> SHAKSPEARE, *Mesure pour mesure.*

« UPHÉMIE Deans, » dit le président, d'une voix où la compassion se mêlait à la dignité, « levez-vous pour écouter l'accusation portée contre vous. »

En cette foule confuse, à travers laquelle les gardes avaient eu tant de peine à lui frayer un passage, la malheureuse jeune fille était comme frappée de stupeur. Elle jeta des yeux égarés sur la multitude de têtes qui l'entouraient de toutes parts, qui semblaient tapisser les murs, et qui descendaient comme un talus du plafond au sol de la salle. Instinctivement, elle obéit à cet ordre, qui résonnait à ses oreilles comme la trompette du jugement dernier.

« Écartez vos cheveux, Effie, » dit l'un des massiers. Les belles et abondantes boucles de ses longs cheveux blonds flottaient éparses sur son visage, et cachaient presque ses traits; d'après la mode du pays, les femmes non mariées ne devaient porter aucune coiffure, et Effie n'osait plus à présent, hélas! retenir ses cheveux avec le *snood*, le ruban symbole de la pureté virginale. Une obéissance prompte et machinale répondit à cet avis; d'une main tremblante, la pauvre fille rejeta loin de son visage sa luxuriante chevelure, et montra à tous ceux que contenait l'enceinte de la cour un visage qui, bien que pâle et amaigri, était si charmant encore dans sa douleur, qu'il excita un murmure universel de compassion et de sympathie. Ce témoignage expressif d'intérêt et d'humanité tira Effie de la stupeur qui, jusque-là, avait dominé toute autre impression, et l'éveilla au sentiment non moins pénible de se voir, en cette situation humiliante, exposée aux regards de tous. Ses yeux qui, d'un air hagard, avaient erré d'abord de tous côtés, se tournèrent vers le sol; sur ses joues, si mortellement pâles d'abord, se répandit graduellement une faible rougeur, qui s'accrut si vite que, lorsque écrasée de honte, elle tâcha de cacher son visage, ses tempes, son front, son cou, tout ce que ne pouvaient pas couvrir ses doigts délicats et les paumes de ses petites mains, devint du cramoisi le plus prononcé.

Tous remarquèrent ces changements et en furent émus, tous, excepté un. C'était le vieux Deans, qui, immobile sur son siège, au coin où nous avons dit qu'il ne pouvait ni voir ni être vu, gardait les yeux fixés vers le sol, comme s'il avait décidé que rien au monde ne ferait de lui le témoin oculaire de la honte de sa maison.

« Ichabod! » se disait-il en lui-même; « Ichabod! ma gloire n'est plus! »

Tandis que ces réflexions s'agitaient en son esprit, l'*indictment*, ou acte d'accusation, exposant en forme technique le crime reproché au *panel*, était lu selon la coutume, et l'on demandait à l'accusée si elle plaidait *coupable* ou *non coupable*.

« Je ne suis pas coupable de la mort de mon pauvre enfant, » dit Effie Deans, d'un accent dont la douleur plaintive était en harmonie avec la beauté de ses traits, et que les assistants n'entendirent pas sans émotion.

Le président invita ensuite le conseil de la couronne à plaider la mise en état; c'est-à-dire à exposer, dans un sens et dans l'autre, les arguments de droit et les preuves de fait soit contre l'accusée soit en sa faveur : après quoi l'usage veut que la cour prononce un jugement préliminaire, renvoyant la cause à la connaissance du jury.

Le conseil de la couronne rappela en peu de mots la fréquence du crime d'infanticide, qui avait donné naissance au statut relevé contre le *panel* par l'acte d'accusation. Il mentionna les différents cas (plusieurs marqués par des circonstances atroces) qui avaient enfin amené l'avocat du roi à essayer, bien qu'à regret, de prévenir le retour de pareilles énormités par une stricte application de l'acte du parlement porté dans ce but.

« Il se faisait fort, » disait-il, « d'établir par témoins, aussi bien que par la déclaration du *panel* lui-même, que ledit *panel* était dans les conditions indiquées par le statut. Il résultait de l'instruction que le *panel* n'avait indiqué son état à personne, et le *panel,* dans sa déclaration, n'a pas même allégué l'avoir fait. Le secret ainsi gardé constituait, aux termes du statut, la première des conditions requises. La même déclaration reconnaissait la naissance d'un enfant mâle, en des circonstances qui ne donnaient que trop sujet de croire que l'enfant était mort par les mains, ou, tout au moins, à la connaissance ou du consentement de la malheureuse mère. Il n'y avait cependant pas, pour l'avocat de la couronne, nécessité d'apporter preuve positive que le *panel* eût participé au meurtre, pas même de prouver aucunement que l'enfant avait été tué. Il suffisait au soutien de l'accusation que l'enfant ne pût être trouvé. Conformément à la sévérité du statut, inflexible mais trop justifié, celle qui a caché son état, qui a négligé de demander le secours le plus nécessaire en ces occasions, était soupçonnée déjà d'avoir médité la mort de sa progéniture, conséquence probable de sa dissimulation coupable et cruelle. Et si, dans de pareilles circonstances, elle ne peut ou apporter la preuve que l'enfant est mort de mort naturelle, ou produire ledit enfant encore vivant, elle est, dans le sens et l'économie de la loi, atteinte et convaincue de l'avoir assassiné, et doit subir, en conséquence, la peine capitale. »

Le conseil de l'accusée, M. Fairbrother, homme jouissant dans sa profession d'une renommée considérable, n'eut pas la prétention de combattre directement les arguments de l'avocat du roi. Il commença par exprimer son regret de ce que son ancien au barreau, M. Langtale, avait été soudainement appelé dans le comté dont il était shérif, et de ce que, tardivement, c'était à lui-même qu'on s'était adressé pour donner assistance au *panel* en cette affaire si digne d'intérêt. Il avait eu peu de temps, disait-il, pour suppléer, par de longues et minutieuses recherches, à l'infériorité qu'il se reconnaissait vis-à-vis du savant confrère qui se tenait au banc du roi ; et il avait peur de fournir la preuve de cette incapacité en se laissant amener à admettre l'exactitude de l'acte d'accusation quant à la portée juridique du statut. « Juridiquement, » concédait-il, « il suffisait à Leurs Seigneuries que tel fût le texte de la loi, et il ne contestait pas à l'avocat de la couronne le droit de demander, en vue de saisir le jury, l'interlocutoire d'usage. Mais il se faisait fort, lorsqu'il en viendrait à discuter les preuves de l'affaire, d'établir des circonstances qui écarteraient de la façon la plus satisfaisante les charges relatées dans l'accusation. L'histoire de sa cliente était courte, mais triste. Elle avait été élevée dans les principes les plus sévères de la religion et de la vertu ; elle était fille d'un homme honorable et qui n'avait jamais eu d'autre guide que sa conscience, d'un homme qui, dans les mauvais jours, s'était fait une réputation de courage et de foi religieuse en souffrant pour la pratique des devoirs que sa conscience lui dictait. »

En s'entendant mentionner ainsi, David Deans eut un soubresaut convulsif ; puis il reprit la position dans laquelle il avait écouté jusque-là les péripéties du procès, la face appuyée contre les mains, qui s'appuyaient elles-mêmes au coin de l'estrade élevée où siégeaient les juges. Les avocats *whigs* semblèrent s'intéresser à l'affaire ; les *tories* pincèrent les lèvres.

« Quelque diverses que puissent être nos opinions, » reprit le défenseur, dont l'affaire n'était pas d'entraîner (cela fût-il possible) l'auditoire entier à sa suite ; « quelque diverses que puissent être nos opinions sur les dogmes particuliers de ces sortes de personnes, » (ici, de la part de Deans, un grognement assez marqué) « il est impossible de leur dénier l'honneur d'une morale saine et même rigide, et le mérite d'élever leurs enfants dans la crainte de Dieu ; et cependant ce serait contre la fille d'un pareil homme qu'on demanderait à un jury, sans preuve et sur de simples présomptions, de formuler la déclaration d'un crime plutôt digne d'une contrée païenne et sauvage que d'un pays chrétien et civilisé. Il était vrai, » devait-il reconnaître, « que la nourriture excellente et les instructions de la première heure que la pauvre fille avait reçues, n'avaient pas été suffisantes pour la préserver de la faute et de l'erreur. Elle avait été l'holocauste d'une affection inconsidérée pour un jeune homme de manières séduisantes, paraît-il, mais d'un caractère dangereux et déréglé. Sous la promesse d'un mariage, elle fut séduite ; promesse que cet homme peut-être aurait tenue s'il n'avait alors été appelé par la loi à expier un acte violent et terrible, prélude d'une autre histoire fertile en événements, dont chaque pas fut marqué de crime et de sang, et dont le dénouement fut tel que jamais, jusque-là, on n'en avait vu de semblable. Personne, croyait-il, ne l'écouterait sans surprise, lorsqu'il établirait que le père de cet enfant qui fait défaut aujourd'hui et que le savant avocat de la couronne dit assassiné, n'était autre que le trop célèbre Georges Robertson, le complice de Wilson, le héros de l'évasion mémorable de l'église de la Tolbooth, et (nul ne le sait mieux, » dit en passant le défenseur, « que mon savant ami l'avocat de la couronne) le principal acteur dans la conspiration de Porteous.

— Je suis fâché, » dit le président, « d'interrompre un avocat dans une affaire comme celle-ci ; mais je dois rappeler à l'honorable défenseur qu'il est en dehors de la question qui nous est soumise en ce moment. »

L'avocat s'inclina, et reprit son discours. « Il avait seulement jugé nécessaire, » dit-il, « d'indiquer le nom et la situation de Robertson, parce que les conditions dans lesquelles se trouvait cet homme contribuaient beaucoup à expliquer le silence auquel le conseil de Sa Majesté attribuait un poids si considérable, comme prouvant que sa cliente n'avait rien fait pour la vie du pauvre petit être qu'elle allait mettre au monde. Elle n'avait pas dit à ses amis qu'on l'eût entraînée hors du sentier de l'honneur. Pourquoi? Parce qu'elle s'attendait chaque jour à être rétablie dans une condition plus digne par un séducteur qui pouvait lui donner satisfaction et qu'elle y croyait disposé. Était-il naturel, était-il raisonnable, était-il juste de supposer que, dans cet intervalle, elle deviendrait *felo de se,* elle porterait atteinte à son propre caractère, elle proclamerait aux yeux du monde sa fragilité, alors qu'elle avait toute raison d'espérer que le fait, s'il restait caché quelque temps, serait voilé pour toujours? N'était-ce pas, au contraire, chose bien pardonnable, qu'en cette occurrence, une jeune femme, dans sa situation, répugnât à prendre pour confidentes des commères curieuses qui, l'œil au guet et les oreilles avides, la pressaient de s'expliquer sur des soupçons que les femmes, de tous les rangs, sont si promptes à concevoir, qu'elles les placent souvent où ils ne sont point. Était-il étrange, ou criminel, qu'elle eût repoussé par de vives dénégations des inquisitions

impertinentes? Le bon sens et la délicatesse de tous ceux qui l'écoutaient répondrait, sans hésiter, pour l'affirmative. Mais, bien que sa cliente eût ainsi gardé le silence avec ceux auxquels rien ne l'invitait à parler, avec qui, même, il aurait été maladroit et inconvenant de le faire, je me flatte, » ajouta le docte orateur, « de prouver, de la façon la plus triomphante, que le cas présent ne tombe pas sous l'application du statut, et d'obtenir pour l'infortunée jeune fille un renvoi honorable de la barre de Vos Seigneuries, en démontrant qu'en temps et lieu, à une personne apte à recevoir une telle confidence, elle avait donné connaissance de sa triste position. Cela se passa après la condamnation de Robertson, lorsqu'il était en prison, attendant le destin que son camarade Wilson a subi plus tard, et auquel il a échappé lui-même d'une façon si étrange. Ce fut alors, lorsque s'évanouit pour elle tout espoir de trouver dans le mariage la réparation de son honneur, lorsqu'une union avec un individu dans la situation de Robertson, eût-elle été praticable, n'aurait été qu'une honte nouvelle, ce fut alors (je le prouverai) que l'accusée s'ouvrit à sa sœur, plus âgée qu'elle de quelques années, née, si je ne me trompe, d'un premier mariage du père, et qu'elle s'entretint avec elle des périls et du malheur de la situation qu'elle s'était faite.

— Si vous êtes à même d'établir ce point, Monsieur Fairbrother... » dit le président.

« En l'établissant, Milord, » reprit M. Fairbrother, « je ne servirais pas seulement les intérêts de ma cliente, j'épargnerais encore à Vos Seigneuries ce qu'elles considèrent, je le sais, comme le plus pénible devoir de leurs fonctions; je donnerais, j'en suis sûr, à tous ceux qui m'écoutent, le plus exquis de tous les plaisirs, celui de voir renvoyée d'ici, avec les honneurs et la sécurité de l'acquittement, cette créature jeune, belle, aux traits ingénus, qui comparaît en ce moment devant la barre de la cour. »

L'allocution parut faire impression sur une grande partie de l'auditoire, et fut suivie d'un léger murmure d'approbation. Deans, en entendant cet appel à la beauté et à l'air d'innocence de sa fille, faillit, involontairement, tourner les yeux vers elle; mais, rentrant en lui-même, il les rebaissa vers le sol avec une opiniâtre résolution.

« Mon savant confrère de l'autre côté de la barre, » continua le défenseur après une courte pause, « ne partagerait-il pas la joie générale? Oh! je le sais, lorsqu'il a accompli son devoir en appelant ici un accusé, nul ne se réjouit plus que lui si celui qui a comparu est renvoyé libre et en termes honorables. Mon savant confrère secoue la tête d'un air de doute, et montre de la main la déclaration du *panel*. Je le comprends parfaitement ; il voudrait insinuer que les faits que j'expose en ce moment à Vos Seigneuries ne sauraient s'accorder avec l'aveu d'Euphémie Deans. Je n'ai pas besoin de rappeler à Vos Seigneuries, que la défense que je présenterai pour elle n'est nullement tenue de se renfermer dans les limites de son précédent interrogatoire ; et que ce n'est pas d'après ce qu'elle a pu dire elle-même à une autre époque, mais d'après ce qui sera prouvé maintenant pour ou contre elle, qu'elle doit, en définitive, triompher ou succomber. Je n'ai pas à rendre compte de ce qui a pu l'engager à passer sous silence, dans l'interrogatoire, son entretien avec sa sœur. Elle pouvait en ignorer l'importance ; elle pouvait craindre d'impliquer sa sœur dans cette affaire ; peut-être même avait-elle entièrement oublié cet incident, dans la terreur et la désolation que provoquaient, chez une créature si jeune, une arrestation basée sur une si odieuse imputation. Ces raisons suffisent pour expliquer comment elle aurait, en cette occurrence, tenu la vérité cachée, quelque péril qui en résultât pour elle ; et j'incline beaucoup à croire qu'elle a été mue par la crainte erronée de compromettre sa sœur : j'ai observé, en effet, qu'elle a eu les mêmes scrupules à l'endroit de son amant (qui ne le mérite guère, pourtant), et qu'elle n'a pas une seule fois prononcé le nom de Robertson, depuis le commencement jusqu'à la fin de son interrogatoire.

« Milords, » continua Fairbrother, « je sais que l'avocat du roi me mettra en demeure de démontrer que la preuve que j'offre est d'accord avec d'autres circonstances de la cause, que je ne puis ni ne veux nier. Il me demandera comment l'aveu d'Effie Deans à sa sœur, fait avant la délivrance, se concilie avec le mystère de la naissance, avec la disparition, peut-être le meurtre de l'enfant (je n'entends pas nier la possibilité d'une chose contre laquelle je n'ai pas de preuve). J'en trouverai l'explication, Milords, dans la douceur, je pourrais presque dire la facilité et la flexibilité du sexe féminin. Les *dulcis Amaryllidis iræ* sont aisément apaisées, Vos Seigneuries ne l'ignorent pas ; et l'esprit ne saurait se représenter une femme, si odieusement offensée qu'elle l'ait été par un homme qu'elle a aimé, qui ne retienne en son cœur un certain fonds de miséricorde, sur lequel la pénitence du coupable, vraie ou simulée, pourra largement faire traite, avec la certitude que ses billets seront acceptés. Nous prouverons par une lettre, qui est aux pièces, que ce misérable Robertson, dans le cachot même où, sans doute, il méditait déjà l'évasion qu'il accomplit plus tard avec l'aide de son camarade, a essayé d'agir sur l'esprit de cette malheureuse fille et de la diriger. Ce fut conformément aux injonctions contenues en cette lettre que le *panel* fut amené à changer la ligne de conduite, beaucoup meilleure, que ses pensées personnelles lui avaient suggérées ; et qu'au lieu de recourir, quand son temps d'épreuve approchait, à la protection de sa famille, on la décida à se confier à une femme, agent méprisable de ce séducteur, qui conduisit le *panel* en l'un de ces repaires odieux et secrets, qui, à la honte de notre police, subsistent encore dans les faubourgs de la cité. Ce fut là, avec l'assistance et sous la garde d'une personne de son sexe, qu'elle donna naissance à un enfant mâle, en des conditions qui ajoutaient une triple amertume à la condamnation prononcée contre notre première mère. Quel fut, dans tout cela, le dessein de Robertson, il est difficile de le dire, et même de le deviner. Il a pu avoir l'intention d'épouser la jeune fille, dont le père a du bien. Mais la fin de cette histoire, et la conduite de la femme placée par lui auprès d'Euphémie Deans, il est plus difficile encore de s'en rendre compte. Ainsi qu'il était naturel, l'infortunée jeune femme fut visitée par la fièvre. Elle paraît, en ce moment, avoir été trompée par la personne qui la gardait; elle s'aperçut, en revenant à elle, que, dans ce séjour de misère, elle n'avait plus son enfant. Son enfant avait été enlevé, pour le plus odieux peut-être de tous les desseins, par la misérable qui la gardait. A-t-il été tué? je n'en sais rien. »

Un cri perçant, jeté par la prisonnière, interrompit le défenseur en cet endroit. Ce fut à grand'peine que l'on parvint à la calmer. Son conseil se prévalut de cette interruption tragique pour terminer sa plaidoirie par un effet oratoire.

« Milords, » dit-il, « dans ce lamentable cri, vous venez d'entendre l'éloquence de la tendresse maternelle, surpassant de bien haut la force imparfaite de mes paroles. Rachel pleure pour ses enfants ! La nature elle-même porte témoignage en faveur de la spontanéité puissante des sentiments de l'accusée. Je ne déshonorerai pas sa défense en disant un mot de plus.

— Laird, » dit Saddletree à Dumbiedikes, lorsque l'avocat eut achevé son discours, « a-t-on jamais ouï rien de pareil? Avec un petit bout de fil, cet homme-là vous couvrirait une bobine tout entière. Du diable s'il en sait plus long qu'il n'y en a dans les interrogatoires; quant à son insinuation que Jeanie Deans serait à même de dire quelque chose de la situation de sa sœur, l'argument d'insinuation, à ce que dit M. Crossmyloof, n'a pas grande autorité. Et c'est d'un si petit œuf qu'il vous tire un oiseau si gros! Ce Fairbrother serait capable d'attraper... les carrelets du golfe d'Édimbourg. Que mon père ne m'at-il envoyé à l'université d'Utrecht! Mais, chut! la cour va prononcer le jugement de mise en état. »

Les juges, en effet, après avoir échangé entre eux quelques mots, rendirent leur jugement. Il portait que l'acte d'accusation, s'il était prouvé, contenait raisons concluantes pour impliquer l'application des peines prononcées par la loi; que l'articulation que le *panel* aurait communiqué sa situation à sa sœur, était de nature, d'autre part, à constituer défense concluante, et, finalement, il ordonnait que lesdites accusation et défense seraient soumises au jugement d'un jury.

CHAPITRE XXII.

> O quel juge! Cela s'appelle une sentence!
> Prépare-toi, marchand.
> SHAKSPEARE, *Le Marchand de Venise*, acte IV, scène 1.

Il n'est pas dans mon intention de décrire minutieusement les formes d'un procès criminel en Écosse, et je ne serais pas sûr d'en tracer un compte rendu assez intelligible et assez exact pour affronter impunément les critiques de ces messieurs de robe longue. Il me suffira de dire que le jury fut choisi et constitué, et que l'affaire s'engagea devant lui. La prisonnière fut à nouveau requise de donner ses conclusions en réponse à la poursuite, et répéta le « non coupable, » de cette voix qui, une fois déjà, avait pénétré les cœurs.

Le conseil de la couronne fit alors appeler deux ou trois témoins, du sexe féminin, par la déclaration desquels il fut établi que l'état d'Effie avait été remarqué par eux, qu'ils lui en avaient fait l'observation, et qu'elle y avait répondu par la dénégation vive et irritée de ce que l'on signalait. Mais, comme il arrive très fréquemment, les déclarations même du *panel*, c'est-à-dire de l'accusée, étaient ce qui, dans l'affaire, devait peser sur elle avec le plus de force.

Au cas où le présent récit viendrait à faire route au delà des frontières d'Écosse, il peut être à propos d'informer les lecteurs du sud que c'est la pratique en Écosse, alors qu'on met une personne suspecte en état d'arrestation, de la soumettre à un interrogatoire devant un magistrat de l'ordre judiciaire. L'individu arrêté n'est pas forcé de répondre aux questions qu'on lui pose ; il peut garder le silence s'il y voit son intérêt. Mais toutes les réponses qu'il juge à propos de faire sont officiellement couchées par écrit, et, signées de lui et du magistrat, sont produites contre l'accusé s'il est mis en jugement. Ces déclarations, il est vrai, ne sont pas produites comme constituant, en elles-mêmes, une preuve proprement dite ; elles ne sont que des *adminicules* de témoignage, tendant à corroborer ce qui est considéré comme preuve légale et pertinente. Nonobstant toutefois cette distinction délicate, introduite par les jurisconsultes pour concilier la pratique avec la règle de droit qu'on ne peut être requis de porter témoignage contre soi-même, il arrive ordinairement que ces déclarations deviennent, contre les accusés, un moyen de les condamner par leur propre bouche. A ces interrogations préliminaires, le prisonnier avait bien le droit de se taire, si bon lui semblait ; mais tout le monde comprendra sans peine que le refus de répondre à des questions posées par une autorité judiciaire, fort simples en elles-mêmes et relatives au fait reproché, est par lui-même une preuve puissante de culpabilité, et amènera nécessairement l'arrestation. Bien peu renonceront à l'espoir d'obtenir leur mise en liberté en faisant quelques réponses plausibles, et en rendant compte, avec une franchise apparente, de leur conduite et des motifs qui l'ont dirigée. Il arrive donc rarement que le prisonnier refuse de faire devant le juge une déclaration, dans laquelle, soit en laissant de côté une trop grande partie de la vérité, soit en s'efforçant d'y substituer une histoire inventée, il s'expose presque toujours au soupçon, et à des contradictions qui pèseront puissamment sur les esprits du jury.

La déclaration d'Effie Deans avait été faite dans un autre ordre d'idées. Voici le résumé de ce qu'elle contenait, donné dans la forme juridique, en laquelle on peut trouver encore cette déclaration dans les registres d'ajournement.

La déclarante reconnaissait une intrigue irrégulière avec un individu dont sa volonté était de cacher le nom.

« Interrogée, pourquoi elle voulait garder le secret sur ce point? Elle a déclaré qu'elle n'avait pas le droit de blâmer la conduite de cette personne plus que la sienne propre, qu'elle avait la volonté d'avouer ses fautes personnelles, mais non de dire aucune chose qui incriminât un absent.

« Interrogée, si elle n'avait fait l'aveu de sa situation à personne, ou si elle n'avait pas fait de préparatifs pour ses couches? Déclare, ne l'avoir pas fait.

« Interrogée, pourquoi elle avait négligé de prendre des mesures que sa situation demandait si impérieusement? Déclare, qu'elle a eu honte de le dire à ses amis, et qu'elle comptait que l'homme précédemment mentionné pourvoirait au nécessaire pour elle et pour son enfant.

« Interrogée, s'il l'avait fait? Déclare, qu'il ne l'a pas fait personnellement, mais qu'il a dû en être empêché, car la déclarante est convaincue qu'il aurait donné sa vie plutôt que de laisser arriver du mal à l'enfant ou à elle.

« Interrogée, sur ce qui aurait empêché cet homme de tenir sa promesse? Déclare, qu'il était impossible pour lui de le faire, vu l'embarras dans lequel il se trouvait à ce moment, et refuse de répondre plus amplement à cette question.

« Interrogée, où elle avait été depuis le jour où elle avait quitté la maison de son maître M. Saddletree, jusqu'au moment où elle avait paru chez son père à Saint-Léonard, la veille de son arrestation? Déclare, qu'elle ne s'en souvient pas.

« L'interrogation ayant été renouvelée, Déclare, qu'elle n'en sait pas grand'chose, car elle était bien malade.

« La question ayant été posée encore derechef, elle déclare qu'elle dira la vérité, quand ce devrait être sa propre ruine, aussi longtemps qu'on ne lui demandera rien sur le compte des autres ; et elle reconnaît qu'elle a passé cet intervalle de temps dans le logement d'une femme, connue de la personne qui l'y avait placée pour ses couches, et que c'est là qu'elle a mis au monde un enfant du sexe masculin.

« Interrogée, sur le nom de cette femme? Déclare, refuser de répondre à la question.

« Interrogée, où habite ladite femme? Déclare, qu'elle ne sait pas bien, attendu qu'elle fut conduite au logement susdit dans l'obscurité de la nuit.

« Interrogée, si le logement était dans la cité ou dans les faubourgs? Déclare, qu'elle refuse de répondre à cette question.

« Interrogée, si, lorsqu'elle a quitté la maison de M. Saddletree, elle a suivi la rue en montant ou en descendant? Déclare, refuser de répondre.

« Interrogée, si elle avait jamais vu la femme avant que la personne dont elle ne veut pas dire le nom ne l'y eût placée (pour employer l'expression même de la déclarante)? Déclare, et réplique que non, à sa connaissance.

« Interrogée, si cette femme avait été mise en rapport avec elle par ladite personne, verbalement et d'une façon directe, ou par l'intermédiaire d'autres individus? Déclare, qu'elle ne se sent pas libre de répondre à cette question.

« Interrogée, si l'enfant était né vivant? Déclare, que (Dieu les garde, elle et lui!) il était vivant, sans aucun doute.

« Interrogée, s'il était mort de mort naturelle, après sa naissance? Déclare, que non à sa connaissance.

« Interrogée, où est-il maintenant? Déclare, qu'elle donnerait sa main droite pour le savoir, mais qu'elle n'a plus l'espérance de voir jamais de lui autre chose que ses os.

« Interrogée, pourquoi elle le suppose mort à présent? La déclarante a pleuré beaucoup, et n'a pas fait de réponse.

« Interrogée, si la femme dans le logement de laquelle elle avait été mise, semblait une personne apte à se trouver auprès d'elle dans la situation en laquelle elle était? Déclare, qu'elle pouvait avoir pour cela l'habileté nécessaire, mais que c'était une méchante femme et un mauvais cœur.

« Interrogée, s'il n'y avait pas, dans le logement, d'autre personne qu'elles d'eux? Déclare, qu'elle croit qu'il y avait une autre femme; mais que sa tête était si accablée des souffrances du corps et du trouble de l'esprit, qu'elle ne s'en souvenait que fort peu.

« Interrogée, quand l'enfant lui avait été enlevé? A déclaré, qu'elle a été prise de la fièvre et du délire, et que, lorsqu'elle revint à elle, la femme lui dit que son enfant était mort; que la déclarante avait répondu que, s'il était mort, c'est que l'on avait mal agi; que, là-dessus, la femme s'était beaucoup fâchée contre elle, et l'avait chargée d'injures; que la déposante avait eu peur, s'était échappée de la maison dès que la femme avait eu le dos tourné, et s'était rendue chez son père, aux Rochers de Saint-Léonard, comme elle avait pu.

« Interrogée, pourquoi elle n'avait pas raconté son histoire à sa sœur et à son père, et demandé l'aide de l'autorité pour rechercher la maison où devait être son enfant, mort ou vivant? Déclare, que c'était son dessein de le faire, mais qu'elle n'en a pas eu le temps.

« Interrogée, pourquoi elle cache maintenant le nom de la femme, et le lieu de sa demeure? La déclarante a gardé quelque temps le silence, puis a répondu que, si elle le disait, cela ne réparerait pas le mal, et ne pourrait qu'en occasionner davantage.

« Interrogée, si elle avait eu elle-même, à quelque moment que ce fût, la pensée de se débarrasser de l'enfant par la violence? Déclare : Jamais, jamais! Ainsi Dieu me fasse merci! Et, rentrée en pleine possession d'elle-même, elle a de nouveau déclaré : Jamais! Mais quelles mauvaises pensées l'Ennemi a pu mettre dans son cerveau quand elle était en délire, elle ne saurait y répondre.

« La même question lui ayant été encore solennellement posée? Déclare, qu'elle se serait laissé traîner par des chevaux sauvages, plutôt que de toucher le nouveau-né autrement que ne doit le faire la main d'une mère.

« Interrogée, Déclare, que, parmi les injures que la femme lui avait adressées, elle avait dit, bien sûr, que la déclarante, dans sa fièvre de lait, avait blessé son enfant ; mais la déclarante croit que cela ne lui a été dit que pour l'effrayer et la faire taire.

« Interrogée, sur ce que cette femme lui aurait dit encore? Déclare, que, lorsqu'elle avait poussé des cris en redemandant son enfant, et allait appeler ainsi l'attention des voisins, la femme l'avait menacée, si elle ne se tenait pas tranquille, d'appeler, pour la faire taire, ceux qui avaient fait taire l'enfant. De cette menace, et de la façon dont elle était faite, la déclarante crut devoir conclure que l'enfant avait perdu la vie, et que sa vie à elle était en danger, la femme paraissant on ne peut plus mauvaise, à en juger par le langage dont elle se servait.

« Interrogée, Déclare, que la fièvre et le délire furent provoqués chez elle par de mauvaises nouvelles qu'on lui avait données tout d'un coup, mais refuse de dire à quoi lesdites nouvelles se rapportaient.

« Interrogée, pourquoi elle ne donne pas connaissance, aujourd'hui, des particularités qui permettraient peut-être au magistrat de s'assurer si l'enfant est vivant ou mort ; invitée à considérer qu'en refusant ces renseignements, elle expose sa propre vie, et laisse l'enfant dans de mauvaises mains ; sur la remarque, d'ailleurs, que son refus de répondre sur ces divers points ne s'accorde pas avec la prétendue intention qu'elle aurait eue de s'ouvrir de tout à sa sœur ? Déclare, qu'elle sait à présent que l'enfant est mort, ou que, s'il est vivant, il y a quelqu'un qui veillera sur lui ; qu'en ce qui la concerne elle-même, sa vie et sa mort sont aux mains de Dieu, qui sait combien elle est innocente de tout acte contre son enfant avec volonté ou connaissance ; qu'elle avait, en sortant de chez la femme, la résolution de parler ; mais qu'elle a changé d'idée, par suite d'une chose qu'elle a apprise depuis.

« D'une manière générale, elle déclare qu'elle est fatiguée, et ne répondra plus, en ce moment, à aucune autre question. »

Dans un interrogatoire ultérieur, Euphémie Deans persista dans sa déclaration précédente, avec cette addition, qu'un papier trouvé dans sa malle lui étant montré, elle y reconnut la lettre en vertu de laquelle elle s'était remise à la conduite de la femme dans le logement de laquelle elle était accouchée. Le papier était conçu en ces termes :

« Ma bien chère Effie,

« J'ai trouvé le moyen de vous envoyer une femme qui est en état de vous assister dans l'épreuve qui s'approche ; elle n'est pas tout à fait ce que j'aurais voulu qu'elle fût, mais je ne puis faire mieux pour vous dans ma condition présente. Sous le malheur qui nous presse, je suis obligé de me fier à elle, et pour ce qui me concerne moi-même, et aussi pour vous. J'espère que tout ira bien, quoique je sois à cette heure dans une passe assez délicate. Cependant la pensée est libre : j'espère qu'Handie Dandie et moi, nous ferons la nique, malgré tout, aux embrassades du lacet. Vous vous fâcherez de ce que j'écris ce mot-là à mon petit Lis caméronien ; mais que je vive seulement et que je puisse être un appui pour vous et un père pour votre enfant, et vous aurez tout le temps de me gronder. Encore une fois, soyez discrète. Ma vie dépend de cette maudite sorcière. Elle est rusée et dangereuse, mais elle a plus de ressources et plus d'esprit qu'il n'y en a jamais eu dans la tête d'une folle, et elle a ses raisons pour m'être fidèle. Adieu, mon Lis; ne penchez pas, à cause de moi, votre jolie tête. Dans une semaine, je serai à vous, ou ne serai plus. »

Puis, un post-scriptum. « S'ils doivent m'empoigner, ce dont je me repentirai le plus, même au quart d'heure le plus difficile, ce sera du tort que j'ai fait à mon Lis bien-aimé. »

Effie refusa de dire de qui elle avait reçu cette lettre, mais on en savait assez de l'affaire pour être sûr qu'elle venait de Robertson; et, de la date, il apparaissait qu'elle avait été écrite vers le temps où André Wilson (répondant au surnom de Handie Dandie), et Robertson lui-même, méditaient la première tentative d'évasion qui avait avorté de la manière indiquée plus haut.

Les témoins de la couronne entendus, le conseil de l'accusée commença à produire les preuves de la défense. Les premiers témoins qu'il fournit furent interrogés sur la moralité de la jeune fille. Tous déclarèrent qu'ils tenaient cette moralité pour excellente; mais nul ne le fit avec plus de sensibilité que la digne Mistress Saddletree, qui, le visage baigné de larmes, déclara qu'elle n'aurait pas eu plus haute opinion d'Effie Deans, qu'elle ne l'aurait pas tenue en plus sincère estime, si ç'avait été sa fille. Tous les assistants furent touchés du bon cœur de cette honnête femme, tous excepté son mari, qui dit à l'oreille à Dumbiedikes : « Votre Nichil Novit ne s'y entend guère à conduire une enquête. Qu'est-ce que cela signifie d'amener ici une femme pour pleurnicher, larmoyer, et pour ennuyer Leurs Seigneuries? C'était moi, Monsieur, qu'il devait citer, et je leur aurais servi un témoignage si bien agencé, qu'ils n'auraient pas pu toucher un cheveu de sa tête.

— Levez-vous, et essayez, » dit le laird. « Je vais faire signe à Novit.

— Non, non, » dit Saddletree ; « merci, voisin ; ce n'est pas la peine. Ce serait un témoignage spontané, et je sais ce qu'ils valent. Mais Nichil Novit aurait dû me citer *debito tempore.* » Et, de son mouchoir de soie, s'essuyant la bouche avec importance, il reprit l'attitude d'un auditeur édifié et intelligent.

M. Fairbrother fit comprendre alors en quelques mots « qu'il allait produire le plus important de ses témoins, de la déposition duquel dépendrait, en grande partie, la décision de l'affaire. Ce qu'était sa cliente, on l'avait appris par les précédents témoins ; une réputation générale de moralité, attestée dans les termes les plus accentués, et même avec larmes, et faite pour intéresser tout le monde au destin de sa cliente, c'était un avantage déjà conquis. Il était nécessaire, il le reconnaissait, qu'il produisît de son innocence un témoignage plus positif; c'était ce qu'il allait faire par la bouche de la personne à laquelle l'accusée s'était ouverte sur son état, par la bouche du conseiller, du protecteur naturel, de la sœur de sa cliente. Massier, appelez devant la cour Jeanne ou Jeanie Deans, fille de David Deans, nourrisseur aux Rochers de Saint-Léonard. »

Quand il prononça ces mots, la pauvre prisonnière se leva, et se pencha vivement sur la barre, du côté par lequel sa sœur allait entrer. Et lorsque, suivant à pas lents le massier, le témoin s'avança vers le bas bout de la table, Effie, passant du désordre et de la honte aux ardeurs et presque aux transports d'une supplication passionnée, Effie, les mains tendues, les cheveux rejetés en arrière, les yeux avidement fixés sur le visage de sa sœur et étincelants à travers ses pleurs, s'écria d'un ton à percer tous les cœurs : « O Jeanie, Jeanie, sauve-moi, sauve-moi ! »

Avec un sentiment différent, convenant à la fois à sa fierté et à la puissance qu'il avait pour se dominer, le vieux Deans s'était reculé plus loin encore à l'abri du banc des juges; si bien qu'alors que Jeanie, entrant dans la salle, avait jeté un regard timide vers la place où elle l'avait laissé assis, la figure vénérable de son père ne s'y apercevait plus. Il s'assit de l'autre côté de Dumbiedikes, se tordit les mains avec force, et dit tout bas : « Hélas! laird ; voilà le pis de tout. Puissé-je seulement supporter cela! Je sens ma tête qui bourdonne ; mais mon Maître sera fort dans la faiblesse de son serviteur. » Après une courte prière mentale, il eut un tressaillement nouveau, comme s'il lui eût été impossible de rester en place, et il se faufila graduellement vers l'endroit qu'il avait quitté.

Pendant ce temps-là, Jeanie s'était avancée jusqu'à la table ; incapable de résister à l'élan de son affection, elle tendit tout à coup la main à sa sœur. Effie était juste assez près pour saisir cette main dans les siennes, la presser contre ses lèvres, la couvrir de baisers et la baigner de larmes, avec la dévotion d'un catholique envers le saint patron qui descendrait du ciel pour le défendre. Se cachant le visage de l'autre main, Jeanie pleurait amèrement. Ce spectacle aurait ému un

cœur de pierre ; il agitait bien plus encore des cœurs de chair et de sang. Beaucoup de spectateurs versèrent des larmes, et il se passa quelque temps avant que le président lui-même fût assez maître de son émotion pour inviter le témoin à se remettre, et la prisonnière à s'abstenir de ces marques d'affection qui, toutes naturelles qu'elles étaient, ne pouvaient être permises en ce moment et dans ce lieu.

Le serment solennel, « de dire la vérité, sans rien cacher de la vérité, aussi avant que le témoin pouvait savoir ou serait interrogé ; de la dire au nom de Dieu, ainsi que le témoin en répondrait devant Dieu au grand jour du jugement, » fut alors formulé par le président ; adjuration imposante, qui ne peut guère manquer de produire effet même sur les caractères les plus endurcis, et de frapper de crainte les esprits les plus honnêtes. Jeanie, élevée dans un sincère et profond respect pour le nom et les attributs de la divinité, fut impressionnée par cet appel direct à son essence et à sa justice, et transportée en même temps au-dessus de toutes considérations, sauf celles au soutien desquelles elle pourrait, avec une conscience pure, appeler la divinité même en témoignage. D'une voix basse, respectueuse, mais distincte, elle répéta la formule énoncée par le président : c'est au juge qui préside, et non à aucun des officiers inférieurs de la cour, qu'est réservé, en Écosse, le soin d'adresser au témoin l'appel solennel qui est la sanction du témoignage.

Quand le juge-président eut accompli la formalité voulue, il ajouta, du ton à la fois de la bienveillance et de l'avertissement, quelques mots que les circonstances lui paraissaient demander.

« Jeune femme, » dit-il, « vous venez devant cette cour en des circonstances telles qu'il serait plus que cruel de ne pas comprendre vos droits à la compassion et à la sympathie. C'est cependant mon devoir de vous dire que la vérité, quelles qu'en puissent être les conséquences, est ce que vous devez à votre pays, et à ce Dieu dont la parole est vérité, et dont vous venez d'invoquer le nom. Prenez votre temps pour répondre aux questions que monsieur (montrant Fairbrother) va vous poser. Mais souvenez-vous que ce que vous pourriez être tentée de dire au delà de la stricte vérité, vous en répondrez ici et plus tard. »

Les questions d'usage lui furent alors posées : Si quelqu'un lui aurait donné des instructions sur la déposition qu'elle devrait faire ? Si, pour le témoignage qu'elle allait rendre, quelqu'un lui aurait promis service, salaire ou récompense ? Si elle aurait quelque inimitié ou mauvais vouloir à l'égard de l'avocat de Sa Majesté, partie contre laquelle elle était citée comme témoin ? A ces questions successives, elle répondit négativement, et avec calme. Mais la teneur desdites questions fut un grand sujet de déplaisir pour son père, qui ne savait pas que, comme chose de forme, elles étaient posées à tous les témoins.

« Non, non, » s'écria-t-il, assez haut pour être entendu ; « ma fille n'est pas comme la veuve de Tékoah ; aucun homme ne lui a mis des paroles dans la bouche. »

L'un des juges, plus au courant peut-être des registres d'ajournement que du livre de Samuel, parut disposé à demander enquête, d'urgence, au sujet de cette veuve de Tékoah, qui, de la façon dont il comprenait la chose, aurait influencé le témoin. Mais le président, plus versé dans l'histoire de l'Écriture, donna tout bas à son savant collègue l'explication nécessaire. L'interruption occasionnée par cette méprise eut le bon effet de donner à Jeanie Deans le temps de rentrer en elle-même avant le devoir pénible qu'elle allait avoir à remplir.

Fairbrother, dont l'expérience et l'intelligence étaient considérables, vit la nécessité de laisser le témoin se remettre. Au fond du cœur, il soupçonnait qu'elle apportait un faux témoignage.

« C'est son affaire, » pensa Fairbrother; « et la mienne est de veiller à ce qu'elle ait tout le temps de prendre de l'aplomb et de faire sa déposition, vraie ou fausse, *valeat quantum.* »

Il commença donc l'interrogatoire par des questions sans intérêt, comportant réponse immédiate.

« Vous êtes sœur de l'accusée?

— Oui, Monsieur.

— Vous n'êtes pas sœur germaine?

— Non, Monsieur; nous sommes nées de mères différentes.

— En effet; et vous êtes, je crois, plus âgée que votre sœur de quelques années?

— Oui, Monsieur. »

Après que, par ces questions préliminaires et sans importance, l'avocat crut avoir familiarisé Jeanie avec la situation de témoin, il lui demanda « si elle n'avait pas remarqué le changement survenu dans la santé de sa sœur vers la fin du séjour de celle-ci chez Mistress Saddletree? »

Jeanie fit une réponse affirmative.

« Et je suppose, mon enfant, qu'elle vous en a dit la cause? » ajouta Fairbrother, d'un ton dégagé qui demandait un acquiescement.

« Je suis fâché d'interrompre mon confrère, » dit, en se levant, le conseil de la couronne; « mais la question n'est-elle pas faite de façon à influencer le témoin? Je soumets cette observation au jugement de Vos Seigneuries.

— Si le point est mis en discussion, » dit le président, « il faut faire retirer le témoin. »

Les jurisconsultes écossais voient avec une sainte et scrupuleuse horreur toutes questions formulées, par le conseil poursuivant l'enquête, de manière à indiquer au témoin, par insinuation, la réponse qu'on désire de lui. Ces scrupules, bien que fondés sur un principe excellent, sont poussés quelquefois à un degré de sévérité absurde ; en général, d'ailleurs, il est facile à un homme de loi qui connaît son terrain d'éluder les objections. C'est ce que fit Fairbrother au cas présent.

« Il n'est pas nécessaire, Milords, de faire perdre le temps à la cour ; puisque le conseil du roi juge à propos de critiquer ma question, je la formulerai autrement. Dites-moi, jeune femme, avez-vous questionné votre sœur quand vous avez remarqué qu'elle ne se portait pas bien ? Ayez courage, et répondez.

— Je lui ai demandé ce qu'elle avait, » répliqua Jeanie.

« Très bien. Prenez votre temps. Quelle réponse a-t-elle faite ? » continua M. Fairbrother.

Jeanie se tut, et devint mortellement pâle. Ce n'est pas qu'elle eût jamais eu l'idée de transiger avec la sainteté du serment ; c'était hésitation naturelle à éteindre la dernière étincelle d'espérance qui pouvait rester à sa sœur.

« Prenez courage, jeune femme, » dit Fairbrother. « Je vous demandais ce que votre sœur vous avait dit, lorsque vous l'avez interrogée ?

— Rien, » répondit Jeanie, d'une voix faible, qui fut cependant entendue distinctement dans le coin le plus éloigné de la salle, tant le silence avait été profond et solennel durant le temps écoulé entre la question de l'avocat et la réponse du témoin.

Fairbrother changea de visage ; mais, avec cette présence d'esprit qui n'est pas moins nécessaire dans les occurrences de la vie civile que dans celles de la vie militaire, il rallia soudain ses esprits. « Rien ? c'est vrai ; rien, à votre première demande. Mais, quand vous l'avez interrogée une seconde fois, n'a-t-elle pas dit ce qu'elle avait ? »

La question était posée d'un ton à faire comprendre l'importance de la réponse, au cas même où Jeanie ne l'aurait pas sue déjà. La glace était rompue, cependant, et mettant, pour répondre, moins de temps que la première fois : « Hélas, hélas ! » dit-elle ; « elle n'en a pas soufflé mot. »

Un gémissement sourd parcourut la salle. Un autre, plus fort et plus douloureux en fut l'écho; c'était celui du malheureux père. L'espérance à laquelle, sans en avoir conscience, et en dépit de lui-même, il s'était secrètement attaché, venait de disparaître, et le vénérable vieillard tomba sans connaissance sur le sol aux pieds de sa fille terrifiée. Dans un élan impuissant, l'infortunée prisonnière se débattit contre les gardes entre lesquels elle était placée. « Laissez-moi aller près de mon père ! J'irai ! J'irai ! Il est mort ; il est tué ; je l'ai tué ! » s'écriait-elle avec les accents d'une douleur folle, que ceux qui les ont entendus n'ont pas oubliés de longtemps.

Même en ce moment d'angoisse et de confusion générale, Jeanie ne perdit pas la supériorité que, sous les plus pénibles épreuves, un grand et ferme esprit assure à celui qui le possède.

« C'est mon père, c'est notre père, » répétait-elle doucement à ceux qui voulaient les séparer, alors qu'elle se baissait vers lui, écartait les cheveux gris du vieillard, et lui frottait vivement les tempes.

Le président, après s'être plusieurs fois essuyé les yeux, donna l'ordre de les conduire dans une pièce voisine, et de prendre d'eux le plus grand soin. Tandis qu'on emportait son père de la salle, et que sa sœur marchait lentement derrière lui, les yeux de la prisonnière les suivirent si ardemment qu'on eût dit qu'ils allaient sortir de leurs orbites. Quand elle eut cessé de voir son père et sa sœur, elle sembla trouver dans son désespoir et son abandon un courage qu'elle n'avait pas encore montré.

« Le plus amer est bu maintenant, » dit-elle ; et, s'adressant hardiment à la cour : « Milords, j'implore votre bon plaisir pour qu'il soit passé outre, pour que ce jour terrible se termine enfin. »

Le président, qui, à son grand honneur, avait fortement partagé la sympathie générale, fut surpris d'être rappelé à son devoir par la prisonnière. Il calma son émotion, et demanda au conseil du *panel* s'il avait d'autres preuves à produire. Fairbrother, l'air découragé, répondit que sa preuve était terminée.

Le conseil du roi s'adressa au jury au nom de la couronne. Il dit, en

David Deans tombe sans connaissance, en entendant la réponse de Jeanie.

peu de mots, que personne n'était plus touché que lui de la triste scène à laquelle on venait d'assister. C'est la conséquence des grands crimes d'apporter le trouble et la désolation à toutes les personnes que des liens unissent avec ceux qui les ont commis. Passant rapidement en revue les preuves fournies, il montra que toutes les circonstances de la cause concouraient avec celles requises par le statut en vertu et par application duquel la prisonnière était jugée ; que le conseil du *panel* avait totalement échoué en voulant prouver qu'Euphémie Deans aurait communiqué sa situation à sa sœur ; qu'en ce qui concerne le caractère honnête que ladite Euphémie aurait eu auparavant, il était fâché d'avoir à dire que c'étaient les femmes qui possédaient l'estime du monde, et auxquelles le monde semblait avoir sujet de l'accorder, qui se trouvaient le plus fortement poussées par la honte, et par la crainte des censures du monde, au crime d'infanticide. L'enfant avait été tué : cela n'était pas douteux. La déclaration même de l'accusée, pleine d'hésitations et de contradictions, marquée comme elle l'était de nombreux refus de répondre, alors que, d'après sa propre version, la sincérité aurait été plus naturelle et plus avantageuse; cette déclaration donc, par cela même qu'elle était imparfaite, ne laissait pas de doute dans son esprit sur le sort du malheureux enfant. Il ne doutait pas non plus que le *panel* n'eût participé au crime. Quel autre qu'elle aurait eu intérêt à un acte si inhumain ? Ni Robertson assurément, ni cet agent de Robertson, cette femme dans la maison de laquelle la naissance avait eu lieu, n'avaient aucune raison qui les poussât à ce crime si ce n'était à cause d'elle, de connivence avec elle, et pour sauver sa réputation. Mais il n'avait pas, aux termes même de la loi, à apporter la preuve précise du meurtre, ou de la part que l'accusée y aurait prise. L'objet même du statut était de substituer un certain enchaînement de présomptions à une preuve qu'en des cas pareils il était particulièrement difficile d'obtenir. Le jury pouvait consulter le statut ; il avait aussi sous les yeux l'acte d'accusation et le jugement de mise en état, pour se diriger sur le point de droit. Il laissait à la conscience du jury le soin de décider si, et en fait et en droit, il n'y avait pas lieu à un verdict de culpabilité.

La défense de Fairbrother fut fort entravée par l'échec de la preuve sur laquelle il avait compté. Il livra cependant avec courage et opiniâtreté le combat dans lequel il n'espérait plus la victoire. Il alla jusqu'à attaquer la sévérité du statut sous l'invocation duquel la jeune femme était jugée. « Dans toutes les autres causes, » dit-il, « la première chose requise de celui qui dirigeait une poursuite criminelle était de prouver d'une manière non équivoque que le crime libellé en l'accusation avait été effectivement commis, ce que les jurisconsultes appellent prouver le *corpus delicti*. Mais ce statut, fait sans doute dans les intentions les meilleures, et sous l'impulsion d'une juste horreur pour le crime d'infanticide, si contraire à la nature, a risqué d'introduire lui-même le plus odieux de tous les crimes, la mort d'une innocente, pour expier un crime supposé, que personne peut-être n'a commis. Loin de reconnaître la probabilité prétendue de la mort violente de l'enfant, il n'accordait même pas qu'il y eût preuve qu'un enfant eût jamais vécu. »

Le conseil du roi montra du doigt la déclaration de l'accusée ; à quoi le défenseur répondit :

« Une déclaration éclose dans un moment de terreur et de désespoir, tout voisin de la folie, n'était pas, » dit-il, « son savant confrère le savait bien, une preuve valable contre la partie qui l'avait faite. Il est bien vrai qu'un aveu judiciaire, en présence même des juges, est la plus puissante de toutes les preuves, en tant qu'il est dit dans la loi que *in confitentem nullæ sunt partes judicis*. Mais cela n'est vrai que de l'aveu judiciaire seul, expression par laquelle la loi entend celui qui est fait en présence des juges et au cours de l'enquête régulière dans laquelle les témoins déposent sous la foi du serment. A l'égard de l'aveu extrajudiciaire, toutes les autorités tiennent pour certain, avec l'illustre Farinaceus, et avec Matheus, que *confessio extrajudicialis in se nulla est : et quod nullum est, non potest adminiculari*. Cette nature d'aveu est totalement dépourvue de valeur ; vide, dès le commencement, de toute force et de tout effet ; incapable, en conséquence, d'être étayée ou soutenue, ou, dans les termes même de la loi, de recevoir un adminicule, à l'aide d'autres circonstances auxquelles on attribuerait le caractère de présomptions. Dans la cause actuelle, donc, laissant l'aveu extrajudiciaire pour ce qu'il est, c'est-à-dire pour rien, le poursuivant n'avait pas établi, » ainsi le soutenait Fairbrother, « la seconde des conditions exigées par le statut, qu'un enfant était né vivant ; et ce fait, ce fait capital, il fallait au moins le prouver avant de prétendre établir, par des présomptions, qu'il aurait été mis à mort. Si quelqu'un de messieurs les jurés, » ajoutait-il, « pouvait être d'avis que c'est vouloir enfermer le statut dans une discussion trop étroite, qu'il considère que ce statut est entaché par sa nature d'une pénalité rigoureuse, et n'est pas dès lors susceptible d'interprétation favorable. »

Il termina son savant discours par une éloquente péroraison sur la scène à laquelle on venait d'assister, péroraison durant laquelle Saddletree s'endormit profondément.

Ce fut alors le tour du président de s'adresser au jury. Il le fit d'une façon brève et claire.

« C'était au jury, » dit-il, « de décider si le poursuivant avait fait sa preuve. Quant à lui, il avait le regret sincère de dire qu'il ne restait pas l'ombre d'un doute dans son esprit sur le verdict que les débats devaient entraîner. Il ne suivrait pas le conseil de l'accusée à travers les attaques qu'il avait dirigées contre le statut du roi Guillaume et de la reine Marie. Le jury et lui avaient prêté serment de juger conformément aux lois existantes ; ils n'avaient ni à les critiquer, ni à les éluder, ni même à les justifier. Dans une affaire civile, on n'aurait jamais permis à un conseil de plaider la cause de son client en dirigeant des attaques contre la loi ; mais, dans la situation difficile en laquelle les conseils sont souvent placés devant la cour criminelle, par faveur aussi pour tout ce qui peut militer dans le sens de l'innocence, il n'avait pas voulu interrompre l'honorable défenseur, ou le gêner dans sa plaidoirie. La loi, telle qu'elle existait à présent, avait été instituée par la sagesse de leurs pères pour empêcher les progrès alarmants d'un crime odieux ; si l'on venait à la trouver plus sévère que ne l'exigeait le but qu'elle devait atteindre, elle serait sans doute changée par la sagesse du législateur ; c'était, quant à présent, la loi du pays, la règle de la cour, et ce devait être aussi la règle du jury, conformément au serment prêté par lui. On ne pouvait avoir aucun doute sur la situation de la malheureuse fille : qu'elle avait mis au monde un enfant, que cet enfant avait disparu, c'étaient des faits certains. Le savant conseil n'avait pu prouver qu'elle eût communiqué sa situation à quelqu'un. Toutes les conditions requises par le statut se trouvaient donc ici devant les yeux du jury. L'honorable défenseur avait invité le jury à ne prendre aucunement en considération les aveux même du *panel;* c'était, dans une situation pareille, l'argument employé d'ordinaire, à défaut d'autres, par les défenseurs qui sentent que l'aveu de leur client pèse d'un poids redoutable sur le résultat de l'affaire. La loi d'Écosse, cependant, avait entendu qu'une certaine force fût accordée à ces déclarations, bien qu'elles fussent, il l'admettait, *quodammodo* extrajudiciaires; le caractère desdites déclarations ressortait évidemment de la pratique universelle, d'après laquelle elles sont toujours produites et lues, comme faisant partie de la preuve administrée par le poursuivant. Dans la cause actuelle, personne, après avoir entendu les témoins décrire l'état apparent de la jeune femme avant qu'elle ne quittât la maison de Saddletree, après l'avoir comparée aux conditions dans lesquelles elle était lors de son retour chez son père, ne pouvait avoir de doute sur ce point que l'accouchement avait eu lieu dans l'intervalle, ainsi qu'elle l'a dit elle-même dans sa déclaration; cette déclaration n'était donc pas un témoignage isolé, mais avait pour adminicule et pour appui les preuves accessoires les plus énergiques.

« S'il avait exposé, » dit-il, « l'impression qu'il avait ressentie lui-même, ce n'était pas à dessein d'exercer une influence sur les impressions propres des jurés. Il avait été touché comme eux de cette scène de calamité domestique à laquelle ils venaient d'assister. Si devant Dieu et en conscience, les yeux fixés vers la sainteté de leur serment et vers le respect dû à la loi du pays, les jurés pouvaient arriver à une conclusion favorable à l'infortunée prisonnière, il s'en réjouirait autant que qui que ce fût; car jamais plus qu'en ce jour il n'avait senti le poids douloureux de son devoir, et il serait heureux d'échapper à la mission plus pénible encore qui lui resterait à remplir si la décision du jury inclinait dans un autre sens. »

Après avoir entendu l'allocution du président, le jury salua, et se retira, précédé d'un massier de la cour, dans la salle de ses délibérations.

CHAPITRE XXIII.

Prends ta victime, ô loi : que le ciel, moins sévère,
Lui verse le pardon qu'a refusé la terre !

NE heure se passa avant le retour des jurés ; et lorsqu'à pas lents ils traversèrent la foule, comme des hommes qui vont se décharger d'une responsabilité lourde et pénible, il y eut dans l'assistance un silence profond, grave, imposant.

« Êtes-vous tombés d'accord, Messieurs, sur le choix de votre chancelier ? » Ce fut la première question que leur adressa le président.

Le chef du jury s'appelle, en Écosse, le chancelier du jury ; c'est habituellement, par le rang et le caractère, le plus considérable de ses membres. Il s'avança, et, avec un salut respectueux, remit à la cour un papier scellé, contenant le verdict, qui, à cette époque, était toujours et nécessairement écrit : ce n'est que depuis quelques années que des déclarations verbales sont admises en certains cas. Le jury resta debout pendant que le président brisait les sceaux, et, après avoir parcouru le papier, le tendait, d'un air grave et triste, au greffier de la cour, qui se mit à transcrire au procès-verbal d'audience le verdict encore inconnu, mais dont tous présageaient le tragique contenu. Il y avait encore une formalité à remplir, insignifiante par elle-même, mais à laquelle l'imagination ajoute une solennité dérivant de l'occasion terrible dans laquelle elle est employée. Une bougie allumée fut posée sur la table, la pièce originale contenant le verdict fut enfermée dans une feuille de papier, et, revêtue du sceau du président, fut transmise au représentant de la couronne, pour être conservée dans les archives parmi les autres pièces du même genre. Tout cela se fait dans un profond silence ; l'apparition et l'extinction du flambeau semblent représenter l'étincelle de vie condamnée bientôt à disparaître, et excitent chez les spectateurs le même effet qui se produit en Angleterre lorsque le juge se couvre du fatal bonnet de jugement. Quand ces formes préliminaires eurent été remplies, le président requit Euphémie Deans d'écouter la lecture du verdict.

Après les paroles de style, le verdict continua comme suit : « Que le jury ayant fait choix de Jean Kirk, écuyer, en qualité de chancelier, et de Thomas Moore, marchand, en qualité de secrétaire, déclarait, à la pluralité des voix, ladite Euphémie Deans COUPABLE du crime porté dans l'accusation ; mais, en considération de son extrême jeunesse, et des circonstances cruelles de la cause, le jury suppliait instamment le juge-président de la recommander à la clémence de la couronne. »

« Messieurs, » dit le président, « vous avez fait votre devoir ; et il a dû être pénible pour des hommes ayant, comme vous, des sentiments d'humanité. Je transmettrai, sans aucun doute, votre recommandation aux pieds du trône. Mais il est de mon devoir de dire à tous ceux qui m'entendent ici, et, particulièrement, d'informer cette malheureuse jeune femme, pour qu'elle se prépare en conséquence, que je n'ai pas la moindre espérance de voir accorder un pardon dans le cas présent. Vous n'ignorez point que les crimes de ce genre ont été croissant dans ce pays, et je sais qu'on a attribué cette augmentation à la mansuétude avec laquelle les lois y avaient été appliquées ; il n'y a donc pas espoir d'obtenir un adoucissement. » Les jurés s'inclinèrent de nouveau, et, déchargés de leur pénible mission, ils se dispersèrent dans la foule des assistants.

La cour demanda à M. Fairbrother s'il avait quelque chose à dire pour que le verdict ne fût pas suivi de jugement ? Le défenseur mit quelques instants à lire et à relire le verdict, comptant les lettres du nom de chacun des jurés, et pesant chaque phrase, chaque syllabe, aux balances les plus rigoureuses de la critique légale. Mais le secrétaire du jury avait trop bien entendu son affaire. Aucune nullité ne se put trouver, et Fairbrother donna tristement à entendre qu'il n'avait rien à dire qui pût empêcher le jugement.

Le président, alors, s'adressa à l'accusée : « Euphémie Deans, écoutez la sentence que la cour va prononcer contre vous. »

Elle se leva de son siège, et, avec beaucoup plus de calme qu'on n'en aurait auguré de sa conduite durant une partie du procès, elle attendit la fin de cette scène terrible. Ce qu'éprouve notre esprit ressemble beaucoup aux impressions de notre corps : les premiers coups que nous recevons apportent avec eux un étourdissement, une apathie, qui nous rendent indifférents aux coups qui pourront les suivre. C'est ce que dit Mandrin lorsqu'il subit le châtiment de la roue ; c'est ce qu'ont senti tous ceux sur lesquels des épreuves successives sont descendues avec une violence réitérée et continue.

« Jeune femme, » dit le président, « j'ai le pénible devoir de vous dire que votre vie tombe sous l'application d'une loi qui, si elle peut paraître sévère, a été rendue telle avec sagesse, pour que les personnes placées en la situation où vous vous étiez mise sachent le risque qu'elles courent en cachant, par orgueil ou fausse honte, leur oubli de la vertu, et en ne faisant pas les préparatifs voulus pour sauver la vie des malheureux enfants qu'elles savent devoir mettre au monde. Quand vous avez caché votre position à votre maîtresse, à votre sœur, à d'autres personnes de votre sexe, recommandables et compatissantes, dans l'estime desquelles votre conduite passée vous avait donné une place honorable, vous semblez tout au moins avoir médité, dans votre pensée, la mort de la chétive créature à la vie de laquelle vous négligiez de pourvoir. Qu'est devenu l'enfant ? ce qui est arrivé a-t-il été l'œuvre d'un autre ou la vôtre ? le récit extraordinaire que vous avez fait est-il faux en partie, l'est-il tout à fait ? c'est chose entre Dieu et votre conscience. Je n'ajouterai pas à vos angoisses en insistant sur ce point, mais je vous adjure solennellement d'employer le temps qui vous reste à faire votre paix avec Dieu ; à cette fin, tels vénérables membres du clergé dont vous aurez vous-même indiqué les noms, auront accès près de vous. Malgré la recommandation que vous devez à l'humanité du jury, je ne saurais vous apporter, dans les conditions actuelles du pays, la plus légère espérance de voir votre vie prolongée au delà du délai marqué pour l'exécution de la sentence. Oubliant donc les pensées du monde, préparez-vous par le repentir à la pensée d'une heure plus terrible. Songez à la mort, au jugement, à l'éternité. *Doomster* (L), lisez la sentence. »

Lorsqu'apparut le doomster, un grand homme à l'air farouche, vêtu d'un habit bizarre, noir et gris galonné d'argent, tous reculèrent avec une horreur instinctive, et tous lui firent place pour qu'il approchât du bout de la table. Cet office étant rempli par l'exécuteur public, tous se poussaient en arrière pour éviter jusqu'au contact de son vêtement ; on en vit même frotter leurs habits, que cette souillure avait accidentellement touchés. On entendit dans la salle un bruit de respirations pénibles, ainsi qu'il arrive à ceux qu'oppresse l'attente ou le spectacle de ce qui excite en même temps l'émotion et l'effroi. En dépit de son endurcissement brutal, le malencontreux personnage, se sentant l'objet de l'exécration générale, semblait désireux de n'être plus en public, comme les oiseaux de mauvais augure cherchent à se soustraire à la lumière du jour et à l'air pur.

Répétant les paroles que lui disait à mi-voix le greffier de la cour, il articula la sentence qui condamnait Euphémie Deans à être reconduite à la Tolbooth d'Édimbourg, et à y être détenue jusqu'au mercredi... du mois de...; à être, ce jour-là, entre deux et quatre heures de l'après-midi, conduite au lieu ordinaire des exécutions, et, audit lieu, pendue par le cou à un gibet. « Et c'est ainsi, » dit le doomster, poussant au plus haut sa voix sinistre, « que je prononce jugement. » Il s'éclipsa après avoir articulé cette dernière formule, comme le fait un mauvais esprit, l'objet de sa visite accompli ; mais l'impression d'horreur excitée par sa présence et par la mission qu'il avait remplie, resta sur les spectateurs.

La pauvre criminelle (c'est ainsi maintenant qu'il faut l'appeler) sut montrer en cette occasion que, plus impressionnable et plus irritable que son père et que sa sœur, elle possédait cependant une large part de leur courage. Elle était restée debout et immobile à la barre durant le prononcé de la sentence ; on l'avait vue fermer les yeux lorsque le doomster s'était avancé. Mais elle fut la première à rompre le silence quand ce personnage de malheur eut quitté la place.

« Dieu vous pardonne, Milords, » dit-elle; « et ne vous fâchez pas contre moi si je forme un pareil vœu : nous avons tous besoin de pardon. Je ne saurais vous blâmer; vous agissez d'après vos lumières; et si je n'ai pas tué mon pauvre enfant, vous tous qui, en ce jour, avez été présents ici, vous êtes témoins que j'ai fait ce qu'il fallait pour tuer mon bon vieux père. Je mérite les plus durs châtiments et des hommes et de Dieu. Mais Dieu a plus de merci pour nous que nous n'en avons les uns pour les autres. »

Avec ces paroles se termina le procès. La foule se précipita hors de la salle en se pressant et se bousculant, avec le même tumulte qu'à l'entrée. L'excitation des corps et des esprits fit bien vite oublier à ceux qui la composaient toutes les impressions que leur avait fait éprouver la scène à laquelle ils venaient d'assister. Les spectateurs de profession, que l'habitude et la théorie avaient rendus aussi insensibles à de pareilles tristesses que le sont les adeptes des sciences médicales dans une opération de chirurgie, s'en allèrent chez eux par groupe, discutant le principe général du statut par application duquel la jeune femme était condamnée, la nature de la preuve, les arguments des conseils, sans considérer comme à l'abri de leurs critiques les paroles même du président.

Les spectateurs du sexe féminin, plus accessibles à la compassion, s'exclamaient vivement contre la partie de l'allocution du président qui semblait ôter toute espérance de pardon.

« Il lui sied bien vraiment, » s'écria Mistress Hodwen, « de nous dire que la pauvre fille a mérité de mourir, alors que M. Jean Kirk, un gentilhomme aussi distingué que n'importe lequel dans la ville, a pris lui-même la peine de parler pour elle.

— C'est vrai, voisine, » dit Miss Damahoy, élevant sa taille maigre et virginale à toute la hauteur de sa dignité, « mais ne faut-il pas mettre un terme à des habitudes si déplorables? On ne trouve plus une fille au-dessous de trente ans que l'on puisse garder chez soi. Ce sont des clercs, des apprentis; que sais-je? qui courent après elles pour les perdre, et pour compromettre, par-dessus le marché, le crédit d'une maison honnête. Ces filles-là, vraiment, vous feraient perdre patience.

— Fi! voisine, » dit Mistress Howden; « il faut vivre, et laisser vivre les autres; nous avons été jeunes nous-mêmes, et il ne faut pas toujours y voir du mal quand les garçons et les filles causent ensemble.

— Jeunes nous-mêmes! Y voir du mal! » riposta Miss Damahoy. « Je ne suis pas encore trop vieille, Mistress Howden; et quant à ce que vous appelez y voir du mal, je n'ai jamais vu dans ces choses-là ni bien ni mal, grâce à mon destin!

— Grâce à votre destin! Vous êtes reconnaissante à bon marché, » répliqua Mistress Howden en branlant la tête; « et, pour ce qui est de la jeunesse, j'ai idée que vous étiez majeure à la dernière session du parlement d'Écosse, en l'an de grâce 1707, de sorte que vous n'êtes plus précisément une poulette. »

Plumdamas, qui faisait l'office d'écuyer et de garde du corps des deux dames, vit le danger qu'il y avait à toucher des points de chronologie aussi délicats; ami de la paix et du bon voisinage, il ramena, sans perdre de temps, la conversation à son point de départ.

« Le président, Mesdames, ne nous a pas dit, sur la demande en grâce, tout ce qu'il aurait pu nous dire s'il l'avait voulu; il y a toujours quelque chose d'embrouillé dans l'écheveau d'un homme de loi, mais, ici, c'est un secret.

— Lequel? lequel? voisin Plumdamas, » dirent à la fois Mistress Howden et Miss Damahoy. L'acide qui fermentait dans leur dispute s'était neutralisé tout à coup, grâce à l'alcali puissant contenu dans le mot : *secret*.

« Voici M. Saddletree qui vous le dira mieux que moi, car c'est de lui que je le tiens, » répondit Plumdamas, comme Saddletree s'approchait, donnant le bras à sa femme toute désolée.

Quand la question lui fut posée, Saddletree prit un air de dédain. « On parle d'arrêter le nombre des infanticides, » dit-il, d'un ton méprisant; « croyez-vous que nos vieux ennemis d'Angleterre, comme les appelle toujours Glendook dans son *Livre des Statuts* (un livre imprimé), donneraient un sou pour savoir si nous nous tuons ou non les uns les autres, cuir et chair, cavaliers et fantassins, homme, femme et enfants, en gros ou en détail, *omnes et singulos*, comme le dit M. Crossmyloof? Non, non, ce n'est pas cela qui les empêche de pardonner à la pauvre fille. Mais le fin mot, le voici. Le roi et la reine sont si irrités de cette affaire de Porteous, que je veux aller au diable si jamais, à l'avenir, ils pardonnent à un Écossais, par sursis, rémission ou diminution, dût toute la ville d'Édimbourg être pendue à la fois.

— Qu'ils retournent alors à leur carré de choux d'Allemagne (c'est comme cela que mon voisin Mac Croskie appelle leur pays), » dit Mistress Howden, « si c'est de cette façon-là qu'ils sont venus nous gouverner!

— On assure, » dit Miss Damahoy, « que le roi Georges a jeté sa perruque au feu en apprenant l'émeute de Porteous.

— Il a fait cela, dit-on, pour de moindres choses, » répliqua Saddletree.

« Il serait à souhaiter, » dit Miss Damahoy, « qu'il gardât plus de sang-froid quand il se fâche; mais c'est une bonne chose, pourtant, pour son marchand de perruques.

— La reine était si en colère, » ajouta Plumdamas, « qu'elle en a déchiré sa garniture. Vous l'aurez entendu dire, probablement. Et le roi, à ce qu'on prétend, a donné des coups de pied à sir Robert Walpole pour n'avoir pas su venir à bout de la population d'Édimbourg ; mais j'ai peine à croire qu'il ait agi si impoliment.

— C'est cependant aussi vrai que parole de justice, » dit Saddletree à son tour ; « et il a failli donner aussi des coups de pied au duc d'Argyle (M).

— Des coups de pied au duc d'Argyle ! » s'écrièrent tous à la fois les auditeurs, sur tous les diapasons possibles de l'étonnement le plus absolu.

« Oui, mais le sang de Mac Callummore n'est pas fait pour se tenir tranquille après cela ; peu s'en est fallu qu'Andro Ferrara, sa bonne épée, ne se mît en tiers dans la conversation.

— Le duc est un franc Écossais, un ami vrai du pays, » répondit l'auditoire de Saddletree.

« Assurément, » continua l'orateur ; « ami du roi et du pays, comme je vous le dirai mieux encore si vous voulez venir chez nous, car il est plus sûr de parler de ces choses-là *inter parietes*. »

Lorsque l'on fut dans son magasin, il fit sortir l'apprenti qui le gardait ; et, prenant sa clef, ouvrant son pupitre, il en sortit, d'un air important, avec complaisance et gravité, un morceau de papier imprimé malpropre et chiffonné. « C'est du fruit nouveau, » remarqua-t-il ; « et tout le monde ne pourrait pas vous montrer le pareil. C'est le discours prononcé par le duc au sujet de l'affaire Porteous, tel qu'il vient d'être promulgué par les vendeurs de papiers publics. Vous allez entendre ce que dit *Ian Roy Cean* (Jean le Rouge le Guerrier). Mon correspondant a acheté cela sur la place du Palais, presque sous le nez du roi. La griffe de notre duc va, je crois, gâter leurs gants. Cela m'est venu dans une missive que je reçois au sujet d'une misérable lettre de change, dont mon correspondant me demande le renouvellement. Vous verrez à cela, Mistress Saddletree. »

La bonne Mistress Saddletree avait été jusque-là si sincèrement affligée de la situation de sa pauvre protégée qu'elle avait laissé son mari aller ainsi que bon lui semblerait, sans faire attention seulement à ce qu'il disait. Les mots de *lettre de change* et de *renouvellement* résonnaient de façon à la réveiller. Elle saisit la lettre que son mari lui tendait ; et, essuyant ses yeux, mettant ses lunettes, se mit en devoir, dès que le permettrait la rosée qui s'était formée sur les verres, de savoir le sens de la partie utile de l'épitre. Pendant ce temps-là Saddletree, d'une voix haute et pompeuse, lisait un passage du discours.

« Je ne suis pas ministre, je ne l'ai jamais été, je ne le serai jamais...

— Je ne savais pas, » interrompit Mistress Howden, « que Sa Grâce eût été désignée pour monter en chaire.

— Il ne s'agit pas d'être ministre de l'Évangile, Mistress Howden, » dit Saddletree d'un ton indulgent. Et il continua : « Il fut un temps où j'aurais pu l'être ; mais je sentais combien j'étais incapable de m'engager dans les affaires de l'État. Je remercie Dieu de ce que j'ai toujours fait trop grand cas du peu que la nature a pu m'accorder pour l'employer à œuvre servile, de quelque genre qu'elle soit. Depuis que j'ai débuté dans le monde (et peu de personnes, je crois, y sont entrées plus tôt que moi), j'ai toujours servi mon prince de ma parole ; je l'ai servi de toutes les faibles ressources qui pouvaient exister en moi ; je l'ai servi de mon épée dans la profession des armes. J'ai occupé des emplois que j'ai perdus, et, dussé-je être privé demain de ceux qui me restent encore, et que je me suis efforcé de mériter honnêtement, je continuerais de servir le prince jusqu'au dernier lambeau de mon héritage, jusqu'à la dernière goutte de mon sang. »

En cet endroit, Mistress Saddletree coupa la parole à l'orateur. « Qu'est-ce que tout cela veut dire, Monsieur Saddletree ? Vous êtes là babillant à propos du duc d'Argyle, et ce Martingale, le correspondant, va nous claquer dans les doigts, et nous faire perdre soixante bonnes livres sterling. J'ignore quel sera le duc qui viendra nous payer cela. Que le duc d'Argyle paie ce qu'il doit lui-même, c'est tout ce que je lui demande. Il a été porté pour mille livres d'Écosse sur les livres que voici, la dernière fois qu'il est venu à Roystoun. Ce n'est point pour dire qu'il n'est pas un noble loyal et sûr ; c'est de bon argent que le sien. Mais il y aurait de quoi devenir folle de vous voir lancé comme cela dans les ricochets de la politique, lorsque là-haut, dans la chambre, sont ces pauvres affligés, Jeanie Deans et son père. Et puis aussi, ce garçon, qui était là à coudre un harnais, à quoi avez-vous pensé de le faire sortir de la boutique pour qu'il aille jouer dans l'enclos avec les mauvais sujets ? Restez assis, voisins ; ce n'est pas à vous que j'en veux ;

mais, avec ses cours de justice et ses cours princières, ses parlements hauts et bas, ses chambres du parlement et d'Édimbourg et de Londres, mon bonhomme de mari a, je crois, perdu tout à fait la tête. »

Les dames comprirent. Les règles de la civilité, la règle qui consiste à faire pour les autres ce que nous voudrions qu'ils fissent pour nous, ne leur étaient pas inconnues, et l'invitation contenue dans les dernières paroles de la maîtresse de la maison ne permettait pas de tarder beaucoup. Elles firent donc leurs adieux et partirent le plus tôt qu'il fut possible. Saddletree dit sous voix à Plumdamas « qu'il le trouverait, en temps voulu, au cabaret de Mac Croskie (la boutique basse des Luckenbooths, dont on a déjà parlé), et qu'il aurait dans sa poche le discours de Mac Callummore, en dépit de tout le tapage que sa femme venait de faire. »

Quand Mistress Saddletree vit la maison débarrassée de ces importuns visiteurs, et l'apprenti rappelé des passe-temps de la vie publique au maniement de l'alène, elle alla auprès de son infortuné parent, David Deans, et de la fille aînée de celui-ci, qui avaient trouvé dans la maison de la bonne dame le refuge le plus voisin que pût leur offrir l'amitié.

CHAPITRE XXIV.

> ISABELLA. De lui faire du bien ai-je donc le pouvoir?
> je ne l'ai pas, hélas !
> LUCIO.   Essayez de l'avoir.
>
> SHAKSPEARE. *Mesure pour mesure,* acte I, scène 5.

ORSQUE Mistress Saddletree entra dans la chambre où ses hôtes avaient abrité leur malheur, elle en trouva la fenêtre à moitié fermée. La faiblesse qui avait suivi le long évanouissement du vieillard avait rendu nécessaire de le mettre au lit. Les rideaux étaient tirés autour de lui et Jeanie assise immobile à côté du lit. Mistress Saddletree était bonne et sensible, sans pousser cela jusqu'au raffinement. Elle ouvrit la fenêtre, souleva le rideau du lit, et, prenant son parent par la main, l'exhorta à se lever, et à supporter sa douleur comme un brave homme et un chrétien qu'il était. Mais lorsqu'elle lâcha la main de David, cette main retomba sans force, et le vieillard n'essaya pas la moindre réponse.

« Est-ce fini? » demanda Jeanie, les lèvres et les joues d'une pâleur livide; « et n'y a-t-il plus d'espoir?

— Il n'y en a plus, » dit Mistress Saddletree, « ou presque plus. De mes propres oreilles, je l'ai entendu dire par ce matou de président. C'est une honte de voir tant de gens s'asseoir tous dans leurs robes rouges et noires, pour arracher la vie d'une pauvre fille éplorée. Je n'ai jamais goûté les bavardages de mon mari, et je les aimerai désormais encore moins qu'auparavant. La seule chose raisonnable que j'aie entendu dire à quelqu'un, ç'a été quand ce brave monsieur Jean Kirk de Kirk-Knowe leur a demandé d'obtenir le pardon du roi. Voilà tout ce qui s'est dit de bien. Mais il parlait à des gens qui n'ont pas de raison ; il aurait mieux fait de garder son haleine pour souffler sur son potage.

— Le roi peut donc lui pardonner ? » s'écria vivement Jeanie. « Des personnes m'ont dit qu'il ne pouvait pas faire grâce dans les cas de... dans les cas comme celui-ci.

— S'il peut faire grâce, chère enfant ? Il le peut, j'en suis sûre, quand il le veut. Il y a le jeune Singlesword, qui a poignardé le laird de Ballencleuch, et le capitaine Hackum, qui a tué le bonhomme de lady Colgrain, et le maître de Saint-Clair qui avait tiré sur les deux Shaw, et bien d'autres, de mon temps. Il est vrai qu'ils étaient de sang noble, et qu'ils avaient leurs parents pour parler en leur faveur. N'y a-t-il pas eu aussi Jean Porteous, l'autre jour ? On peut avoir un pardon, je vous le garantis, quand les gens s'en donnent la peine.

— Porteous ! » dit Jeanie ; « c'est vrai ; mais j'oublie toutes les choses dont je devrais me souvenir. Portez-vous bien, Mistress Saddletree ; et puissiez-vous, à l'heure du chagrin, ne manquer jamais d'un ami !

— Jeanie, mon enfant, ne restez-vous pas avec votre père ? Vous feriez bien, » dit Mistress Saddletree.

« Il faut que j'aille ailleurs, » dit Jeanie, en indiquant de la main la Tolbooth ; « il faut que je quitte mon père à présent, ou je n'aurais plus le courage de le quitter. Je ne crains rien pour sa vie ; je sais que son cœur est fort. Je le sais, » dit-elle, « par mon propre cœur en ce moment. » Et sa main, comme elle parlait, se posait sur sa poitrine.

« Eh bien, mon enfant, si vous pensez bien faire en le quittant, mieux vaut qu'il reste ici et qu'il s'y repose, que de retourner à Saint-Léonard.

— Beaucoup mieux, beaucoup mieux. Que Dieu vous bénisse ! Ne le laissez pas partir, » dit Jeanie, « que vous n'ayez eu de mes nouvelles.

— Mais vous reviendrez bientôt ? » dit Mistress Saddletree en la retenant ; « on ne vous laissera pas rester là-bas, chère petite.

— Il faut que j'aille à Saint-Léonard. Il y a beaucoup à faire, et peu de temps pour cela. J'ai des amis auxquels il faut que je parle. Dieu vous bénisse ! Prenez soin de mon père. »

Elle était à la porte de la chambre, lorsque, revenant tout à coup, elle s'agenouilla auprès du lit. « O mon père, donnez-moi votre bénédiction. Je n'ose partir que vous ne m'ayez bénie. Dites seulement : Dieu vous bénisse, Jeanie, et vous protège. O mon père, essayez de le dire ! »
Plutôt instinctivement que par un effort vrai de sa volonté, le vieillard murmura cette prière « que les bénédictions achetées et promises se multipliassent sur elle.
— Il a béni mon dessein, » dit sa fille en se relevant ; « quelque chose me dit que je réussirai. »
Parlant ainsi, elle quitta la pièce. Mistress Saddletree la suivit des yeux, et hocha la tête. « Puisse-t-elle, la pauvre enfant, ne pas battre la campagne ! Il y a chez tous ces Deans quelque chose de singulier. Je n'aime pas qu'on soit plus parfait que les autres ; il est rare qu'il en sorte du bien. Si, cependant, elle va donner un coup d'œil au bétail de Saint-Léonard, c'est une autre histoire ; elle a raison d'y penser. Montez ça, Grizzie, prendre soin de ce bon vieillard, et veiller à ce qu'il ne manque de rien. » Puis, s'adressant à la servante, qui entrait : « Allons, allons, vilaine folle, qu'est-ce que c'est que ces coiffures-là ? Vous venez d'avoir, il me semble, un fameux avertissement, qui devrait suffire pour dégoûter des coquetteries et des chiffons. Voyez à quoi elles en viennent toutes. » Et le thème se continua.

Laissant la bonne dame à son sermon sur les vanités mondaines, nous transporterons le lecteur dans la cellule où était enfermée la malheureuse Effie Deans, privée de plusieurs des libertés dont elle avait joui avant que la sentence ne fût prononcée. Après être restée environ une heure dans l'état de prostration et d'horreur si naturel en sa situation, elle en fut arrachée par le bruit des verrous qui s'ouvraient, et Ratcliffe parut. « Effie, » dit-il, « c'est votre sœur qui veut vous parler.
— Je ne puis voir personne, » dit Effie, avec l'irritabilité prompte que le malheur avait rendue plus aiguë ; « je ne puis voir personne, elle moins que tout autre. Dites-lui de prendre soin du vieillard. Je ne suis rien pour eux maintenant, ni eux pour moi.
— Elle dit qu'il faut qu'elle vous voie, » répliqua Ratcliffe ; et Jeanie, se précipitant dans la pièce, enserra de ses bras le cou de sa sœur, qui faisait effort pour se soustraire à ses embrassements.

« Pourquoi venir pleurer sur moi, » dit la pauvre Effie, « quand c'est vous qui m'avez tuée ? Qui m'avez tuée, lorsqu'un mot de votre bouche m'aurait sauvée. Tuée, moi qui suis innocente ; innocente, du moins, de ce crime ; moi qui aurais donné mon corps et mon âme pour épargner une blessure à votre doigt !

— Vous ne mourrez pas, » dit Jeanie, avec une fermeté enthousiaste ; « dites de moi ce que vous voudrez ; promettez-moi seulement (car je crains la fierté de votre cœur) que vous n'attenterez pas à vos jours, et vous ne mourrez pas de cette mort pleine de honte.

— Une mort pleine de honte ! non, Jeanie, je ne la connaîtrai pas. Mon cœur fut trop faible, je le sais ; mais je sens en lui quelque chose qui n'attendra pas la honte. Retournez auprès de notre père, et ne pensez plus à moi. J'ai mangé, sur la terre, mon dernier repas !

— Oh ! » s'écria Jeanie, « voilà ce que je craignais !

— Allons, allons, ma poulette, » dit Ratcliffe ; « vous ne connaissez rien à ces choses-là. On croit toujours, au premier drelin dindin de la sentence, qu'on aura assez de cœur pour mourir plutôt que d'attendre les six semaines ; mais cela n'empêche pas d'attendre les six semaines. Je connais cela ; j'ai été trois fois en face du *doomster*, trois fois, et, malgré tout, Jacques Ratcliffe est encore ici. Si j'avais, la première fois, noué bien fort ma serviette, comme j'en avais eu l'idée (c'était pour une vache grise, qui ne valait pas dix livres sterling), où en serais-je maintenant ?

— Comment avez-vous fait pour vous évader ? » dit Jeanie. Le destin d'un homme si odieux pour elle au premier abord, avait pris soudainement de l'intérêt à ses yeux par le rapport qu'il avait avec celui de sa sœur.

« Comment je me suis évadé ? » dit Ratcliffe, avec le clignement d'yeux d'une personne qui s'y connaît ; « comme nul, je vous assure, ne s'évadera de la Tolbooth tant que j'en tiendrai les clefs.

— Ma sœur en sortira, » dit Jeanie, « à la face même du soleil. J'irai à Londres ; j'implorerai son pardon du roi, je l'implorerai de la reine. Ils peuvent lui pardonner, puisqu'ils ont pardonné à Porteous ; lorsqu'une sœur, à genoux, demandera la vie de sa sœur, ils pardonneront bien sûr ; et, en le faisant, ils se gagneront mille cœurs. »

Surprise, effarée, Effie l'écoutait. Il y avait tant d'assurance, tant de conviction, dans l'enthousiasme de sa sœur, qu'elle eut involontairement comme une lueur d'espérance, mais qui s'évanouit à l'instant :

« Ah, Jeanie! le roi et la reine habitent Londres, si loin, si loin! Bien au delà des flots de la mer. Je serai partie avant que vous n'y arriviez.

— Vous vous trompez, » dit Jeanie; « ce n'est pas si loin, et c'est par terre qu'on y va. J'ai appris de Ruben Butler un peu de ces choses-là.

— Ah, Jeanie! vous n'avez jamais appris que de bonnes choses des personnes que vous avez fréquentées. Mais moi, moi! » Et se tordant les mains, elle versait des larmes amères.

« N'y pensez pas à présent, » dit Jeanie; « il en sera temps quand nous aurons tiré parti du délai qui nous est donné. Portez-vous bien. Si je ne meurs pas en route, mes yeux contempleront le visage du roi qui peut donner le pardon. O Monsieur, » se tournant vers Ratcliffe, « soyez bon pour elle. Jusqu'à présent, elle n'a jamais su ce que c'est que d'avoir besoin de la bonté d'un étranger. Adieu, adieu, Effie! Ne me parlez point, je ne veux pas pleurer; la tête me tourne déjà bien assez. »

Elle s'arracha des bras de sa sœur, et quitta la cellule. Ratcliffe la suivit, et lui fit signe d'entrer dans une petite pièce. Non sans trembler, elle obéit.

« Quelle idée avez-vous d'avoir peur comme cela? » dit-il; « je ne vous veux que du bien. Je vous respecte, morbleu, et je ne peux pas m'en empêcher. Vous avez tant de feu que, par ma foi, il peut y avoir chance que vous gagniez la bataille. Mais il ne faut pas aller trouver le roi sans vous être fait des amis. Songez au duc; essayez de Mac Callummore. C'est un ami de l'Écosse. Je sais que les grands ne l'aiment pas beaucoup, mais ils le craignent, et, pour le succès de votre dessein, cela reviendra au même. Ne connaissez-vous personne qui puisse vous donner une lettre pour lui?

— Le duc d'Argyle! » dit Jeanie, rappelant soudain un souvenir. « Que peut-il être à cet Argyle, qui a souffert du temps de mon père, durant la persécution?

— C'est son fils, je crois, ou son petit-fils, » dit Ratcliffe. « Mais quel intérêt y a-t-il à cela?

— Dieu soit loué! » dit Jeanie, joignant dévotement les mains.

« Vous autres *whigs*, » dit le mécréant, « vous remerciez toujours Dieu de quelque chose. Mais écoutez çà, ma petite; que je vous dise un secret. Vous pouvez rencontrer de rudes chalands à la frontière ou dans le centre avant d'arriver à Londres. Du diable s'il y en a un qui n'ait pas entendu parler de Daddie Ratton; bien que retiré de l'exercice public des affaires, ils savent que je puis leur jouer encore un bon tour ou un mauvais; et du diable s'il est un de ces gaillards, qu'il travaille en grand ou en petit, ne fût-il dans le métier que depuis un an, qui ne connaisse ma griffe aussi bien que le sceau de n'importe quel juge de paix d'Angleterre. Voilà un latin que vous n'avez pas l'air de comprendre. »

Cela était en effet totalement inintelligible pour Jeanie Deans, qui ne songeait plus qu'à s'esquiver. Il barbouilla à la hâte une ligne ou deux sur un morceau de papier sale, et, voyant qu'elle retirait la main lorsqu'il le lui présentait : « Ce papier, de par tous les diables! ne vous mordra pas, ma fille; s'il ne fait pas de bien, il ne peut pas faire de mal. Je vous engage à le montrer, si vous avez quelque histoire avec les clercs de Saint-Nicolas.

— Hélas ! » fit-elle ; « je ne sais pas ce que vous voulez dire.

— Je veux dire, ma petite sainte, si vous tombez dans les mains des voleurs. C'est une phrase de l'Écriture, si vous en voulez une. Le plus hardi d'entre eux saura reconnaître la pataraffe de ma plume d'oie. Et maintenant adieu, bon voyage. Attachez-vous à Argyle ; si quelqu'un peut faire le tour, c'est lui. »

Après avoir lancé un regard anxieux vers les fenêtres à barreaux et les murs noircis de la vieille Tolbooth, un autre regard, presque aussi inquiet, vers la demeure hospitalière de Mistress Saddletree, Jeanie tourna le dos à ce quartier, et, bientôt après, à la ville elle-même. Elle atteignit les rochers de Saint-Léonard sans avoir rencontré personne de sa connaissance, ce que, dans l'état de son esprit, elle considéra comme un grand bonheur. « Je ne dois rien faire, » pensa-t-elle en cheminant, « qui puisse attendrir ou affaiblir mon cœur ; il n'est déjà que trop faible pour ce que j'aurai à faire. Je penserai et j'agirai avec autant de fermeté qu'il sera possible, et je parlerai aussi peu que je pourrai. »

Il y avait une ancienne servante ou voisine de son père, qui, pendant plusieurs années, avait travaillé pour lui, et dont la fidélité méritait toute confiance. Elle envoya chercher cette femme, lui fit savoir que les événements qui avaient atteint sa famille l'obligeaient à entreprendre un voyage qui la retiendrait quelques semaines loin de la maison, et lui donna des instructions pour diriger en son absence les affaires domestiques. Avec une netteté dont elle-même, en y réfléchissant, ne pouvait s'empêcher de s'étonner, elle lui expliqua, dans les plus minutieux détails, tout ce qu'il y aurait à faire, et, particulièrement, tout ce qui serait nécessaire pour le bien-être de son père. « Il était probable, » dit-elle, « qu'il reviendrait le lendemain à Saint-Léonard, et certain qu'il y reviendrait bientôt. Il fallait que tout fût en ordre lorsqu'il arriverait. Il avait assez de chagrin pour que, dans les choses de ce monde, on lui épargnât la contrariété. »

En même temps, elle travaillait activement, avec May Hettly, pour ne rien laisser qui ne fût en état.

La nuit était avancée quand tout cela fut fini. Lorsqu'elles eurent pris ensemble quelque nourriture, la première à laquelle Jeanie eût touché dans ce jour plein d'occupations, May Hettly, dont l'habitation ordinaire était une chaumière peu éloignée de celle de Deans, demanda à sa jeune maîtresse si elle ne lui permettrait pas de rester toute la nuit dans la maison. « Vous avez eu une cruelle journée, » dit-elle, « et la douleur et la crainte sont de mauvais compagnons durant les veilles de la nuit, comme je l'ai entendu dire à votre brave père lui-même.

— De mauvais compagnons, c'est vrai, » répondit Jeanie, « mais il faut que j'apprenne à supporter leur présence ; et mieux vaut commencer dans la maison que dans les champs. »

Elle congédia donc sa vieille auxiliaire ; car si légère était la différence de leurs rangs dans le monde, que c'est à peine si nous pourrions donner à May le nom de servante. Elle fit ensuite quelques préparatifs pour son voyage.

La simplicité de son éducation et celle de son pays rendaient ces préparatifs courts et faciles. Son tartan faisait à la fois l'office de manteau et de parapluie ; un petit paquet contenait de quoi pourvoir aux changements de linge absolument nécessaires. C'était nu-pieds, comme le dit Sancho, qu'elle était venue au monde ; c'était nu-pieds qu'elle devait faire son voyage ; ses beaux souliers et ses bas de fil blanc comme neige étaient réservés pour les jours de cérémonie. Elle ne savait pas que les habitudes anglaises, et le *comfort* qu'elles exigent, attachent à une personne qui voyage pieds nus l'idée de la misère la plus abjecte. Si l'on avait opposé à sa pratique une objection tirée de la propreté, elle aurait pu se prévaloir des très fréquentes ablutions auxquelles, avec le scrupule d'un mahométan, une demoiselle écossaise de condition un peu sortable a coutume de se soumettre. Jusque-là donc, tout était bien.

Dans une armoire de chêne, son père gardait quelques vieux livres, et deux ou trois paquets de papiers, indépendamment de ses comptes de recette et de dépense. Elle chercha dans un paquet, où se trouvaient des sermons, des calculs d'intérêts, le compte rendu des paroles que les martyrs avaient prononcées à leur mort, et d'autres documents de différents genres ; elle en tira un ou deux papiers qui pourraient, pensait-elle, lui être de quelque utilité dans la mission qu'elle s'était donnée. Mais la difficulté la plus importante restait à résoudre, et, pour la première fois, elle y pensait. C'était le manque d'argent, de cet argent sans lequel il était impossible d'entreprendre un voyage aussi long que celui qu'elle méditait.

David Deans, comme nous l'avons dit, était à son aise, et presque riche pour sa condition; mais son patrimoine, comme celui des patriarches antiques, consistait en vaches et en troupeaux, et en deux ou trois sommes, prêtées à intérêt à des voisins ou à des parents, qui, loin d'être en état de rembourser le principal, pensaient avoir fait tout ce qu'on leur pouvait demander lorsqu'à grand'peine, ils avaient acquitté « la rente annuelle. » C'eût donc été en vain que, même avec le concours de son père, elle se serait adressée à ces débiteurs; et elle n'aurait pu espérer un pareil concours, ou une assistance quelconque, sans une série d'explications et de discussions qui, elle le savait bien, lui auraient totalement ôté le moyen de faire la démarche qu'elle trouvait elle-même hardie et aventureuse, mais qu'elle jugeait absolument nécessaire pour essayer la dernière chance de salut. Sans se départir de son respect filial, Jeanie avait la conviction intime que les sentiments de son père, si excellents, si élevés, si honorables, étaient trop peu en rapport avec l'esprit du temps pour lui permettre d'être bon juge des mesures à adopter en ces circonstances critiques. Plus flexible elle-même en ses manières d'agir, quoique non moins élevée dans ses principes, elle craignait, en demandant, pour le pèlerinage qu'elle voulait faire, le consentement paternel, de rencontrer une prohibition formelle, sous laquelle (elle le croyait) son voyage ne serait pas béni dans sa marche et son résultat. Elle avait donc arrêté dans son esprit le moyen de lui communiquer, peu après son départ, son entreprise et son dessein. Mais on ne pouvait, pour avoir de l'argent, s'adresser à lui, sans troubler cet arrangement, et sans discuter à fond l'opportunité du voyage. Une assistance pécuniaire de ce côté était donc mise hors de question.

Il vint alors à l'esprit de Jeanie qu'elle aurait dû se consulter là-dessus avec Mistress Saddletree. Mais, outre le temps qu'il faudrait perdre à présent pour recourir à l'aide de sa parente, Jeanie, intérieurement, se révoltait contre cette idée. Elle reconnaissait, d'une manière générale, la bonté de Mistress Saddletree, le vif intérêt qu'elle prenait au malheur de la famille; mais elle sentait que cette excellente dame avait une façon de penser vulgaire et terrestre, incapable, par habitude et par tempérament, d'accueillir avec feu ou enthousiasme une résolution comme celle que Jeanie avait formée : discuter ce projet avec elle, et compter, pour le mettre à exécution, sur la conviction qu'on ferait entrer dans son esprit, c'eût été fiel et absinthe.

Butler, de l'aide duquel elle aurait été sûre, était beaucoup plus pauvre qu'elle. En ces circonstances, elle forma, pour surmonter la difficulté, une résolution singulière, dont l'exécution sera l'objet du chapitre prochain.

CHAPITRE XXV.

« Vous m'avez réveillé trop tôt; je me rendors. »
La voix du paresseux a parlé de la sorte;
Et contre la ruelle, en gémissant, son corps
Se tourne, comme fait sur ses gonds une porte.

Le docteur WATTS.

E manoir de Dumbiedikes, où nous allons maintenant introduire nos lecteurs, est situé à trois ou quatre milles (l'exactitude topographique n'est pas nécessaire) au sud de Saint-Léonard. Il avait eu jadis une certaine célébrité; car « le vieux laird » dont, à un mille à la ronde, on avait cité souvent les bizarreries et les extravagances dans les cabarets, portait l'épée, avait un bon cheval et une couple de lévriers, criait, jurait, et pariait aux combats de coqs et aux courses de chevaux; il suivait les faucons de Somerville de Drum et la meute de lord Ross, et s'intitulait un vrai gentilhomme; mais les splendeurs de la race s'étaient voilées avec le présent propriétaire, qui ne s'occupait pas des amusements de la campagne, et était aussi économe, aussi timide, aussi casanier, que son père avait été rapace et extravagant à la fois, hardi, libre d'allures, et entreprenant.

Dumbiedikes était ce que l'on appelle en Écosse une maison *simple*, c'est-à-dire ayant, à chaque étage, une seule chambre, qui en occupait toute la profondeur depuis la façade jusqu'à l'arrière-mur; chacune de ces chambres uniques était éclairée par six ou huit croisées, dont les carreaux de vitre minuscules et les bois volumineux laissaient entrer à peine autant de lumière qu'il en passe de nos jours par une seule fenêtre bien construite. Cet édifice d'où l'art était absent, exactement semblable à celui qu'un enfant pourrait bâtir avec des cartes, avait un toit pointu, recouvert, en guise d'ardoises, de grossières pierres grises; une tourelle demi-circulaire, crénelée, ou, pour employer l'expression consacrée, une échauguette, servait de cage à un étroit escalier en limaçon, par lequel on faisait l'ascension d'étage en étage; au bas de ladite tourelle était une porte semée de clous à large tête. Il n'y avait pas de vestibule au bas de la tour; à peine trouvait-on un étroit palier en face des portes qui donnaient accès à chacune des chambres. Un ou deux bâtiments extérieurs, bas et délabrés, reliés par un mur d'enceinte pareillement en ruine, entouraient le manoir. La cour avait été pavée, mais les pierres s'étaient disjointes ou détruites, et une riche moisson d'oseille sauvage et de chardon avait poussé dans les intervalles; le petit jardin, auquel conduisait une poterne percée dans le mur, n'était guère en meilleur état. Au-dessus de la porte à cintre bas qui donnait accès dans la cour, il y avait une pierre sculptée où l'on pouvait voir quelques essais d'armoiries; et au-dessus de l'entrée, à l'intérieur, était fixé, fixé depuis bien longtemps, l'écusson tombant en poussière qui annonçait que noble Laurent Dumbies de Dumbiedikes, avait été réuni à ses pères dans le cimetière de Newbattle. On arrivait à ce riant palais par une route formée de grossiers fragments de pierre qu'on avait pris dans les champs; il était entouré de terres de labour, non closes. Sur une pièce non labourée laissée libre au milieu des blés, le fidèle palefroi du laird était attaché par la tête, et broutait l'herbe. Tout accusait la négligence et l'oubli du bien-être, conséquences non de la pauvreté, mais de l'indifférence et de la paresse.

Dans cette cour intérieure, et non sans un sentiment d'embarras et de timidité, Jeanie Deans arrivait, de bonne heure, un beau matin de printemps. Elle n'était pas une héroïne de roman, et regardait avec un peu d'intérêt et de curiosité le manoir et les domaines dont (elle y pensait peut-être) un encouragement léger, tel que les femmes de tous rangs savent en donner par instinct, aurait pu la rendre maîtresse. Elle n'était d'ailleurs pas douée de plus de goût que ne le comportaient son temps, sa condition et son pays, et elle pensait sans nul doute que l'habitation de Dumbiedikes, quoique inférieure au château d'Holyrood ou au palais de Dalkeith, était encore une belle construction à sa manière, et les terres « un fort joli morceau, si l'on y avait donné plus d'attention et de travail. » Mais Jeanie Deans était une bonne fille, simple, au cœur droit, qui, tout en reconnaissant les splendeurs de la résidence de son ancien admirateur, et ce que valait sa propriété, n'abrita pas un instant la pensée d'agir à l'égard du laird, de Butler ou d'elle-même, avec la liberté que, sur des tentations moindres, nombre de dames de rang plus élevé n'auraient pas hésité à se donner vis-à-vis de tous les trois.

Le dessein qu'elle avait conçu étant de parler au laird, elle chercha dans les salles de service si elle trouverait quelque domestique pour annoncer qu'elle désirait le voir. Partout, le silence ; elle s'aventura à ouvrir une porte : c'était le chenil de l'ancien laird, abandonné maintenant, excepté quand il servait de lavoir, ainsi que l'annonçaient un ou deux baquets. Elle essaya d'une autre porte : c'était le hangar sans toit où l'on avait jadis gardé les faucons, comme on en pouvait juger par un perchoir ou deux qui n'étaient pas encore tout à fait pourris, et par un leurre et des jets qui s'émiettaient au long du mur. Une troisième porte la conduisit à la pièce au charbon, bien garnie, celle-là. Avoir très bon feu était l'un des rares points d'administration domestique pour lesquels Dumbiedikes déployait une véritable activité ; dans presque tout le reste, il était absolument passif, à la merci de sa ménagère, la gaillarde fort entendue que son père lui avait léguée, et qui, si la renommée n'était pas injuste envers elle, avait assez joliment fait son nid à ses dépens.

Jeanie continua d'ouvrir les portes, comme le second Calender qui n'avait qu'un œil dans le château des cent demoiselles obligeantes, jusqu'au moment où, comme le susdit prince errant, elle arriva à l'écurie. Le Pégase des hautes terres, Fève-de-Marais, à qui appartenait la seule stalle encore en état, était sa vieille connaissance ; elle ve-

41

naît de le voir à la pâture ; elle reconnut la place du coursier à son harnais et à sa selle, qui n'étaient pas nouveaux pour elle, à moitié pendus à la muraille, à moitié traînant dans la litière. Au delà de la séparation formant l'un des côtés de la stalle, était une vache, qui tourna la tête et mugit à l'entrée de Jeanie. Celle-ci était, par ses occupations habituelles, parfaitement en état de comprendre cet appel ; elle ne pouvait refuser d'y satisfaire, et jeta quelque fourrage au pauvre animal, négligé comme bien d'autres choses dans ce château de la paresse.

Tandis qu'elle donnait à la laitière la nourriture que celle-ci aurait dû recevoir deux heures plus tôt, une servante en pantoufles passa le nez dans l'étable, et, voyant qu'un étranger s'acquittait de la tâche pour laquelle, à regret, elle venait enfin d'abandonner son sommeil : « Holà, les autres, holà! » s'écria-t-elle ; le lutin! le lutin! » et elle s'enfuit en hurlant comme si elle avait vu le diable.

Pour expliquer sa terreur, il peut être nécessaire de remarquer que la vieille maison de Dumbiedikes avait été longtemps, disait-on, hantée par un lutin, un de ces esprits familiers qui passaient, dans les anciens temps, pour suppléer aux imperfections du travailleur ordinaire,

Promener l'époussette et lever le fléau.

Nulle part, assurément, la commodité de cette assistance surnaturelle ne pouvait être mieux sentie que dans une maison où les domestiques étaient, de leur personne, si peu disposés à l'activité. La servante, cependant, fut si loin de se réjouir de voir un suppléant aérien remplir la tâche qu'elle aurait dû accomplir depuis longtemps, qu'elle se mit à réveiller toute la maison par ses cris d'effroi, poussés aussi dru que si le lutin l'avait poursuivie avec un fléau. Jeanie avait sur-le-champ abandonné son occupation, et tâchait de rejoindre dans la cour la demoiselle aux hurlements pour la détromper et l'apaiser ; elle y rencontra Mistress Jeannette Balchristie, sultane favorite du précédent laird, à ce que disaient les mauvaises langues, femme de charge du laird actuel. La belle grosse femme d'entre quarante et cinquante ans (c'est ainsi que nous l'avous dépeinte, lors de la mort de l'ancien laird), était maintenant une vieille grosse dame à figure rouge, de soixante-dix ans ou environ, fière de sa place et jalouse de son autorité. Ayant conscience que son administration ne reposait pas sur une base aussi sûre qu'au temps du propriétaire défunt, la prudente matrone avait introduit dans la maison la hurleuse ci-dessus indiquée, qui joignait des traits passables et des yeux brillants à la puissance de ses poumons. Cette fille ne

fit pas la conquête du laird, qui semblait vivre comme s'il n'y avait pas eu au monde d'autre femme que Jeanie Deans, sans avoir même pour celle-ci une passion ardente et insurmontable. Notre observation dernière n'empêchait pas Mistress Jeannette Balchristie d'avoir ses idées sur les visites presque journalières du laird aux Rochers de Saint-Léonard; et souvent, lorsque Dumbiedikes la regardait fixement et sans bouger, comme c'était sa coutume avant de prononcer un mot, elle s'attendait à l'entendre dire : « Jeannette, je vais changer de condition; » mais elle se rassurait en entendant : « Jeannette, je vais changer de souliers. »

Mistress Balchristie n'en regardait pas moins Jeanie avec beaucoup de malveillance, sentiment ordinaire des personnes de cette sorte envers ceux qu'ils croient en état de leur faire du tort. Elle avait, d'ailleurs, une aversion générale pour toute femme, un tant soit peu jeune et de physique un peu convenable, qui voulait approcher du manoir de Dumbiedikes et de son propriétaire. Pour aller au secours de sa trop bruyante nièce, elle venait de sortir du lit, deux heures plus tôt que de coutume, le fardeau volumineux de sa personne ; elle était, en conséquence, de si mauvaise humeur contre tous et contre chacun, que Saddletree aurait déclaré qu'elle abritait en son âme *inimicitiam contra omnes mortales.*

« Qui diable êtes-vous, » dit la grosse dame à la pauvre Jeanie, qu'elle ne reconnut pas d'abord, « pour faire tant de vacarme dans une maison honnête à une heure si matinale?

— C'est quelqu'un qui demande à parler au laird, » dit Jeanie. Elle se sentait visitée de la terreur intuitive que cette femme lui inspirait jadis, alors qu'elle avait eu occasion de venir à Dumbiedikes pour les affaires de son père.

« Quelqu'un? Qu'est-ce que c'est que ce quelqu'un? Est-ce que vous n'avez pas de nom? Croyez-vous que Son Honneur n'ait pas autre chose à faire que de parler avec tous les flâneurs qui rôdent autour de la ville? et quand il est au lit, encore, le pauvre homme.

— Ma chère Mistress Balchristie, » répliqua Jeanie, humblement, « ne me reconnaissez-vous pas? Ne reconnaissez-vous pas Jeanie Deans?

— Jeanie Deans! » dit la femme, en affectant le plus grand étonnement. Puis, s'approchant d'elle de deux ou trois pas, elle la fixa d'un regard où se lisaient à la fois le dédain et la méchanceté. « Jeanie Deans, dites-vous ; on ferait mieux de vous appeler Jeanie le Diable! Un bel ouvrage que vous avez fait, votre sœur et vous, de tuer un pauvre enfant! Votre coquine de sœur va être pendue pour cela, comme elle le mérite bien. Et des filles comme vous viennent dans la maison d'un honnête homme, et demandent à entrer, à cette heure de la matinée, dans la chambre d'une personne comme il faut, d'un célibataire! quand il est au lit! Filez, filez ! »

Jeanie resta muette à la brutalité de cette accusation ; elle ne put pas trouver seulement un mot pour repousser l'interprétation vile que l'on donnait à sa visite. Mistress Balchristie, voyant ses avantages, continua sur le même ton. « Allons, allons, rengaînez vos flûtes et décampez vite! Ce que vous cherchez, je le vois bien. Si votre père, le vieux David Deans, n'avait pas été l'un des tenanciers de notre terre, j'appellerais les garçons, et je vous ferais baigner dans la mare pour votre impudence. »

Jeanie se retirait, et gagnait la porte de la cour. Mistress Balchristie, pour que ses dernières menaces pussent être entendues d'elle avec une efficacité suffisante, avait élevé sa voix de stentor à ses notes les plus sonores. Mais, comme plus d'un général, elle perdit la bataille en poussant trop loin ses avantages.

Le laird avait été troublé, dans son sommeil du matin, par les objurgations de Mistress Balchristie. Ce bruit n'avait en lui-même rien de bien extraordinaire ; mais devenait très remarquable à raison de l'heure matinale à laquelle on l'entendait. Dumbiedikes s'était tourné, toutefois, de l'autre côté, dans l'espoir que la bourrasque s'apaiserait, lorsque, dans le cours de la seconde explosion de Mistress Balchristie, le nom de Deans frappa distinctement le tympan de son oreille. Comme il savait bien un peu la médiocre bienveillance que sa femme de charge avait pour la famille de Saint-Léonard, il comprit à l'instant que quelque message venu de là était la cause de cette colère intempestive, et, sortant du lit, il passa, aussi lestement que possible, une vieille robe de chambre de brocart et d'autres vêtements indispensables, assujettit sur sa tête le chapeau à galon d'or de son père (bien qu'on le vît rarement sans cette coiffure, il est à propos de contredire le bruit populaire d'après lequel il aurait dormi avec, comme don Quichotte avec son heaume), et, ouvrant la fenêtre de sa chambre à coucher, il vit, à sa grande surprise, la figure bien connue de Jeanie Deans qui battait en retraite vers la porte ; tandis que la femme de charge, un poing sur la hanche, l'autre menaçant, le corps droit, la tête branlant de rage, envoyait après la fugitive une volée des plus beaux jurons que le vocabulaire poissard ait jamais fournis. La colère de Dumbiedikes monta en proportion de sa surprise, et du trouble, peut-être, que l'on apportait à son repos. « Holà ! » s'écria-t-il de la fenêtre, « vieux suppôt de Satan, qui diable vous a chargée de mettre hors de chez moi la fille d'un homme de bien? »

Mistress Balchristie était prise sur le fait de la façon la plus complète. A la chaleur inusitée avec laquelle le laird s'était exprimé, elle voyait qu'il prenait l'affaire tout à fait au sérieux ; elle savait qu'en dépit de sa nature indolente, il y avait des points sur lesquels il était susceptible de s'irriter, et qu'une fois irrité, il avait en lui quelque chose de dangereux, dont la prudence de la gouvernante avait appris à avoir peur. Elle essaya donc de se tirer de ce faux pas aussi vite qu'elle le pourrait. « Si elle parlait ainsi, ce n'était que pour le crédit de la maison, et elle n'avait pu penser à déranger Son Honneur si matin, alors que la jeune femme pouvait tout aussi bien attendre ou revenir. Elle avait dû, bien sûr, se tromper entre les deux sœurs, car il y en avait une moins bonne à connaître que l'autre.

— Taisez-vous, vieille coquine, » dit Dumbiedikes ; « la pire de toutes les drôlesses peut vous appeler sa cousine, si tout ce qu'on m'a dit est vrai. Jeanie, mon enfant, entrez au parloir. Non, restez ; il n'est pas encore ouvert ; attendez là une minute que je descende et que je vous y fasse entrer. Ne faites pas attention à ce que Jeannette pourra vous dire.

— Non, non, » fit Jeannette, avec un rire qui affectait la bonne humeur, « n'y faites pas attention. Tout le monde sait que j'aboie plus que je ne mords. Si vous aviez rendez-vous avec le laird, il fallait me le dire. Je ne suis pas impolie. Entrez, entrez, ma petite poule. » Et, avec un passe-partout, elle ouvrit la porte intérieure de la maison.

« Je n'avais pas de rendez-vous avec le laird, » dit Jeanie s'éloignant de la porte ; « je n'ai que deux mots à lui dire, et je préfère les lui dire en restant ici, Mistress Balchristie.

— Dans la cour ! non, non, cela ne serait pas bien ; et je ne le souffrirai pas. Comment va votre père, ce brave et excellent homme? »

Jeanie fut dispensée, par l'arrivée du laird, de répondre à cette question hypocrite.

« Apprêtez le déjeuner, » dit-il à sa femme de charge ; « vous déjeunerez avec nous, entendez-vous? Vous soignerez le thé comme il faut ;

et veillez bien, surtout, à ce qu'il y ait bon feu. Allons, Jeanie, mon enfant, entrez ; entrez, et asseyez-vous.

— Non vraiment, laird, » répliqua Jeanie, qui, bien qu'elle tremblât encore, s'efforçait de parler avec calme; « je ne saurais entrer ; j'ai une longue journée à faire ; il faut que je sois ce soir à vingt milles d'ici, si mes pieds peuvent m'y porter.

— Est-il possible? » s'écria Dumbiedikes, dont les promenades avaient un diamètre fort circonscrit; « vingt milles, vingt milles à pied! Vous n'y pensez pas. Entrez donc.

— Non, laird, je ne puis, » répliqua Jeanie ; « les deux mots que j'ai à vous dire, je puis les dire ici, devant Mistress Balchristie.

— Que le diable l'emporte, Mistress Balchristie, » s'exclama Dumbiedikes, « et il aura là une rude charge! Sachez-le bien, Jeanie, je ne parle pas beaucoup, mais je suis laird à la maison aussi bien que dans les champs; il n'y a pas une personne ou une bête chez moi que je ne sache mener quand je veux, excepté mon cheval Fève-de-Marais ; il est rare qu'on se moque de moi sans me faire bouillonner le sang.

— J'avais à vous dire, laird, » dit alors Jeanie, qui sentait le besoin d'entrer en matière, « que je vais faire un long voyage, à l'insu de mon père.

— A l'insu de votre père, Jeanie! Est-ce que c'est bien? Il y faudra réfléchir; et... ce n'est pas bien, » dit Dumbiedikes, d'un air fort préoccupé.

« Si une fois j'étais à Londres, » dit Jeanie pour se disculper, « je suis presque sûre que je trouverais le moyen de parler à la reine pour sauver la vie de ma sœur.

— Londres! la reine! la vie de sa sœur! » dit Dumbiedikes, avec un sifflement de surprise. « La pauvre fille est devenue folle.

— Je n'ai pas l'esprit dérangé, » répondit-elle, « et, coûte que coûte, je suis décidée à aller à Londres, dussé-je, pour faire la route, demander l'aumône de porte en porte. C'est ce que je ferai, à moins que vous ne me prêtiez une petite somme pour mes dépenses. Il n'en faudra que peu, et vous savez que mon père a du bien, et qu'il ne voudrait pas que personne, vous moins qu'un autre, laird, vînt à perdre quelque chose à cause de moi. »

Dumbiedikes, comprenant la nature de la demande, pouvait à peine en croire ses oreilles. Il ne fit aucune réponse ; mais il restait immobile, les yeux fixés sur le sol.

« Je vois, laird, que vous ne me viendrez pas en aide, » dit Jeanie ; « adieu donc ; allez voir mon pauvre père aussi souvent que vous pourrez ; il va être bien seul maintenant. » Et elle se mit en devoir de partir.

« Où va-t-elle, la petite sotte ? » dit le laird de Dumbiedikes ; et, la prenant par la main, il la fit entrer dans la maison. « Ce n'était pas faute d'y penser, » dit-il ; « mais cela me restait dans la gorge. »

Se parlant ainsi à lui-même, il introduisit Jeanie dans un parloir de mode antique, poussa la porte derrière eux, et la ferma au verrou. Surprise de cette manœuvre, la visiteuse demeurait aussi près que possible de la porte ; le laird lâcha la main de Jeanie, et appuya sur un ressort fixé au panneau de chêne de la boiserie, qui s'ouvrit à l'instant. Dans un renfoncement de la muraille apparut alors un coffre de fer ; le laird l'ouvrit, et, faisant jouer deux ou trois tiroirs, montra qu'ils étaient remplis de sacs de cuir, contenant des pièces d'or et d'argent.

— Voici ma banque, Jeanie, » dit-il, en portant les yeux sur elle, d'abord, puis sur son trésor, avec un grand air de complaisance. « Cela vaut mieux que tous vos billets de marchands, qui mènent les gens à la ruine. »

Puis, changeant de ton tout à coup, il dit avec résolution : « Jeanie, je vous ferai lady Dumbiedikes avant que le soleil se couche, et vous irez à Londres dans votre carrosse, si vous voulez.

— Non, laird, » répondit Jeanie, « cela ne se peut. La douleur de mon père, la situation de ma sœur, votre réputation à garder...

— C'est mon affaire, » repartit Dumbiedikes ; « vous ne parleriez pas ainsi si vous n'étiez une folle ; mais je ne vous en aime que mieux pour cela : il suffit, dans le mariage, que l'un des deux ait de la raison. Mais si votre cœur est par trop rempli de votre projet d'aller à Londres, prenez l'argent qu'il vous faut, et que ce soit, alors, quand vous reviendrez. Un peu plus tôt, un peu plus tard, ce sera la même chose.

— Laird, » répliqua Jeanie, qui sentait le besoin d'être explicite avec un amant aussi extraordinaire, « il y a un autre homme que j'aime mieux que vous ; je ne puis donc pas vous épouser.

— Un autre homme que vous aimez mieux que moi, Jeanie! » dit Dumbiedikes. « Est-ce possible? Ce n'est pas possible. Il y a si longtemps que vous me connaissez.

— Oui, laird, » dit encore Jeanie avec la même simplicité; « mais, celui-là, je le connais depuis plus longtemps.

— Depuis plus longtemps! Ce n'est pas possible, » s'écria le pauvre laird. « Cela ne peut être; vous êtes née sur le domaine. Jeanie, Jeanie, vous n'avez pas bien regardé; vous n'en avez vu que la moitié. » Et, faisant jouer un autre tiroir : « Tout est de l'or dans celui-ci, Jeanie; et ces papiers-là, c'est de l'argent prêté. Et le livre de rentes, Jeanie, trois cents livres sterling clair et net, sans hypothèque, sans substitutions et sans charges. Vous n'aviez pas regardé tout cela, n'est-ce pas? Et puis, il y a

42

les garde-robes de ma mère, et de ma grand'mère : des robes de soie qui se tiendraient debout toutes seules, des dentelles aussi fines que des toiles d'araignée, et, par-dessus le marché, des bagues, des pendants d'oreilles. Tout cela est dans la chambre d'en-haut. Montez Jeanie, et venez voir ! »

Jeanie tint bon. Le laird, cependant, ne se trompait guère en supposant que les tentations dont il assiégeait sa visiteuse étaient celles qui pouvaient toucher le plus une personne du sexe féminin.

« Cela ne saurait être, laird, je vous l'ai dit. Je ne puis lui manquer de parole, quand vous me donneriez toute la baronie de Dalkeith, et Lugton par-dessus le marché.

— Votre parole! à lui! » dit le laird, d'assez mauvaise humeur. « Qui donc est-il ce *lui?* Qui est-ce, Jeanie? Vous ne m'avez pas encore dit son nom. Allons, vous voulez m'attraper. Cet individu-là, je suis sûr qu'il n'existe pas. Vous faites des façons, voilà tout. Qui est-ce? Qui est-ce?

— C'est Ruben Butler, le maître d'école de Libberton, » répondit Jeanie.

« Ruben Butler! Ruben Butler! » répéta le laird de Dumbiedikes, arpentant la chambre avec dédain ; « Ruben Butler, le maître de Libberton, et un maître adjoint encore! Ruben, le fils de mon tenancier! Très bien, Jeanie Deans, très bien! les femmes en font à leur tête. Ruben Butler! il n'a pas seulement dans sa poche la valeur du vieil habit noir qu'il a sur le dos; mais, puisque c'est comme cela... » Et, en parlant, il fermait successivement et avec véhémence les tiroirs de son trésor. « Une belle offre, Jeanie, n'est pas sujet de querelle. Un seul homme peut mener un cheval à l'abreuvoir, mais vingt ne le forceront pas de boire. Pour ce qui est de jeter mon argent pour les amoureuses des autres... »

Il y avait dans ces derniers mots une insinuation qui froissa le légitime orgueil de Jeanie. « Je ne demandais à Votre Honneur aucune libéralité, » dit-elle ; « et cela surtout n'avait pas le moindre rapport avec ce dont vous parlez. Adieu ; vous avez été bon pour mon père, et je n'ai rien au cœur qui m'inspire autre chose pour vous que de bons sentiments. »

Parlant ainsi, elle quitta la chambre, sans prêter attention à ces mots, que le laird prononçait faiblement : « Jeanie, Jeanie ; mais... attendez, mon enfant. » Traversant la cour d'un pas rapide, elle se mit en route, le sein agité de l'indignation et de la honte si naturelles en une âme honnête qui, ayant pris sur elle de demander une faveur, se la voit refuser, contre son attente. Lorsqu'elle fut sortie des terres du laird, et revenue sur la grande route, son pas se ralentit, son émotion se refroidit, et des inquiétudes sur les conséquences de cet échec imprévu commencèrent à la pousser vers d'autres pensées. Une alternative se posait devant elle. Fallait-il, à l'heure même, prendre en mendiant la route de Londres? ou devait-elle retourner sur ses pas demander de l'argent à son père ; et, en agissant ainsi, perdre un temps précieux, et courir le risque de rencontrer une opposition formelle à son voyage? Elle ne voyait pas de milieu entre les deux décisions; et, s'avançant lentement, elle se demandait si le mieux ne serait point de retourner sur ses pas.

Comme elle était ainsi dans l'incertitude, elle entendit le battement des sabots d'un cheval, et une voix bien connue qui l'appelait par son nom. Elle se retourna, et vit accourir vers elle un cavalier, sur un poney dont le dos dépourvu de selle et de harnais, et la corde en guise de bride, n'étaient guère en harmonie avec la robe de chambre, les pantoufles, et le tricorne galonné de celui qui le montait ; ce cavalier n'était autre que le laird de Dumbiedikes en personne. Dans l'énergie de sa poursuite, il avait vaincu jusqu'à l'obstination septentrionale de Fève-de-marais, et forcé cet indépendant palefroi à prendre le galop dans la direction choisie par le maître. Avouons cependant que Fève-de-marais ne l'avait fait qu'avec les plus grands symptômes de résistance, la tête de côté, et chaque bond en avant accompagné d'un mouvement oblique, indication d'un extrême désir de se tourner de l'autre sens. Un usage constant des talons et de la houssine du laird avait seul pu contrebalancer les manœuvres du coursier.

Lorsque le laird eut atteint la voyageuse, ses premières paroles furent celles-ci : « On dit, Jeanie, qu'il ne faut pas prendre une femme à son premier mot?

— Cela se peut, laird ; mais il faudra que vous me preniez au mien, » dit Jeanie, les yeux baissés, et marchant sans s'arrêter. « Je n'ai qu'une parole à donner, et elle est toujours vraie.

— Alors, » fit Dumbiedikes, « il ne faut pas non plus que vous preniez toujours un homme à son premier mot. Vous ne pouvez point faire sans argent un aussi terrible voyage, advienne après ce que pourra. » Il lui mit une bourse dans la main. « Je vous donnerais bien aussi Fève-de-marais ; mais il est aussi entêté que vous ; il est trop habitué à une route que, lui et moi, nous avons peut-être prise trop souvent, pour qu'il consente à en prendre une autre.

— Laird, » dit Jeanie, « bien que je sois sûre que mon père rendra jusqu'au dernier sou tout ce qu'il y a là-dedans, quelle qu'en puisse être la somme, je n'aimerais pas à l'emprunter d'une personne qui aurait une autre pensée que celle d'un remboursement.

— Il y a là-dedans vingt-cinq guinées tout au juste, » dit Dumbiedikes, avec un léger soupir ; « et, que votre père le paie ou ne le paie pas, je vous en tiens quitte sans en parler davantage. Allez où vous voudrez ; faites ce que vous voudrez ; mariez-vous, comme bon vous semblera, à tous les Butlers du pays. Et là-dessus, Jeanie, adieu ; adieu !

— Adieu mille fois, laird, et que la bénédiction du Seigneur vous accompagne, » dit Jeanie, le cœur plus touché de la générosité insolite de ce singulier personnage que ne l'aurait approuvé Butler, s'il avait eu connaissance des sentiments de Jeanie en ce moment-là ; « la paix du Seigneur et aussi celle des hommes, soient avec vous, si nous ne devons plus nous rencontrer ! »

Dumbiedikes, se retournant, lui fit de la main un signe d'adieu. Son poney, plus disposé à s'en aller qu'il ne l'avait été à venir, l'emmena chez lui si vivement, que, manquant du secours d'une vraie bride, comme aussi de la selle et des étriers, il fut trop occupé de se maintenir en position pour qu'il lui fût permis de regarder en arrière, et de lancer, au départ, le coup d'œil d'un amoureux délaissé. J'ai honte de dire que la vue d'un soupirant qui s'enfuyait en robe de chambre et en pantoufles, avec un chapeau galonné, sur un poney de montagne sans selle, avait de quoi mitiger l'élan de l'estime la plus sincère et la plus méritée. La tournure de Dumbiedikes était trop risible pour ne pas confirmer Jeanie dans les sentiments que, dès l'abord, elle avait conçus à son égard.

« Il est bon, » dit-elle, « il est excellent. C'est bien dommage qu'il ait un poney si difficile. » Et, immédiatement, elle tourna ses pensées vers le voyage important qu'elle venait de commencer, réfléchissant avec plaisir qu'avec ses habitudes de vie et la façon dont elle supportait la fatigue, elle était maintenant pourvue, et au delà, des moyens de satisfaire aux dépenses de la route de Londres, aller et retour, et à toutes autres dépenses qui pourraient se présenter.

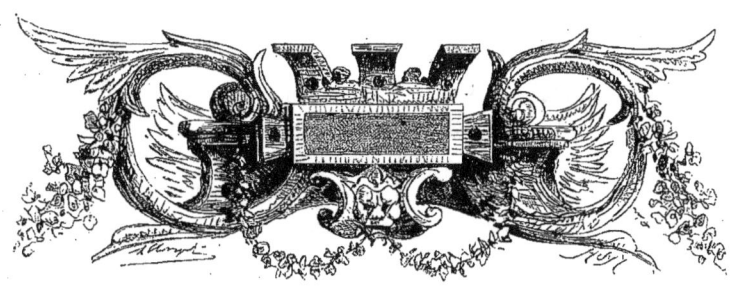

CHAPITRE XXVI.

> Que de pensers divers qui peuvent aisément,
> Étranges, se glisser au cerveau d'un amant.
> Soudain, je m'écriais : « Hélas, ô ma Lucie !
> Si par hasard, pourtant, tu n'étais plus en vie ! »
> WORDSWORTH.

EN poursuivant son voyage solitaire, notre héroïne, bientôt après avoir dépassé la maison de Dumbiedikes, arriva à une petite éminence ; de là, en regardant vers l'est au bord d'un ruisseau babillard, dont les méandres étaient ombragés de saules et d'aulnes, elle put voir les chaumières de Woodend et de Beersheba, l'habitation et les lieux où s'était passée son enfance ; elle put distinguer les communs où elle avait si souvent mené paître ses moutons, les endroits, au bord de l'eau, où elle avait, avec Butler, arraché des joncs, dont on faisait des couronnes et des sceptres pour Effie, la jolie enfant gâtée de trois ans. Les souvenirs que ramenait ce paysage étaient si amers que Jeanie, si elle les avait écoutés, se serait assise pour soulager son cœur par des larmes.

« Mais je savais, » dit Jeanie, lorsqu'elle raconta son pèlerinage, « que pleurer ne me ferait pas grand bien, et qu'il serait plus à propos de remercier le Seigneur, qui m'avait montré bienveillance et appui par la main d'un homme que beaucoup appelaient un grippe-sou et un ladre, et qui, pour moi, prodiguait ses dons comme la source au ruisseau. Je pensais à ce que l'Écriture dit du péché d'Israël à Meribah, quand le peuple murmura, bien que Moïse eût fait jaillir l'eau du rocher pour que la multitude pût boire et pût vivre. Je n'osais donc plus jeter un autre coup d'œil vers le pauvre Woodend, car rien que la fumée bleue qui sortait de sa cheminée éveillait trop vivement en ma pensée les changements survenus pour nous. »

Dans cet esprit chrétien et résigné, elle poursuivit sa route; elle laissa derrière elle ce lieu de tristes souvenirs, et fut proche bientôt du village où Butler habitait. Avec son église et son clocher d'antique apparence, ce village s'élève au milieu d'un bouquet d'arbres occupant le sommet d'une éminence au sud d'Édimbourg. A un quart de mille de distance est une lourde tour carrée, résidence du laird de Libberton, qui, dans les temps anciens, avec des habitudes aussi pillardes que celles de la chevalerie d'Allemagne, molesta fréquemment, dit-on, la cité d'Édimbourg, en interceptant les approvisionnements et les marchandises qui, du sud, étaient dirigés vers la ville.

Le village, sa tour et son église, n'étaient pas précisément sur la route de Jeanie vers l'Angleterre; mais ils n'en étaient pas bien éloignés, et c'était là qu'habitait Butler. Elle avait résolu de le voir en commençant son voyage, car nul mieux que lui ne saurait écrire à son père sa résolution et ses espérances. Elle avait sans doute, à l'état latent, une autre raison au fond du cœur. Elle voulait, une fois encore, avant de s'engager dans son pèlerinage, voir l'objet d'un attachement si précoce et si sincère : elle ne se dissimulait pas les périls qu'elle allait courir, encore qu'elle ne leur permît point de s'emparer assez de son esprit pour diminuer la force et l'énergie de sa résolution. De la part d'une jeune fille d'un rang plus élevé que celui de Jeanie, une visite à un amant aurait eu quelque chose de risqué et d'inconvenant. Mais la simplicité des habitudes rustiques de Jeanie ne connaissait pas ces pointilleuses idées de décorum, et nul soupçon d'inconvenance ne traversait son imagination, alors qu'avant de partir pour un long voyage, elle allait dire adieu à l'ami de son enfance.

Un motif s'ajoutait aux autres, et s'emparait de plus en plus de son esprit en approchant du village. Elle avait, d'un œil inquiet, cherché Butler à la cour de judicature; elle pensait qu'en ce jour si important, il ne manquerait pas, à un moment ou à l'autre, d'apporter ce qu'il pourrait d'appui et de consolation à son vieil ami, le protecteur de son enfance ; à supposer qu'il oubliât ce que Jeanie elle-même était en droit d'attendre de lui. Elle savait, il est vrai, qu'il n'était guère maître de son temps ; mais elle avait espéré qu'il trouverait le moyen d'être libre, au moins pour un jour. Bref, les pensées étranges que Wordsworth indique comme s'élevant dans l'imagination d'un amant absent, suggéraient à Jeanie, comme seule explication possible, que Butler devait être fort malade. Tel était le travail de son imagination, qu'en approchant de la chaumière où son amant avait une petite chambre, et que venait de lui indiquer une fille portant sur la tête un seau de lait, elle tremblait de la réponse qu'elle allait recevoir lorsqu'elle s'enquerrait de lui.

Ses craintes, au cas présent, n'avaient fait que deviner la vérité. Butler, dont la constitution était naturellement faible, ne se remit point aisément de la fatigue et des émotions qu'il avait éprouvées lors des événements tragiques par lesquels s'ouvre notre récit. L'idée que l'ombre d'un soupçon avait atteint sa réputation était une aggravation à son chagrin.

Il s'y ajoutait quelque chose de plus cruel encore, la défense absolue que lui avaient faite les magistrats d'entretenir aucune communication avec Deans ou avec sa famille. Il leur avait, malheureusement, paru vraisemblable que Robertson pourrait tenter encore, par l'intermédiaire de Butler, de renouer des relations avec cette famille, ce qu'ils voulaient empêcher s'il était possible. Dans la pensée des magistrats, cette mesure n'avait rien de dur ni d'injurieux ; mais, dans la situation de Butler, elle pesait cruellement sur lui. Il sentait que la personne qu'il aimait le plus au monde lui imputerait un abandon peu généreux, la chose la plus étrangère à sa nature.

Cette pensée pénible, agissant sur un corps déjà affaibli, amena une succession de fièvres lentes qui compromirent gravement sa santé, et finirent par le rendre incapable même des occupations sédentaires que demandait l'école de laquelle dépendait son pain. Heureusement que le vieux M. Whackbairn, le maître principal de l'établissement scolaire de la paroisse, était sincèrement attaché à Butler. Indépendamment du mérite et de la valeur qu'il reconnaissait en cet auxiliaire, qui avait accru notablement le crédit de sa petite école, le vieux pédagogue, possédant lui-même une éducation littéraire assez acceptable, avait conservé le goût du savoir classique, et aimait, après la besogne servile de l'école, à repasser, avec son adjoint, quelques pages d'Horace ou de Juvénal. Une similitude de goûts avait engendré l'amitié ; le maître vit donc avec beaucoup de peine les progrès de l'affaiblissement de Butler. Il fit appel à son énergie personnelle pour tenir les classes aux heures de la matinée, exigea de son auxiliaire qu'il se reposât en cette partie de la journée, et lui procura en outre le bien-être et les médicaments que demandait son état, et pour lesquels les ressources du malade étaient insuffisantes.

Telle était la situation de Butler, à peine en état de se traîner à la place où, par son travail journalier, il pouvait gagner son pain, torturé de mille craintes sur le sort de ceux qui lui étaient les plus chers au monde, lorsque le jugement et la condamnation d'Effie Deans mirent le comble aux misères de son esprit.

Ces événements lui furent racontés par un de ses anciens camarades d'études, habitant le même village, et qui, présent à cette triste scène, était à même de l'offrir, avec toutes ses douleurs, à l'imagination désolée de son ami. Que le sommeil visitât les yeux de Butler après un pareil couvre-feu, cela n'était pas possible. Mille visions terribles le hantèrent toute la nuit ; et, le matin, il fut éveillé de son sommeil fiévreux par la seule chose qui pût ajouter à ses infortunes, la visite d'un importun.

Le visiteur malencontreux n'était autre que Bartholin Saddletree. Le digne et savant bourgeois avait été exact au rendez-vous, chez Mac Croskie, avec Plumdamas et quelques autres voisins ; on y avait discuté sur le discours du duc d'Argyle, sur la condamnation d'Effie Deans, et sur le peu de probabilité qu'il y avait d'obtenir un sursis. Ce sage conclave discuta à voix haute et but à plein verre ; et, le lendemain matin, Bartholin sentit (ce fut son expression) sa tête « aussi confuse qu'un sac de procédures. »

Pour ramener à leur sérénité ordinaire les pouvoirs de sa réflexion, Saddletree résolut de faire une promenade du matin sur un certain cheval, que Plumdamas, lui, et un autre brave boutiquier entretenaient à frais communs, en vue des excursions accidentelles que demandaient leurs affaires ou leur besoin d'exercice. Saddletree avait deux enfants en pension chez Whackbairn, et faisait un certain cas (nous l'avons vu) de la société de Butler ; il tourna donc vers Libberton la tête de son sang-froi, et vint, ainsi qu'on l'a dit, donner à l'infortuné maître-adjoint une contrariété nouvelle, celle dont Imogène se plaint avec tant de conviction lorsqu'elle dit :

> « Un sot m'ose obséder d'une étrange manière,
> Et jusqu'à la fureur fait monter ma colère. »

Si quelque chose pouvait ajouter le fiel à l'amertume, ce fut le sujet dont fit choix Saddletree pour ses assommants discours, à savoir, le procès d'Effie Deans et les probabilités dans le sens de l'exécution. Chaque parole qui tombait dans l'oreille de Butler était le glas de la mort ou le cri lugubre d'une orfraie.

Jeanie s'arrêta à la porte de l'humble demeure de son amoureux, entendant résonner à l'intérieur les accents élevés et pompeux de la voix de Saddletree. « Croyez-moi, Monsieur Butler, il en sera ainsi. Rien ne pourra la sauver. Elle descendra la rue de l'Arc avec l'homme noir et gris sur les talons. J'en suis fâché pour elle ; mais la loi, Monsieur, doit avoir son cours.

> Vivat rex,
> Currat lex,

comme l'a dit le poète. Dans laquelle des odes d'Horace ? je n'en sais rien. »

Ici Butler gémit, impatienté au dernier point de la brutalité et de l'ignorance que Bartholin était parvenu à amalgamer en une seule phrase. Mais Saddletree, comme d'autres orateurs de son espèce, était doué d'une heureuse insensibilité de perception à l'endroit des impressions peu avantageuses qu'il produisait parfois sur ses auditeurs. Il prodigua sans merci ses bribes de connaissances juridiques, et conclut en demandant à Butler, avec beaucoup de complaisance : « N'est-ce pas pitié que mon père ne m'ait point envoyé à Utrecht ? N'ai-je pas perdu l'occasion de devenir un *clarissimus ictus*, tout comme le vieux Grunwiggin ?

Qu'en dites-vous, Monsieur Butler! N'aurais-je pas été un *clarissimus ictus?*

— Vraiment, Monsieur Saddletree, je ne vous comprends pas, » dit Butler ainsi sommé de répondre. Sa voix faible et épuisée fut à l'instant noyée dans l'exclamation sonore de Bartholin.

« Vous ne me comprenez pas? *Ictus,* en latin, veut dire jurisconsulte, n'est-ce pas?

— Pas à ma connaissance, » répondit Butler, du même ton faible et abattu.

« Comment diable ne le savez-vous pas? J'ai vu le mot, ce matin même, dans un mémoire de M. Crossmyloof. Regardez : il y a là *ictus clarissimus et perti... peritissimus.* C'est du latin, car c'est imprimé en italiques.

— Oh! vous voulez dire *juris consultus. Ictus,* est une abréviation pour *juris consultus.*

— Ne dites pas cela! » s'écria Saddletree avec persistance. « Il n'y a d'*abréviature* que dans les adjudications, et ceci est au sujet d'une servitude d'eaux de pluie, autrement dit d'un *tillicidian,* sur l'enclos de Marie Roy dans la Grande rue. Allez-vous dire encore que ce n'est pas du latin?

— Vous avez probablement raison, » dit le pauvre Butler, écrasé sous le bruit que faisait son visiteur. « Je ne suis pas en état de disputer avec vous.

— Peu de personnes sont en état de le faire, fort peu. Je ne devrais peut-être pas le dire, Monsieur Butler, mais cela est vrai, » repartit Bartholin, qui nageait dans le bonheur. « Il se passera encore deux heures avant qu'on n'ait besoin de vous dans l'école, et, comme vous n'êtes pas bien portant, je vais rester avec vous pour vous divertir, et pour vous expliquer la nature d'un *tillicidian.* Vous saurez que la demanderesse, Mistress Crombie (une femme très honorable), est de mes amies ; je lui ai prêté mon aide dans la circonstance, et je lui ai donné crédit auprès de la cour ; je ne doute pas qu'en temps voulu elle ne s'en tire avec honneur, soit qu'elle gagne le procès soit qu'elle le perde. Étant propriétaire du fonds inférieur, nous reconnaissons avoir à supporter la charge du *tillicide,* c'est-à-dire être obligé de recevoir les gouttes d'eau du fonds supérieur, en tant qu'elles tombent du ciel, ou du toit de la maison voisine, et de là, par les gouttières ou larmiers, sur l'héritage inférieur. Mais, l'autre soir, voilà qu'une servante des hautes terres arrive et jette je ne sais quelles eaux par la dernière fenêtre est de la maison de Mistress Mac-Phail, qui est l'héritage supérieur. Les bonnes femmes allaient s'accommoder, car Lucie Mac-Phail avait envoyé la servante dire à mon amie Mistress Crombie qu'elle s'était trompée de fenêtre, et qu'elle avait pris la mauvaise par égard pour deux montagnards qui causaient gaélique au-dessous de la bonne. Mais, heureusement pour Mistress Crombie, je suis arrivé juste à temps pour arrêter la négociation, car c'eût été dommage que ce point ne fût pas jugé. Nous avons cité Mistress Mac-Phail devant le tribunal. La petite servante des hautes terres croyait m'échapper; mais halte là... »

Le récit circonstancié de cette importante affaire aurait duré jusqu'à ce que le temps de repos du pauvre Butler fût complètement écoulé, si un bruit de voix à la porte n'avait interrompu Saddletree. La maîtresse de la maison où logeait Butler, en revenant avec sa cruche du puits où elle était allée chercher de l'eau pour son ménage, trouva à cette porte notre héroïne, qu'impatientait la harangue prolixe de M. Saddletree, et qui n'avait cependant pas envie d'entrer avant la sortie de ce visiteur.

La bonne femme abrégea cette hésitation en demandant : « Est-ce à mon mari ou à moi que vous avez affaire?

— Je voudrais parler à M. Butler, s'il n'en est empêché, » répliqua Jeanie.

« Entrez, alors, mon enfant, » répondit la brave femme; et, ouvrant la porte d'une chambre, elle annonça la nouvelle visite. « Voici, Monsieur Butler, une demoiselle qui vous demande. »

La surprise de Butler fut extrême lorsque Jeanie Deans, qui s'éloignait rarement d'un demi-mille de l'habitation paternelle, entra ainsi annoncée.

« Grand Dieu! » dit-il, en se levant brusquement de son siège; et l'inquiétude rendait à sa joue la couleur que la maladie en avait ôtée; « quelque nouveau malheur est-il arrivé?

— Aucun autre, Monsieur Butler, que celui que vous avez su. Mais vous-même, vous avez l'air malade! » Car l'animation momentanée de Butler n'avait pas caché aux yeux amoureux de Jeanie les

ravages qu'une fièvre lente et les inquiétudes de l'esprit avaient exercés sur la personne de son fiancé.

« Non, je me porte bien, très bien, » dit Butler avec vivacité,

« si je puis faire quelque chose pour vous aider, Jeanie, ou pour aider votre père.

— Il a raison, » dit Saddletree, « on ne doit plus voir à présent dans la famille que deux personnes, comme si la pauvre Effie n'en avait jamais fait partie. Mais, Jeanie, ma fille, qu'est-ce qui vous amène à Libberton si matin, alors que votre père est au lit et mal portant aux Luckenbooths?

— J'avais pour M. Butler une commission de mon père, » dit Jeanie avec embarras. Mais tout aussitôt, honteuse de l'invention à laquelle elle avait recouru, car l'amour et la vénération de la vérité étaient presque aussi grands chez elle que chez un *quaker*, elle corrigea ce qu'elle avait dit. « Ou plutôt, j'avais à parler à M. Butler de choses qui concernent mon père et la pauvre Effie.

— Une affaire qui touche à la loi? » demanda Bartholin. « Si cela est, vous feriez mieux de prendre mon opinion que la sienne.

— Ce n'est pas précisément une affaire de loi, » dit Jeanie, qui voyait de grands inconvénients à mettre M. Saddletree dans le secret de son voyage; « mais j'ai besoin de M. Butler pour écrire une lettre.

— Très bien, » dit M. Saddletree; « dites-moi ce dont il s'agit, et je la dicterai à M. Butler, comme M. Crossmyloof dicte les siennes à son secrétaire. Prenez une plume et de l'encre, Monsieur Butler, *in initialibus*. »

Jeanie regarda Butler, en se tordant les mains de contrariété et d'impatience.

« Je crois, Monsieur Saddletree, » dit Butler, voyant la nécessité de se débarrasser de lui à tout prix, « je crois que M. Whackbairn sera un peu mécontent, si vous n'assistez point à la leçon de vos enfants.

— En effet, Monsieur Butler; c'est vrai; et j'ai promis de demander pour l'école un demi-jour de congé, afin que les enfants puissent aller voir la pendaison : cela fera bon effet sur leurs jeunes esprits, car on ne peut savoir à quoi ils en viendront eux-mêmes. Par ma foi! je ne pensais plus que vous étiez là, Jeanie Deans; mais il faut vous habituer à en entendre parler. Gardez ici Jeanie jusqu'à ce que je revienne, Monsieur Butler; j'en ai pour dix minutes. »

Avec cette fâcheuse promesse d'un retour prochain, il les délivra de sa présence.

« Ruben, » dit Jeanie, comprenant qu'il fallait profiter de son absence pour parler de ce qui l'avait amenée, « je vais partir pour un long voyage ; je vais à Londres, demander la vie d'Effie au roi et à la reine.

— Ce n'est pas vous qui dites cela, Jeanie, » répondit Butler, au comble de la surprise ; « aller à Londres, vous ! parler au roi et à la reine !

— Pourquoi pas, Ruben ? » dit Jeanie, avec la simplicité tranquille de son caractère ; « c'est parler, après tout, à un homme et à une femme qui sont mortels comme nous. Leurs cœurs sont faits de chair et de sang tout comme ceux des autres, et l'histoire d'Effie les attendrirait, fussent-ils de pierre. En outre, j'ai entendu dire qu'ils ne sont pas aussi méchants que le prétendent les jacobites.

— Oui, Jeanie, » dit Butler ; « mais leur grandeur, leur cour, la difficulté d'avoir audience ?

— J'ai pensé à tout cela, Ruben, et je ne m'en suis pas découragée. Nul doute qu'ils n'aient de beaux habits, des couronnes sur la tête, des sceptres à la main, comme le grand roi Assuérus lorsqu'il était assis, ainsi que nous le dit l'Écriture, sur son trône royal devant la porte de son palais. Mais j'ai au dedans de moi quelque chose qui préservera mon cœur de la défaillance, et je suis presque sûre que je recevrai la force de leur dire le dessein pour lequel je suis venue.

— Hélas, hélas ! » dit Butler, « les rois, par le temps qui court, ne s'asseoient pas à la porte pour administrer la justice comme au temps des patriarches. Je ne connais pas plus que vous les cours par expérience, Jeanie ; mais, d'après ce que j'ai lu et ce qu'on m'a dit, je sais que le roi de la Grande-Bretagne fait tout par l'entremise de ses ministres.

— Si ce sont des ministres pieux et craignant Dieu, » dit Jeanie, « la chance n'en sera que meilleure pour Effie et pour moi.

— Vous ne connaissez seulement pas les mots les plus ordinaires dont on se sert à la cour, » dit Butler ; « les ministres, cela ne veut pas dire des ecclésiastiques ; ce sont les officiers du roi.

— Nul doute, » répliqua Jeanie, « qu'il n'en ait beaucoup plus que la duchesse n'en a à Dalkeith ; et les serviteurs des grands ont plus d'arrogance que les grands eux-mêmes. Mais je serai mise convenablement, et je leur offrirai un peu d'argent, comme si je venais pour voir le palais. S'ils se font scrupule de le prendre, je leur dirai que je viens pour une affaire de vie et de mort, et alors, bien sûr, ils me feront parler au roi et à la reine. »

Butler secoua la tête. « O Jeanie, c'est un rêve, ce que vous dites là. Vous ne parviendrez jamais à les voir que par l'intercession de quelque grand seigneur ; et, même ainsi, c'est à peine, je crois, si ce sera possible.

— Cela ne sera pas impossible non plus, » dit Jeanie, « avec un peu d'aide de votre part.

— De ma part, Jeanie! voilà bien l'idée la plus bizarre que l'on puisse imaginer.

— Pas tant que vous le croyez, Ruben. Ne vous ai-je pas entendu dire que votre aïeul (dont mon père n'aime pas beaucoup à entendre parler) a rendu, il y a longtemps, un grand service au lord de Lorn, l'un des ancêtres de Mac Callummore?

— C'est vrai, » dit vivement Butler, « et je puis le prouver. J'écrirai au duc d'Argyle; on le dit bienveillant, de même qu'il est connu pour brave guerrier et vrai patriote. Je le conjurerai d'écarter de votre sœur un si cruel destin. C'est une bien faible chance de succès : n'importe; nous essayerons de tous les moyens.

— C'est notre devoir d'en essayer, » répliqua Jeanie. « Mais écrire ne suffirait pas. Une lettre n'a pas le regard et la prière ; elle n'implore pas, elle ne supplie pas, elle ne va pas au cœur humain, elle n'y pénètre pas ainsi que fait une voix humaine. Une lettre est comme la musique que les dames ont pour leurs clavecins ; ce ne sont que des raies noires, pas grand'chose lorsqu'on les compare au même air joué ou chanté. Rien n'y fera, Ruben, qu'un mot sorti de la bouche.

— Vous avez raison, » dit Ruben, rappelant sa fermeté, « et je veux espérer que le ciel a suggéré à votre cœur et à votre courage le seul moyen possible de sauver la vie de l'infortunée jeune fille. Mais, Jeanie, il ne faut pas que vous fassiez seule un si périlleux voyage. Vous savez mes sentiments, et je ne saurais consentir à voir ma Jeanie s'exposer ainsi. Il faut, dans les circonstances présentes, me donner les droits d'un mari pour vous protéger ; je ferai ce voyage avec vous, et je vous aiderai à accomplir ce que vous devez à votre famille.

— Hélas, Ruben ! » dit Jeanie à son tour ; « cela ne se peut pas. La grâce royale ne rendra pas à ma sœur sa réputation perdue, et ne fera pas de moi une fiancée convenable pour un honnête homme et pour un ministre digne de sa mission. Que penserait-on des sermons d'un homme ayant pour femme la sœur d'une personne condamnée pour un pareil crime !

— Jeanie, » dit l'amoureux d'un ton convaincu, « je ne crois pas, je ne puis pas croire qu'Effie ait commis cet acte.

— Que le ciel vous bénisse pour cette parole, Ruben, » répondit Jeanie ; « mais il faut bien, malgré tout, qu'elle en porte le blâme.

— Le blâme, fût-il juste pour elle, ne doit pas tomber sur vous.

— Ah, Ruben, Ruben ! » répliqua la jeune femme, « vous savez que c'est une tache qui s'étend à tous et à chacun. Ichabod, comme le dit mon pauvre père, la gloire a quitté notre maison ; car la gloire réside dans la maison la plus pauvre, où il y a des mains fidèles, un cœur aimant Dieu, et une renommée pure. Ce dernier caractère, nous ne l'avons plus.

— Songez, Jeanie, à votre parole, à la foi que vous m'avez donnée. Voudriez-vous entreprendre un pareil voyage sans un homme pour vous protéger ? et ce protecteur pourrait-il être un autre que votre mari ?

— Vous êtes bon, Ruben, et vous me prendriez avec ma honte, je n'en doute pas. Mais vous serez bien forcé d'avouer que ce n'est pas pour moi le temps de me marier ou de me laisser marier. Non, si cela doit arriver jamais, il faudra que ce soit dans une saison autre, et meilleure. Vous parlez, cher Ruben, de me protéger dans mon voyage. Hélas ! qui vous protégera vous-même et qui prendra soin de vous ? Vos membres tremblent de vous être tenu debout dix minutes ; comment entreprendriez-vous un voyage aussi long que celui de Londres ?

— Je me sens fort, je me porte bien, » dit Butler ; et, complètement épuisé, il retomba sur son siège. « Ou du moins, » ajouta-t-il, « demain, je serai tout à fait bien.

— Vous le voyez, vous le savez, il faut me laisser partir, » dit Jeanie, après un silence; et, prenant la main qu'il lui tendait, regardant avec affection le visage de son fiancé : « C'est encore, » ajouta-t-elle, « un chagrin pour moi de vous voir ainsi. Gardez votre cœur pour Jeanie, car, si elle n'est pas votre femme, elle ne sera jamais la femme d'un autre. Donnez-moi pour Mac Callummore le papier qui prouve le service rendu, et demandez à Dieu de favoriser mon voyage. »

Il y avait quelque chose de romanesque dans la résolution aventureuse de Jeanie. Après réflexion, cependant, et comme il semblait impossible de la dissuader, ou de l'aider autrement que par des avis, Butler, après quelque tentative encore pour la combattre, lui mit en main le papier qu'elle demandait; c'était, avec le rôle de la compagnie dans laquelle il avait servi, le seul souvenir palpable du vigoureux et enthousiaste Butler la Bible, le grand-père de Ruben ; le rôle servait d'enveloppe au certificat. Pendant que Butler avait cherché ces pièces, Jeanie avait en le temps de prendre en main la Bible de son amant. « J'y ai marqué, avec votre crayon, » dit-elle en reposant le livre, « un passage qui nous servira à tous les deux. Il faudra, Ruben, que vous preniez la peine d'écrire tout ceci à mon père; car, Dieu me soit en aide! jamais moins qu'à cette heure je n'ai eu la tête et la main qu'il faut pour tracer une longue lettre. C'est à vous que je confie mon père, et j'espère que, bientôt, il vous sera permis de le voir. Quand vous causerez avec lui, Ruben, songez, pour l'amour de Jeanie, à toutes les idées que s'est faites le bon vieillard. Ne lui dites pas de mots latins ni anglais, car il est de l'ancien temps, et n'aime pas en être fatigué, bien qu'en cela, je l'avoue, il puisse avoir tort. Ne lui parlez pas beaucoup ; mettez-le en voie de parler lui-même, car, de cette façon, il se soulagera mieux. Et songez, Ruben, oh! songez à la pauvre fille dans son cachot! Je connais votre bon cœur; donnez-lui toutes les consolations que vous pourrez lorsqu'on vous permettra de la voir ; dites lui... Mais il ne faut plus que je parle d'elle; car je vous quitterais les larmes aux yeux, ce qui ne serait pas convenable. Dieu vous bénisse, Ruben! »

Pour éviter ce mauvais présage, elle quitta la chambre à la hâte : ses traits conservaient encore le sourire triste et amical auquel elle les avait contraints pour soutenir le courage de Butler.

On eût dit que les facultés de voir, de parler, de réfléchir, avaient abandonné Butler aussitôt que Jeanie eut quitté cette chambre, où elle était entrée et d'où elle était sortie comme une apparition. Saddletree, qui entra immédiatement après, l'accabla de question auxquelles il répondit sans les comprendre, et de dissertations légales qui n'eurent pas à ses yeux l'ombre d'une signification. Le savant bourgeois se rappela, à la fin, qu'une cour-baron devait se tenir ce jour-là à Loanhead, et que, bien que cela n'en valût guère la peine, « il ferait mieux d'aller voir s'il y avait quelque chose à faire en cet endroit, car il connaissait le baron-bailli, homme honorable, qui serait peut-être bien aise de recevoir quelques indications juridiques. »

Dès qu'il fut parti, Butler courut à la Bible, le dernier livre que Jeanie avait touché. A sa grande surprise, un papier, contenant deux ou trois pièces d'or, tomba de ce volume. Le crayon noir avait marqué les versets 16 et 25 du psaume 37 : « Le peu que possède le juste vaut mieux que les richesses du méchant. — J'ai été jeune et je suis vieux, et cependant je n'ai jamais vu le juste oublié, ni ses enfants mendiant leur pain. »

Fortement touché de l'affection délicate qui abritait sa générosité sous le couvert d'un secours providentiel, il porta l'or à ses lèvres avec plus d'ardeur que ce métal ne fut jamais accueilli par un avare. Une émulation de dévouement, de fermeté, de confiance, était à présent le but suprême de son ambition, et son premier soin fut d'écrire à David Deans, pour l'informer de la résolution de sa fille et du voyage qu'elle faisait vers le sud. Il étudia tous les sentiments, et même toutes les phrases, qu'il pensa faites pour rallier le vieillard au parti extraordinaire auquel Jeanie s'était arrêtée. Nous reviendrons plus tard sur l'effet que produisit cette épître. Butler la confia à un brave paysan, qui avait fréquemment affaire avec Deans pour la vente de son laitage, et qui entreprit sur-le-champ le voyage d'Édimbourg, pour mettre la lettre aux mains du destinataire.

CHAPITRE XXVII.

Terre natale, adieu !
Lord Byron.

De nos jours, un voyage d'Édimbourg à Londres est chose simple, courte, et sans danger, quelque dépourvu d'expérience ou de protection que puisse être celui qui le fait. De nombreuses diligences, de prix différents, et autant de paquebots, passent et repassent perpétuellement entre la capitale de la Grande-Bretagne et sa sœur du nord, si bien que le plus timide et le plus indolent peut exécuter un pareil voyage pour peu qu'il ait été averti quelques heures d'avance. Il en était autrement en 1737. Les relations étaient si peu étendues et si rares entre Londres et Édimbourg que des personnes encore vivantes se souviennent qu'une fois, la malle de la première de ces deux villes arriva au bureau général des postes d'Écosse, en ne contenant qu'une seule lettre. Le moyen ordinaire de voyager était celui des chevaux de poste, le voyageur en montant un, et son guide l'autre : de cette manière, et grâce aux relais établis, le voyage pouvait être accompli avec une rapidité merveilleuse par les gens en état de supporter la fatigue. Se faire secouer et moudre ainsi par un changement ininterrompu d'assez médiocres montures, était un luxe que les riches seuls pouvaient se donner;

les pauvres ne pouvaient qu'user du mode de transport dont la nature les avait pourvus.

Avec un cœur ferme et un corps dur à la fatigue, Jeanie Deans, faisant environ vingt milles par jour, et quelquefois un peu plus, traversa le sud de l'Écosse, et poursuivit sa route aussi avant que Durham.

Elle avait cheminé jusque-là parmi ses compatriotes, ou au milieu de populations pour lesquelles des pieds nus ou un tartan étaient choses trop familières pour attirer beaucoup l'attention. Mais à mesure qu'elle avançait, elle s'aperçut que ces deux choses l'exposaient à des railleries et à des sarcasmes auxquels elle aurait échappé sans cela; et, tout en pensant en elle-même que c'était mal, et contraire aux règles de l'hospitalité, de se moquer d'un passant étranger à cause de la façon dont il était habillé, elle eut le bon sens, toutefois, de changer ce qui, dans sa mise, lui attirait des observations peu charitables. Son manteau quadrillé fut soigneusement relégué dans son paquet, et elle se conforma à l'extravagance nationale qui voulait que, tout le long du jour, on portât des souliers et des bas. Elle avoua depuis « qu'indépendamment de la dépense, il se passa du temps avant qu'elle pût marcher aussi commodément avec des souliers que sans en avoir ; mais il y avait souvent de la bruyère au bord de la route, et cela la soulageait. » Au tartan qui lui couvrait la tête comme un voile elle suppléa par une *bonne grâce*, c'est-à-dire un grand chapeau de paille, tel que les filles en portent en Angleterre pour travailler aux champs. « Mais je me sentis toute honteuse, » dit-elle, « la première fois que, moi qui étais fille, je me coiffai d'une *bonne grâce*, ainsi qu'une femme mariée. »

Après ces changements, elle n'avait pas grand'chose, comme elle l'a dit elle-même, qui pût la faire remarquer lorsqu'elle ne parlait pas ; mais son accent et son langage faisaient pleuvoir sur elle tant de plaisanteries et de quolibets, prononcés dans un *patois* bien pire encore que le sien, qu'elle jugea de son intérêt de parler aussi peu et aussi rarement que possible. Aux paroles de salutation qu'on lui adressait sur la route, elle répondait par une révérence, et avait bien soin de choisir, pour prendre son repos, les maisons les plus convenables et les moins fréquentées. Le bas peuple d'Angleterre, bien que moins poli pour les étrangers qu'on ne l'était en Écosse, pays alors moins fréquenté, ne lui parut pas manquer, à tout prendre, aux véritables devoirs de l'hospitalité. Elle obtint aisément la nourriture, l'abri et la protection, à un prix modéré, que refusa même quelquefois, avec une simplicité naïve, la générosité de l'hôte. « Tu as un long chemin devant toi, ma fille ; je ne veux pas prendre un sou de la bourse d'une femme qui voyage seule ; ta bourse est le meilleur ami que tu puisses avoir sur la route. »

Il arriva souvent aussi que l'hôtesse, frappée de l'air décent de cette Écossaise, lui procurât une escorte, ou une place dans une charrette pour une partie du chemin, ou qu'elle lui donnât un avis utile et une recommandation quant aux lieux où elle pourrait s'arrêter.

A York, notre pèlerine séjourna presque une journée entière, partie pour reprendre des forces, partie parce qu'elle avait eu la bonne fortune d'être logée dans une auberge tenue par une Écossaise, partie encore pour écrire deux lettres, à son père et à Ruben ; opération assez difficile, car elle avait peu l'habitude des compositions littéraires. Celle destinée à son père était conçue en ces termes :

« Mon bien cher père,

« Ce qui me rend surtout mon présent voyage pénible et pesant, c'est la réflexion que je l'ai entrepris sans que vous en eûssiez connaissance ; Dieu le sait, cela a été bien contre mon cœur, car l'Écriture dit que « la fille n'est pas liée par son vœu sans le consentement « du père ». J'ai donc eu tort, peut-être, d'entreprendre sans votre consentement ce triste voyage. Cette idée, cependant, était entrée dans mon esprit, que je devais être un instrument pour venir en aide à ma pauvre sœur en cette nécessité pressante ; autrement, je n'aurais jamais, pour toutes les richesses du monde, ou pour toutes les terres de Dalkeith et de Lugton, fait une chose pareille à votre insu et sans votre bon vouloir. O mon cher père, au nom de la bénédiction que vous souhaitez pour mon voyage et pour votre famille, dites un mot, ou écrivez une ligne de consolation, à la pauvre prisonnière. Si elle a péché, elle a eu douleur et souffrance, et vous savez mieux que moi que nous devons pardonner aux autres, de même qu'en nos prières nous demandons d'être pardonnés. Excusez-moi, cher père, si je vous en dis autant, car il ne convient pas à une jeune tête de donner avis à des cheveux gris; je suis si loin de vous que mon cœur s'épanche tout entier; et j'aurais tant désiré d'apprendre que vous lui avez pardonné sa faute, que cela me fait, sans nul doute, en écrire plus qu'il ne conviendrait. Les gens, de ce côté, sont polis, et, comme les barbares dans les épîtres du saint apôtre, ont montré pour moi beaucoup de bonté; il doit y avoir, dans ce pays, quelques âmes choisies, car on y trouve des églises sans orgues, qui ressemblent aux nôtres, qu'on appelle *maisons d'assemblée*, et où le ministre prêche sans avoir de robe. Mais, pour la plupart, ils sont prélatistes, ce qui est horrible à penser; j'ai vu deux hommes qui étaient des ministres, et qui cependant suivaient les chiens aussi hardiment que Roslin, ou que Driden, le jeune laird du Saut-de loup, ou que n'importe quel gentilhomme du Lothian. C'est triste à voir! Que Dieu bénisse, ô cher père, votre coucher et votre réveil, et souvenez-vous, dans vos prières, de votre fille affectionnée et obéissante,

« JEANIE DEANS. »

En *postscriptum*, on lisait : « J'ai appris d'une fort honnête femme, la veuve d'un herbager, que l'on a, dans le Cumberland, un remède pour la maladie des vaches. C'est une pinte de bière; tel est, du moins, le mot dont ils se servent, mais leur pinte n'est rien en comparaison de nos grandes pintes d'Écosse; c'est à peine un *mutchkin* de chez nous. On fait bouillir cela avec du savon et de la corne de cerf, et on le vide avec un entonnoir dans la gorge de la bête malade. Vous pourriez en essayer pour votre génisse d'un an à tête blanche; si cela ne lui fait pas de bien, cela ne peut pas lui faire de mal. Cette herbagère était très bonne femme, et semblait s'y connaître en bêtes à cornes. Quand je serai arrivée à Londres, je me propose d'aller à l'enseigne du Chardon chez notre cousine Mistress Glass, la marchande de tabac, qui a la bonté de vous en envoyer une boîte tous les ans; notre cousine doit être fort connue à Londres, et je ne doute pas que je ne trouve aisément son adresse. »

Nous étant laissé entraîner à trahir ainsi la confidence de notre héroïne, nous n'aurons qu'un pas de plus à faire pour confier au lecteur l'épître qu'elle écrivit à son amant.

« Monsieur Ruben Butler,

« Espérant que la présente vous trouvera en meilleure santé, je vous écris pour vous dire que j'ai atteint sans encombre cette grande ville, que la marche ne m'a pas fatiguée, et que je ne m'en porte que mieux. J'ai vu beaucoup de choses que je vous raconterai un jour ; je vous parlerai, entre autres, de la belle église de ce pays-ci. Tout autour de la ville, il y a des moulins qui n'ont ni roues ni écluses, mais que le vent fait tourner, chose très singulière à voir. Un meunier m'a proposé d'entrer pour en voir travailler un, mais je n'ai pas voulu, car je ne suis point venue dans le sud pour faire connaissance avec des étrangers. Je vais droit mon chemin, et, lorsqu'on me parle poliment, je ne fais que saluer de la tête ; ce n'est qu'aux personnes de mon sexe que je réponds avec la langue. Je voudrais savoir, Monsieur Butler, ce qui pourrait vous faire du bien, car il y a plus de médicaments dans cette ville d'York qu'il n'en faudrait pour guérir toute l'Écosse, et il y en a sûrement quelques-uns qui vous soulageraient. Si vous aviez une bonne mère pour vous soigner, et pour vous empêcher de vous fatiguer à lire (vous qui lisez déjà bien assez dans l'école, pour les enfants), et pour vous donner du lait chaud le matin, je serais plus tranquille sur votre compte. Cher monsieur Butler, gardez bon courage, car nous sommes aux mains de Celui qui sait mieux ce qui nous est bon que nous ne le savons nous-mêmes. Je ne doute pas que je n'arrive à ce que j'ai entrepris ; je ne puis pas en douter ; je ne veux pas songer à en douter ; si je n'avais pleine confiance, comment ferais-je pour adresser comme il faut mes supplications aux grands personnages, lorsque je serai en leur présence ? Être persuadé que ce qu'on se propose est juste, et se mettre au cœur de l'énergie, c'est ce qu'il y a de mieux à faire pour traverser les mauvais jours. La *Ballade des Enfants* dit que le pire souffle des trois derniers jours de mars, empruntés par lui à avril, n'a pas pu tuer les trois jolis petits cochons. Si tel est le bon plaisir de Dieu, après nous être séparés dans la douleur, nous pourrons encore nous rencontrer dans la joie, même de ce côté-ci du Jourdain. Je ne vous rappellerai pas ce que je vous ai dit, en partant, de mon pauvre père et de cette malheureuse jeune fille ; je sais que vous le ferez par charité chrétienne, ce qui vaut mieux que les prières de votre très obéissante servante

« JEANIE DEANS. »

Cette lettre avait aussi un *postscriptum*. « Cher Ruben, si vous pensez que ç'aurait été bien à moi de vous dire plus de choses et de plus amicales, supposez que je l'ai fait ; car je suis assurée que je vous souhaite tout le bien et que j'ai pour vous toute l'amitié possible. Vous me trouverez dépensière, car je porte, tous les jours, des bas blancs et des souliers ; c'est la mode ici pour tous les gens convenables, et chaque pays a ses coutumes. Surtout, si des jours de gaieté doivent jamais revenir pour nous, vous ririez bien de voir ma grosse figure au fond d'un chapeau de paille ou *bonne grâce,* aussi large que la nef de l'église de Libberton. Mais cela défend bien du soleil, et empêche les gens impolis de vous regarder comme une bête curieuse. Je vous dirai par écrit comment cela se passera avec le duc d'Argyle, quand je serai à Londres. Envoyez-moi un mot, pour dire comment vous vous portez, à l'adresse de Mistress Marguerite Glass, marchande de tabac, à l'enseigne du Chardon, Londres ; si j'y vois de bonnes nouvelles de votre santé, cela me mettra l'esprit beaucoup plus en repos. Excusez mon orthographe et mon écriture : j'ai une mauvaise plume. »

Pour des lecteurs du sud, l'orthographe de ces lettres aurait besoin d'une autre excuse que celle indiquée dans le *postscriptum,* encore qu'une mauvaise plume ait été donnée, par un certain laird du comté de Galway, comme excuse suffisante pour une mauvaise orthographe. Mais en ce qui concerne notre héroïne, je prie ces lecteurs de vouloir bien se rendre compte que, grâce à Butler, Jeanie Deans écrivait et orthographiait cinquante fois mieux que la moitié des femmes de qualité d'Écosse, dont l'orthographe étrange et la façon singulière de s'exprimer forment, en ce temps-là, le contraste le plus marqué avec le bon sens qu'indique d'ordinaire leur correspondance.

Jeanie, du reste, dans la teneur de ces épîtres, exprimait peut-être plus d'espérance, un plus ferme courage et plus d'entrain qu'elle n'en ressentait en effet. C'était avec la bonne pensée d'adoucir les appréhensions que son père et son amant avaient sur son compte, et qui (elle le savait bien) ajoutaient beaucoup à leurs autres sujets d'affliction. « S'ils me croient bien, et en état de bien faire, » se disait la pauvre pèlerine, « mon père sera plus indulgent pour Effie, et Butler se portera mieux. Car je sais qu'ils pensent à moi plus que je n'y pense moi-même. »

Elle cacheta ses lettres avec soin, et, de sa propre main, les déposa au bureau de poste, après s'être bien informée du temps probable qu'elles mettraient pour arriver à Édimbourg. Ce devoir accompli, elle accepta volontiers l'invitation pressante que lui faisait son hôtesse de dîner avec elle, et de rester jusqu'au lendemain matin. L'hôtesse, ainsi que nous l'avons dit, était une compatriote; l'empressement avec lequel les Écossais s'abordent, se mettent en rapport, et s'assistent les uns les autres dans la mesure de leur pouvoir, a été souvent relevé contre nous comme un préjugé et un sentiment étroit; il prend sa source, au contraire, dans un patriotisme honorable et parfaitement justifié, qu'appuie la conviction que les habitudes et les principes de la nation sont une sorte de garantie du caractère de l'individu : si cette présomption n'était méritée, elle aurait été, depuis longtemps, réfutée par l'expérience. Fallût-il ne voir en cette confraternité nationale qu'un lien de plus pour attacher l'homme à son semblable, et pour susciter les bons offices, de la part de ceux qui peuvent les rendre au profit du concitoyen qui en a besoin, nous pensons que, comme stimulant actif et efficace de générosité, cela vaut mieux qu'un principe impartial et plus large de bienveillance générale, qui n'a que trop souvent servi d'excuse pour ne venir en aide à personne.

Mistress Bickerton, maîtresse de l'auberge des *Sept Étoiles,* Castlegate, York, était profondément imbue des préjugés fâcheux de son pays. Elle était du comté de Merse, qui touche le Mid-Lothian où Jeanie était née; elle témoigna tant de tendresse à Jeanie Deans, eut pour elle des attentions si maternelles, et s'intéressa avec tant d'anxiété à la suite de son voyage, que Jeanie, bien qu'assez prudente par caractère, pensa qu'elle pouvait sans crainte lui communiquer toute son histoire.

A ce récit, Mistress Bickerton leva vers le ciel les mains et les yeux, et manifesta beaucoup d'étonnement et de pitié. Elle donna aussi de bons avis.

Elle demanda à connaître les forces de la bourse de Jeanie, réduite, par le dépôt qu'elle avait fait à Libberton et par les dépenses nécessaires du voyage, à quinze livres environ. « Cela ferait très bien l'affaire, » dit l'hôtesse, « pourvu qu'elle le portât sans accident jusqu'à Londres.

— Sans accident! » dit Jeanie; « je le porterai, je vous le promets, avec le soin le plus grand, sauf les dépenses nécessaires.

— Oui, mais les voleurs de grand chemin, ma fille, » dit Mistress Bickerton; « vous êtes arrivée maintenant à un pays plus civilisé, c'est-à-dire à un pays où il y a plus de coquins que dans le Nord; et comment vous en tirerez-vous? je n'en sais vraiment rien. Si vous attendiez huit jours, nos charrettes arriveraient, et je vous recommanderais à Joseph Rouelarge, qui vous mènerait en sûreté jusqu'au *Cygne à deux têtes*. Si Joseph, en route, vous disait quelques douceurs, » continua Mistress Bickerton, « il ne faudrait pas faire la grimace. C'est un garçon laborieux et de ressource, et nul, sur la route, n'a meilleure réputation. Les Anglais font encore d'assez bons maris, témoin mon pauvre homme, Moïse Bickerton, qui est dans le cimetière. »

Jeanie se hâta de dire qu'il lui était impossible d'attendre l'arrivée de Joseph Rouelarge. Intérieurement, l'idée d'être, durant le voyage, l'objet de son attention, ne lui souriait pas du tout.

« Alors donc, ma fille, » répondit la bonne hôtesse, « accommodez-vous à la sauce que vous voudrez, et bouclez votre ceinture ainsi que bon vous semblera. Suivez mon avis, cependant; cachez votre or dans votre corset, et n'en gardez en poche qu'une pièce ou deux et un peu d'argent, au cas où l'on vous parlerait; car il y a, à une journée d'ici, de mauvais gars qui ne valent pas mieux que ceux des montagnes du Perthshire. Et puis aussi, ma fille, vous ne pouvez pas aller dans Londres faisant de grands yeux de tous les côtés, en demandant qui connaît Mistress Glass à l'enseigne du Chardon; on rirait, et on se moquerait de vous. Mais allez chez le brave homme dont voici le nom; » et elle mettait une adresse dans la main de Jeanie. « Il connaît presque tous les Écossais respectables qui habitent la ville, et vous fera trouver votre amie. »

Jeanie prit avec reconnaissance ce petit mot d'introduction ; mais un peu alarmée au sujet des voleurs de grand chemin, elle songea à ce que Ratcliffe lui avait dit, et, expliquant brièvement les circonstances qui avaient mis en ses mains un document aussi extraordinaire, elle montra à Mistress Bickerton le papier que cet homme lui avait donné.

La dame des Sept Étoiles ne tira pas la sonnette, parce que ce n'était pas la mode dans ce temps-là, mais elle siffla dans un sifflet d'argent qui pendait à sa ceinture, et une belle grosse servante entra dans la chambre.

« Dites à Dick Ostler de venir, » fit Mistress Bickerton.

Dick Ostler, le garçon d'écurie, parut bientôt. C'était un être singulier, disgracieux, à l'air fin ; figure en lame de couteau, louche, tortu de bras et de jambes.

« Dick Ostler, » dit Mistress Bickerton, d'un ton d'autorité qui montrait que (par adoption du moins) elle était aussi du Yorkshire, « tu connais, sur la route, bien du monde et bien des choses. »

— Oui, oui, patronne, Dieu me soit en aide! » répliqua Dick, avec un mouvement d'épaules qui tenait à la fois du repentir et de l'amour-propre. « Oui, patronne, dans mon temps, j'ai su une ou deux histoires. » Il prit un air malin et se mit à rire, puis il devint grave et poussa un soupir, comme un homme prêt à prendre les choses par le côté que l'on voudrait.

« Sais-tu ce que veut dire ce bout de papier? » dit Mistress Bickerton, en lui tendant le sauf-conduit que Ratcliffe avait donné à Jeanie Deans.

Après avoir regardé le papier, Dick cligna de l'un de ses yeux, étendit d'une oreille à l'autre sa bouche grotesque qui semblait un canal de navigation, se gratta la tête avec énergie, et dit :

« Si je le sais? peut-être bien que oui, patronne, s'il ne doit, pour lui, en résulter aucun mal.

— Aucun autre mal n'en résultera, » dit Mistress Bickerton, « qu'un petit coup de liqueur de Hollande pour toi, si tu veux parler.

— Alors, » répliqua Dick, tirant d'une main la ceinture de ses hauts-de-chausse, et levant un pied en arrière pour ajuster mieux cette partie importante de son habillement, « j'ose dire que ce laissez-passer sera suffisamment connu sur la route.

— Qu'est-ce donc que l'individu qui lui a donné cela? » dit Mistress Bickerton, lançant un coup d'œil à Jeanie, et toute fière du savoir de son palefrenier.

« Que sais-je, moi? Jim le Rat; cet homme-là, depuis un an, c'était le coq du nord; lui et Wilson l'Écossais, Handie Dandie, comme on appelait ce dernier. Depuis quelque temps, m'a-t-on dit, Jim est absent du pays ; mais quiconque surveille la route d'ici à Stamford, respectera son laissez-passer. »

Sans pousser plus loin ses questions, l'hôtesse remplit pour Dick Ostler un verre d'eau-de-vie. Il baissa la tête et les épaules, inclina gauchement celle de ses deux jambes qui se trouvait le plus en avant, avala l'alcool, et se retira dans ses domaines.

« Je vous invite, Jeanie, » dit Mistress Bickerton, « si vous rencontrez sur la route de mauvaises pratiques, à leur montrer ce bout de papier ; cela vous servira, soyez-en sûre. »

Un bon petit souper fut la conclusion de la soirée. La brave dame que l'Écosse avait cédée à l'Angleterre mangea, de bon cœur, d'un ou deux plats bien assaisonnés, but de bonne vieille *ale* passablement forte, sans omettre d'y ajouter un verre de vin chaud épicé. Elle racontait pendant ce temps-là à Jeanie l'histoire de sa goutte, s'étonnant de ce qu'elle avait pu, elle dont les pères et mères avaient été, durant plusieurs générations, fermiers à Lammermoor, être atteinte d'une maladie totalement inconnue de ses ancêtres. Jeanie ne voulut pas offenser une hôtesse aussi aimable en lui donnant son avis sur l'origine probable de ce dont elle se plaignait ; mais elle songea aux marmites d'Égypte, et, en dépit de toutes les prières qu'on lui fit de se mieux régaler, elle se contenta, pour ce repas du soir, de légumes et d'un verre d'eau claire.

Mistress Bickerton l'assura qu'il ne pouvait être question entre elles d'une note de dépenses ; elle la fournit de lettres pour son correspondant de Londres, et pour plusieurs auberges de la route où les Sept Étoiles avaient affaire ou crédit ; elle rappela à Jeanie les précautions que celle-ci aurait à prendre pour cacher son argent, et, comme la voyageuse devait partir de bonne heure le lendemain matin, elle prit congé d'elle de la façon la plus affectueuse, lui faisant promettre de lui faire visite en retournant en Écosse, de lui dire comment elle aurait mené son affaire, et de lui raconter (souverain bonheur pour une bavarde !) « les choses dans tous leurs détails. » Jeanie le lui promit de très bon cœur.

CHAPITRE XXVIII.

*Le besoin, le danger, le vice et le malheur,
Tel est du dégradé le cortège vengeur.*

ORSQUE le lendemain matin, de bonne heure, notre voyageuse se mit en devoir de poursuivre sa route, au moment où elle sortait de la cour de l'auberge, Dick Ostler, soit qu'il se fût levé tôt soit qu'il eût oublié de se coucher, deux choses assez familières à sa profession de garçon d'écurie, cria ces mots derrière elle : « Bonne matinée, mon enfant. Prenez garde à la montée de Gunnerby. Robin Hood est mort et enterré, mais il y a encore des farceurs dans le vallon de Bever. » Jeanie tourna les yeux de son côté, comme pour obtenir une plus ample explication ; mais avec un clignement d'œil, un jeu de physionomie, un mouvement d'épaules que l'acteur Emery aurait seul pu imiter, Dick se retourna vers le maigre coursier dont il faisait la toilette, et, tout en maniant l'étrille et la brosse, chanta le couplet suivant :

« Robin Hood à son arc avait corde fidèle,
Et de son bras, dit-on, il fut toujours content.
Sur les routes du roi s'il faisait sentinelle,
Nous, pourquoi, s'il vous plaît, ne pas en faire autant ? »

Jeanie continua sa route sans en demander davantage : il n'y avait dans les manières de Dick rien qui l'invitât à prolonger la conférence. Une journée fatigante la conduisit à Ferrybridge, dans ce temps-là, et maintenant encore, la meilleure auberge sur la grande route du nord; une lettre d'introduction de Mistress Bickerton, s'ajoutant à l'air simple et tranquille de la voyageuse, disposa si bien l'hôtesse du Cygne en sa faveur, que la bonne dame la fit profiter d'un cheval de poste à selle de femme qui retournait à Tuxford. Jeanie accomplit donc, le second jour après avoir quitté York, la traite la plus longue qu'elle eût encore faite. Elle fut très fatiguée d'une manière de voyager à laquelle elle était moins habituée qu'à la marche à pied, et ce fut beaucoup plus tard qu'à l'ordinaire que, le lendemain matin, elle se sentit en état de reprendre son pèlerinage. A midi, le Trent aux cent bras, et les ruines noircies du château de Newark, démoli dans la grande guerre civile, étaient devant elle. On suppose aisément que Jeanie n'eut pas la curiosité de se livrer à des recherches d'antiquaire; entrant dans la ville, elle alla tout droit à l'auberge qu'on lui avait indiquée à Ferrybridge. Tandis qu'elle s'y procurait les aliments nécessaires, elle remarqua que la fille qui les lui apportait la regardait à plusieurs reprises, avec une attention toute particulière; et enfin, à sa grande surprise, la servante lui demanda si son nom n'était pas Deans, si elle n'était pas Écossaise, et si elle n'allait pas à Londres pour une affaire de justice. Jeanie, malgré sa simplicité, possédait quelque chose de la prudence de son pays; d'après l'usage universel d'Écosse, elle répondit à la question par une autre, demandant à la fille pourquoi elle lui faisait ces questions.

La maritorne de *la Tête du Sarrasin,* de Newark, répliqua « que deux femmes avaient passé le matin même, qui s'étaient enquises d'une certaine Jeanie Deans, faisant le voyage de Londres pour une raison de ce genre; et qu'on avait eu peine à les persuader que cette Jeanie Deans n'eût pas encore passé par là. »

Fort surprise, un peu alarmée (ce qu'on ne s'explique pas est ordinairement fait pour alarmer), Jeanie questionna la fille sur ces deux femmes et sur ce que, toutes les deux, elles pouvaient avoir de particulier. Tout ce qu'elle put savoir, c'est que l'une était âgée et l'autre jeune; que la dernière était la plus grande des deux; que la plus âgée était celle qui parlait le plus, et semblait avoir de l'autorité sur sa compagne ; que toutes deux avaient l'accent écossais.

Cela ne renseignait guère Jeanie ; et, avec le pressentiment mal défini que quelque chose se tramait contre elle, elle prit la résolution de prendre des chevaux de poste pour parcourir le prochain relai. Il lui fut impossible de satisfaire ce désir ; des circonstances accidentelles avaient mis à la fois sur la route tous les postillons et tous les chevaux ; le maître de poste n'en avait pas pour elle. Après quelque attente, dans l'espoir qu'une paire de chevaux qui avait fait route vers le sud en reviendrait à temps pour qu'elle en fît usage, honteuse de sa pusillanimité, elle résolut enfin de poursuivre son voyage de la manière accoutumée.

« C'est tout terrain plat, » lui dit-on, « excepté la grande montagne de Gunnerby, à trois milles de Grantham, lieu où elle devait passer la nuit.

— Je suis bien aise d'apprendre qu'il y a une montagne, » dit Jeanie, « car mes yeux, et même mes pieds, sont fatigués de ces plaines unies. D'York ici, on dirait, tout le long du chemin, que la terre a été piochée et nivelée, ce qui est ennuyeux pour un Écossais. Quand j'ai eu perdu de vue une hauteur bleue qu'on appelle Ingleborough, il m'a semblé que je n'avais plus un ami dans ce singulier pays.

— Quant à cela, jeune femme, » dit l'hôte, « si vous aimez tant les montagnes, je voudrais que vous pussiez emporter avec vous Gunnerby dans votre tablier, car c'est un massacre pour les chevaux de poste. Je bois donc à votre voyage ; puissiez-vous le faire bon et heureux, car vous êtes sage et hardie. »

Parlant ainsi, à un vaste pot de bière nouvelle il administra, pour son usage, une vigoureuse secousse.

« J'espère, Monsieur, » dit Jeanie, « qu'il n'y a pas de mauvaises gens sur la route?

— Quand elle en sera nettoyée, je couvrirai de crêpes toutes chaudes notre étang de Groby. Mais il y en a moins maintenant ; et, depuis qu'ils ont perdu Jim le Rat, ils ne s'entendent pas mieux ensemble que les gens de Marsham quand ils ont perdu leurs communaux.

Buvez une goutte avant de partir, » ajouta-t-il en lui offrant la cruche de bière; « ce qui vous attend ce soir à Grantham, c'est du gruau, de l'eau claire, et une carte à payer. »

Jeanie refusa poliment ce qu'on lui offrait, et demanda ce qu'elle avait à payer.

« A payer? Rien; et que Dieu vous soit en aide. On n'a tiré pour vous qu'un quart de pinte de bière, et *la Tête du Sarrasin* peut bien donner un morceau à manger à une personne comme vous, qui ne sait pas parler le langage chrétien. A votre santé encore. Recommençons, car c'est toujours la même chose, comme dit Mark de Bellgrave. » Et, de nouveau, la cruche reçut de lui une sérieuse attaque.

Les voyageurs qui ont visité Newark à une date plus récente ne manqueront pas de se souvenir de la civilité parfaite et des manières excellentes de la personne qui en dirige à présent le principal hôtel, et pourront s'amuser du contraste avec la façon d'être d'un prédécesseur plus primitif. Mais on admettra, je crois, qu'en polissant le métal, on ne lui a rien ôté de sa véritable valeur.

Prenant congé de son Gaïus du Lincoln, Jeanie s'engagea de nouveau dans sa promenade solitaire, et fut un peu alarmée lorsque le soir et le crépuscule la surprirent dans la plaine, parsemée de taillis et de marécages, qui s'étend au pied de la montée de Gunnerby. Les vastes terrains vagues qui existaient sur la route du nord (et dont la plupart sont clos aujourd'hui), et l'état insuffisant de la police, exposaient les voyageurs aux rencontres de grands chemins à un degré maintenant inconnu, sauf dans le voisinage immédiat de la métropole. Jeanie le savait; elle ralentit le pas, en entendant derrière elle le trot d'un cheval, et elle appuya instinctivement de l'un des côtés de la route, pour livrer au passage du cavalier le plus de place possible. Lorsque le cheval approcha, elle vit qu'il portait deux femmes, l'une en selle, l'autre sur un coussinet posé sur la croupe, ainsi que cela se voit quelquefois encore en Angleterre.

« Bonsoir, Jeanie Deans, » dit celle des deux femmes qui était en selle, au moment où le cheval passa à côté de notre héroïne. « Que dites-vous de cette belle montagne, qui lève le front vers la lune? Croyez-vous que c'est le chemin du ciel, que vous aimez tant? Peut-être, grâce à Dieu! que nous y arriverons ce soir, quoique ma mère que voici puisse avoir de la peine à y monter. »

La cavalière, en parlant, s'était retournée sur la selle, et faisait mine d'arrêter le cheval. La femme qui était derrière sur le coussinet la pressa d'avancer, par des paroles que Jeanie n'entendit qu'imparfaitement.

« Taisez-vous, lunatique! Qu'avez-vous affaire avec elle? Qu'avez-vous affaire avec le ciel ou l'enfer?

— Par ma foi, ma mère, je n'ai pas beaucoup affaire avec le ciel, lorsque je considère ce que je porte derrière moi. Quant à l'enfer, il saura, j'en suis assurée, livrer son combat au moment qu'il aura choisi. Allons, mon petit, au trot; et cours aussi vite que si tu étais un manche à balai, car une sorcière est sur ton dos.

« Ainsi que l'éclair rapide,
Coiffe au pied, soulier en main,
Cœur léger et tête vide,
Feu-follet va son chemin. »

Le bruit du cheval et la distance éteignirent le reste de la chanson, mais Jeanie entendit quelque temps les sons inarticulés qui se perdaient dans la solitude.

Notre pèlerine resta frappée de stupeur et de vagues appréhensions. Être appelée par son nom d'une manière aussi étrange, dans un semblable pays, sans plus de paroles ni d'explication, par une personne qui disparaissait ainsi, c'était presque comme les sons surnaturels dont il est question dans Comus :

> Les langues aériennes
> Qui, sur les mers et les monts,
> Sur les rives et les plaines,
> Des hommes jettent les noms.

Quelque différence de traits, de conduite et de rang qu'il puisse y avoir entre Jeanie Deans et la dame que nous montre ce gracieux divertissement poétique, la suite du passage pourrait encore, en cette circonstance alarmante, s'appliquer parfaitement à Jeanie Deans :

> D'entendre un pareil langage
> La vertu s'étonnera ;
> Mais jusqu'à perdre courage
> Oncques la vertu n'ira.

> Car un champion s'avance,
> Beau, vigoureux, lance au poing,
> Qui s'appelle conscience
> Et qui ne la quitte point.

Si l'on se rappelle, en effet, la mission de dévouement et de devoir que Jeanie avait entreprise, c'était son droit (qu'on nous passe le mot) d'espérer protection dans une tâche aussi méritoire. L'esprit calmé par ces réflexions, elle s'était à peine avancée plus loin, lorsque s'offrit à elle un sujet de terreur nouveau et plus immédiat. Deux hommes, qui rôdaient dans les taillis, en sortirent à son approche, et vinrent à sa rencontre sur la route d'un air menaçant. « Halte et donne ! » dit l'un d'eux, un fort gaillard de petite taille, vêtu d'un sarrau comme en portent les charretiers.

« Cette femme, » dit l'autre, un individu grand et maigre, « ne comprend pas les paroles en usage dans le métier. Votre argent, chère demoiselle, ou votre vie!

— Je n'ai que très peu d'argent, Messieurs, » dit la pauvre Jeanie, leur présentant ce qu'elle avait séparé du plus gros de son capital, en vue de satisfaire à des occasions de ce genre ; « mais, si vous avez résolu de l'avoir, il faut bien que vous l'ayez.

— Cela ne se passera pas ainsi, ma fille. Je veux être damné si je m'en arrange! » dit le plus petit des deux voleurs ; « pensez-vous que des gens qui se respectent risqueront leurs vies sur la route pour qu'on se moque d'eux comme cela? Nous aurons tout, jusqu'au dernier liard, ou, de par tous les diables! nous vous dépouillerons jusqu'à la peau. »

Son compagnon semblait avoir un peu pitié de l'effroi qui se lisait sur le visage de Jeanie. « Non, non, Tom, » dit-il, « c'est une puritaine, et nous la croirons sur parole, sans la mettre à si rude épreuve. Écoutez, ma fille, si vous voulez regarder le ciel, et nous dire que c'est le dernier sou que vous avez sur vous, eh bien ! tant pis, nous vous laisserons passer.

— Je ne suis pas libre de jurer cela, Messieurs, » répondit Jeanie; « mais de mon voyage dépend la vie ou la mort de quelqu'un. Si vous m'en laissez assez pour me procurer du pain et de l'eau, je serai satisfaite, et je suis prête à vous remercier, et à prier pour vous.

— Merci de vos prières! » dit le plus petit, « cette monnaie n'a pas cours chez nous. » Et il fit un mouvement pour s'emparer d'elle.

« Un instant, Messieurs! » Le laissez-passer de Ratcliffe lui venait soudain à l'esprit. « Vous reconnaîtrez peut-être ce papier?

— Qu'est-ce qu'il y a encore, Frank, de par tous les diables! » dit le plus farouche. « Regardez cela, vous ; car je veux être damné si je suis assez clerc pour en lire un mot.

— C'est de Jim Ratcliffe, » dit le plus grand, après avoir regardé le papier. « D'après nos lois, cette fille doit passer sans accident.

— Non, vraiment, » répondit son compagnon; « Rat, à ce que l'on dit, a quitté la profession, et s'est fait limier de police.

— Cela n'empêche qu'il ne puisse encore nous servir, » reprit le plus grand.

« Qu'est-ce donc alors que nous allons faire? » répliqua le plus petit.
« Nous avons promis, vous le savez, de la voler, et de la renvoyer en mendiante dans son pays de mendiants. Et ne voilà-t-il pas que vous voulez la laisser passer?

— Je n'ai pas dit cela, » reprit l'autre; et il souffla quelques mots à l'oreille de son compagnon. « Faites-le, alors, » répondit l'autre, « et ne restons pas sur la route à causer jusqu'à ce que des voyageurs nous arrivent à l'improviste.

— Jeune femme, » dit le plus grand, « il faut nous suivre hors de la route.

— Pour l'amour de Dieu! » s'écria Jeanie, « au nom de la mère qui vous a portée, ne me demandez pas de quitter la route! Prenez-moi plutôt tout ce que j'ai.

— De quoi diable a-t-elle peur? » répliqua l'autre voleur. « Je vous dis qu'on ne vous fera pas de mal; mais si vous ne voulez pas quitter la route, et venir avec nous, que la peste me crève si je ne vous fais, sur place, sauter la cervelle.

— Vous n'êtes qu'un ours mal léché, Tom, » dit son compagnon. « Si vous touchez cette femme, je vous secouerai de façon à vous faire trembler les haricots dans le ventre. N'y faites pas attention, mon enfant; venez tranquillement avec nous, et je ne lui permettrai pas de mettre sur vous le bout du doigt; mais si vous restez ici à jaboter, je le laisse, Dieu me damne! s'arranger avec vous. »

Cette menace fit entrer toutes sortes de terreurs dans l'imagination de la pauvre Jeanie, qui voyait dans « le plus doux des deux » la seule protection qu'elle pût attendre contre les traitements les plus brutaux. Non seulement elle le suivit, mais elle le tint par la manche, de peur qu'il ne lui échappât. Cet homme, tout endurci qu'il était, sembla touché de cette marque de confiance, et assura Jeanie, à plusieurs reprises, qu'il ne souffrirait pas qu'on lui fît du mal.

Les voleurs conduisirent leur prisonnière dans une direction qui s'éloignait de plus en plus de la grande route; mais Jeanie remarqua qu'ils suivaient une espèce de chemin de traverse ou de sentier; cela modéra son inquiétude, qui se serait accrue s'ils avaient eu l'air de s'écarter de toute ligne tracée. Après avoir marché tous trois, environ une demi-heure, dans le plus profond silence, ils approchèrent d'une vieille grange, au bord de terres cultivées, mais loin de toute habitation. La grange était occupée, cependant, car, à travers les fenêtres, on voyait de la lumière.

Un des bandits frappa légèrement à la porte ; une femme ouvrit, et les deux hommes entrèrent avec leur prisonnière. Une vieille qui préparait des aliments à un grand feu de charbon de terre, leur demanda, au nom du diable, « pourquoi ils amenaient là cette fille, et d'où venait qu'ils ne l'avaient pas dépouillée et laissée dans les terrains vagues ?

— Allons, allons, mère Le Sang, » dit le plus grand des voleurs, « nous ferons ce qu'il faut pour vous obliger, et rien de plus. Nous sommes passablement mauvais comme cela, mais pas tout à fait ce que vous voudriez nous faire, des démons incarnés.

— Elle a un laissez-passer de Jim Ratcliffe, » dit le plus petit, « et Frank n'a pas voulu entendre parler de la jeter dans le moulin.

— Non, mille tonnerres, je ne le veux pas ! » répondit Frank ; « mais si la mère Le Sang veut la garder ici quelque temps, ou la renvoyer en Écosse sans lui faire de mal, je n'y vois pas, quant à moi, le plus petit inconvénient.

— Sachez-le bien, Frank Levitt, » dit la vieille, « si vous m'appelez encore la mère Le Sang, je vais peindre ceci en rouge, mon brave garçon, dans le meilleur de votre sang. » Et elle tenait un couteau, pour mener à bien sa menace.

« Il faut que le prix de la graisse de porc ait monté haut dans le Nord, » répliqua Frank, « pour que la mère Le Sang soit de si mauvaise humeur. »

Sans hésiter un moment, la furie lança vers lui son couteau, avec la dextérité vengeresse d'un sauvage indien. Le voleur était sur ses gardes ; par un mouvement de tête soudain, il évita le projectile, qui passa en sifflant près de son oreille, et s'enfonça profondément, derrière lui, dans une cloison d'argile.

« Allons, allons, la mère, » dit le voleur en la saisissant par les deux poignets, « je vais vous montrer qui est le maître ; » et, parlant ainsi, il repoussa de force la sorcière, qui se débattit avec énergie jusqu'au moment où elle tomba sur une botte de paille. Lui lâchant alors les mains, il lui montra le doigt, avec le geste menaçant d'un gardien qui tient en respect un aliéné. Ce geste produisit l'effet désiré ; la femme n'essaya pas de se lever du siège sur lequel Frank l'avait placée, ou de recourir à la violence ; elle ne fit que tordre avec une rage impuissante ses vieilles mains ridées, et pousser des cris et des hurlements comme une possédée du démon.

« Je tiendrai, vieille diablesse, la promesse que je vous ai faite, » dit Frank ; « la fille ne continuera pas sa route vers Londres, mais je ne vous laisserai pas toucher à un seul cheveu de sa tête, ne fût-ce que pour vous punir de votre insolence. »

Cet avis sembla calmer un peu la fureur violente de la vieille. Pendant que ses exclamations et ses hurlements s'abaissaient au grognement et au murmure, un autre personnage s'adjoignit à cette étrange compagnie.

« Eh ! Frank Levitt, » dit la nouvelle venue, qu'un saut, un pas et un bond avaient lestement amenée de la porte au milieu de la pièce, « allez-vous donc tuer notre mère ? ou coupiez-vous la gorge du cochon que Tom a apporté ce matin ? ou lisiez-vous vos prières à l'envers, pour faire venir chez nous mon vieux cousin le diable ? »

La voix avait quelque chose de si particulier, que Jeanie reconnut immédiatement la première des deux femmes à cheval qui l'avaient dépassée peu avant la rencontre des voleurs. Cette circonstance ne fit qu'augmenter sa terreur, car elle lui montrait que ce qu'on faisait contre elle avait été prémédité, tout embarrassée qu'elle était pour deviner par qui ou pourquoi. A sa conversation, le lecteur a probablement reconnu déjà, dans cette femme, une ancienne connaissance de la première partie de notre récit.

« Arrière, folle endiablée ! » dit Tom, qu'elle avait dérangé dans la dégustation d'une liqueur qu'il avait trouvé moyen de se procurer; « entre vos gaietés de Bedlam et les accès de rage de votre mère, on serait plus tranquille en enfer qu'ici. » Et il reprit la cruche cassée du contenu de laquelle il se régalait.

« Qu'est-ce que c'est que cela ? » dit la folle, se dirigeant en dansant vers Jeanie Deans. Celle-ci, quoique pleine d'effroi, était attentive

Jeanie Deans dans la grange des Bohémiens.

à la scène, résolue de ne laisser passer inaperçu rien de ce qui pourrait lui servir à s'évader, ou la renseigner sur sa situation et sur le danger qu'elle courait. « Qu'est-ce que c'est que cela? » s'écria derechef Madge Feu-follet. « La fille du whig Douce Davie Deans, la fille du vieux refrogné, dans une grange de Bohémiens, à l'heure où la nuit commence! C'est à n'en pas croire ses yeux! La chute des justes, Messieurs! Et l'autre sœur est dans la Tolbooth d'Édimbourg. Pour ma part, j'en suis fâchée ; c'est ma mère qui lui en veut, et pas moi ; quoique j'aie peut-être tout autant sujet de lui en vouloir.

— Or çà, Madge, » dit le plus grand des deux bandits, « vous n'avez pas dans le sang le tempérament du diable autant que votre sorcière de mère, qui pourrait bien être la maman du diable. Conduisez cette jeune femme à votre chenil, et n'y laissez pas entrer le diable, quand il vous le demanderait pour l'amour de Dieu.

— Oui vraiment, je vais l'emmener, Frank, » dit Madge, prenant Jeanie par le bras et l'entraînant; « car il ne convient pas à des demoiselles chrétiennes, comme elle et moi, de rester, à cette heure de nuit, avec des gens comme vous et comme Tom de Tyburn. Bonsoir donc, Messieurs ; et puissiez-vous dormir jusqu'à ce que le bourreau vous réveille, chose qui sera bien heureuse pour le pays. »

Puis, obéissant à ses fantaisies bizarres, elle se dirigea gravement vers sa mère. Assise à côté du feu, la lumière rouge se réfléchissant sur ses traits secs et ridés où se peignaient les passions mauvaises, celle-ci semblait la figure d'Hécate, vaquant aux rites infernaux. Soudain Madge, tombant à genoux, dit, à la manière d'un enfant de six ans : « Maman, écoutez-moi faire ma prière avant de m'aller coucher, et demandez à Dieu de bénir ma bonne petite figure comme vous le faisiez il y a bien longtemps.

— Que le diable prenne ta peau pour en fabriquer ses brogues! » dit la vieille dame, lançant un soufflet à la suppliante, en réponse à sa respectueuse requête.

Le coup n'atteignit pas Madge, qui, connaissant sans doute par expérience la façon dont sa mère lui conférait des bénédictions, s'était échappée hors de portée du bras avec beaucoup d'adresse et de rapidité. La mégère bondit alors, et, saisissant une paire de vieilles pincettes, elle aurait pris sa revanche du coup qu'elle avait manqué en cassant la cervelle à sa fille ou à Jeanie (peu lui importait laquelle), si sa main n'eût été arrêtée encore par Frank Levitt, qui, l'empoignant par les épaules, l'envoya vigoureusement rouler à distance. « Mère l'Infâme, » s'écria-t-il, « vous voilà encore, et en ma souveraine présence! Et vous, Madge de Bedlam, allez à votre trou avec votre compagne, ou nous aurons ici le diable à payer, sans savoir avec quoi. »

Madge suivit le conseil de Levitt; entraînant Jeanie avec elle, elle battit en retraite, le plus vite qu'elle put, dans une sorte de réduit séparé du reste de la grange, et rempli de paille, ce qui montrait qu'il servait de chambre à coucher. Par une ouverture, la lune brillait sur un coussinet, une selle de femme, et une ou deux valises, composant tout le bagage de Madge et de son aimable mère. « Avez-vous, jamais de la vie, » dit Madge, « vu une chambre aussi jolie que celle-ci? Voyez comme la lune tombe doucement sur la paille fraîche! Il n'y a pas à Bedlam une cellule aussi agréable, quoique Bedlam, à l'extérieur, soit un beau bâtiment. Avez-vous été à Bedlam? »

— Non, » répondit faiblement Jeanie. Cette question l'effrayait, comme aussi la façon dont elle était faite; elle voulait cependant satisfaire sa pauvre compagne; les circonstances, pour elle, étaient si précaires, que la société même de cette folle semblait une sorte de protection.

« Jamais à Bedlam! » dit Madge, avec surprise. « Vous avez été, alors, dans les cellules d'Édimbourg? »

— Pas non plus, » dit encore Jeanie.

« Il faut croire donc, que ces mal appris de magistrats n'envoient personne à Bedlam, excepté moi. Ils ont pour moi, paraît-il, un respect tout particulier, car, chaque fois qu'on me mène devant eux, ils m'envoient toujours à Bedlam. Mais, franchement, Jeanie, » elle dit cela d'un ton confidentiel, « pour vous dire là-dessus mon vrai sentiment, vous n'y perdez pas grand'chose; car le gardien est un méchant homme, qui veut tout faire à sa tête, et qui rend cet endroit-là pire que l'enfer. Je lui ai souvent dit qu'il était le plus fou de la maison. Mais quel tapage ils font? Du diable si l'un d'eux ne veut pas entrer. Ce ne serait pas convenable! Je vais m'asseoir le dos contre la porte; ce ne sera pas facile de me faire bouger.

— Madge, Madge, Madge Feu-follet ! Madge du diable ! Qu'avez-vous fait du cheval ? » Telle était la question qu'à plusieurs reprises, les hommes lui adressaient du dehors.

« Elle est à son souper, la pauvre bête, » répondit Madge. « Puisse le diable vous servir le vôtre, et vous faire manger du soufre ! De cette façon, au moins, vous ne feriez pas tant de bruit.

— A souper ! » répondit le plus bourru des brigands. « Que voulez-vous dire par là ? Dites-moi où il est, ou je vous casse la tête !

— Dans le champ de blé de Gaffer Gabblewood, si vous tenez à le savoir.

— Son champ de blé, toquée que vous êtes ! » répondit l'autre, avec l'accent de la plus grande indignation.

« O cher Tom de Tyburn, quel mal les tiges du blé nouveau feront-elles au pauvre animal ?

— Ce n'est pas la question, » dit l'autre voleur ; « mais que dira-t-on de nous, demain, dans le pays, si on le voit à pareille place ? Allez, Tom, et ramenez-le ; évitez les terrains mous, mon garçon, et qu'il n'y ait pas, derrière vous, une seule trace de son sabot.

— C'est toujours à moi que vous donnez les corvées, » murmura son compagnon.

« Allons, filez, Laurence, » dit l'autre, « ne perdez pas de temps. » Tom quitta la grange sans en dire plus long.

Cependant Madge s'était disposée sur la paille pour dormir ; mais elle était toujours à moitié assise, le dos appuyé contre la porte du réduit, qui s'ouvrait à l'intérieur, et que, de cette façon, le poids de son corps maintenait fermée.

« On pourrait faire un métier plus agréable que de voler, » dit Madge Feu-follet, « quoique je ne vienne pas à bout de le persuader à ma mère. Qui donc, excepté moi, aurait pensé à faire un verrou de son dos ? Mais il n'est pas si solide que celui que j'ai vu dans la Tolbooth, à Édimbourg. Les forgerons d'Édimbourg sont, à mon avis, les premiers du monde pour faire des étançons, des anneaux, des ceps pour les pieds, des barres de fer et des serrures. Ils ne s'y entendent pas mal non plus à faire les carcans, encore que les forgerons de Cunross soient au premier rang pour cet article-là. Ma mère a eu, dans le temps, un joli carcan de Cunross, et je comptais bien que, là-dedans, je ferais cuire des gaufres pour mon pauvre petit enfant qui est mort. Ce n'est pas bien, la façon dont il est parti ; mais, vous savez, Jeanie, il faut tous mourir. Vous autres, caméroniens, vous prenez cela bravement ; et vous faites de la terre un enfer, pour avoir moins de peine à en partir. Pour ce qui est de Bedlam, dont nous parlons, c'est un endroit que je ne vous recommande guère, par quelque porte que vous y entriez, la droite ou la gauche. Vous savez ce que dit la chanson. » Et, continuant les divagations flottantes et décousues de son esprit, elle chanta à haute voix :

> « Dans ton enceinte hospitalière,
> Bedlam, je mettais, à vingt ans,
> Des bracelets dont j'étais fière,
> Trop lourds, toutefois, par instants.
>
> « Du fouet la prodigue lanière
> Me caressait un peu, beaucoup ;
> J'ai jeûné, j'ai fait ma prière
> Plus qu'il n'eût été de mon goût. »

« Voyez-vous, Jeanie, je suis un peu enrouée, la nuit, et je ne puis chanter davantage. Je crois, vraiment, que je vais dormir. »

Elle laissa tomber sa tête sur sa poitrine. Jeanie, qui aurait donné tout au monde pour avoir l'occasion d'examiner les moyens et la possibilité d'une évasion, eut bien soin de ne pas la déranger. Après s'être assoupie une minute ou deux, les yeux à demi fermés, Madge fut assaillie de nouveau de l'humeur inquiète et remuante de sa maladie. Elle releva la tête, et parla, mais d'un ton faible, qu'abaissa graduellement l'envie de dormir inaccoutumée due probablement à la fatigue d'une journée de voyage à cheval. « Je ne sais pas ce qui me donne si sommeil. Je ne dors presque jamais avant que ma bonne dame la lune ne se soit mise en son lit. C'est comme cela surtout quand elle est dans son plein, et qu'elle se promène au-dessus de nous dans son grand carrosse d'argent. Je suis allée quelquefois danser devant elle, tant j'étais contente ; et les morts, aussi, sont venus danser avec moi, Jean Porteous, par exemple, et d'autres que j'ai connus quand je vivais; car il faut que vous sachiez que j'ai été morte, dans le temps. » Ici, la pauvre folle chanta d'un ton bas et farouche :

> « Mes os sont dans le cimetière
> Bien loin d'ici ;
> Mon ombre seule est sur la terre,
> Et parle ainsi.

« Mais, après tout, Jeanie, personne ne sait, ma chère, qui est vivant ou qui est mort. Quels sont ceux qui sont allés au pays des Fées? c'est une autre question. Il me semble, par instants, que mon pauvre enfant est mort; vous savez fort bien qu'il est enterré, mais cela ne prouve rien. Cent fois, cent fois encore, je l'ai eu sur mes genoux depuis ce temps-là ; et, s'il était mort, comment l'aurais-je eu sur mes genoux? Il n'est pas mort; c'est impossible! » Puis, la conviction du malheur couvrant à demi les rêves de l'imagination, elle éclata en cris et en sanglots : « Malheur à moi! Malheur à moi! Malheur à moi! » jusqu'à ce qu'enfin, pleurant et sanglotant, elle tomba dans un profond sommeil, qu'une respiration oppressée indiqua bientôt. Jeanie fut laissée à ses tristes réflexions, et aux remarques qu'elle pourrait faire.

CHAPITRE XXIX.

*Liez-la sur-le-champ; ou, de par ma rapière!
Quoique vôtre, je dis la chose tout entière.*

FLETCHER.

 LA faible lumière qui pénétrait par la fenêtre, Jeanie pouvait juger qu'il n'y avait pas moyen de s'échapper de ce côté; l'ouverture était très haut dans le mur, et si étroite que, notre héroïne eût-elle pu grimper jusque là, il ne lui eût guère été possible de passer à travers. Une tentative infructueuse l'aurait fait traiter, sans nul doute, plus mal qu'elle ne l'était maintenant; elle résolut donc de guetter avec soin l'occasion, avant de recourir à un effort aussi périlleux. Dans ce dessein, elle examina la chétive cloison d'argile qui séparait du reste de la grange le réduit où elle se trouvait. La cloison était en mauvais état, pleine de fentes et de crevasses; avec précaution et sans bruit, elle en élargit une avec ses doigts, jusqu'à ce qu'elle put voir parfaitement la vieille sorcière et le plus grand des brigands, assis à côté du feu de charbon de terre qui tombait, et engagés ensemble dans une étroite conférence. Cette vue la terrifia d'abord, car les traits de la vieille femme avaient un hideux caractère de méchanceté endurcie et de pensées sombres; les traits de l'homme, quoique moins répugnants, s'accordaient bien avec des habitudes licencieuses et un métier illégitime.

« Je me souvenais, » dit Jeanie, « de ce que m'avait raconté mon père un soir d'hiver ; comment il avait été enfermé avec le saint martyr, M. Jacques Renwinck, qui releva l'étendard de la véritable Église d'Écosse, après que le digne et renommé Daniel Caméron, le saint par excellence, fut tombé, à Airsmoss, sous les glaives des méchants ; et comment les cœurs même des malfaiteurs et des meurtriers, avec lesquels ils étaient enfermés, se fondirent comme de la cire en entendant leurs doctrines. Et je me dis que le même secours qui fut avec eux dans leur détresse, visiterait aussi la mienne, et que je n'avais qu'à attendre l'heure et la volonté du Seigneur pour me délivrer du piège. Je me rappelai les paroles du Psalmiste, répétées avec insistance dans les psaumes 42 et 43 : « Pourquoi es-tu abattue, ô mon « âme, et te troubles-tu en moi ? Espère en Dieu, car je louerai encore « Celui qui est ma force et mon Dieu. »

Fortifiée par la confiance religieuse qui pénétrait aisément une âme si calme et si ferme, la pauvre captive fut capable d'écouter et de comprendre, en grande partie, la conversation intéressante de ceux aux mains desquels elle était tombée ; bien qu'elle en perdît quelque chose, grâce aux termes d'argot inconnus à Jeanie dont ils se servaient quelquefois, au ton bas dont ils parlaient, et à leur façon de remplacer les phrases par des mouvements d'épaule et des signes, comme c'est l'habitude parmi ceux de leur triste profession.

L'homme ouvrit la conversation en disant : « Je suis fidèle à mes amis, vous le voyez. Je n'ai pas oublié que vous aviez caché un couteau, qui m'a aidé à sortir du château d'York, et je suis venu faire votre affaire sans poser de questions, car un bon office en mérite un autre. Mais à présent que Madge, qui fait autant de bruit que Tom de Lincoln, se tient un peu tranquille, et que le susdit Neddie de Tyburn joue des jambes à la recherche du vieux bidet, il faut me dire ce que c'est que tout cela et ce qu'il y a à faire ; car je veux être damné si je touche à cette fille, ou si je laisse y toucher, alors surtout qu'elle a le laissez-passer de Jim Ratcliffe.

— Vous êtes un honnête garçon, Frank, » répondit la vieille femme, « mais trop doux pour le métier. Votre tendresse de cœur vous mettra dans l'embarras. Je vous verrai monter Holborn Hill à reculons, sur la parole de quelque mauvais drôle, qui ne vous aurait pas joué ce tour si, de votre couteau, vous lui aviez coupé le sifflet.

— Vous pourriez vous tromper, la vieille, » répondit le voleur; « j'ai connu plus d'un gentil garçon arrêté court sur la route à son premier printemps, pour avoir lancé trop vite tous ses dièses et tous ses bémols. Ne saurait-on passer, d'ailleurs, avec la conscience tranquille, les deux années, en moyenne, qu'on peut espérer dans le métier? Dites-moi donc ce dont il s'agit, et ce que, convenablement, on pourra faire pour vous?

— Il faut que vous sachiez, Frank... Mais goûtez d'abord une gorgée de bonne eau-de-vie. » Elle tira de sa poche un flacon, et versa une large rasade, que l'homme déclara bonne. « Sachez donc, Frank... Voulez-vous recommencer? » Et elle lui offrait le flacon.

« Non, non. Quand une femme a besoin qu'on fasse le mal, elle commence toujours par vous griser. Au diable le courage qui vient de Hollande! Ce que je fais, je veux le faire à jeun. Cela, d'ailleurs, me fera vivre plus longtemps.

— Sachez donc, » reprit la vieille, sans nouvel essai de persuasion, « que cette fille va à Londres. »

Ici Jeanie ne put distinguer que le mot « sœur. »

Le voleur répondit d'un ton plus haut. « C'est beau, cela. Qu'est-ce que cela peut vous faire?

— Cela me fait beaucoup. Si la drôlesse échappe au nœud, cet imbécile l'épousera.

— Et s'il le fait, » répondit l'homme ; « qui est-ce qui s'en soucie?

— Qui est-ce? Moi, stupide que vous êtes. Et j'étranglerai cette fille de mes mains plutôt que de la voir préférer à Madge.

— A Madge! Vos yeux, par ma foi, ne voient-ils pas plus loin que cela? S'il est tel que vous le dites, croyez-vous qu'il épousera jamais une butorde comme votre fille? En voilà vraiment une bonne ; épouser Madge Feu-follet! Ha! ha! ha!

— Échappé de gibet! » répliqua la sorcière ; « mendiant de naissance! voleur de profession! suppose qu'il n'épouse pas ma fille, est-ce une raison pour que je le laisse en épouser une autre, pour que cette autre occupe la place de ma fille, pendant que Madge est folle, que je suis mendiante, et tout cela à cause de lui ? Mais j'en sais sur son compte de quoi le faire pendre ; de quoi le faire pendre, eût-il mille vies à perdre ; de quoi le faire pendre... pendre... pendre ! »

Elle grinçait des dents, en appuyant sur le mot fatal avec toute la fureur d'un démon de la vengeance.

« Pourquoi donc alors ne pas le faire pendre, pendre, pendre ! » dit Frank, répétant ce dernier mot avec mépris. « Cela aurait plus de bon sens que de vous acharner après deux filles qui n'ont rien fait ni à Madge ni à vous.

— Rien fait ? » répondit la vieille. « Et il l'épouserait, elle, cet oiseau de prison, si jamais elle en peut sortir !

— Comme il n'y a pas de chance pour qu'il épouse un oiseau de votre couvée, je ne puis vraiment pas voir en quoi vous avez affaire dans tout cela, » dit encore le voleur, haussant les épaules. « Où il y a quelque chose à gagner, j'irai aussi loin que mes voisins ; mais je n'aime pas à faire mal pour le plaisir de faire mal.

— Ne feriez-vous donc rien pour la vengeance ? » dit la sorcière ; « la vengeance, le plus doux de tous les morceaux qu'on ait jamais cuits en enfer !

— Que le diable le garde pour lui, » dit le voleur ; « car je veux être pendu si j'ai du goût pour la sauce dont il l'assaisonne.

— La vengeance ! » continua la vieille femme, « c'est la meilleure récompense que le diable nous donne de nos peines, et ici et ailleurs. C'est pour elle que j'ai travaillé, que j'ai souffert, que j'ai péché. Je l'aurai ; ou il n'y a de justice ni au ciel ni en enfer ! »

Levitt, pendant ce temps, avait allumé sa pipe, et écoutait avec un grand calme le délire de fureur et de vengeance où se jetait la mégère. Il était trop endurci par son genre de vie pour être choqué de ce qu'elle disait ; trop indifférent, trop stupide peut-être, pour en bien comprendre l'animation et l'énergie. « Mais la mère, » dit-il, après une pause, « je vous le répète ; si c'est la vengeance que vous voulez, c'est sur lui qu'il faut la prendre.

— Je voudrais le pouvoir, » dit-elle avec la mimique d'une personne tourmentée d'une soif ardente ; « je voudrais le pouvoir ; mais non, non ; je ne peux pas.

— Pourquoi non? Vous ne vous feriez guère scrupule de le dénoncer et de le faire pendre pour cette affaire d'Écosse. Eût-on moulu en miettes toute la Banque d'Angleterre, qu'on n'en aurait pas fait plus de bruit.

— Je l'ai nourri de ce sein flétri, » répondit la vieille, portant les mains sur sa poitrine comme si elle y pressait un enfant; « et, bien qu'il soit devenu pour moi un serpent, qu'il ait été ma ruine et celle des miens, qu'il ait fait de moi la compagne du diable s'il y en a un, et un aliment pour l'enfer s'il existe un pareil lieu, je ne puis cependant lui ôter la vie. Non, je ne puis, » ajouta-t-elle, avec une sorte de rage contre elle-même; « j'y ai pensé; je l'ai essayé; mais je n'ai pu, Francis Levitt, en venir à bout. Non, non; c'est le premier enfant que j'ai nourri; nul homme ne saura jamais ce qu'une femme éprouve pour le premier enfant qu'elle a tenu contre son sein!

— A coup sûr, » dit Levitt, « nous n'avons pas la même expérience; mais on dit, la mère, que vous n'avez pas été si tendre pour d'autres poupons que vous avez rencontrés sur votre chemin. Allons, de par tous les diables! ne mettez pas la main au couteau, car je suis capitaine ici, et je ne veux pas de rébellion. »

Le premier mouvement de la mégère, en entendant les paroles de Levitt, avait été de saisir le manche d'un couteau; la main s'ouvrit, et laissa tomber l'arme. Puis, avec une sorte de sourire : « Des poupons! » dit-elle, « vous plaisantez, l'ami. Qui donc y toucherait, à des poupons? La pauvre Madge a eu du malheur une fois; et, une autre fois... » Ici, la voix de la vieille s'abaissa au point que Jeanie, tout attentive qu'elle était, ne put saisir un mot de ce qu'elle disait. Mais, à la fin de la phrase, la voix s'éleva pour dire : « Et Madge, dans sa folie, l'a jeté dans le Loch du Nord. »

Madge, dont le sommeil avait été court et s'interrompait aisément, ainsi qu'il arrive à beaucoup de ceux qu'afflige une maladie mentale, se fit entendre alors du lieu où elle reposait.

« C'est un gros mensonge, ma mère, et je n'ai jamais fait pareille chose.

— Tais-toi, diable d'enfer, » dit la vieille. « Ciel! si l'autre femme était éveillée aussi!

— Ce pourrait être dangereux, » dit Frank. Il se leva, et suivit Meg Murdockson jusqu'à la cloison.

« Lève-toi, » dit la mégère à sa fille, « ou, à travers les planches, gibier de Bedlam, je t'enfonce mon couteau dans le dos! »

Il est probable qu'en même temps elle donnait force à sa menace en piquant sa fille de la pointe de son couteau, car Madge, avec un petit cri, changea de place, et la porte s'ouvrit.

La vieille tenait une lumière d'une main et un couteau de l'autre. Levitt parut derrière elle, sans qu'on pût bien deviner s'il voulait la retenir ou l'aider dans les violences qu'elle pouvait méditer. Jeanie, dans cette crise terrible, fut merveilleusement servie par sa présence d'esprit. Elle eut assez de résolution pour conserver l'attitude et les apparences d'une personne qui dort profondément, et pour mettre, en dépit de la terreur du moment, sa respiration d'accord avec sa posture.

La vieille lui passa la lumière devant les yeux. Ce mouvement éveilla si fortement les craintes de Jeanie qu'elle a souvent déclaré depuis qu'à travers ses paupières fermées, elle avait cru voir les figures de ses assassins; elle sut pourtant continuer la feinte, d'où son salut peut-être dépendait.

Levitt l'observa avec la plus grande attention; puis il fit partir la vieille femme, et il la suivit. Ils regagnèrent la pièce extérieure, et se rassirent. Ce fut avec un non médiocre soulagement que Jeanie entendit le voleur qui disait : « Elle dort aussi profondément que si elle était dans son lit. Or çà, vieille Meg, je veux être damné, si je comprends rien à l'histoire que vous me dites, et si je vois quel bien cela vous fera de faire pendre l'une de ces deux filles et de tourmenter l'autre; mais, n'importe, je serai fidèle à une amie, et je vous servirai de la façon dont vous voulez l'être. Ce sera une vilaine besogne; mais je puis, si cela vous fait plaisir, la conduire à bord du lougre de Tom Clairdelune, et la garder là, trois ou quatre semaines, en dehors du chemin. Que je sois damné, par exemple, si quelqu'un lui fait du mal, à moins qu'il n'ait envie d'avaler deux prunes. Malgré tout, c'est un vilain jeu; et je voudrais vous voir au diable, vous et votre affaire.

— Soyez tranquille, mon petit Levitt, » dit la vieille; « vous êtes un brave, et vous ferez les choses comme il vous plaira. Ce ne sera pas à cause de moi qu'elle ira au ciel une heure plus tôt; qu'elle soit vivante ou morte, cela m'est égal. C'est sa sœur! oh, oui, sa sœur!

— N'en parlons plus. J'entends revenir Tom. Je vais dormir, et le mieux pour vous sera d'en faire autant. » Ils allèrent donc reposer, et tout fut silencieux dans cet asile d'iniquité.

Jeanie resta longtemps éveillée. Au point du jour, elle entendit les deux brigands quitter la grange, après avoir causé bas quelque temps avec la vieille. Elle prit un peu confiance en sentant qu'elle n'était plus gardée que par des personnes de son sexe, et la lassitude enfin la jeta dans le sommeil.

Lorsque la prisonnière s'éveilla, le soleil était haut sur l'horizon, et le matin fort avancé. Madge Feu-follet était encore dans le réduit où elles avaient passé la nuit, et, avec sa gaîté de folle, lui souhaita aussitôt le bonjour. Il s'est passé de drôles de choses, ma chère, » dit Madge, « pendant que vous étiez au pays des rêves. Les constables sont venus ici ; ils ont rencontré ma mère à la porte, et l'ont emmenée chez le juge de paix, à cause du blé qu'a mangé notre bidet. Ces manants d'Anglais s'occupent autant d'une tige d'herbe ou de blé qu'un laird écossais de son gibier à poil ou à plumes. Si vous voulez, ma chère, nous leur jouerons un bon tour ; nous allons sortir, et faire une promenade ; ils feront un beau tapage quand ils ne nous retrouveront plus ; mais nous pourrons aisément revenir pour l'heure du dîner, ou, dans tous les cas, avant qu'il ne soit nuit noire ; ce sera amusant, et nous respirerons le bon air. Vous aimeriez peut-être mieux déjeuner, et vous recoucher? Je le sais par moi-même : il y a des fois où je m'assoierais toute la journée la tête dans les mains, sans avoir un mot à jeter au chien ; et, d'autres fois, je ne puis rester tranquille un instant. C'est dans ces moments-là qu'on me croit le plus mal ; mais je sais toujours bien ce que je fais. Il ne faut pas avoir peur de vous promener avec moi. »

Quand Madge Feu-follet aurait été la plus furieuse de toutes les lunatiques, au lieu de posséder une lueur de raison, douteuse, incertaine, variable sous l'influence des causes les plus légères, Jeanie n'aurait guère eu d'objection pour quitter un lieu de captivité où elle avait tant à craindre. Elle se hâta d'assurer Madge qu'elle n'avait ni besoin de dormir davantage, ni envie de manger ; et, avec l'espoir que ce n'était pas un péché, elle flatta la fantaisie qu'avait sa gardienne d'aller promener dans les bois.

« Ce n'est pas tout à fait pour me promener, » dit la pauvre Madge ;

« mais je pense que vous aimerez mieux être hors des mains de ces gens-là ; ils ne sont pas méchants, mais ils emploient de drôles de moyens, et je me dis quelquefois que nous ne nous en sommes pas toujours bien trouvées, ma mère et moi, depuis que nous vivons en semblable compagnie. »

Avec l'empressement, la joie, la crainte et l'espérance d'une captive libérée, Jeanie saisit son petit paquet, et suivit Madge en plein air. Ses yeux cherchaient ardemment autour d'elle une habitation humaine ; mais aucune n'était en vue. Le sol était en partie cultivé, en partie abandonné à la nature, ainsi que l'avait décidé le caprice des agriculteurs négligents. Les terrains abandonnés à la nature étaient couverts, à certains endroits, d'arbres nains et de buissons, à d'autres de marécages ; partout ailleurs, des plaines sèches et dures, ou des vaines pâtures.

L'esprit actif de Jeanie s'ingénia bientôt à deviner de quel côté pouvait être le grand chemin, hors duquel on l'avait entraînée. Si elle le regagnait, elle espérait ne pas tarder à rencontrer quelqu'un, ou à arriver à quelque maison, où elle pourrait dire son histoire et demander protection. Mais, après avoir regardé autour d'elle, elle vit avec regret qu'elle n'avait aucun moyen de diriger sa course avec un tant soit peu de certitude, et qu'elle était sous la dépendance de sa malheureuse compagne. « N'irons-nous pas promener sur la grande route ? » dit-elle à Madge, du ton dont se sert une bonne pour amadouer un enfant. « C'est plus agréable d'aller sur une route qu'au milieu de ces buissons et de ces houx. »

Madge marchait très vite ; à cette question, elle s'arrêta, et regarda soudain Jeanie d'un air scrutateur, qui semblait indiquer une connaissance complète de ses intentions. « Ah ha ! ma fille, » s'écria-t-elle, « c'est comme cela que vous nous conduisez ? Vous voulez, à ce que je vois, sauver votre tête avec vos jambes. »

Entendant parler ainsi sa compagne, Jeanie eut un instant d'hésitation. Ne ferait-elle pas mieux de se le tenir pour dit, d'essayer de se sauver et de se débarrasser de Madge ? Mais elle ne savait pas dans quelle direction s'enfuir ; elle n'était pas sûre d'être la plus rapide des deux, et elle avait pleinement conscience que, si elle était poursuivie et attrapée, elle serait moins forte que la pauvre folle. Elle abandonna, quant à présent, la pensée de s'échapper ainsi, et, disant quelques mots pour calmer les soupçons de Madge, elle suivit avec anxiété la route capricieuse par laquelle son guide jugeait à propos de la conduire. Madge, dont les idées ne se suivaient guère, et facilement ramenée vers les choses qui frappaient ses yeux, se mit bientôt à parler avec l'exubérance et le décousu qui lui étaient ordinaires.

« C'est bien agréable d'être dans les bois un beau matin comme celui-ci. J'aime bien mieux cela que la ville, car il n'y a pas un tas de vilains enfants pour crier après vous, comme si vous étiez une merveille du monde, rien que parce que vous êtes un peu plus jolie et un peu mieux mise que les autres. Et cependant, Jeanie, il ne faut pas être fière des beaux vêtements, ni de la beauté non plus. Malheur à moi! ce n'est qu'un piège. J'ai cru, dans un temps, valoir mieux que les autres à cause de cela, et qu'en est-il advenu?

— Êtes-vous sûre de connaître le chemin que nous prenons? » dit Jeanie, qui croyait que la folle s'enfonçait de plus en plus dans les bois, et s'éloignait de la grande route.

« Si je connais le chemin? N'ai-je pas vécu ici bien longtemps? Pourquoi ne connaîtrais-je pas le chemin? J'aurais pu l'oublier, c'est vrai, car c'était avant mon accident; mais il y a des choses qu'on n'oublie jamais, quelque peine qu'on se donne pour cela. »

Pendant ce temps, les deux femmes étaient arrivées au plus profond d'un bouquet de bois. Les arbres étaient un peu écartés les uns des autres, et, au pied de l'un d'eux (c'était un beau peuplier), était un petit tertre de mousse, tel que le poète de Grasmere en a décrit. Aussitôt arrivée en ce lieu, Madge Feu-follet, les mains jointes au-dessus de la tête, avec un grand cri qui ressemblait à du rire, se précipita sur le sol et y resta sans mouvement.

La première pensée de Jeanie fut de saisir l'occasion de fuir; mais le désir de s'échapper céda aux craintes qu'elle ressentait pour la pauvre folle, qui, pensait-elle, pourrait périr faute de secours. Par un effort que, dans sa situation, on peut appeler héroïque, elle se baissa, parla du ton le plus caressant, et essaya de relever l'infortunée créature. Ce ne fut pas sans difficulté; et, lorsqu'elle parvint à l'asseoir contre l'arbre, elle remarqua avec surprise que le visage de Madge, si vermeil d'habitude, était mortellement pâle et baigné de larmes. Malgré le danger extrême qu'elle courait elle-même, Jeanie était touchée de la situation de sa compagne ; d'autant plus, qu'au milieu des fluctuations et des incohérences de l'esprit et de la conduite de cette malheureuse fille, Jeanie voyait à son égard, chez la folle, une certaine disposition bienveillante dont elle lui savait gré.

« Laissez-moi ! laissez-moi ! » dit la pauvre Madge, quand la violence de sa douleur parut s'apaiser ; « laissez-moi ! cela me fait du bien de pleurer. Je ne puis verser de larmes qu'une fois ou deux par an, et je viens toujours en arroser ce gazon, pour que les fleurs y poussent bien belles, et que l'herbe y soit verte.

— Qu'avez-vous donc ? » dit Jeanie ; « et pourquoi pleurer ainsi ?

— Il y a bien de quoi, » répliqua la folle ; « et c'est plus, vraiment, qu'un pauvre esprit n'en peut supporter. Asseyez-vous ; je vous dirai tout. Car je vous aime, Jeanie Deans ; tout le monde disait du bien de vous quand nous habitions sur les Pleasaunts, pas loin de Saint-Léonard. Je me souviens toujours du lait que vous m'avez donné à boire le jour où j'avais passé vingt-quatre heures sur le siège d'Arthur, à regarder le navire sur lequel était quelqu'un. »

Ces paroles rappelèrent à Jeanie qu'un matin, en effet, elle avait été fort effrayée de rencontrer, de bonne heure, près de la maison de son père, une pauvre jeune femme dont l'esprit semblait égaré. Cette jeune femme paraissant inoffensive, la crainte de Jeanie s'était changée en pitié ; elle avait donné à l'infortunée vagabonde des aliments que celle-ci avait dévorés comme une affamée. Cet incident, insignifiant en lui-même, était maintenant de grande importance, s'il avait produit, en sa faveur, une impression favorable et permanente sur l'esprit de celle qu'avait secourue sa charité.

« Oui, » dit Madge, « je vous dirai tout, car vous êtes la fille d'un honnête homme ; Douce David Deans, n'est-ce pas ? Peut-être que vous m'apprendrez à trouver le chemin étroit et le droit sentier ; car depuis longtemps, bien longtemps, j'ai brûlé des briques en Égypte, et mes pieds ont foulé les déserts du Sinaï. Chaque fois que je pense à mes erreurs, j'ai presque envie, de honte, de me cacher le visage. » Elle leva les yeux, et sourit. « C'est singulier : je vous ai dit plus de bonnes paroles en dix minutes, que je n'en dirais à ma mère en dix années. Ce n'est pas que je ne pense point à ces choses-là ; elles sont au bout de ma langue parfois, mais le diable arrive alors, qui me touche les lèvres de son aile, et qui met sur ma bouche sa grosse patte noire ; car elle est noire, sa patte, Jeanie. Et il balaye toutes mes bonnes pensées, il arrête toutes mes bonnes paroles, et ne met plus à la place qu'un tas de vilaines chansons et de misérables vanités.

— Essayez, Madge, » dit Jeanie, « essayez de calmer votre esprit

et de rendre votre conscience nette, et votre cœur sera plus léger. Résistez au diable, et il fuira loin de vous ; et songez, comme le dit mon père, qu'il n'y a pas de démon plus trompeur que la divagation de nos pensées.

— C'est vrai, » dit Madge, en se redressant tout à coup ; « et je veux aller quelque part où le diable n'osera pas me suivre. C'est un endroit où vous aimerez à aller ; mais je vais vous tenir par le bras, bien fort, de peur que Satan ne se mette en travers du chemin, comme dans le *Voyage du Pèlerin.* »

Elle se remit sur ses pieds, et, prenant Jeanie par le bras, marcha à grands pas. Bientôt après, à la non médiocre joie de sa compagne, elle arriva à un chemin tracé, dont elle semblait connaître on ne peut mieux les sinuosités. Jeanie voulut ramener la folle aux confessions commencées, mais la fantaisie s'était envolée. L'esprit dérangé de la pauvre créature ressemblait merveilleusement à des feuilles sèches, qui peuvent rester en repos quelques minutes, mais qui sont changées de place et mises en mouvement par le premier souffle de l'air. Elle avait en tête, maintenant, à l'exclusion de toute autre chose, l'allégorie de Jean Bunyan, et elle parlait avec beaucoup de volubilité.

« Avez-vous lu le *Voyage du Pèlerin* ? Tenez, vous serez la femme qui s'appelle Christiana, et moi, la jeune fille qui a nom Merci. Merci, vous le savez, était plus jolie et plus attrayante que sa compagne. Si j'avais encore mon petit chien, ce serait Grand-Cœur, leur guide, car mon chien était si hardi qu'il aurait aboyé après des choses vingt fois plus grosses que lui. Ç'a été la cause de sa mort; car, un matin qu'on me conduisait au corps de garde, il a mordu les mollets du caporal Mac-Alpine, et le caporal Mac-Alpine a tué la pauvre petite bête avec sa hache de Lochaber. Que le diable fasse rôtir ses vilains os de montagnard !

— Fi ! Madge, » dit Jeanie, « ne parlez donc pas comme cela.

— Vous avez raison, » dit Madge en secouant la tête ; « mais quand je pense à mon pauvre petit Snap, que j'ai vu couché mourant dans le ruisseau ! C'est tant mieux, après tout ; car, vivant, il souffrait du froid et de la faim ; et, dans le tombeau, il y a le repos pour tous, pour mon petit chien, pour mon enfant, pour moi.

— Votre enfant ? » dit Jeanie, dans l'espoir qu'en parlant d'un pareil sujet, si réellement il était vrai, elle ne manquerait pas d'amener sa compagne à un état plus calme.

Elle se trompait, car le visage de Madge se colora, et la folle répliqua, non sans colère : « Mon enfant ? Oui, bien sûr, mon enfant. Pourquoi n'aurais-je pas eu un enfant ? Pourquoi ne l'aurais-je pas perdu, aussi bien que votre sœur, le Lis de Saint-Léonard ? ».

Cette réponse inquiéta Jeanie, et elle désirait adoucir l'irritation qu'elle avait causée par mégarde. « Je suis fâchée de votre malheur.

— Fâchée ? De quoi seriez-vous fâchée ? » répondit Madge. « L'enfant, c'était un bonheur ; ou plutôt, Jeanie, ç'en eût été un, sans ma mère. Mais c'est une drôle de femme, ma mère. Il y avait un vieux bonhomme qui avait un peu de terres, et un bon tas d'argent par-dessus le marché, juste le portrait du vieux monsieur Esprit-Faible, ou de ce monsieur Prêt-à-s'arrêter, que Grand-Cœur a délivré de Mort-aux-bons le géant, qui venait de l'empoigner et qui allait lui ronger les os, car Mort-aux-bons était de la race des mangeurs de chair. Grand-Cœur à tué aussi le géant Désespoir ; mais je crois, quant à moi, malgré ce que dit le livre, que le géant Désespoir est ressuscité ; et je le sens quelquefois qui me travaille le cœur.

— Eh bien ! et ce bonhomme ? » dit Jeanie. Elle souhaitait vivement d'arriver à la vérité sur l'histoire de Madge, qu'elle supposait liée et enchevêtrée de quelque façon extraordinaire avec le destin de sa sœur. Elle désirait aussi, s'il était possible, amener sa compagne à parler moins haut, car elle craignait grandement que les notes élevées de la conversation de Madge ne servissent à diriger sa mère ou les voleurs, au cas où ils seraient à leur recherche.

« Et ce bonhomme ? » dit Madge, répétant les paroles de Jeanie. « Je voudrais que vous l'eussiez vu marcher, jambe de ci, jambe de là, de la façon la plus drôle, comme si les deux jambes n'avaient pas appartenu à la même personne. C'était Georges le Gentilhomme qui le contrefaisait bien. Que je riais quand je voyais Georges clopiner comme lui ! Je crois vraiment qu'alors je riais de meilleur cœur que je ne le fais maintenant, encore bien qu'à présent peut-être, je rie plus souvent.

— Qui était-ce donc que Georges le Gentilhomme ? » dit Jeanie, s'efforçant de la ramener à son histoire.

« Oh ! c'était lui, Geordie Robertson, n'est-ce pas ? quand il était à Édimbourg ; mais ce n'est pas non plus son vrai nom. Son vrai nom, c'est... Son nom, après tout, ce n'est pas votre affaire, » dit-elle, comme par un retour soudain de mémoire. « Quel besoin auriez-vous de demander les noms des gens ? Avez-vous envie, comme dit ma mère, que je nettoie mon couteau entre vos côtes ? »

Ces paroles étaient dites d'un ton et d'un geste menaçants ; Jeanie se hâta de protester de son entière innocence : dans la question qu'elle avait faite, il n'y avait aucune intention de ce genre. Un peu calmée, Madge Feu-follet continua.

« Ne demandez pas les noms des gens, Jeanie ; ce n'est pas poli.

J'ai vu, à la fois, chez ma mère, une demi-douzaine de personnes, et jamais l'une d'elles n'en a appelé une autre par son nom. Daddie Ratton assure que c'est la chose la plus inconvenante qu'on puisse faire, parce que les baillis et les juges font toujours des questions de ce genre : quand avez-vous vu celui-ci ? quand avez-vous vu celui-là ? Si vous ne savez pas les noms, il n'y a pas à craindre que vous les disiez.

— A quelle étrange école, » pensa Jeanie, « la pauvre créature a-t-elle été élevée, pour que de si lointaines précautions y soient prises contre les recherches de la justice ? Que penserait mon père ou Ruben Butler, si je leur disais qu'il y a au monde de pareilles gens ? Peut-on abuser à ce point de la simplicité d'une pauvre folle ? Puissé-je revenir saine et sauve à la maison paternelle, au milieu de mes amis loyaux et sincères ; et, aussi longtemps que je respirerai, je bénirai Dieu, qui m'a placée parmi ceux qui vivent dans la crainte de son nom et à l'ombre de son aile. »

Elle fut interrompue par le rire insensé de Madge Feu-follet, qui voyait une pie traverser le sentier en sautillant.

« Regardez-donc ! c'est comme cela que mon vieil amoureux allait par le pays, mais pas si légèrement ; il n'avait pas d'ailes pour aider ses vieilles jambes. Malgré cela, Jeanie, je l'aurais épousé, ou ma mère m'aurait tuée. C'est alors qu'est venue l'histoire de mon pauvre enfant ; et ma mère a pensé que les cris du petit assourdiraient le vieux, et elle l'a mis là-bas, au-dessous du tertre de gazon, pour s'en débarrasser ; et elle y a enterré aussi le meilleur de ma raison, car, depuis, je n'ai plus été la même. Et penser cependant, Jeanie, qu'après que ma mère s'est donné toute cette peine-là, le vieux boiteux Jean Drottle a tourné le dos, et n'a plus voulu rien me dire ! Mais je ne songe guère à lui, car j'ai mené joyeuse vie depuis ce temps-là ; et jamais un beau monsieur ne me regarde sans arrêter son cheval pour l'amour de moi. J'en ai vu qui mettaient la main à la poche et qui me donnaient six *pence* à la fois, rien que pour ma bonne mine. »

Ce discours fit obscurément pénétrer Jeanie dans l'histoire de Madge. Elle avait été courtisée par un riche adorateur, dont sa mère avait favorisé les recherches en dépit des objections d'âge et de difformité. Elle avait été séduite par quelque mauvais sujet, et, pour cacher la honte de sa fille et mener à fin le mariage avantageux qu'on avait en vue, la mère n'avait pas hésité à détruire le fruit de leur intrigue amoureuse. Que la conséquence en eût été le dérangement complet d'un esprit naturellement mal équilibré, troublé par l'étourderie et la vanité, cela n'avait rien d'étonnant. Telle était, en réalité, l'histoire de la folie de Madge Feu-follet.

CHAPITRE XXX.

> Libres de tout danger, libres de toute crainte,
> Elles ont de la cour gaîment passé l'enceinte.
> CHRISTABEL.

N poursuivant le sentier que Madge avait choisi, Jeanie Deans remarqua, à sa grande joie, que l'on rencontrait plus de traces de culture, et qu'on apercevait à quelque distance, au milieu des arbres, des toits de chaume, d'où s'élevaient de petites colonnes de fumée bleue. Le chemin allait dans cette direction, et Jeanie résolut, aussi longtemps que Madge continuerait à le suivre, de ne plus lui faire de questions ; elle avait eu la pénétration de reconnaître qu'en questionnant son guide, elle courait risque de l'irriter, ou d'éveiller les soupçons auxquels sont particulièrement accessibles les esprits malades comme celui de Madge.

Madge donc, qu'on ne dérangeait pas, poursuivit le babil étrange et décousu que lui suggérait son imagination vagabonde. En cette tournure d'esprit, elle était, sur sa propre histoire et sur celle des autres, beaucoup plus communicative qu'alors que, par des questions directes ou indirectes, on cherchait à tirer d'elle des informations.

« C'est singulier, » dit-elle ; « mais il y a des moments où je puis parler de l'enfant et de tout le reste, comme si cet enfant avait été à une autre, et pas à moi; et, à d'autres moments, cela me brise le cœur. Avez-vous eu un enfant, Jeanie ? »

Jeanie répondit que non.

« Oui ; mais votre sœur en a eu, et je sais ce qui en est advenu.

— Au nom de la pitié céleste, » dit Jeanie, oubliant la ligne de conduite qu'elle avait adoptée jusque-là, « dites-moi ce qu'est devenu ce malheureux enfant, et... »

Madge s'arrêta, regarda Jeanie gravement et fixement, puis éclata de rire. « Oh ! ma fille, attrapez-moi si vous pouvez. Je m'aperçois qu'il est facile de vous faire croire quelque chose. Comment saurais-je quoi que ce soit de l'enfant de votre sœur ? Les filles n'ont rien à faire avec les enfants, tant qu'elles ne sont pas mariées. Vienne la noce, et toutes les commères accourent pour vous fêter, comme si jamais au monde on n'avait vu plus beau jour. Les enfants nés d'une certaine façon sont-ils heureux ? On dit que oui ; mais je ne vois pas que ce soit vrai pour celui de votre sœur et pour le mien. Allons, ce sont de tristes histoires. Il faut que je chante un peu pour me refaire le cœur. C'est une chanson que Georges le Gentilhomme a faite pour moi il y a longtemps, lorsque j'allais avec lui à la veillée de Lockington, pour le voir jouer une pièce sur un théâtre, dans de beaux habits, avec les acteurs. Il m'aurait bien épousée ce jour-là, comme il me l'avait promis. Mieux vaut se marier dans le fumier que dans le marécage, comme on dit dans l'Yorkshire ; autrement dit, mieux vaut près que loin. Il aurait pu aller plus loin et trouver plus mal. Mais cela ne fait rien à la chanson.

> Je suis Madge dans la ville,
> Je suis Madge dans les champs,
> Et je possède tranquille,
> Le plus aimé des amants.

> De Beever la châtelaine
> Porte de beaux diamants,
> Mais son âme est moins sereine,
> Et ses jours sont moins charmants.

> La reine de la veillée,
> Reine partout, s'il vous plaît,
> Je conduis, fort éveillée,
> Les danses autour du mai.

> Et le feu-follet rapide
> Qui voltige dans les cieux,
> N'est pas plus que moi splendide,
> Bien moins que moi rend joyeux.

« C'est celle de mes chansons que j'aime le mieux, » dit la folle, « parce que c'est lui qui l'a faite. Je la chante souvent, et c'est peut-être la raison pour laquelle on m'appelle Madge Feu-follet. Je réponds toujours à ce nom, quoique ce ne soit pas le mien ; car à quoi bon se fâcher ?

— Vous ne devriez pas, au moins, chanter le jour du sabbat, » dit Jeanie, qui, au milieu de son inquiétude et de sa détresse, ne pouvait s'empêcher d'être scandalisée de la conduite de sa compagne, à l'approche surtout du petit village.

« Ah ! est-ce dimanche ? » dit Madge. « Ma mère mène une telle vie, en faisant de la nuit le jour, qu'on ne peut plus compter les jours de la semaine, et distinguer le dimanche du samedi. Tout cela, d'ailleurs, ce sont des simagrées de *whigs*. En Angleterre, on chante quand cela plaît. Je vous l'ai dit, vous êtes Christiana, et moi Merci ; et quand elles marchaient, elles chantaient. » Immédiatement, elle entonna l'une des chansons de Jean Bunyan :

> « A terre, on ne craint pas la chute ;
> Humble, l'on ne craint pas l'orgueil.
> L'humble en vain au mal est en butte ;
> Dieu le détourne de l'écueil.
>
> Lorsqu'on fait un pèlerinage,
> L'abondance est un lourd fardeau :
> Ayons ici faible bagage,
> Et bonheur au monde nouveau.

« Voyez-vous, Jeanie, je trouve qu'il y a beaucoup de vrai dans ce livre, *le Voyage du Pèlerin*. Le garçon qui chante cette chanson faisait paître les brebis de son père dans la vallée de l'Humiliation, et M. Grand-Cœur dit qu'il menait une vie plus heureuse, et qu'il renfermait en lui une plus grande quantité de cette herbe qu'on appelle satisfaction du cœur, que les gens qui portent de la soie et du velours comme moi, et qui sont aussi gais que j'en ai l'air. »

Jeanie n'avait jamais lu l'allégorie capricieuse et charmante à laquelle Madge faisait allusion. Bunyan était un rigide calviniste, mais membre, en même temps, d'une congrégation baptiste, si bien que ses œuvres n'avaient pas place sur les rayons théologiques de David Deans. Madge, paraît-il, à l'une des époques de sa vie, avait très bien fait connaissance avec ses compositions les plus populaires, qui manquent rarement de faire une impression profonde sur les enfants et sur les personnes de rang inférieur.

« Je puis bien dire, » continua-t-elle, « que je sors de la cité de la destruction, car ma mère est Mistress Œil de chauve-souris, qui demeure au coin de l'Homme-mort ; et Frank Levitt et Tom de Tyburn peuvent se comparer à Méfiance et à Crime, qui sont venus au galop jeter le pauvre pèlerin par terre avec une grosse massue, et lui voler un sac d'argent contenant presque tout ce qu'il avait à dépenser. Ils ont fait la même chose à bien des gens, et le feront encore à bien d'autres. Allons, maintenant, à la maison de l'interprète ; je connais un homme qui jouera très bien le rôle de l'interprète, car il a les yeux levés vers le ciel, le meilleur des livres dans la main, la loi de vérité sur les lèvres, et il est parmi les hommes comme s'il plaidait pour eux. Oh! si j'avais écouté ce qu'il m'a dit, je ne serais pas devenue la réprouvée que je suis. C'est fait. Mais nous frapperons à la porte, et le portier fera entrer Christiana et laissera Merci dehors, et je resterai là tremblant et pleurant. Christiana (c'est vous) intercédera pour moi, et Merci (c'est moi) tombera évanouie. Et alors l'interprète, c'est-à-dire M. Staunton en personne, viendra me prendre par la main, toute pauvre, toute dégradée, tout insensée que je suis ; il me donnera une grenade, un rayon de miel, et une petite fiole de liqueur pour me faire revenir ; le bon temps recommencera, et nous serons les gens les plus heureux qu'on ait jamais vus. »

Au milieu du mélange confus d'idées que ces paroles indiquaient, Jeanie crut voir, de la part de Madge, le sérieux désir d'obtenir le pardon et l'appui d'une personne qu'elle avait offensée. C'était la tentative la plus propre à les remettre en contact avec un monde régulier et une protection légale. Elle résolut donc de se laisser guider par Madge pendant que celle-ci était dans une si heureuse disposition, et de se diriger ainsi que le permettraient les circonstances.

Elles étaient tout près du village, un de ces charmants paysages que l'on rencontre si souvent dans la joyeuse Angleterre, où les chaumières, au lieu d'être bâties sur deux lignes au long d'un grand chemin poudreux, forment des groupes détachés, entremêlés non seulement de beaux chênes et d'ormes, mais aussi d'arbres fruitiers, dont un si grand nombre était en fleurs à ce moment, que le bocage était comme émaillé de leurs corolles blanches ou cramoisies. Au centre du hameau était l'église de la paroisse, et sa petite tour gothique, d'où se faisait entendre, en ce moment, le carillon du dimanche.

« Nous allons attendre ici que tout le monde soit dans l'église, car, si je paraissais au milieu d'eux, les petits garçons et les petites filles seraient tous à crier après Madge Feu-follet, les mauvais petits vauriens! et le bedeau serait pour nous aussi brutal que si c'était notre faute. Leur tapage, cependant, ne me plaît pas plus qu'à lui, et je souhaiterais bien, quand ils crient comme cela, qu'on leur mît un fer chaud dans la gorge. »

Ayant conscience du désordre de ses vêtements après l'aventure de la nuit précédente, conscience surtout de l'habillement et de la tournure grotesques de son guide, comprenant combien il était important de faire écouter avec attention et patience son histoire étrange par une personne en état de la protéger, Jeanie acquiesça volontiers à la proposition que faisait Madge de s'arrêter sous les arbres qui les cachaient encore, jusqu'à ce que le commencement du service divin leur permît d'entrer dans le hameau sans attirer la foule autour d'elles. Elle y fit d'autant moins d'opposition que Madge avait donné à entendre que ce n'était pas en ce village qu'on avait conduit sa mère, et que les deux chevaliers du grand chemin étaient absents dans une autre direction.

Elle s'assit donc au pied d'un chêne, et, avec l'aide d'une paisible fontaine, disposée en bassin pour l'usage des habitants du village, et qui lui servit de miroir, elle se mit (chose usitée parmi les filles écossaises de sa condition) à faire sa toilette en plein air, et à mettre en ordre, autant que le permettaient le lieu et les circonstances, ses vêtements salis et dérangés.

Elle eut bientôt sujet de regretter d'avoir entrepris cette tâche, quelque convenable et nécessaire qu'elle fût, en cet endroit et dans cette société. Au milieu d'autres signes de folie, Madge Feu-follet avait une opinion exagérée des charmes auxquels elle avait dû sa misère ; comme un radeau sur un lac, son esprit était agité et poussé au hasard par toute impulsion nouvelle. Elle n'eut pas plutôt vu Jeanie commencer à se coiffer, à remettre en place son chapeau, à secouer la poussière de ses chaussures et de ses vêtements, à ajuster son fichu, et autres soins du même genre, qu'avec un zèle d'imitation merveilleux, elle commença à se parer et à s'attifer de la chamarrure et des loques d'une élégance de mendiante, sortie par elle d'un petit paquet : ces tristes ornements, ajustés sur sa personne, lui donnaient l'air dix fois plus bizarre et plus ridicule qu'auparavant.

Jeanie en fut désolée, mais n'osa pas intervenir en une matière si délicate. Sur le chapeau d'homme, ou d'amazone, qu'elle portait, Madge plaça une plume blanche, cassée et salie, se mariant avec une autre tombée de la queue d'un paon. A son habit, qui était une espèce de vêtement de cheval, elle attacha, avec des épingles ou autrement, un grand falbala de fleurs artificielles, toutes fanées, froissées et sales, qui avaient paré d'abord une dame de qualité, puis avaient passé à son Abigaïl et ébloui les regards de l'antichambre. Une écharpe éclatante de soie jaune, bordée de brocatelle et de paillettes, ayant fait aussi beaucoup de service et pouvant se vanter de fortunes non moins honorables, fut jetée ensuite sur une épaule, tombant autour du corps à la façon d'un baudrier. Madge ôta enfin les grossières chaussures qu'elle avait aux pieds, et les remplaça par une paire de souliers de satin malpropres, avec paillettes et broderies à l'instar de l'écharpe, et munis de talons très hauts. Elle avait coupé, dans sa promenade du matin, une baguette de saule, aussi longue que le bâton dont un enfant se sert pour pêcher. Elle se mit très sérieusement à en ôter l'écorce, et lorsque le bois de saule fut transformé en une baguette blanche, telle qu'en porte le trésorier ou le grand sénéchal en des occasions solennelles, elle dit à Jeanie que toutes deux, maintenant, elles devaient avoir l'air décent, ainsi qu'il convenait à des jeunes femmes le dimanche matin, et que, les cloches ayant fini de sonner, elle allait la conduire à la maison de l'interprète.

Jeanie soupira en pensant qu'elle serait condamnée, le jour du Seigneur, et durant le temps de l'office, à se montrer, dans la rue d'un village habité, avec un si grotesque camarade. Mais nécessité n'a point de loi : sans une querelle en règle avec la folle (ce qui, dans la circonstance, aurait manqué d'à-propos), elle ne voyait pas le moyen de se débarrasser de sa société.

Quant à la pauvre Madge, elle était tout enflée d'orgueil et de vanité; ses vêtements éclatants, et la supériorité que lui donnait son costume, lui causaient la satisfaction la plus complète. Les deux femmes entrèrent dans le hameau sans être remarquées, excepté par une vieille femme, qui, étant presque aveugle, s'aperçut seulement qu'il passait quelque chose de beau et de brillant, et gratifia Madge d'une révérence aussi profonde que si ç'avait été une comtesse. Cela combla la mesure. La folle prit une démarche absolument merveilleuse, fit de jolis pas élégants, prodigua les sourires, et favorisa Jeanie Deans de gestes de protection, comme une noble dame qui a consenti à chaperonner une demoiselle de province dans un premier voyage à la capitale.

Jeanie suivait en victime, les yeux fixés sur le sol, pour s'épargner la mortification de voir les absurdités de sa compagne. Elle tressaillit lorsqu'après avoir monté deux ou trois marches, elle se trouva dans le cimetière, et vit Madge aller tout droit vers la porte de l'église. Jeanie ne se sentit pas le courage d'entrer, en pareille compagnie, dans le sein de la congrégation ; elle s'écarta du sentier, et dit d'un ton décidé : « Madge, j'attendrai ici que l'on sorte de l'église. Entrez toute seule, si vous voulez. »

En disant ces mots, elle allait s'asseoir sur l'une des tombes qui se trouvaient là.

Au moment où Jeanie battit en retraite, Madge était un peu en avant d'elle. La folle changea tout à coup de direction, suivit Jeanie à grands pas, et, les traits enflammés de colère, la saisit fortement par le bras. « Pensez-vous, misérable ingrate, que je suis venue ici pour vous laisser vous asseoir sur la tombe de mon père ? Que le diable vous écrase ! Si vous ne vous levez point pour venir avec moi dans la maison de l'interprète, qui est aussi la maison de Dieu, je vous arrache à l'instant tout ce que vous avez sur le dos! »

L'effet suivit de près la parole. D'un coup de main, elle arracha à Jeanie son chapeau de paille, et avec tant de violence qu'elle lui enleva en même temps une poignée de cheveux, et elle jeta la coiffure sur un vieil if, où elle resta accrochée.

Le premier mouvement de Jeanie aurait été de crier; mais

elle songea qu'en dépit du voisinage de l'église, elle pourrait recevoir un mauvais coup avant que personne ne lui vînt en aide; il lui sembla donc plus sage d'accompagner la folle dans l'assemblée, où elle trouverait moyen de s'échapper de ses mains, ou protection, du moins, contre ses violences. Mais lorsqu'elle annonça doucement à Madge qu'elle consentait à la suivre, le cerveau incertain de son guide s'était ouvert à d'autres idées. D'une main, elle tenait avec force Jeanie ; de l'autre, elle lui montrait l'inscription de la tombe, lui ordonnant de la lire. Jeanie obéit, et lut ces mots :

CE MONUMENT A ÉTÉ ÉLEVÉ A LA MÉMOIRE
DE DONALD MURDOCKSON,
DU XXVIe RÉGIMENT DU ROI, OU RÉGIMENT CAMÉRONIEN,
CHRÉTIEN SINCÈRE, BRAVE SOLDAT, SERVITEUR FIDÈLE,
PAR SON MAÎTRE RECONNAISSANT ET AFFLIGÉ,
ROBERT STAUNTON.

« C'est bien lu, Jeanie ; ce sont exactement les paroles de l'inscription, » dit Madge, qui avait passé de la colère à une tristesse profonde; et, d'un pas qui, à la grande satisfaction de Jeanie, était particulièrement calme et affligé, la folle conduisit sa compagne vers la porte de l'église.

C'était une de ces vieilles églises gothiques si fréquentes en Angleterre, les lieux de prière les plus corrects, les plus décents, les plus respectables qu'on puisse trouver en aucun pays du monde chrétien. En dépit cependant de la solennité extérieure du lieu, Jeanie eût été trop fidèle à la liturgie presbytérienne pour entrer, en toute autre occasion, dans une église des épiscopaux ; elle aurait cru voir sous le porche la forme vénérable de son père, lui faisant signe de s'éloigner, et disant d'un ton solennel : « Abstiens-toi, mon enfant, d'entendre les instructions qui font errer loin des paroles du vrai savoir. » Mais en sa situation présente d'agitations et d'alarmes, elle cherchait sûreté dans le lieu défendu, comme l'animal pressé par le chasseur cherche quelquefois asile contre le danger dans l'habitation des hommes, ou dans les lieux de refuge le plus étrangers à sa nature et à ses habitudes. Le son même de l'orgue, et d'une ou deux flûtes qui accompagnaient la psalmodie, ne l'empêcha pas de suivre son guide dans le sanctuaire.

Madge n'eut pas plutôt mis le pied sur le pavé de l'église, et senti qu'elle était l'objet de l'attention des spectateurs, qu'elle reprit la tenue extravagante et bizarre qu'un nuage de tristesse avait un instant bannie. Fendant l'air plutôt que marchant, elle monta la nef, traînant derrière elle Jeanie, qu'elle tenait fortement par la main. Jeanie se serait glissée bien volontiers dans le banc le plus voisin de la porte, et aurait laissé Madge aller, à sa façon et toute seule, aux plus hautes places de la synagogue ; mais cela n'eût été possible qu'en opposant une forte résistance, que Jeanie ne trouva pas convenable en ce moment et en ce lieu ; elle fut donc menée comme une captive tout le long de l'église par sa grotesque conductrice. Les yeux à moitié fermés, le sourire sur les lèvres, donnant à ses mains un petit mouvement en rapport avec l'affectation et la grâce qu'elle jugeait à propos d'imprimer à sa démarche, Madge voyait un témoignage de haute admiration dans les regards étonnés qu'un spectacle pareil provoquait dans l'assemblée ; elle y répondait par des signes de tête et des demi-révérences à l'adresse des personnes de l'assistance qu'elle avait l'air de reconnaître. L'absurdité de sa conduite était relevée encore, aux yeux des spectateurs, par l'étrange contraste qu'elle formait avec sa compagne, qui, les cheveux en désordre, les yeux baissés, la figure rouge de honte, était comme traînée en triomphe.

A la fin, heureusement, les grands airs de Madge s'arrêtèrent court, lorsqu'elle eut rencontré les regards de l'ecclésiastique. Celui-ci la fixa d'un œil à la fois ferme, compatissant et impératif. La folle ouvrit à la hâte un banc vide qui se trouvait près d'elle, et y entra, tirant Jeanie à sa suite. Poussant du pied la jambe de Jeanie, pour l'engager à faire comme elle, elle laissa, pendant une minute, sa tête tomber sur ses mains. Jeanie, pour qui cette posture de dévotion était tout à fait nouvelle, n'essaya pas de l'imiter, mais jeta autour d'elle un regard effaré, que ses voisins, grâce à la compagnie dans laquelle elle se trouvait, attribuèrent naturellement à la folie. Tous ceux qui étaient dans leur voisinage immédiat s'éloignèrent de ce couple extraordinaire, aussi loin que le permettaient les limites de leur banc ; mais un vieillard n'avait pu se mettre hors de la portée de Madge avant que celle-ci ne lui eût arraché des mains son livre de prières, et ne se fût mise ainsi en possession de la leçon du jour. La folle, alors, agita les pages du rituel, et, avec un air et des gestes prodigieusement animés, montra à Jeanie les passages à mesure qu'ils étaient lus, et fit elle-même les réponses d'une voix qui dominait toutes les autres.

En dépit de la honte et de la contrariété que Jeanie ressentait d'être ainsi donnée en spectacle dans un lieu consacré au culte, elle sut rallier assez ses esprits pour chercher, autour d'elle, à qui elle devrait demander protection aussitôt que le service religieux serait terminé. Sa première idée se porta naturellement sur le ministre, et elle se confirma dans cette résolution, en voyant que c'était un homme âgé, dont l'air et la tournure avaient beaucoup de dignité, qui lisait les prières avec une gravité calme et mesurée, faite pour ramener l'attention de la portion la plus jeune de l'assemblée, qu'avaient dérangée les extravagances de Madge Feu-follet. Ce fut donc au ministre que Jeanie résolut de faire appel lorsque l'office serait fini.

Elle se sentait disposée, il est vrai, à se choquer de son surplis, vêtement dont elle avait tant ouï parler, mais qu'elle n'avait jamais vu sur la personne d'un prédicateur de l'Évangile. Elle était troublée aussi par les changements de posture qui se produisaient en différentes parties de l'office, d'autant plus que Madge Feu-follet, à qui cela semblait familier, en prenait occasion d'exercer sur elle son autorité, la faisant lever et asseoir avec un zèle turbulent, qui (Jeanie le sentait bien) les rendait toutes deux l'objet d'une attention fâcheuse. Mais, nonobstant ces préjugés, elle eut la sagesse, en cette situation embarrassante, d'imiter autant qu'elle le pouvait ce qui se faisait autour d'elle. « Le prophète, » pensa-t-elle, « a permis à Naaman le Syrien de s'incliner dans la maison de Rimmon. Assurément, si, dans cette épreuve, j'adore le Dieu de mes pères dans le langage que je connais, le Seigneur me pardonnera ce qu'il peut y avoir d'étrange dans les formalités qui s'y mêlent. »

Elle se confirma si bien dans cette résolution que, s'éloignant de Madge autant que le banc le permettait, elle s'efforça de montrer, par une attention sérieuse et recueillie à ce qui se passait, qu'elle était disposée à la dévotion. Son bourreau ne l'aurait pas longtemps laissée en repos, mais la fatigue triompha de Madge, qui tomba profondément endormie à l'autre extrémité du banc.

Jeanie, bien que, malgré elle, son esprit se reportât parfois vers sa situation, se contraignit à prêter attention à un discours sage, énergique et bien fait sur les doctrines pratiques du christianisme; elle ne put s'empêcher de le trouver bon, quoiqu'il fût tout entier écrit et lu par le prédicateur, et qu'il fût dit d'un ton et avec des gestes très différents de ceux de Boanerges Stormheaven, le prédicateur favori de son père. L'attention sérieuse et calme avec laquelle Jeanie l'écouta, n'échappa pas à l'ecclésiastique. L'entrée de Madge Feu-follet lui avait fait craindre quelque désordre, et, pour le prévenir s'il était possible, il avait souvent tourné les yeux vers la partie de l'église où Jeanie et elle étaient placées. Il reconnut bientôt que, si la perte de sa coiffure et la singularité de sa situation avaient donné aux traits de Jeanie un air étrange et inquiet, elle était toutefois dans un état tout différent de celui de sa compagne. Lorsqu'il congédia l'assemblée, il vit Jeanie regarder d'un air de doute et d'épouvante, comme indécise sur ce qu'elle devait faire, et il remarqua qu'elle s'approchait d'une ou deux des personnes les plus respectables, comme pour leur parler, et qu'elle s'écartait avec timidité en voyant que celles-ci semblaient l'éviter. L'ecclésiastique sentit qu'il devait y avoir dans tout cela quelque chose d'extraordinaire, et en homme bienveillant, comme aussi en bon pasteur chrétien, il résolut d'en savoir plus long.

CHAPITRE XXXI.

> Cette paroisse donc, en la susdite année,
> Par un bedeau brutal se trouvait gouvernée.
> CRABBE.

ANDIS que M. Staunton (car tel était le nom de cet honorable ecclésiastique) ôtait sa robe dans la sacristie, Jeanie en venait à une rupture ouverte avec Madge.

« Il faut que nous retournions de suite à la grange, » dit Madge ; « nous n'y serons que très tard, et ma mère se fâchera.

— Je ne retourne pas avec vous, Madge, » dit Jeanie, sortant une guinée et la lui offrant. « Je vous suis bien obligée, mais il faut que j'aille de mon côté.

— Et moi qui ai fait tout ce chemin pour vous être agréable, vilaine ingrate, » répondit Madge ; « moi qui vais être battue par ma mère en rentrant à la maison ; et tout cela pour vous ! Mais vous vous en repentirez.

— Pour l'amour de Dieu, » dit Jeanie à un homme qui était près d'elles, « empêchez-la ! elle est folle.

— Ouais, ouais, » répondit le paysan ; « je m'en doute, et tu m'as l'air, toi-même, d'un oiseau de la même espèce. Malgré cela, Madge, ôte ta main de là, ou je vais te donner quelque chose qui te fera tenir tranquille. »

Quelques-uns des paroisiens de la plus basse classe se groupèrent alors autour des étrangères, et les garçons se mirent à crier « qu'il allait y avoir une bataille entre Madge Murdockson la folle et une autre pensionnaire de Bedlam. » Mais tandis qu'on se pressait, dans l'espérance peu charitable de contempler de son mieux cet amusement, le tricorne galonné du bedeau apparut parmi la foule, et tout fit place à cette imposante autorité. Ce fut d'abord à Madge qu'il s'adressa.

« Qu'est-ce qui t'a ramenée ici, sotte fainéante, pour être la peste de la paroisse ? Penses-tu nous infliger encore le fardeau de celle-là, dont la cervelle est aussi fêlée que la tienne, comme si ce n'était pas assez de toi? Va-t-en retrouver ta voleuse de mère ; elle est en prison à Barkston. Sortez de la paroisse, ou gare la canne ! »

Madge, la mine rechignée, resta hésitante une minute ; mais des procédés peu aimables lui avaient trop souvent appris à se soumettre à l'autorité du bedeau pour qu'elle se sentît le courage de la braver.

« Ma mère, ma pauvre vieille mère, est en prison à Barkston! C'est votre faute, Miss Jeanie Deans ; mais je vous rattraperai, aussi vrai que mon nom est Madge Feu-follet, c'est-à-dire Murdockson. Dieu me protège! J'oublie jusqu'à mon nom au milieu de cette confusion. »

Parlant ainsi, elle tourna les talons, et partit, suivie de tous les petits vauriens du village, qui lui criaient : « Madge, dis-nous ton nom, maintenant. » Quelques-uns la tiraient par les pans de son vêtement, et, du mieux que le permettait leur force ou leur malice, tous s'exerçaient à inventer des moyens nouveaux de l'exaspérer jusqu'à la fureur.

Jeanie vit le départ de la folle avec une satisfaction infinie, encore qu'elle eût souhaité, de façon ou d'autre, récompenser le service que Madge lui avait rendu.

Elle s'adressa en même temps au bedeau, pour savoir « s'il y avait dans le village une maison où elle pût être convenablement reçue pour son argent, et s'il lui serait permis de parler à l'ecclésiastique ?

— Oui, oui, nous aurons de toi le plus grand soin ; et je pense, jeune femme, » répondit l'autorité constituée, « qu'à moins que tu ne répondes tout à fait bien au recteur, nous t'épargnerons ton argent, et nous te donnerons logement des deniers de la paroisse.

— Où donc me conduisez-vous ? » dit Jeanie avec inquiétude.

« Je te conduis, d'abord, à Sa Révérence, pour que tu rendes compte de ce que tu es, et que tu ne deviennes pas un fardeau pour la paroisse.

— Je ne veux être un fardeau pour personne, » répliqua Jeanie ; « j'ai de quoi pourvoir à mes besoins, et je ne demande qu'à voyager avec sécurité.

— Si cela est vrai, c'est une autre affaire, » répliqua le bedeau. « Il me semble que tu n'as pas l'air aussi perroquet que ta camarade. Tu serais assez convenable si tu étais un peu moins décoiffée. Viens ; le recteur est un brave homme.

— Est-ce, » dit Jeanie, « le ministre qui a prêché ?

— Le ministre ? Dieu te soit en aide ! Quelle espèce de presbytérienne est-ce que nous avons là ? C'est le recteur ; le recteur, entends-tu. Il n'a pas son pareil dans le comté, ni dans les comtés voisins. Allons, viens ; nous n'allons pas coucher ici.

— J'irai voir le recteur très volontiers, » dit Jeanie ; « car, bien qu'il lise son discours, et qu'il porte un surplis, il m'a l'air d'un homme de bien et craignant Dieu, à la façon dont il a prêché. »

La foule désappointée, voyant qu'il n'y avait rien de divertissant à attendre, s'était dispersée. Jeanie, avec sa douceur ordinaire, suivit vers l'habitation du recteur son guide, important et peu gracieux, sans être brutal.

La maison de l'ecclésiastique était vaste et commode, car le bénéfice était excellent, et le droit de présentation appartenait à une très riche famille du voisinage, qui avait coutume d'élever pour l'église un fils ou un neveu, à dessein de lui faire avoir, lorsque l'occasion s'en présenterait, ce poste très confortable. De cette manière, le rectorat de Willingham avait toujours été considéré comme un apanage direct et immédiat du château de Willingham ; et, comme les riches baronnets auxquels appartenait ce château avaient habituellement un fils, un frère ou un neveu établi sur le bénéfice, on avait pris grand soin de rendre l'habitation non seulement convenable et commode, mais même noble et imposante.

Le rectorat était situé à quatre cents *yards* environ du village, sur un terrain s'élevant en pente douce, et couvert de petits enclos irrégulièrement disposés ; les vieux chênes et les ormes plantés autour de ces enclos formaient perspective, et se mêlaient ensemble avec la variété la plus agréable. Lorsque Jeanie et son conducteur approchè-

rent de la maison, une belle porte leur donna accès à une pelouse de dimensions modestes, mais parsemée de gros châtaigniers et de gros hêtres, et fort bien entretenue. La façade de la maison était irrégulière. Une partie en semblait vieille, et avait été la résidence du bénéficier aux temps de l'Église romaine. Des occupants successifs y avaient fait des additions et des améliorations considérables, chacun d'après le goût de son temps et sans grand égard pour la symétrie. Mais ces anachronismes d'architecture étaient si bien gradués et si heureusement mélangés, que l'œil, loin d'être choqué de la combinaison des différents styles, ne contemplait qu'avec intérêt cette masse de pierres variée et hétéroclite. Des arbres à fruits palissés au long de la muraille sud, des escaliers extérieurs, des entrées de formes diverses, un mélange de toits et de cheminées d'époques différentes, s'unissaient pour rendre la façade, sinon belle ou grandiose, du moins originale et bizarre, ou, pour employer l'expression juste de M. Price, pittoresque. L'addition la plus considérable avait été l'œuvre du recteur actuel, qui, étant amateur de bouquins, comme le bedeau prit la peine d'en informer Jeanie (à dessein peut-être d'augmenter son respect pour la personne devant laquelle elle allait paraître), avait fait bâtir une belle bibliothèque et une salle de conversation, et ajouter, en outre, deux chambres à coucher.

« Beaucoup auraient regardé à faire tant de dépense, » continua l'officier de la paroisse, « vu que le bénéfice se transmet ainsi qu'il plaît à sir Edmond ; mais Sa Révérence possède, de son propre, un assez bon bout de terre, et n'a pas besoin de regarder un *penny* par les deux côtés. »

Jeanie ne put s'empêcher de comparer le bâtiment irrégulier, mais vaste et commode, qu'elle avait devant les yeux, avec les manses ou presbytères de son pays, où une suite d'héritiers avares, se déclarant prêts à dévouer leurs vies et leurs fortunes à l'Église presbytérienne, s'ingénient à inventer ce que l'on pourrait ôter, élaguer, rogner dans un bâtiment qui n'est déjà qu'une chétive habitation pour le bénéficier en exercice ; si bien qu'en dépit de la supériorité des constructions en pierres, s'impose aux descendants, au bout de quarante ou cinquante années, le fardeau d'une dépense à laquelle il aurait à peine fallu recourir tous les cent ans, si l'entretien s'était fait avec plus d'intelligence et de libéralité.

Derrière la maison du recteur, le sol s'inclinait vers une petite rivière qui, sans avoir l'aspect romantique et la rapidité des cours d'eau du nord, accompagnait fort agréablement le paysage, se montrant de temps à autre à travers les rangées de saules et de peupliers qui en bordaient les rives.

« C'était le meilleur ruisseau à truites, » dit le bedeau, que la patience de Jeanie, et surtout la certitude qu'elle ne serait pas une charge pour la paroisse, avaient rendu communicatif, « le meilleur ruisseau à truites de tout le comté de Lincoln ; car, en descendant plus bas, il n'y a plus moyen de pêcher à la ligne. »

Sans aborder l'entrée principale, il conduisit Jeanie vers une sorte de portail se reliant à la partie la plus ancienne du bâtiment, et principalement occupée par les domestiques. Il frappa à la porte, que lui ouvrit un laquais en belle livrée rouge foncé, ainsi qu'il convenait chez un ecclésiastique riche et élevé en dignité.

« Comment vas-tu, Thomas ? » dit le bedeau, « et comment va le jeune Monsieur Staunton ?

— Pas trop bien, Monsieur Stubbs ; pas trop bien. Est-ce que vous voulez voir Sa Révérence ?

— Oui, Thomas ; dis-lui, je te prie, que j'amène la jeune femme qui est venue aujourd'hui à l'office avec Madge Murdockson la folle. Elle a l'air décent, mais je ne lui ai pas fait de questions. Je puis dire seulement à Sa Révérence qu'elle est Écossaise, et aussi calme que les marais de Hollande. »

Thomas honora Jeanie Deans d'un de ces regards dont les domestiques bien nourris des riches, spirituels ou temporels, s'estiment généralement, comme par privilège, fondés à gratifier les pauvres ; puis il dit à M. Stubbs, et à celle qu'il amenait, d'entrer jusqu'à ce qu'il eût informé son maître de leur présence.

La pièce dans laquelle il les introduisait était une espèce de salle pour les domestiques, où pendaient une ou deux cartes du comté, et trois ou quatre gravures représentant quelques-uns des principaux personnages dont l'histoire se rattache à celle du même comté, tels que sir Guillaume Monson, Jacques York le forgeron de Lincoln, et le fameux Peregrine, lord Willoughby, en armure complète, tel qu'il était lorsqu'il prononçait ces paroles de la légende, reproduites au-dessous de son image :

> Braves qui portez la pique,
> En bons rangs marchez contre eux ;
> Vous, archers, que l'on se pique
> De n'avoir pas froid aux yeux.
> Canonniers, de la mitraille !
> Mousquets, du plomb ! Par ma foi,
> Le premier dans la bataille,
> Le premier, ce sera moi !

Lorsqu'ils furent entrés dans la pièce, Thomas offrit, comme chose allant de soi, et M. Stubbs accepta de même, un rien à manger et à boire ; ce rien consistait en de respectables restes d'un jambon et un pot de *double ale* de dimension assez raisonnable. M. le bedeau s'attaqua sérieusement à ces objets ; pour lui rendre justice, ce ne fut pas sans inviter Jeanie à suivre son exemple, en quoi Thomas joignit ses exhortations aux siennes. Mais, quoique Jeanie dût avoir besoin d'aliments, car elle n'avait rien pris de la journée, l'inquiétude de l'heure présente, ses habitudes de sobriété, et une sorte de répugnance à manger en compagnie de deux étrangers, lui firent refuser leur politesse. Elle s'assit donc à l'écart sur une chaise, tandis que M. Stubbs, et aussi M. Thomas, qui s'était décidé à se joindre à son ami en considérant que le dîner n'aurait lieu qu'après l'office du jour, faisaient un solide repas, qui dura une demi-heure, et qui ne se serait pas terminé encore si Sa Révérence n'avait sonné, ce qui obligea Thomas à se rendre près de son maître. Ce fut alors seulement que, pour s'épargner la peine d'un second voyage à l'autre bout de la maison, il annonça à son maître l'arrivée de M. Stubbs, avec l'autre folle, comme il lui sembla tout naturel de désigner Jeanie. Il revint avec ordre de faire entrer sur-le-champ dans la bibliothèque M. Stubbs et la jeune femme.

Le bedeau avala à la hâte sa dernière bouchée de jambon, arrosa ce morceau de la dernière rinçure du pot d'*ale*, et, sans plus de retard, à travers un ou deux passages compliqués, menant des bâtiments anciens aux bâtiments plus nouveaux, conduisit Jeanie dans une jolie petite antichambre, voisine de la bibliothèque, et d'où une porte vitrée s'ouvrait sur la pelouse.

« Restez là, » dit Stubbs, « jusqu'à ce que j'aie dit à Sa Révérence que vous êtes arrivée. »

Parlant ainsi, il ouvrit une porte, et entra dans la bibliothèque.

Sans chercher à écouter leur conversation, Jeanie, de l'endroit où elle était, ne put éviter de le faire; car Stubbs était resté près de la porte, et, Sa Révérence étant à l'autre extrémité de la chambre, leur conversation, nécessairement, s'entendait de l'antichambre.

« Vous avez donc enfin amené cette jeune femme, Monsieur Stubbs. Je vous attendais depuis quelque temps. Vous savez que je n'aime pas que des personnes soient ainsi retenues, sans que je me sois sommairement enquis de leur situation.

— C'est vrai, Révérence, » répliqua le bedeau; « mais la jeune femme n'avait rien mangé de la journée, et M. Thomas a servi une goutte de boisson et un morceau.

— Thomas a bien fait, Monsieur Stubbs; et qu'est devenue l'autre infortunée créature?

— Ma foi, » répliqua Stubbs, « j'ai pensé que sa vue serait désagréable à Votre Révérence, et je l'ai laissée retourner chez sa mère, qui s'est attiré des malheurs dans une paroisse voisine.

— Des malheurs! cela veut dire qu'elle est en prison? » dit M. Staunton.

« Quelque chose comme cela, sauf le bon plaisir de Votre Révérence.

— La malheureuse est incorrigible! » dit l'ecclésiastique. « Quelle genre de personne est-ce que cette compagne de la folle?

— Elle a l'air convenable, avec la permission de Votre Révérence, » dit Stubbs. « Autant que j'en puis voir, il n'y a rien à dire contre elle, et elle assure avoir assez d'argent pour aller avec hors du comté.

— De l'argent! C'est toujours à cela que vous pensez, Stubbs. A-t-elle son bon sens? A-t-elle sa raison? Est-elle en état de se diriger?

— Révérence, » répliqua Stubbs, « je ne sais pas au juste. Je jurerais bien qu'elle n'est pas née dans le pays de l'esprit; car Gaffer Gibbs l'a regardée tout le temps de l'office, et il dit qu'elle ne savait pas feuilleter un livre comme un chrétien, bien qu'elle eût Madge Murdockson pour l'aider. Quant à se tirer d'affaire, c'est une Écossaise, et on dit que, chez elles, la plus bonne à rien sait se retourner comme il faut. Elle est mise assez décemment, et n'a pas de fanfreluches comme l'autre.

— Faites-la entrer, Monsieur Stubbs, et restez en bas. »

Ce colloque avait excité à un tel point l'attention de Jeanie, que ce fut seulement après qu'il fut terminé qu'elle s'aperçut que la porte vitrée conduisant, comme nous l'avons dit, de l'antichambre au jardin, s'était ouverte, et que par là entrait, ou plutôt était porté par deux personnes, un jeune homme très pâle et à l'air malade, que l'on posa sur le canapé le plus voisin, comme pour le remettre de la fatigue d'un exercice inaccoutumé. Juste au moment où on l'installait sur ce meuble, Stubbs sortit de la bibliothèque, et dit à Jeanie d'entrer. Elle obéit, non sans trembler ; car, outre la nouveauté de la situation pour une fille d'habitudes aussi retirées, elle sentait que la continuation et le succès de son voyage allaient dépendre de l'impression qu'elle ferait sur M. Staunton.

On ne pouvait guère imaginer, il est vrai, sous quel prétexte une personne, voyageant pour ses affaires et à ses frais, pourrait être gênée dans sa route par un magistrat. Mais la détention violente que Jeanie avait déjà subie était suffisante pour montrer qu'il existait, à peu de distance, des gens qui avaient le désir, la volonté et l'audace de l'arrêter de force en son voyage, et elle sentait la nécessité d'avoir appui et protection, jusqu'à ce que, du moins, elle fût hors de leur portée. Tandis que ces pensées lui traversaient l'esprit, beaucoup plus vite que notre plume ne peut l'écrire, et que l'œil même du lecteur ne peut parcourir ces lignes, Jeanie se trouva dans une belle bibliothèque, et en présence du recteur de Willingham. Les armoires vitrées et les rayons qui entouraient cette grande pièce contenaient plus de livres que Jeanie n'aurait cru qu'il en existât dans le monde entier, accoutumée qu'elle était à considérer comme une collection importante deux planches de sapin, longue chacune d'environ trois pieds, qui contenaient les volumes de son père, son trésor, la moelle et la quintessence, comme il s'en vantait quelquefois, de la théologie moderne. Un planétaire, des globes, un télescope, et d'autres instruments scientifiques, firent éprouver à Jeanie une impression d'admiration et de surprise, à laquelle la crainte se mêlait un peu ; car, dans sa méfiante ignorance, ces objets étaient plutôt faits pour la magie que pour autre chose. Quelques animaux empaillés (le recteur aimait l'histoire naturelle) ajoutaient au caractère impressionnant de la pièce.

M. Staunton lui parla avec une grande douceur. Il lui fit re-

marquer que, bien que son entrée dans l'église eût été singulière, et se fût faite en une société étrange, et même (il devait le dire) peu propre à la recommander et de nature à troubler l'office, il désirait néanmoins l'entendre avant de prendre les mesures que son devoir pourrait exiger. Il était juge de paix, dit-il, aussi bien qu'ecclésiastique.

« Son Honneur (elle ne voulait pas dire Sa Révérence) a eu bien de la bonté. » Ce fut tout ce que la pauvre Jeanie put articuler d'abord.

« Qui êtes-vous ? » dit l'ecclésiastique d'un ton plus sévère ; « et que faites-vous en ce pays, et en pareille compagnie ? Nous ne souffrons pas ici les coureurs et les vagabonds.

— Je ne suis ni l'un ni l'autre, Monsieur, » dit Jeanie un peu émue de cette supposition. « Je suis une honnête fille d'Écosse, traversant ce pays pour mes affaires et à mes frais ; j'ai eu le malheur de tomber en mauvaise compagnie, et j'ai été arrêtée dans mon voyage toute la nuit. Cette pauvre créature, qui ne jouit pas de sa raison, m'a fait sortir ce matin.

— En mauvaise compagnie ! » dit le recteur. « J'ai peur, jeune femme, que vous n'ayez pas pris suffisamment soin de l'éviter.

— Mon éducation m'a appris, Monsieur, » répondit Jeanie, « à ne pas communiquer avec les méchants. Mais ces vilaines gens étaient des voleurs, qui m'ont arrêtée malgré moi et de force.

— Des voleurs ! » dit M. Staunton ; « vous les accusez, alors, de vous avoir volée ?

— Non, Monsieur, » répliqua Jeanie ; « ils ne m'ont pas seulement pris un sou ; et ils ne m'ont fait d'autre mal que de m'enfermer. »

Le recteur s'enquit des particularités de son aventure, qu'elle lui raconta de point en point.

« Voici une histoire extraordinaire, jeune femme, et pas trop vraisemblable, » reprit M. Staunton. « Il y a eu, d'après vous, une violence grave commise, sans nulle raison qui l'explique. Connaissez-vous cette loi du pays, que, si vous formez l'accusation, vous serez obligée de poursuivre les coupables ? »

Jeanie ne comprenait pas ; il lui expliqua que la loi anglaise, par addition aux désagréments éprouvés par ceux qui ont été volés ou maltraités, a la bonté de leur confier le soin et la dépense d'être partie poursuivante.

Jeanie dit « que ses affaires à Londres étaient urgentes ; tout ce qu'elle demandait était qu'un homme de bien consentît, par charité chrétienne, à lui donner protection jusqu'à une ville où elle pourrait louer des chevaux et un guide. » Elle dit enfin qu'elle pensait « que l'opinion de son père serait qu'elle n'aurait pas liberté pour porter témoignage dans une cour de justice anglaise, ce pays n'étant pas sous une dispensation directe de l'Évangile. »

M. Staunton la regarda, et demanda si son père était quaker.

« Dieu nous en garde, Monsieur, » dit Jeanie. « Il n'est ni schismatique ni sectaire ; il n'a jamais donné dans des erreurs de ce genre, et son caractère est bien connu.

— Quel est son nom, je vous prie? » dit M. Staunton.

« David Deans, Monsieur, le nourrisseur des Rochers de Saint-Léonard, près d'Édimbourg. »

Un gémissement sorti de l'antichambre empêcha le recteur de répondre ; et s'écriant : « Bon Dieu! ce pauvre enfant! » il laissa Jeanie seule, et se précipita dans la première pièce.

On entendit du bruit et du mouvement; mais nul n'entra dans la bibliothèque pendant près d'une heure.

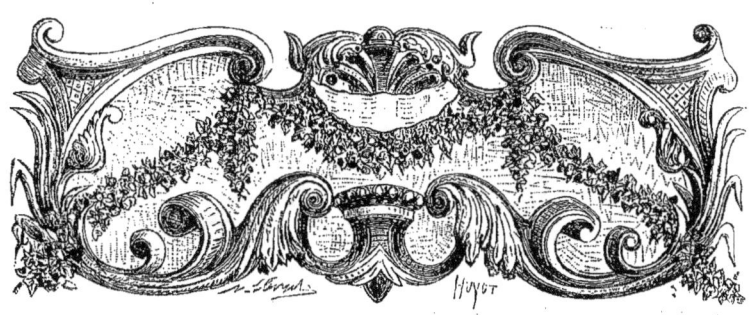

CHAPITRE XXXII.

> Des passions la lutte en moi gronde malsaine ;
> La honte et la terreur couvrent les autres cris.
> Crime, confusion, remords ! je sais à peine
> D'avec le mal souffert trier le mal commis.
> D'un cortège vengeur ma route est poursuivie ;
> Il étouffe mon âme, il étouffe ma vie.
>
> COLERIDGE.

Durant le temps qu'elle fut ainsi laissée seule, Jeanie se demandait avec inquiétude ce qu'elle aurait de mieux à faire. Elle était impatiente de continuer son voyage, et cependant elle craignait de ne pouvoir le faire sans risque de violences nouvelles, aussi longtemps que la vieille mégère et ses acolytes seraient dans le voisinage. Elle se croyait fondée à induire de la conversation qu'elle avait entendue en partie, et aussi des déclarations extravagantes de Madge Feu-follet, que la mère de cette fille avait, pour faire obstacle à son voyage, un motif arrêté de vengeance. De qui espérer secours, sinon de M. Staunton? L'air du recteur et sa conduite étaient faits pour fortifier ces espérances. Ses traits étaient beaux, quoique profondément marqués de mélancolie ; sa voix et son langage étaient doux et encourageants ; et ayant, dans sa jeunesse, servi plusieurs années dans l'armée, il avait conservé cette franchise aisée particulière à la profession des armes. Il était, en outre, ministre de l'Évangile ; et bien qu'il fût, d'après les notions religieuses qu'avait Jeanie, un adorateur dans la cour des gentils, assez idolâtre pour porter un surplis; bien qu'il lût les prières communes, et qu'il écrivît tout au long ses sermons avant de les prononcer; bien qu'il fût enfin, pour la force des poumons et la moelle de la doctrine, fort inférieur à Boanerges Stormheaven, Jeanie pensait cependant qu'il devait être bien différent du curé Kiltstoup, et d'autres théologiens prélatistes de la jeunesse de son père, qui se grisaient dans leurs habits canoniaux, et qui envoyaient les dragons à la chasse des caméroniens. La maison semblait fort agitée; mais, ne supposant pas qu'on pût l'oublier tout à fait, Jeanie pensa que le mieux serait de rester tranquille dans la pièce où on l'avait laissée, jusqu'à ce qu'on fît attention à elle.

La première personne qui entra fut, à sa grande satisfaction, une personne de son sexe, une sorte de femme de charge âgée à l'air respectable. Jeanie lui expliqua sa situation en quelques mots, et sollicita son aide.

La femme de charge devait à sa dignité de ne pas être trop familière avec une personne venue au rectorat pour des affaires de justice, et dont le caractère pouvait paraître douteux; mais elle fut polie, tout en se tenant à distance.

« Son jeune maître, » dit-elle, « avait eu un grave accident de cheval qui l'avait laissé sujet à de fâcheux évanouissements; il venait à l'instant d'être fort malade, et il était impossible que Sa Révérence pût voir Jeanie de quelque temps; mais elle devait être assurée que le recteur ferait pour elle tout ce qui serait juste et convenable dès qu'il pourrait s'occuper de son affaire. » Elle termina en offrant d'indiquer à Jeanie une chambre, où elle pourrait rester jusqu'à ce que Sa Révérence fût libre.

Notre héroïne saisit l'occasion de demander les moyens de changer de linge et d'ajuster ses vêtements.

La femme de charge, dans l'estimation de laquelle l'ordre et la propreté occupaient un rang élevé parmi les vertus, acquiesça très volontiers à une requête aussi raisonnable; et le changement que permettait le léger bagage de Jeanie opéra dans son aspect une amélioration si importante, que la vieille dame pouvait à peine reconnaître, dans la petite Écossaise propre, soignée, à l'air posé, qui était à présent devant elle, la voyageuse salie et en désordre dont l'habillement portait les traces des violences qu'elle avait subies. Encouragée par un changement aussi favorable, Mistress Dalton se risqua à inviter Jeanie à partager son dîner, et ne fut pas moins satisfaite de la parfaite convenance de sa conduite durant le repas.

« Vous ne sauriez pas lire ce livre? » dit la vieille dame, quand le repas fut fini, en lui mettant dans la main une grosse bible.

« J'espère bien que si, Madame, » dit Jeanie, étonnée de la question ; « mon père aurait manqué de bien des choses avant de négliger de m'en procurer la lecture.

— Un bon signe en sa faveur, jeune femme. Il y a ici des hommes, bien vus dans le monde, qui n'abandonneraient pas leur part d'un pluvier de Leicester, c'est-à-dire d'un pouding à l'anglaise, alors qu'en jeûnant trois heures ils auraient de quoi faire lire la bible, d'un bout à l'autre, à leurs pauvres enfants. Prenez donc ce livre, car mes yeux sont un peu fatigués, et lisez au hasard. C'est le seul livre, que, sans crainte, on puisse ouvrir ainsi. »

Jeanie fut d'abord tentée d'ouvrir à l'endroit de la parabole du bon Samaritain, mais sa conscience l'arrêta, comme si c'était faire usage de l'Écriture, non pour s'édifier, mais à dessein d'agir sur l'esprit des autres pour le soulagement d'afflictions mondaines. Sous l'empire de ce scrupule, elle choisit de préférence un chapitre du prophète Isaïe, et le lut, en dépit de son accent septentrional, avec un sentiment de dévotion qui édifia beaucoup Mistress Dalton.

« Ah! » dit-elle, « si toutes les femmes d'Écosse étaient comme vous! Mais nous avons eu la chance de ne voir venir de ce pays que de véritables diables, pires les uns que les autres. Si vous connaissiez une fille rangée, comme vous, qui eût besoin d'une place, qui fournît de bons renseignements, ne courût pas les veillées et les foires, et sût porter tout le long du jour des souliers et des bas, je ne dis pas qu'on ne trouverait pas pour elle quelque chose au rectorat. N'avez-vous ni cousine ni sœur à qui cela pourrait convenir? »

C'était toucher un point douloureux, mais l'entrée du même domestique qu'elle avait vu précédemment lui épargna la peine de répondre.

« Monsieur désire voir la jeune femme d'Écosse, » dit Thomas.

« Allez vite, ma chère, auprès de Sa Révérence, et racontez-lui toute votre histoire. C'est un homme très bienveillant, » dit Mistress Dalton. « Je vais plier le feuillet de la bible, et vous faire une tasse de thé et un bon petit pain beurré quand vous allez redescendre. Un pain beurré, vous ne voyez pas souvent cela en Écosse, ma fille?

— Monsieur attend la jeune femme, » dit Thomas avec impatience.

« Or çà, Monsieur l'important, quel besoin avez-vous de placer votre mot ? Combien de fois faudra-t-il vous dire d'appeler M. Staunton Sa Révérence, vu qu'il a dignité dans l'Église, et qu'il ne faut pas lui donner du Monsieur, comme si c'était un petit écuyer ? »

Jeanie était sur la porte, prête à accompagner Thomas ; le valet de pied ne dit rien jusqu'à ce qu'il fût dans le corridor, où il murmura ces mots : « Il y a plus d'un maître dans cette maison, et je crois que nous aurons aussi une maîtresse si dame Dalton continue. »

Thomas la conduisit par une plus longue suite de corridors qu'elle n'en avait encore traversé, et l'introduisit dans une chambre sombre, car presque tous les volets en étaient fermés, et dans laquelle était un lit dont les rideaux n'étaient tirés qu'à demi.

« Voici la jeune femme, Monsieur, » dit Thomas.

« Très bien, » dit une voix qui sortait du lit, mais qui n'était pas celle de Sa Révérence ; « soyez prêt à répondre à la sonnette, et sortez de la chambre.

— Il y a quelque méprise, » dit Jeanie, déconcertée de se trouver dans la chambre d'un malade ; « le domestique m'a dit que le ministre...

— Ne vous inquiétez pas, » dit le malade ; « il n'y a point de méprise. J'en sais plus que mon père sur vos affaires, et je saurai mieux les gouverner. Sortez, Thomas. » Le domestique obéit. « Il ne faut pas perdre de temps, lorsqu'on en a peu à soi. Ouvrez les volets de cette fenêtre. »

Elle le fit. Le malade repoussa le rideau du lit ; la lumière tomba sur son visage pâle. La tête enveloppée de linges, vêtu d'une robe de chambre, il semblait épuisé.

« Regardez-moi, » dit-il, « Jeanie Deans. Ne me reconnaissez-vous pas?

— Non, Monsieur, » dit-elle avec surprise. « Je ne suis jamais venue dans ce pays.

— J'ai pu aller dans le vôtre. Songez-y, réfléchissez. Je m'évanouirais si je prononçais le nom que votre premier devoir est de détester. Songez-y, réfléchissez! »

Un terrible souvenir jaillit en la pensée de Jeanie; la voix du malade le confirmait, une parole qu'il prononça le rendit certain.

« Soyez calme ; souvenez-vous du clair de lune, et du *cairn* de Muschat! »

Jeanie tomba sur un siège, les mains jointes, et respirant à peine.

« Oui, me voici, » dit-il, « comme un serpent écrasé, me tordant d'impatience et ne pouvant pas remuer. Me voici, lorsque je devrais être à Édimbourg, essayant de tous les moyens pour sauver une vie qui m'est plus chère que la mienne. Que devient votre sœur? Comment va-t-elle? Condamnée à mort, je le sais! Oh! faut-il que le cheval qui m'a porté sain et sauf vers mille desseins insensés ou criminels se soit abattu avec moi, le seul jour, depuis des années, où mon entreprise était bonne! Réprimons cependant notre désespoir! mon corps n'est pas de force à le supporter, et j'ai beaucoup de choses à dire. Donnez-moi de ce cordial que vous voyez sur la table. Pourquoi trembler? Mais hélas! vous n'en avez que trop sujet. Laissez cela en place ; je n'en ai pas besoin. »

Jeanie, avec répugnance, s'était approchée de lui, tenant la tasse dans laquelle elle avait versé la potion. Elle ne put s'empêcher de dire : « Il y a un cordial pour l'esprit, Monsieur, si les coupables s'éloignent de leurs transgressions, et s'ils ont recours au médecin des âmes.

— Silence! » dit-il d'un ton sévère ; « et cependant, je vous remercie. Dites-moi, sans perdre de temps, ce que vous faites en ce pays? Souvenez-vous que, bien que j'aie été le pire ennemi de votre sœur, je la servirai cependant du meilleur de mon sang, et vous aussi à cause d'elle. Nul ne peut vous servir autant, car nul ne sait aussi bien les circonstances. Parlez donc sans crainte.

— Je n'ai pas peur, Monsieur, » dit Jeanie, rassemblant ses esprits. « J'ai confiance en Dieu ; et, s'il lui plaît de racheter ma sœur de la captivité, c'est tout ce que je cherche, quel qu'en puisse être l'instru-

ment. Mais, Monsieur, pour être franche avec vous, je n'oserai faire usage de votre conseil que je ne sois à même de voir s'il est d'accord avec la loi sur laquelle je dois m'appuyer.

— Au diable la puritaine ! » s'écria Georges Staunton, car nous devons à présent l'appeler ainsi. « Pardon ; mais je suis impatient de ma nature, et vous me rendez fou ! Quel mal peut-il y avoir à me dire en quelle situation est votre sœur, et ce que vous espérez pouvoir faire vous-même pour lui venir en aide ? Il sera temps de refuser mon avis quand j'en proposerai un qui vous semblera inacceptable. Je vous parle tranquillement, bien que ce soit contraire à ma nature ; mais ne me poussez pas à l'impatience. Cela ne peut que me rendre incapable de servir Effie. »

Il y avait dans les regards et dans les paroles de ce malheureux jeune homme une sorte d'ardeur et d'impétuosité contrainte qui semblait le dévorer, comme l'impatience d'un fier coursier se fatigue de ronger le mors. Après un moment de réflexion, notre héroïne se dit que, soit en ce qui concernait sa sœur soit en ce qui la concernait elle-même, elle n'avait pas à cacher à son interlocuteur les fatales conséquences du crime qu'il avait commis, ni à repousser les avis, légitimes et innocents en eux-mêmes, qu'il pourrait suggérer pour y apporter remède. En aussi peu de mots donc qu'il lui fut possible, elle raconta le procès et la condamnation de sa sœur, et son propre voyage jusqu'à Newark. Il écoutait avec angoisse, retenant toutefois les violents symptômes d'émotion qui, soit par geste soit par parole, auraient interrompu le récit. Étendu sur sa couche comme le monarque mexicain sur son lit de charbons ardents, les contorsions de son visage et le tremblement de sa personne donnaient seuls l'indication de ses souffrances. A plusieurs des choses que lui disait Jeanie, il eut des soupirs étouffés comme s'il ne faisait qu'entendre la confirmation de malheurs dont la réalité fatale lui était déjà connue. Mais, lorsqu'elle arriva aux circonstances qui l'avaient interrompue dans son voyage, une surprise extrême et une ardente attention succédèrent aux symptômes de remords qu'il avait précédemment donnés. Il questionna minutieusement Jeanie sur la façon dont les deux hommes étaient faits, et sur la conversation qu'elle avait surprise entre le plus grand et la vieille femme.

Lorsque Jeanie dit que la vieille avait fait allusion à son nourrisson, « Ce n'est que trop vrai, » dit-il, « et la source où j'ai puisé la nourriture lorsque j'étais au berceau doit m'avoir communiqué ce penchant fatal à des vices étrangers à ma famille. Continuez. »

Jeanie passa rapidement sur son voyage en compagnie de Madge, peu curieuse de répéter ce qui, de la part de sa compagne, n'avait été que l'effet du délire. Son récit, donc, fut bientôt terminé.

Le jeune Staunton resta quelques instants plongé dans une méditation sérieuse, et parla enfin avec plus de calme qu'il n'en avait eu dans cette entrevue. « Vous êtes sensée autant que bonne, Jeanie Deans, et je vous en dirai plus de mon histoire que je n'en ai dit à personne. J'appelle cela mon histoire ; ce n'est qu'un tissu de folies, de fautes et de misères. Mais songez bien (je vous le dis parce que, en retour, je veux avoir votre confiance), songez qu'en cette funeste affaire, vous agirez d'après mes avis et ma direction. Je parle donc.

— Je ferai ce qu'il convient de faire lorsqu'on est sœur, fille et chrétienne, » dit Jeanie ; « mais ne me dites rien de vos secrets. Il n'est pas bon que j'entre dans vos conseils, et que je prête l'oreille à la doctrine qui conduit à l'erreur.

— Folle que vous êtes ! » dit le jeune homme. « Regardez-moi. Ma tête n'a pas de cornes, mon pied n'est pas fourchu, mes mains ne sont pas garnies de griffes ; et, puisque je ne suis pas le diable en personne, quel intérêt puis-je avoir à détruire les espérances à l'aide desquelles vous vous fortifiez ou vous vous leurrez ? Écoutez-moi patiemment, et vous verrez que, lorsque vous aurez entendu mes conseils, vous pourrez, si vous en avez envie, aller au septième ciel les ayant dans votre poche, sans vous en trouver plus lourde d'une once durant l'ascension. »

Au risque d'être un peu ennuyeux, comme on l'est souvent dans les explications, nous devrons tâcher de condenser ici, en une narration bien nette, des informations que le malade communiqua d'une façon trop détaillée à la fois, et trop incidentée par les mouvements de son âme, pour que nous puissions en donner les termes précis. Il en lut une partie dans un manuscrit, peut-être rédigé par lui pour l'instruction de ses parents après sa mort.

« Pour abréger, cette coupable mégère, Marguerite Murdockson, était femme d'un serviteur que mon père aimait ; elle avait été ma nourrice ; son mari était mort ; elle résidait dans une chaumière près de ce château ; elle avait une fille qui grandissait, jeune alors, mais fort étourdie ; sa mère tâchait de la marier à un paysan du voisinage, vieux et riche ; la jeune fille me voyait souvent. Elle était familière avec moi, comme semblait le permettre ce que je devais à sa mère; bref, j'abusai cruellement de sa légèreté. Ce n'était pas aussi mal que l'affaire de votre sœur, mais c'était déjà fort mal ; l'imperfection de son jugement aurait dû, à mes yeux, être une protection pour elle. Peu après, je fus envoyé à l'étranger. Pour rendre justice à mon père, si je suis devenu un démon ce n'est pas sa faute ; il a toujours agi pour le mieux. A mon retour, j'appris que la coupable mère et sa fille étaient en disgrâce, et avaient été chassées du pays. On découvrit la large part que j'avais prise à leur honte et à leur malheur ; mon père me parla sévèrement ; nous eûmes une querelle. Je quittai la maison, et je menai une vie d'aventures, résolu de ne plus revoir mon père ni la maison de mon père.

« Ici commence le plus important de cette histoire. Je mets ma vie entre vos mains, Jeanie, et non seulement ma propre vie, qui, Dieu le sait, ne mérite pas qu'on l'épargne, mais le bonheur d'un vieillard respectable et l'honneur d'une famille considérée. Mon goût pour les sociétés de bas étage (c'est ainsi qu'on appelle les dispositions maudites que j'avais en moi) était, je crois, d'une espèce particulière; il indiquait une nature qui, si de précoces débauches ne l'avaient dépravée, aurait été propre à de meilleures choses. Ce que j'aimais, ce n'étaient pas tant les divertissements effrénés, la gaîté facile, la liberté sans limite de ceux auxquels j'avais associé ma vie, que l'humeur aventureuse, la présence d'esprit dans le danger, la vivacité d'intelligence dont ils faisaient preuve en poursuivant leurs maraudes sur le revenu public, ou en d'autres actes du même genre. Avez-vous jeté les yeux autour de ce rectorat? N'est-il pas une charmante et agréable retraite? »

Jeanie, étonnée de cette digression soudaine, répondit affirmativement.

« Oh! que j'aurais souhaité qu'il fût à dix mille toises au-dessous de terre, avec ses biens d'église, ses dîmes, et tout ce qui en dépend. Sans ce rectorat maudit, il m'aurait été permis de suivre mes inclinations, d'embrasser la profession des armes ; la moitié de l'adresse et du courage que j'ai déployés au milieu des contrebandiers et des braconniers m'aurait donné un rang honorable parmi mes contemporains. Que ne suis-je allé en pays étranger après avoir quitté cette maison ! Pourquoi surtout l'ai-je quittée? Pourquoi? Mais, pour moi, les choses en sont venues à ce point que c'est folie de regarder en arrière, misère de regarder en avant. »

Après un repos, il reprit avec plus de calme.

« Les hasards d'une vie errante me conduisirent, par malheur, en Écosse, pour me mêler à des actions plus criminelles encore que celles où je m'étais engagé précédemment. Ce fut alors que je connus Wilson, homme remarquable dans son genre ; tranquille, froid et résolu, ferme d'esprit, d'une force corporelle peu commune, doué d'une sorte d'éloquence rude qui l'élevait au-dessus de ses compagnons. Chez moi, jusque-là,

> Au milieu de la fougue et de l'extravagance,
> L'étincelle, parfois, laissait voir l'espérance.

« Ce fut le malheur de cet homme, et le mien, qu'en dépit des différences de rang et d'éducation, il prit sur moi une influence extraordinaire et fascinante, que je ne saurais m'expliquer autrement que par la supériorité que la détermination calme de son caractère lui donnait sur l'impétuosité moins soutenue du mien. Où il me conduisait, je me sentais contraint de le suivre ; c'est étrange combien de courage et d'adresse il déployait dans ses entreprises. Tandis que, sous ce singulier et dangereux précepteur, j'étais engagé dans les aventures les plus inouïes, je fis connaissance de votre infortunée sœur en certaines assemblées de la jeunesse des faubourgs où elle se rendait à la dérobée, et sa ruine fut un intermède aux scènes tragiques dans lesquelles je jouais maintenant un large rôle. Laissez-moi dire, toutefois, que cette mauvaise action ne fut pas préméditée, et que j'étais fermement résolu à lui faire réparation par le mariage, aussitôt que je pourrais m'arracher à mon triste genre de vie, et en embrasser un plus en rapport avec ma naissance. J'avais des visions extravagantes ; je rêvais de faire semblant de la conduire à quelque pauvre retraite, et de la mettre soudain en possession d'un rang et d'une fortune auxquels elle n'avait jamais songé. Un ami, à ma demande, essayait avec mon père une négociation, qui fut retardée pour un temps et engagée de nouveau à plusieurs reprises. Enfin, et juste au moment où je m'attendais à son pardon, mon père apprit, je ne sais par quel moyen; les infamies de ma conduite, qu'on lui peignit même sous des couleurs exagérées, ce qui, Dieu le sait, n'était pas nécessaire. Il m'écrivit une lettre (comment a-t-elle pu me parvenir? je l'ignore), une lettre par laquelle il m'envoyait une somme d'argent, et il me reniait pour toujours. Mon désespoir n'eut plus de borne ; il alla jusqu'à la folie. Je me joignis à Wilson dans une périlleuse affaire de contrebande dans laquelle nous échouâmes, et je me laissai aveugler par sa logique jusqu'à considérer le vol de l'officier des douanes, qui était à Fife, comme de belles et honorables représailles. Jusque-là je m'étais, dans mes fautes, arrêté à une certaine ligne, et je n'avais à me reprocher aucune attaque contre la propriété individuelle ; mais, au moment dont je parle, je sentais comme un sauvage plaisir à me déshonorer le plus possible.

« Le butin n'était pas ce que j'avais en vue. Je l'abandonnais à mes camarades, et je ne demandais que le poste du danger. Je me souviens parfaitement que lorsque, l'épée nue, je gardais la porte pendant que d'autres commettaient le crime, je ne songeais pas un instant à ma sûreté personnelle. Mes pensées ne se portaient que vers les injustices supposées que ma famille m'avait faites, vers ma soif impuissante de vengeance ; je songeais à la manière dont résonnerait aux oreilles altières de la famille de Willingham, la nouvelle qu'un de ses descendants, l'héritier apparent de tous ses honneurs, périrait par les mains du bourreau, pour avoir volé à un rat-de-cave écossais une somme n'atteignant pas le cinquième de l'argent contenu dans mon portefeuille de poche. Nous fûmes pris ; je m'y attendais. Nous fûmes condamnés ; c'était bien aussi dans mes prévisions. Mais la mort, quand elle approcha, devenait horrible ; le souvenir de l'abandon où se trouvait votre sœur me détermina à un effort pour sauver mes jours. J'oubliais de vous dire qu'à Édimbourg, j'avais rencontré la femme Murdockson et sa fille. Dans sa jeunesse, la femme Murdockson avait suivi les camps ; et, à l'heure présente, sous l'apparence d'un petit commerce, elle avait repris des habitudes de maraude avec lesquelles elle ne s'était déjà que trop familiarisée. Notre première rencontre fut orageuse ; mais je prodiguais libéralement l'argent que je possédais, et la vieille Murdockson oublia, ou parut oublier, l'injure que sa fille avait reçue. Quant à celle-ci, l'infortunée savait à peine reconnaître son séducteur, moins encore garder le sentiment du tort qu'on lui avait fait. Son esprit est totalement égaré ; ce qui, au dire de la mère, est quelquefois la conséquence de couches défavorables. Au cas présent, c'était *ma faute*. Autre pierre attachée à mon cou pour m'enfoncer dans l'abîme de la perdition. Chaque regard, chaque parole de cette pauvre créature, sa fausse gaîté, ses sou-

venirs incomplets, ses allusions à des choses qu'elle avait oubliées mais qui vivaient dans ma conscience, c'étaient autant de coups de poignard. De poignard! Que dis-je? C'étaient des tenailles brûlantes, plongées dans un soufre ardent pour toucher la blessure encore saignante. Il fallait endurer cela cependant, et je l'endurais. J'en reviens aux pensées de ma prison.

« Celle de votre sœur et de l'approche du terme attendu, n'était pas la moins douloureuse. Je savais combien Effie vous craignait, combien elle craignait son père. Elle m'avait dit souvent qu'elle aimerait mieux mourir mille fois que de vous savoir instruits de sa honte. Il fallait pourvoir cependant aux besoins d'une séquestration prochaine. Je savais que la femme Murdockson était un être infernal, mais je croyais qu'elle m'aimait et que l'argent la rendrait fidèle. Elle avait procuré à Wilson une lime, et à moi une scie ; elle se chargea volontiers de prendre soin d'Effie durant ses couches, et elle en savait assez pour rendre les services nécessaires. Je lui donnai l'argent que mon père m'avait envoyé. Il était convenu qu'elle recevrait Effie dans sa demeure, et qu'elle attendrait de moi d'autres instructions quand j'aurais effectué mon évasion. Je fis part de ce dessein à la pauvre Effie dans une lettre, où je l'engageais à se fier à la vieille femme ; en cette lettre, je m'en souviens, je m'efforçais de jouer le rôle de Macheath dans l'opéra *du Mendiant*, un beau scélérat, joyeux et hardi jusqu'à la fin sous le poids d'une condamnation capitale. Telle était ma triste ambition ! Cependant, j'avais résolu de renoncer à ce genre de vie, si j'étais assez heureux pour échapper au gibet. Mon dessein était d'épouser votre sœur et d'aller aux Indes Occidentales. Il me restait encore une somme d'argent considérable, et j'espérais être capable, d'une manière ou d'une autre, de pourvoir aux besoins de ma femme et aux miens.

« Nous fîmes une tentative d'évasion, et, par l'obstination de Wilson, qui insista pour sortir le premier, elle échoua totalement. L'intrépidité et l'abnégation avec lesquelles il se sacrifia pour réparer son erreur, et pour me permettre de m'échapper de l'église de la Tolbooth, est chose dont vous devez avoir entendu parler. Toute l'Écosse en a retenti. Ce fut un acte généreux et extraordinaire. Tout le monde en a parlé ; tout le monde, ceux même qui condamnaient le plus les habitudes et les crimes de cet homme audacieux, a loué l'héroïsme de son amitié. J'ai bien des vices, mais la lâcheté et l'ingratitude ne sont pas du nombre. Je résolus de répondre à sa générosité, et la sûreté même de votre sœur ne devint pour moi, à cette époque, qu'une considération secondaire. Opérer le salut de Wilson, tel était mon principal objet, et je ne doutais pas que je n'en trouvasse les moyens.

« Je n'oubliais cependant pas Effie. Les limiers de la justice me poursuivaient de si près que je n'osais me risquer en aucun des endroits que j'avais hantés jadis. La vieille Murdockson vint me trouver à un rendez-vous, et m'informa que votre sœur était heureusement accouchée d'un garçon. Je chargeai cette femme de tenir en repos l'esprit de sa malade autant qu'il se pourrait faire, de ne la laisser manquer de rien de ce que l'argent peut procurer, et je me retirai à Fife, où, parmi mes anciens camarades de la troupe de Wilson, je me cachai en ces lieux où les hommes engagés dans cette déplorable voie trouvent abri pour eux-mêmes et pour des marchandises qui n'ont pas payé les droits. Ceux qui ont désobéi aux lois humaines et divines ne sont pas toujours insensibles à ce que dictent le courage et la générosité. Nous étions assurés que le peuple d'Édimbourg, fortement ému de la situation grave dans laquelle se trouvait Wilson, et de la loyauté de sa conduite, seconderait toute tentative hardie qui serait faite pour le sauver, fût-ce au pied même du gibet. Quelque désespérée que fût l'entreprise, je ne manquai pas de gens pour s'engager à me seconder, lorsque je me déclarai prêt à diriger une attaque contre la garde de la cité. Je retournai dans le Lothian, suivi de quelques compagnons déterminés, en mesure d'agir dès que l'occasion le demanderait.

« Je ne doute pas que je ne l'eusse arraché au nœud qui se balançait sur sa tête, » continua le jeune homme, avec une animation où se reflétait l'intérêt qu'il avait pris à ces exploits ; « mais, parmi d'autres précautions, les magistrats en avaient pris une (suggérée, je l'ai su depuis, par le malheureux Porteous) qui, positivement, dérangea mes mesures. On avança d'une demi-heure le moment ordinaire de l'exécution, et comme il avait été convenu entre nous que, de peur d'être remarqués par les officiers de justice, nous ne nous montrerions dans la rue qu'à l'approche même de l'action, il s'ensuivit que tout était fini avant que n'eût commencé la tentative de délivrance. Ce commencement eut lieu cependant ; j'arrivai jusqu'à l'échafaud, et, de ma main, je coupai la corde. Il était trop tard ! L'audacieux, le vaillant, le généreux criminel avait cessé de vivre. La vengeance était tout ce qui nous restait ; une vengeance (je le pensais alors) à laquelle ma main était doublement tenue, moi à qui Wilson avait donné la vie et la liberté, lorsqu'il eût pu aussi aisément se sauver lui-même.

— Oh! Monsieur, » dit Jeanie, « n'avez-vous pas songé aux paroles de l'Écriture : La vengeance est à moi, et je la ferai?

— L'Écriture? Je n'avais pas ouvert une Bible depuis cinq ans, » répondit Staunton.

« Grand Dieu! » s'écria Jeanie ; « et vous êtes fils d'un ministre!

— Il est naturel que vous disiez cela ; ne m'interrompez pas, cependant, mais laissez-moi finir cette histoire cent fois maudite. Porteous, ce monstre qui a attendu, pour tirer sur le peuple, que cela ne fût pas nécessaire, devint l'objet de la haine générale pour avoir outrepassé son devoir, de la mienne pour l'avoir accompli trop bien. Nous résolûmes (moi, veux-je dire, et les amis de Wilson), nous résolûmes de nous venger ; mais la prudence était nécessaire. Je croyais avoir été remarqué par un des officiers de justice, et je restai caché dans le voisinage d'Édimbourg, sans oser m'aventurer dans l'intérieur des murs. Je voulus visiter enfin, au péril même de ma vie, le lieu où j'espérais trouver mon fils et celle dont j'entendais faire ma femme ; ils n'y étaient plus ni l'un ni l'autre. La femme Murdockson me dit qu'aussitôt qu'Effie avait su l'insuccès de la tentative pour délivrer Wilson, et les chaudes poursuites dont j'étais l'objet, elle avait été prise d'un transport au cerveau ; qu'un jour qu'elle avait été obligée elle-même de sortir pour affaire indispensable et de laisser la malade seule, Effie avait saisi cette occasion de s'échapper, et que la vieille, depuis, ne l'avait pas revue. Je chargeai cette femme de reproches, qu'elle écouta de l'air le plus insolent et le plus insensible ; car c'est l'une des qualités qui la distinguent que, violente et féroce comme elle l'est en tant de circonstances, il en est d'autres où elle montre le calme le plus imperturbable. Je la menaçai de la justice ; elle dit que, plus qu'elle encore, j'avais à craindre la justice. Je sentis qu'elle disait vrai, et je fus réduit au silence. Je m'éloignai d'elle plein d'indignation, et je chargeai un camarade de faire, aux environs de Saint-Léonard, des recherches sur votre sœur ; mais, avant d'avoir reçu sa réponse, la perquisition ouverte par un limier qui avait bon flair me chassa du voisinage d'Édimbourg en une retraite plus sûre et plus éloignée. Un émissaire secret et fidèle m'apporta enfin le récit de la condamnation de Porteous et de l'emprisonnement de votre sœur sous l'accusation de crime, foudroyant une de mes oreilles en même temps qu'il faisait plaisir à l'autre.

« Je m'aventurai de nouveau jusqu'aux terrains de chasse ; de nouveau, j'accusai Murdockson de trahison envers la pauvre Effie et son enfant, sans pouvoir en trouver d'autre raison que la volonté de s'approprier tout l'argent que je lui avais remis. Votre récit jette la lumière sur ce point ; il en montre un autre motif, moins apparent au premier regard mais non moins puissant, le désir d'assouvir sa vengeance sur le séducteur de sa fille, le destructeur, à la fois, de sa raison et de son honneur. Au lieu de la vengeance qu'elle a choisie, que ne m'a-t-elle livré, grand Dieu ! à la corde du gibet !

— Quelles explications cette femme coupable vous a-t-elle données sur Effie et sur son enfant ? » répliqua Jeanie, qui, durant cette narration longue et émouvante, eut assez de fermeté et de discernement pour retenir les points qui pourraient jeter la lumière sur les infortunes de sa sœur.

« Elle n'a voulu en donner aucune, » dit Staunton ; « elle a dit que la mère s'enfuit, la nuit, de la maison, avec l'enfant dans ses bras ; qu'elle n'a jamais vu depuis ni l'un ni l'autre ; qu'autant qu'elle en pouvait savoir, la jeune fille avait dû jeter l'enfant soit dans le Loch du nord, soit dans les carrières, et qu'il était fort probable qu'elle l'avait fait.

— Comment êtes-vous arrivé à savoir, » dit Jeanie toute tremblante, « que cette femme, hélas ! n'avait pas dit la vérité ?

— Parce qu'en cette seconde occasion, j'ai vu sa fille, et j'ai compris, d'après ce qu'elle m'a indiqué, qu'en réalité l'enfant avait été écarté ou détruit durant la maladie de la mère. Mais tout ce qu'on peut tirer d'elle est si incertain et si incomplet que je n'en ai pu savoir davantage. Le caractère diabolique de la vieille Murdockson me fait augurer tout ce qu'il y a de plus mauvais.

— La dernière indication s'accorde avec celle de ma pauvre sœur, » dit Jeanie ; « mais continuez, Monsieur, votre récit.

— Ce dont je suis certain, » dit Staunton, « c'est qu'Effie, en possession de sa raison, et jouissant de sa connaissance, n'a jamais fait de mal à une créature vivante. Mais que pouvais-je faire pour la disculper? Rien. Toutes mes pensées étaient tournées vers sa délivrance. J'étais sous la nécessité cruelle de cacher mes sentiments envers Murdockson ; ma vie était dans les mains de cette femme. Ma vie, je n'y tenais guère, mais c'était d'elle que dépendait la vie de votre sœur. Je donnai de belles paroles à la scélérate ; j'eus l'air de me fier à elle ; et elle m'a donné, pour ce qui me concernait personnellement, les preuves d'une fidélité extraordinaire. J'étais indécis, d'abord, sur les mesures que je devais adopter pour délivrer votre sœur, lorsque la rage universelle qu'excita parmi les citoyens d'Édimbourg le sursis accordé à Porteous, me suggéra l'audacieuse idée de forcer la prison, et d'arriver à la fois à arracher votre sœur aux griffes de la loi, et à infliger un juste châtiment au mécréant qui, même à l'heure de la mort, avait torturé l'infortuné Wilson, comme si ç'avait été un sauvage Indien fait prisonnier par une tribu ennemie. Je me précipitai au sein de la multitude dans le moment de fermentation ; ainsi firent également d'autres camarades de Wilson, frustrés comme moi de l'espoir de repaître leurs yeux de l'exécution de Porteous. Tout fut organisé, et je fus choisi pour capitaine. Je ne sentais pas, je ne sens pas encore aujourd'hui, de remords pour ce qu'il s'agissait de faire, pour ce qui a été depuis exécuté.

— Dieu vous pardonne, Monsieur, et vous donne un sentiment plus vrai des voies que vous devez suivre ! » s'écria Jeanie, remplie d'horreur à l'aveu d'aussi violentes pensées.

« *Amen*, » répéta Staunton, « si ce que je pense est faux. Mais j'ajoute que, bien que prêt à participer à cet acte, j'aurais souhaité qu'on choisît un autre chef ; car je prévoyais que le grand et le principal devoir que cette nuit-là demanderait, m'empêcherait de donner à Effie l'aide que j'avais en vue. Je chargeai un ami fidèle de la mener en lieu sûr aussitôt que la procession fatale aurait quitté la prison. Mais ni la persuasion dont j'essayai dans la précipitation du moment, ni celle dont usa plus longtemps mon camarade après que la foule eut pris une direction différente, ne purent déterminer la malheureuse à quitter la prison. Les raisonnements de mon camarade furent tous perdus par le fol entêtement de la victime ; il fut obligé de la quitter pour pourvoir à sa propre sûreté. Voilà ce qu'il m'a dit ;

mais il a, peut-être, persévéré moins fermement dans ses efforts que je ne l'aurais fait moi-même.

— Effie a eu raison de rester, » dit Jeanie; « et je l'en aime mieux pour cela.

— Pourquoi parler ainsi? » dit Staunton.

« Vous ne sauriez comprendre mes raisons, Monsieur, si je vous les donnais, » répondit Jeanie d'un ton calme; « ceux qui ont soif du sang de leurs ennemis n'ont pas de goût pour ce qui ne touche qu'à l'éternité.

— Mes espérances, » dit Staunton, « étaient donc une seconde fois trompées. Mes efforts tendirent alors à chercher, par votre moyen, à la conduire le mieux possible dans son procès. Combien je vous ai pressée, et en quel lieu, vous ne sauriez l'avoir oublié. Je ne vous blâme pas de ce refus; il avait pour fondement vos principes, j'en suis convaincu, et non de l'indifférence sur le destin de votre sœur. J'étais hors de moi; je ne savais de quel côté me tourner; tous mes efforts étaient infructueux. En cette condition, serré de près de toutes parts, je songeai à ce qu'on pourrait faire par ma famille, en usant de son influence. Je m'enfuis d'Écosse; je vins ici. Mon accablement et mon malheur obtinrent pour moi le pardon qu'un père trouve dur de refuser, même au fils qui le mérite le moins. Et j'ai attendu ici, dans d'inexprimables angoisses, l'issue du procès de votre sœur.

— Sans rien faire pour l'aider? » dit Jeanie.

« Jusqu'à la fin, j'ai espéré que son affaire se terminerait plus heureusement; et il n'y a que deux jours que la fatale nouvelle m'est parvenue. Ma résolution fut prise à l'instant. Je montai mon meilleur cheval à dessein de me rendre à Londres le plus vite qu'il serait possible, d'y conclure, pour le salut de votre sœur, un arrangement avec sir Robert Walpole, lui livrant, en la personne de l'héritier de la famille de Willingham, le célèbre Georges Robertson, le complice de Wilson, l'envahisseur de la Tolbooth, le chef de l'insurrection de Porteous.

— Cela aurait-il sauvé ma sœur? » dit Jeanie d'un air étonné.

« Oui, de la façon dont j'aurais conduit mon marché, » dit Staunton. « Les reines sont comme leurs sujets; elles aiment la vengeance. Si peu que vous estimiez ce sentiment, c'est un poison qui plaît à tous les gosiers, depuis celui du prince jusqu'à celui du paysan. Les premiers ministres aiment aussi à satisfaire leurs souverains en satisfaisant les passions que, personnellement, ils ressentent. La vie d'une obscure villageoise, qu'est-ce que cela? Pour mettre aux pieds de Sa Majesté le chef d'une conspiration aussi insolente, j'aurais pu demander le plus beau de tous les joyaux de la couronne, avec certitude d'en être gratifié. Tous mes autres plans ont manqué, celui-ci ne pouvait faillir. Mais le ciel est juste, et n'a pas voulu m'accorder l'honneur de cette expiation volontaire. Je n'avais pas fait dix milles que mon cheval, la meilleure bête, le pied le plus sûr du pays, tomba avec moi sur la route la plus unie, comme s'il eût été frappé d'un boulet de canon. Je fus gravement blessé, et ramené ici dans l'état dans lequel vous me voyez à présent. »

Au moment où le jeune Staunton achevait son récit, le domestique ouvrit la porte, et, d'une voix qui ressemblait plus à un signal qu'à l'annonce d'une visite, dit ces mots : « Sa Révérence, Monsieur, monte l'escalier pour venir vous voir.

— Pour l'amour de Dieu, Jeanie, » s'écria Staunton, « cachez-vous dans ce cabinet de toilette!

— Non, Monsieur, » dit Jeanie ; « n'étant venue ici pour rien de mal, je ne m'infligerai pas la honte de me cacher du maître de la maison.

— Au nom du ciel! » s'écria Georges Staunton, « songez donc... »

Avant qu'il ne pût achever la phrase, son père entrait dans la chambre.

CHAPITRE XXXIII.

> Le pardon, aujourd'hui, les bons soins, la tendresse
> Du vice pourront-ils retirer sa jeunesse?
> L'honneur et le devoir vont-ils reconquérir
> Celui que vers le mal on avait vu courir?
>
> CRABBE.

EANIE se leva de son siège, et fit tranquillement la révérence lorsque M. Staunton père entra. L'étonnement de celui-ci fut extrême en trouvant son fils en cette compagnie.

« Je m'aperçois, Madame, que je me suis mépris à votre sujet, et que j'aurais dû laisser la tâche de vous interroger et de faire droit à vos réclamations, à ce jeune homme, que vous avez sans doute déjà connu.

— Je suis ici, » dit Jeanie, « sans avoir su près de qui j'entrais. Le domestique m'a dit que son maître voulait me parler.

— C'est sur moi que cela va retomber, » murmura Thomas. « Maudite femme, de vouloir dire la vérité, quand elle aurait aussi bien pu dire tout ce qui lui serait venu en tête.

— Georges, » dit M. Staunton, « si vous avez perdu le respect de vous-même (ce qui est vrai depuis trop longtemps), vous auriez pu, du moins, épargner à votre père, et à la maison de votre père, une scène aussi fâcheuse que celle-ci.

— Sur ma vie, mon père, sur mon âme! » dit Georges, jetant les pieds hors du lit, et se dressant sur son séant.

« Votre vie, Monsieur! » interrompit le père, avec tristesse et sévérité. « Quelle vie avez-vous menée? Votre âme, hélas! quels égards avez-vous eus pour elle? Réformez-les toutes deux, avant d'en faire les témoins de votre sincérité.

— Sur mon honneur, mon père, vous me faites tort, » répondit Georges Staunton; « j'ai été tout ce qu'il y a de plus mauvais, mais, à l'heure présente, vous n'êtes pas juste envers moi. Je le déclare sur l'honneur!

— Sur l'honneur! » dit le père. Son regard se détourna de Georges, d'un air de reproche et de mépris, pour se porter vers Jeanie. « Jeune femme, » dit-il, « je ne demande et n'attends de vous aucune explication; mais, comme père et comme ecclésiastique, je vous enjoins de sortir de cette maison. Si votre histoire romanesque a été autre chose qu'un prétexte pour vous faire admettre ici (ce que me permet de soupçonner la société dans laquelle vous vous y êtes présentée), vous trouverez, à deux milles d'ici, un juge de paix à qui, plus convenablement qu'à moi, vous pourrez porter vos plaintes.

— Il n'en sera pas ainsi, » dit Georges Staunton, se mettant debout. « Mon père, vous êtes naturellement bon et humain; vous ne deviendrez pas, à cause de moi, cruel et inhospitalier. Faites sortir ce maraud qui nous écoute, » dit-il en montrant Thomas; « veuillez me donner de la corne de cerf ou telle autre recette meilleure contre l'évanouissement, et je vous expliquerai en deux mots quels rapports il y a entre cette jeune femme et moi. Il ne faut pas qu'elle perde, par ma faute, le bénéfice d'une honorabilité parfaite. Je n'ai déjà fait que trop de mal à sa famille, et je sais trop ce que c'est que de perdre sa réputation.

— Sortez, Thomas, » dit le recteur; et, lorsque le domestique eut obéi, il ferma la porte avec soin. Puis, s'adressant à son fils, il lui dit d'un ton sévère : « Quelle nouvelle preuve de votre infamie, Monsieur, avez-vous à me donner? »

Le jeune Staunton allait parler; mais ce fut l'un de ces moments où les caractères qui, comme Jeanie Deans, possèdent un ferme courage et un véritable sang-froid, savent se montrer supérieurs à des esprits plus ardents mais moins arrêtés.

« Monsieur, » dit-elle à Staunton père, « vous avez droit, sans aucun doute, de demander à votre fils qu'il rende compte de sa conduite. Mais, moi, je ne suis qu'une voyageuse de passage, qui n'a envers vous ni obligation ni dette, sauf pour le repas qui, dans mon pays, est donné de bon cœur par le riche ou par le pauvre, selon ses moyens, à quiconque en a besoin. Je serais prête, d'ailleurs, à le payer, si je ne pensais que ce fût un affront d'offrir de l'argent dans une maison comme celle-ci. Excusez-moi si j'ignore les usages du pays.

— Tout cela est fort bien, jeune femme, » dit le recteur, assez surpris, et ne pouvant deviner s'il fallait imputer le langage de Jeanie à la simplicité ou à l'impertinence; « tout cela peut être fort bien; mais j'ai une observation à faire. Pourquoi arrêter ce jeune homme quand il allait parler? Pourquoi l'empêcher de fournir à son père, le meilleur ami qu'il ait au monde, l'explication (prétend-il) de circonstances qui, par elles-mêmes, semblent appeler le soupçon?

— Il dira ce qu'il voudra de ses affaires personnelles, » répondit Jeanie; « mais ma famille et mes amis ont le droit qu'on ne raconte pas, sans leur désir exprès, des histoires sur leur compte ; et, comme ils ne sont pas ici pour dire si cela leur convient ou non, je vous prie de ne pas faire à M. Georges Rob..., je veux dire Staunton (peu importe le nom), des questions sur moi ou sur les miens. Je prends la liberté de vous dire qu'il ne se conduira ni comme un chrétien ni comme un gentilhomme, s'il vous répond contrairement à ma volonté formelle.

— C'est la chose la plus extraordinaire que j'aie jamais rencontrée, » dit le recteur, lorsqu'après avoir fixé, d'un œil perçant, le visage calme et modeste de Jeanie, il tourna soudain les regards vers son fils. « Qu'avez-vous à dire, Monsieur?

— Que, je le sens, mon père, j'ai été trop prompt dans ma promesse, » répondit Georges Staunton; « je n'ai pas qualité pour faire des communications sur les affaires et la famille de cette jeune femme si elle ne m'y autorise. »

M. Staunton père tourna ses regards de l'un à l'autre d'un air de surprise.

« Cela est plus grave, et pire encore, je le crains, » dit-il en s'adressant à son fils, « qu'aucune de vos liaisons multipliées et malheureuses. J'insiste pour connaître ce mystère.

— J'ai déjà dit, mon père, » répliqua le fils, dont l'humeur s'assombrissait, « que je n'ai pas le droit de parler des affaires de famille de cette jeune femme sans son consentement.

— Et moi, Monsieur, » dit Jeanie, « je n'ai pas de mystères à expliquer; je vous prie seulement, comme prédicateur de l'Évangile et comme gentilhomme, de me permettre d'aller en sûreté jusqu'à la prochaine auberge sur la route de Londres.

— Je veillerai à votre sûreté, » dit le jeune Staunton; « vous n'avez à demander cette faveur à personne.

— Osez-vous parler ainsi devant moi? » dit le père justement offensé. « Peut-être voulez-vous combler, Monsieur, la coupe de la désobéissance et de l'inconduite en formant un mariage vil et dégradant? Je vous avertis d'y prendre garde.

— Si vous craigniez, Monsieur, que rien de semblable arrivât à cause de moi, » dit Jeanie, « je n'ai qu'une chose à vous dire, c'est que, m'offrît-on toute la terre qui sépare les deux bouts de l'arc-en-ciel, je ne consentirais pas à épouser votre fils.

— Il y a quelque chose de bien singulier dans tout ceci, » dit M. Staunton; « suivez-moi, jeune femme, dans la pièce voisine.

— Écoutez-moi d'abord, » dit le jeune homme, « je n'ai qu'un mot à vous dire. Je me fie entièrement à votre prudence; dites-en beaucoup à mon père, dites-en peu, il n'en saura de moi ni plus ni moins. »

Son père lui lança un regard indigné, qui s'adoucit et devint de la douleur, lorsqu'il vit le jeune homme s'affaisser sur le lit, épuisé par la scène qui venait de se passer. M. Staunton quitta la chambre, Jeanie le suivit; Georges, se redressant sur son séant au moment où elle traversait la porte, prononça ces mots : « Souvenez-vous! » du même ton d'avertissement que Charles Ier sur l'échafaud. M. Staunton entra dans un petit salon, et ferma la porte.

« Jeune femme, » dit-il, « il y a quelque chose, dans votre air et dans votre visage, qui marque à la fois le bon sens et la simplicité, et, si je ne me trompe aussi, l'innocence. S'il en était autrement, vous seriez l'hypocrite la plus accomplie que j'aie jamais vue. Je ne demande pas à savoir des secrets que vous ne voudriez pas divulguer, et, moins que tous autres, ceux qui concernent mon fils. Sa conduite m'a donné trop de chagrin, pour me permettre d'espérer de lui consolation ou joie. Si vous êtes telle que je suppose, croyez-moi, quelles que soient les circonstances malheureuses qui ont établi des liens entre Georges Staunton et vous, plus tôt vous les briserez, mieux vous ferez.

— Je crois vous comprendre, Monsieur, » répliqua Jeanie ; « et, puisque vous êtes assez franc pour parler ainsi de votre fils ; je vous dirai que ce n'est que la seconde fois de notre vie que nous nous parlons, et ce que j'ai entendu de sa bouche, en ces deux occasions, a été tel, que je ne souhaite plus avoir jamais à entendre de pareilles choses.

— C'est donc bien votre intention, » dit le recteur, « de quitter ce pays et d'aller à Londres?

— Certainement, Monsieur ; car, dans un sens, je puis dire que le vengeur du sang est derrière moi. Et, si j'étais seulement garantie, sur ma route, contre les mauvais desseins...

— Je me suis enquis, » dit l'ecclésiastique, « des gens suspects dont vous avez parlé. Ils ont quitté leur lieu de rendez-vous ; mais, comme ils peuvent rôder dans le voisinage, et que vous dites avoir des raisons particulières de craindre une violence de leur part, je vous mettrai sous la garde d'une personne sûre, qui vous protégera jusqu'à Stamford, et vous mettra dans un carrosse rapide, qui va de là à Londres.

— Un carrosse n'est pas fait pour des gens comme moi, » dit Jeanie, qui n'avait pas la moindre notion des carrosses publics employés pour les voyages, dont on ne faisait usage, en ces temps-là, que dans le voisinage de Londres.

M. Staunton lui expliqua en peu de mots qu'elle trouverait là un moyen de transport plus commode, meilleur marché et plus sûr qu'en voyageant à cheval. Elle lui exprima sa reconnaissance avec tant de simplicité, qu'il en vint à lui demander si elle manquait des moyens pécuniaires pour poursuivre son voyage. Elle le remercia, mais dit qu'elle avait assez d'argent pour ce qu'elle se proposait de faire ; et, en effet, elle avait ménagé son avoir avec un grand soin. Cette réponse servit aussi à écarter des doutes, qui, assez naturellement, flottaient encore dans l'esprit de M. Staunton, au sujet du caractère et du véritable dessein de cette femme, et lui montra qu'à supposer que ce fût un imposteur, l'argent n'entrait pas, du moins, dans les tromperies qu'elle pouvait méditer. Il lui demanda ensuite dans quelle partie de la capitale elle comptait aller.

« Chez une marchande très convenable, une de mes cousines, une Mistress Glass, qui vend du tabac à priser et à fumer, à l'enseigne du Chardon ; à quel endroit de la ville ? je n'en sais rien. »

Jeanie donnait ce renseignement, persuadée qu'une parenté aussi respectable l'élèverait aux yeux de M. Staunton. Elle fut fort surprise de sa réponse.

« Cette femme, ma pauvre fille, est-elle votre seule connaissance à Londres ? Et n'en savez-vous pas plus long sur le moyen de la trouver ?

— Indépendamment de Mistress Glass, j'ai dessein de voir le duc d'Argyle, » dit Jeanie ; « et, si Votre Honneur pense qu'il soit mieux d'y aller en premier, et de me faire indiquer par l'un des domestiques de Sa Grâce la boutique de ma cousine...

— Connaissez-vous quelqu'un des gens du duc d'Argyle ? » dit le recteur.

« Non, Monsieur.

— Il faut que sa cervelle soit un peu malade, » pensa-t-il, « pour qu'elle puisse compter sur de pareilles introductions. Je ne vous demande pas, » dit-il tout haut, « la cause de votre voyage, et je ne suis pas à même, en conséquence, de vous donner avis sur la façon de le conduire. Mais la maîtresse de la maison où s'arrête le carrosse public est une personne respectable, et, comme je fais quelquefois usage de sa maison, je vous donnerai pour elle une recommandation. »

Jeanie le remercia de sa bonté le plus poliment qu'elle put, et dit « qu'avec l'aide de Son Honneur, et celle de la digne Mistress Bickerton, qui tient, à York, l'auberge des Sept Étoiles, elle ne doutait pas qu'elle ne fût, à Londres, parfaitement promenée. »

— Votre désir donc, je présume, » dit M. Staunton, « est de partir sur-le-champ.

— Si j'avais été dans une auberge, Monsieur, ou dans un lieu où l'on pût se reposer convenablement, je n'aurais pas osé employer le jour du Seigneur à voyager ; mais comme j'accomplis un voyage de miséricorde, le faire, je crois, ne me sera pas imputé à mal. »

— Vous pouvez ce soir, si vous le préférez, rester avec Mistress Dalton ; mais je désire que vous n'ayez plus d'autre correspondance avec mon fils, qui n'est pas le conseiller qu'il faut pour une personne de votre âge, quels que puissent être vos embarras.

— Votre Honneur a bien raison, » dit Jeanie ; « ce n'était pas de mon gré que je parlais avec lui, et, tout en ne souhaitant que du bien à ce jeune monsieur, je ne souhaite plus de l'avoir jamais devant les yeux.

— Si cela vous convient, » ajouta le recteur, « comme vous paraissez avoir des dispositions d'esprit sérieuses, vous pourrez assister ce soir, dans la salle, aux dévotions de famille.

— Je remercie Votre Honneur, » dit Jeanie ; « mais je doute que ma présence y pût être bien édifiante.

— Quoi ! » dit le recteur ; « si jeune, et assez malheureuse déjà pour avoir des doutes sur les devoirs de la religion !

— Dieu m'en garde, Monsieur, » répliqua Jeanie ; « ce n'est pas pour cela. J'ai été élevée dans la foi des restes souffrants de la doctrine presbytérienne d'Écosse, et le doute que j'ai, c'est de savoir si je puis légitimement participer à des prières faites de la façon que vous pratiquez, vu qu'il a été rendu témoignage contre ces pratiques par plusieurs âmes saintes de notre Église, et spécialement par mon respectable père.

— Ma bonne fille, » dit en souriant le recteur, « loin de moi la pensée d'imposer à votre conscience la moindre contrainte ; souvenez-vous, cependant, que la même grâce divine dispense ses eaux non pas seulement à l'Écosse, mais encore à d'autres royaumes. Aussi nécessaires à nos besoins spirituels que l'eau matérielle à nos besoins d'ici-bas, les sources de grâce, différentes de caractère, mais pareilles en vertu, se rencontrent en abondance par tout le monde chrétien.

— Cependant, » dit Jeanie, « bien que les eaux soient pareilles, avec la permission de Votre Honneur, la bénédiction sur elles peut ne pas être la même. En vain Naaman, le lépreux syrien, se serait-il baigné dans les rivières de Damas, Pharpar et Abana, lorsque les eaux seules du Jourdain étaient sanctifiées pour sa guérison.

— Bien, » dit le recteur, « nous n'entrerons pas, quant à présent, dans le grand débat entre nos Églises nationales. Nous essaierons seulement de vous montrer que, du moins, au milieu de nos erreurs, nous conservons la charité chrétienne, et le désir d'aider nos frères. »

Il fit mander alors Mistress Dalton, confia Jeanie à ses soins particuliers, lui recommanda de la bien traiter, et donna l'assurance que le lendemain matin, de bonne heure, un guide fidèle et un bon cheval seraient prêts pour conduire la voyageuse à Stamford. Il prit alors congé d'elle, d'un air grave, digne, et bienveillant toutefois, lui souhaitant plein succès pour ce qui faisait l'objet de son voyage, dont le but, il n'en doutait pas, devait être louable, à en juger par la pureté de sentiments qu'elle avait montrée dans sa conversation.

La femme de charge conduisit de nouveau Jeanie dans sa chambre. Mais la soirée ne devait pas se passer sans d'autres ennuis de la part de Georges Staunton. Un papier fut glissé dans la main de Jeanie par le fidèle Thomas ; ce papier contenait le désir, ou plutôt la volonté qu'avait le jeune maître de la voir sur-le-champ, et l'assurait qu'il avait pris ses mesures pour ne pas être dérangé.

« Dites à M. Georges Staunton, » dit tout haut Jeanie, sans égard pour les œillades et les signes par lesquels Thomas tâchait de lui faire comprendre que Mistress Dalton n'avait pas à entrer dans le secret de la correspondance, « que j'ai promis au père de ne plus voir le fils.

— Thomas, » dit Mistress Dalton, « je pense qu'avec l'habit que vous portez, et dans la maison où vous vivez, vous devriez avoir un emploi plus honorable que de remettre les messages de votre jeune maître aux filles qui se trouvent passer dans la maison.

— Quant à cela, Mistress Dalton, je suis au service pour porter les lettres, et pas pour demander ce qu'il y a dedans ; ce n'est pas à moi de refuser d'obéir aux ordres de mon jeune maître, quand ils laisseraient un peu à désirer. A supposer qu'on voulût faire du mal, vous voyez qu'on n'en fait pas.

— C'est égal, » dit Mistress Dalton ; « je vous avertis bel et bien,

Thomas Ditton, que, si je vous y reprends, Sa Révérence vous chassera de la maison. »

Thomas se retira, tête basse et fort déconfit. Le reste de la soirée se passa sans rien qui soit digne d'être remarqué.

Après les périls et les fatigues du jour précédent, Jeanie goûta avec satisfaction et reconnaissance les charmes d'un bon lit et d'un bon sommeil. Telle était sa lassitude qu'elle dormit profondément jusqu'à six heures, où elle fut réveillée par Mistress Dalton, qui lui apprit que le guide et le cheval étaient arrivés et l'attendaient. Elle se leva à la hâte, et, après ses dévotions du matin, fut bientôt prête à reprendre son voyage. Les soins maternels de la femme de charge avaient préparé un déjeuner matinal; après en avoir pris la part qu'elle jugea convenable, Jeanie se trouva commodément assise sur un coussinet derrière un vigoureux paysan; du Lincolnshire, armé de pistolets pour la protéger contre les violences que l'on pourrait rencontrer.

Ils trottèrent en silence pendant un mille ou deux, par un chemin rural, qui les conduisit, le long des haies et des avenues à barrière, jusqu'à la grande route, un peu au delà de Grantham. Son écuyer, à la fin, lui demanda si son nom n'était pas Jeanne ou Jeannette Deans. Un peu surprise, elle répondit affirmativement. « Voici, alors, quelque chose qui vous concerne, » dit le paysan, en lui tendant un papier par-dessus son épaule gauche. « C'est de notre jeune maître, à ce que je crois, et tout le monde, à Willingham, aime à lui faire plaisir, par amitié ou par crainte; car, on aura beau dire, il finira par devenir le chef. »

Jeanie brisa le cachet du billet, qui lui était adressé, et lut ce qui suit.

« Vous refusez de me voir. Vous êtes choquée, je suppose, de mon caractère : puisque je me peins tel que je suis, vous me devriez confiance à cause de ma sincérité. Je ne suis pas, du moins, un hypocrite. Vous refusez cependant de me voir, et votre conduite peut être naturelle ; mais est-elle sage? J'ai exprimé mon désir de réparer les malheurs de votre sœur aux dépens de mon honneur, de celui de ma famille, de ma vie; et vous me trouvez trop dégradé pour être admis même à sacrifier, pour elle, ce qui me reste d'honneur, de réputation et de vie. Méprisez celui qui s'offre en sacrifice, la victime n'en est pas moins prête; il y a peut-être justice dans ce décret du ciel, qui m'interdit le triste honneur de paraître me présenter de mon plein gré au sacrifice. Vous avez repoussé mon concours; faites tout vous-même. Allez auprès du duc d'Argyle, et, lorsque d'autres arguments auront échoué, dites-lui qu'il est en votre pouvoir d'amener au châtiment mérité le plus actif des conspirateurs dans l'insurrection de Porteous. Il vous écoutera sur ce point, fût-il sourd à tout le reste. Faites vos conventions, car vous les ferez telles que vous les voudrez. Vous savez où l'on me trouvera; et vous pouvez être assurée que je ne chercherai pas le côté sombre de la colline, comme je l'ai fait au *cairn* de Muschat ; je n'ai pas l'intention de bouger de la maison où je suis né : comme le lièvre, je serai mis en pièces dans le gîte d'où je suis sorti. Je vous le répète : faites vos arrangements. Je n'ai pas à vous rappeler de demander la vie de votre sœur ; vous le ferez de vous-même. Mais stipulez pour vous des avantages ; demandez richesse et récompense ; place et revenu pour Butler ; demandez ce que bon vous semblera, et vous l'aurez, pour remettre aux mains du bourreau l'homme qui mérite si bien qu'un pareil office s'exerce sur lui ; l'homme qui, bien que jeune d'années, est riche de scélératesse, et dont le plus ardent désir est, après les orages d'une vie inquiète, de trouver le sommeil et le repos. »

Cette lettre extraordinaire était souscrite des initiales G. S.

Jeanie la relut une ou deux fois avec la plus grande attention. Le pas lent du cheval en suivant un chemin creux lui permit de le faire avec facilité.

Après avoir bien pris communication du billet, son premier soin fut de le déchirer en morceaux aussi petits que possible, et de disperser ces morceaux en l'air, un petit nombre à la fois, de façon qu'un document contenant un secret aussi périlleux ne tombât aux mains d'aucun autre.

La question de savoir jusqu'à quel point elle aurait le droit de sauver la vie de sa sœur en sacrifiant celle d'une personne coupable envers l'État mais non envers elle, était un sujet de réflexions délicat et pénible. Dans un sens, dénoncer le crime de Staunton, cause des erreurs et des infortunes de sa sœur, semblait un acte juste et providentiel. Mais Jeanie, avec la moralité stricte et sévère dans laquelle elle avait été élevée, n'avait pas à considérer seulement l'aspect général sous lequel l'action se présentait ; elle devait en apprécier la justice et la bienséance au point de vue de celui qui l'accomplirait, avant d'être, suivant son expression, libre de s'y engager. Quel droit avait-elle de troquer l'une contre l'autre les vies de Staunton et d'Effie, et de sacrifier l'une à la sûreté de l'autre ? Le crime de cet homme, le crime dont il était responsable devant la loi, était un crime contre l'ordre public, et non contre elle.

Il ne lui semblait pas non plus (bien qu'elle se révoltât à l'idée d'user de violence à l'égard de qui que ce soit), que la part qu'il avait prise à la mort de Porteous eût le caractère d'un meurtre ordinaire, contre l'auteur duquel chacun est appelé à prêter aide au magistrat. Cette action violente se mêlait à bien des circonstances, qui, aux yeux des personnes de la condition de Jeanie, si elles ne lui ôtaient pas tout à fait le caractère du crime, en adoucissaient du moins les traits les plus odieux. Le désir qu'avait le gouvernement de faire condamner quelques-uns des coupables, n'avait servi qu'à grossir l'opinion générale qui liait l'acte en question, quelque violent et irrégulier qu'il fût, avec l'idée de l'ancienne indépendance nationale. Les mesures rigoureuses adoptées ou proposées contre la cité d'Édimbourg, la métropole antique de l'Écosse, la mesure impopulaire et peu judicieuse par laquelle on avait prétendu forcer le clergé écossais, contrairement à ses principes et à son sentiment du devoir, à publier du haut de la chaire la récompense offerte pour la découverte des auteurs du meurtre, avaient produit sur les esprits des effets tout opposés à ceux qu'on avait eus en vue. Jeanie avait la conscience que quiconque, dans quelque intention que ce fût, fournirait des informations au sujet de cet événement, passerait pour avoir commis un acte de trahison contre l'indépendance de l'Écosse. Au fanatisme des presbytériens écossais s'était toujours mêlé une lueur de sentiment national, et Jeanie tremblait à l'idée de voir son nom transmis à la postérité avec celui du perfide Monteath et d'un ou deux autres qui, pour avoir déserté et trahi la cause de leur pays, sont voués, parmi les habitants des campagnes, à un perpétuel souvenir d'exécration. Abandonner une fois encore, cependant, la vie d'Effie, lorsqu'un mot pourrait la sauver, était pour son cœur une oppression bien cruelle.

« Que le Seigneur me soutienne et me dirige! » dit Jeanie; « ce semble être sa volonté de m'éprouver par des difficultés beaucoup au-dessus de mes forces. »

Tandis que cette pensée traversait l'esprit de Jeanie, son guide, que le silence ennuyait, commençait à devenir communicatif. Il avait l'air d'un paysan honnête et sensé; mais, sans plus de délicatesse et de tact que n'en ont d'ordinaire les personnes de sa condition, il choisit, tout naturellement, la famille de Willingham pour sujet de conversation. Jeanie apprit de cet homme plusieurs particularités qu'elle avait ignorées jusque-là, et que nous résumerons brièvement pour l'instruction du lecteur.

Le père de Georges Staunton avait été militaire, et, durant son service dans les Indes Occidentales, avait épousé l'héritière d'un riche planteur. De sa femme il n'avait eu qu'un enfant, Georges Staunton, l'infortuné jeune homme si souvent mentionné dans ce récit. Georges passa la première partie de sa jeunesse sous la conduite d'une mère qui le gâtait, en société d'esclaves nègres qui s'étudiaient à contenter tous ses caprices. Le père était un homme de mérite et de sens ; mais comme, seul de tous les officiers de son régiment, il avait conservé une santé passable, son service l'occupait beaucoup. Mistress Staunton était belle, attachée à ses idées, et de santé délicate ; il était donc difficile pour un homme affectueux, humain, et paisible de sa nature, de combattre en elle la trop grande indulgence qu'elle avait pour un enfant unique. Ce que fit M. Staunton pour contrebalancer les effets funestes du système de sa femme, ne servit qu'à rendre ce système plus pernicieux encore, car toute la contrainte qu'imposait au jeune garçon la présence de son père, était contrebalancée par une triple dose d'indépendance dès que celui-ci était absent. Si bien que Georges Staunton prit, dès son enfance, l'habitude de regarder son père comme un censeur rigide, de la sévérité duquel il était désireux de s'affranchir aussitôt et aussi complètement qu'il serait possible.

Lorsqu'il eut environ dix ans, et que son esprit eut reçu toutes les semences des herbes du mal qui devaient croître si rapidement plus tard, sa mère mourut, et le père, au désespoir, retourna en Angleterre. Pour mettre le comble à son imprudence et à son inexcusable faiblesse, la mère s'était efforcée de mettre une partie considérable de sa fortune à la disposition et sous le contrôle exclusif de son fils ; grâce à ces arrangements, Georges Staunton ne demeura pas longtemps en Angleterre sans apprendre l'indépendance et le moyen d'en abuser. Son père avait tâché de rectifier les défauts de son éducation en le mettant dans une institution bien réglée. Quoique Georges montrât de l'intelligence pour s'instruire, ses habitudes indisciplinées devinrent intolérables pour ses maîtres. Il trouva le moyen (trop facile pour les jeunes gens qui ont devant eux ce que l'on appelle des espérances) de se procurer assez d'argent pour commencer, dès l'adolescence, les sottises et les folies d'un âge un peu plus avancé, et, grâce à ces exploits, il fut rendu à son père comme un garçon dangereux, capable par son mauvais exemple d'en ruiner cent.

M. Staunton, dont l'esprit, depuis la mort de sa femme, s'était empreint d'une tristesse que la conduite de son fils n'était pas faite pour chasser, était entré dans les ordres, et son frère, sir Guillaume Staunton, l'avait mis en possession du bénéfice de famille de Willingham. Ce revenu était important pour lui, car il ne retirait que peu d'avantage de l'avoir de sa défunte femme ; et sa fortune propre n'était que celle d'un cadet.

Il prit son fils chez lui dans le rectorat ; mais il s'aperçut bientôt que les désordres du jeune homme en faisaient un hôte intolérable. Comme les jeunes gens de son rang ne voulaient pas s'arranger des insolences d'un créole trop fier de sa bourse, celui-ci se laissa prendre du goût de la société mauvaise

> Qui pousse vers la mort, le fouet et la potence.

Le père le fit voyager à l'étranger, mais il n'en revint que plus indomptable et plus débauché qu'auparavant. L'infortuné jeune homme ne manquait pas, il est vrai, de quelques bonnes qualités. Il avait l'esprit vif, un bon caractère, des élans de générosité, des manières qui, lorsqu'il s'en donnait la peine, le mettaient à sa place dans la société. Mais tout cela ne servait à rien. Il connaissait si bien le *turf*, la table de jeu, les combats de coqs, et maint pire rendez-vous de dissipation et de folie, que la fortune de sa mère fut dépensée avant qu'il n'eût vingt et un ans, et qu'il se trouva bientôt dans les dettes et les embarras. L'histoire de sa jeunesse peut se résumer en ces paroles de notre Juvénal anglais, décrivant un caractère du même genre :

> Lui seul va désormais diriger sa carrière ;
> Le reproche est blessant, la vérité sévère.
> L'âme malade touche à l'instant solennel :
> Il dédaignait, il fuit le foyer paternel ;

Et, lorsqu'en vagabond il a choisi de vivre,
S'enfonçant dans l'abîme, il croit qu'il se délivre,
Et, drapé dans les plis de son indignité,
Il se dit fièrement : J'aurai la liberté !

« Cela fait pitié de la part de M. Georges, » dit le brave homme en terminant, « car il a la main large, et ne laissera pas un pauvre dans le besoin les jours où il a de quoi. »

La générosité prodigue, dont le vulgaire recueille le plus directement les avantages, est, à ses yeux, une vertu dont il fait volontiers le manteau de bien des péchés.

Notre héroïne fut déposée saine et sauve à Stamford par son guide communicatif. Elle obtint une place dans le carrosse, qui, bien qu'on l'appelât *rapide*, et qu'il ne fût pas attelé de moins de six chevaux, n'arriva à Londres que dans l'après-midi du second jour. La recommandation de M. Staunton procura à Jeanie une réception convenable à l'auberge où s'arrêtait le carrosse, et, par le secours du correspondant de Mistress Bickerton, elle découvrit son amie et parente Mistress Glass, de qui elle fut bien reçue et traitée de façon hospitalière.

CHAPITRE XXXIV.

Je me nomme Argyle, et (notez ce point)
Je vis à la cour et ne change point.
Ballade.

PEU de noms dans l'histoire d'Écosse, méritent, durant cette période, une mention plus honorable, que celui de Jean, duc d'Argyle et de Greenwich. Ses talents comme homme d'État et comme homme de guerre ont été reconnus de tous ; il n'était pas sans ambition, mais il n'avait pas « la fièvre qui l'accompagne, » il n'avait pas cette irrégularité de pensée et de but qui pousse souvent les grands hommes, dans certaines positions (et la sienne était tout exceptionnelle), à saisir les moyens de s'élever au pouvoir, au risque de précipiter un royaume dans la confusion. Pope l'a peint en ces mots :

> Argyle, né pour prendre en sa main le tonnerre,
> Pour conduire à la fois le sénat et la guerre.

Il était exempt des défauts ordinaires des hommes d'État, la fausseté et la dissimulation ; et de ceux des hommes de guerre, une soif violente et désordonnée d'agrandissement personnel.

L'Écosse, son pays, était, en ce temps-là, dans une situation précaire et incertaine. Elle était unie à l'Angleterre, mais le ciment n'avait pas eu le temps de prendre de la consistance. L'irritation née des anciens griefs subsistait encore, et entre la jalousie chatouilleuse des Écossais et le dédain impérieux des Anglais, des querelles arrivaient souvent, au cours desquelles la ligue nationale, si importante pour la sécurité des deux royaumes, était en grand danger de se dissoudre. L'Écosse avait, en outre, le désavantage d'être divisée en factions intestines, qui se haïssaient cruellement entre elles, et qui n'attendaient qu'un signal pour passer à l'action.

En de semblables circonstances, un autre homme, avec les talents et le rang d'Argyle, mais d'un esprit moins heureusement réglé, aurait cherché à s'élever dans le tourbillon et à en diriger la furie. Il choisit une conduite plus sûre et plus honorable.

S'élevant au-dessus des mesquines distinctions de parti, soit en place, soit dans l'opposition, il ne fit entendre sa voix que pour les mesures justes à la fois et conciliantes. Ses grands talents militaires le mirent à même de rendre à la maison de Hanovre, durant la mémorable année 1715, des services tels qu'ils étaient trop grands peut-être pour être jamais reconnus ou payés. Il avait également fait usage de toute son influence pour adoucir les conséquences de cette insurrection à l'égard des infortunés gentilshommes qu'une loyauté mal entendue avait engagés dans l'affaire, et il en fut récompensé, au plus haut degré, par l'estime et l'affection de son pays. La popularité dont il jouissait chez un peuple mécontent et guerrier, était faite pour appeler sur lui les méfiances de la cour, où le pouvoir d'être dangereux est souvent, par lui-même, une note fâcheuse, encore que la disposition à l'être ne s'y unisse point. En outre, la manière indépendante et un peu altière dont le duc d'Argyle s'exprimait dans le parlement, n'était pas ce qu'il fallait pour attirer la faveur royale. Il était donc respecté toujours, employé souvent, mais il n'était pas un favori de Georges II, de sa femme ou de ses ministres. A diverses époques de sa vie, le duc parut complètement en disgrâce à la cour, quoiqu'on pût à peine voir en lui un membre déclaré de l'opposition. Cela le rendit plus cher encore à l'Écosse, car c'était habituellement en défendant sa cause qu'il encourait le déplaisir du souverain ; et, en cette occasion même de l'émeute de Porteous, l'opposition animée et éloquente par lui faite aux mesures sévères qu'on était sur le point d'adopter contre la cité d'Édimbourg, fut d'autant mieux reçue dans cette métropole, qu'on savait que l'intervention du duc avait été considérée par la reine Caroline comme une offense personnelle.

Sa conduite en cette circonstance, comme celle de tous les membres écossais de la législature, sauf une ou deux exceptions fâcheuses, avait été fort courageuse. La tradition populaire concernant sa réponse à la reine Caroline, a été citée déjà, et quelques fragments de son discours contre le *bill* de Porteous sont encore dans les mémoires. Il rétorqua au chancelier, lord Hardwicke, l'insinuation de s'être posé, en cette affaire, plutôt comme une partie que comme un juge : « Je demande à la chambre, » dit Argyle, « à la nation, si l'on peut avec justice m'infliger la flétrissure d'être un homme d'intrigue ou de parti. Ai-je acheté des votes ou des bourgs? Suis-je un agent de corruption dans un but quelconque, pour quelque parti que ce puisse être? Considérez ma vie ; examinez mes actes, sur le champ de bataille ou dans les conseils, et cherchez-y quelle tache pourrait s'attaquer à mon honneur. Je me suis montré l'ami de mon pays, le loyal sujet de mon roi. Je suis prêt à l'être encore, sans me préoccuper un instant des dédains de la cour ou de ses sourires. Je les ai connus les uns et les autres, et je suis prêt à les accueillir encore avec indifférence. J'ai donné mes raisons pour m'opposer à ce *bill*, et j'ai prouvé qu'il répugne au traité international d'union, à la liberté de l'Écosse, et, par une action indirecte, à la liberté de l'Angleterre ; qu'il répugne à la justice, au sens commun, à l'intérêt public. Est-ce que la métropole d'Écosse, la capitale d'une nation indépendante, la résidence d'une longue suite de rois dont cette noble cité a été favorisée et honorée ; est-ce qu'une pareille ville, par la faute d'une bande d'émeutiers obscurs et inconnus, sera privée de ses honneurs et de ses privilèges, de ses portes et de ses gardes? Est-ce que, tranquillement, un fils de l'Écosse contemplera ce ravage? Je me fais gloire, Milords, de m'opposer à une rigueur aussi injuste, et je mets mon orgueil et mon honneur à défendre mon pays natal, lorsqu'on appelle ainsi contre lui une honte imméritée et des spoliations iniques. »

D'autres hommes d'État et d'autres orateurs, tant anglais qu'écossais, employèrent les mêmes arguments, le *bill* fut graduellement dépouillé de ses clauses les plus tyranniques et les plus blessantes, et aboutit enfin à une amende sur la cité d'Édimbourg en faveur de la veuve de Porteous. Si bien que, comme quelqu'un en fit alors la remarque, tous ces grands débats aboutirent à faire la fortune d'une vieille cuisinière; car telle avait été, à l'origine, la profession de la bonne dame.

La cour d'Angleterre n'avait pas oublié, cependant, l'échec qu'elle avait subi dans cette affaire, et le duc d'Argyle, qui y avait tant contribué, fut considéré, après cela, comme en disgrâce. Il est nécessaire d'instruire le lecteur de ces circonstances, parce qu'elles se lient à la fois, dans notre récit, à ce qui a précédé et à ce qui va suivre.

Le duc était seul dans son cabinet de travail lorsqu'un de ses valets de chambre l'informa qu'une fille de la campagne, venue d'Écosse, désirait parler à Sa Grâce.

Le duc d'Argyle.

« Une fille de la campagne, venue d'Écosse! » dit le duc; « quel motif a pu amener à Londres cette pauvre folle? Quelque amoureux atteint par la presse des marins, quelque argent engouffré dans les fonds de la mer du Sud, ou quelque autre souci de ce genre, je suppose; et personne pour conduire l'affaire, si ce n'est Mac Callummore. La popularité a ses inconvénients. Faites monter, cependant, notre compatriote, Archibald; ce ne serait pas bien de la faire attendre. »

Une jeune femme assez petite de taille fut introduite dans la riche bibliothèque ; l'apparence de cette personne était très modeste ; l'expression de sa physionomie était agréable, bien que le visage fût brûlé du soleil et eût des taches de rousseur, et que les traits ne fussent pas réguliers. Elle portait le plaid de son pays, ajusté de façon à lui couvrir en partie la tête et à retomber sur les épaules. Des cheveux blonds abondants, disposés avec une grande simplicité mais avec soin, couronnaient sa figure ronde et de bonne humeur, à laquelle la solennité de son entreprise et le sentiment qu'elle avait du rang et de l'importance du duc, donnaient un air de profond respect, sans crainte servile ou timidité hésitante. Le reste du costume de Jeanie était celui des filles écossaises de sa classe ; mais arrangé avec ce sentiment scrupuleux d'ordre et de propreté que nous trouvons souvent uni à la pureté de l'âme, dont il est l'emblème naturel.

Elle s'arrêta près de l'entrée de la pièce, fit sa plus belle révérence, et croisa les mains sur la poitrine sans prononcer une syllabe. Le duc d'Argyle s'avança vers elle ; si elle admirait le maintien gracieux de ce seigneur et son riche vêtement, décoré des ordres qu'il avait si bien mérités, ses manières courtoises, la vivacité et l'intelligence de sa physionomie, lui, de son côté, n'était pas moins frappé, et n'avait pas moins raison de l'être, de la simplicité calme et de la modestie qu'exprimaient le vêtement, les manières et le visage de son humble compatriote.

« Est-ce à moi que vous désirez parler, ma bonne fille ? » dit le duc, l'encourageant par une expression qui s'employait souvent en Écosse ; « ou est-ce la duchesse que vous voulez voir ?

— C'est à Votre Honneur que j'ai affaire, Milord ; je veux dire à Votre Grâce.

— Et de quoi s'agit-il, ma bonne fille ? » dit le duc, du même ton de voix doux et encourageant. Jeanie regarda le valet de chambre. « Laissez-nous, Archibald, » dit le duc, « et attendez dans l'antichambre. » Le domestique se retira. « Asseyez-vous, ma bonne fille, » dit le duc ; « remettez-vous, prenez votre temps, et dites-moi ce que vous avez à dire. Je vois à vos vêtements que vous venez de notre pauvre Écosse. Est-ce que vous avez traversé les rues avec ce tartan ?

— Non, Monsieur, » dit Jeanie ; « une amie m'a amenée dans un carrosse de place. C'est une femme très comme il faut, » ajouta-t-elle, son courage croissant à mesure qu'elle s'habituait à entendre le son de sa voix en présence d'un si grand personnage ; « Votre Grâce la connaît ; c'est Mistress Glass, à l'enseigne du Chardon.

— Oh! ma brave marchande de tabac ; je fais toujours un petit bout de conversation avec Mistress Glass, quand j'y achète mon tabac râpé. Mais votre affaire, ma chère fille ; car le temps et la marée, vous savez cela, n'attendent personne.

— Votre Honneur... Votre Seigneurie me pardonnera ; je voulais dire Votre Grâce, » car il faut remarquer que la recommandation de s'adresser au duc avec le titre voulu avait été faite à Jeanie, avec beaucoup de sollicitude, par son amie Mistress Glass, aux yeux de qui c'était une affaire de telle importance que ses derniers mots, lorsque Jeanie descendait de voiture, avaient été : « Songez bien à dire Votre Grâce. » Jeanie, qui jamais en sa vie peut-être n'avait parlé à une personne d'un rang plus élevé que le laird de Dumbiedikes, éprouvait une grande difficulté à disposer son langage d'après les règles du cérémonial.

Le duc, qui voyait son embarras, dit, avec son affabilité ordinaire : « Ne vous occupez pas de cela, mon enfant ; laissez la Grâce en repos ; parlez-moi tout uniment, et montrez que vous avez dans la bouche une langue écossaise.

— Je vous suis bien reconnaissante, Monsieur. Monsieur, je suis sœur de la pauvre criminelle Effie Deans, dont l'exécution capitale a été ordonnée à Édimbourg.

— Ah! » dit le duc ; « j'ai entendu parler de cette malheureuse histoire ; une affaire d'infanticide, par application d'un acte spécial du parlement. Duncan Forbes en a parlé à dîner, l'autre jour.

— Je suis venue du Nord, Monsieur, pour voir ce qui pourrait se faire en sa faveur, pour obtenir sursis ou grâce, Monsieur, ou quelque chose comme cela.

— Hélas! ma pauvre fille, » dit le duc, « vous avez fait un long et triste voyage avec peu de chance de succès. L'exécution de votre sœur est ordonnée.

— On m'a donné à entendre, » dit Jeanie, « qu'il y aurait moyen d'avoir un sursis, si c'est le bon plaisir du roi.

— Assurément, » dit le duc; « mais le roi seul peut faire cela. Ce crime a été trop commun; les avocats de la couronne pour l'Écosse jugent un exemple nécessaire. Et puis, les récents désordres d'Édimbourg ont amené, dans le gouvernement, de mauvaises dispositions contre notre nation en général, qu'ils croient ne pouvoir gouverner que par des mesures d'intimidation et de sévérité. Qu'avez-vous à opposer à tout cela, ma pauvre fille, excepté la force de votre affection de sœur? Sur qui vous appuyez-vous? Quels amis avez-vous en cour?

— Aucun, excepté Dieu et Votre Grâce, » répondit Jeanie, défendant résolument son terrain.

« Hélas! » dit le duc, « je pourrais presque dire, avec le vieil Ormond, qu'on ne saurait trouver personne dont l'influence fût moindre auprès des rois et des ministres. C'est l'une des choses cruelles de notre situation (je veux dire, jeune fille, de la situation des hommes de mon rang), que le public leur attribue une influence qu'ils ne possèdent pas, et que l'on est amené à attendre d'eux des services qu'ils n'ont pas les moyens de rendre. Mais la sincérité et le franc parler sont au pouvoir de tout le monde, et je ne veux pas aggraver encore votre malheur en vous laissant croire que vous trouverez en mon influence des ressources qui n'y sont pas. Je n'ai pas le moyen de détourner le destin de votre sœur. Elle doit mourir.

— Nous devons tous mourir, Monsieur, » dit Jeanie; « c'est notre condamnation commune pour le péché de notre premier père; mais nous ne devons pas nous chasser du monde les uns les autres; Votre Honneur le sait mieux que moi.

— Ma bonne fille, » dit le duc avec douceur, « nous sommes tous disposés à nous plaindre de la loi dont nous avons directement à souffrir; mais vous paraissez avoir été bien élevée dans votre milieu, et vous devez savoir que c'est à la fois la loi de Dieu et celle de l'homme, que celui qui commet un meurtre doit périr.

— Mais, Monsieur, on ne peut pas prouver qu'Effie, je veux dire ma pauvre sœur, ait commis un meurtre; si cela n'est pas, et si la loi cependant lui ôte la vie, qui sera-ce donc qui aura commis un meurtre?

— Je ne suis pas homme de loi, » dit le duc; « et je trouve, je l'avoue, que le statut est bien sévère.

— Vous êtes un de ceux qui font les lois, Monsieur, sauf votre respect, » répondit Jeanie; « vous devez donc avoir un certain pouvoir sur elles.

— Pas individuellement, » dit le duc; « encore qu'en ma qualité de membre d'un corps considérable, j'aie ma voix pour les faire ou les modifier. Mais cela ne vous sert à rien; et je n'ai pas à présent (peu m'importe qui le saura) assez d'influence personnelle auprès du souverain pour me permettre de lui demander la faveur la plus insignifiante. Qui est-ce qui vous a engagé, jeune femme, à vous adresser à moi?

— Vous-même, Monsieur.

— Moi-même? » répliqua-t-il. « Je me crois sûr que, jusqu'à présent, vous ne m'aviez jamais vu.

— C'est vrai, Monsieur; mais tout le monde sait que le duc d'Argyle est l'ami de son pays; que vous combattez pour le droit et que vous parlez pour lui, et qu'il n'y en a pas, de nos jours, un autre comme vous dans Israël. C'est pour cela que ceux qui pensent qu'on leur a fait tort viennent chercher refuge sous votre ombre; et, si vous n'agissiez pas pour sauver la vie d'une compatriote innocente, qu'aurions-nous à attendre des gens du sud et des étrangers? Peut-être aussi que j'ai une autre raison pour déranger Votre Honneur.

— Laquelle? » demanda le duc.

« J'ai entendu dire à mon père que ceux de la famille de Votre Honneur, et, particulièrement, votre grand-père et votre père, ont donné leur vie sur l'échafaud au temps de la persécution. Mon père a eu aussi l'honneur de rendre témoignage en prison et au pilori, comme cela est mentionné dans les livres de Pierre Walker le colporteur, que Votre Honneur connaît, j'en suis sûre, car il fréquente surtout la partie ouest de l'Écosse. De plus, Monsieur, une personne qui s'intéresse à moi m'a engagée à venir auprès de Votre Grâce, car son grand-père a rendu quelque service à votre respectable aïeul, comme vous le verrez par ces papiers. »

En prononçant ces mots, elle remit au duc le petit paquet qu'elle avait reçu de Butler. Il l'ouvrit, et, dans la partie intérieure de l'enveloppe, lut avec surprise : « Rôle des hommes servant dans la troupe de l'excellent gentilhomme capitaine Salathiel Flanque-texte. Obadiah Muggleton, Double-coup, Mépris-du-péché, Gipps, Ferme-dans-la foi, Ote-toi-de-là, Tourne-à-droite. Que diable est cela? Une liste du Parlement Barebone Louez-Dieu, ou de l'armée évangélique du vieil Olivier. Le dernier, à en juger par son nom, devait bien faire les conversions. Que signifie tout cela, mon enfant?

— Ce doit être l'autre papier, Monsieur, » dit Jeanie, un peu honteuse de la méprise.

« Oh! ceci, c'est l'écriture de mon infortuné grand-père.

« A tous ceux qui ont amitié pour la maison d'Argyle, ces lignes certifieront que Benjamin Butler, du régiment des dragons de Monk, m'ayant, avec l'aide de Dieu, sauvé la vie au moment où j'allais être tué par quatre soldats anglais, je soussigné, n'ayant pas actuellement en mon pouvoir d'autre moyen de le récompenser, lui donne la présente attestation, espérant que, durant ces temps troublés, elle pourra être utile à lui ou aux siens; et je conjure mes amis, vassaux, parents, et quiconque a le désir de faire quelque chose pour moi soit dans les hautes terres soit dans les basses, de protéger et d'assister ledit Benjamin Butler, ses amis ou sa famille, en toutes occasions légitimes, leur donnant tel appui, secours et aide, qui pourra correspondre au bienfait dont je lui suis redevable. En foi de quoi j'ai apposé ma signature.

« LORNE. »

« C'est une injonction puissante. Ce Benjamin Butler était votre grand-père, je suppose? Vous semblez trop jeune pour avoir été sa fille. »

— Il n'était pas mon parent, Monsieur; il était le grand-père d'une personne... du fils d'une voisine, de quelqu'un qui, sincèrement, me veut du bien. » Et elle faisait, en parlant, une petite révérence.

« Oh! je comprends, » dit le duc; « une affaire d'amour. C'était le grand-père d'un jeune homme à qui vous êtes engagée?

— Auquel *j'étais* engagée, Monsieur, » dit Jeanie en soupirant; « mais cette malheureuse affaire de ma pauvre sœur...

— Quoi! » dit vivement le duc. « Il ne vous a pas, je pense, abandonnée pour cela?

Le duc d'Argyle lit les papiers que Jeanie lui a remis.

— Non, Monsieur ; il serait le dernier à abandonner un ami dans des circonstances mauvaises, » dit Jeanie ; « mais je dois penser pour lui aussi bien que pour moi. Il appartient au clergé, Monsieur, et il ne conviendrait pas qu'il m'épousât après le malheur de ma famille.

— Vous êtes une femme singulière, » dit le duc. « Vous avez l'air de songer à tout le monde, excepté à vous. Êtes-vous vraiment venue d'Édimbourg à pied, pour tenter, dans l'intérêt de votre sœur, une sollicitation dans laquelle il y a si peu d'espoir?

— Je ne suis pas venue à pied tout à fait, Monsieur, » répondit Jeanie, « car j'ai pu, parfois, monter dans quelque charrette ; j'ai eu un cheval depuis Ferry-bridge, et, après, le carrosse...

— C'est bien, » dit le duc, en l'interrompant. « Quelle raison avez-vous de croire votre sœur innocente?

— La raison que son crime n'a pas été prouvé, ainsi qu'il apparaîtra en regardant ces papiers. »

Elle mit aux mains du duc d'Argyle des copies des dépositions de témoins et de la déclaration de sa sœur. Butler s'était procuré ces papiers après le départ de Jeanie, et Saddletree les avait envoyés à Londres, aux bons soins de Mistress Glass, de sorte que Jeanie, lors de son arrivée, avait trouvé à sa disposition les documents qui lui étaient si nécessaires pour appuyer sa demande.

« Asseyez-vous sur ce siège, ma bonne fille, » dit le duc, « pendant que je parcours les papiers. »

Elle obéit, et observa avec la plus grande anxiété les changements de sa physionomie, tandis qu'il jetait les yeux sur les papiers, rapidement mais avec attention, et en marquant d'un signe quelques passages chemin faisant. Après avoir lu, il releva les yeux, et parut prêt à parler ; mais il changea d'idée, comme s'il avait eu peur de s'engager en donnant trop promptement une opinion, et il relut plusieurs des passages qu'il avait notés comme importants. Il fit cela en bien moins de temps qu'il n'en aurait fallu à d'autres, car il avait une de ces intelligences vives et pénétrantes qui découvrent, comme par intuition, où sont les points essentiels à prendre en considération. Il se leva enfin, après quelques minutes de sérieuse réflexion. « Jeune femme, » dit-il, « l'affaire de votre sœur peut, sans aucun doute, être appelée fort rigoureuse.

— Dieu vous bénisse, Monsieur, rien que pour ce mot! » dit Jeanie.

« Il paraît contraire aux règles de notre droit, » continua le duc, « de prendre pour accordé ce qui n'est pas prouvé, et de punir de mort pour un crime qui, malgré ce qu'a établi l'auteur des poursuites, peut n'avoir pas été commis du tout.

— Dieu vous bénisse, Monsieur, » dit de nouveau Jeanie, qui s'était levée de son siège, et les mains jointes, les yeux brillants de larmes, les traits tremblants d'inquiétude, semblait boire chacune des paroles que le duc prononçait.

« Mais, hélas! ma pauvre fille, » continua-t-il, « quel bien vous fera mon opinion, si je ne puis la faire partager à ceux dans les mains desquels la vie de votre sœur est placée par la loi? Je ne suis d'ailleurs pas un jurisconsulte ; et il faut que j'en parle avec quelques-uns de nos hommes de robe écossais.

— O Monsieur! » répondit Jeanie, « ce qui semble raisonnable à Votre Honneur, le leur semblera certainement aussi.

— Je n'en sais rien, » répliqua le duc. « Vous connaissez notre vieux proverbe d'Écosse : « Chacun boucle son ceinturon à sa manière. » Mais ce ne sera pas tout à fait en vain que vous aurez eu confiance en moi. Laissez-moi ces papiers, et vous entendrez parler de moi demain ou après-demain. Restez à la maison chez Mistress Glass, et soyez prête à venir près de moi au premier avis. Il ne sera pas nécessaire que vous donniez à Mistress Glass la peine de vous accompagner ; et vous voudrez bien vous habiller comme vous l'êtes à présent.

— J'aurais mis un chapeau, Monsieur, » dit Jeanie ; « mais Votre Honneur sait que ce n'est pas l'usage dans mon pays lorsqu'on n'est pas mariée ; et j'ai pensé qu'à tant de centaines de milles de l'Écosse, le cœur de Votre Grâce se réchaufferait à la vue d'un tartan. » Et son regard se portait vers l'un des bouts de son *plaid.*

« Vous avez pensé juste, » dit le duc. « Je sais ce que vaut ce chaperon-là ; et le cœur de Mac Callummore aura été refroidi par la mort, lorsque la vue d'un tartan ne le réchauffera pas. Allez, et ne soyez pas dehors lorsque j'enverrai chez vous.

— Il n'y a pas à craindre que je sorte, Monsieur, » répliqua Jeanie, « car je n'ai guère le cœur d'aller voir quelque chose au milieu de ce tas de maisons noires. Mais oserai-je le dire à Votre Grâce? si vous êtes assez bon pour parler à des personnes qui seraient de plus haut rang que vous (ce n'est peut-être pas poli à moi de parler ainsi), songez qu'il n'y a pas autant de distance entre vous et elles qu'entre la pauvre Jeanie Deans de Saint-Léonard et le duc d'Argyle, et ne soyez pas effrayé ou rebuté par la première réponse désagréable.

— Je ne suis pas enclin, » dit le duc en riant, « à faire beaucoup attention aux réponses désagréables. Ne mettez pas grand espoir dans ce que je vous ai promis. Je ferai de mon mieux, mais Dieu tient dans sa main les cœurs des rois. »

Jeanie salua respectueusement et se retira, accompagnée jusqu'à son carrosse de louage par le valet de chambre du duc, avec une déférence que ne demandaient pas les dehors de la visiteuse, mais qui se mesurait peut-être à la longueur de l'entrevue dont le maître l'avait honorée.

CHAPITRE XXXV.

De l'été radieux quand s'ouvre la richesse,
Prenons de tes hauteurs la route enchanteresse,
De tes sites goûtons l'aspect harmonieux,
Shene, et sur tes lointains laissons flotter nos yeux.
THOMSON.

EANIE fut accablée de questions par Mistress Glass, amie aussi obligeante que bonne, mais un peu bavarde, cependant qu'elles faisaient route vers le Strand, où le Chardon de la bonne dame fleurissait dans toute sa gloire, et décorait de sa légende *Nemo me impune* une boutique alors bien connue des Écossais de tous les rangs.

« Êtes-vous sûre de lui avoir toujours dit *Sa Grâce?* » demanda la bonne vieille dame ; car il faut distinguer entre Mac Callummore et tous ces individus du sud qu'on appelle lords dans ce pays-ci. Il y en a tant, Jeanie, qu'on croirait volontiers qu'ils ne coûtent pas cher à fabriquer ; il en est auxquels je ne voudrais pas me fier pour six *pence* de tabac râpé, d'autres pour qui je ne voudrais pas me donner la peine de faire un cornet d'un demi-*penny*. Mais j'espère que vous aurez montré au duc d'Argyle que vous savez vivre, car pour qui prendrait-il ceux qui sont vos amis à Londres, si vous lui aviez servi du *milord* à lui qui est duc?

— Il n'a pas eu l'air d'y faire beaucoup attention, » dit Jeanie ; « il sait que j'ai été élevée au pays.

— Bon, bon, » répondit la brave dame. « Sa Grâce me connaît bien, et c'est là ce qui me rassure. Je ne remplis jamais sa tabatière qu'il ne me dise : « Comment vous portez-vous, ma bonne mis-
« tress Glass? Comment vont tous nos amis dans le Nord? » Ou encore : « Avez-vous eu des nouvelles du Nord dans ces derniers
« temps? » Et moi je fais ma plus belle révérence, et je réponds :
« Milord duc, j'espère que la noble duchesse votre épouse, et que
« les jeunes demoiselles de Votre Grâce se portent bien ; et j'espère
« que Votre Grâce continue à être contente de mon tabac. » Et vous verriez alors les gens qui sont dans la boutique se regarder les uns les autres ; et s'il y a là un Écossais (il y en a quelquefois trois, quatre, six), ce sont des chapeaux qui s'abaissent, et des yeux qui se portent vers lui, et des : « Voici le prince d'Écosse! Que Dieu le
« bénisse! » Mais vous ne m'avez pas encore raconté ce qu'il vous a dit. »

Jeanie n'avait pas l'intention d'être aussi communicative qu'on le désirait. Elle avait sa part, comme le lecteur l'a déjà vu, de la prudence et de la finesse, aussi bien que de la simplicité de son pays. Elle répondit, d'une manière générale, que le duc l'avait reçue avec beaucoup de bonté, qu'il lui avait promis de s'intéresser à l'affaire de sa sœur, et de lui faire dire quelque chose le lendemain ou le surlendemain. Elle ne jugea pas à propos de lui faire savoir que le duc lui avait recommandé d'être prête à le venir trouver, encore moins qu'il lui avait donné à entendre de ne pas amener son hôtesse. La bonne Mistress Glass fut obligée de se contenter des généralités susindiquées, après avoir fait tout son possible pour en arracher davantage.

On conçoit aisément que, le lendemain, Jeanie repoussa toutes les invitations et toutes les raisons, de santé ou de curiosité, mises en avant pour la faire sortir, et continua de respirer l'atmosphère un peu renfermée, et empreinte d'un parfum professionnel, du petit parloir de Mistress Glass. Ce parfum était dû à un certain buffet, contenant, entre autres articles, des paquets de vrais havanes, que, soit par respect pour la supériorité de l'objet fabriqué, soit par une crainte révérencieuse des employés de *l'excise,* Mistress Glass ne s'était pas souciée de mettre en bas dans la boutique : cela communiquait à la pièce une odeur, délicieuse pour les narines d'un connaisseur, peu agréable pour celles de Jeanie.

« En vérité, » se disait-elle, « comment se fait-il que pour avoir une robe de soie, une montre d'or, ou n'importe quoi au monde, ma cousine se résigne à éternuer toute sa vie dans cette petite chambre où l'on étouffe, plutôt que de se promener sur les montagnes vertes ? »
Mistress Glass n'était pas moins surprise de la répugnance que sa cousine avait à sortir, et de son indifférence pour tout ce qu'il y avait à voir de beau à Londres. « Cela l'aiderait toujours à passer le temps, » disait-elle, « d'avoir quelque chose à regarder, bien qu'elle soit dans le chagrin. » Mais Jeanie ne se laissait pas persuader.

Le jour qui suivit l'entrevue avec le duc se passa dans

Cet espoir retardé qui rend le cœur malade.

Les minutes suivirent les minutes, les heures s'enfuirent après les heures ; il fut trop tard pour pouvoir raisonnablement s'attendre à avoir des nouvelles du duc ce jour-là. Cette espérance qu'elle désavouait, Jeanie ne pouvait cependant pas l'abandonner, et son cœur battait, et les oreilles lui tintaient, à chaque bruit qui se faisait en bas dans la boutique. Tout cela fut vain. Le jour s'acheva dans les inquiétudes d'une attente prolongée et stérile.

Le lendemain matin commença de même. Mais, avant midi, un homme bien mis entra dans la boutique de Mistress Glass, et demanda à voir une jeune femme qui venait d'Écosse.

« Ce doit être ma cousine Jeanie Deans, Monsieur Archibald, » dit Mistress Glass, en le saluant comme une personne de connaissance. « Avez-vous quelque message pour elle de la part de Sa Grâce le duc d'Argyle, Monsieur Archibald ? Je le lui porterai à l'instant.

— Il faut, je crois, Mistress Glass, qu'elle se donne la peine de descendre.

— Jeanie, Jeanie Deans ! » dit Mistress Glass, criant du bas de l'escalier qui, d'un coin de la boutique, montait aux régions supérieures. « Jeanie, Jeanie Deans ! descendez de suite ; voici le valet de chambre du duc d'Argyle qui veut vous parler. » Cela fut annoncé d'une voix assez haute pour mettre tous ceux qui se trouvaient dans le voisinage au courant de cette importante communication.

On croira sans peine que Jeanie ne fut pas longue à s'ajuster pour satisfaire à l'appel ; les jambes, cependant, lui manquaient presque en descendant l'escalier.

« Je viens vous prier de m'accompagner, » dit Archibald avec politesse.

« Je suis toute prête, Monsieur, » répondit Jeanie.

« Ma cousine va sortir, Monsieur Archibald ? Alors, sans aucun doute, je vais aller avec elle. Jacques Rasper ! Gardez la boutique, Jacques. » Et, poussant vers le valet de chambre un vase rempli de tabac : « Monsieur Archibald, vous prendrez bien, je pense, la même qualité que Sa Grâce. Au nom de notre vieille connaissance, remplissez votre tabatière, pendant que je m'apprête. »

M. Archibald transporta du vase dans sa boîte de corne écossaise une modeste dose de tabac, mais il dit qu'il était obligé de refuser le plaisir de la compagnie de Mistress Glass, son message se rapportant spécialement à la jeune personne.

« Spécialement à la jeune personne? » dit Mistress Glass ; « c'est singulier, Monsieur Archibald. Sa Grâce, après tout, en est le meilleur juge, et vous êtes un homme sûr, Monsieur Archibald. De ceux qui viennent de la maison d'un grand personnage, il y en a bien à qui je ne confierais pas ma cousine. Mais, Jeanie, vous n'irez pas par les rues avec M. Archibald ce tartan-là sur les épaules, comme si vous arriviez des hautes terres avec un troupeau de bétail. Attendez que je vous apporte mon manteau de soie. Vous auriez après vous toute la populace!

— J'ai un carrosse de louage qui attend, Madame, » dit M. Archibald, interrompant l'officieuse hôtesse dont Jeanie, sans cela, aurait eu peine à se dégager, « et je ne crois pas devoir laisser à votre cousine le temps de changer d'habit. »

Parlant ainsi, il fit monter vivement Jeanie dans le carrosse. Celle-ci admirait intérieurement la manière aisée dont il échappait aux offres et aux questions obligeantes de Mistress Glass, sans parler des ordres de son maître, et sans entrer dans aucune explication.

En entrant dans le carrosse, M. Archibald s'assit sur la banquette de devant en face de notre héroïne, et ils roulèrent en silence. Après qu'ils eurent roulé près d'une demi-heure sans un mot de part ni d'autre, Jeanie se prit à penser que la distance et le temps ne correspondaient pas à ce qu'avait demandé son voyage, la fois précédente, et pour aller chez le duc d'Argyle et pour en revenir. Elle ne put s'empêcher, à la fin, de demander à son taciturne compagnon, « par quel chemin ils allaient.

— Milord duc vous en informera lui-même, Madame, » répondit Archibald, avec la courtoisie solennelle dont toute sa conduite était marquée. Presque au moment où il parlait, le carrosse s'arrêta, le cocher descendit de son siège et ouvrit la portière. Archibald mit pied à terre, et aida Jeanie à en faire autant. Elle se trouva sur une grande route, hors des limites de Londres, et de l'autre côté du chemin était une voiture à quatre chevaux, les panneaux sans armoiries et les domestiques sans livrée.

« Vous avez été exacte, je le vois, Jeanie, » dit le duc d'Argyle, au moment où Archibald ouvrait la portière de la voiture. « Vous ferez en ma compagnie le reste du chemin. Archibald demeurera ici jusqu'à votre retour, avec le carrosse de louage. »

Avant que Jeanie ne pût faire une réponse, elle se trouva, à son grand étonnement, assise à côté d'un duc, dans un équipage qui roulait rapidement et sans secousse, très différent, sous ces deux rapports, du véhicule lent et cahotant qu'elle venait de quitter ; et cependant le carrosse de louage, avec sa lenteur et ses cahots, suffisait déjà pour donner à une personne qui n'était presque jamais allée en voiture un certain sentiment de dignité et d'importance.

« Jeune femme, » dit le duc, « après avoir réfléchi de mon mieux à l'affaire de votre sœur, je persiste à penser qu'on commettra peut-être une grande injustice en exécutant la sentence. Tel est aussi l'avis d'un ou deux jurisconsultes des deux pays, libéraux et intelligents, avec lesquels j'en ai parlé. Écoutez-moi, je vous prie, avant de me remercier. Je vous ai déjà dit que ma conviction propre est de peu d'importance, si je ne parviens pas à la faire partager à d'autres. J'ai fait pour vous ce que je n'aurais certainement pas fait pour une chose qui m'aurait été personnelle. J'ai sollicité audience d'une dame qui jouit auprès du roi d'un crédit considérable et mérité. L'audience m'a été accordée ; je désire que vous voyiez cette dame, et que vous lui parliez vous-même. Il n'y a pas à vous intimider ; dites votre affaire simplement, comme vous me l'avez dite.

— Je suis fort obligée à Votre Grâce, » dit Jeanie, se souvenant des recommandations de Mistress Glass, « et je suis sûre que, puisque j'ai eu le courage de parler à Votre Grâce dans l'intérêt de la pauvre Effie, j'ai moins sujet d'avoir peur en parlant à une dame. Mais, Monsieur, je voudrais savoir comment l'appeler, si c'est Votre Grâce, Votre Honneur, ou Votre Seigneurie, comme nous disons, en Écosse, aux lairds et à leurs femmes ; j'aurai soin de m'en souvenir, car les dames sont bien plus susceptibles que les messieurs pour les titres d'honneur.

— Vous n'aurez pas à l'appeler autrement que Madame. Dites exactement ce que vous pensez, ce sera le moyen de faire la meilleure impression. Regardez-moi de temps en temps : si je mets la main à ma cravate, de cette façon (il lui montra le mouvement), vous vous arrêterez. Mais je ne ferai cela que si vous dites quelque chose qui risquerait de ne pas plaire.

— Mais, Monsieur... Mais, Votre Grâce, » dit Jeanie, « si cela ne vous donnait pas trop de peine, ne vaudrait-il pas mieux me dire comment il faut que je parle, et je l'apprendrais par cœur?

— Non, Jeanie, cela ne produirait pas le même effet ; ce serait comme un sermon que l'on lit, et nous autres, bons presbytériens, nous pensons qu'il y a dedans moins d'onction que dans celui qu'on prononce sans le lire, » répliqua le duc. « Parlez à cette dame aussi simplement et aussi hardiment que vous m'avez parlé avant-hier; et si vous pouvez avoir son agrément, je vous parie un liard, comme nous disons dans le Nord, que vous obtiendrez du roi la grâce de votre sœur. »

Comme il parlait, il tira une brochure de sa poche, et se mit à la lire. Jeanie avait du sens et du tact, constituant, à eux deux, ce que l'on appelle une bonne éducation naturelle. Elle comprit, à la manœuvre du duc, qu'elle ne devait plus lui faire de questions, et elle garda le silence.

La voiture roulait rapidement à travers des prairies fertiles, ornées de vieux chênes magnifiques, et laissant voir, par instants, le miroir majestueux d'une rivière large et paisible. Après avoir traversé un joli village, l'équipage s'arrêta au haut d'une belle éminence, où se déployaient, dans tout leur luxe, les charmes d'un paysage anglais. En ce lieu, le duc descendit de voiture, et dit à Jeanie de le suivre. Ils firent halte un instant sur la hauteur, pour contempler le point de vue incomparable qu'elle offrait aux yeux. Une large mer de verdure, traversée et coupée de promontoires d'arbres serrés et touffus, était couverte d'innombrables troupeaux de brebis et de gros bétail, semblant errer librement et sans limite à travers les riches pâturages. La Tamise, parée ici des tourelles des villas, ailleurs des guirlandes des forêts, s'avançait lente et paisible comme le puissant monarque de ces lieux dont toutes les autres beautés n'étaient que les accessoires, et portait à sa surface une multitude de barques et d'esquifs, dont les voiles blanches et les pavillons flottants donnaient vie à ce bel ensemble.

Ces lieux étaient familiers au duc d'Argyle ; mais pour un homme de goût, ils doivent toujours être nouveaux. Tandis qu'il s'arrêtait pour contempler cet inimitable paysage avec le ravissement qu'il inspire à tout admirateur de la nature, ses pensées se reportèrent vers ses propres domaines d'Inverary, plus grandioses et à peine moins beaux. « C'est magnifique, » dit-il à sa compagne, curieux peut-être de tirer d'elle une opinion ; « nous n'avons rien de pareil en Écosse.

— C'est un riche pâturage pour les vaches, » répliqua Jeanie, « et l'on y élève un bétail superbe ; mais j'aime autant voir les rochers du siège d'Arthur, et la mer au bout de l'horizon, que tous ces tas d'arbres-là. »

Le duc sourit d'une réponse où se retrouvaient à la fois la profession et le pays, et fit signe à l'équipage de rester où il était. Puis, prenant un sentier peu fréquenté, il conduisit Jeanie, à travers des labyrinthes compliqués, à une poterne pratiquée dans un haut mur de briques. Elle était fermée ; mais, le duc y ayant frappé légèrement, une personne de service à l'intérieur, après avoir regardé à travers une petite grille à ce destinée, ouvrit la porte et les fit entrer. La porte fut immédiatement poussée et fermée derrière eux. Tout cela se fit rapidement, la porte se fermant si vite, et la personne qui l'avait ouverte disparaissant d'une façon si soudaine, que Jeanie ne put seulement jeter sur elle un coup d'œil.

Ils se trouvaient à l'extrémité d'une allée sombre et étroite, tapissée d'un gazon verdoyant et tondu de près, doux aux pieds comme du velours, abritée du soleil par les branches des grands ormes, qui se rejoignaient au-dessus de leurs têtes, et qui, par l'obscurité solennelle de la lumière qu'ils laissaient pénétrer, par leurs troncs rangés comme des colonnes, par la complication de leurs branches se réunissant en arcs, donnaient à ce chemin une ressemblance avec un des bas-côtés étroits d'une vieille cathédrale gothique.

CHAPITRE XXXVI.

> Voyez ces pleurs, ces mains qui ne savaient naguères,
> Porter que vers le ciel l'élan de leurs prières.
> Vous êtes comme un Dieu mis au-dessus de nous ;
> A la sainte merci, comme un Dieu, livrez-vous.
>
> Le Frère sanguinaire.

QUELQUE encouragée que fût Jeanie par les manières courtoises de son noble compatriote, ce ne fut pas sans une sorte de terreur qu'elle se trouva seule dans un lieu si solitaire, avec un homme d'un si haut rang. Avoir été admise à voir le duc chez lui, et y avoir été reçue en entrevue particulière, c'était, par soi-même, un événement insolite et remarquable dans les annales d'une vie aussi simple que la sienne ; mais l'accompagner ainsi dans un voyage, et être soudain laissée seule avec lui en des conditions aussi exceptionnelles, cela avait quelque chose d'imposant et de mystérieux. Une héroïne de roman aurait soupçonné et craint le pouvoir de ses charmes ; mais Jeanie avait trop de jugement pour laisser entrer dans son esprit une idée semblable. Elle avait toutefois un vif désir de savoir où elle était, et à qui elle allait être présentée.

Elle remarqua que le vêtement du duc, bien que fait pour indiquer encore une personne de distinction et de haut rang (il n'était pas de mode en ce temps-là que les hommes de qualité s'habillassent comme leurs cochers et leurs laquais d'écurie), était cependant plus simple que celui qu'elle lui avait vu précédemment, et dépouillé, notamment, des signes et des décorations extérieurs qui dénotent une importance exceptionnelle. Bref, il était habillé aussi simplement que cela est permis à un gentilhomme du monde à la mode pour se montrer, le matin, dans les rues de Londres. Cela contribua à écarter une pensée que Jeanie commençait à concevoir, que peut-être il voulait lui faire plaider sa cause en présence des personnes royales elles-mêmes. « Assurément, » se disait-elle, « il aurait mis sa belle étoile et sa jarretière, s'il avait songé à paraître devant la majesté des rois. Et, après tout, l'endroit où nous sommes ressemble plus à la résidence d'un gentilhomme qu'au palais d'un monarque. »

Il y avait assez de sens dans le raisonnement de Jeanie ; mais elle n'était pas suffisamment au courant des nuances de l'étiquette, ou des relations particulières qui existaient entre le gouvernement et le duc d'Argyle, pour se former là-dessus une opinion bien exacte. Le duc, nous l'avons dit, était, en ce temps-là, en opposition ouverte contre l'administration de sir Robert Walpole, et passait pour être écarté des faveurs de la famille royale, à laquelle il avait rendu de si importants services. Mais c'était une maxime de la reine Caroline, de se comporter, à l'égard des amis de sa politique, avec autant de prudence que s'ils pouvaient un jour devenir ses ennemis, et à l'égard des hommes de l'opposition, avec la même circonspection que s'ils devaient bientôt se rallier à ses mesures. Depuis Marguerite d'Anjou, nulle femme de roi n'avait autant pesé sur les affaires de l'Angleterre, et l'adresse qu'elle a personnellement montrée en mainte occasion ne contribua pas peu à retirer de leur hérésie politique beaucoup de ces *tories* déterminés, qui, après que le règne des Stuarts s'était éteint en la personne de la reine Anne, étaient plus disposés à transporter leur allégeance à son frère le chevalier de Saint-Georges, qu'à acquiescer à l'établissement de la couronne dans la famille de Hanovre. Son mari, dont la qualité la plus brillante était le courage sur un champ de bataille, qui, tout en se soumettant au métier de roi d'Angleterre, ne fut jamais capable d'acquérir des habitudes anglaises, ou de se familiariser avec les idées de l'Angleterre, trouva le secours le plus utile dans l'habileté de sa royale épouse; et, tout en affectant avec un soin jaloux de tout faire d'après sa volonté et son bon plaisir, il était en secret, assez sage, pour prendre et pour suivre l'avis de son adroite moitié. Il lui confia la mission délicate de régler les divers degrés de faveur nécessaires pour s'attacher les indécis, pour rendre plus fermes ceux dont on avait déjà l'amitié, ou pour regagner ceux dont le bon vouloir s'était perdu.

Avec toutes les séductions ingénieuses d'une femme élégante, et accomplie pour son temps, la reine Caroline possédait les qualités d'une âme masculine. Elle était fière par nature, et sa politique même ne pouvait point tempérer toujours l'expression de son déplaisir; mais peu de personnes furent plus disposées à réparer un faux pas de ce genre, dès que sa prudence venait en aide à ses passions. Elle aimait plus à posséder le pouvoir qu'à paraître le posséder; et, quelque chose sage et populaire qu'elle pût faire elle-même, elle souhaitait toujours que le roi eût le mérite tout entier aussi bien que l'avantage de la mesure, sachant bien que ce serait en ajoutant à la considération du souverain qu'elle arriverait le mieux à maintenir la sienne. Tel était son désir de se conformer à tous les goûts du roi, que, lorsqu'elle était menacée de la goutte, elle avait, plusieurs fois, recouru aux bains froids pour en arrêter l'accès, mettant sa vie en danger pour pouvoir accompagner le roi dans ses promenades.

C'était un côté très remarquable du caractère de la reine Caroline d'entretenir une correspondance privée avec ceux auxquels, en public, elle semblait défavorable, ou qui, pour diverses raisons, étaient en mauvais termes avec la cour. Par ce moyen, elle gardait en ses mains le fil de beaucoup d'intrigues politiques, et, sans s'engager à rien, elle empêchait souvent le mécontentement de devenir de la haine, et l'opposition de se transformer en rébellion. Si, par accident, sa correspondance avec de semblables personnes venait à être aperçue ou découverte (ce qu'elle tâchait d'éviter avec tout le soin possible), on présentait cela comme de simples relations de société, sans rapport aucun avec la politique. Ce fut une réponse dont le premier ministre lui-même, sir Robert Walpole, fut forcé de se contenter, lorsqu'il découvrit que la reine avait donné une audience particulière à Pulteney, depuis comte de Bath, son ennemi le plus formidable et le plus acharné.

Conservant ainsi, de temps en temps, des rapports avec plusieurs des personnes qui semblaient le plus écartées de la couronne, on supposera aisément que la reine Caroline avait eu soin de ne pas rompre entièrement avec le duc d'Argyle. Sa haute naissance, ses grands talents, l'estime dans laquelle il était tenu dans son pays, les grands services qu'il avait rendus à la maison de Brunswick en 1715, lui donnaient une place importante parmi ceux qu'il ne fallait pas étourdiment négliger. Il avait, presque seul et sans aide, arrêté par ses talents l'irruption des forces coalisées de tous les chefs des hautes terres ; on ne pouvait guère douter qu'avec le plus léger encouragement, il ne pût les mettre tous en mouvement et renouveler la guerre civile, et l'on savait parfaitement que les ouvertures les plus flatteuses avaient été transmises au duc de la cour de Saint-Germain. Le caractère et le tempérament de l'Écosse étaient encore peu connus ; on la considérait comme un volcan, qui pourrait sommeiller durant une suite d'années, mais capable encore, au moment le plus inattendu, d'éclater en éruption formidable. Il était donc de la plus haute importance de garder quelque prise sur un personnage aussi considérable que le duc d'Argyle, et Caroline conservait le pouvoir de le faire par l'entremise d'une dame avec laquelle, en sa qualité de femme de Georges II, on l'aurait pu supposer en moins bons termes.

Ce ne fut pas le moindre exemple de l'habileté de la reine qu'elle parvint à réunir en l'une des premières dames attachées à sa personne, lady Suffolk, les deux rôles, inconciliables en apparence, de maîtresse du roi, et de confidente obséquieuse et complaisante de la reine. Par cet arrangement adroit, la reine garantissait son pouvoir contre le danger qui l'aurait menacé le plus, l'influence contraire d'une rivale ambitieuse ; et, si elle se soumettait à la mortification de fermer les yeux sur l'infidélité de son mari, elle était protégée du moins contre ce qu'elle en aurait considéré comme le plus dangereux effet, et elle était libre en outre, de temps à autre, de lancer quelques insultes polies à « sa bonne Howard, » qu'en général, d'ailleurs, elle traitait avec beaucoup de décorum.

Lady Suffolk avait de grandes obligations au duc d'Argyle, pour des raisons qu'on peut trouver dans les Mémoires d'Horace Walpole sur ce règne; et, par son intermédiaire, le duc avait parfois avec la reine Caroline une correspondance que venait, d'ailleurs, de compromettre beaucoup, en ce moment, le rôle que le duc avait joué dans les débats relatifs à l'insurrection de Porteous : la reine, avec assez peu de raison, était disposée à voir dans cette affaire une insolence volontaire et préméditée contre sa personne et son autorité, plutôt qu'une ébullition soudaine de la vengeance populaire. Les communications, cependant, restaient encore ouvertes entre eux, quoique, depuis un temps, on n'en eût fait usage ni de part ni d'autre. Ces remarques seront nécessaires pour l'intelligence de la scène que nous allons présenter au lecteur.

De l'allée étroite qu'ils avaient parcourue, le duc tourna dans une autre du même genre, mais plus large et encore plus longue. Ici, pour la première fois depuis qu'ils étaient entrés dans ce jardin, Jeanie vit des personnes qui s'approchaient d'eux.

C'étaient deux dames, dont l'une marchait un peu en arrière de l'autre, mais pas si loin qu'elle ne pût entendre tout ce que lui disait la première, et y répondre, sans que celle-ci eût la peine de se retourner. Elles s'avançaient très lentement, et Jeanie eut le temps d'étudier leurs traits et leurs tournures. Le duc aussi ralentit le pas, comme pour donner à sa compagne le temps de se remettre, et, à plusieurs reprises, il l'invita à ne pas avoir peur. La dame qui semblait la personne la plus importante avait des traits fort agréables, quoiqu'un peu gâtés par la petite vérole, ce poison venimeux que (grâce à Jenner) chaque Esculape de village peut apprivoiser, maintenant, aussi aisément que le dieu tutélaire de la médecine a triomphé du serpent Python. Les yeux de la dame étaient très brillants, elle avait de belles dents, et sa physionomie était faite pour exprimer, à son gré, soit la majesté soit la grâce. Avec un peu trop d'embonpoint, sa taille cependant était bien prise ; l'élasticité et la fermeté de sa marche ne donnaient pas lieu de soupçonner (ce qui était, cependant) qu'elle souffrît quelquefois du mal le moins favorable aux exercices pédestres. Son vêtement était plus riche qu'éclatant; ses manières imposantes et nobles. Sa compagne était plus petite qu'elle, avec des cheveux brun clair et des yeux bleus expressifs. Ses traits, sans être absolument réguliers, étaient plus agréables peut-être que s'ils avaient eu la beauté classique.

La reine Caroline et Lady Suffolk.

Une expression de mélancolie pensive, que sa position ne justifiait que trop, dominait en elle lorsqu'elle gardait le silence, mais faisait place à un sourire aimable et enjoué lorsqu'elle parlait à quelqu'un.

Quand ils furent à une vingtaine de pas de ces dames, le duc fit signe à Jeanie de s'arrêter, et, s'avançant lui-même avec la grâce qui lui était naturelle, fit un profond salut, qui lui fut rendu avec une politesse pleine de dignité par la personne de laquelle il s'approchait.

« J'espère, » dit-elle, avec un sourire affable et gracieux, « que, si étranger que le duc d'Argyle ait été depuis longtemps à la cour, je le rencontre en aussi bonne santé que peuvent le désirer les amis qu'il a là et ailleurs. »

Le duc répondit « qu'il se portait parfaitement; » et il ajouta « que la nécessité de s'occuper des affaires publiques à la chambre, et le temps que lui avait pris un voyage récent en Écosse, l'avaient rendu moins assidu qu'il ne l'aurait désiré pour présenter ses devoirs aux levers et aux réceptions.

— Quand Votre Grâce pourra trouver le temps d'accomplir un devoir aussi frivole, » répliqua la reine, « elle peut être assurée d'être bien reçue. Je pense que ma diligence à me rendre au désir par vous exprimé hier à lady Suffolk est une preuve suffisante que l'une, au moins, des personnes de la famille royale n'a pas oublié des services anciens et importants, par un ressentiment de ce qui, depuis peu, pourrait sembler de la négligence. » Cela fut dit, en apparence, de l'humeur la plus aimable, et d'un ton qui exprimait un désir de conciliation.

Le duc répliqua « qu'il se considérerait comme le plus malheureux de tous les hommes, s'il pouvait être supposé capable de négliger son devoir, de la manière et dans les circonstances où ce devoir serait désiré et pourrait être agréable. Il était profondément flatté de l'honneur que Sa Majesté lui faisait en ce moment; et il espérait qu'elle s'apercevrait bientôt que c'était en une matière essentielle aux intérêts de Sa Majesté, qu'il avait la hardiesse de lui causer ce dérangement.

— Vous ne sauriez m'obliger mieux, Milord duc, » répliqua la reine, « qu'en me procurant l'avantage de vos lumières et de votre expérience sur un point qui touche au service du roi. Votre Grâce sait que je ne puis être autre chose que l'intermédiaire par lequel les affaires sont soumises à la haute sagesse de Sa Majesté; mais si c'est une demande qui concerne personnellement Votre Grâce, elle ne perdra rien à être présentée par moi.

— La demande n'est pas pour moi, Madame, » répliqua le duc ; « et je n'en ai aucune à présenter personnellement, quoique je ressente dans toute leur force mes obligations envers Votre Majesté. Il s'agit d'une affaire qui regarde Votre Majesté comme amie de la justice et de la clémence, et qui, j'en suis convaincu, peut être on ne peut plus utile pour calmer l'irritation fâcheuse subsistant en ce moment, en Écosse, parmi les sujets loyaux de Sa Majesté. »

Il y avait, en ces paroles, deux points désagréables à Caroline. Elles écartaient, en premier lieu, la pensée flatteuse qu'elle avait conçue qu'Argyle voudrait employer son intercession personnelle pour faire sa paix avec le gouvernement et recouvrer les emplois dont il avait été privé ; et, de plus, il ne lui plaisait pas qu'il parlât du mécontentement de l'Écosse comme d'une irritation à écouter, et non à réduire.

Sous l'influence de ces sentiments, elle répondit avec vivacité : « Sa Majesté a le devoir de remercier Dieu et les lois, Milord duc, de ce qu'elle a, en Angleterre, des sujets loyaux ; quant à ses sujets d'Écosse, elle doit, je crois, remercier Dieu et son épée. »

Tout courtisan qu'était le duc, son visage se colora légèrement, et la reine, sentant à l'instant son imprudence, ajouta sans laisser voir le moindre changement sur son visage, et comme si ses nouvelles paroles n'étaient que la suite et le complément des premières : « Et aussi les épées de ces Écossais fidèles qui sont amis de la maison de Brunswick, particulièrement celle de Sa Grâce le duc d'Argyle.

— Mon épée, Madame, » répliqua le duc, « comme celle de mes pères, a toujours été aux ordres de mon roi légitime et de mon pays natal ; il est impossible, j'en ai l'assurance, de séparer ces deux ordres de droits et d'intérêts, mais l'affaire présente touche à un intérêt privé, et concerne une personne obscure.

— Quelle est cette affaire, Milord ? » dit la reine. « Sachons bien ce dont nous parlons, de peur d'interpréter mal nos paroles et de ne pas nous comprendre.

— Il s'agit, Madame, » répondit le duc d'Argyle, « du sort d'une pauvre jeune Écossaise, sous le coup en ce moment d'une sentence de mort pour un crime dont je crois fort probable qu'elle est innocente. L'humble pétition que j'adresse à Votre Majesté tendrait à obtenir auprès du roi, en vue d'une grâce, votre intercession puissante. »

Ce fut maintenant, pour la reine, le tour de rougir ; la rougeur s'étendit sur ses joues et sur son front, sur son col et sur son sein. Elle fut un instant sans parler, comme si elle n'avait pas voulu confier à sa voix la première expression de son déplaisir ; puis, prenant un air de dignité et un regard sévère : « Milord, » répliqua-t-elle enfin, « je ne vous demanderai pas vos motifs pour m'adresser une requête que les circonstances rendent à ce point extraordinaire. Comme pair et comme membre du conseil privé, vous aviez le droit de demander audience, et le cabinet du roi vous était ouvert, sans me donner la peine de cet entretien. Moi, du moins, j'en ai assez des grâces que l'on accorde en Écosse. »

Le duc était préparé à cet élan d'indignation, et n'en fut pas ébranlé. Il n'essaya pas de répondre, aussi longtemps que la reine était dans la première chaleur de son déplaisir, mais il garda la même posture, ferme et respectueuse, qu'il avait eue jusque-là. La reine, habituée par sa situation à se dominer, s'aperçut à l'instant de l'avantage qu'elle donnerait contre elle en cédant à l'emportement ; et elle ajouta du même ton affable et gracieux avec lequel elle avait ouvert l'entrevue : « Vous m'accorderez, Milord, quelques-uns des privilèges de mon sexe, et vous ne me jugerez pas d'une manière peu charitable si je suis un peu émue de l'insulte grossière et de l'outrage faits, dans la capitale de l'Écosse, à l'autorité royale, au moment même où ma fort indigne personne en était investie. Votre Grâce ne peut pas être surprise que j'aie ressenti cela sur le moment, et que je m'en souvienne à cette heure.

— C'est chose, assurément, à ne pas oublier en un jour, » répondit le duc. « Mes humbles pensées sur ce point ont été sous les yeux de Votre Majesté, et il faut que je me sois bien mal exprimé si je n'ai pas fait comprendre mon horreur pour un meurtre commis dans des circonstances aussi extraordinaires. J'ai pu avoir le malheur de différer d'opinion avec les conseillers de Votre Majesté sur le degré dans lequel il serait juste ou politique de punir les innocents au lieu des coupables. Mais Votre Majesté, je l'espère, me permettra de garder le silence sur un point où mes sentiments n'ont pas la bonne fortune de s'accorder avec ceux d'hommes plus capables que moi.

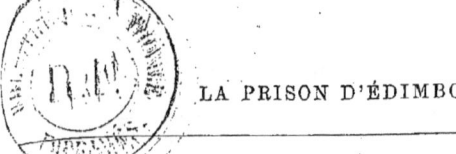

« Ne poursuivons pas un sujet sur lequel, probablement, nos avis seraient différents, » dit la reine. « Un mot, cependant, que je puis vous dire en secret (notre bonne lady Suffolk est, vous le savez, un peu sourde). Le duc d'Argyle, lorsqu'il sera disposé à refaire connaissance avec son maître et sa maîtresse, trouvera peu de matières sur lesquelles on ne s'entende point.

—. Permettez-moi d'espérer, » dit le duc, répondant par un profond salut à cette insinuation flatteuse, « que je ne serai pas assez malheureux pour en avoir trouvé une dans la présente occasion.

— Il faut d'abord que je confesse Votre Grâce, » dit la reine, « avant de lui donner l'absolution. Quel intérêt particulier portez-vous à cette jeune femme? Elle ne semble pas, » et, en disant cela, elle examinait Jeanie de l'œil d'un connaisseur, « elle ne semble pas faite pour alarmer la jalousie de notre amie la duchesse.

— Votre Majesté, je pense, » répliqua le duc, souriant à son tour, « voudra bien, en cela, considérer mon goût comme une garantie de ma vertu.

— Alors, et bien qu'elle n'ait pas précisément l'air d'une grande dame, elle est, je le suppose, votre cousine au trentième degré, dans le terrible chapitre de la généalogie écossaise?

— Non, Madame, » dit le duc; « mais je souhaite que mes plus proches parents aient la moitié de son mérite, de son honnêteté, et de son dévouement.

— Son nom doit être Campbell, tout au moins? » dit la reine Caroline.

« Non, Madame; son nom n'est pas aussi illustre, si vous me permettez d'employer ce mot, » répondit le duc.

« Ah! mais elle vient d'Inverary ou du comté d'Argyle? » dit la souveraine.

« Jamais de sa vie, Madame, elle n'est allée plus au nord qu'Édimbourg.

— Toutes mes conjectures, alors, sont en défaut, » dit la reine, « et Votre Grâce doit prendre elle-même la peine de m'expliquer l'affaire de sa protégée. »

Avec la précision et la brièveté facile qui ne s'acquièrent que par la fréquentation habituelle des plus hauts rangs de la société, diamétralement opposées au jargon diffus qu'appellent

Les hobereaux beau style, et le vulgaire prose,

le duc expliqua la loi singulière sous l'empire de laquelle Effie Deans avait été condamnée à mort, et raconta les efforts dévoués que Jeanie avait faits pour sa sœur, à laquelle elle voulait sacrifier tout, sauf la vérité et sa conscience.

La reine Caroline écouta avec attention ; elle aimait assez la discussion (rappelons-le), et elle trouva bientôt, dans ce que le duc lui disait, matière à objections contre sa requête.

« Cette loi, Milord, » répliqua-t-elle, « me semble sévère. C'est cependant sur de bons motifs (je suis forcée de le supposer) qu'elle a été adoptée comme loi du pays, et c'est en vertu de ses prescriptions que la jeune fille a été condamnée. Les présomptions dans lesquelles la loi voit une preuve formelle du crime existent dans son affaire. Tout ce qu'a dit Votre Grâce de la possibilité de son innocence peut être un fort bon argument pour annuler l'acte du Parlement, mais ne saurait, tant qu'il subsiste, être admis en faveur d'une personne condamnée par application du statut. »

Le duc vit le piège et l'évita, car il sentait qu'en répondant à l'argument, il aurait été inévitablement conduit à une discussion, au cours de laquelle la reine se serait sans doute affermie dans son opinion, au point d'être obligée, pour échapper au reproche d'inconséquence, de laisser la condamnée subir sa peine. « Si Votre Majesté, » dit-il, « daignait entendre ma pauvre compatriote, peut-être celle-ci trouverait-elle dans votre cœur un avocat plus capable que moi de combattre les doutes que vous suggère votre esprit. »

La reine parut consentir, et le duc fit signe à Jeanie d'avancer. Du lieu où elle était restée jusque-là, elle avait observé les physionomies, accoutumées depuis trop longtemps à réprimer tous signes apparents d'émotion, pour lui pouvoir transmettre un renseignement de quelque importance. Sa Majesté ne put s'empêcher de sourire du respect immense avec lequel s'avançait vers elle la petite Écossaise à l'air calme et réservé ; elle sourit davantage encore aux premiers accents de sa voix septentrionale. Jeanie avait l'organe doux et harmonieux, admirable instrument chez une femme ; elle supplia « Sa Seigneurie d'avoir pitié d'une pauvre créature égarée, » et d'une façon si touchante, que, comme en quelques-uns des chants de son pays, la vulgarité provinciale se perdit dans l'émotion du langage.

« Jeune femme, » dit la reine, mais avec douceur, « quelle barbarie n'y a-t-il pas chez les gens de votre pays, où l'infanticide est devenu assez commun pour appeler la sévérité de lois comme celle qu'on vous a donnée ?

— Si Votre Seigneurie veut bien le permettre, » répondit Jeanie, « il y a d'autres pays que l'Écosse où les mères sont mauvaises pour leur propre chair et leur propre sang. »

On remarquera que les différends entre Georges II et Frédéric, prince de Galles, étaient alors à l'état le plus aigu, et que la meilleure partie du public en mettait le blâme sur la reine. La rougeur monta vivemment au visage de celle-ci ; elle lança un regard pénétrant à Jeanie d'abord, puis au duc. Tous deux le soutinrent sans s'émouvoir ; Jeanie parce qu'elle n'avait nullement conscience de l'offense qu'elle avait commise, le duc à raison de l'empire qu'il savait avoir sur lui. Mais, intérieurement, il pensa que, par cette réponse malheureuse, sa pauvre protégée avait tué net, par un malentendu, son unique espoir de succès.

Lady Suffolk, avec adresse et bienveillance, s'interposa dans cette crise malencontreuse, et, s'adressant à Jeanie : « Dites à Madame les raisons particulières qui rendent ce crime fréquent dans votre pays.

— Il y en a qui croient que c'est le tribunal ecclésiastique, la... la... *la sellette,* si Votre Seigneurie le veut bien, » dit Jeanie, baissant les yeux et faisant la révérence.

« La... quoi ? » dit lady Suffolk, qui ne savait pas ce que ce mot voulait dire, et dont l'oreille, d'ailleurs, n'était pas bien bonne.

« La *sellette de repentir,* Madame, sauf le bon plaisir de Votre Seigneurie, » répondit Jeanie, « pour celles dont la vie et les habitudes sont légères, et qui violent le septième commandement. »

Ici, levant les yeux vers le duc, elle le vit porter la main à son menton, et, totalement inconsciente de ce qu'elle avait dit de déplacé, elle doubla l'effet de l'allusion en s'arrêtant court, d'un air tout embarrassé.

Quant à lady Suffolk, elle se retira comme des troupes de secours, qui, s'étant interposées entre l'armée en retraite et l'ennemi, se sont attiré soudainement un feu d'une sévérité inattendue.

« Le diable l'emporte! » pensa le duc d'Argyle; « voici une seconde décharge; et les deux coups ont porté, l'un à droite, l'autre à gauche. »

Le duc avait sa part de confusion; ayant agi comme maître des cérémonies dans l'intérêt de cette innocente coupable, il se sentait dans la situation d'un gentilhomme campagnard, qui introduit son épagneul dans un salon bien ordonné, et qui se voit condamné à assister au désordre et au dégât que causent aux porcelaines et aux belles toilettes les gaîtés intempestives de son compagnon. La seconde bévue de Jeanie effaça cependant la mauvaise impression que la première avait fait naître; l'épouse ne s'était pas à ce point absorbée dans la reine, que Sa Majesté ne se réjouît d'une plaisanterie faite aux dépens de « sa bonne Suffolk. » Elle se tourna vers le duc d'Argyle, avec un sourire marquant la joie du triomphe, et observa que « les Écossais sont un peuple d'une moralité rigide. » Puis, s'adressant de nouveau à Jeanie, elle lui demanda comment elle était venue d'Écosse.

« A pied, presque tout le temps, Madame, » répliqua Jeanie.

« Quoi! toute cette longue route à pied? Combien de chemin faites-vous en un jour?

— Vingt-cinq milles, et un *bittock*.

— Et un quoi? » dit la reine, regardant le duc d'Argyle.

« Et cinq milles de plus, environ, » répliqua le duc.

« Je me croyais bonne marcheuse, » dit la reine, « mais cela me fait honte.

— Puisse Votre Seigneurie n'avoir jamais assez de fatigue au cœur pour ne plus sentir celle du corps! » dit Jeanie.

« Voilà qui va mieux, » pensa le duc; « c'est la première chose qu'elle dit à propos.

— Je n'ai cependant pas marché à pied tout du long, car j'ai eu quelquefois la chance d'une charrette ; et d'un cheval à partir de Ferrybridge... et plusieurs autres occasions, » dit Jeanie, coupant court à son histoire, car elle remarqua que le duc avait fait le signe convenu.

« En dépit de ces occasions favorables, » répondit la reine, « vous devez avoir fait un voyage très fatigant, et, je le crains, sans beaucoup d'utilité ; si le roi venait à pardonner à votre sœur, cela ne serait probablement pas d'un grand secours pour elle, car votre peuple d'Édimbourg la pendrait, je suppose, par dépit.

— Elle va se couler tout à fait, » pensa le duc.

Il se trompait. Les bas-fonds où Jeanie avait touché dans cette conversation délicate étaient invisibles et lui étaient inconnus ; le rocher, à présent, était à fleur d'eau, et elle l'évita.

« Elle avait la confiance, » dit-elle, « que la ville et la campagne se réjouiraient de voir Sa Majesté prendre en pitié une créature sans appui.

— Sa Majesté, dans une circonstance récente, n'a pas trouvé qu'il en fût ainsi, » dit la reine ; « mais Milord duc conseillerait sans doute au roi de se laisser guider par les votes de la populace, pour savoir qui il faut pendre ou épargner?

— Non, Madame, » dit le duc ; « je conseillerais à Sa Majesté de se laisser guider par ses sentiments et par ceux de sa royale épouse ; alors, j'en suis sûr, le châtiment ne s'attachera qu'au crime, et encore avec prudence et regret.

— Milord, » dit Sa Majesté, « toutes ces belles paroles n'arrivent pas à me convaincre qu'il convienne d'accorder aussitôt des marques de faveur à votre métropole, rebelle, ce serait trop dire, mais désaffectionnée et intraitable. La nation tout entière s'est liguée pour cacher les meurtriers sauvages et abominables de ce malheureux homme ; comment serait-il possible, sans cela, que, de tant de coupables, engagés pendant si longtemps dans un acte aussi public, pas un seul n'eût été découvert? Cette fille est elle-même, peut-être, dépositaire du secret. Dites-moi, jeune femme, aviez-vous des amis dans l'émeute de Porteous?

— Non, Madame, » répondit Jeanie, heureuse que la question fût posée de façon à lui permettre, en sûreté de conscience, de répondre négativement.

« Je suppose, » continua la reine, « que, si vous étiez en possession d'un pareil secret, vous vous tiendriez pour obligée, en conscience, de le garder pour vous?

— Je prierais, Madame, pour savoir la ligne que le devoir prescrit, » répondit Jeannie.

« Oui, et vous prendriez celle qui serait de votre goût, » répliqua Sa Majesté.

« Si vous le permettez, Madame, » dit Jeanie, « je serais allée jusqu'au bout du monde pour sauver la vie de Jean Porteous, ou de tout autre malheureux dans sa position ; mais j'aurais des doutes pour savoir jusqu'à quel point je serais appelée à venger son sang, encore qu'il convienne aux magistrats de le faire. Il est mort, il est à la place qu'il doit occuper ailleurs, et ceux qui l'ont tué répondront de leur action. Mais ma sœur, ma pauvre sœur Effie, vit encore, quoique ses jours et ses heures soient comptés! Elle vit encore, et un mot de la bouche du roi pourrait la rendre à un pauvre vieillard désolé, qui jamais, dans ses dévotions du matin et du soir, n'a oublié de prier pour que Sa Majesté eût un règne long et prospère, et pour que son trône, et celui de sa postérité, s'établît sur l'équité. O Madame, si jamais vous avez su ce que c'est que la douleur qu'on ressent pour une créature pécheresse et malheureuse, la douleur qu'on ressent à cause d'elle et que l'on partage avec elle ; ce que c'est qu'une infortunée qui, ballottée par le désespoir, ne sait trouver de refuge ni dans la vie ni dans la mort, ayez pitié de notre misère! Sauvez du déshonneur une maison honnête ; sauvez d'une mort prématurée et terrible, une pauvre fille, qui n'a pas encore dix-huit ans! Hélas! ce n'est pas lorsque nous dormons doucement pour nous réveiller joyeux, que nous pensons aux souffrances des autres. Nos cœurs sont légers alors, et ne songent qu'à venger leurs droits et à combattre leurs batailles. Mais quand l'heure de la souffrance arrive pour l'esprit ou pour le corps (puisse cette heure-là visiter rarement Votre Seigneurie!), quand vient l'heure de la mort, qui sonne pour les grands comme pour les petits (puisse la vôtre sonner le plus tard possible!), oh, Madame, ce n'est pas à ce que nous avons fait pour nous, mais à ce que nous avons fait pour les autres, que nous pensons alors le plus volontiers. La pensée que vous aurez eue d'intervenir pour sauver la vie

Jeanie à genoux devant la reine Caroline : celle-ci lui donne un petit nécessaire.

de la pauvre créature vous sera plus douce ce jour-là, quoi qu'il arrive, que si une parole de votre bouche pouvait pendre à une seule corde la foule tout entière qui a causé la mort de Porteous. »

Les larmes suivaient les larmes sur les joues de Jeanie, tandis que, les traits brillant et tremblant d'émotion, elle plaidait la cause de sa sœur avec une énergie à la fois simple et solennelle.

« C'est de l'éloquence, » dit Sa Majesté au duc d'Argyle. « Jeune femme, » continua-t-elle, en s'adressant à Jeanie, « je ne puis accorder la grâce à votre sœur; mais ma chaude intercession ne vous manquera pas auprès de Sa Majesté. Prenez cette ménagère, » ajouta-t-elle, mettant aux mains de Jeanie un petit nécessaire à aiguilles, « ne l'ouvrez pas maintenant, mais plus tard et à loisir. Vous trouverez dedans quelque chose qui vous fera souvenir que vous avez eu une entrevue avec la reine Caroline. »

Jeanie, voyant confirmer ainsi ses soupçons, tomba à genoux, et se serait livrée à tous les élans de la gratitude; mais le duc, sur les épines dans la crainte qu'elle n'en dît un peu plus ou un peu moins qu'il ne fallait, toucha encore une fois son menton.

« Notre affaire, je crois, Milord duc, est finie, quant à présent, » dit la reine; « et, je le pense, à votre satisfaction. J'espère, désormais, voir plus souvent Votre Grâce et à Richmond et à Saint-James. Venez, lady Suffolk; il faut que nous souhaitions le bonjour à Sa Grâce. »

Ils échangèrent en partant leurs salutations. Dès que les dames se furent retournées, le duc aida Jeanie à se relever, et la reconduisit par l'avenue, qu'elle suivit comme une personne qui marcherait dans un rêve.

CHAPITRE XXXVII.

Lorsque j'aurai fléchi la colère du roi,
Votre avocat, alors, on saura que c'est moi.
SHAKSPEARE, *Cymbeline.*

E duc d'Argyle conduisit en silence Jeanie vers la petite poterne par laquelle ils avaient été introduits dans le parc de Richmond, longtemps la résidence favorite de la reine Caroline. Elle leur fut ouverte par le même concierge invisible, et ils se trouvèrent hors de l'enceinte du domaine royal. Pas un mot ne fut dit encore, soit par l'un soit par l'autre. Le duc voulait probablement donner à sa rustique protégée le temps de reprendre ses esprits éblouis et écrasés par un colloque aussi imposant; et Jeanie Deans, au milieu de ce qu'elle avait deviné, entendu et vu, était trop agitée pour pouvoir faire une question.

Ils trouvèrent la voiture du duc au lieu où ils l'avaient laissée; et, quand ils y furent remontés, ils reprirent avec rapidité le chemin de la ville.

« Je crois, Jeanie, » dit le duc, rompant le silence, « que vous avez sujet de vous féliciter de l'issue de votre entrevue avec Sa Majesté.

— Était-ce la reine? » dit Jeanie; « je m'en suis doutée quand j'ai vu que Votre Honneur ne remettait pas son chapeau. Et cependant c'est à peine si je puis le croire, même après qu'elle me l'a dit.

— C'était la reine Caroline, sans aucun doute, » répliqua le duc. « N'êtes-vous pas curieuse de voir ce qu'il y a dans le petit nécessaire ?

— Pensez-vous, Monsieur, que la grâce puisse être dedans ? » dit Jeanie, avec l'animation de l'espérance.

« Oh ! non, » répliqua le duc ; « cela n'est pas probable. On ne porte guère cela sur soi, à moins de savoir d'avance qu'on vous le demandera ; et, d'ailleurs, Sa Majesté vous a dit que ce n'était pas à elle, mais au roi, qu'il appartenait de l'accorder.

— C'est vrai, » dit Jeanie ; « mais j'ai l'esprit si à l'envers ! Votre Honneur pense-t-il donc que la grâce d'Effie soit certaine ? » ajouta-t-elle, tenant encore en main le nécessaire sans l'avoir ouvert.

« Les rois, » répliqua le duc, « sont des chevaux difficiles à ferrer des pieds de derrière, comme nous le disons dans le nord ; mais sa femme sait comment s'y prendre, et je n'ai pas le moindre doute que la chose ne soit certaine.

— Oh ! Dieu soit loué ! Dieu soit loué ! » s'écria Jeanie ; « et puisse la bonne dame ne manquer jamais de ce bien-être du cœur qu'elle me donne en ce moment ! Que Dieu vous bénisse aussi, Milord ! Sans votre secours, je n'aurais jamais approché d'elle. »

Le duc la laissa longtemps s'étendre sur ce sujet, curieux de voir, peut-être, jusqu'à quand le sentiment de la gratitude suspendrait celui de la curiosité. Mais ce dernier sentiment était si faible chez Jeanie, que Sa Grâce, en qui, sans doute, il était un peu plus fort, fut obligée d'amener, une seconde fois, le présent de la reine sur le tapis. On l'ouvrit. Dans l'intérieur étaient les assortiments ordinaires de soies et d'aiguilles, avec les ciseaux *et cœtera ;* et, dans la poche, un billet de banque de cinquante livres.

Le duc n'eut pas plutôt informé Jeanie de la valeur de ce papier (car elle n'était pas accoutumée à voir des billets de pareille somme), qu'elle exprima son regret de la méprise qui avait eu lieu. « La ménagère en elle-même, » dit-elle, « était, comme souvenir, une chose de haute valeur, avec le nom de la reine écrit à l'intérieur, de sa propre main sans doute : *Caroline,* aussi distinctement que possible, et avec une couronne dessinée au-dessus. »

Elle tendit le billet au duc, lui demandant de trouver quelque moyen de le rendre à sa royale propriétaire.

« Non, non, Jeanie, » dit le duc, « il n'y a pas de méprise. Sa Majesté sait que vous avez dû faire de grandes dépenses, et elle veut vous en rembourser.

— Elle est vraiment trop bonne, » dit Jeanie, « et cela me fait bien plaisir de pouvoir rendre à Dumbiedikes son argent, sans gêner mon bon vieux père.

— Dumbiedikes? Un franc tenancier du Mid-Lothian, n'est-ce pas? » dit Sa Grâce, qui, résidant parfois en ce comté, connaissait la plupart des propriétaires fonciers du voisinage. « Il a une maison non loin de Dalkeith, une perruque noire et un chapeau galonné.

— Oui, Monsieur, » répondit Jeanie, qui, sur ce chapitre, avait ses raisons pour être brève en ses réponses.

« Ah! mon vieil ami Dumbie! » dit le duc; « je l'ai vu trois fois, et j'ai entendu une fois le son de sa voix. Serait-il votre cousin, Jeanie?

— Non, Monsieur... non, Milord.

— Alors, c'est un prétendant?

— Monsieur... Milord... oui, » répondit Jeanie en rougissant, et avec hésitation.

« Aha! Et, si le laird se met de la partie, mon ami Butler, je suppose, va courir quelque danger.

— Oh non, Monsieur, » répondit Jeanie beaucoup plus vivement, mais en se colorant de plus belle.

« Jeanie, » dit le duc, « on peut se fier à vous pour la direction de vos affaires, et je ne vous en demanderai pas plus long. En ce qui concerne la grâce, je verrai à ce qu'elle soit expédiée selon les formes voulues; j'ai, dans les bureaux, un ami, de vieille date, qui me rendra ce service. Après cela, Jeanie, comme j'aurai occasion d'envoyer en Écosse un exprès qui voyagera avec plus de sûreté et de rapidité que vous, j'aurai soin de faire parvenir la grâce royale ainsi qu'il convient. Vous feriez bien, en attendant, d'écrire à vos amis, par la poste, votre bon succès.

— Votre Honneur pense-t-il, » dit Jeanie, « que cela fera aussi bien que si je prenais mes jambes à mon cou, et si je filais moi-même lestement à la maison?

— Cela fera beaucoup mieux, » dit le duc. « Vous savez que les routes ne sont pas sûres pour une femme seule. »

Jeanie, au dedans d'elle, acquiesça à cette observation.

« Et j'ai, en outre, un projet pour vous. Une des femmes de la duchesse, et un de mes serviteurs, votre connaissance Archibald, vont aller à Inverary dans une petite calèche, avec quatre chevaux que j'ai achetés; il y a assez de place dans la voiture pour que vous alliez avec eux jusqu'à Glasgow, où Archibald trouvera moyen de vous envoyer en sûreté jusqu'à Édimbourg. Je vous prie, en route, d'apprendre à la femme avec laquelle vous voyagerez tout ce que vous pourrez des mystères de la fabrication du fromage, car elle aura un emploi dans la laiterie, et je jurerais que vous êtes aussi correcte en matière de seaux de lait que lorsqu'il s'agit de votre vêtement.

— Votre Honneur aime-t-il le fromage? » demanda Jeanie avec un éclair de joie.

« Si je l'aime? » dit le duc, dont la bienveillante nature prévoyait ce qui allait suivre ; « la galette d'Écosse et le fromage, c'est un dîner fait pour un empereur, et, à plus forte raison, pour un homme des hautes terres. »

— C'est que, » dit Jeanie, avec une modeste confiance, et fort contente d'elle évidemment, « on a trouvé que nous faisions si bien les fromages, qu'il y a des personnes qui estiment les nôtres aussi bons que le vrai Dunlop; et si Votre Grâce voulait bien en accepter un ou deux pains, cela nous rendrait bien heureux et bien fiers! Mais peut-être aimez-vous mieux le lait de brebis, le fromage de Buckholmside; ou, encore le lait de chèvre, comme vous êtes des hautes terres. Pour ceux-là, je ne prétendrais pas avoir le même talent; mais il y a ma cousine Jacqueline, qui habite à Lockermachus dans le Lammermoor, à qui j'en pourrais parler, et...

— Ce n'est pas du tout nécessaire, » dit le duc; « le Dunlop est le fromage que j'aime le mieux, et ce sera pour moi la plus grande faveur si vous m'en envoyez un à Caroline-Park. Piquez-vous d'honneur, Jeanie, et faites-le vous-même, car je suis très bon juge.

— Je ne doute point, » dit Jeanie avec assurance, « que Votre Honneur ne soit satisfait ; car je suis sûre que vous ne reprochez jamais rien à ceux qui font de leur mieux ; et c'est bien mon devoir, je crois, de faire comme cela. »

On aborda de la sorte un sujet sur lequel les deux voyageurs, quelque différents qu'ils fussent de rang et d'éducation, trouvèrent l'un et l'autre beaucoup à dire. Le duc, indépendamment de ses autres qualités que l'amour de son pays lui inspirait, était un agriculteur distingué, et fier de ses connaissances en cette matière. Il entretint Jeanie de ses observations sur les différentes races de bestiaux en Écosse et de ce qu'elles valaient pour la laiterie, et il reçut en retour tant de renseignements de l'expérience pratique de son interlocutrice, qu'il lui promit une couple de vaches du Devonshire en récompense de la leçon. Bref, son esprit s'était si bien reporté vers ses occupations et ses amusements de la campagne, qu'il soupira quand son équipage s'arrêta à côté de la vieille voiture de louage, qu'Archibald avait fait attendre à l'endroit où on l'avait laissée. Tandis que le cocher rebridait ses maigres coursiers, qu'avait régalés une poignée de mauvais foin, le duc avisa Jeanie de ne pas être trop communicative, vis-à-vis de son hôtesse, sur ce qui s'était passé.

« Il n'est point nécessaire, » dit-il, « de parler des choses tant qu'elles ne sont pas tout à fait réglées ; vous renverrez la bonne dame à Archibald, si elle vous fait trop de questions. C'est pour lui une vieille connaissance, et il sait comment mener les choses avec elle. »

Il fit alors à Jeanie un adieu cordial, et lui dit d'être prête, la semaine suivante, à retourner en Écosse. L'ayant vue bien installée dans sa voiture de louage, il roula dans son équipage, fredonnant une stance de la ballade qui fut, dit-on, composée par lui :

> « C'est Dumbarton qui paraît :
> Sur l'oreille mon bonnet
> Se campe, et je me rengorge ;
> Et la claymore gaîment
> Sur mes talons va trimant
> Pour couper les gâteaux d'orge. »

Peut-être faut-il être véritablement Écossais pour comprendre avec quelle ardeur tous, sans distinction de rang ou de position, ont le sentiment du lien mutuel qui attache les uns aux autres ceux que le même pays a vus naître. Il y a, je le crois, plus de sympathie entre les habitants d'un pays rude et sauvage qu'entre ceux d'un pays fertile et bien cultivé; leurs ancêtres ont plus rarement changé de résidence; le souvenir commun des objets dignes de remarque est mieux tracé dans

leur esprit; les grands et les petits sont plus intéressés à leur bien-être mutuel; les sentiments de parenté et d'alliance s'y font sentir plus loin; tous les liens, en un mot, des affections de la patrie, toujours honorables même lorsqu'ils sont serrés d'une façon un peu trop étroite, ont plus d'influence sur les pensées des hommes et sur leurs actes.

Le carrosse de louage allait cahotant avec bruit sur le pavé de Londres, alors exécrable, à une allure très différente de celle qui avait transporté l'équipage ducal à Richmond; il déposa enfin Jeanie Deans et celui qui l'accompagnait au signe national du Chardon. Mistress

Glass, dont l'attente avait été longue et anxieuse, se précipita, pleine d'une curiosité ardente et la bouche ouverte pour toutes les interrogations, sur notre héroïne, positivement incapable de soutenir la cataracte écrasante de ses questions, éclatant avec l'impétuosité d'un torrent qui rompt ses digues : « Avait-elle vu le duc, que Dieu le bénisse! la duchesse, les jeunes demoiselles? Avait-elle vu le roi, Dieu le bénisse! la reine, le prince de Galles, la princesse, ou quelques autres personnages de la famille royale? Avait-elle la grâce de sa sœur? Avait-elle grâce entière, ou n'était-ce qu'une commutation de peine? Était-elle allée loin? à quel endroit? qui avait-elle vu? qu'avait-elle dit? qu'est-ce donc qui l'avait retenue si longtemps? »

Telles étaient les questions diverses jetées pêle-mêle les unes sur les autres par une curiosité si vive, qu'elle pouvait à peine attendre qu'on la satisfît. Jeanie aurait été plus embarrassée que de raison par ce flot terrible d'interrogations, si Archibald, qui probablement avait reçu de son maître des instructions à cet égard, ne s'était avancé à la rescousse. « Mistress Glass, » dit Archibald, « Sa Grâce m'a tout particulièrement chargé de vous dire qu'il vous serait on ne peut plus obligé de ne pas faire de questions à la jeune femme, attendu qu'il a l'intention de vous expliquer l'état des choses mieux que celle-ci ne saurait le faire, et de vous consulter sur quelques points qu'elle ne saurait pas vous expliquer assez bien. Le duc viendra pour cela au Chardon demain ou le jour d'après.

— Sa Grâce a trop de bonté, » dit Mistress Glass, dont le zèle à s'enquérir était tempéré, quant à présent, par l'administration adroite de cette dragée; « Sa Grâce comprend que je suis jusqu'à un certain point responsable de la conduite de ma jeune parente, et nul doute que Sa Grâce ne soit le meilleur juge de la mesure dans laquelle, pour la direction de cette affaire, elle doit donner ses instructions à ma cousine ou à moi.

— Sa Grâce le comprend parfaitement, » répondit Archibald, avec une gravité tout écossaise; « et confiera certainement ce qu'elle a à dire à la plus discrète des deux; Sa Grâce compte donc, Mistress Glass, que vous ne direz rien à Mistress Jeanie Deans de ses affaires ou de celles de sa sœur jusqu'à ce qu'il vous ait vue. Il m'a chargé de vous assurer, en même temps, que tout allait aussi bien, Mistress Glass, que vous le pouviez souhaiter.

— Sa Grâce est très bonne et très sage, assurément, Monsieur Archibald; les ordres de Sa Grâce seront exécutés, et... Mais vous avez fait une longue course, Monsieur Archibald, comme je le vois par la durée de votre absence, et je devine » (avec un sourire engageant) « que vous n'en seriez pas plus mal pour avoir bu un verre de vrai rossolis.

— Je vous remercie, Mistress Glass, » dit le grand dépositaire des secrets du grand homme, « mais il faut que je retourne de suite auprès de Milord. » Et, faisant poliment ses adieux aux deux cousines, il quitta la boutique de la dame du Chardon.

« Je suis heureuse que vos affaires aient si bien marché, Jeanie, ma chérie, » dit Mistress Glass; « je savais déjà qu'il n'y avait plus guère à craindre pour elles, du moment que le duc d'Argyle avait bien voulu les prendre en main. Je ne vous ferai pas de questions là-dessus, puisque Sa Grâce, qui est très sage et très prudente en ces matières, a l'intention de me dire ce que vous savez vous-même, ma chère, et, sans aucun doute, beaucoup d'autres choses encore. Tout ce qui serait trop lourd à porter pour vous me sera communiqué en même temps, car, comme vous le voyez, le bon plaisir de Sa Grâce est que je sache tout sans retard. Que ce me soit dit par lui, ou par vous, cela ne fera pas la moindre différence, n'est-ce pas? Si je sais d'avance ce qu'il doit me dire, je n'en serai que mieux préparée pour lui donner mon avis ; vous ou lui, après tout, ma chère, vous ou lui, cela ne fait rien. Vous pouvez donc me dire tout ce que vous voudrez; remarquez, toutefois, que je ne vous fais pas de questions. »

Jeanie était un peu embarrassée. Elle se disait que la communication qu'elle avait à faire serait peut-être le seul moyen en son pouvoir pour récompenser sa bonne et hospitalière parente. Mais la prudence lui suggéra de suite que son entrevue secrète avec la reine Caroline, qui semblait enveloppée d'un certain mystère, n'était pas chose à livrer aux commérages de Mistress Glass, dont elle estimait plus le cœur que la discrétion. Elle répondit donc, d'une façon générale, que le duc avait eu l'extrême bonté de se mettre, de la façon la plus complète, au courant de la triste affaire de sa sœur, qu'il croyait avoir trouvé le moyen de rarranger les choses, mais qu'il se proposait de dire à Mistress Glass elle-même tout ce qu'il en pensait.

Ceci ne satisfit pas tout à fait l'esprit pénétrant de la maîtresse du Chardon. Non moins provocatrice que son tabac râpé, elle devint, en dépit de sa promesse, de plus en plus pressante en ses questions. « Jeanie avait-elle passé en entier ce temps-là chez le duc d'Argyle? Le duc était-il resté avec elle tout le temps? Avait-elle vu la duchesse? Avait-elle vu les filles du duc? Et, en particulier, lady Caroline Campbell? » A ces questions Jeanie répondit, toujours en termes généraux, qu'elle connaissait si peu la ville qu'elle ne pouvait pas dire exactement où elle était allée; qu'à sa connaissance, elle n'avait pas vu la duchesse; qu'elle avait vu deux dames, dont l'une, autant qu'elle avait compris, portait le nom de Caroline. Elle ne pouvait en dire davantage.

« Ce devait être la fille aînée du duc, lady Caroline Campbell; il n'y a pas de doute à cela, » dit Mistress Glass; « mais, évidemment, j'en saurai plus par Sa Grâce. Or, donc, le couvert est mis dans la petite salle du haut, et trois heures sont passées depuis longtemps. Après vous avoir attendue jusque-là, j'ai mangé un morceau; comme on le disait en Écosse de mon temps (le mot est-il resté? je n'en sais rien), ventre plein et ventre creux ne causent pas bien ensemble. »

CHAPITRE XXXVIII.

>Aux malheureux, bien sûr, le ciel, aux anciens jours,
>Des lettres en premier enseigna le secours ;
>Pour l'amant exilé, pour la jeune captive,
>La plume a commencé sa course fugitive.
>
>POPE.

 L'AIDE d'un travail de plume inouï, Jeanie s'efforça de tracer, pour les confier le lendemain à l'employé de la poste, non moins de trois lettres, exercice tout à fait étranger à ses habitudes : si elle avait eu du lait en quantité suffisante, elle aurait plus facilement fait trois fois autant de fromages de Dunlop. La première de ces lettres fut très courte. Elle était adressée à Georges Staunton, écuyer, au rectorat, Willingham, par Grantham ; l'adresse était due aux informations qu'elle avait tirées du paysan communicatif qui chevauchait devant elle en allant à Stamford. Elle était ainsi conçue :

« Monsieur,

« Pour prévenir de nouveaux malheurs, car il y en a eu assez, je vous communique ce qui suit : Monsieur, j'ai eu de Sa Majesté la reine la grâce de ma sœur, ce dont je ne doute point que vous ne soyez fort heureux ; et je n'ai rien eu à dire de la chose que vous savez. Je souhaite, Monsieur, que votre corps et votre âme se portent mieux, et qu'il plaise au médecin de vous visiter à l'heure qu'il jugera la meilleure. Je vous prie, Monsieur, de ne plus jamais revenir voir ma sœur, ce qui n'est déjà que trop arrivé. Ainsi donc, sans vous souhaiter aucun mal, et désirant au contraire pour vous le plus grand de tous les biens, celui d'abandonner, avant la mort, les chemins de l'iniquité, je demeure votre humble servante,

« *Vous savez qui.* »

La lettre suivante fut pour son père. Elle est trop longue pour que nous l'insérions en entier, mais nous en donnerons quelques extraits. Elle commençait en ces termes :

« Très cher et très honoré père,

« Cette lettre est, avec mes respects, pour vous informer qu'il a plu à Dieu de racheter ma pauvre sœur de captivité, en ce sens que Sa Majesté la reine, pour laquelle nous devrons à jamais prier le Seigneur, a racheté son âme de la main du meurtrier, en lui accordant sa rançon, ce qui veut dire une grâce ou un sursis. J'ai parlé face à face avec la reine, et cependant je suis encore en vie ; car elle ne diffère pas beaucoup des autres grandes dames, sauf qu'elle a un aspect imposant, et des yeux bleus semblables à ceux d'un faucon de chasse, qui me transperçaient comme un poignard des hautes terres. Tout ce bien nous est arrivé (toujours par la volonté du Grand Dispensateur pour qui tous ne sont que des instruments) par le canal du duc d'Argyle, véritable Écossais au cœur franc, et pas orgueilleux comme d'autres gens que nous connaissons. De plus, il se connaît assez bien en bestiaux, et il a promis de me donner deux vaches du Devonshire, une race dont il s'est amouraché, quoique je pense toujours que la race d'Ayrshire est la meilleure. Je lui ai promis un fromage. Je vous demanderais, si Gowans, la vache tachetée, a une génisse, de l'élever pour le duc, car j'ai cru comprendre qu'il n'en a pas de cette espèce ; il n'est point méprisant, et il prendra quelque chose de pauvres gens, pour soulager leur cœur du poids de la dette dont ils lui sont redevables. Son Honneur le duc acceptera aussi un de nos fromages de Dunlop, et ce sera ma faute si jamais, à Lowden, on en a fait un meilleur. » Ici suivent, sur l'élevage des bestiaux, et sur les produits de la laiterie, des observations que nous avons l'intention d'envoyer au Bureau de l'Agriculture. « Tout cela, cependant, n'est que du regain, par rapport au grand bien que la Providence nous a accordé, en nous donnant, surtout, la vie de la pauvre Effie. O mon cher père, puisqu'il a plu à Dieu d'exercer envers elle sa miséricorde, ne laissez pas ma sœur manquer d'un pardon complet, qui la rendra propre à devenir un vaisseau de grâce et une consolation pour vos cheveux gris. Veuillez, cher père, faire savoir au laird, qu'il nous est survenu des amis de la façon la plus surprenante, et que le talent qu'il m'a prêté lui sera rendu avec des remerciements. J'en ai une partie pour mon usage ; et le reste n'est pas enfermé dans une bourse ou dans un mouchoir, mais consiste en un petit morceau de papier, comme c'est la mode ici, et qui, j'en suis assurée, est aussi bon que de l'argent. C'est grâce à M. Butler, mon cher père, que j'ai l'amitié du duc ; car il y avait eu bons rapports entre leurs ancêtres durant les troubles de l'ancien temps. Mistress Glass a eu pour moi toute la tendresse d'une mère. Elle a ici une bonne maison, et vit à son aise, avec deux servantes un homme de peine et un commis dans la boutique. Elle vous enverra une livre de son meilleur tabac en poudre, et d'autres espèces de tabac ; il faudra que nous pensions à quelque cadeau pour elle, tant elle a été bonne. Le duc enverra la grâce de ma sœur par un exprès, vu que je ne pourrais pas voyager aussi vite ; et je retournerai avec deux serviteurs de Son Honneur. C'est d'abord Jean Archibald, un homme d'un certain âge et fort respectable, qui dit vous avoir vu, il y a longtemps, lorsque vous avez, dans l'ouest, acheté des bêtes du laird d'Aughtermuggitie. Peut-être ne vous en souviendrez-vous pas, mais, dans tous les cas, c'est un homme très comme il faut. La seconde personne est Mistress Dolly Dutton, qui doit être employée dans la laiterie d'Inverary. Ils me conduisent jusqu'à Glasgow, d'où il ne sera pas difficile d'aller chez nous, ce que je désire par-dessus tout. Puisse le Dispensateur de tout bien vous garder dans toutes vos démarches : telle est la prière fervente de votre fille qui vous aime,

« JEANIE DEANS. »

La troisième lettre était pour Butler. En voici la teneur :

« Monsieur Butler.

« Monsieur,

« Ce sera un plaisir pour vous de savoir que (Dieu en soit remercié !) tout ce que je suis venue faire ici est fait, et mené à bonne fin ; que la lettre de votre aïeul a été accueillie on ne peut mieux par le duc d'Argyle, et qu'il a écrit votre nom avec un crayon sur un petit livre de cuir ; ce qui me fait supposer qu'il vous fera avoir une école ou une église, car il en a assez, je n'en doute pas, à sa disposition. J'ai vu aussi la reine, qui, de sa propre main, m'a donné un nécessaire à aiguilles. Elle n'avait pas sa couronne et son sceptre ; on les lui serre quelque part, comme les beaux habits des enfants, pour qu'elle les porte quand elle en a besoin. Ils sont gardés dans une tour qui n'est pas comme la tour de Libberton ou comme celle de Craigmillar, mais qui ressemble plutôt au château d'Édimbourg, si les bâtiments en étaient transportés au milieu du Loch du nord. La reine a, en outre, été bien bonne, en me donnant un papier qui vaut cinquante livres, m'assure-t-on, pour payer mes dépenses, aller et retour. Ainsi, Monsieur Butler, comme nous sommes nés voisins, sans compter d'ailleurs ce qui a pu se dire entre nous, j'espère que vous ne vous priverez pas de ce qui vous sera utile pour votre santé, puisqu'il n'importe guère qui de nous deux a l'argent, lorsque l'autre en a besoin. Songez bien, pourtant, que cela ne veut point dire que, si vous aviez une église ou une école, comme je l'indiquais plus haut, vous seriez tenu à une chose que vous aimeriez mieux oublier. Je désirerais cependant que ce fût une école et non une église, à cause des difficultés sur les serments et les patronages, qui pourraient tourner mal avec mon excellent père. Si vous pouviez seulement obtenir une nomination dans la paroisse de Skreegh-me-dead, comme vous l'aviez espéré dans un temps, je crois que cela ferait bien plaisir au cher vieillard ; car je lui ai entendu dire que la racine de la vérité était plus profondément enfoncée dans cette sauvage paroisse de bruyères et de marécages que dans la Canongate d'Édimbourg. J'aurais aimé à savoir, Monsieur Butler, de quels livres vous avez besoin, car il y a ici des maisons entières qui en sont pleines, et l'on est obligé d'en mettre un certain nombre dans la rue, que l'on vend bon marché, pour les empêcher, sans doute, de se gâter par le mauvais temps. C'est une bien grande ville que Londres, et j'y ai vu tant de choses que la tête me tourne. Vous le savez depuis longtemps, je ne suis pas forte pour manier la plume, et il est près de onze heures du soir. Je retournerai dans le pays en bonne compagnie, et en toute sécurité. J'ai eu, en venant, des désagréments qui font que je suis enchantée de voyager avec des personnes comme il faut. Ma cousine Mistress Glass, a ici une fort bonne maison, mais tout y est si empoisonné de tabac que j'en suis quelquefois tout étourdie. Qu'est-ce que cela, cependant, auprès de la grande délivrance accordée à la maison de mon père, dont vous, qui nous voulez du bien de bon cœur depuis longtemps, vous vous réjouirez, je n'en doute pas, et vous serez bien heureux ? Ainsi vous salue, cher Monsieur Butler, celle qui vous veut du bien dans les choses du temps et dans celles de l'éternité,

« J. D. »

Après ces travaux d'une nature inusitée, Jeanie se mit au lit. Ce fut à peine si elle dormit quelques minutes de suite, tant la conscience du salut de sa sœur venait agiter son cœur, la forçant à déposer sa joie là où elle avait épanché ses doutes et ses douleurs, dans les exercices ardents et sincères de la dévotion.

Toute la journée du lendemain, et la suivante, Mistress Glass ne fit que se démener dans sa boutique, en proie aux angoisses de l'attente, comme un pois (pour employer une comparaison vulgaire que sa profession autorise), comme un pois qu'en soufflant on aurait fait danser dans la cheminée d'une de ses pipes. Le matin du troisième jour, arriva le carrosse désiré, avec quatre domestiques en livrée brun-foncé et jaune perchés sur le marchepied, et, à l'intérieur, le duc en personne, habit brodé, canne à pomme d'or, décorations et jarretière ; tout enfin était magnifique, comme dans les contes de fées.

Le duc s'enquit, auprès de Mistress Glass, de sa petite compatriote, mais sans demander à la voir, voulant sans doute éviter toute entrevue qui aurait pu donner prise à la malignité. « La reine, » dit-il à Mistress Glass, « avait pris l'affaire de sa cousine sous sa gracieuse protection, et, impressionnée, surtout, par le caractère dévoué et résolu de la sœur aînée, avait bien voulu employer, auprès de Sa Majesté le roi, son intervention puissante ; par suite de quoi la grâce d'Effie Deans avait été expédiée en Écosse, sous la condition que celle-ci se bannirait d'Écosse pendant quatorze ans. L'avocat du roi avait insisté, » ajouta le duc, « pour que cette restriction fût mise à la grâce accordée, ayant signalé aux ministres de Sa Majesté que, dans le cours seulement des sept dernières années, vingt et un exemples d'infanticide s'étaient produits en Écosse.

— Peste soit du personnage! » s'écria Mistress Glass ; « quel besoin avait-il de dire cela de son pays? et à des Anglais, encore! J'avais toujours pris l'avocat du roi pour un homme raisonnable et comme il faut, mais je vois que ce n'est qu'un vilain oiseau ; sauf le pardon de Votre Grâce si le mot n'est pas bien poli. Que fera-t-elle, la pauvre fille, en un pays étranger? N'est-ce pas, Dieu me pardonne! l'envoyer là-bas pour recommencer, hors des regards et de la direction de ses amis?

— Fi! » dit le duc ; « fi donc! il n'est pas besoin de prévoir cela d'avance. Elle peut venir à Londres, ou aller en Amérique, et se bien marier en dépit de tout ce qui s'est passé.

— Assurément, elle le peut, ainsi que Votre Grâce veut bien l'indiquer, » répliqua Mistress Glass ; « et, maintenant que j'y pense, il y a Ephraïm Buckskin, mon ancien correspondant en Virginie, qui a approvisionné de tabac la boutique du Chardon depuis quarante ans (et ce n'est pas peu de chose que notre pratique) ; voilà dix ans qu'il m'écrit de lui envoyer une femme. Ce rustaud-là n'a pas plus de soixante ans ; il est gai et bien portant, bien placé dans le monde ; une ligne de moi arrangerait l'affaire, et la mésaventure d'Effie (outre qu'il n'y aurait pas grand besoin d'en parler) serait considérée comme peu de chose en ce pays-là.

— Est-elle jolie? Sa sœur, » dit le duc, « n'a guère que la beauté du diable.

— Oh! » répondit Mistress Glass, « Effie est beaucoup plus jolie que Jeanie. Il y a longtemps que je ne l'ai vue ; mais j'ai entendu parler des Deans par tous mes amis de là-bas quand ils viennent ici. Votre

Grâce sait que, nous autres Écossais, nous nous tenons comme un clan.

— Tant mieux pour nous, » dit le duc, « et tant pis pour ceux qui s'y

frottent; ainsi, Mistress Glass, que le dit votre vieille enseigne. Vous approuverez, je l'espère, les mesures que j'ai prises pour rendre votre parente à ses amis. » Il se mit à tout expliquer en détail, et Mistress Glass y donna son approbation sans réserve, accompagnant chaque phrase d'un sourire et d'une révérence. « Et maintenant, Mistress Glass, vous direz à Jeanie de ne pas oublier mon fromage quand elle sera retournée en Écosse. Archibald a reçu mes ordres pour pourvoir à tous les frais.

— J'en demande humblement pardon à Votre Grâce, » dit Mistress Glass ; « mais Votre Grâce n'a pas à prendre cette peine à leur sujet. Les Deans sont riches pour leur position, et Jeanie a de l'argent en poche.

— Tout cela est très vrai, » dit le duc ; « mais vous savez que là où Mac Callummore voyage, il paie tout ; c'est notre privilège des hautes terres de prendre à tous ce dont nous avons besoin, et de donner à tous ce dont ils ont besoin.

— Votre Grâce vaut mieux pour donner que pour prendre, » dit Mistress Glass.

« Pour vous montrer le contraire, » dit le duc, « je vais emplir ma tabatière à cette corbeille, sans vous payer un pauvre denier. » Et la priant de nouveau de le rappeler au souvenir de Jeanie, avec tous ses souhaits pour un bon voyage, il partit, laissant Mistress Glass dans l'exaltation du cœur et du visage, la plus fière et la plus heureuse de toutes les marchandes de tabac.

La bonne humeur et l'affabilité du duc rejaillirent sur Jeanie, et produisirent en sa faveur un excellent effet. Quoique polie et bonne à son égard, Mistress Glass s'était trop fortement imbue des manières de la capitale pour être parfaitement satisfaite du vêtement rustique et national de sa cousine ; elle était, en outre, un peu scandalisée de la cause de son voyage à Londres. Mistress Glass aurait donc été moins assidue dans ses attentions pour Jeanie, sans l'intérêt que le premier des nobles d'Écosse (tel était le duc d'Argyle, dans l'estime de tout le monde) semblait prendre à son destin. Considérée, maintenant, comme une parente dont les vertus et les affections domestiques avaient attiré l'attention et l'approbation de la royauté elle-même, Jeanie était vue par Mistress Glass sous un jour très différent et beaucoup plus favorable, et fut traitée, désormais, non seulement avec bienveillance, mais avec toutes sortes d'égards et, pour ainsi dire, de respects.

Il n'aurait dépendu que d'elle de faire autant de visites et de voir autant de choses que la sphère d'action de Mistress Glass le pouvait permettre.

Mais à cela près qu'elle dîna en ville chez un ou deux parents on ne peut plus éloignés, et que, sur les vives instances de sa cousine, elle rendit le même devoir à Mistress Dabby, femme de l'honorable M. Dabby, député de Farringdon *extra muros,* Jeanie ne profita pas des occasions. Comme Mistress Dabby était la seconde dame de haut rang que Jeanie voyait depuis qu'elle était à Londres, il lui arriva parfois dans la suite d'établir, entre la reine et elle, un parallèle dans lequel elle remarquait « que Mistress Dabby avait des vêtements deux fois aussi longs et deux fois aussi larges que ceux de la reine, parlait deux fois aussi haut et deux fois autant, mais qu'elle n'avait pas le même regard de faucon qui donne la chair de poule et fait plier le genou ; et, bien que cette dame lui eût fait cadeau, très aimablement, d'un pain de sucre et de deux livres de thé, elle n'avait cependant pas le doux regard qu'avait eu la reine en lui mettant dans la main le nécessaire à aiguilles. »

Jeanie aurait joui davantage des curiosités et des nouveautés de cette grande cité, sans la restriction ajoutée à la grâce de sa sœur, restriction qui la chagrinait beaucoup. A ce sujet, cependant, elle fut un peu soulagée par une lettre qu'elle reçut de son père, par le retour du courrier, en réponse à celle qu'elle lui avait écrite. Cette lettre lui apportait, avec la bénédiction la plus tendre, une approbation complète du parti qu'elle avait pris, comme dicté par les inspirations directes du ciel, à elle envoyées pour qu'elle devînt l'instrument de salut d'une maison qui périssait.

« Si jamais délivrance fut chère et précieuse, » disait la lettre, « c'est celle-ci ; et si une vie sauvée peut devenir plus douce et plus savoureuse encore, c'est quand le salut arrive par les mains de ceux qu'unissent à nous les liens de l'affection. Ne laissez pas votre cœur se troubler au dedans de vous de ce que cette victime, rachetée des cornes de l'autel, où l'attachaient les chaînes de la loi humaine, va être chassée maintenant hors des limites de notre pays. L'Écosse est une terre de bénédiction pour ceux qui aiment les ordonnances du christianisme ; c'est un pays beau à voir, et cher à ceux qui y ont vécu tous les jours de leur vie. Et cependant, ce judicieux chrétien, le vénérable Jean Livingstone, marin de Borrowstouness, dont le fameux Pierre Walker rapporte les paroles, a fort bien dit que l'Écosse était pour lui, lorsqu'il y habitait, une géhenne de perversité, et que, s'il allait à l'étranger, il en refaisait un paradis ; car il trouvait partout ce qu'il y a de mauvais en Écosse, et ce qu'il y a de bon en Écosse, il ne le trouvait nulle part. Mais il faut nous souvenir que l'Écosse, bien que notre terre natale et celle de nos pères, n'est pas comme Goshen, en Égypte, où brille exclusivement le soleil des cieux et de l'Évangile, pour laisser le reste du monde dans des ténèbres épaisses. Donc, et aussi parce que cet accroissement de profits que je fais aux Rochers de Saint-Léonard peut être un souffle de vent froid venu des régions glacées de l'égoïsme, où jamais la plante de la grâce n'a pris racine ou n'a poussé, et parce que la marche de mes affaires me fait prendre une brassée un peu trop lourde des superfluités de la terre, je reçois la dispensation que le ciel m'envoie au sujet d'Effie comme un avertissement de quitter la terre d'Haran, ainsi que le juste Abraham aux anciens jours, de quitter les parents de mon père et la maison de ma mère, les cendres et les tombeaux de ceux qui se sont endormis avant moi, et qui attendent que mes os viennent se mêler aux leurs. Mon cœur aperçoit des lumières qui le conduisent à cela, lorsque je rappelle en mon esprit la décadence, en ce pays, de la religion active et fervente, lorsque je considère la hauteur et la profondeur, la longueur et la largeur des défections nationales, et combien, chez un grand nombre, l'amour devient tiède et froid. Je suis fortifié dans cette résolution de changer de domicile, en entendant dire que les fermes se louent à une redevance modérée dans le Northumberland, où il y a beaucoup d'âmes saintes qui sont de notre croyance, la seule vraie bien qu'elle souffre. Il faudra donc conduire de ce côté, le mieux qu'il sera possible, la portion de bétail que je jugerai à propos de garder (vers Wooler ou les environs, restant toujours au revers des hauteurs) ; le reste pourra se vendre avantageusement, si nous obtenons la grâce de nous bien diriger en nous défaisant de ces bienfaits terrestres.

« Le laird a été un véritable ami dans ces malheureuses circonstances; je lui ai rendu l'argent que l'infortune d'Effie avait exigé, et sur lequel M. Nichil Novit n'a eu aucun reliquat à nous remettre, contrairement à ce que nous espérions, le laird et moi. Mais la justice *liche* tout, comme on le dit vulgairement. J'ai eu de l'argent à emprunter de six bourses différentes. M. Saddletree me conseillait de faire sommation au laird de Lounsbeck pour avoir paiement de son billet de mille marcs ; mais j'en ai assez des sommations, depuis cette matinée terrible où un coup soufflé dans une trompe, à la croix d'Édimbourg, a renversé de leurs chaires la moitié des ministres fidèles de l'Écosse. Je recourrai cependant à une adjudication (c'est ce qui remplace, m'a dit M. Saddletree, les prisées d'autrefois), et, si l'on peut l'empêcher, je ne perdrai pas, par le fait d'un pareil homme, un argent bien gagné.

« Quant à la reine, à la bienveillance qu'elle a témoignée pour la fille d'un pauvre homme, aux bontés qu'elle a eues pour vous, à la grâce qu'elle a obtenue, je ne puis que prier pour son bien-être en cette vie et en l'autre, pour l'établissement de sa maison, à présent et à jamais, sur les trônes de ces royaumes. Je ne doute pas que vous n'ayez dit à Sa Majesté que j'étais ce même David Deans, dont on a parlé lors de la révolution, alors que je cognai l'une contre l'autre les têtes de deux faux prophètes, de ces odieux prélats qui étaient dans la grande rue après avoir été expulsés de l'assemblée du Parlement. Le duc d'Argyle est un noble gentilhomme, au cœur sincère, qui plaide la cause des pauvres et de ceux qui n'ont personne pour leur venir en aide ; la récompense, j'en suis assuré, ne lui manquera pas.

« Je vous ai parlé de bien des choses, mais pas de celle qui me tient le plus au cœur. J'ai vu la pauvre égarée ; elle sera en liberté demain, sous caution en forme de quitter l'Écosse dans quatre semaines. Son esprit est dans la voie du mal ; jetant les yeux en arrière vers l'Égypte, je le crains, comme si les eaux amères du désert étaient plus difficiles à supporter que les fours à briques, à côté desquels étaient des marmites savoureuses. Je n'ai pas besoin de vous dire de vous hâter de revenir, car vous êtes, toujours en exceptant mon Grand Maître, ma seule consolation dans ces cruels défilés. Je vous conjure de dégager votre pied des illusions de cette foire aux vanités dans laquelle vous séjournez, de ne pas aller à leurs offices, qui ne sont qu'une messe travestie, comme le dit fort bien Jacques VI, quoiqu'il ait fait plus tard, lui et son malheureux fils, tout ce qu'il pouvait pour réintégrer cet usage et le faire rentrer aux entrailles de son pays natal. C'est pour cela que leur race a été rejetée, comme l'écume au-dessus de l'onde, et sera errante parmi les nations. Voyez les prophéties d'Osée, chapitre 9, verset 17, et le même, chapitre 10, verset 7. Mais, nous et notre maison, disons avec le même prophète : « Retournons au Seigneur, car il nous « a déchirés et il nous guérira ; il nous a frappés, et il nous appliquera « le remède. »

Il continuait en disant qu'il approuvait le projet de sa fille de revenir par Glasgow, et il entrait dans de minutieux détails qu'il n'est pas nécessaire de rapporter. Une seule ligne de la lettre (ce ne fut pas celle que la destinataire lut le moins souvent) indiquait que « Ruben Butler avait été pour lui comme un fils dans ses douleurs. » David Deans ayant rarement, jusque-là, mentionné le nom de Butler sans l'accompagner de quelque sarcasme, plus ou moins direct, soit au sujet de ses dons charnels et de son instruction, soit à l'endroit de l'hérésie de son grand-père, Jeanie tira bon présage de ce que rien de semblable ne s'ajoutait à la phrase qui le concernait.

L'espoir d'un amant ressemble à la fève dans le conte de nourrice ; laissez-la prendre racine, et elle croîtra si rapidement que, dans le cours de quelques heures, le géant *Imagination* bâtit un château sur le haut de la tige ; puis, bientôt, vient *Contre-temps,* avec sa faux, qui tranche et renverse la plante et tout ce qu'on a construit dessus. L'imagination personnelle de Jeanie, quoiqu'elle ne fût pas la plus puissante de ses facultés, était assez brillante pour la transporter dans une ferme écartée du Northumberland, bien garnie de vaches laitières, de génisses et de brebis ; tout près de là, une église, fréquentée par de vrais presbytériens, qui s'étaient unis dans un appel harmonieux pour demander à Ruben d'être leur guide spirituel ; Effie rendue, non à la gaîté, mais, du moins, au calme de l'esprit ; leur père avec ses beaux cheveux gris, et des lunettes sur le nez ; elle-même ayant échangé, sur sa tête, le *snood* de la jeune fille pour le *curch* de la matrone ; tout cela rangé dans un banc de l'église pour écouter des paroles de dévotion, rendues plus douces et plus puissantes par les liens d'affection unissant les auditeurs au prédicateur. Chaque jour, de plus en plus, elle caressait ces visions, jusqu'à ce qu'enfin son séjour à Londres commença à lui devenir fastidieux et insupportable. Ce fut avec une satisfaction non commune qu'elle reçut de l'hôtel du duc d'Argyle l'avertissement d'avoir à se préparer sous deux jours à se joindre aux voyageurs qui allaient partir pour le Nord.

CHAPITRE XXXIX.

> L'un des deux, une femme, a commis, par vengeance,
> Mille forfaits affreux dont elle est fière encor.
> L'air sombre et menaçant, orgueilleuse, elle lance
> Un regard de triomphe en défiant la mort.
>
> Crabbe.

Jeanie Deans avait résidé dans la métropole environ trois semaines, lorsque arriva l'avertissement de se préparer au départ.

Au jour fixé, elle fit avec reconnaissance à Mistress Glass les adieux que demandaient, à si juste titre, les attentions que cette bonne dame avait eues pour elle; elle se mit, elle et son bagage (que des achats et des cadeaux avaient considérablement augmenté) dans un carrosse de louage, et se rendit, pour se joindre à ses compagnons de route, chez le concierge de l'hôtel d'Argyle. Tandis qu'on apprêtait la voiture, on l'informa que le duc voulait lui parler. Introduite dans un salon magnifique, elle apprit avec surprise qu'il allait la présenter à sa femme et à ses filles.

« Je vous amène, duchesse, ma petite compatriote. » Ce furent les mots dont il se servit. « Avec une armée de gaillards aussi braves et aussi fermes qu'elle, et avec une bonne cause, deux contre un, je n'aurais pas peur.

— Ah, papa! » dit une jeune espiègle de douze ans, « souvenez-vous que vous n'étiez qu'un contre deux à Sheriff-Muir, et cependant, » chantant une ballade bien connue :

« Pour qui le jour fut heureux,
Fut-ce pour nous ou pour eux,
Ou ne fut-ce pour personne?
Moi, ce que je sais le mieux,
C'est que bataille en ces lieux
Se fit, et qu'elle fut bonne. »

— Comment! ma petite Marie qui devient *tory*, à ma barbe! Voilà une belle nouvelle que notre compatriote va leur porter, en Écosse!
— Nous pourrions bien tous devenir *tories*, en retour des remerciements que nous avons reçus pour être restés *whigs*, » dit la seconde jeune fille.

« Taisez-vous, petits singes mécontents ; allez habiller vos poupées. Et, quant à la chanson de Bob de Dumblane, nous dirons

Que, si l'on n'a pas bien dansé, dansé, dansé,
Le bal avec plaisir sera recommencé.

— L'esprit de papa baisse, » dit lady Marie ; « le pauvre homme se répète ; il chantait cela sur le champ de bataille, quand on lui dit que les montagnards, avec leurs claymores, avaient taillé en pièces son aile gauche. »

Ce fut en tirant les cheveux à Marie que le duc répondit à cette saillie.

« Ah! les braves montagnards et les belles claymores! » dit le duc ; « que de bien je leur veux, en dépit du mal qu'ils m'ont fait, comme le dit la chanson. Allons, petites folles, dites un mot d'amitié à votre compatriote. Je vous souhaiterais la moitié de son bon sens ; vous lui ressemblez, je le crois, par le cœur et la loyauté. »

La duchesse s'avança, et, en quelques paroles, aussi gracieuses que bonnes, assura Jeanie du respect qu'elle avait pour une personne qui savait joindre ainsi la fermeté à l'affection. « Quand vous serez chez vous, » ajouta-t-elle, « vous entendrez peut-être parler de moi.

— Et de moi, et de moi, et de moi, Jeanie, » répétèrent l'une après l'autre les jeunes demoiselles, « car vous êtes une gloire pour le pays que nous aimons tant. »

Jeanie, sous le poids de ces compliments inattendus (car elle ignorait que le duc fût informé de sa conduite dans le procès de sa sœur), ne put répondre qu'en rougissant, et en faisant la révérence à droite et à gauche, murmurant par intervalles : « Bien des remerciements! bien des remerciements!

— Jeanie, » dit le duc, « il faut prendre *boire et manger*, comme on dit chez nous, ou vous ne serez pas capable de faire le voyage. »

Il y avait sur la table un plateau, avec des gâteaux et du vin. Le duc prit un verre, but « à tous les cœurs sincères qui aiment l'Écosse, » et offrit un verre à son invitée.

Jeanie refusa, en disant, « que jamais de la vie elle n'avait goûté de vin.

— D'où vient cela, Jeanie? » dit le duc; « le vin, vous savez cela, rend le cœur gai.

— Oui, Monsieur; mais mon père est comme Jonadab, fils de Rechab, qui enjoignit à ses enfants de ne pas boire de vin.

— J'aurais cru votre père plus raisonnable, » dit le duc, « à moins qu'il ne préfère l'eau-de-vie. Mais si vous ne voulez pas boire, Jeanie, il faut manger, pour sauver l'honneur de la maison. »

Il lui mit dans la main un gros morceau de gâteau, et ne lui permit pas d'en détacher une parcelle pour la reposer sur le plateau. « Mettez cela dans votre poche, Jeanie, » dit-il; « vous en serez bien aise avant d'avoir vu le clocher de Saint-Gilles. Plût au ciel que je pusse le voir aussitôt que vous! Mes bons souhaits à tous mes amis de la vieille Édimbourg et des environs; et, pour vous, heureux voyage. »

Mêlant à son affabilité naturelle la cordialité du soldat, il donna une poignée de main à sa protégée, et la confia aux soins d'Archibald, sûr, après la faveur inaccoutumée avec laquelle il l'avait traitée lui-même, qu'elle serait suffisamment l'objet des attentions de ses domestiques.

Elle trouva, dans le cours du voyage, ses deux compagnons disposés à avoir pour elle tous les égards possibles, et son voyage de retour fut, au point de vue du bien-être et de la sécurité, en contraste frappant avec celui qui l'avait conduite à Londres.

Son cœur, aussi, était déchargé du chagrin, de la honte, des inquiétudes et de la crainte, qui avaient tant pesé sur elle avant son entrevue de Richmond avec la reine. Mais l'esprit humain est si capricieux que, dès qu'il est affranchi du poids du véritable malheur,

il s'ouvre et devient sensible aux appréhensions de calamités imaginaires. Jeanie était tourmentée, maintenant, de n'avoir rien reçu de Ruben Butler, à qui le talent d'écrire était bien plus familier qu'à elle.

« Cela lui aurait coûté si peu, » se disait-elle; « car j'ai vu sa plume courir sur le papier, aussi vite qu'elle l'avait jamais fait sur l'eau lorsque l'oie l'avait encore à son aile. Hélas, hélas! s'il était malade! Mais mon père, alors, m'en aurait dit quelque chose. Ou peut-être a-t-il cueilli l'herbe de l'oubli, et ne sait-il pas comment m'avertir qu'il a changé. Il ne faudrait cependant pas tant de façons pour cela. » Et, gardant bonne contenance, bien qu'à ce soupçon, une larme d'honnête fierté et d'affection outragée fût venue mouiller sa paupière, elle suivait le cours de ses réflexions. « Jeanie Deans n'est pas fille à le tirer par la manche, ou à lui remettre en esprit ce qu'il voudrait oublier. Je lui souhaiterai, malgré cela, du bien et du bonheur; et s'il a la chance d'avoir une église dans notre pays, j'irai l'entendre comme si de rien était, pour lui montrer que je ne lui en veux pas. » Et, en se représentant cette scène, la larme s'échappa de l'œil.

Jeanie eut le temps de se livrer à ses rêveries mélancoliques; car ses compagnons de voyage, serviteurs dans une famille du grand monde, avaient beaucoup de sujets de conversation où il lui était impossible de placer son mot ou de trouver de l'intérêt. Elle eut donc tout loisir pour réfléchir, et même pour se tourmenter, durant les quelques jours que l'on mit à atteindre le voisinage de Carlisle, car on ménageait les jeunes chevaux que le duc envoyait dans le nord, et l'on voyageait à traites modérées, en évitant de les fatiguer.

En approchant de l'ancienne cité que nous venons de nommer, ils aperçurent une foule considérable sur une éminence à peu de distance de la grande route, et apprirent de quelques passants, qui se rendaient au lieu de la scène, que la cause d'un si grand concours était le louable désir du public « de voir une Écossaise, condamnée comme sorcière et comme voleuse, toucher, sur la montagne d'Haribee, la moitié de son dû; on allait la pendre seulement; on aurait dû la brûler vive par-dessus le marché.

— Cher Monsieur Archibald, » dit la dignitaire désignée de la laiterie, « jamais de la vie je n'ai vu pendre une femme; je n'ai vu pendre que quatre hommes, ce qui était fort curieux. »

M. Archibald était Écossais, et ne se promettait pas un plaisir immense de voir sa compatriote subir « les ordres terribles de la loi. » Il était de plus, à sa manière, un homme de sens et de délicatesse; les événements récents survenus dans la famille de Jeanie, et la cause de l'expédition de cette dernière à Londres, ne lui étaient pas inconnus. Il répondit sèchement qu'il était impossible de s'arrêter, car il fallait qu'il fût de bonne heure à Carlisle pour quelques affaires du duc ; et il dit aux postillons de continuer.

La route passait à un quart de mille environ de l'éminence dite d'Haribee ou d'Harabee ; bien que modéré dans ses dimensions et sa hauteur, ce lieu se voit cependant de fort loin, grâce à l'uniformité de la plaine qu'arrose la rivière d'Eden. En ce lieu, maint proscrit et maint cavalier des frontières, de l'un et l'autre royaume, avait été balancé par le vent durant les guerres, et durant les trêves, non moins fécondes en hostilités, faites entre les deux pays. Sur la montagne d'Harabee, d'autres exécutions avaient eu lieu, dans les derniers temps, avec aussi peu de cérémonie que de compassion ; car ces provinces limitrophes manquèrent assez longtemps de sécurité, et, même à l'époque dont nous parlons, avaient des mœurs plus rudes que le centre de l'Angleterre.

Les postillons continuèrent leur marche, roulant, ainsi que les conduisait la route de Penrith, autour de ce monticule. Cependant Mistress Dolly Dutton, dont les yeux aussi bien que la tête et la personne tout entière à laquelle ces yeux appartenaient, étaient tournés vers le théâtre de l'action, put discerner l'esquisse du gibet, se dessinant sur le ciel bleu, et l'ombre noire de l'exécuteur et de la criminelle sur les échelons de la grande échelle aérienne, jusqu'au moment où l'un de ces deux objets, lancé dans les airs, donna des signes non équivoques des convulsions de la mort, tout en ne paraissant pas, à cette distance, plus grand qu'une araignée suspendue à son fil invisible ; au même instant, l'autre objet descendait de sa situation élevée, et regagnait en toute hâte une place où, parmi la foule, il ne se distinguait plus. Cette terminaison de la scène tragique arracha nécessairement un cri à Mistress Dutton, et Jeanie, par une curiosité instinctive, tourna la tête dans la même direction.

La vue d'une femme coupable subissant le châtiment fatal duquel sa sœur bien-aimée venait d'être si récemment préservée, était peut-être trop forte, sinon pour ses nerfs, du moins pour son âme et pour ses sentiments. Elle tourna la tête de l'autre côté avec une impression de malaise et de dégoût, et comme prête à s'évanouir. Sa compagne de voyage l'accabla de questions, accompagnées d'offres de secours, d'instances pour que la voiture s'arrêtât, pour qu'on demandât un médecin, pour qu'on donnât quelque chose à respirer à Jeanie, pour qu'on se procurât des plumes brûlées, de l'assa-fœtida, de l'eau fraîche, de la corne de cerf, tout cela réclamé à la fois, sans un instant de répit. M. Archibald, plus calme et plus réfléchi, se borna à ordonner de presser l'allure; et ce ne fut que lorsque le spectacle fatal fut hors de portée de la vue que, frappé de la pâleur mortelle du visage de Jeanie, il fit arrêter la voiture, mit lui-même pied à terre, et alla à la recherche de ce qu'il y avait de plus urgent et de plus facile à se procurer dans toute la pharmacopée de Mistress Dutton, à savoir, un verre d'eau fraîche.

Tandis qu'Archibald était absent pour s'acquitter de ce bon office, pestant après les fossés qui ne produisaient que de la bourbe, et pensant aux mille petits ruisseaux murmurants de ses montagnes, ceux qui avaient assisté à l'exécution commencèrent à passer, en retournant à Carlisle, près du véhicule arrêté.

A leurs paroles à demi entendues et à demi comprises, l'attention de Jeanie s'attachait involontairement, comme celle des enfants aux histoires de revenants, encore qu'ils sachent combien, plus tard, il leur sera pénible de s'en souvenir. Jeanie, dis-je, put distinguer que la victime de la loi était morte *beau-jeu*, selon l'expression des misérables de son espèce; c'est-à-dire intraitable, sans remords, dans l'impénitence, sans crainte de Dieu et sans pudeur à l'endroit des hommes.

« Une fière femme, et une rude, » dit un paysan du Cumberland, clopinant dans ses brogues de bois, avec un bruit pareil à celui d'un cheval de charrette.

« Elle avait le nom de son maître le diable à la bouche en allant le retrouver, » dit un autre. « C'est une honte que le pays soit infesté comme cela de sorcières d'Écosse et de coquines d'Écosse. Mais, moi, je dis : Pendez et noyez.

— Oui, oui, Gaffer Tramp ; morte la bête, mort le venin. Pendez la sorcière, et il y aura moins de mal chez nous ; mes bestiaux ont la maladie depuis deux mois.

— Et mes enfants ne se portent pas trop bien, » répliqua son voisin.

« Faites taire vos langues, manants que vous êtes, » dit une vieille femme qui les dépassait en boitant, tandis qu'ils causaient arrêtés à côté de la voiture; « ce n'était pas une sorcière, mais une voleuse aux mains sanglantes, et une homicide. »

— Ah! vous croyez, dame Hinchup? » lui dit poliment un homme, se reculant pour laisser la vieille suivre le bord du chemin. « Vous devez vous y connaître, bien sûr. Mais, dans tous les cas, ce n'est qu'une Écossaise, c'est-à-dire une chose qu'il vaut mieux perdre que trouver. »

La vieille passa outre sans répondre.

« Voyez çà, voisin, » dit Gaffer Tramp, « comme les sorcières s'entendent. Écossaises ou Anglaises, c'est tout un. »

Son compagnon hocha la tête, et répliqua, retenant aussi sa voix : « Oui, oui ; quand une femme de Sark-foot enfourche son manche à balai, les dames d'Allonby sont prêtes à se mettre en selle. C'est comme le proverbe des deux montagnes :

> Quand Skiddaw se coiffera,
> Criffel fort bien le saura.

— Mais, » continua Gaffer Tramp, « penses-tu que la fille de cette pendue ne soit pas aussi sorcière que sa mère?

— Je ne sais pas trop, » répondit l'autre, « mais on parle de lui faire prendre un bain dans l'Eden. » Et, après s'être dit adieu, ils continuèrent leur route, chacun de son côté.

Au moment même où les paysans quittaient la place et où M. Archibald revenait avec de l'eau fraîche, une troupe d'enfants des deux sexes, et quelques individus plus âgés de la basse classe, revenaient du lieu de l'exécution, se groupant avec des hurlements de joie autour d'une grande femme, vêtue d'une façon fantastique, qui dansait, sautait et bondissait au milieu d'eux. Un lamentable souvenir s'empara de Jeanie en voyant cette créature infortunée ; la réminiscence fut mutuelle, car, par un effort soudain de force et d'agilité, Madge Feu-follet rompit le cercle bruyant des persécuteurs qui l'entouraient, et, grimpant lestement à la portière de la calèche, murmura, d'une voix qui tenait à la fois du rire et du désespoir : « Eh! savez-vous, Jeanie Deans, qu'ils ont pendu notre mère? » Et passant, par un changement soudain, aux supplications les plus lamentables, elle ajouta : « Oh ! demandez-leur qu'ils me laissent couper la corde ! Qu'on me laisse couper la corde ! C'est ma mère, fût-elle pire que le diable ; et pourquoi n'en ferait-on pas pour elle autant que pour Maggie Dickson, la demipendue, qui cria le poisson dans les rues bien longtemps après la potence ; sa voix était un peu enrouée et son cou de travers, sans quoi elle aurait été la même qu'une autre marchande de poisson. »

M. Archibald, embarrassé en voyant la folle s'accrocher à la voiture, et retenir autour d'eux son escorte tumultueuse et malfaisante, cherchait du regard un constable ou un sergent, à qui confier cette créature infortunée. Mais n'apercevant aucun agent de l'autorité, il tâcha de faire lâcher prise à la folle, pour lui échapper en poussant en avant. Il fallait, pour y parvenir, employer une certaine force ; Madge tenait ferme, et renouvelait ses supplications éperdues pour qu'on lui permît de couper la corde à laquelle sa mère était attachée. « Ce n'était qu'une corde de dix *pence*, » disait-elle ; « qu'était-ce que cela auprès de la vie d'une femme ? »

Il survint, à ce moment, une troupe d'individus à l'air farouche, bouchers et herbagers pour la plupart, dans le bétail desquels il y avait eu récemment une maladie fort répandue et très funeste, que, dans leur sagesse, ils imputaient à la sorcellerie. Ils mirent sur Madge leurs mains violentes, et l'arrachèrent de la calèche, en s'écriant : « Oses-tu bien arrêter les gens sur le grand chemin du roi ? N'as-tu pas fait déjà assez de mal avec tes assassinats et tes sorcelleries ?

— Oh, Jeanie Deans, Jeanie Deans ! » s'écria la pauvre aliénée, « sauvez ma mère, et je vous conduirai à la maison de l'interprète ; et je vous apprendrai toutes mes jolies chansons ; et je vous apprendrai ce qu'est devenu le... » Le reste des supplications se perdit dans les clameurs de la populace.

« Sauvez-la, pour l'amour de Dieu ! sauvez-la de leurs mains ! » s'écria Jeanie, se tournant vers Archibald.

« Elle est folle, mais innocente, absolument innocente ; elle est folle, Messieurs, » dit Archibald ; « ne lui faites pas de mal ; conduisez-la devant le maire.

— Oui, oui, nous aurons soin d'elle, » répondit l'un de ces hommes ; « allez votre chemin, vous, et occupez-vous de vos affaires.

— C'est un Écossais, » dit un autre ; « on le reconnaît à son parler ; et s'il veut sortir de sa cage à roulettes, je vais lui remplir son tartan d'os cassés. »

Il était clair qu'on ne pouvait rien faire pour délivrer Madge ; et Archibald, homme fort humain, ne put que dire aux postillons d'aller bon train vers Carlisle, dans l'intention d'obtenir du secours pour cette malheureuse. Comme leur voiture s'éloignait, ils entendirent des rugissements rauques, prélude, pour la foule, des actes de rébellion ou de cruauté ; au-dessus de cette clameur profonde et cruelle, ils purent discerner encore les cris de l'infortunée victime. Ils furent bientôt hors de portée des voix. A peine entré dans Carlisle, Archibald, sur les pressantes sollicitations de Jeanie, informa de suite le magistrat des cruautés qu'on allait vraisemblablement exercer sur la pauvre créature.

Une heure et demie après environ, il revint, et fit savoir à Jeanie que le magistrat était allé sur-le-champ, en personne, avec quelques hommes, au secours de la folle, et que lui-même, il l'avait accompagné; que, lorsqu'ils étaient arrivés à la mare bourbeuse où la populace la plongeait, genre de châtiment très en faveur, le magistrat était parvenu à tirer la folle de leurs mains, mais sans connaissance, par suite des traitements cruels qu'on lui avait infligés. Il ajouta qu'on l'avait portée au dépôt de mendicité; il avait ouï dire qu'elle avait repris connaissance, et qu'on s'attendait à la voir se rétablir.

Ce dernier renseignement était une altération légère de la vérité, car on ne s'attendait pas à ce que Madge Feu-follet survécût aux mauvais traitements qu'elle avait subis; mais Jeanie semblait si agitée que M. Archibald ne jugea pas prudent de lui dire tout à la fois. Elle était si émue et si troublée par cet accident que, bien qu'ayant eu l'intention d'aller le soir jusqu'à Longtown, ses compagnons jugèrent à propos de passer la nuit à Carlisle.

Cette détermination fut on ne peut plus agréable à Jeanie, qui résolut d'avoir, s'il était possible, une entrevue avec Madge Feu-follet. Reliant quelques-unes des indications incohérentes de Madge avec le récit de Georges Staunton, elle ne voulait pas manquer l'occasion de tirer de la folle, s'il se pouvait faire, quelque information sur le destin du malheureux enfant qui avait coûté si cher à sa sœur. La connaissance qu'elle avait du triste état de l'esprit de Madge ne lui donnait pas grand espoir d'acquérir par elle des indications utiles; mais puis qu'ayant été soumise au châtiment mérité, la mère de Madge était silencieuse à jamais, c'était pour Jeanie la seule chance d'obtenir des renseignements quels qu'ils fussent, et elle s'en serait voulu de la laisser échapper.

Vis-à-vis de M. Archibald, elle colora son désir en disant qu'elle avait vu Madge récemment, et qu'elle souhaitait savoir, par humanité, si l'on prenait bien soin d'elle. Plein de complaisance, Archibald alla immédiatement au dépôt, ou hôpital, où il avait vu conduire la malade, et rapporta pour réponse que les médecins qui la soignaient défendaient positivement qu'elle vît personne. Quand la demande d'admission fut renouvelée le lendemain, M. Archibald fut informé qu'elle avait été très tranquille et très raisonnable, au point que l'ecclésiastique qui faisait fonctions de chapelain de l'établissement, avait jugé à propos de lire des prières à côté de son lit; mais l'accès de folie était revenu aussitôt après le départ du prêtre. Si sa compatriote, cependant, désirait la voir, elle le pouvait. On ne s'attendait pas à ce que la malade vécût plus d'une heure ou deux.

Jeanie n'eut pas plutôt reçu cet avis, qu'elle se hâta d'aller à l'hôpital, où ses compagnons se rendirent aussi. Ils trouvèrent la mourante dans une grande salle, où il y avait dix lits. Celui de la patiente était le seul occupé.

Madge chantait lorsqu'ils entrèrent ; elle chantait ses bribes insensées et ses vieux airs surannés, non plus avec ces clameurs bruyantes auxquelles l'entraînait jadis l'égarement de son esprit, mais d'une voix que l'épuisement physique rendait douce et mélancolique. Elle était encore folle, mais n'avait plus, pour exprimer ses idées errantes, les notes farouches que provoquait auparavant une imagination exaltée. Il y avait de la mort dans les accents plaintifs de sa voix, qui, modérés et tristes, ressemblaient au son monotone avec lequel une mère endort son enfant. Ce que Jeanie entendit en entrant, ce fut d'abord l'air, puis une partie du chœur et des paroles, de ce qui avait été peut-être une joyeuse chanson de moissonneurs :

« Allons, notre besogne est faite ;
C'est l'heure de se reposer.
Voici la dernière charrette ;
Il faut s'ébattre et s'amuser.

« La nuit vient lorsque le jour baisse ;
Avec le jour le labeur fuit.
L'hiver vient quand l'automne cesse ;
Il vient des fêtes avec lui. »

Jeanie s'approcha du lit lorsque le couplet fut terminé, et appela Madge par son nom. Cet appel n'amena aucun symptôme d'un retour à la mémoire. La malade, au contraire, comme provoquée par cette interruption, changea de position, et dit avec impatience : « Infirmière! Infirmière, tournez-moi contre le mur, pour que je ne réponde plus à ce nom-là, et que je ne puisse plus voir un monde qui est si méchant. »

L'employée de l'hôpital la disposa dans son lit ainsi qu'elle le désirait, le visage contre le mur et le dos du côté du jour. Aussitôt qu'elle se fut tranquillement établie dans cette position nouvelle, elle se remit à chanter du même ton bas et modulé, semblant retomber en l'état d'abstraction qu'avait interrompu l'arrivée de ses visiteurs. L'air était différent, et ressemblait plutôt à la musique des hymnes des méthodistes, bien que la mesure des vers fût la même dans le second chant que dans le premier :

> « La grâce a fait son œuvre sainte.
> L'habit de noces est tissé.
> La foi triomphe de la crainte,
> L'espoir attend ; il est pressé.

> « L'amour a rêvé d'autres sphères ;
> De sa prison il veut sortir :
> Jette tes robes éphémères,
> Chrétien ; lève-toi pour partir. »

L'air était solennel et émouvant, soutenu comme il l'était par la mélodie touchante d'une voix naturellement belle, dont la faiblesse avait diminué la puissance, mais en lui donnant plus de douceur. Archibald, bien qu'attaché à des personnages de la cour, et peu impressionnable par profession, était troublé, sinon attendri; la demoiselle de la laiterie sanglotait; et Jeanie sentait ses yeux se mouiller de pleurs. L'employée même de l'hôpital, accoutumée à toutes les formes sous lesquelles l'esprit se sépare du corps, semblait fort émue.

Il était évident que la malade s'affaiblissait ; cela était indiqué par une difficulté de respirer, qui s'emparait d'elle de temps en temps, et par des gémissements faibles, annonçant que la nature succombait dans la lutte dernière. Mais l'esprit de mélodie, dont cette malheureuse jeune femme devait avoir été, par instinct, si fortement possédée, savait, par intervalles, triompher de ses souffrances et de sa faiblesse. Il fut à remarquer qu'il se trouva toujours, dans ses chants, quelque chose qui, bien qu'indirectement peut-être, était plus ou moins en rapport avec sa situation présente. Celui qui vint après semblait un fragment de vieille ballade :

> « Lord Archibald, mon lit est froid,
> Mon sommeil est plein de tristesse.
> Amant trompeur, bientôt pour toi
> Viendront aussi froid et détresse.
>
> « Mes filles, qui pleurez si fort
> Votre maîtresse qui succombe,
> Celui par qui s'ouvre ma tombe
> Demain à son tour sera mort. »

Une fois encore elle changea d'air, pour en chanter un plus farouche, moins monotone et moins régulier. Une partie seulement des paroles put être recueillie par les témoins de cette scène singulière :

> « Vers le bois, Mary la fière,
> Si tôt marchant?
> Du rouge-gorge, ma chère,
> Voici le chant.
>
> — Oiseau, la noce promise
> Doit s'apprêter?
> — Six beaux messieurs à l'église
> Vont te porter.
> . . . .
>
> — Et mon lit de mariage,
> Qui le fera?
> — Le fossoyeur du village
> Y songera.
> . . . .

L'humble ver luisant éclaire
Ton petit trou.
« Dormez bien, fille trop fière, »
Dit le hibou. »

Sa voix s'éteignit avec les dernières notes, et elle tomba dans un assoupissement d'où la femme expérimentée qui la gardait les assura qu'elle ne se réveillerait plus, si ce n'était, peut-être, pour l'agonie de la mort.

La prophétie se trouva vraie. La pauvre folle se sépara de l'existence, sans avoir fait entendre une parole ni un gémissement. Mais nos voyageurs n'assistèrent pas à cette catastrophe. Ils quittèrent l'hôpital aussitôt que Jeanie se fut assurée qu'aucun éclaircissement sur les malheurs de sa sœur ne pouvait être espéré de la mourante (N).

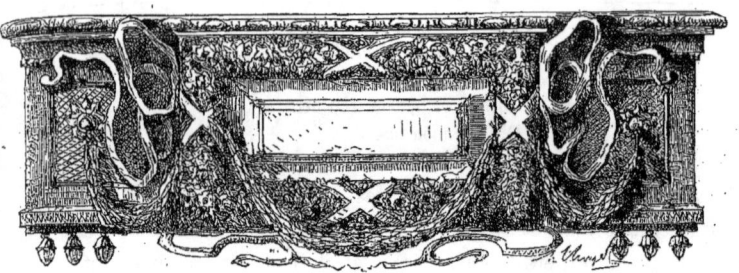

CHAPITRE XL.

> Viens-tu ? Viens ! la lune brille,
> La mer se tait maintenant.
> Viens ! viens ! Je connais, ma fille,
> Les sentiers de l'océan.
>   SOUTHEY, *Thalaba*.

A fatigue et l'émotion de ces scènes diverses avaient si fort ébranlé Jeanie, en dépit de sa constitution robuste, qu'Archibald jugea nécessaire de lui faire prendre un jour de repos au village de Longtown. Ce fut en vain que Jeanie protesta contre ce retard. L'homme de confiance du duc d'Argyle avait, on peut le croire, de la suite dans les idées ; et comme il avait été élevé, dans sa jeunesse, pour la profession médicale (c'est l'expression dont il se servait pour expliquer que, trente ans auparavant, il avait broyé, six mois durant, dans le mortier du vieux Mungo Mangleman, le chirurgien de Greenock), il était fort obstiné toutes les fois qu'il s'agissait d'une question de santé.

Au cas présent, il découvrit des symptômes de fièvre, et, dès qu'il eut fait une fois à Jeanie l'application de ce savant diagnostic, toute résistance devenait impossible ; pour vivre en repos et sans discussion, il fallut acquiescer à la décision, se mettre au lit, et boire du gruau.

L'attention de M. Archibald se portait également sur un autre point. Il avait remarqué que l'exécution de la vieille femme, et le destin misérable de sa fille, avaient produit sur l'esprit de Jeanie un effet beaucoup plus puissant qu'on n'aurait dû l'attendre des sentiments ordinaires d'humanité. C'était cependant une jeune femme d'une fermeté d'esprit et d'un bon sens remarquables, et qui n'était pas sujette aux affections nerveuses ; Archibald donc, qui n'avait connaissance d'aucune relation spéciale entre la protégée de son maître et ces malheureuses femmes, sauf cette circonstance que Jeanie avait vu précédemment Madge en Écosse, imputait naturellement la forte impression que ces événements avaient faite sur elle à l'association qu'elle établissait entre eux et les conditions cruelles où sa sœur venait de se trouver récemment. Il s'appliqua donc à écarter tout ce qui pourrait ramener chez Jeanie l'association de ces idées.

Archibald eut promptement l'occasion d'y exercer sa prudence. Le soir même, un colporteur apportait à Longtown, parmi d'autres marchandises, une grande feuille de papier, contenant un récit « des dernières paroles et exécution de Marguerite Murdockson, et du meurtre barbare de sa fille Madeleine ou Madge Murdockson, dite Madge Feufollet ; où se trouve son pieux entretien avec Sa Révérence l'archidiacre Fleming. » Cette publication authentique avait vraisemblablement vu le jour au moment même où ils quittèrent Carlisle, et, l'article étant de nature à être accueilli avec un intérêt tout particulier dans les campagnes où l'on avait entendu parler de ces aventures, le bibliopole ambulant l'avait incontinent ajouté à son bagage. Il trouva acheteur plus vite qu'il ne s'y attendait ; car Archibald, s'applaudissant beaucoup de sa sagesse, devint acquéreur du lot tout entier moyennant deux shillings neuf pence ; et le colporteur, enchanté du profit retiré d'une affaire aussi avantageuse, retourna de suite à Carlisle pour s'approvisionner de nouveau.

Le judicieux M. Archibald allait confier aux flammes son emplette tout entière, mais le paquet en fut préservé par la demoiselle de la laiterie, plus judicieuse encore, et qui observa, avec beaucoup de sagesse, que ce serait pitié de perdre tant de papier, pouvant servir à faire des papillotes, à envelopper des chapeaux, et à mille autres usages. Elle promit de mettre le tout dans sa malle, et de le garder soigneusement hors de la vue de Mistress Jeanie Deans. « Et cependant, après tout, elle ne comprenait pas bien que l'on fût si délicat. Mistress Deans avait dû, depuis un temps, penser assez à la potence pour en supporter la vue, sans en faire une si grande histoire. »

Archibald rappela à la dignitaire du pot au lait les recommandations toutes particulières que le duc leur avait faites d'être, pour Jeanie, pleins de toutes sortes d'attentions ; ils allaient, d'ailleurs, être privés bientôt de sa compagnie, et ne seraient plus condamnés, durant le reste du voyage, à s'occuper de la santé ou des impressions de personne. Ce

fut une réponse dont Mistress Dolly Dutton fut obligée de se contenter.

Le lendemain matin, ils reprirent leur voyage, et le poursuivirent avec succès, traversant le comté de Dumfries et une partie de celui de Lanark, jusqu'au moment où ils arrivèrent à la petite ville de Rutherglen, à quatre milles environ de Glasgow. En ce lieu un exprès apporta des lettres à Archibald, de la part du principal agent du duc d'Argyle à Édimbourg.

Il ne dit rien de leur contenu ce soir-là ; mais lorsque, le lendemain, ils eurent pris place dans la voiture, le fidèle écuyer informa Jeanie qu'il avait reçu des instructions du représentant du duc, auquel Sa Grâce recommandait qu'on conduisît Jeanie, si elle n'y faisait pas d'objections, un relai ou deux plus loin que Glasgow. Quelques sujets accidentels de mécontentement avaient occasionné des troubles dans cette cité et aux alentours, et il serait à souhaiter que Mistress Jeanie Deans ne voyageât pas seule et sans protection entre cette ville et Édimbourg. En poussant un peu plus loin, on rencontrerait un autre des agents de Sa Grâce, qui, avec sa femme, descendait des hautes terres vers Édimbourg, et en compagnie duquel elle pourrait voyager commodément et avec sécurité.

Jeanie présenta ses observations. « Elle avait été longtemps absente, » dit-elle ; « son père et sa sœur devaient être fort désireux de la voir ; il y avait d'autres amis à elle qui n'étaient pas bien portants. Elle se paierait, à Glasgow, un postillon et des chevaux, et personne, assurément, ne s'occuperait d'une créature aussi inoffensive et aussi insignifiante qu'elle. Elle était fort reconnaissante de l'offre qu'on lui faisait ; mais jamais daim chassé n'avait désiré son gîte plus qu'elle ne souhaitait de se trouver à Saint-Léonard. »

Le valet de chambre échangea avec sa compagne de la laiterie un regard qui semblait à ce point significatif que Jeanie s'écria tout haut : « O Monsieur Archibald, ô Mistress Dutton, si vous savez que quelque chose soit arrivé à Saint-Léonard, pour l'amour de Dieu, par pitié, dites-moi-le, sans me laisser en suspens ! »

— Très réellement, je ne sais rien, Mistress Deans, » dit le valet de chambre.

« Et moi, moi, moi, bien sûr, je n'en sais pas davantage, » dit la dame de la laiterie, en même temps qu'une communication semblait trembler sur ses lèvres. A un coup d'œil d'Archibald, elle la ravala comme elle put, serrant les lèvres, désormais, avec une vigilance extrême, comme si elle avait eu peur que le secret, malgré elle, ne fit explosion.

Jeanie vit qu'on lui cachait quelque chose ; et il ne fallut rien moins que les assurances données et réitérées par Archibald qu'autant qu'il le pouvait savoir, son père, sa sœur et tous ses amis étaient en bon état et en bonne santé, pour apaiser ses alarmes. De personnes aussi respectables que celles avec lesquelles elle voyageait, elle ne pouvait appréhender aucune intention mauvaise, et, cependant, son angoisse était si évidente qu'en dernière ressource, Archibald sortit de sa poche, et remit aux mains de Jeanie, un bout de papier où ces mots étaient écrits :

« Jeanie Deans, vous me ferez grand plaisir en allant avec Archibald et l'autre personne de notre maison un jour de route au delà de Glasgow, et en ne faisant pas de questions à vos compagnons. Cela obligera beaucoup votre ami,

« Argyle et Greenwich. »

Cette épître laconique d'un gentilhomme envers lequel elle avait des obligations si incalculables faisait taire toutes les objections de Jeanie contre la route proposée, mais augmentait plutôt qu'elle ne diminuait l'ardeur de sa curiosité. Aller à Glasgow ne sembla plus l'objet que ses compagnons avaient en vue. Ils continuèrent de garder, au contraire, la rive gauche de la Clyde ; et, au milieu de mille points de vue magnifiques et variés, ils descendirent le cours de ce noble fleuve, jusqu'au point où, cessant de ne servir qu'à l'irrigation intérieure, il commence à devenir navigable.

« Vous n'allez donc point à Glasgow ? » dit Jeanie, en voyant que les postillons ne se mettaient pas en devoir d'incliner la tête de leurs chevaux vers l'ancien pont, le seul moyen, alors, d'arriver à la capitale de Saint-Mungo.

« Non, » répliqua Archibald ; « il y a quelque émotion populaire, et comme le duc est en opposition avec la cour, nous serions peut-être trop bien reçus ; ou encore, il pourrait leur revenir en tête que le capitaine de Carrick est descendu chez eux, en 1725, avec ses hommes des hautes terres, au temps de l'émeute de Shawfield, et nous aurions, alors, une trop mauvaise réception (O). Dans tous les cas, il vaut mieux pour nous, et surtout pour moi, qu'on pourrait supposer en possession, sur bien des points, des intentions de Sa Grâce, laisser le bon peuple des faubourgs de Glasgow agir d'après ses propres inspirations, sans le provoquer ni l'encourager par ma présence. »

A un raisonnemnt fait sur ce ton, et semblant avoir tant d'importance, Jeanie n'avait rien à répliquer, bien qu'il lui semblât contenir au moins autant de présomption que de vérité.

La voiture, cependant, continuait de rouler; le fleuve s'élargissait, et prenait graduellement la majesté d'un estuaire, ou d'un bras de mer. L'influence de la marée, montante et descendante, devenait de plus en plus sensible, et, suivant les belles paroles du poëte lauréat cité en tête de ce chapitre, on voyait le fleuve

> De plus en plus enfler la largeur de ses eaux.
>
> Debout sur ses longues échasses,
> Le cormoran, dans les eaux basses,
> Ouvre à demi son noir manteau.

« De quel côté est Inverary? » demanda Jeanie, regardant le sombre océan des montagnes, qui, entassées les unes sur les autres, et coupées de lacs nombreux, s'étendaient, à présent, au nord, de l'autre côté du fleuve. « Ce grand château est-il la résidence du duc?

— Ce château-là, Mistress Deans? Dieu vous soit en aide! » répliqua Archibald; « c'est le vieux château de Dumbarton, la plus forte place d'Europe, sans dire du mal des autres. Sir Guillaume Wallace en était gouverneur au temps des anciennes guerres avec l'Angleterre, et c'est Sa Grâce qui l'est maintenant. Ce château est toujours confié au premier des seigneurs d'Écosse.

— Est-ce que le duc habite sur ce grand rocher?

— Non, non; il y a un lieutenant, qui commande en son absence, et qui demeure dans la maison blanche que vous voyez au bas du rocher. Sa Grâce n'y réside pas elle-même.

— Je le crois vraiment bien, » dit la dame de la laiterie, sur laquelle la route, depuis qu'on avait quitté Dumfries, n'avait pas fait une impression bien favorable, « car, s'il demeurait là, il pourrait bien chercher où il voudrait quelqu'un pour sa laiterie, quand il n'y aurait pas, en Angleterre, un autre duc que lui. Je n'ai point quitté mon pays et mes amis pour venir voir des vaches mourir d'inanition sur des montagnes pareilles à ce toit à porcs d'Elfinfoot, ainsi que vous l'appelez, Monsieur Archibald, ou pour être perchée sur le sommet d'un rocher, comme un écureuil dans sa cage à une fenêtre du troisième étage. »

Riant intérieurement de ce que ces symptômes de rébellion ne s'étaient produits qu'en un lieu où la belle mécontente était à sa merci, Archibald répliqua froidement « que ce n'était pas lui qui avait fait les montagnes, et qu'il ne saurait comment s'y prendre pour les corriger ; mais, quant au logement, ils allaient être bientôt dans une habitation du duc, en une île très agréable appelée Roseneath, où ils attendraient un navire pour les transporter à Inverary, et où ils feraient rencontre des personnes avec lesquelles Jeanie devait retourner à Édimbourg.

— Une île ? » dit Jeanie, qui, dans le cours de ses voyages variés et aventureux, n'avait jamais quitté la terre ferme ; « nous allons donc monter dans quelqu'un de ces bateaux ; ils ont l'air bien petits, les vagues sont un peu fortes, et...

— Monsieur Archibald, » dit Mistress Dutton, « je n'y consentirai pas. Je n'ai pas été engagée pour quitter le pays, et je vous prie de dire aux postillons de tourner bride et de me ramener chez le duc.

— Il y a tout près d'ici, Madame, une bonne chaloupe appartenant à Sa Grâce, » répondit Archibald ; « et vous n'avez pas la moindre inquiétude à avoir.

— J'en ai, moi, » dit la demoiselle ; « et j'insiste pour aller par terre, fallût-il faire dix milles de plus.

— Je suis fâché de ne pouvoir vous être agréable en ceci, mais il se trouve que Roseneath est une île.

— Quand ce serait dix fois une île, » s'écria la dame irritée, « ce ne serait pas une raison pour me noyer en y allant par mer.

— Ce n'est pas, à coup sûr, Madame, une raison pour qu'on vous noie, » répondit le valet de chambre sans s'émouvoir, « mais c'en est une excellente pour que vous n'y alliez pas par terre. » Et, résolu d'exécuter les ordres de son maître, il montra de la main un petit hameau, composé de cabanes de pêcheurs, et les postillons, quittant la grande route, se dirigèrent de ce côté. Là, une chaloupe, un peu plus élégamment décorée qu'aucune des embarcations qu'ils avaient vues jusqu'à ce moment, portant un pavillon où se voyait une tête de sanglier surmontée d'une couronne ducale, attendait avec deux ou trois marins, et un pareil nombre d'habitants des hautes terres.

La voiture s'arrêta, et l'on se mit à dételer les chevaux, tandis que

M. Archibald présidait gravement au transport du bagage de la voiture au petit navire. « Y a-t-il longtemps que *la Caroline* est arrivée? » dit Archibald à l'un des marins.

« Elle est venue de Liverpool ici en cinq jours, et elle est à l'ancre à Greenock, » répondit l'homme.

« Vous conduirez, alors, les chevaux et la voiture à Greenock, » dit Archibald aux postillons, « et vous les y embarquerez pour Inverary quand je vous le ferai dire. On les logera chez mon cousin, Duncan Archibald. Mesdames, » ajouta-t-il, « veuillez vous apprêter ; il ne faut pas que nous manquions la marée.

— Mistress Deans, » dit la primevère destinée aux prairies d'Inverary, « vous ferez ce qu'il vous plaira; mais moi, je resterai ici toute la nuit, plutôt que d'entrer dans cette coquille d'œuf peinturlurée. L'homme! l'homme! » ceci s'adressait à un montagnard qui soulevait une malle de voyage, « cette malle est à moi, comme aussi ce carton, cette valise, ces sept paquets, et le ballot de papiers que voici. Si vous en touchez un seul, ce sera à vos risques et périls. »

Le Celte, après avoir regardé l'orateur, tourna la tête vers Archibald, et, ne recevant de lui aucun signe négatif, mit le porte-manteau sur son épaule, et, sans faire attention davantage à la demoiselle en détresse, ou s'inquiéter de réclamations qu'il ne comprenait probablement pas, et dont il n'aurait pas fait plus de cas s'il les avait comprises, il s'ébranla avec le bagage de Mistress Dutton, et le déposa dans l'embarcation.

Le tout arrimé à souhait, M. Archibald offrit la main à Jeanie pour descendre de la voiture, et, non sans quelque crainte de sa part, notre héroïne, en dépit du ressac, fut embarquée par les matelots. Archibald voulut faire ensuite la même politesse à l'autre voyageuse, mais celle-ci était résolue dans son refus de quitter la voiture, où elle restait maintenant dans la solitude, menaçant tout le monde, coupables et innocents, d'actions en paiement de gages, de frais, de dépenses, de dommages-intérêts, et comptant sur ses doigts les robes et autres habillements dont elle était sur le point d'être séparée pour toujours. M. Archibald ne se donna pas la peine de faire beaucoup de représentations, qui n'auraient fait qu'augmenter l'indignation de la demoiselle, mais il dit, en langue gaélique, deux ou trois mots aux montagnards;

L'embarquement pour l'île de Roseneath.

et ces rusés personnages, s'approchant de la voiture avec précaution et sans que rien pût faire deviner leur intention, saisirent, tous à la fois, la récalcitrante, d'une façon si efficace et si solide qu'elle ne put résister ni se débattre, et, la hissant sur leurs épaules dans une position presque horizontale, s'élancèrent avec elle sur la grève et dans le ressac, et, sans autre accident que des vêtements un peu chiffonnés, la déposèrent dans le bateau; mais en un tel état de surprise, de mortification et de terreur, grâce à ce transbordement soudain, qu'elle en resta absolument muette pendant deux ou trois minutes. Les hommes sautèrent à leur tour dans l'embarcation ; un grand gaillard demeura dans l'eau jusqu'à ce qu'il eût suffisamment poussé la chaloupe, et d'un bond, à son tour, y tomba au milieu de ses compagnons. Ils prirent les rames pour s'éloigner du rivage, puis étendirent la voile, et naviguèrent joyeusement à travers le bras de mer.

« Misérable Écossais! » dit à Archibald la demoiselle en fureur; « comment osez-vous agir de la sorte envers une personne comme moi?

— Madame, » dit Archibald avec un flegme imperturbable, « il est temps de vous faire savoir que vous êtes dans le pays du duc, et qu'il n'y a pas un de ces hommes qui ne vous jetât hors du bateau aussi lestement qu'on vous a mise dedans, si tel était le bon plaisir de Sa Grâce.

— Le Seigneur, alors, ait pitié de moi! » dit Mistress Dutton. « Si j'avais su, je n'aurais eu garde de m'engager avec vous.

— Il est un peu trop tard, maintenant, pour y penser, Mistress Dutton, » dit Archibald ; « mais je vous assure que vous trouverez que les hautes terres ont leurs côtés agréables. Vous aurez, à Inverary, une douzaine de filles d'étable sous votre autorité, et vous en jetterez une dans le lac si c'est votre fantaisie, car les préposés principaux du duc sont presque aussi grands que lui.

— Voici vraiment d'étranges choses, Monsieur Archibald, » dit la dame ; « mais le mieux sera peut-être de s'en arranger. Êtes-vous sûr que le bateau ne chavirera point? Il penche terriblement d'un côté, à ce qu'il me semble.

— Ne craignez rien, » dit M. Archibald, s'administrant une prise de tabac fort importante ; « ce passage de la Clyde nous connaît bien, ou nous le connaissons ; ce qui revient au même, un accident n'est à craindre pour aucun de nous. Nous aurions fait notre embarquement sur l'autre rive, sans les troubles de Glasgow; grâce auxquels il n'est pas à propos que des personnes au service de Sa Grâce traversent la ville.

— N'avez-vous pas peur, Mistress Deans, » dit la vestale de la laiterie, à Jeanie, assise, sans être elle-même bien rassurée, à côté d'Archibald qui tenait la barre ; « n'avez-vous pas peur de ces sauvages avec leurs jambes nues, et d'être sur cette coquille de noix, qui monte et descend de ci de là comme une écuelle dans un seau de lait?

— Non, Madame, non, » répondit Jeanie, avec quelque hésitation, « je n'ai pas peur; car j'ai vu déjà des gens des hautes terres, sans avoir été jamais aussi près d'eux, et, quant au danger des eaux profondes, je sais qu'il y a une Providence sur la mer aussi bien que sur la terre.

— Oh! » dit Mistress Dutton ; « quelle jolie chose d'avoir appris à lire et à écrire, car on peut toujours dire de belles paroles, n'importe ce qui arrive. »

Archibald, se réjouissant de l'effet produit par ses mesures vigoureuses sur l'intraitable demoiselle de la laiterie, s'appliqua maintenant, en homme de sens et de bon caractère, à fortifier, par des moyens aimables, l'ascendant qu'il avait obtenu par une violence salutaire. Il réussit si bien à lui faire comprendre le caractère déraisonnable de ses craintes, et l'impossibilité de la laisser sur la grève, trônant dans un carrosse vide, que la bonne intelligence fut complètement rétablie entre eux avant d'aborder à Roseneath.

CHAPITRE XLI.

Vers ces bords la fortune, ou plutôt le destin,
Aura voulu guider notre esquif incertain.
FLETCHER.

LES îles de l'embouchure de la Clyde, que tant de navires couronnés d'un beau panache de fumée rendent aujourd'hui si aisément accessibles, étaient, du temps de nos pères, des lieux écartés, que ne fréquentait aucun voyageur, et où les visiteurs, quels qu'ils fussent, étaient rares. La beauté en est aussi merveilleuse que variée. Arran, région montagneuse, île alpestre, abonde en perspectives ou romantiques ou sublimes. Bute, avec ses forêts, est d'un caractère plus doux. Les Cumrays, comme pour faire contraste avec les deux précédentes, sont vertes, unies et nues, formant les chaînons d'une sorte de barre naturelle tirée le long de l'embouchure, et laissant toutefois de larges intervalles d'océan. L'île de Roseneath, plus petite, est beaucoup plus haut dans l'embouchure, vers le rivage occidental, près de l'ouverture du lac que l'on appelle le Gare-Loch, non loin du Loch long et du Loch seant ou Loch saint, qui viennent des montagnes des hautes terres de l'ouest, et vont rejoindre l'estuaire de la Clyde.

Dans ces îles, les vents glacés qui sévissent, durant un printemps d'Écosse, sur toute nature végétale, sont, par comparaison, peu sensibles ; si l'on en excepte la vigoureuse et gigantesque Arran, elles ne sont pas fort exposées aux orages de l'Atlantique, enfermées qu'elles sont entre les terres, et protégées en partie par les rivages du comté d'Ayr. Le saule pleureur, le bouleau, d'autres arbres au feuillage hâtif et penché, fleurissent, en ces régions favorisées, à un degré inconnu dans nos districts de l'est; et l'on dit aussi que l'air est doué d'une douceur favorable aux poitrines délicates.

La beauté pittoresque de l'île de Roseneath, en particulier, était si bien reconnue que, depuis un temps fort ancien, les comtes et les ducs d'Argyle en avaient fait accidentellement leur résidence, et avaient une installation temporaire dans un pavillon de pêche ou de chasse, que des améliorations successives ont transformé depuis en palais. Ce pavillon était dans toute sa simplicité originaire, quand la petite embarcation, que nous avons laissée traversant le *firth* à la fin du dernier chapitre, approcha du rivage de l'île.

Lorsqu'on toucha au lieu d'abordage, couvert en partie de vieux chênes bas mais à larges branches, entremêlés de buissons de noisetiers, on vit deux ou trois personnes qui paraissaient attendre l'arrivée des voyageurs. Jeanie y avait fait peu d'attention, et ce fut avec une surprise semblable à un choc électrique que, transportée par les rameurs du bateau sur le rivage, elle fut reçue dans les bras de son père.

Cela était trop surprenant pour qu'on pût le croire; le rêve était trop heureux pour qu'on en admît fermement la réalité. Elle se dégagea des embrassements étroits et affectueux de son père, et le tint à la longueur du bras, pour se bien assurer que ce n'était pas une illusion. Mais le doute n'était pas possible. Douce David Deans en personne, dans son plus bel habit bleu clair du dimanche, avec de gros boutons de métal, gilet et culotte assortis, ses solides guêtres de drap gris, ses boucles de cuivre, le large bonnet bleu des basses terres, rejeté en arrière tandis que celui qui le portait levait les yeux au ciel dans une muette reconnaissance; ses cheveux gris, s'échappant de sa coiffure pour flotter sur son visage battu par le temps; son front chauve et sillonné de rides; son œil bleu clair, qui, non obscurci par les larmes, brillait radieux et pâle au-dessous de l'auvent de ses sourcils grisonnants; ses traits, habituellement si austères et si stoïques, fondus, à l'heure présente, dans une expression de joie délirante, de tendresse et de reconnaissance. Tout cela, c'était bien David Deans ; et ces éléments divers s'assortissaient ensemble d'une si heureuse manière que, si jamais je revois mes amis Wilkie ou Allan, j'essaierai d'obtenir d'eux, ou de leur voler, une esquisse de cette scène.

« Jeanie, ma Jeanie, la meilleure et la plus pieuse des enfants, que le Seigneur d'Israël soit ton père, car c'est à peine si je suis digne de toi ! Tu nous as rachetés de captivité, tu nous as rapporté l'honneur de notre maison. Sois bénie, mon enfant, des miséricordes promises et achetées ! Celui qui conduit tout t'a bénie dans le bien dont il t'a fait l'instrument. »

Ce ne fut pas sans verser des larmes qu'il prononça ces paroles, quoique David ne fût pas d'humeur à pleurer beaucoup. Archibald, avec une attention délicate, avait écarté de l'entrevue les spectateurs ; le feuillage et le soleil couchant étaient seuls témoins de l'expansion de leurs sentiments.

« Et Effie ? Et Effie, mon cher père ! » Telle fut l'interjection ardente que Jeanie jeta, à plusieurs reprises, au milieu de ses expressions de reconnaissance et de joie.

« Vous le saurez, vous le saurez, » dit David avec précipitation ; et derechef, il adressait ses remerciements au ciel, qui lui avait renvoyé Jeanie saine et sauve du pays de l'épiscopat et de la mort, du schisme et de l'hérésie ; qui avait délivré sa fille des dangers de la route et des lions postés dans le sentier.

« Et Effie ? » répéta encore la sœur affectionnée. « Et... et... (elle aurait volontiers désigné Butler, mais elle eut recours à une question moins directe), « et M. et Mme Saddletree, et Dumbiedikes, et tous nos amis ?

— Tous vont bien, tous vont bien, le nom du Seigneur soit loué !
— Et... M. Butler ? Il n'était pas bien portant quand je suis partie ?
— Il est rétabli, » répliqua le père; « et va tout à fait bien.
— Dieu soit béni ! mais, ô mon cher père, Effie ? Effie ?
— Vous ne la reverrez plus, mon enfant, » répliqua Deans d'un ton solennel. « Vous êtes la seule et unique feuille qui reste aujourd'hui sur le vieil arbre. Que votre chagrin soit guéri et que votre lot soit heureux !

— Elle est morte ! Elle est tuée ! Cela est arrivé trop tard, » s'écria Jeanie, se tordant les mains.

« Non, Jeanie, » répondit le père, du même ton grave et triste. « Elle vit dans la chair, et est délivrée des contraintes terrestres. Que ne vit-elle aussi dans la foi, et que n'est-elle délivrée de même des liens de Satan !

— Le Seigneur nous protège ! » dit Jeanie. « La malheureuse enfant vous a-t-elle quitté pour ce scélérat ?

— Ce n'est que trop vrai, » répliqua Deans. « Elle a quitté son vieux père, qui avait prié et pleuré pour elle ; elle a quitté sa sœur, qui avait, comme une mère, affronté pour elle le voyage et la fatigue ; elle a quitté les os de sa mère et la terre des ses aïeux, pour se mettre en route avec ce fils de Bélial. Une fuite au clair de la lune ! » Il s'arrêta ; un mélange de douleur et de ressentiment l'empêchait de parler.

« Et avec cet homme, cet homme effrayant ? » dit Jeanie. « Nous quitter pour fuir avec lui ? O Effie, Effie, qui aurait pensé cela, après une délivrance comme celle dont vous aviez eu le bienfait !

— Elle s'est éloignée de nous, mon enfant, parce qu'elle n'était pas des nôtres, » répliqua David. « C'est une branche flétrie qui ne portera jamais les fruits de grâce ; un bouc qui s'est échappé dans le désert du monde, pour y emporter avec elle, je le crois, les péchés de notre petite congrégation. La paix du monde soit avec elle ! et qu'une paix meilleure, la visite lorsqu'elle aura la grâce de se tourner de ce côté-là. L'heure du Seigneur viendra pour elle si elle est au nombre de ses élus. Qu'aurait dit sa mère, cette illustre et mémorable matrone, Rébecca Mac Naught, dont la mémoire est, à Newbattle, comme une fleur au doux parfum, et, à Lugton, comme un vase d'encens ? Mais, qu'il en soit ainsi ; qu'elle parte ; qu'elle suive sa voie ; qu'elle morde son frein. Le Seigneur connaît son heure. Elle a été l'enfant des prières, et ne saurait, jusqu'au bout, rester une réprouvée. Mais, Jeanie, que jamais, jamais, son nom ne soit plus prononcé entre vous et moi. Elle a passé loin de nous comme le ruisseau qui disparaît lorsque l'été devient chaud, selon l'expression de Job. Qu'elle passe, et qu'on l'oublie ! »

Un triste silence suivit ces paroles. Jeanie en aurait volontiers demandé plus long sur le départ de sa sœur, mais la défense de son père était formelle. Elle fut sur le point de parler de son entrevue avec Staunton au rectorat; mais lorsque, rapidement, elle en rappela les particularités à sa mémoire, elle pensa qu'à tout prendre, elles pour-

raient plutôt augmenter que diminuer le chagrin de son père. Elle détourna la conversation de ce pénible sujet, résolue d'attendre, pour en demander plus long, qu'elle vît Butler, par qui elle espérait apprendre les détails de la fuite de sa sœur.

Mais quand verrait-elle Butler? C'était une question qu'elle ne pouvait s'empêcher de se poser, alors surtout que son père, comme pour échapper à la pensée de sa fille cadette, montrait, sur la rive en face, le comté de Dumbarton, et demandait à Jeanie « si ce ne serait pas une résidence agréable; » qu'il lui déclarait l'intention de transporter en ce pays son tabernacle terrestre, « vu qu'en sa qualité d'homme habile dans les travaux de la campagne, et dans tout ce qui touchait aux bêtes à laine et à cornes, il était sollicité par Sa Grâce le duc d'Argyle de diriger une ferme que Sa Grâce avait prise en main pour l'amélioration des races. »

Jeanie, à cette déclaration, sentit son cœur défaillir. « Elle reconnaissait que c'était une terre bonne et agréable, qui s'ouvrait bravement aux rayons et aux pluies du couchant; elle ne doutait pas que les pâturages n'y fussent très bons, car l'herbe en était verte bien que le temps eût été sec. Mais c'était loin du pays natal, et il lui semblait qu'elle penserait souvent aux beaux gazons si pleins de pâquerettes et de renoncules jaunes des Rochers de Saint-Léonard.

— N'en parlez plus, Jeanie, » dit le père; « je désire qu'on n'en prononce plus jamais le nom; après du moins que le prix en sera réglé et les billets payés. J'ai amené ici toutes les bêtes que vous aimez le mieux. Il y a Gowans, et votre vache favorite, et la petite génisse que vous appeliez... Je n'ai pas besoin de vous dire comment vous l'appeliez. Mais je n'ai pu faire vendre la pauvre bête, bien que sa vue parfois puisse nous assombrir le cœur. Est-ce donc sa faute à cet innocent animal? J'ai réservé une ou deux autres bêtes encore, et j'entends qu'elles marchent devant le reste du troupeau, pour que l'on puisse dire, comme à l'heure où le fils de Jessé revenait de la bataille : « C'est le butin de David. »

Poussant plus loin ses demandes, Jeanie rencontra une nouvelle occasion d'admirer la bienfaisance active de son ami le duc d'Argyle. Voulant établir sur la lisière de ses propriétés immenses des hautes terres une sorte de ferme d'expériences, il avait été un peu embarrassé pour trouver une personne convenable à qui il en confiât la direction. La conversation que Sa Grâce avait eue avec Jeanie, durant leur retour de Richmond, sur les choses et les travaux de la campagne, avait imprimé en lui la pensée que le père, dont elle citait si fréquemment

l'expérience et le succès, devait être précisément l'homme qu'il lui fallait. Lorsque la condition ajoutée à la grâce d'Effie rendit fort probable, de la part de David Deans, un changement de résidence, cette idée se présenta plus fortement encore à l'esprit du duc, et, comme il était aussi enthousiaste à l'endroit de l'agriculture qu'à celui de la bienfaisance, il s'imagina qu'il servait à la fois la cause de l'une et de l'autre, en écrivant à la personne chargée de ses affaires à Édimbourg de s'enquérir du caractère de David Deans, nourrisseur *et cœtera* aux Rochers de Saint-Léonard, et, s'il le trouvait tel qu'on le pouvait supposer, de l'engager sans retard, et dans les conditions les plus avantageuses, pour diriger la ferme que le duc voulait créer dans le comté de Dumbarton.

La proposition fut faite au vieux David, par la personne qui en avait été chargée, le second jour après que la grâce de sa fille fut parvenue à Édimbourg. La résolution de quitter Saint-Léonard avait déjà été formée par lui; l'honneur d'une invitation expresse, que lui adressait le duc d'Argyle, de diriger un établissement dans lequel il fallait tant d'habileté et de diligence, était, par lui-même, extrêmement flatteur; d'autant plus que l'honnête David, qui n'était pas sans avoir une excellente opinion de ses talents personnels, se persuadait qu'en acceptant cet emploi, il s'acquitterait en quelque mesure de sa dette de reconnaissance envers la famille d'Argyle. Les conditions, y compris le droit à un pâturage suffisant pour une petite quantité de bétail à lui appartenant, étaient des plus avantageuses; et l'œil perspicace de David vit que la situation était convenable pour faire un trafic fort utile sur le bétail d'Écosse. Il y avait risque de « pillage armé, » venant des montagnes voisines, mais le nom respecté du duc d'Argyle serait une grande sécurité, et une redevance légère au profit des tribus pillardes suffirait, il n'en doutait pas, pour le mettre en sûreté.

Il y avait cependant encore deux points sur lesquels il hésitait. Le premier était le caractère de l'ecclésiastique à l'église duquel il appartiendrait; et, sur ce point délicat, il reçut, comme nous le ferons savoir un peu plus loin au lecteur, une satisfaction complète. L'autre obstacle était la situation de sa fille cadette, obligée de quitter l'Écosse pour un si grand nombre d'années.

L'homme de loi sourit, et dit « Qu'il n'y avait pas à interpréter cette clause d'une façon trop stricte ; que, si la jeune femme quittait l'Écosse quelques mois, ou même quelques semaines, et venait à la résidence nouvelle de son père, par mer, du côté ouest de l'Angleterre, personne ne saurait son arrivée, personne du moins qui eût le droit ou qui se sentît le désir de lui causer de l'ennui. Les vastes juridictions héréditaires de Sa Grâce excluaient l'immixtion d'autres magistrats dans les affaires de ceux qui vivaient sur ses domaines, et les magistrats placés sous la dépendance immédiate du duc recevraient l'ordre de ne la point inquiéter. Vivant sur les confins des hautes terres, on pourrait dire, en effet, qu'elle était hors de l'Écosse, c'est-à-dire au delà des limites de la loi et de la civilisation ordinaires. »

Le vieux Deans n'était pas complètement satisfait de ce raisonnement ; mais la fuite d'Effie, qui eut lieu la troisième nuit après sa libération, lui rendit si odieux le séjour de Saint-Léonard, qu'il accepta sur-le-champ la proposition qu'on lui avait faite, et qu'il accueillit avec plaisir l'idée, conçue par le duc, de causer une surprise à Jeanie, et de rendre plus frappant pour elle son changement de résidence. Le duc avait informé Archibald de ces circonstances, avec ordre d'agir conformément aux instructions qu'il recevrait d'Édimbourg, et par lesquelles il fut invité à conduire Jeanie à Roseneath.

Le père et la fille se communiquèrent tout cela l'un à l'autre, tantôt s'arrêtant, tantôt cheminant à pas lents vers le pavillon, qui se montrait au milieu des arbres, à un demi-mille environ de la petite baie où l'on avait débarqué.

Comme ils approchaient de la maison, David Deans informa sa fille, avec un certain sourire refrogné (c'était, chez lui, l'acheminement le plus marqué de son visage vers la joie), « qu'il résidait en cet endroit deux personnages importants, un honorable et une révérence. Le premier était Son Honneur le laird de Knocktarlitie, bailli de la seigneurie sous le duc d'Argyle, un gentilhomme des hautes terres, taillé sur le même modèle, » c'était l'avis de David, « que beaucoup d'entre eux, vif et irritable, négligent des choses élevées qui intéressent le salut, rapace d'ailleurs pour ce qui concerne les choses de ce monde, sans avoir une idée bien nette de ce qu'est la propriété ; bon, cependant, et hospitalier, et avec lequel il serait sage de vivre en bonne intelligence, car les gens des hautes terres sont prompts, et plus que prompts. Quant au révérend personnage dont il avait parlé, il était candidat, par la faveur du duc d'Argyle (David, pour rien au monde, n'aurait voulu dire *sur la présentation*), à l'église de la paroisse sur laquelle leur ferme était située, et il serait probablement fort agréable aux âmes chrétiennes affamées de manne spirituelle ; elles n'avaient été nourries que de semences âcres des hautes terres par M. Duncan Mac Donought, le dernier ministre, qui commençait régulièrement sa matinée, depuis le dimanche jusqu'au samedi, avec une mesure de *whisky*. Mais je n'ai pas besoin, » dit David, avec une nouvelle grimace, « de vous en dire bien long à son sujet, car je crois que vous l'aurez vu précédemment. Et, justement, le voici qui vient. »

Elle l'avait déjà vu, en effet ; car il n'était autre que Ruben Butler.

CHAPITRE XLII.

*Tu ne reverras plus ta sœur; d'autres moments
Ont connu le dernier de vos embrassements.*
Élégie sur Mistress Anne Killigrew.

CETTE seconde surprise avait été préparée à Jeanie Deans par la baguette du même enchanteur bienveillant dont le pouvoir avait transplanté son père des Rochers de Saint-Léonard aux rivages du Gare-Loch. Le duc d'Argyle n'était pas homme à oublier la dette héréditaire de gratitude que lui avait léguée son grand-père en faveur du petit-fils du vieux Butler la Bible. Il avait résolu au dedans de lui de faire avoir à Ruben Butler cette église de Knocktarlitie, dont le titulaire venait précisément de quitter la vie. Son agent reçut, en conséquence, les instructions nécessaires pour cet objet, toujours sous la condition indispensable que le savoir et le caractère de M. Butler seraient trouvés convenables pour l'emploi. Sur informations, l'un et l'autre furent reconnus satisfaisants au plus haut degré, ainsi qu'il était arrivé pour David Deans.

Par cette promotion, le duc d'Argyle assurait à son amie et protégée Jeanie un bienfait plus important qu'il ne le savait lui-même, puisqu'il contribuait à écarter, dans l'esprit du père, des objections dont le bienfaiteur ne se doutait pas.

Nous avons déjà remarqué que Deans avait contre Butler une sorte de prévention, fondée peut-être, en partie, sur la demi-conscience qu'il avait que le pauvre sous-maître osait élever ses regards vers sa fille aînée. C'était, dans la pensée de David, un péché de présomption, bien qu'il n'eût été suivi d'aucun acte manifeste ou proposition effective. Mais le vif attachement dont Butler lui avait donné la preuve dans ses malheurs depuis que Jeanie avait entrepris son expédition vers Londres, et qu'il attribuait, dès lors, à un respect professé pour lui individuellement, avait beaucoup adouci l'irritabilité de David à son égard. Et, tandis qu'il était, envers Butler, dans cette bonne disposition, un autre incident survint qui exerça une grande influence sur l'esprit du vieillard.

Aussitôt remis du choc que la seconde disparition d'Effie lui avait causé, le premier soin de Deans fut de recueillir et de rembourser au laird de Dumbiedikes l'argent que celui-ci avait prêté pour le procès d'Effie et pour les dépenses du voyage de Jeanie. Il y avait bien longtemps que le laird, le poney, le chapeau galonné et la pipe n'avaient été vus aux Rochers de Saint-Léonard; si bien que, pour payer cette dette, David fut forcé de se rendre en personne au manoir de Dumbiedikes.

Il le trouva dans un état d'agitation inaccoutumée. Des ouvriers jetaient bas les vieilles tentures et les remplaçaient par d'autres, changeant, réparant, lavant, peignant, blanchissant. On ne reconnaissait plus la vieille maison, si longtemps le séjour de la paresse et du silence. Le laird semblait un peu confus, et sa réception, quoique bonne, avait perdu quelque chose de la cordialité respectueuse avec laquelle il avait coutume de saluer David Deans. Il y avait aussi un changement (Deans ne savait pas trop lequel) dans l'extérieur de ce propriétaire foncier; une amélioration dans la forme de ses vêtements, une élégance dans la façon dont ils étaient portés, qui, l'une et l'autre, étaient de la nouveauté. Il n'y avait pas jusqu'au vieux chapeau qui ne fût devenu plus coquet; le retroussis avait été passé au fer, le galon rafraîchi, et, au lieu de s'abattre en arrière ou en avant sur la tête du laird au hasard des circonstances, il était ajusté sur l'oreille avec une inclinaison significative.

David Deans s'ouvrit sur sa démarche, et mit la finance sur la table. Dumbiedikes prêta l'oreille avec intérêt à la communication, et compta les écus avec soin, interrompant David, qui lui parlait de la rédemption de Judas de la captivité, pour lui demander s'il ne pensait pas qu'une ou deux des guinées n'avaient pas le poids. Quand il fut satisfait sur ce point, qu'il eut empoché son argent et signé le reçu, il adressa la parole à David, avec quelque hésitation. « Jeanie, mon brave ami, vous a-t-elle écrit quelque chose?

— Au sujet de l'argent? » répliqua David; « oui vraiment, sans aucun doute.

— Ne vous a-t-elle rien dit à mon sujet? » demanda le laird.

« Rien autre chose que les souhaits d'une amie et d'une chrétienne. Que m'aurait-elle dit de plus? » répliqua David, s'attendant bien à voir aboutir la cour prolongée que le laird avait faite à Jeanie (si la contemplation muette que le personnage avait professée pouvait mériter une appellation aussi active). Dumbiedikes, en effet, allait arriver à un résultat, mais pas à celui que Deans souhaitait ou attendait.

« A coup sûr, mon cher voisin, elle sait mieux que personne ce qu'elle a à faire. J'ai débarrassé la maison de Jeannette Balchristie et de sa nièce. C'était une vilaine engeance. Elles volaient la viande et la bière, et laissaient emporter le charbon par les charretiers. Je vais me marier dimanche. »

Quelle que fût l'impression de David, il était trop fier et trop maître de lui pour témoigner, sur son visage ou dans sa manière d'être, aucune surprise qui trahît son mécontentement.

« Puissiez-vous être heureux, Monsieur, par celui qui donne le bonheur! Le mariage est un état honorable.

— Et je me marie dans une maison honorable, David. J'épouse la plus jeune des filles du laird de Lickpelf. Elle est près de moi à l'église, et c'est comme cela que je suis venu à y penser. »

Il n'y avait plus rien à dire ; on ne pouvait qu'adresser de nouveau ses bons souhaits au laird, boire un verre de sa liqueur, et retourner à Saint-Léonard, en méditant sur la mutabilité des affaires et des résolutions humaines. La perspective de voir, un jour ou l'autre, Jeanie devenir lady Dumbiedikes, s'était, malgré qu'il en eût, plus fermement logée dans l'esprit de David qu'il ne le savait lui-même. Jusque-là, tout au moins, cette union semblait devoir être, à toute époque, à la portée de sa fille, pour peu que celle-ci voulût donner à son silencieux adorateur le plus léger encouragement; ce rêve, à présent, s'était évanoui pour toujours. David retourna donc chez lui, de fort mauvaise humeur pour un homme aussi parfait. Il était mécontent de Jeanie pour ne pas avoir encouragé le laird; du laird pour avoir eu besoin d'encouragement; et de lui-même à cause du mécontentement qu'il avait d'être mécontent.

A son retour, il apprit que le chargé d'affaires du duc d'Argyle dé-

sirait le voir, en vue de compléter entre eux l'arrangement. Il fut donc obligé, après quelque repos, de se remettre en route pour aller à Édimbourg, si bien que la vieille May Hettly déclara « qu'avec tout cela, son maître finirait par mourir de fatigue. »

Quand l'affaire de la ferme eut été traitée et arrangée, le mandataire du duc informa David Deans, en réponse à ses questions concernant le culte public, que Sa Grâce avait l'intention de placer dans la paroisse de sa résidence future un jeune et excellent ecclésiastique, nommé Ruben Butler.

« Ruben Butler! » s'écria David ; « Ruben Butler, le sous-maître de Libberton ?

— Lui-même, » dit l'homme d'affaires ; « Sa Grâce a eu sur lui des renseignements excellents, et a, en outre, envers lui, des obligations héréditaires. Peu de ministres se trouveront dans une situation meilleure que celle qu'il m'est prescrit de faire à M. Butler.

— Des obligations ? Le duc ? Des obligations envers Ruben Butler ! Ruben Butler ministre en exercice dans l'Église d'Écosse ! » s'écria David, ne revenant pas de son étonnement ; car le mauvais succès que Butler avait eu jusque-là dans toutes ses entreprises avait amené David à le considérer comme un de ces enfants peu favorisés de la Fortune, qu'elle traite avec une rigueur sans relâche, et qu'elle finit par déshériter tout à fait.

Nous ne sommes peut-être jamais si disposés à avoir une haute opinion d'un ami que lorsque nous le voyons placé, dans l'estime des autres, plus haut que nous ne nous y attendions. Quand David fut assuré de la réalité du changement survenu dans les perspectives de Butler, il exprima une grande satisfaction de ce succès, que d'ailleurs (comme il le fit remarquer), Butler lui devait tout entier à lui-même, c'est-à-dire à David. « J'ai conseillé à sa pauvre grand'mère, qui n'avait pas beaucoup d'esprit, de le faire instruire pour l'Église, et j'ai prophétisé que, s'il était béni dans ses efforts, il deviendrait, dans le temple, une flèche bien affilée. Il est peut-être un peu fier de son savoir charnel, mais c'est un bon garçon, et il a du fond. De la façon dont les ministres sont faits aujourd'hui, pour un qui vaudra mieux que Ruben Butler, on en trouvera dix qui vaudront moins. »

Il prit congé de l'homme d'affaires, et retourna chez lui, oubliant sa fatigue au milieu des méditations diverses auxquelles donnait naissance cette communication surprenante. L'honnête David avait maintenant, comme d'autres grands hommes, à travailler pour mettre ses principes théoriques d'accord avec les circonstances actuelles ; et comme d'autres grands hommes lorsqu'ils s'appliquent sérieusement à cette tâche, il y réussit assez bien.

Ruben Butler devait-il, en conscience, accepter cette promotion dans l'Église d'Écosse, assujettie comme elle l'était à présent, dans la pensée de Deans, aux empiétements érastiens du pouvoir civil? C'était la question principale, et il l'examina avec soin. « L'Église d'Écosse était dépouillée de ses rayons, et privée de l'artillerie complète et des bannières de son autorité ; mais elle contenait encore des pasteurs zélés et propres à donner des fruits, des congrégations assidues, et, avec toutes ses taches et ses défauts, on ne trouverait cependant nulle part sur la terre une Église pareille à celle-là. »

Les doutes de David avaient été trop nombreux et trop délicats pour lui permettre jamais de s'unir sans équivoque à aucun des dissidents qui, sous différents rapports, se séparaient complètement de l'Église nationale. Il était entré souvent en communion avec ceux du clergé établi qui se rapprochaient le plus du modèle et des principes anciens de 1640. Et, quoiqu'il y eût bien des choses à réformer dans ce système, il se souvenait cependant que lui, David Deans, avait toujours été l'humble défenseur de la bonne vieille cause, dans la voie légale, sans se précipiter vers les excès, les divisions et les séparations de la main droite. Il pouvait donc, en sa qualité d'ennemi de la séparation, entrer en communion avec un ministre de l'Église d'Écosse dans son état présent. *Ergo*, Ruben Butler pourrait prendre possession de la paroisse de Knocktarlitie sans perdre son amitié et son estime. *Quod erat demonstrandum*. Mais, en second lieu, venait le point délicat du patronage laïque : David Deans avait toujours soutenu que c'était s'introduire par la fenêtre et par-dessus le mur, voler les âmes de toute une paroisse et les faire mourir de faim, dans le but de vêtir et de nourrir le bénéficier.

En conséquence, la présentation par le duc d'Argyle, quels que fussent le mérite et le caractère élevé de ce gentilhomme, était un fragment de l'image d'airain, une portion du mauvais esprit, et, sans cesser d'être d'accord avec ses principes, David ne pouvait se plier à une pareille transaction. Mais si les paroissiens eux-mêmes s'unissaient, en un appel général, pour demander que Butler fût leur pasteur, il ne lui semblait pas tout à fait aussi évident que cette malheureuse présentation fût une raison pour que celui-ci leur refusât les consolations de sa doctrine. Si le presbytérat, ou corps des anciens, l'admettait à diriger l'Église en vertu plutôt de cet acte de patronage que de l'appel général de la congrégation, c'était une erreur de la part de ce corps, et une grave; David l'accordait. Mais si Ruben Butler acceptait la cure comme lui étant offerte par ceux qu'il était appelé à instruire, et qui avaient témoigné leur désir d'écouter ses instructions, David, après avoir considéré et considéré encore la matière, arrivait, par la grande vertu des *si*, à l'opinion que Butler pouvait, avec sûreté, agir de la sorte en cette hypothèse.

Restait une troisième pierre d'achoppement, les serments envers le gouvernement exigés des membres du clergé établi, serments par lesquels on reconnaissait un roi et un parlement érastiens, et l'on adhérait à l'incorporation, par l'union, de l'Angleterre et de l'Écosse, faisant du dernier royaume une simple partie du premier, dans lequel l'épiscopat, frère du papisme, s'était emparé du trône, et avait élevé les pointes de sa mitre. A ces symptômes de défection, David avait souvent poussé ce cri : « Mes entrailles, mes entrailles! je suis affligé jusqu'au fond du cœur! » Et il se souvenait qu'une pieuse matrone de Bow-head avait été emportée évanouie de l'église de la Tolbooth, sans que l'eau-de-vie et les plumes brûlées y pussent porter remède, rien que pour avoir entendu ces mots terribles : « Il est ordonné par les lords *spirituels* et temporels, » prononcés, dans une chaire écossaise, au préambule de la proclamation de Porteous. Ces serments étaient donc une condescendance coupable et une odieuse abomination, un péché et un piège, un danger et une défection. Mais ce mot d'ordre, ce *shibboleth*, n'était pas toujours exigé. Les ministres respectaient les susceptibilités de leurs propres consciences et des consciences de leurs frères ; et ce ne fut qu'à une époque ultérieure que les rênes de la discipline furent tenues avec rigueur par les assemblées générales et par les presbytérats. La particule conciliatrice vint de nouveau en aide à David. *Si* un bénéficier n'était pas appelé à montrer de pareilles complaisances, et *si*, par la voie droite, sans intrusion, par une nomination régulière, il entrait dans l'Église, David Deans finissait par être d'avis que le susdit bénéficier pouvait légitimement jouir, sur les âmes de Knocktarlitie, du spirituel et du temporel de la cure, avec appointements, manse, glèbe, et tout ce qui en dépendait.

Les esprits les meilleurs et les plus élevés sont si fortement influencés par les événements, qu'il serait peut-être cruel de s'enquérir trop avant du poids que l'affection paternelle donnait à ces raisonnements ingénieux. Considérons bien la situation de David Deans. Il venait d'être privé de l'une de ses filles, et l'aînée, à laquelle il devait tant, se voyait fermer, par la résolution soudaine de Dumbiedikes, la haute espérance que David avait eue de la voir un jour maîtresse de cette belle seigneurie. Juste au moment où ce désappointement pesait lourdement sur son esprit, Butler s'offre à son imagination, non plus le pauvre sous-maître râpé et mourant de faim à moitié, mais bien nourri, luisant et dispos, le ministre à bénéfice de Knocktarlitie, aimé de ses paroissiens, exemplaire en sa vie, puissant dans sa doctrine, remplissant ses fonctions dans l'Église comme jamais ministre d'Écosse ne l'avait fait avant lui, ramenant les pécheurs comme un bon chien les brebis, le favori du duc d'Argyle, jouissant de huit cents livres écossaises d'appointements et de quatre charretées de vivres. Puis un mariage qui réparait le désappointement subi à l'endroit de Dumbiedikes, et qui, dans l'esprit de David, valait dix fois mieux, car le bonhomme de Saint-Léonard tenait un ministre important en admiration beaucoup plus grande qu'un propriétaire de biens-fonds. Il ne lui venait pas à l'idée, comme raison additionnelle en faveur de cette union, que le choix de Jeanie pourrait y compter pour quelque chose : l'idée de consulter les sentiments de sa fille n'était jamais entrée dans la tête de ce vertueux personnage, non plus que la possibilité de voir l'inclination de celle-ci différer de son inclination à lui.

Le résultat de ses méditations fut qu'il était appelé à prendre en main la direction de toute l'affaire, et à donner à l'église de Knocktarlitie un digne pasteur, si cela était possible, sans complaisance coupable, sans apostasie ni défection d'aucune sorte. En conséquence, par l'intervention de l'honnête négociant en lait qui habitait à Libberton, David convoqua Ruben Butler en sa présence. Il ne sut pas cacher à cet honorable messager certains sentiments de dignité dont son cœur était enflé, au point que le charretier, en communiquant son message au sous-maître, ajouta que « certainement le bonhomme de Saint-Léonard avait quelque grande nouvelle à lui dire, car il était comme un coq qui se dresse sur ses ergots. »

Butler (on le conçoit sans peine) obéit immédiatement à la sommation. C'était un caractère tout d'une pièce, dont le mérite, le bon sens et la simplicité étaient les éléments principaux, mais l'amour, en cette occasion, lui donna une certaine dose d'astuce. Il avait reçu avis de la faveur que voulait lui faire le duc d'Argyle : avec quels sentiments ? ceux-là seuls peuvent le comprendre qui connaissent, par expérience, la perspective soudaine de s'élever de la gêne et des soucis à l'indépendance et à la considération. Il résolut, cependant, de laisser au vieillard toute la satisfaction de se croire le premier à faire cette communication importante. Il décida, en même temps, que, dans la conférence qui allait avoir lieu, il laisserait David Deans s'étendre tout au long sur la proposition, sous toutes ses faces, sans l'irriter par aucune interruption ou contradiction. C'était le meilleur plan qu'il pût adopter ; car s'il y avait bien des doutes que David Deans était capable de trancher lui-même dans le sens de ses désirs, il n'aurait jamais accepté, là-dessus, la solution d'une autre personne ; et Butler, s'il avait argumenté avec lui, aurait été sûr, en émettant une idée, de confirmer son interlocuteur, à présent et à jamais, dans l'opinion opposée.

Deans reçut son ami avec l'air grave et important qu'un malheur trop réel l'avait forcé d'abandonner depuis quelque temps, et qu'il avait pratiqué si bien en ces jours d'autorité superbe où il exerçait sa domination sur la veuve Butler, et lui dictait la manière de cultiver les petites terres de Beersheba. Il fit connaître à Butler, avec une grande prolixité, ses perspectives personnelles d'échanger sa résidence actuelle pour la direction de la ferme du duc d'Argyle dans le comté de Dumbarton ; il énuméra, avec force compliments à son adresse, les avantages divers de la situation ; il donna, surtout, à son patient auditeur, l'assurance que rien ne l'avait autant porté à accepter que la pensée de pouvoir rendre, par son industrie, les services les plus signalés à Sa Grâce le duc d'Argyle, auquel, « dans les circonstances malheureuses qui venaient de se produire, » (une larme, à ce moment, obscurcit, sur l'œil du vieillard, les étincelles de l'orgueil) « il avait eu tant d'obligation. »

« À mettre en une pareille fonction un rude habitant des hautes terres, qu'y aurait-il eu à attendre, » dit-il, « sinon qu'il fût un berger en chef aussi méchant que Doeg l'Édomite ? Au lieu que, tant que cette tête grise conduira les choses, il n'y aura pas une bête qui ne soit aussi bien soignée que les vaches grasses de Pharaon. Et maintenant, Ruben, mon enfant, maintenant que nous allons transporter nos tentes dans un pays étranger, vous allez jeter après nous un regard de tristesse, deman-

dant auprès de qui prendre désormais conseil pour vous gouverner en ces temps de défaillance et de défection ; vous vous souviendrez sans doute que le vieux David Deans fut l'instrument employé pour vous sortir du bourbier du schisme et de l'hérésie, où la maison de votre père prenait plaisir à se vautrer ; souvent aussi, à coup sûr, quand vous serez pressé par les épreuves insidieuses, les tentations et les souffrances du cœur, vous, qui n'êtes qu'une recrue marchant pour la première fois au son du tambour, vous regretterez le vieux vétéran, hardi et expérimenté, qui avait éprouvé le choc des mauvais jours, et entendu siffler les balles autant de fois qu'il lui reste encore de cheveux sur la tête. »

Il est très possible que Butler pensât en lui-même que la réflexion relative aux opinions religieuses de son ancêtre aurait pu lui être épargnée ; il est possible aussi qu'il eût assez de présomption pour supposer qu'à son âge et avec ses lumières personnelles, il serait capable de suivre sa course sans le pilotage du brave David. Mais il se borna à exprimer le regret de ce qu'un événement le venait séparer d'un ami ancien, éprouvé, et auquel il était si fortement attaché.

« Qu'y faire cependant, mon ami ? » dit David, dont les traits se contractaient en une sorte de sourire ; « comment l'empêcher ? Vous ne pourriez pas, je crois, nous en donner le moyen. Il faut laisser à d'autres le soin de le trouver ; au duc d'Argyle, Ruben, et à moi. C'est une bonne chose d'avoir des amis en ce monde... encore qu'il vaille beaucoup mieux porter ses regards au delà ! »

Et David, dont la piété, bien que n'étant pas toujours guidée par la raison, était aussi sincère que fervente et pratique, leva respectueusement les yeux au ciel, et s'arrêta. M. Butler donna à entendre qu'il aurait grand plaisir à recevoir les avis de son ami sur un sujet aussi important, et David reprit :

« Que pensez-vous, Butler, d'une église, d'une église régulière sous l'établissement actuel ? Si l'on vous en offrait une pareille, auriez-vous liberté de conscience pour l'accepter, et suivant quelles conditions ? C'est une simple question que je pose. »

Butler répliqua « que si une pareille perspective devait s'ouvrir à lui, il commencerait probablement par se demander s'il se croirait en état d'être utile à la paroisse en laquelle il serait appelé ; que s'il avait sujet d'espérer qu'il en fût ainsi, son ami devait savoir qu'à tout autre point de vue, cela serait fort avantageux pour lui.

— C'est bien, Ruben, très bien, mon enfant, » répondit le moniteur ; « votre conscience est la première chose à satisfaire ; car comment instruirait-il les autres, celui qui a lui-même assez mal appris les Écritures pour empoigner, dans une pensée de lucre et de vile élévation terrestre, d'appointements et de manse, d'argent et de denrée, ce qui, dans le sens spirituel, ne saurait lui appartenir, celui qui fait de son église un cheval, derrière lequel il s'abrite pour chasser à la tonnelle l'émolument qu'il convoite ? J'attends de vous de meilleures choses ; et, d'une façon toute particulière, vous devriez songer à ne pas agir uniquement d'après votre jugement propre, car c'est de là que viennent les méprises amères, les défaillances et les défections de la main gauche et de la main droite. Si un pareil jour d'épreuve s'offrait à vous, Ruben, à vous qui n'êtes qu'un jeune homme, encore que vous ayez le don des langues charnelles, de celle qu'on parle à Rome, le siège, à présent, de l'abomination écarlate, de celle que parlent les Grecs, pour qui l'Évangile n'a jamais été qu'une occasion d'ergoter, ceux-là, néanmoins, qui vous veulent du bien, vous supplieraient de prendre conseil de ces fidèles prudents et résolus, qui ont résisté aux intempéries de ce monde, qui ont su ce que c'est que d'errer sur les rivages et sur les mousses, dans les marécages et dans les cavernes, qui n'ont pas craint de risquer leur tête plutôt que de renoncer à l'honnêteté de leur cœur. »

Butler répondit « qu'assurément, possédant un ami comme il espérait et croyait en avoir un dans son ancien et bon voisin, témoin de tant de changements dans le siècle précédent, il serait fort à blâmer s'il ne profitait pas de son expérience et de ses affectueux conseils.

— Il suffit, Ruben, il suffit, » répliqua David Deans, tout ravi au dedans de lui ; « si vous étiez dans la situation dont j'ai parlé, soyez sûr que je croirais de mon devoir de pénétrer à la racine même de la matière, et de mettre à nu devant vos yeux les ulcères et les abcès, les plaies et les lèpres du temps où nous vivons, élevant la voix sans rien épargner. »

David Deans était à présent dans son élément. Il commença l'examen des doctrines et des croyances de l'Église chrétienne, partant des Culdées pour passer à Jean Knox ; de Jean Knox aux non conformistes du temps de Jacques VI, Bruce, Black, Blair, Livingstone ; de ceux-ci à la période courte, mais triomphante, de la splendeur de l'Église presbytérienne, jusqu'au moment où elle fut ravagée par les indépendants d'Angleterre. Alors suivirent les temps funestes de l'épiscopat, les indulgences, au nombre de sept, avec leurs obscurités et leurs distinctions, jusqu'à ce qu'il arrivât au règne du roi Jacques II, durant lequel il n'avait été, selon son appréciation, ni un acteur obscur ni un obscur confesseur. Butler fut alors condamné à entendre l'édition la plus détaillée et la mieux annotée de ce qu'il avait si souvent entendu auparavant; à savoir l'emprisonnement de David Deans dans la cage de fer de la Tolbooth de la Canongate, et la cause du susdit emprisonnement.

Nous serions très injuste envers notre ami David Deans, si nous « passions sous silence » (pour employer son expression) un récit qu'il considérait comme essentiel à sa renommée. Un dragon ivre des gardes royales, nommé Francis Gordon, avait donné la chasse à cinq ou six whigs qui tâchaient de se cacher, au nombre desquels était notre ami David; et quand il les eut forcés à s'arrêter et qu'il commençait à se quereller avec eux, l'un des fugitifs fit feu avec un pistolet de poche et le tua raide. David avait coutume de ricaner et de secouer la tête lorsqu'on lui demandait si c'était lui qui avait servi d'instrument pour chasser de la face de la terre ce coupable persécuteur. En fait, le mérite de cette action revenait ou à lui ou à son ami Pierre Walker, le colporteur, dont il aimait tant à citer les œuvres. Ni l'un ni l'autre ne se souciait de réclamer formellement l'honneur d'avoir fait taire M. Francis Gordon, des gardes du corps, car il y avait aux alentours d'Édimbourg quelques cousins de celui-ci, d'humeur peu commode, qui auraient pu être disposés à la vengeance; mais ni Walker ni Deans ne voulait aller cependant jusqu'à désavouer cette défense active de ses croyances religieuses ou jusqu'à en laisser le mérite à l'autre. David disait qu'à supposer qu'il eût, cette fois-là, tiré un coup de pistolet, c'était plus qu'il n'en avait fait soit après soit avant. Et, quant à M. Pierre Walker, la tradition parle de sa grande surprise de ce qu'un pistolet si petit avait pu tuer un homme si gros. Telles sont les paroles de ce vénérable biographe, à qui son métier n'avait pas appris par expérience qu'un pouce est aussi bon qu'une aune. « Francis Gordon, » écrit-il, « fut atteint à la tête avec un pistolet de poche, plutôt fait pour amuser un enfant que pour tuer un homme aussi furieux, aussi animé, aussi vigoureux. L'arme, cependant, l'étendit mort. »

Sur les larges bases que lui fournissait l'histoire de l'Église durant son court triomphe et ses longues tribulations, David, avec une longueur d'haleine et de narration qui aurait mis hors de lui tout autre qu'un amoureux de sa fille, se mit en devoir d'exposer ses règles propres pour garder la conscience de son ami, en tant que celui-ci pourrait aspirer à servir dans le ministère sacré. A ce sujet, le bonhomme parcourut une telle variété de problèmes pointilleux et de cas de conscience, posa tant d'hypothèses extrêmes, fit des distinctions si subtiles et si raffinées entre la main droite et la main gauche, entre la tolérance et la défection, entre le pas en arrière et le pas de côté, entre les choppements et les glissades, les pièges et les erreurs, qu'à la fin, après avoir réduit le sentier de la vérité à une ligne mathématique, il fut conduit à admettre cette large proposition que la conscience de chaque homme, dès l'instant que celui qui la possède a acquis une certaine vue de la navigation difficile qu'il doit affronter, devait être le meilleur guide du navire. Il posa les exemples et les arguments pour et contre l'acceptation de l'Église d'après la forme que la révolution lui avait donnée au temps actuel, et les présenta à Butler avec beaucoup plus d'impartialité qu'il n'avait su en avoir pour les exposer à ses propres yeux. La conclusion fut que son jeune ami devait songer à tout cela, et se laisser guider par la voix de sa conscience pour savoir s'il pourrait prendre une mission aussi grave que la direction des âmes, sans froisser sa conviction intime du juste et de l'injuste.

Lorsque David eut achevé sa très prolixe harangue, que Butler n'avait guère interrompue que par des monosyllabes, l'orateur fut fort étonné de s'apercevoir que la conclusion, à laquelle il avait naturellement le désir d'arriver, était démontrée par lui d'une façon beaucoup moins décisive qu'au moment où il avait discuté le cas à lui tout seul.

Les pensées et les paroles de David, en cette occasion, ne furent qu'une démonstration nouvelle d'une vérité générale importante, les avantages précieux d'un débat public. Il est certain qu'influencés par une partialité naturelle, la plupart des hommes font beaucoup plus facilement de leur goût le guide de leur opinion lorsqu'ils délibèrent seulement en eux-mêmes, qu'alors qu'obligés de s'expliquer devant une tierce partie, ils doivent faire preuve d'impartialité, et accorder aux arguments opposés une place et un exposé plus complets que dans une méditation muette. Ayant achevé ce qu'il avait à dire, David se crut obligé d'être plus explicite en point de fait, et d'expliquer que ce n'était pas une pure hypothèse, mais un cas sur lequel (grâce à son influence et à celle du duc d'Argyle) Ruben Butler serait appelé bientôt à se décider.

Ce ne fut pas sans quelque appréhension que David Deans entendit Butler annoncer, en réponse à cette communication, qu'il prendrait la nuit pour réfléchir sur ce que son ami avait eu la bonté de lui dire, et qu'il lui rendrait réponse le lendemain matin. Les sentiments paternels prirent le dessus, chez David, en cette occurrence. Il pressa Butler de passer la soirée avec lui. Il mit sur la table (chose fort inaccoutumée dans ses repas) une et même deux bouteilles de vieille *ale* forte. Il parla de sa fille, des mérites qu'elle avait, de ses talents aux choses du ménage, de son économie, de son caractère affectueux. Il poussa si résolument Butler à la déclaration de ses sentiments, qu'avant la nuit venue, il fut nettement compris que Jeanie serait la fiancée de Ruben Butler; et, s'ils jugèrent indélicat d'abréger le délai que Ruben avait stipulé pour délibérer, il sembla suffisamment entendu entre eux qu'il y avait forte probabilité de le voir devenir ministre de Knocktarlitie, pour peu que la congrégation eût autant le désir de l'accepter que le duc de lui accorder la présentation. Quant aux serments, les deux interlocuteurs tombèrent d'accord qu'il serait bien assez temps de discuter là-dessus s'il advenait que le *shibboleth* fût proposé.

On adopta ce soir-là bien des arrangements, que menèrent ensuite à maturité des conversations avec l'homme d'affaires du duc d'Argyle. Celui-ci confia à Deans et à Butler le souhait bienveillant de son maître qu'ils se rencontrassent tous avec Jeanie, à son retour d'Angleterre, au pavillon de chasse de Roseneath.

Cette revue rétrospective, en tant qu'elle concerne les amours paisibles de Jeanie Deans et de Ruben Butler, est l'explication complète de leur rencontre dans l'île ainsi que nous l'avons raconté.

CHAPITRE XLIII.

« Je viens, » dit-il, « je viens, mon amour et ma vie,
Et (le plus beau des noms !) mon épouse chérie.
Sans larmes de ton père abandonne le toit ;
Ma maison, mes amis, mon père sont à toi. »

LOGAN.

A rencontre de Jeanie et de Butler, en des circonstances qui promettaient de couronner une affection que de si longs délais avaient éprouvée, fut plutôt touchante par sa sincérité naïve que par l'impétuosité des sentiments. David Deans, qui avait parfois une pratique peu d'accord avec sa théorie, fit pâlir d'abord les deux futurs en leur exposant l'opinion de plusieurs des prédicateurs persécutés et des champions de sa jeunesse, d'après laquelle le mariage, bien qu'honorable selon les lois de l'Écriture, était cependant un état beaucoup trop précipitamment convoité par les fidèles, et particulièrement par les jeunes ministres, qui se portaient parfois, avec un désir fort désordonné, vers les églises, les appointements et les femmes ; d'où étaient issues fréquemment de trop faciles complaisances pour les défections générales des temps. Il s'efforça de leur faire comprendre aussi que des nœuds formés trop à la hâte avaient été la perte de maint fidèle plein de saveur ; que la femme non croyante avait trop souvent renversé le texte, et perverti le mari croyant ; qu'alors que le fameux Donald Cargill, à l'époque où il se cachait en la forêt de Lee, dans le comté de Lanark, au

temps des massacres, avait consenti, à force d'importunités, à marier Robert Marshal de Starry Shaw, il s'était exprimé ainsi : « Comment Robert a-t-il été induit à épouser cette femme? Le mal qui est en elle triomphera du bien qui est en lui. Il ne restera pas longtemps dans la voie ; ses jours prospères sont passés. » David se donnait lui-même pour un vivant témoin du triste accomplissement de cette prophétie ; car Robert Marshal, étant tombé avec l'ennemi en de coupables accommodements, retourna chez lui, prêta l'oreille aux curés, déclina vers d'autres défections, et ne fut plus que médiocrement estimé. Il avait remarqué, en effet, que les grands hommes qui avaient tenu haut l'étendard, Cargill, Peden, Caméron, Renwick, éprouvaient moins de plaisir à unir les fidèles par les liens du mariage qu'en aucun autre acte de leur ministère ; et, bien qu'ils ne voulussent ni en dissuader les parties ni leur refuser leur ministère, ils considéraient l'appel qu'on leur adressait à cette fin comme étant, de la part de ceux entre qui le mariage se célébrait, une preuve d'indifférence pour tous les malheurs du temps. Encore bien, cependant, que le mariage fût un piège pour un grand nombre, David était d'avis (comme sa pratique, d'ailleurs, l'avait montré) qu'il était, en lui-même, honorable, spécialement si les temps étaient tels que les honnêtes gens pussent se croire à l'abri d'être fusillés, pendus ou bannis, et pussent avoir de quoi vivre pour eux et pour ceux qui viendraient après eux. « En conséquence, » conclut-il un peu brusquement, s'adressant à Jeanie et à Butler, qui, le visage cramoisi, avaient écouté ses interminables arguments pour et contre le saint état de mariage, « je vous laisse causer ensemble. »

Comme l'entretien des jeunes gens sur leurs sentiments de l'heure présente et sur leurs projets d'avenir, quelque intéressant qu'il fût pour eux, le serait vraisemblablement moins pour le lecteur, nous le passerons sous silence, nous bornant à mentionner les renseignements que Jeanie reçut de Butler sur la fuite de sa sœur, avec diverses particularités que Jeanie n'avait pu tirer de son père.

Elle apprit donc que, trois jours après la grâce arrivée, Effie était allée habiter chez son père à Saint-Léonard ; que l'entrevue entre David et son enfant égarée avait eu lieu avant que celle-ci ne fût sortie de prison, et qu'elle avait été on ne peut plus touchante. Butler ne put cependant cacher cette opinion que, dans sa pensée à lui, le père, une fois délivré de la crainte de perdre sa fille d'une façon aussi horrible, avait, en serrant outre mesure les liens de la discipline, froissé les sentiments et augmenté l'irritabilité d'un esprit impatient et pétulant par nature, et en qui cette disposition était doublée par la conscience d'un déshonneur mérité.

La troisième nuit, Effie disparut de Saint-Léonard, sans que rien indiquât la route qu'elle avait prise. Butler, toutefois, était allé à sa recherche; à grand'peine il découvrit ses traces en un petit lieu d'embarquement, à l'embouchure d'un mince cours d'eau qui se jette dans la mer entre Musselburgh et Édimbourg. Cet endroit, devenu depuis un petit port entouré de beaucoup de villas et d'hôtels meublés, s'appelle aujourd'hui Portobello. Il était environné, dans ce temps-là, de vaines pâtures, couvertes de bruyère, où nul n'abordait, sauf des bateaux de pêche, et, çà et là, un lougre de contrebandiers. Un navire de ce genre s'était montré dans ces parages vers le moment de la fuite d'Effie, et Butler s'assura qu'un canot était venu à terre le soir du jour où la fugitive avait disparu, et avait emporté à bord une femme. Comme le navire avait fait voile immédiatement, et n'avait déchargé aucune partie de sa cargaison, il n'y avait guère de doute que ce ne fussent des complices du célèbre Robertson, et que le navire ne fût venu dans le *firth* que pour emmener sa maîtresse.

Cela fut rendu plus clair encore par une lettre que Butler reçut bientôt après par la poste. Elle était signée E. D., sans aucune date de lieu ni d'heure. L'écriture et l'orthographe en étaient pitoyables, le mal de mer ayant probablement contribué à déranger encore la grammaire et le style fort irréguliers d'Effie. Dans cette épître, toutefois, comme dans tout ce que disait ou faisait cette malheureuse jeune fille, il y avait et à louer et à blâmer.

Elle disait dans sa lettre « qu'elle ne saurait endurer que son père et sa sœur s'imposassent un bannissement, ou qu'ils partageassent sa honte; que, si son fardeau était lourd, l'ayant lié elle-même, c'était à elle à le porter seule; qu'à l'avenir, son père et sa sœur ne seraient plus une consolation pour elle, ni elle pour eux, puisque chaque regard, chaque parole de son père lui remettait en esprit sa faute, et menaçait de la rendre folle ; qu'elle avait presque perdu la raison durant les trois jours qu'elle avait passés à Saint-Léonard. Son père lui voulait du bien (à elle comme à tout le monde), mais il ne savait pas la peine horrible qu'il lui faisait en lui reprochant ses péchés. Si Jeanie avait été à la maison, les choses auraient été mieux ; Jeanie était comme les anges du ciel, qui savent plutôt pleurer avec les pécheurs que leur reprocher le mal accompli. Mais elle ne reverrait plus Jeanie, et de toutes les pensées qui l'avaient visitée jusque-là, c'était celle-ci qui la touchait le plus cruellement au cœur. A deux genoux, elle prierait pour Jeanie nuit et jour, à cause de ce qu'elle avait fait pour elle, à cause aussi de ce qu'elle n'avait pas voulu faire ; car quelle pensée douloureuse ce serait pour elle aujourd'hui si une créature aussi noble avait commis une faute pour la sauver ! Elle exprimait le désir que son père donnât à Jeanie tout le bien, celui de sa propre mère (c'est-à-dire de la mère d'Effie) et tout le reste. Elle avait fait, pour renoncer à son droit, un acte qui était aux mains de M. Novit. Les biens de ce monde étaient désormais le dernier de ses soucis, et il n'était pas probable qu'elle en eût beaucoup besoin. Elle espérait que cela faciliterait l'établissement de sa sœur : » et, immédiatement après, elle souhaitait à Butler toutes sortes de prospérités en retour de la bonté qu'il avait eue pour elle. « Pour ce qui la concernait, » disait-elle, « elle savait que son lot serait malheureux, mais elle se l'était attiré elle-même, et ne demandait pas la moindre pitié. Pour la satisfaction de ses amis, cependant, elle désirait qu'ils sussent qu'elle n'était pas partie pour s'engager dans une voie mauvaise ; que ceux qui lui avaient fait le plus de tort voulaient lui rendre justice autant qu'il était en leur pouvoir ; et qu'elle serait en ce monde, à plusieurs égards, placée beaucoup mieux qu'elle ne méritait. Mais elle priait sa famille de se contenter de cette assurance, et de ne pas se donner la peine de faire d'autres recherches à son sujet. »

Cette lettre n'avait donné à David Deans et à Butler que fort peu de consolation. Qu'espérer, en effet, alors que cette jeune fille unissait sa destinée à celle d'un homme aussi décrié que Robertson, à qui (cela n'avait pas été difficile à deviner) il était fait allusion dans la dernière phrase ? Qu'en pouvait-on attendre, sinon de la voir devenir la complice ou la victime de ses crimes à venir ? Jeanie, qui savait ce qu'était

Georges Staunton, et son véritable rang, voyait sous un jour plus heureux la situation de sa sœur. Elle augurait bien de la promptitude que Staunton avait mise à s'occuper d'Effie, et elle était persuadée qu'il en avait fait sa femme. S'il en était ainsi, il semblait peu probable qu'avec la fortune qu'il avait à attendre et ses hautes relations, il reprît la vie aventureuse et criminelle qu'il avait menée, d'autant plus qu'en l'état des choses, sa vie dépendait du secret gardé sur son passé, ce qui demandait un changement complet d'habitudes, et prescrivait, surtout, d'éviter tous ceux qui avaient connu l'héritier de Willingham dans son rôle de Robertson l'audacieux, le criminel et le condamné.

Il lui parut probable que le couple irait quelques années à l'étranger, et ne rentrerait en Angleterre qu'après que l'affaire de Porteous serait totalement oubliée. Jeanie entrevit donc pour sa sœur plus d'espérances que Butler et son père n'étaient à même d'en concevoir; mais elle ne se sentait pas libre de leur confier le soulagement qu'elle éprouvait, de leur expliquer que sa sœur était à l'abri de la pauvreté, et courait peu de risque d'être entraînée dans le crime. Elle n'aurait pu l'expliquer qu'en rendant public ce qu'il était essentiel de cacher dans l'intérêt d'Effie, l'identité de Georges Staunton et de Georges Robertson. Il était terrible, après tout, de penser qu'Effie s'était unie à un homme condamné pour un fait puni de peine capitale, et passible de poursuites pour meurtre, quels que pussent être, d'ailleurs, son rang dans la vie et l'étendue de son repentir. Il était triste, en outre, de songer qu'en possession comme elle l'était du redoutable secret tout entier, Staunton, probablement mû par des souvenirs personnels et par la crainte de compromettre sa sûreté, ne lui permettrait plus jamais de voir la pauvre Effie. Après avoir lu et relu la lettre d'adieux de sa sœur, elle soulagea ses sentiments par un flot de larmes, que Butler s'efforça en vain d'arrêter par toutes les attentions délicates qui étaient en son pouvoir. Elle fut obligée, à la fin, de se remettre et de s'essuyer les yeux, car son père, pensant avoir donné aux amoureux assez de temps pour leur conférence, s'avançait maintenant vers eux, venant du pavillon, et en compagnie du capitaine de Knockdunder, ou, comme ses amis l'appelaient par abréviation, de Duncan Knock, c'est-à-dire Duncan Tapefort, titre que certains exploits de jeunesse lui rendaient à bon droit applicable.

Ce Duncan de Knockdunder était un personnage de la plus haute importance dans l'île de Roseneath, et dans les paroisses continentales de Knocktarlitie, Kilmun, et autres ; son influence s'étendait même aussi loin que Cowal, où, cependant, elle était obscurcie par celle d'un autre représentant du duc. La tour de Knockdunder couronne encore de ses ruines un rocher qui surplombe au bord du lac ou loch Saint. Duncan jurait que ç'avait été un château royal ; s'il en était ainsi, c'était l'un des plus petits, la surface, à l'intérieur, ne formant qu'un carré de seize pieds, et se trouvant, en conséquence, en une proportion ridicule avec l'épaisseur des murs, qui était de dix pieds au moins. Tel qu'il se comportait, ce château avait longtemps donné le titre de capitaine, équivalant à celui de châtelain, aux ancêtres de Duncan, vassaux de la maison d'Argyle, et qui possédaient, sous elle, une juridiction héréditaire, de peu d'étendue cela est vrai, mais d'une grande importance à leurs yeux, et exercée, d'ordinaire, avec une vigueur qui dépassait un peu celle de la loi.

Le représentant actuel de cette ancienne famille était un petit homme vigoureux d'environ cinquante ans, qui prenait plaisir à unir en sa personne le vêtement des hautes terres et celui des basses, portant sur la tête une perruque à nœuds, noire, surmontée d'un fier tricorne avec double garniture de ganse d'or, alors que le reste de l'habillement consistait en un plaid et en une jupe écossaise. Duncan avait le gouvernement d'un district appartenant partie aux hautes terres, partie aux basses ; c'était pour cela sans doute qu'il combinait en sa personne les habitudes nationales des unes et des autres, pour montrer son impartialité envers les Troyens et les Tyriens. La façon dont ces objets juraient ensemble avait toutefois un effet bizarre et comique, en faisant que la tête et le corps semblaient appartenir à deux individus différents. On eût dit, suivant le mot d'une personne qui avait assisté à l'exécution des insurgés de 1715, qu'un enchanteur jacobite, ayant rappelé à la vie l'une des victimes, avait jeté à la hâte une tête d'Anglais sur un corps de montagnard. Pour achever le portrait, le gracieux Duncan était bref, absolu et indiscutable dans ses procédés, et la tendance qu'avait à se lever en l'air son nez court et couleur de cuivre, indiquait qu'il s'adonnait volontiers à la colère et au *whisky*.

Lorsque ce dignitaire se fut approché de Butler et de Jeanie : « Je prends la liberté, Monsieur Deans, » dit-il, d'un ton d'importance, « de saluer votre fille, que voici probablement. J'embrasse, en vertu de mon office, toutes les jolies filles qui viennent à Roseneath. » Ayant prononcé ce galant discours, il ôta sa chique, honora Jeanie d'un baiser sonore, et lui souhaita la bienvenue dans les domaines du duc d'Argyle. Puis, s'adressant à Butler, il dit : « Il faudra aller, demain matin, trouver ces gaillards de ministres, pour qu'ils fassent votre affaire, et qu'ils l'arrosent de *whisky*, fort assurément ; car il est rare, dans ce pays, qu'ils fassent quelque chose à sec.

— Et le laird... » dit David Deans, s'adressant à Butler pour plus ample explication.

« Le capitaine, mon brave, » interrompit Duncan ; « on ne saura pas de qui vous parlez, si vous ne donnez pas aux gens le titre qui leur appartient.

Duncan de Knockdunder.

— Le capitaine, donc, » dit David, « m'assure que le vote des paroissiens est unanime. C'est bien véritablement là, Ruben, un accord parfait.

— Je crois qu'il n'était pas possible, » dit Duncan, « d'obtenir un meilleur accord, alors que la moitié des paroissiens baragouinait le saxon et que l'autre criait gaélique, comme des mouettes et des oies avant un orage. Il aurait fallu le don des langues pour savoir bien précisément ce qu'ils disaient, mais le plus clair, en définitive, c'est qu'ils criaient : « Vivent Mac Callummore et Knockdunder! » Quant à leur vote unanime, je voudrais bien savoir ce que gagneraient ces coquins à voter pour une chose ou pour une personne qui ne plairait pas au duc ou à moi?

— Néanmoins, » dit M. Butler, « si quelqu'un des paroissiens avait le moindre scrupule (car il en peut naître dans l'esprit des fidèles les plus sincères), je serais heureux qu'on me fournît l'occasion de l'écarter...

— Ne vous occupez pas de cela, mon ami, » interrompit Duncan Knock; « laissez-moi cette besogne. Des scrupules! Du diable si aucun d'eux a été élevé à avoir un autre scrupule que celui de faire ce qu'on lui ordonne. Et s'il arrivait chose semblable à ce dont vous parlez là, vous verriez le fidèle sincère (puisque vous l'appelez ainsi) remorqué à l'arrière de mon bateau durant un temps raisonnable. Le diable m'emporte si l'eau du lac Saint ne noie pas les scrupules tout aussi bien que les puces! »

Le reste des menaces de Duncan se perdit en un murmure guttural, promettant aux récalcitrants des moyens de conversion qui ne brilleraient pas par la douceur. David Deans aurait certainement livré bataille pour défendre le droit qu'avait une congrégation chrétienne d'être consultée pour le choix de son pasteur ; cela était, dans son opinion, l'un des privilèges les plus importants et les plus inaliénables. Mais il était entré de nouveau dans une étroite conversation avec Jeanie, et s'enquérait, avec plus d'intérêt qu'il n'en donnait habituellement aux choses étrangères à ses occupations et à sa foi religieuse, des particularités de son voyage à Londres. Cela fut heureux peut-être pour l'amitié qui venait de se former entre le capitaine de Knockdunder et lui, et que David croyait avoir acquise par les preuves qu'il avait données de son habileté pour diriger une ferme. Les dispositions favorables du capitaine naissaient plutôt, disons-le, de la recommandation faite à Duncan par le duc et par son représentant, d'avoir les plus grands égards pour Deans et pour sa famille.

« A présent, Messieurs, » dit Duncan, d'un ton de commandement, « je vais vous prier tous de venir souper, car M. Archibald est à demi mort de faim, et voici une Saxonne qui me regarde avec des yeux qui lui sortent presque de la tête, aussi effarouchée que si elle n'avait jamais vu un gentilhomme portant une jupe des hautes terres.

— Et Ruben Butler, » dit David, « va sans doute, tout à l'heure, demander à se retirer pour préparer son esprit à la cérémonie de demain, afin que son œuvre soit à la hauteur de ce que demande le jour, et que ce soit une offrande d'agréable odeur pour les narines des révérends membres du presbytérat.

— Allons donc, mon brave, vous ne les connaissez pas beaucoup, » dit le capitaine en l'interrompant. « Du diable si un seul d'entre eux donnerait le pâté chaud de venaison dont je sens l'odeur m'arriver du pavillon, » et il élevait dans les airs son petit nez grassouillet, « pour tout ce que pourra leur dire M. Butler... et vous aussi par-dessus le marché. »

David gémit; mais, estimant qu'il avait affaire à un *gallio* (il voulait dire un païen), il ne jugea pas que cela valût la peine de perdre son temps à livrer bataille. Tous suivirent le capitaine vers la maison, et se disposèrent, avec beaucoup de cérémonie, autour d'une table bien chargée. La seule autre circonstance digne de remarque dans la soirée, ce fut que Butler prononça les grâces; que Knockdunder les trouva trop longues, et que David Deans se plaignit de ce qu'elles étaient trop courtes; d'où le lecteur charitable devra conclure qu'elles étaient exactement de la longueur qu'il fallait.

CHAPITRE XLIV.

> De David entonnons la musique sacrée;
> Que du *Bangor* aux vents la clameur soit livrée.
> BURNS.

E lendemain était le jour important où, selon les formes et le rituel de l'Église d'Écosse, Ruben Butler devait être ordonné ministre de Knocktarlitie par le presbytérat de... Telle était l'impatience générale que tous, excepté Mistress Dutton, la dignitaire désignée des étables d'Inverary, étaient en mouvement de bonne heure.

Leur hôte, dont l'appétit était aussi vif et aussi actif que le tempérament, ne tarda pas à les convoquer à un déjeuner substantiel, où il y avait du lait préparé au moins de douze façons différentes, quantité de viandes froides, des œufs par vingtaines, bouillis ou frits, un plein baril de beurre, une demi-caque de harengs bouillis et grillés, frais et salés; du thé et du café pour ceux qui en voulaient, denrées qui n'avaient guère coûté que la peine de les débarquer, ainsi que, de la tête et de l'œil, le maître du lieu en assura la compagnie, montrant en même temps un petit lougre qui louvoyait près de la côte.

« La contrebande est-elle donc si ouvertement permise en cet endroit? » dit M. Butler. « Cela ne serait pas favorable à la moralité des habitants. »

— Le duc, Monsieur Butler, n'a pas donné d'ordres pour l'empêcher, » répliqua le magistrat ; et il crut avoir dit tout ce qui était nécessaire pour justifier sa connivence.

Butler, homme de prudence, savait qu'un bien véritable n'est obtenu par les remontrances que lorsqu'elles viennent à propos. A l'heure présente donc, il ne dit rien de plus.

Le déjeuner était à moitié lorsque Mistress Dolly apparut, aussi belle que la pouvaient faire un fourreau bleu et des rubans rouge cerise.

« Bonjour, Madame, » dit le maître des cérémonies ; « j'espère que vous ne serez pas malade de vous être levée matin. »

La dame fit ses excuses au capitaine Knockunder (c'était de la sorte qu'elle estropiait son nom) ; « mais, ainsi que nous le disons dans le Cheshire, » ajouta-t-elle, « j'étais comme le maire d'Altringham, restant au lit pendant qu'on raccommodait sa culotte, car la servante n'a apporté dans ma chambre le paquet qu'il fallait qu'après m'avoir, par erreur, apporté successivement tous les autres. J'ai entendu dire, il me semble, que nous allions tous à l'église ce matin. Serai-je assez hardie pour vous demander, si c'est la mode chez les gentilshommes des hautes terres d'aller à l'église en jupons, capitaine Knockunder?

— Capitaine de Knockdunder, Madame, ne vous en déplaise. Et quant à mon vêtement, j'irai à l'église tel que vous me voyez là ; car si je devais attendre dans mon lit, comme votre major *N'importe quoi*, jusqu'à ce que ma culotte fût raccommodée, j'y resterais toute ma vie, vu que je n'en ai porté une que deux fois depuis que je suis au monde. J'ai mes raisons pour m'en souvenir : c'est lorsque le duc a amené ici son épouse et pour faire plaisir à la duchesse. J'ai emprunté au ministre l'objet en question durant les deux jours qu'il a plu à Sa Grâce de séjourner. Mais je ne m'emprisonnerai plus jamais là-dedans pour qui que ce soit, homme ou femme, Sa Grâce exceptée toujours, ainsi que le veut mon devoir. »

La dame du pot au lait ouvrit de grands yeux. Sans répondre, toutefois, à cette déclaration catégorique, elle se mit immédiatement en devoir de montrer que les alarmes de la veille n'avaient fait aucun tort à son appétit.

Le repas fini, le capitaine proposa de monter en bateau, pour que Mistress Jeanie visitât sa nouvelle résidence, et pour qu'il pût voir lui-même si, là et à la manse, on avait fait les préparatifs nécessaires pour recevoir les futurs occupants.

La matinée était délicieuse, et les grandes ombres des montagnes dormaient sur le miroir des ondes, à peine plus agitées que si ç'avait été un lac intérieur. Mistress Dutton elle-même n'avait plus peur. M. Archibald l'avait informée qu'après le sermon il devait y avoir bombance, ce qu'elle aimait beaucoup; et quant aux eaux de la mer, elles étaient si tranquilles que ce serait tout à fait la même chose qu'une partie de plaisir sur la Tamise.

Tout le monde s'étant embarqué dans un grand bateau, que le capitaine appelait *son carrosse à six chevaux*, et qu'accompagnait un bateau plus petit qu'il qualifiait *son cabriolet*, le brave Duncan gouverna droit vers le petit clocher de la vieille église de Knocktarlitie, vers laquelle six vigoureux rameurs les portèrent rapidement. Comme ils approchaient de terre, les hauteurs semblèrent reculer, et une petite vallée, formée par un cours d'eau qui descendait des montagnes, se déploya devant eux. Sur l'une et l'autre rive, le caractère du pays était tout pastoral, et rappelait, par son aspect et par sa nature, la description que donne en ces termes Ross, un poète oublié de l'Écosse :

> L'eau coulait lentement sur une douce pente,
> Timide était le bruit de l'onde murmurante;
> Sur l'une et l'autre rive, aux agrestes chanteurs
> De grands arbres offraient leurs abris protecteurs;
> Plus loin, les verts gazons couverts de pâquerettes,
> Paraient de leur tapis ces aimables retraites;
> Au delà, l'on voyait croissant au pied des monts,
> La modeste bruyère et les épais buissons;
> Et plus haut les brebis et les chèvres sauvages
> Paissant vers les sommets des lointains paysages.

Ils débarquèrent en cette Arcadie des hautes terres, à l'embouchure du petit cours d'eau qui arrosait la délicieuse et paisible vallée. Des habitants de plusieurs sortes vinrent offrir au capitaine Knockdunder les respects et les hommages qu'il exigeait de la façon la plus absolue; et aussi voir les nouveaux arrivants. Quelques-uns d'entre eux étaient des hommes selon le cœur de David Deans, des anciens de l'Église d'Écosse, des fidèles zélés, émigrés de Lennox, du comté de Lanark et de celui d'Ayr, auxquels le précédent duc d'Argyle avait donné asile dans ce coin de ses domaines, car ils avaient souffert pour s'être joints à son infortuné père dans sa tentative malheureuse de 1686. C'étaient des gâteaux de vrai levain, dont se régalait David. On lui a depuis entendu dire que, s'il n'avait eu la joie de cette heureuse rencontre, « le capitaine de Knockdunder l'aurait fait fuir du pays dans les vingt-quatre heures, tant il était odieux pour une âme croyante d'entendre les imprécations du capitaine, aux plus légères tentations qui lui traversaient l'esprit. »

Outre ceux-ci, il y avait un genre de paroissiens moins civilisés, des montagnards du *glen* supérieur et des hauteurs adjacentes, qui parlaient gaélique, marchaient armés, et portaient le vêtement des hautes terres. Mais les ordres stricts du duc avaient établi un si bon ordre dans cette partie de ses domaines, que Gaëls et Saxons vivaient dans les meilleurs termes de bon voisinage.

On visita d'abord la manse, ainsi que s'appelle, en Écosse, l'habitation du pasteur. Elle était vieille, mais en bon état, agréablement cachée dans un bosquet de sycomores, et ayant devant elle un jardin fort bien fourni ; elle était bornée par la petite rivière, en partie visible des fenêtres, en partie cachée par les buissons, les arbres, et la haie faisant clôture. À l'intérieur, la maison semblait moins confortable qu'elle n'aurait dû l'être, car elle avait été négligée par le dernier titulaire ; mais des ouvriers y avaient travaillé d'après les instructions du capitaine de Knockdunder, et aux frais du duc, pour la remettre en état. Les vieux meubles avaient été enlevés, et on n'y voyait plus que les murs ; mais, par un brick à lui, nommé *la Caroline*, le duc avait envoyé un mobilier complet, tout prêt à garnir les appartements.

Le gracieux Duncan, voyant que les ouvriers n'étaient pas à leur ouvrage, appela devant lui les délinquants, et donna à tous ceux qui l'entendirent une haute idée de son autorité par les pénalités dont il les menaça pour leur négligence. Il les assura que la perte de la moitié de leur salaire serait le moindre châtiment qui leur pourrait arriver ; car, s'ils ne se conformaient à son bon plaisir et à celui du duc, « il voulait être damné s'il leur payait la seconde moitié plus que la première, et ils chercheraient où ils pourraient une loi et des juges. » Les ouvriers s'humilièrent devant le dignitaire offensé, et lui firent, du ton le plus doux, les plus belles promesses du monde. Enfin M. Butler ayant rappelé au capitaine que c'était le jour de l'ordination, et que, probablement, les ouvriers étaient allés se préparer pour se rendre à l'église, Knockdunder consentit à leur pardonner, par égard pour leur nouveau ministre.

« Mais si je les attrape encore, Monsieur Butler, négligeant le travail qu'ils ont à faire pour moi, le diable m'emporte si l'église peut les excuser ; car qu'est-ce que leurs pareils ont à faire à l'église un autre jour que le dimanche, et cela encore si ni le duc ni moi, nous n'avons rien d'urgent à leur faire faire ? »

On devine avec quels sentiments de satisfaction et de délices Butler songeait par avance aux jours qu'il pourrait passer, honoré et utile comme il voulait l'être, en ce vallon écarté, et quels regards d'intelligence il échangea avec Jeanie, dont le visage agréable devenait véritablement beau, grâce à la modestie et à la satisfaction qui se peignaient sur ses traits en visitant l'appartement dont elle allait bientôt être la maîtresse. Elle put donner un plus libre cours à sa joie et à son admiration, lorsque ayant quitté la manse, la compagnie se mit à visiter l'habitation destinée à David Deans.

Jeanie vit avec plaisir qu'elle n'était pas à plus d'une portée de fusil de la manse : cela avait troublé son bonheur de penser qu'elle devrait résider à quelque distance de son père, mais elle sentait bien qu'il y aurait de fortes objections à ce qu'il vécût dans la même maison que Butler. Une distance aussi courte était tout ce qu'elle pouvait désirer de mieux.

La ferme était une chaumière perfectionnée, qu'on avait tâché de rendre aussi commode que possible. Un joli petit jardin, un verger, des bâtiments d'exploitation aussi bien conçus que les idées de l'époque le permettaient, s'accordaient pour en faire l'habitation la plus enviable pour le fermier pratique. Combien n'était-ce pas au-dessus de la baraque de Woodend, et de la petite maison des Rochers de Saint-Léonard! La ferme était placée beaucoup plus haut que la manse, et orientée à l'ouest. Des fenêtres, on avait la vue enchanteresse du petit vallon sur lequel l'habitation du ministre semblait présider, du cours du ruisseau, et du bras de mer, avec les lacs qui y associaient leurs eaux et avec ses îles romantiques. Les hauteurs du comté de Dumbarton, possédées jadis par le fier clan des Mac Farlane, formaient un croissant derrière la vallée ; au loin sur la droite, on apercevait les montagnes sombres et grandioses du comté d'Argyle, et vers la mer, les pics d'Arran, fendus et comme fracassés par la foudre.

Mais pour Jeanie, chez qui le goût du pittoresque, à supposer qu'elle l'eût un peu par nature, n'avait été ni éveillé ni cultivé, la vue de la vieille et fidèle May Hettly, ouvrant la porte pour recevoir les visiteurs, dans tous ses atours, avec sa robe brunâtre du dimanche et son tablier bien propre, valait toutes les beautés du paysage. Le ravissement de la bonne vieille femme en voyant Jeanie ne fut pas moins grand, et May s'empressa de l'assurer « que le bonhomme et les bêtes avaient été soignés aussi bien qu'elle l'avait pu. » Séparant Jeanie du reste de la société, May conduisit sur-le-champ sa jeune maîtresse dans les dépendances de la ferme, pour y recevoir les remerciements auxquels la servante s'attendait pour le soin qu'elle avait pris des vaches. Jeanie se réjouit, dans la simplicité de son cœur, de revoir les animaux qu'elle avait soignés ; et les muets favoris de notre héroïne, Gowans et les autres, reconnurent sa présence en beuglant, en tournant leur grosse bonne tête au son bien connu de ses : « Allons, Milady ! Allons ma fille ! » et par diverses autres indications, familières seulement à ceux qui ont étudié les habitudes des vaches laitières, chacune témoignant un sensible plaisir lorsque Jeanie s'approchait d'elle pour la caresser à son tour.

« Les animaux eux-mêmes sont heureux de vous revoir, » dit May ; « mais ce n'est pas étonnant, Jeanie, car vous avez toujours été bonne pour les bêtes comme pour les gens. Et il faut que j'apprenne, Jeanie, à vous appeler *Mistress*, maintenant que vous êtes allée à Londres, et que vous avez vu le duc, le roi et tant de grands personnages. Mais qui sait, » ajouta malicieusement la vieille servante, « quel autre nom encore j'aurai bientôt à y ajouter ? car je ne pense pas que vous vous appeliez Deans bien longtemps.

— Appelez-moi votre chère Jeanie, May, et vous serez sûre de ne vous tromper jamais. »

Dans l'étable qu'elles visitaient, il y avait un animal que Jeanie regarda jusqu'au moment où elle sentit des larmes couler de ses yeux. May, qui, d'un regard sympathique, avait observé Jeanie, dit sur-le-champ, à mi-voix, « que le bonhomme soignait toujours cette bête lui-même, et était plus doux pour elle que pour aucune autre de l'étable. J'ai remarqué, » ajouta-t-elle, « qu'il était comme cela même lorsqu'il était mécontent et lorsqu'il avait le plus sujet de se fâcher. Ah! le cœur d'un père est une bien étrange chose! Que de prières il a faites pour cette pauvre fille! Je crois, ma chère enfant, qu'il en a fait plus pour elle que pour vous ; car que demanderait-il pour vous, sinon les bénédictions que vous méritez? Et quand j'étais couchée près de sa chambre, dans les premiers jours où nous étions ici, il priait souvent toute la nuit, et je l'entendais constamment dire : « Effie! pauvre aveugle! pauvre égarée! » Et encore, et toujours, c'était la même chose : « Effie, Effie! » Si ce pauvre agneau égaré ne revient pas à l'étable au temps marqué par le pasteur, ce sera bien étonnant, car ç'a été, j'en suis témoin, un enfant de prières. Oh! si l'enfant prodigue pouvait revenir, avec quelle allégresse le bonhomme tuerait le veau gras! Bien qu'à vrai dire, le veau de Brockie ne doive être bon à tuer que dans trois semaines. »

Puis, avec le talent du décousu que possèdent les personnes de sa classe, elle abandonnait ce sujet délicat et émouvant, pour se remettre à flot dans le récit des affaires domestiques.

Ayant tout regardé dans les bâtiments d'exploitation, et exprimé sa satisfaction de la manière dont les choses avaient été conduites en son absence, Jeanie rejoignit le reste de la compagnie dans l'intérieur de la maison. Tous y étaient, excepté David Deans et Butler, qui étaient allés à l'église auprès des anciens de la session paroissiale et des ecclésiastiques du presbytérat, pour régler avec eux la cérémonie du jour.

Dans l'intérieur de la demeure, tout était propre, soigné, et en harmonie avec l'extérieur. L'habitation avait été, à l'origine, construite et meublée par le duc, pour servir de retraite à l'un de ses principaux domestiques, fort en faveur, mais qui n'y avait pas séjourné longtemps ; il n'y avait que peu de mois qu'il était mort, et toutes choses étaient du meilleur goût et en bon ordre. Mais dans la chambre de Jeanie, était déposée une belle malle, qui excita grandement la curiosité de Mistress Dutton, car elle était sûre que l'adresse : « Mistress Jeanie

Deans, à Auchingower, paroisse de Knocktarlitie, » était de l'écriture de Mistress Semple, la femme de chambre de la duchesse. May Hettly apporta la clef dans un paquet cacheté qui portait la même adresse ;

une étiquette, attachée à la clef, indiquait que la malle et son contenu étaient « un souvenir à Jeanie Deans, de la part de ses amies la duchesse d'Argyle et ses filles. » La malle, ouverte à la hâte, comme le lecteur n'en doutera pas, fut trouvée pleine de vêtements de la meilleure qualité, appropriés au rang de Jeanie ; à la plupart des articles était attaché le nom du donateur, comme pour faire comprendre à Jeanie l'intérêt qu'elle avait inspiré, dans cette noble famille, non seulement à tous en général, mais à chacun en particulier. Vouloir donner à tous ces objets leur appellation véritable, ce serait tenter un travail qui ne s'est fait encore ni en prose ni en vers ; sans compter que les mots usités alors n'auraient pas beaucoup de sens de nos jours, même pour les marchandes de modes. Je déposerai, cependant, un inventaire minutieux du contenu de la malle chez ma fort aimable amie Miss Martha Buskbody, qui a promis, si la curiosité du public paraissait s'intéresser à ce sujet, de me fournir un glossaire et un commentaire conformes aux arcanes de la profession. Qu'il nous suffise de dire que le présent était tel qu'il convenait aux donateurs de le faire, et à la donataire de l'avoir ; que tout était beau et bien choisi, et que rien n'avait été oublié de ce qui pouvait convenir à la garde-robe d'une jeune femme comme Jeanie, fiancée d'un ecclésiastique honorable.

Un à un, les articles furent dépliés, commentés, et admirés, à la stupéfaction de May, qui déclara « qu'elle ne croyait pas que la reine eût des vêtements plus beaux, » et avec un peu d'envie de la part de la primevère d'Inverary. Cette disposition d'esprit peu aimable, mais assez naturelle, éclata en plusieurs critiques peu fondées, au fur et à mesure que les objets étaient exhibés. Mais elle prit un caractère plus direct lorsqu'au fond de tout cela, on trouva une robe de soie blanche, très simple, mais en soie blanche cependant, et de plus, en soie française, avec un papier, fixé par une épingle, et indiquant que c'était un cadeau du duc d'Argyle à sa compagne de voyage, pour être porté par elle le jour où elle changerait de nom.

Mistress Dutton ne put se contenir plus longtemps, et chuchota tout bas à l'oreille de M. Archibald que c'était une bien belle chose d'être Écossaise. « Toutes mes sœurs à moi (et j'en ai une demi-douzaine) pourraient être pendues, je le suppose, sans que personne me fît seulement cadeau d'un mouchoir de poche.

— Ou sans que vous fissiez le moindre effort pour les sauver, » répondit sèchement Archibald. « Mais je suis étonné que nous n'entendions pas encore la cloche, » dit-il, en regardant à sa montre.

« Du diable, Monsieur Archibald, » répondit le capitaine de Knockdunder, « voudriez-vous donc qu'on sonnât avant que je ne fusse prêt pour aller à l'église ? Je ferais manger au bedeau la corde de la cloche s'il prenait une liberté pareille. Mais, pour peu que vous désiriez entendre la cloche, je vais me montrer sur cette éminence, et la cloche, incontinent, va se mettre en branle. »

Dès qu'ils furent sortis, en effet, et que le chapeau galonné d'or du capitaine fut aperçu, se levant comme l'étoile du soir au-dessus du sommet couvert de rosée du monticule, le son de la cloche (d'une sonorité douteuse, avouons-le) sortit du clocher couvert de mousse, et le battant continua d'en frapper les flancs fêlés tandis que la compagnie se dirigeait vers l'église, Duncan exhortant les autres à prendre leur temps, « car, du diable si l'on se permettrait de rien faire avant qu'il fût arrivé (P). »

Ce fut seulement lorsqu'ils eurent passé la barrière du terrain d'enceinte que la cloche attaqua la sonnerie rapide de la fin ; le dernier tintement n'eut lieu qu'au moment où ils entraient dans la petite église, en l'endroit réservé à la maison du duc, où toute la société prit place, Duncan en tête. Exceptons-en David Deans, qui occupait déjà un siège parmi les anciens.

La cérémonie du jour (des détails de laquelle il n'est pas nécessaire d'entretenir le lecteur) se poursuivit conformément aux règles établies, et le sermon prononcé dans cette occasion eut la bonne fortune de plaire même à David Deans, dont le goût était difficile ; il n'avait duré, cependant, qu'une heure un quart, ce que David appela une mince allocation de provende spirituelle.

Le prédicateur, un théologien qui professait en grande partie les opinions de David, s'excusa à mi-voix de sa brièveté, en disant « qu'il voyait le capitaine bâiller de la façon la plus déplorable, et que, s'il l'avait retenu davantage, on ne pouvait pas savoir combien de temps ce dignitaire aurait mis à lui payer son prochain terme d'appointements. »

David gémit de ce que des motifs aussi charnels pouvaient avoir de l'influence sur l'esprit d'un prédicateur puissant par la parole. Une autre circonstance l'avait scandalisé pendant l'office.

Aussitôt que la congrégation se fut assise après les prières, et que l'ecclésiastique eut lu son texte, le gracieux Duncan, après avoir fouillé dans la bourse de cuir suspendue au-devant de sa jupe, en tira une petite pipe de métal, et dit presque à haute voix : « J'ai oublié mon sac à tabac. Cours au village, Lachlan, et rapporte-m'en pour un *penny*. » Six bras, les plus voisins de lui, présentèrent à la fois, avec un élan d'obéissance, six sacs à tabac au dignitaire. Il fit choix de l'un d'eux, avec un signe de remerciement, bourra sa pipe, l'alluma à l'aide de sa pierre à pistolet, et fuma très tranquillement pendant toute la durée du sermon. Le discours fini, il secoua les cendres de sa pipe, remit cet instrument dans l'endroit d'où il l'avait sorti, rendit le sac à tabac à son propriétaire, et se joignit à la prière avec décence et attention.

A la fin de l'office, lorsque Butler eut été reçu ministre de l'église de Knocktarlitie, avec toutes les immunités et tous les privilèges spirituels y attachés, David, qui avait froncé le sourcil, gémi et murmuré de la conduite irrévérencieuse de Knockdunder, communiqua franchement ses pensées sur la matière à Isaac Meiklehose, l'un des anciens, avec lequel un air respectable et une vaste perruque grisonnante l'avaient tout particulièrement disposé à fraterniser. « Il ne conviendrait pas à un sauvage des Indes, » dit David, « encore moins convenait-il à un chrétien et à un gentilhomme, de s'asseoir dans une église en lançant des bouffées de tabac, comme s'il était dans un cabaret. »

Meiklehose secoua la tête, et reconnut que c'était « loin d'être bienséant. Mais que pourrions-nous dire? Le capitaine est un original, et lui parler de cela, ou de toute autre chose qui traverse ses fantaisies, c'est vouloir allumer le four. Il a la haute main sur le pays, et nous ne pourrions pas, sans sa protection, vivre avec les hommes des hautes terres, car toutes les clefs du pays sont pendues à la ceinture de Knockdunder. Il n'est pas mauvais au fond, et il est assez fort, sachez-le bien, pour faucher les prairies s'il en a envie.

— Cela peut être vrai, voisin, » dit David; « mais Ruben Butler n'est pas ce que je crois qu'il est, s'il n'apprend point au capitaine, avant qu'il ne soit trois mois, à fumer sa pipe autre part que dans la maison de Dieu.

— Qui va bien et doucement va loin, » dit Meiklehose ; « et, s'il est permis à un fou de donner conseil à un sage, je lui conseillerais d'y réfléchir à deux fois avant de se frotter à Knockdunder. Il faut avoir un long manche à sa cuillère pour être en état de souper avec le diable. Mais les voilà tous qui s'en vont au cabaret pour dîner, et si nous n'allongeons le pas, nous n'arriverons pas à temps. »

David, sans répondre, accompagna son ami ; mais il commençait à sentir, par expérience, que, comme le reste du monde, le *glen* de Knocktarlitie était hanté par ses causes spéciales de regret et de déplaisir. Son esprit était si occupé en réfléchissant aux meilleurs moyens de convertir Duncan de Knock au sentiment d'une respectueuse décence durant les offices, qu'il oublia complètement de demander si Butler aurait à souscrire aux serments envers le gouvernement.

Quelques-uns ont insinué que sa négligence sur ce chapitre avait été quelque peu intentionnelle ; mais je crois cette explication peu d'accord avec la parfaite franchise du caractère de mon ami David. Jamais je n'ai été à même, en dépit des recherches les plus minutieuses, de savoir si la *formule* qui lui inspirait tant de scrupules avait été, oui ou non, exigée de Butler. Les registres de la paroisse auraient jeté la lumière sur ce point ; mais j'ai reconnu que, par malheur, ils avaient été détruits, en 1746, par un certain Donacha Dhu na Dunaigh, dont nous aurons occasion de parler plus loin.

CHAPITRE XLV.

Le cabaret s'emplit de pères de l'Église
Assis pour commenter l'Écriture en buvant;
L'on discute, l'on crie, et peut-être on se grise ;
Les voix et les brocs vont ensemble s'élevant.
Autour des livres saints on fait un bruit du diable ;
La logique et le vin embrouillent les esprits ;
Le tumulte est de plus en plus épouvantable,
Et le combat s'apprête à remplacer les cris.

BURNS.

UN repas copieux aux dépens du duc d'Argyle régala les révérends qui avaient assisté à l'ordination de Ruben Butler, et presque tous les gens bien posés de la paroisse. On servit en cette fête tout ce que le pays pouvait fournir ; car une quantité considérable des choses requises pour un dîner « rude et copieux » était toujours aux ordres de Duncan de Knock. Il y avait le bœuf et le mouton sur la pente des collines, les poissons d'eau douce et de mer dans les lochs, les ruisseaux et le *firth ;* dans les forêts du duc, dans ses bruyères et dans ses marais, du gibier de toute espèce, depuis le daim jusqu'au levraut, sans qu'on se donnât d'autre peine que celle de le tuer. Quant aux liquides, l'*ale* brassée dans le pays coulait aussi librement que l'eau ; on pouvait, en ces heureux temps, se procurer de l'eau-de-vie et du whisky sans payer de droits ; on avait pour rien le vin blanc lui-même et le bordeaux, car les droits d'amirauté étendus dont jouissait le duc lui attribuaient tout le vin en fût jeté à la côte occidentale de l'Écosse et sur le rivage des îles lorsque les navires avaient souffert du mauvais temps. Bref, ainsi que Duncan s'en vantait, le festin ne faisait pas sortir un liard de la poche de Mac Callummore, et n'en était pas moins copieux au delà même du nécessaire.

La santé du duc fut célébrée par une rasade solennelle, et David Deans proféra le premier cri de joie peut-être que ses poumons eussent jamais poussé, pour grossir les acclamations par lesquelles le *toast* était accueilli. Son cœur, en ce jour mémorable, s'exalta à ce point, et se montra si disposé à l'indulgence, qu'il n'exprima pas de déplaisir lorsque trois joueurs de cornemuse entonnèrent

Les Campbells vont arriver.

La santé du révérend ministre de Knocktarlitie fut reçue avec non moins d'honneur ; et il y eut un éclat de rire lorsqu'aux autres souhaits faits en sa faveur un de ses collègues ajouta malicieusement celui d' « une bonne femme, pour tenir la manse en ordre. » En cette occasion, David Deans accoucha, non sans douleur, de la première plaisanterie qu'il eût jamais faite ; sa physionomie se crispa d'une façon toute particulière, et ce ne fut pas sans barbouiller un peu qu'il put exprimer cette idée, « Que le jeune homme venant de se marier à l'instant à son épouse spirituelle, c'était dur de le menacer, le même jour, d'une épouse temporelle. » Puis il lança un rire rauque et bref, et devint tout à coup grave et silencieux, comme abasourdi de la vivacité qu'il avait commise.

Après un ou deux autres toasts, Jeanie, Mistress Dolly, et celles des naturelles du beau sexe qui avaient honoré la fête de leur présence, se retirèrent en la nouvelle habitation de David à Auchingower, et laissèrent les hommes à leurs libations.

La fête se continua avec beaucoup d'allégresse. La conversation, là où Duncan la dirigeait, n'était pas toujours absolument canonique, mais au danger qu'il aurait couru d'être scandalisé David Deans échappa en s'engageant, avec un de ses voisins, dans la récapitulation des persécutions des comtés d'Ayr et de Lanark, durant ce qu'on a appelé l'invasion de l'armée des hautes terres. Le prudent M. Meiklehose les avertissait de temps en temps de baisser la voix, car « autant qu'il pouvait le savoir, le père de Duncan avait été de l'expédition, et en avait rapporté un assez joli butin; et, il n'était pas improbable que Duncan lui-même en eût été.

Comme la joie, cependant, croissait toujours et montait jusqu'à la folie, les membres les plus graves de la compagnie commencèrent à s'échapper de leur mieux. David Deans opéra sa retraite, et Butler épia avec anxiété une occasion de le suivre. Mais Knockdunder, désireux, disait-il, de savoir de quelle étoffe était le nouveau ministre, n'avait pas l'intention de le laisser partir si aisément; il le garda comme attaché près de lui avec une épingle, le surveillant assidûment, et, avec une aimable violence, remplissant son verre jusqu'au bord, aussi fréquemment qu'il en pouvait saisir l'occasion. A la fin, et comme il se faisait tard, un vénérable frère vint à demander à M. Archibald quand ils pourraient espérer de voir le duc, *tam carum caput*, ainsi qu'il s'aventurait à le qualifier, au pavillon de Roseneath. Duncan de Knock, dont les idées étaient un peu confuses, et qui n'était pas, il faut le croire, un bien grand savant, ne saisissant qu'imparfaitement le son des paroles, crut que l'on établissait un parallèle entre le duc et sir Donald Gorme de Sleat; et, trouvant la comparaison offensante, il fit trois fois bruire son nez d'un air menaçant, comme s'il se fût préparé à se mettre bien en colère.

A l'explication fournie par le vénérable théologien, le capitaine répondit : « J'ai parfaitement entendu le mot Gorme, Monsieur; je l'ai entendu de mes oreilles. Croyez-vous que je ne sache pas distinguer le gaélique du latin ?

— Probablement que non, Monsieur. » Telle fut la réponse que l'ecclésiastique, froissé à son tour, fit très froidement, en prenant une prise de tabac.

Le nez de cuivre du gracieux Duncan se chauffa à rouge comme le taureau de Phalaris, et pendant que M. Archibald se posait comme médiateur entre les parties offensées, et que l'attention de la société était captivée par leur dispute, Butler profita de l'occasion pour effectuer sa retraite.

Il trouva les dames, à Auchingower, fort inquiètes de ce que le repas ne finissait pas; car il avait été arrangé que, bien que David Deans dût rester à Auchingower, et que Butler dût, le soir même, prendre possession de la manse. Jeanie cependant, pour qui tout n'était pas suffisamment préparé dans la maison de son père, retournerait, pour un jour ou deux, au pavillon de Roseneath, et les bateaux étaient prêts en conséquence. On attendait donc le retour de Knockdunder, mais le jour baissait, et l'on attendait en vain. A la fin M. Archibald, qui, toujours pour le décorum, avait pris soin de ne rien pousser à l'excès, fit son apparition, et invita fortement les dames à regagner l'île sous son escorte; observant que, d'après les dispositions d'esprit dans lesquelles il avait laissé le capitaine, il y avait grand'chance pour qu'il ne sortît pas du cabaret ce soir-là, et il était absolument certain qu'il ne serait pas dans un état excellent pour tenir compagnie aux dames. Le *cabriolet*, dit-il, était à leur disposition, et le crépuscule était assez agréable encore pour une promenade sur l'eau.

Jeanie, qui avait grande confiance dans la prudence d'Archibald, acquiesça sur-le-champ à cette proposition ; mais Mistress Dolly refusa positivement le petit bateau. Si l'on pouvait avoir le gros, elle consentait à partir; autrement, elle dormirait par terre, plutôt que de bouger d'un pas. Raisonner avec Dolly, il n'en était pas question, et Archibald ne jugea pas le cas assez grave pour avoir recours aux grands moyens. Il observa que ce ne serait pas bien poli pour le capitaine de le priver de sa *voiture à six chevaux*; « mais, comme c'était pour le service des dames, » dit-il galamment, « il prendrait cette liberté ; outre que le *cabriolet* serait plus commode pour le capitaine, cette embarcation pouvant faire la traversée à toute heure de la marée. Le grand bateau serait donc au service de Mistress Dolly. »

Ils allèrent vers la plage, accompagnés de Butler. Il se passa quelque temps avant que les hommes de l'équipage pussent être réunis, et l'on n'était pas encore bien embarqué et prêt à partir, lorsque la lumière pâle de la lune apparut sur les hauteurs, jetant ses tremblants reflets sur l'immensité brillante des flots. Mais la soirée était si belle et si agréable que Butler, en disant adieu à Jeanie, n'avait pas la moindre appréhension pour sa sûreté ; et, ce qui est encore plus extraordinaire, Mistress Dolly ne ressentait pas d'alarme pour la sienne. L'air était doux, et répandait au-dessus de l'onde comme un parfum de l'été. Le beau spectacle des promontoires, des caps et des baies qui les entouraient, comme aussi de la large chaîne bleue des montagnes, était visible à demi sous la clarté de la lune ; et chaque battement des rames faisait étinceler les flots de ce brillant phénomène que l'on appelle *feu de mer*.

Cette dernière circonstance remplit Jeanie d'admiration, et servit à amuser l'esprit de sa compagne, jusqu'au moment où l'on approcha de la petite baie, qui semblait étendre dans la mer ses bras sombres et couverts de forêts pour leur souhaiter la bienvenue.

Le lieu ordinaire de débarquement était à un quart de mille de distance du pavillon, et, bien que la marée ne permît pas au grand bateau d'aborder tout à fait contre les pierres mal jointes qui servaient de jetée, Jeanie, qui était hardie et leste, sauta sans peine sur le rivage ; mais Mistress Dolly refusant positivement de courir le même risque, le complaisant M. Archibald donna l'ordre de conduire le bateau en un lieu d'abordage plus régulier, sur un point du rivage beaucoup plus éloigné. Il se préparait à débarquer lui-même pour accompagner Jeanie jusqu'au pavillon. Mais, comme il n'y avait pas à se tromper dans la direction du sentier qui, à travers bois, conduisait du pavillon au rivage, et que le clair de lune lui montrait une des cheminées blanches s'élevant au-dessus des arbres qui entouraient le bâtiment, Jeanie, remerciant Archibald, déclina ce service, et le pria de rester avec Mistress Dolly, qui, étant « dans un pays dont les chemins lui étaient si inconnus, avait plus besoin qu'on la protégeât. »

Ce fut une circonstance heureuse, qui sauva peut-être la vie de la pauvre primevère, s'il était vrai, comme elle l'a, depuis, solennellement déclaré, qu'elle aurait expiré de peur, en étant laissée seule dans le bateau avec six farouches habitants des hautes terres, qui n'avaient que des jupes.

La nuit était si belle que Jeanie, au lieu de diriger immédiatement sa course vers le pavillon, resta à contempler le bateau qui s'éloignait du bord à travers la petite baie, les silhouettes sombres de ses compagnons devenant de moins en moins distinctes à mesure qu'elles s'apetissaient dans l'espace, et à prêter l'oreille au *jorram*, ou chant mélancolique des rameurs, qui lui arrivait adouci par la distance, jusqu'à ce qu'enfin le bateau eût doublé le promontoire, et cessé de pouvoir être observé.

Jeanie restait à la même place, regardant la mer. Elle savait qu'il se passerait quelque temps avant que ses compagnons arrivassent au pavillon; car, du lieu de débarquement le plus commode, la distance était beaucoup plus grande que du point où elle se trouvait, et elle n'était pas fâchée d'avoir une occasion de passer ce temps-là toute seule.

Le merveilleux changement que quelques semaines avaient fait dans sa situation, passant de la honte et du chagrin, et presque du désespoir, à l'honneur, à la joie, et à la perspective d'un bonheur futur, passait devant elle avec une impression qui lui mettait des larmes aux yeux. Ces larmes, une autre source les faisait aussi couler. Comme le bonheur humain n'est jamais parfait, et que les esprits bien organisés ne sont jamais plus sensibles aux malheurs de ceux qu'ils aiment qu'au moment où le contraste s'établit entre leurs amis et eux, les tendres regrets de Jeanie se tournèrent vers le destin de sa pauvre sœur, l'enfant de tant d'espérances, la mignonne chérie durant tant d'années, en exil maintenant, et, ce qui était bien pis, dépendant de la volonté d'un homme sur les habitudes duquel Jeanie avait toute raison de nourrir l'opinion la plus mauvaise, et qui, même dans le plus violent accès de ses remords, n'avait paru que trop étranger aux sentiments d'un vrai repentir.

Tandis qu'elle était occupée de ces tristes réflexions, une ombre, à main droite, sembla se détacher du taillis. Jeanie tressaillit, et les histoires d'apparitions et de fantômes, aperçus par des voyageurs solitaires en des situations exceptionnelles, à de pareils moments et à pareille heure, s'emparèrent soudain de son imagination. La figure s'approcha, et, quand elle se plaça entre la lune et elle, Jeanie reconnut que c'était une femme. Une douce voix répéta deux fois : « Jeanie, Jeanie! » Était-ce, se pouvait-il que ce fût la voix de sa sœur? Était-elle encore parmi les vivants, ou la tombe pour elle s'était-elle ouverte? Avant que Jeanie eût pu résoudre ces questions dans son esprit, Effie, vivante, et revêtue d'un corps mortel, l'avait serrée dans ses bras, la pressait contre son cœur, et la dévorait de baisers. « Pour vous voir, » dit-elle, « je suis venue errer ici comme un spectre, et ce n'est pas étonnant que vous croyiez que j'en suis un. Je n'espérais que vous voir passer et entendre le son de votre voix ; vous parler encore, Jeanie, était plus que je ne méritais, et plus que mes prières n'auraient osé demander.

— O Effie! comment êtes-vous venue ici seule, à cette heure, et sur cette grève sauvage? Êtes-vous sûre que c'est bien vous? »

Effie, d'une façon pratique, retrouva quelque chose de son humeur d'autrefois ; elle répondit à la question en pinçant doucement Jeanie avec des doigts de fée plutôt que de fantôme. Et les sœurs s'embrassèrent encore, riant et pleurant tour à tour.

« Il faut que vous veniez avec moi jusqu'au pavillon, Effie, et que vous me disiez votre histoire. Il y a là de braves gens, qui, à cause de moi, vous recevront bien.

— Non, non, Jeanie, » répliqua douloureusement sa sœur ; « vous oubliez ce que je suis ; une créature bannie, que la loi repousse, à peine échappée du gibet parce que vous êtes la sœur la plus hardie et la meilleure qui ait jamais existé. Je ne verrai pas vos amis, n'y eût-il aucun danger pour moi.

— Il n'y a pas de danger, il ne saurait y en avoir, » dit vivement Jeanie. « O Effie, ne soyez pas obstinée ; laissez-vous guider une fois. Nous serons si heureuses ensemble!

— J'ai tout le bonheur que je mérite de ce côté du tombeau, à présent que je vous ai vue, » répondit Effie ; « qu'il y ait ou non du danger pour moi, personne ne dira jamais que je suis venue, avec mon visage d'échappée de la potence, faire honte à ma sœur au milieu de ses grands amis.

— Je n'ai pas de grands amis, » dit Jeanie ; « je n'ai pas d'amis qui ne soient les vôtres, Ruben Butler et mon père. O malheureuse enfant, ne soyez pas intraitable, et n'allez pas, une fois encore, tourner le dos au bonheur! Nous ne verrons aucune autre personne. Venez à la maison, venez près d'eux ; ce sont vos meilleurs amis. Mieux vaut s'abriter sous la vieille haie que sous le bois nouveau planté.

— C'est parler en vain, Jeanie ; je dois boire la boisson que je me suis préparée. Je suis mariée, et je suivrai mon mari, que le sort pour nous soit prospère ou malheureux.

— Mariée, Effie! » s'écria Jeanie. « Infortunée créature! Et à ce...

Effie Deans et Staunton apparaissent à Jeanie sur le bord de la mer.

— Silence, » dit Effie, lui mettant la main sur la bouche, et montrant le bois de l'autre main ; « il est là. »

Elle dit ces mots d'un ton qui montrait que son mari savait lui inspirer de la crainte aussi bien que de l'affection. Un homme, à ce moment, sortit du fourré.

C'était le jeune Staunton. Même à la clarté imparfaite de la lune, Jeanie put voir qu'il était richement vêtu, et qu'il avait l'air d'une personne de haut rang.

« Effie, » dit-il, « notre temps est presque passé ; la chaloupe échouerait dans la crique, et je n'ose rester plus longtemps. J'espère que votre sœur me permettra de la saluer? » Jeanie recula, avec une secrète horreur. « Allons, » dit-il, « peu importe. Si vous me gardez rancune, ce n'est pas ce sentiment, du moins, qui dirige vos actions. Je vous remercie d'avoir respecté mon secret, alors qu'une parole (qu'à votre place, j'aurais dite) m'aurait coûté la vie. Nous devons cacher, dit-on, à la femme de notre amour le secret qui compromettrait notre tête. Ma femme et sa sœur connaissent toutes deux le mien, et cela jamais ne troublera mon sommeil.

— Êtes-vous donc, Monsieur, véritablement marié à ma sœur? » demanda Jeanie, dans le doute et l'inquiétude ; car le ton hautain et sans façon à la fois dont il se servait semblait justifier les pires appréhensions.

« Je suis marié légalement, et sous mon véritable nom, » répliqua Staunton, d'un air plus grave.

« Et votre père? et vos amis?

— Mon père et mes amis devront s'accommoder de ce qui est fait et ne peut plus être défait, » répliqua Staunton. « C'est mon intention, toutefois, pour rompre des relations dangereuses, et pour donner à mes amis le temps de se calmer, de cacher mon mariage quant à présent, et de passer plusieurs années à l'étranger. Vous n'entendrez donc pas parler de nous pendant quelque temps, si vous devez jamais en entendre parler encore. Ce serait dangereux, vous le comprenez, d'entretenir une correspondance ; car tout le monde devinerait que le mari d'Effie est le... Comment dois-je m'appeler? le meurtrier de Porteous.

— Cœur dur et léger! » pensa Jeanie. « A quel homme a-t-elle confié son bonheur! Elle a semé le vent, et récoltera la tempête. »

— Ne pensez pas de mal de lui, » dit Effie, s'écartant de son mari, et conduisant Jeanie un pas ou deux plus loin, hors de portée de la voix; « ne pensez pas trop de mal de lui ; il est bon pour moi, Jeanie, aussi bon que je le mérite. Et il a résolu de quitter ses mauvaises habitudes. Ainsi donc, après tout, ne plaignez pas Effie; ce qui lui arrive vaut mieux que ce qu'elle a fait. Mais vous, vous! Oh! comment jamais serez-vous assez heureuse! Cela n'arrivera que dans le ciel, où tout le monde est aussi bon que vous. Si je vis, Jeanie, et si je prospère, vous entendrez parler de moi ; sinon, oubliez qu'une créature telle que moi a vécu pour votre tourment. Portez-vous bien ! Adieu ! Soyez... soyez heureuse ! »

Elle s'arracha des bras de sa sœur; elle rejoignit son mari ; ils se plongèrent dans le fourré; Jeanie cessa de les voir. Tout cela fut comme une vision, à la réalité de laquelle Jeanie aurait à peine pu croire si, bientôt après qu'ils l'eurent quittée, elle n'avait entendu le bruit des rames, et aperçu sur la mer une chaloupe, poussant rapidement vers le petit sloop de contrebandiers qui était au large. C'était à bord de ce navire qu'Effie s'était embarquée à Portobello, et Jeanie ne doutait pas que le même moyen de transport ne fût destiné, comme Staunton l'avait indiqué, à les mener à l'étranger.

Bien qu'il soit impossible de dire si cette entrevue, au moment où elle eut lieu, fit ou non à Jeanie Deans plus de peine que de plaisir, l'impression dernière qui resta dans son esprit fut décidément favorable. Effie était mariée, ramenée, selon l'expression usitée, à la condition de femme honnête. C'était un point important. Il semblait aussi que son mari voulût abandonner le sentier du vice, où, si longtemps et si fort, il avait couru. Second point, non moins heureux. Pour sa conversion finale et efficace, l'intelligence ne lui manquait pas, et Dieu connaissait son heure.

Telles étaient les pensées par lesquelles Jeanie s'efforçait de calmer ses inquiétudes sur l'avenir de sa sœur. A son arrivée au pavillon, elle trouva Archibald un peu préoccupé de son retard, et sur le point d'aller à sa recherche. Un mal de tête servit d'excuse à Jeanie pour se retirer dans sa chambre, et cacher à ses compagnons l'agitation visible de son esprit.

Elle échappa aussi, par sa retraite, à une scène d'un autre genre. Car, comme s'il y avait du danger dans tous les *cabriolets*, sur mer comme sur terre, celui de Knockdunder avait été culbuté par un autre bateau, accident qu'il fallait attribuer surtout à l'ébriété du capitaine, de son équipage et des passagers. Knockdunder, et deux ou trois invités qu'il ramenait avec lui pour finir, au pavillon, le régal de la soirée, attrapèrent un bain complet; mais, ayant été repêchés par l'équipage du bateau qui les avait mis en danger, il n'y eut d'autre perte, en fin de compte, que celle du chapeau galonné du capitaine. A la grande satisfaction de la portion du district qui appartenait aux hautes terres, comme aussi au grand avantage de l'uniformité de sa personne, le dignitaire le remplaça, le jour suivant, par un fringant bonnet de montagnard. Nombreuses furent les violentes menaces de vengeance que, le lendemain matin, le gracieux Duncan proféra contre le bateau qui l'avait renversé; mais, comme on ne voyait plus, dans le *firth,* ni ce bateau ni le petit navire de contrebande auquel il appartenait, il fut forcé de dévorer son affront, sans autre consolation que les paroles qu'il jetait aux vents. Cela était d'autant plus dur, expliquait-il, qu'il était sûr que le méfait avait été commis avec intention, les drôles ayant rôdé tout à l'entour après avoir débarqué jusqu'à la dernière goutte de l'eau-de-vie et à la dernière caisse du thé qu'ils avaient à bord. Il sut aussi que le patron était descendu à terre, s'enquérant avec curiosité de l'heure du départ de son bateau, de celle du retour, *et cætera.*

« Mais la prochaine fois qu'ils me rencontreront sur le *firth,* » ajoutait Duncan, avec une grande majesté, « j'apprendrai à ces drôles et à ces vagabonds du clair de lune, à garder le chemin qu'il faut. Et je les donne à tous les diables! »

CHAPITRE XLVI.

> Comment suivre la cour et ses plaisirs maussades
> Plutôt que de goûter ces douces promenades ?
> SHAKSPEARE.

PRÈS un temps raisonnable depuis que Butler se fut bien et confortablement établi dans son bénéfice, et que Jeanie eut fixé son séjour chez son père à Auchingower (ce temps-là, chaque lecteur en fixera la durée d'après son sentiment personnel des convenances), après la publication des bans et l'accomplissement de toutes les autres formalités, la longue attente de ce couple vertueux prit fin, grâce à leur union par les liens sacrés du mariage. En cette occasion, David Deans repoussa vigoureusement les iniquités des cornemuses, des violons, et des danses mêlées, à la grande colère du capitaine de Knockdunder, qui se serait bien gardé d'aller à cette noce, disait-il, « s'il avait su d'avance que ce ne serait qu'une maudite assemblée de quakers. »

Il en resta tant de ressentiment dans l'esprit du gracieux Duncan, que diverses « escarmouches, » suivant l'expression de David, s'établirent entre eux à ce sujet; il fallut, pour y mettre un terme, une visite que le duc fit accidentellement à son pavillon de Roseneath. Mais, en cette circonstance, le duc témoigna tant de respect à monsieur et à madame Butler, il traita si favorablement le vieux David, que Knockdunder jugea prudent de changer de manière avec ce dernier.

Entre amis, à l'avenir, lorsqu'il s'exprimait sur le ministre et sur sa femme, il avait coutume de dire que « c'étaient des gens très convenables et très honorables, un peu trop rigoureux dans leurs idées ; mais après tout, ces habits noirs faisaient mieux de pencher du côté de la sévérité. » Et quant à David, il accordait « qu'il était un excellent juge en bêtes à cornes et à laine, et un homme d'assez de sens, si ce n'avaient été ses maudites absurdités de caméronien, qui ne valaient pas la peine qu'un gentilhomme travaillât à les lui ôter de la tête, par la force du raisonnement ou de toute autre façon. » Évitant donc les sujets de dispute, les personnages de notre histoire vécurent en bons rapports avec le gracieux Duncan ; à cela près qu'il portait le trouble dans l'âme de David, et donnait à la congrégation un exemple pernicieux, en apportant quelquefois sa pipe à l'église, les jours d'hiver où il faisait froid, et en dormant presque toujours pendant le sermon, lorsqu'on était en été.

Mistress Butler, que nous éviterons autant que possible d'appeler, désormais, du nom familier de Jeanie, apporta dans son nouvel état la même fermeté d'esprit, la même disposition affectueuse, le même bon sens naturel et pratique, les mêmes efforts vers ce qui est utile, en un mot, toutes les excellentes qualités domestiques dont elle avait donné la preuve au temps où elle était fille. Elle n'égalait pas Butler en savoir ; mais aucune femme ne vénérait davantage l'érudition de son mari. Elle n'avait pas la prétention de comprendre tout ce qu'il pouvait penser ou dire en théologie ; mais nul ministre du presbytérat n'eut son modeste dîner si bien préparé, ses vêtements et son linge en si bon ordre, son foyer si bien balayé, sa salle de réception si propre, et ses livres si bien époussetés.

S'il parlait à Jeanie de ce qu'elle ne comprenait pas, si de temps à autre (car il n'était qu'un mortel, et il avait été maître d'école), si de temps à autre, il parlait un peu trop en savant et en professeur, sa femme l'écoutait dans un paisible silence ; et toutes les fois que le point abordé avait rapport à la vie ordinaire, et était à la portée d'une intelligence naturelle fortement trempée, les vues de la femme étaient plus fortes et ses observations plus pénétrantes que celles de son mari. Au point de vue des usages de la société, lorsque, par hasard, elle s'y mêlait, Mistress Butler paraissait un peu insuffisante. Mais elle avait le désir d'obliger, et cette bonne éducation naturelle et vraie, résultat du bon sens et de l'égalité d'humeur, et qui, relevée de beaucoup de finesse et de gaieté, la rendait agréable à tous ceux avec lesquels elle se trouvait en rapport. Malgré le soin extrême qu'elle donnait aux choses du ménage, on voyait toujours en elle la maîtresse de maison bien proprement habillée, jamais le manœuvre sordide. Complimentée à ce sujet par Duncan Knock, qui jurait « que les fées devaient l'aider, puisque sa maison était toujours propre sans que l'on vît jamais personne la nettoyer, » elle répondit modestement « qu'on peut faire beaucoup de choses en réglant bien son temps. »

Duncan répliqua « qu'il souhaiterait de tout son cœur qu'elle enseignât cet art aux servantes du pavillon ; car il ne s'apercevait pas que la maison fût lavée jamais, excepté, de temps à autre, en se cassant les jambes dans le seau. Que le diable les emporte! »

Sur d'autres objets moins importants, nous n'en dirons pas bien long. On n'aura pas de peine à croire que le fromage du duc fut fait avec soin, et si gracieusement accepté que l'offrande se renouvela tous les ans. Des souvenirs furent envoyés à Mistress Bickerton et à Mistress Glass en reconnaissance de leurs services passés, et des rapports furent entretenus quelquefois avec ces personnes respectables et bienveillantes.

Il est spécialement nécessaire de mentionner que, dans le cours de cinq années, Mistress Butler eut trois enfants, deux garçons et une fille, tous gracieux et bien portants, yeux bleus et cheveux blonds. Les garçons furent appelés David et Ruben, nomenclature dont l'ordre satisfit pleinement le vieux héros du Covenant. La fille, sur le désir particulier de sa mère, fut baptisée Euphémie ; ce fut un peu contre le gré du père et du mari de l'accouchée, qui cependant aimaient trop Mistress Butler, et lui étaient redevables de trop de bonheur, pour résister à une demande qu'elle leur fit très ardemment, et comme une grande satisfaction pour elle. Mais l'enfant, je ne sais pourquoi, ne fut jamais désignée sous l'abréviation d'Effie, mais sous celle de Fémie, qui, en Écosse, est souvent aussi donnée aux personnes dont le nom est Euphémie.

En cet état de bonheur simple et paisible, il y eut, outre les préoccupations et les incidents qui troublent les vies même les plus uniformes, deux choses principalement qui se mirent à la traverse de la félicité de Mistress Butler. « Sans ces deux choses, » disait-elle à celui de qui nous tenons nos renseignements, « sa vie aurait été trop heureuse; et peut-être, » ajoutait-elle, « qu'elle avait besoin de quelque croix en ce monde, pour se souvenir qu'un monde meilleur devait venir après. »

Le premier point touchait à certaines escarmouches entre son père et son mari sur le terrain de la polémique. En dépit du respect et de l'affection qu'ils avaient l'un pour l'autre, et du grand amour que tous deux avaient pour Jeanie, bien qu'ils fussent d'accord, au point de vue général, sur l'observation stricte, et même sévère, du principe presbytérien, ces discussions menaçaient souvent d'amener entre eux le mauvais temps. David Deans, comme nos lecteurs le savent, était passablement opiniâtre et intraitable, et, ayant pris sur lui de devenir membre de la session ecclésiastique sous l'église établie, il se sentait doublement obligé de démontrer qu'en agissant ainsi, il n'avait rien abandonné de ce qu'il professait autrefois, soit en pratique soit en principe. Quant à M. Butler, avec un complet respect pour les intentions de son beau-père, il était souvent d'avis qu'il valait mieux oublier les points de division et de séparation, et agir de la manière la plus propre à attirer et à unir tous les partis qui professaient des idées sérieuses en matière de religion. Il ne lui convenait pas d'ailleurs, à lui qui était instruit, de recevoir toujours les oracles de son illettré beau-père ; et, comme ecclésiastique, il ne jugeait pas convenable de paraître constamment à la discrétion de l'un des anciens de la session de sa paroisse. Une pensée fière, mais honnête, porta parfois son opposition un peu plus loin qu'elle ne serait allée sans cela. « Mes frères supposeront, » se disait-il, « que je flatte et que je ménage le vieillard en vue de sa succession, si je souscris à ses avis et si je le laisse faire en toute occasion ; et il y a, d'ailleurs, bien des points sur lesquels je ne saurais, en conscience, céder à ses idées. Je ne puis pas me prêter à persécuter des vieilles femmes comme sorcières, ou à déterrer chez les jeunes des torts qu'il est plus charitable de cacher. »

Grâce à cette différence d'opinion, il advint qu'en bien des points délicats, Butler encourut la censure de son beau-père ; c'étaient certaines défections qu'il aurait fallu signaler, le tort de ne pas porter témoignage contre les apostasies du temps, de ne pas relever toujours avec sévérité les petits scandales et la *fama clamosa*, ce que David appelait relâcher les rênes de la discipline ; la faiblesse à réclamer des explications catégoriques sur d'autres points de controverse, qui, avec le changement de temps, étaient allés à la dérive ; et quelquefois, les disputes entre eux devenaient vives, et menaçaient de n'être plus amicales. Dans tous ces cas, Mistress Butler servait de médiateur, et s'efforçait, par la douceur qui lui était naturelle, de neutraliser l'aigreur de la controverse théologique. Aux plaintes de l'un et de l'autre, elle prêtait une oreille attentive et impartiale, et cherchait toujours à excuser la partie adverse plutôt qu'à la défendre tout à fait.

Elle faisait remarquer à son père que Butler n'avait pas « son expérience des anciens temps de lutte, où, pour se diriger sous les oppressions qu'ils subissaient ici-bas, les hommes étaient doués d'un regard qui plongeait loin dans l'éternité. Elle ne faisait pas difficulté pour accorder que nombre de ministres et de fidèles avaient joui, dans les temps passés, de révélations évidentes, le vénéré Peden, par exemple, Lundie, Caméron, Renwick ; et Jean Caird le chaudronnier, pour qui la Providence n'avait pas de secrets ; et Élisabeth Melvil, lady Culross, qui, dans une grande chambre, entourée de beaucoup de chrétiens, priait dans son lit que l'on avait placé là exprès ; et sa prière durait trois heures, avec un merveilleux secours d'en haut ; et lady Robertland, qui obtint six grâces évidentes ; et bien d'autres saints des temps passés, parmi lesquels il faut noter M. Jean Scrimgeour, ministre de Kinghorn, qui, ayant son enfant bien-aimé mortellement malade, osa adresser des reproches à son Créateur avec tant de mécontentement et d'impatience, avec des plaintes si amères, qu'il finit par entendre, au dedans de lui, une voix qui lui disait qu'il était exaucé pour cette fois, mais qu'il lui était enjoint de n'avoir plus autant de hardiesse à l'avenir ; et, lorsqu'il rentra chez lui, il trouva l'enfant sur son séant, guéri, bien portant et mangeant sa soupe, alors qu'il l'avait laissé à l'article de la mort. Mais, bien que ces choses eussent été vraies en ces temps de calamité, il lui semblait que les ministres qui n'avaient pas vu ces miséricordes si exceptionnellement accordées, devaient chercher leur règle dans les traditions des anciens temps; c'était pour cela que Ruben était attentif à étudier les Écritures, et les livres des sages et des hommes vertueux d'autrefois ; et il pouvait arriver ainsi que deux saints

fort excellents tirassent en sens différents les aliments de la sagesse, comme deux vaches, qui s'attaquent à la même botte de foin. »

A cela David répliquait, avec un soupir : « Ah! ma chère enfant, vous n'entendez pas grand'chose à cela. Mais ce même Jean Scrimgeour, qui s'ouvrait les portes du ciel comme avec un boulet de canon, souhaitait avec dévotion que tous les livres fussent brûlés, excepté la Bible. Ruben est un brave jeune homme, et d'un bon caractère; j'ai toujours admis cela; mais quant à ne pas vouloir d'enquête sur ce qu'ont fait Marguerite Kittleside et Rory Mac Rand, sous prétexte que le mariage a passé par là-dessus, c'est évidemment contraire à la discipline chrétienne de l'Église. Et puis, il y a Aily Mac Clure de Deepheugh, cette femme qui pratique ses abominations, en prédisant le sort des gens avec des coquilles d'œuf et des os de mouton, des songes et des divinations, et c'est un scandale en pays chrétien de laisser vivre une pareille scélérate; je le soutiendrai devant toutes les cours de justice, civiles ou ecclésiastiques.

— Je crois que vous avez raison, mon père, » répondait généralement Jeanie; « mais vous devez, aujourd'hui, venir dîner à la manse. Les pauvres enfants s'ennuient de ne pas voir leur bon papa; et Ruben ne dort pas bien, ni moi non plus, lorsque vous avez discuté ensemble.

— On ne discutera pas, Jeanie. Dieu me garde des disputes avec toi, ou avec rien de ce qui t'est cher ! » Et, mettant son habit du dimanche, il se rendait à la manse.

Avec son mari, les procédés de conciliation de Mistress Butler étaient plus directs. Ruben avait le plus profond respect pour les intentions du vieillard, beaucoup d'affection pour lui, beaucoup de gratitude pour l'amitié qu'il lui avait témoignée dans son enfance. Il suffisait donc, dans toutes les occasions d'irritation accidentelle, de lui rappeler avec tact l'âge de son beau-père, l'éducation imparfaite que celui-ci avait reçue, ses préjugés enracinés et ses malheurs de famille. La moindre des considérations de ce genre disposait toujours Butler aux mesures de conciliation, en tant qu'il pourrait y arriver sans compromettre un principe. C'était ainsi que notre héroïne simple et modeste avait le mérite de ces artisans bénis de la paix, auxquels il est promis qu'ils hériteront de la terre.

Le second *accroc* dans le lot de Mistress Butler (nous employons le langage de son père), c'était le chagrin de n'avoir pas eu de nouvelles de la santé de sa sœur, ou de sa situation, bien que quatre ou cinq ans se fussent écoulés depuis qu'elles s'étaient séparées sur le rivage de l'île de Roseneath. Des communications fréquentes n'étaient pas à espérer, n'étaient pas à désirer, peut-être, dans leurs conditions respectives; mais Effie avait promis que, si elle vivait et prospérait, sa sœur entendrait parler d'elle. Elle n'existait donc plus, ou elle était tombée dans un abîme de misère, puisqu'elle n'avait pas tenu sa promesse. Son silence paraissait étrange et de mauvais présage, et causait à Jeanie, incapable d'oublier jamais l'étroite amitié de leurs jeunes années, les inquiétudes les plus pénibles sur son destin. Le voile, enfin, vint à s'ouvrir.

Un jour, le capitaine de Knockdunder avait fait visite à la manse, à son retour après des affaires qui l'avaient appelé dans la partie de sa paroisse appartenant aux hautes terres, et, sur sa demande toute spéciale, on lui avait servi un mélange de lait, d'eau-de-vie, de miel et d'eau, que, disait-il, « Mistress Butler savait composer mieux qu'aucune femme d'Écosse. » Pour toutes ces choses innocentes, en effet, elle étudiait le goût des personnes qui l'entouraient. « Ah çà, ministre, » dit Knockdunder à Butler, « j'ai ici, pour votre femme ou pour vous, une lettre qu'on m'a remise lorsque j'ai passé à Glasgow. Il y a quatre *pence* de port, que vous allez me payer tout de suite, ou dont, à votre choix, vous me donnerez quittance au trictrac. »

Le trictrac et les dames avaient été souvent la distraction de M. Whackbairn, le chef de Butler à l'école de Libberton. Le ministre se piquait de quelque habileté à ces jeux, et les pratiquait à l'occasion comme parfaitement canoniques, encore que David Deans, qui avait sur toutes choses des notions plus rigoureuses, eût l'habitude de secouer la tête et de gémir, lorsqu'il voyait la table de jeu dressée dans la pièce de réception, ou les enfants jouant avec les cornets ou les pions. Mistress Butler, quelquefois, s'était fait réprimander par son mari pour avoir dérobé aux regards, dans quelque cabinet ou dans quelque coin, ces instruments de distraction. « Laissez-les où ils sont, Jeanie, » lui disait alors Butler. « J'ai la conscience de ne me livrer ni à ces jeux ni à aucun autre délassement inutile, au détriment de mes études sérieuses et de mes devoirs plus sérieux encore. Je ne veux donc pas qu'on suppose que je pratique à la dérobée, et contre ma conscience, un amusement que je puis goûter librement et sans scrupule, en usant aussi rarement que je le fais. *Nil conscire sibi*, Jeanie, c'est ma devise; ce qui indique, ma très chère, la confiance honnête et libre qu'un homme doit avoir lorsqu'il agit ouvertement et sans pensée de mal faire. »

Telle étant l'humeur de Butler, il accepta le défi du capitaine pour une partie de trictrac à deux sous, et tendit la lettre à sa femme. Il avait remarqué que la lettre était timbrée d'York; mais, si elle venait de l'amie de sa femme, Mistress Bickerton, cette dame (chose rare à son âge) avait considérablement amélioré son écriture.

Laissant les deux hommes à leur partie, Mistress Butler alla donner quelques ordres pour le souper, car le capitaine Duncan s'était gracieusement invité à passer chez eux la soirée et la nuit. Après cela, négligemment, elle ouvrit la lettre. Elle n'était pas de Mistress Bickerton; et, ayant jeté un coup d'œil sur les premières lignes, Jeanie jugea nécessaire de se retirer dans sa chambre pour prendre à loisir lecture de ce document.

CHAPITRE XLVII.

> Heureuse, garde-toi de me porter envie;
> Mon bonheur ne vaut pas le tien.
> La paisible chaumière où s'écoule ta vie,
> C'est moi qui te l'envirais bien.
>
> LADY C... C... L.

ETTE lettre que Mistress Butler, après s'être retirée dans sa chambre, parcourut avec une surprise anxieuse, était bien assurément d'Effie, quoiqu'elle ne portât pas d'autre signature que la lettre E. L'orthographe, le style, la plume étaient cependant bien supérieurs non seulement à ce qu'on pouvait attendre d'Effie, écolière fort médiocre malgré son intelligence, mais même aux capacités épistolaires de la sœur aînée, dont les études s'étaient faites avec beaucoup plus d'application. C'était une jolie écriture italienne, un peu raide, cependant, et pas très courante ; l'orthographe et le style étaient ceux d'une personne habituée à lire les bons auteurs et à fréquenter la bonne société.

En voici la teneur :

« Ma très chère sœur,

« En dépit de bien des risques, je m'aventure à vous écrire pour vous informer que je suis encore en vie, et qu'en ce qui touche la position dans le monde, j'occupe un rang plus élevé que je ne pouvais l'attendre et que je ne l'avais mérité. Si la richesse, si des habitudes de vie élégantes, si un rang honorable pouvaient rendre une femme heureuse, tous ces avantages, je les ai ; mais vous, Jeanie, que le monde pourrait croire, à tous égards, placée bien au-dessous de moi, vous êtes bien plus heureuse que je ne le suis. J'ai eu de temps en temps, ma chère Jeanie, des nouvelles de vous ; mon cœur, sans cela, se serait brisé de chagrin. J'ai appris avec grand plaisir l'accroissement de votre famille. Nous n'avons pas été dignes de la même bénédiction : deux enfants nous ont été successivement enlevés; nous n'en avons plus. Que la volonté de Dieu soit faite! Si nous avions un enfant, cela arracherait peut-être mon mari aux sombres pensées qui le rendent terrible et pour lui et pour les autres. Il ne faut pas cependant, Jeanie, que je vous effraie ; il continue d'être bon pour moi, et je suis beaucoup mieux traitée que je n'en aurais le droit. Vous vous étonnerez du progrès de mes études ; mais, durant le temps que j'ai passé à l'étranger, j'ai eu les meilleurs maîtres, et j'ai travaillé beaucoup, parce que mes progrès lui étaient agréables. Il est bon, Jeanie, mais il a bien des sujets de chagrin, surtout lorsqu'il regarde en arrière. Si moi-même j'en fais autant, j'ai toujours un rayon de consolation, la conduite généreuse d'une sœur qui ne m'a pas abandonnée à l'heure où j'étais abandonnée de tous. Vous avez eu votre récompense. Vous vivez heureuse, estimée et aimée de tous ceux qui vous connaissent; et moi, je traîne la vie d'une misérable, qui ne doit les témoignages d'estime qu'elle reçoit qu'à un tissu de mensonges et d'impostures, que le plus léger accident pourrait détruire. Mon mari, depuis que s'est ouvert pour lui l'héritage de sa famille, m'a présentée à ses amis comme la fille d'un Écossais de haute naissance, banni par suite des guerres du vicomte de Dundee (c'est Claverhouse, vous le savez, le vieil ami de notre père), et il dit que j'ai été élevée dans un couvent en Écosse ; j'ai vécu, en effet, dans une maison de ce genre, assez longtemps pour être en état de soutenir ce rôle. Mais lorsqu'un compatriote s'approche de moi, et se met à me parler, ainsi qu'ils le font volontiers, des diverses familles engagées dans les affaires de Dundee, et à me faire des questions sur ma parenté, et lorsque je vois le regard que vous savez se porter avec angoisse vers le mien, la terreur m'expose à me laisser découvrir. La bienveillance et la politesse de mes interlocuteurs m'en ont préservée jusqu'ici, en les empêchant de me presser de questions embarrassantes. Mais combien de temps, hélas! combien de temps cela durera-t-il! Et, si je lui attire cette disgrâce, il me haïra; il me tuera, malgré l'amour qu'il me porte, aussi jaloux maintenant de l'honneur de sa famille qu'il a été jadis insoucieux à cet endroit. Voici quatre mois que je suis en Angleterre, et j'ai souvent pensé à vous écrire; tels sont cependant les dangers qui pourraient résulter d'une lettre interceptée, que je m'en suis abstenue jusqu'à présent. Mais je suis obligée, maintenant, de courir ce risque. J'ai vu, la semaine dernière, votre grand ami, le d. d'A. Il est venu dans ma loge et s'est assis à côté de moi; je ne sais quel incident, dans la pièce que l'on jouait, l'a amené à penser à vous. Juste ciel! il a raconté votre voyage à Londres à tous ceux qui étaient dans la loge, mais plus particulièrement à l'infortunée créature qui a été la cause de tout. S'il avait su, s'il avait pu supposer à côté de qui il était assis et à qui il racontait cette histoire! J'ai souffert avec courage, comme un Indien au poteau, alors qu'on déchire les fibres de sa chair et qu'on lui crève les yeux, souriant d'approbation à chaque invention bien imaginée par ses bourreaux. A la fin, Jeanie, c'en fut trop pour moi : je m'évanouis. Mon malaise fut attribué ou à la chaleur de la salle, ou à ma sensibilité extrême; admirablement hypocrite, j'encourageai les deux opinions. Tout, plutôt que d'être découverte! Heureusement qu'*il* n'était pas là. Mais nous ne sommes pas au bout de cet incident. Je suis obligée de rencontrer souvent votre grand homme; et rarement il me voit sans me parler d'E. D., de J. D., de R. B. et de D. D., comme de personnes auxquelles s'intéresse mon aimable sensibilité. Mon aimable sensibilité!!! Et puis, le ton cruel de frivole indifférence avec lequel les personnes du monde à la mode parlent ensemble des sujets les plus faits pour m'impressionner! Faut-il entendre, hélas! mon crime, ma folie, mes angoisses, les faiblesses de mes amis, et même, Jeanie, vos héroïques efforts, habillés en ce style badin qui est le ton, aujourd'hui, dont se servent les gens comme il faut. Tout ce que j'ai enduré jusque-là n'était pas comparable à un martyre de ce genre : c'étaient, auparavant, des meurtrissures et des coups de poignard; c'est la mort qu'on me donne à présent avec des aiguilles et des épingles. Il va (je parle du d.), il va, le mois prochain, passer en Écosse la saison des chasses ; il se fera, dit-il, un point d'honneur, de dîner un jour à la manse. Soyez sur vos gardes, et ne vous trahissez pas s'il parle de moi. En ce qui vous concerne, hélas ! vous n'avez rien à trahir, rien à craindre ; vous pure, vous vertueuse, vous l'héroïne à la foi sans tache, vous irréprochable, qu'auriez-vous à redouter du monde et de ses plus orgueilleux favoris ? C'est E. dont, une fois de plus, la vie est en vos mains. C'est E. que vous devez préserver, pour qu'elle ne soit pas dépouillée de ses plumes d'emprunt, découverte, marquée d'un fer chaud, et foulée aux pieds par celui-là même, peut-être, qui l'a élevée à ce pinacle vertigineux ! Un billet de somme égale au billet ci-joint vous parviendra deux fois par an; ne le refusez pas; il est pris sur ce qui m'est remis pour ma dépense personnelle, et sera doublé si vous voulez. Avec vous, il fera du bien ; avec moi, il n'en ferait pas.

« Écrivez-moi bientôt, Jeanie, ou je resterai dans de cruelles angoisses, craignant que cette lettre ne soit tombée en de mauvaises mains. Adressez votre réponse à L. S., sous l'enveloppe du Révérend Georges Whiterose, Minster-Close, York. Il croit que je corresponds avec de nobles parents jacobites vivant en Écosse. Que dirait son zèle pour la haute Église et pour le parti jacobite, et comme la rougeur lui monterait au visage, s'il se savait l'agent, non d'Euphémie Setoun, de l'honorable maison de Winton, mais d'E. D., fille d'un nourrisseur caméronien ! Jeanie, je ris encore quelquefois, mais que Dieu vous garde d'une pareille joie. Mon père (je devrais dire, votre père) dirait que c'est comme le pétillement des épines qui gardent leurs piquants en dépit du feu. Adieu, ma bien chère Jeanie. Ne montrez ceci à personne, pas même à M. Butler. J'ai pour lui tout le respect possible, mais ses principes sont sévères, et la condition où je suis n'admet pas un examen rigoureux. Je demeure votre affectionnée sœur,

« E. »

Dans cette longue lettre, il y avait beaucoup de choses faites pour surprendre Mistress Butler aussi bien que pour la chagriner. Qu'Effie, sa sœur Effie, se mêlât librement, et, en apparence, presque sur un pied d'égalité, à la société du duc d'Argyle, cela résonnait pour elle d'une façon si extraordinaire qu'elle doutait que, vraiment, ce fût bien cela qu'elle lisait. Il n'était pas moins merveilleux qu'en l'espace de quatre ans l'éducation de sa sœur eût fait de si grands progrès. Jeanie, dans son humilité, reconnut aisément qu'Effie avait toujours été, quand elle le voulait, plus prompte qu'elle à tirer parti de son livre, mais, étant très paresseuse, Effie, en définitive, avait récolté moins de profit. L'amour cependant, la crainte, la nécessité, avaient été de bons maîtres, et avaient pleinement suppléé à toutes ses insuffisances.

Ce que Jeanie aimait le moins dans le ton de la lettre, c'était un certain égoïsme, qui ne se cachait qu'à demi. « Nous n'aurions guère entendu parler d'elle, » se disait Jeanie en elle-même, « si elle n'avait craint que le duc ne vînt à savoir qui elle était et tout ce qui concerne les pauvres amis qu'elle a par ici ; mais la malheureuse Effie se regarde toujours en premier, et les gens ainsi faits songent plus à eux qu'à leurs voisins. Je ne crois pas devoir garder son argent, » ajouta-t-elle en ramassant un billet de cinquante livres sterling, tombé de la lettre sur le parquet. « Nous en avons assez pour vivre, et cela ressemble à du recel, ou à de l'argent qu'on donne à quelqu'un pour le faire taire. Elle aurait dû savoir que, pour tout l'or qu'il y a dans Londres, je ne dirais rien qui pût lui faire tort. J'en parlerai au ministre. Je ne vois pas qu'elle ait tant à craindre pour son mauvais sujet de mari, et pourquoi cela me ferait manquer d'égards envers M. Butler. Je le lui dirai lorsque cet ivrogne de capitaine aura pris le bateau demain matin. Je m'étonne, cependant, de l'état de mon esprit, » ajouta-t-elle, en s'arrêtant après avoir fait un pas ou deux vers la porte pour aller rejoindre les joueurs de trictrac ; « je ne suis pas assez folle, assurément, pour être irritée de ce qu'Effie est une belle dame, alors que je ne suis que la femme d'un ministre? Et me voici, néanmoins, aussi dépitée qu'un enfant, alors que je devrais bénir Dieu, qui l'a rachetée de la honte, de la pauvreté et du crime, dans lesquels il était si probable qu'elle serait plongée. »

S'asseyant au pied du lit sur un tabouret, elle croisa les bras sur la poitrine : « Je ne me lèverai pas d'ici, » se dit-elle, « que je ne sois en meilleure disposition d'esprit. » Et, à force d'arracher le voile qui cachait les motifs de sa petite irritation momentanée contre sa sœur, elle s'obligea à en être honteuse, et à considérer comme des bénédictions les avantages dont jouissait celle-ci, alors que les embarras qui s'y mêlaient étaient la conséquence nécessaire d'erreurs commises à une date antérieure. Elle triompha glorieusement ainsi du mouvement d'humeur qu'elle avait assez naturellement éprouvé en voyant Effie, si longtemps l'objet de ses préoccupations et de sa pitié, s'élever soudain au-dessus d'elle dans la vie, au point de compter parmi les principaux objets de ses craintes le danger de voir découvrir ses relations de famille.

Lorsque cet élan inaccoutumé d'amour-propre fut complètement subjugué, elle descendit à la pièce où les deux messieurs finissaient leur partie, et entendit, de la bouche du capitaine, la confirmation de la nouvelle donnée dans sa lettre, que le duc d'Argyle était attendu sous peu à Roseneath.

« Il trouvera quantité de coqs et de poules d'eau et de bruyère dans les environs d'Auchingower, et, sans nul doute, il viendra dîner un soir à la manse, et y demander un lit, comme il l'a fait d'autres fois.

— Il en a bien le droit, capitaine, » dit Jeanie.

« Du diable si personne a plus de droit que lui à tous les lits du pays, » répondit le capitaine. « Et vous ferez bien de dire à votre bonhomme de père de tenir en ordre toutes ses bêtes, et de se mettre hors de la tête, pour deux ou trois jours, toutes ses maudites absurdités de caméronien, si c'est un effet de son obligeance ; car, lorsque je lui parle de ses bestiaux, il me répond par un passage de la Bible, ce que ne doit pas faire un homme, à moins, Monsieur Butler, qu'il ne porte votre habit. »

Personne ne savait mieux que Jeanie le mérite des douces réponses qui font tomber la colère. Elle se contenta de sourire, et de dire qu'elle espérait que Sa Grâce se trouverait pleinement satisfaite de toutes les choses confiées aux soins de son père.

Mais le capitaine, qui avait perdu au trictrac le port de lettre tout entier, ressentait la mauvaise humeur assez fréquente chez les joueurs qui perdent, et que, suivant le proverbe, il faut savoir leur passer.

« Et de plus, Monsieur Butler, quoique je ne me mêle guère des affaires de votre conseil, je me permettrai de vous dire cependant qu'il ne me conviendra pas de laisser punir comme sorcière Ailie Mac Clure de Deepheugh, pour cette seule raison qu'elle dirait la bonne aventure, alors qu'elle ne rend personne boiteux ni aveugle, qu'elle n'ensorcelle aucun individu, ne renverse aucune charrette, et ne commet aucune sorte de mauvaise action. Elle ne fait que dire aux gens ce qui leur arrivera, annoncer à nos bateaux combien ils tueront de veaux marins ou de chiens de mer, ce qu'on est bien aise de savoir.

— Cette femme, je le crois, » dit Butler, « n'est pas une sorcière, mais une fourbe ; et c'est seulement sur ce chef qu'elle est appelée devant la session de la paroisse, pour qu'elle cesse, à l'avenir, de pratiquer ses impostures à l'encontre des ignorants.

— Je ne sais pas, » répliqua le gracieux Duncan, « ce que sont ses pratiques ou ses *postures*, mais je sais que si nos jeunes gens l'empoignent pour la jeter dans la mare de Clachan, ce sera une très mauvaise pratique. Je sais encore que, si je viens vous faire visite à votre session, vous serez tous dans une posture qui, de par le diable, ne sera pas bonne. »

Sans faire attention à cette menace, M. Butler répliqua « qu'il n'avait pas songé aux mauvais traitements que la pauvre femme pourrait avoir à craindre de la populace, et qu'il lui donnerait en particulier l'admonition nécessaire, au lieu de la faire comparaître devant la session.

— Ceci, » dit Duncan, « est parler en homme raisonnable. » Et la soirée se termina paisiblement.

Le lendemain matin, après que le capitaine eut avalé le premier coup de boisson qu'il appelait son bouillon d'Athole, et après qu'il fut parti dans son carrosse à six chevaux, Mistress Butler délibéra de nouveau sur le point de savoir si elle communiquerait à son mari la lettre de sa sœur. Elle en fut détournée par la pensée qu'en le faisant, elle dévoilerait en entier à celui-ci un secret terrible, dont, à raison de son caractère public, il n'était pas à propos qu'il fût dépositaire. Butler avait déjà sujet de croire qu'Effie s'était échappée avec ce même Robertson, jadis chef dans l'insurrection de Porteous, et sous le coup d'une sentence de mort pour le vol de Kirkaldy. Mais il ne savait pas son identité avec Georges Staunton, personnage qui avait de la naissance et de la fortune, et qui avait repris maintenant son rang dans la société. Jeanie avait respecté, comme sacrée, la confession de Staunton, et, en y réfléchissant, elle considéra la lettre de sa sœur comme ayant le même caractère, et résolut de n'en faire connaître le contenu à personne.

En relisant la lettre, elle ne put s'empêcher de méditer sur la condition chancelante et peu enviable de ceux qui se sont élevés aux distinctions par des chemins irréguliers, sur les ouvrages avancés et les remparts de fiction et de mensonge dont ils sont forcés d'entourer et de défendre leurs avantages précaires. Mais elle n'était pas appelée, pensat-elle, à dévoiler l'histoire de sa sœur : cela ne rendrait de droit à personne, car Effie n'en usurpait aucun ; cela ne ferait que détruire le bonheur d'Effie, et la dégrader dans l'estime publique. Jeanie pensait que, si sa sœur avait été sage, elle aurait choisi la retraite et le silence au lieu de la vie mondaine et du plaisir ; mais peut-être bien qu'elle n'en avait pas eu le choix. Jeanie pensa qu'elle ne pouvait renvoyer l'argent, sans paraître altière et désobligeante. Elle résolut donc, après réflexion nouvelle, de l'employer selon que l'occasion s'en présenterait, soit pour élever ses enfants mieux que ses propres moyens ne le lui auraient permis, soit pour augmenter leur futur avoir. Sa sœur jouissait d'un revenu suffisant, elle avait de fortes raisons pour assister Jeanie par tous les moyens en son pouvoir, et la chose était si naturelle et si convenable qu'on ne pouvait la refuser que par une susceptibilité ou blessante ou romanesque. Jeanie écrivit donc à sa sœur, accusant réception de la lettre, et lui demandant de donner de ses nouvelles aussi souvent qu'elle le pourrait. En entrant dans le détail de ce qu'elle avait elle-même à annoncer, au sujet, particulièrement, de ses affaires domestiques, elle éprouva dans ses idées une vacillation singulière ; car elle s'excusait quelquefois de mentionner des choses indignes de l'attention d'une dame de haut rang, puis elle se souvenait que tout ce qui la concernait devait être intéressant pour Effie. Sa lettre, sous le couvert de M. Whiterose, fut mise à la poste, à Glasgow, par les soins d'un habitant de la paroisse ayant affaire en cette ville.

La semaine suivante amena le duc à Roseneath, et, bientôt après, il fit savoir son intention de chasser dans le voisinage, et d'aller coucher à la manse, honneur qu'il avait fait une fois ou deux à ses habitants en des occasions précédentes.

Les prévisions d'Effie se trouvèrent justes. Le duc ne se fut pas plutôt assis à la droite de Mistress Butler, prenant sur lui la tâche de découper la volaille « engraissée à la maison, » qui avait été choisie comme le plat le plus succulent en cette mémorable circonstance, qu'il commença à parler de lady Staunton de Willingham, du comté de Lincoln, et du grand bruit que faisaient à Londres son esprit et sa beauté. Jeanie était, à certains égards, préparée aux choses qu'elle entendait; mais l'esprit d'Effie! cela ne serait jamais entré dans son imagination, ignorante qu'elle était de la parfaite ressemblance qu'ont l'une avec l'autre la raillerie dans les rangs du haut et l'impertinence dans les rangs du bas.

« Elle a été, cet hiver, la reine et l'étoile du beau monde, l'objet universel des admirations, » dit le duc ; « et c'est véritablement la plus belle personne que l'on ait vue à la cour le jour anniversaire de la naissance du roi. »

A la cour! La naissance du roi! Jeanie était anéantie, se souvenant à merveille de sa propre présentation, de ses circonstances extraordinaires, et, particulièrement, de ce qui en avait été cause.

« Si je vous parle ainsi de cette dame, Mistress Butler, » dit le duc, « c'est qu'il y a quelque chose dans le son de sa voix, quelque chose dans l'air de son visage, qui m'a fait songer à vous ; non pas, cependant, lorsque vous êtes aussi pâle que cela. Vous vous serez trop fatiguée. Prenez ce verre de vin, et veuillez me faire raison. »

Elle le fit, et Butler observa « que c'était, de la part de Sa Grâce, une flatterie dangereuse, de dire à la femme d'un pauvre ministre qu'elle ressemblait à une beauté de la cour.

— Oh! oh! Monsieur Butler, » dit le duc, « il me semble que vous devenez jaloux ; mais cela vient trop tard, car vous savez que je tiens rang depuis longtemps parmi les admirateurs de votre femme. Très sérieusement, il y a entre elles un de ces rapports inexplicables que nous voyons dans les visages de personnes qui, d'ailleurs, ne se ressemblent pas.

— Il a supprimé, » pensa Butler, « la partie périlleuse du compliment. »

Sa femme, sentant que le silence serait maladroit, se contraignit à dire « que cette dame, peut-être, était sa compatriote, et que le parler pouvait y être pour quelque chose.

— Vous avez tout à fait raison, » répliqua le duc. « Elle est Écossaise, et parle avec l'accent du pays ; de temps en temps, un mot de chez nous se glisse si gracieusement en ses discours que c'est du vrai dorique, Monsieur Butler.

— J'aurais pensé, » dit l'ecclésiastique, « que, dans la grande cité, cela aurait paru vulgaire.

— Pas du tout, » répliqua le duc ; « vous supposez bien que ce n'est pas le rude écossais que l'on parle à la Porte aux Vaches d'Édimbourg, ou dans les Gorbals de Glasgow. En réalité, cette dame n'a été que fort peu en Écosse. Elle a été élevée dans un couvent à l'étranger, et parle ce pur écossais de cour, qui était commun dans le temps de ma jeunesse ; mais il est si généralement tombé en désuétude maintenant, qu'il résonne comme un dialecte différent, qui n'a garde de se confondre avec notre moderne *patois.* »

En dépit de son inquiétude, Jeanie ne put s'empêcher d'admirer, en dedans d'elle, combien les meilleurs juges en fait de naissance et de manières peuvent être trompés par leurs idées préconçues. Le duc, en effet, continua en ces termes : « Elle est, je crois, de l'infortunée maison de Winton ; mais, élevée hors du pays, l'occasion lui a manqué pour apprendre sa propre généalogie, et elle m'a su beaucoup de gré de lui avoir dit qu'elle devait certainement venir des Seton de Windygoul. J'aurais voulu que vous vissiez comme elle a rougi gentiment de son ignorance. Au milieu de ses manières nobles et élégantes, il y a de temps à autre une petite touche de gaucherie et de simplicité de couvent, si je puis parler ainsi, qui la rend tout à fait charmante. Vous y voyez, Monsieur Butler, la rose qui a fleuri, à l'abri de tout contact, dans la chaste enceinte du cloître. »

Ainsi provoqué, M. Butler ne manqua pas de placer sa citation :

« *Ut flos in septis secretus nascitur hortis,* etc.
Comme une chaste fleur naît au fond d'un jardin, »

pendant que sa femme pouvait à peine se persuader que tout cela était dit d'Effie Deans, et par un juge aussi compétent que le duc d'Argyle. Si elle avait connu Catulle, elle aurait estimé que les fortunes de sa sœur renversaient toute la citation.

Elle voulut, cependant, s'indemniser un peu des anxiétés du moment, en se faisant renseigner aussi loin qu'elle le pourrait. Elle s'aventura donc à faire quelques questions sur le mari de la dame que Sa Grâce admirait tant.

« Il est fort riche, » répliqua le duc, « d'une ancienne famille, et il a de la distinction ; mais il est loin d'être, dans le monde, aussi goûté que sa femme. Certaines personnes assurent qu'il est susceptible d'être fort aimable. Je ne l'ai jamais vu ainsi ; et je le trouverais plutôt froid, sombre, et capricieux. Il a fait, dit-on, beaucoup de sottises dans sa jeunesse, et est de mauvaise santé. Il a bon air, cependant. C'est un ami particulier de votre lord grand commissaire de l'Église, Monsieur Butler.

— Alors, » dit Butler, « il est l'ami d'un noble bien recommandable et bien honorable.

— Est-il aussi admirateur de sa femme que le sont les autres ? » demanda Jeanie, presque à voix basse.

« Qui ? sir Georges ? On l'en dit fort amoureux, » répliqua le duc ; « j'ai remarqué, toutefois, qu'elle tremble un peu lorsqu'il fixe les yeux sur elle, ce qui n'est pas bon signe. Mais c'est étrange comme je suis poursuivi par cette ressemblance entre lady Staunton et vous, dans le regard et le son de la voix. On jurerait presque que vous êtes sœurs. »

L'angoisse de Jeanie devint insurmontable, et impossible à cacher. Le duc d'Argyle fut désolé, attribuant avec bonhomie cette émotion à la maladresse qu'il avait commise en lui rappelant, sans y penser, les malheurs de sa famille. Il savait trop bien vivre pour essayer une excuse ; mais il se hâta de changer de conversation, et d'aborder certains points sur lesquels des différends s'étaient élevés entre Duncan de Knock et le ministre. Il reconnut que son honorable lieutenant était quelquefois un peu trop entêté dans ses idées, et un peu trop énergique dans ses mesures d'exécution.

D'une manière générale, M. Butler rendit justice au mérite du capitaine ; mais en ajoutant « qu'il serait tenté d'appliquer à ce digne gentilhomme les paroles du poète à Marrucinus Asinius :

« *Manu*
Non belle uteris in joco atque vino.
Tu sembles, dans le vin ou dans le badinage,
De ta main volontiers faire un mauvais usage. »

La conversation ayant ainsi tourné vers les affaires de la paroisse, il ne se présenta plus rien qui puisse intéresser le lecteur.

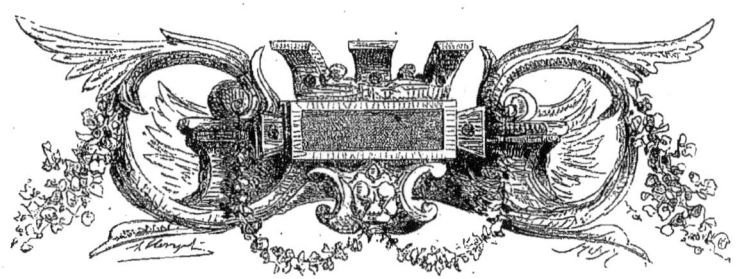

CHAPITRE XLVIII.

> Ils ont chargé mon front d'une gloire inutile;
> Le sceptre que je porte est un sceptre stérile;
> La main d'un étranger l'arrachera de moi,
> Et je n'ai pas de fils, hélas! pour être roi.
> SHAKSPEARE. *Macbeth*, acte III, sc. 1.

 partir de ce moment, mais avec les plus grandes précautions pour n'être pas découvertes, les deux sœurs établirent une correspondance entre elles, échangeant des lettres environ deux fois par an. Celles de lady Staunton parlaient de la santé et du moral de son mari comme étant chancelants l'un et l'autre de la façon la plus déplorable; sa santé à elle-même semblait s'altérer, et l'un des sujets sur lesquels elle s'étendait le plus souvent était leur défaut de postérité. Sir Georges Staunton, toujours violent, avait pris en aversion son héritier le plus proche, qu'il soupçonnait d'avoir irrité ses amis contre lui durant son absence; et il déclarait qu'il léguerait Willingham et tout son avoir à un hôpital, plutôt que de laisser ce maudit faiseur de bavardages hériter d'un acre de terre.

« S'il avait un enfant, » disait l'épouse infortunée, « ou si ce pauvre petit être avait survécu, cela donnerait un but à sa vie et à ses efforts. Mais le ciel nous a refusé une bénédiction que nous n'avons pas méritée. »

Des plaintes de ce genre dont la forme variait, mais qui retombaient sur le même objet, remplissaient les lettres qui des vastes mais tristes salles de Willingham passaient au paisible et heureux presbytère de Knocktarlitie. Les années, cependant, s'écoulaient au milieu de ces doléances infructueuses. Jean, duc d'Argyle et de Greenwich, mourut en 1743, universellement regretté, mais par nul plus que par les Butler, sur lesquels sa bienveillance s'était si largement exercée. Il eut pour successeur son frère, Archibald, avec lequel ils n'avaient pas les mêmes relations, mais qui continua la protection que son frère avait étendue sur eux. Cela devint plus nécessaire que jamais ; car après qu'eut éclaté et qu'eut été réprimée la révolte de 1745, la tranquillité du pays voisin des hautes terres fut considérablement troublée. Des maraudeurs de profession, ou des hommes réduits à ce genre de vie désespéré, se cantonnèrent dans les retraites les plus voisines des basses terres, devenues le théâtre de leurs exploits : à peine y eut-il un *glen* dans les hautes terres romantiques, et aujourd'hui paisibles, des comtés de Perth, de Stirling et de Dumbarton, où un ou deux de ces personnages n'eussent établi leur résidence.

Le pire fléau de la paroisse de Knocktarlitie fut un certain Donacha dhu na Dunaigh, ou Duncan le Noir le Malfaisant, que nous avons déjà accidentellement mentionné. Cet homme, dans l'origine, avait été *caird* ou chaudronnier, profession dont beaucoup d'adeptes vont rôdant encore en ces districts; mais lorsque la police eut été désorganisée par la guerre civile, il abandonna son métier, et de voleur à moitié devint brigand tout à fait. Ordinairement à la tête de trois ou quatre jeunes gens lestes et déterminés, ingénieux lui-même, hardi, et connaissant bien tous les passages, il exerça sa profession nouvelle avec profit pour lui-même et au grand détriment du pays.

Tous étaient convaincus que Duncan de Knock aurait pu, s'il l'avait voulu, mettre à bas son homonyme un beau matin; car il y avait dans la paroisse un certain nombre de jeunes gens robustes, qui avaient marché, durant la guerre, sous la bannière d'Argyle, conduits par le capitaine, et qui s'étaient, en diverses occasions, parfaitement conduits. Quant à leur chef, comme nul ne doutait de son courage, on supposait généralement que Donacha avait trouvé moyen de se concilier ses faveurs, chose qui n'était pas rare dans ce temps et dans ce pays. On était d'autant plus porté à le croire que les bestiaux de David Deans, la propriété du duc, étaient épargnés, tandis que les vaches du ministre étaient emmenées par les voleurs. Une autre tentative fut faite pour renouveler cet acte de rapine, et le bétail allait être entraîné en captivité, lorsque Butler, laissant de côté sa profession en une nécessité si pressante, se mit à la tête de quelques-uns de ses voisins, et reconquit le bétail; exploit auquel Deans, malgré son grand âge, prit part en personne, monté sur un poney des hautes terres et armé d'un grand sabre, se comparant (car il ne manqua pas de s'attribuer tout le mérite de l'expédition), se comparant à David, fils de Jessé, quand il retira des mains des Amalécites les dépouilles de Ziklag. Cette conduite énergique produisit un si bon effet que Donacha dhu na Dunaigh se tint, pour quelque temps, à distance respectueuse; et, bien que l'on parlât souvent de ses exploits lointains, n'exerça plus aucune déprédation dans cette partie du pays. Il continua à fleurir et à faire parler de lui de temps à autre, jusqu'à l'année 1751, où, si c'était la crainte du second David qui le tenait en échec, le destin le délivra de cette inquiétude, car le vénérable patriarche de Saint-Léonard fut, cette année-là, réuni à ses aïeux.

David Deans mourut plein de jours et d'honneur. On croit (car la date exacte de sa naissance n'est point connue) qu'il avait vécu plus de quatre-vingt-dix ans. Il parlait en effet, comme ayant été à sa connaissance personnelle, d'événements à peu près contemporains de la bataille du pont de Bothwell. On disait même qu'il y avait porté les armes ; car un jour qu'un laird jacobite ivre demandait qu'on lui apportât un *whig* du pont de Bothwell, « pour qu'il eût le plaisir de lui arracher les oreilles, » David l'informa, avec un regard d'une sévérité toute particulière, que, s'il voulait s'essayer à ce divertissement, il avait devant lui l'un de ces *whigs;* et il fallut l'intervention de Butler pour empêcher la paix d'être troublée.

David expira dans les bras de sa fille chérie, reconnaissant de toutes les bénédictions que la Providence lui avait accordées dans cette vallée de luttes et de peine, reconnaissant aussi des épreuves dont il avait été visité; elles avaient été nécessaires, disait-il, pour mortifier cet orgueil spirituel et cette confiance en ses dons personnels, côté par lequel l'insidieux ennemi l'avait le plus cruellement assiégé. Il pria de la manière la plus touchante pour Jeanie, pour son mari et pour sa famille, afin que le devoir qu'elle avait si tendrement rempli à l'égard du pauvre vieillard achetât pour elle de longs jours sur la terre et le bonheur plus tard. Puis, dans une ardente prière, trop bien comprise de ceux qui connaissaient l'histoire de sa famille, il supplia le pasteur des âmes de ne pas oublier, lorsqu'il rassemblerait son troupeau, la petite brebis qui s'était éloignée du parc, et qui peut-être même était la proie du loup dévorant. Il pria pour la Jérusalem nationale, afin que la paix fût dans son

territoire et la prospérité dans ses palais; pour le bonheur de l'honorable maison d'Argyle, et pour la conversion de Duncan de Knockdunder. Épuisé ensuite, il se tut, et ne prononça plus rien distinctement. On l'entendit bien murmurer quelque chose au sujet des défections nationales, des extrémités de la main droite et des chutes de la main gauche ; mais, comme le remarqua May Hettly, sa tête, à ce moment-là, n'y était plus, et il est probable que ces expressions ne se présentaient à lui que par habitude, et qu'il mourut dans un esprit complet de charité envers tous les hommes. Une heure après environ, il s'endormit dans le Seigneur.

Malgré l'âge avancé de son père, cette mort fut une secousse cruelle pour Mistress Butler. Une grande partie de son temps avait été consacrée à s'occuper de la santé et des désirs de David, et il lui sembla que son rôle dans le monde était à moitié terminé, quand le bon vieillard n'exista plus. L'avoir de celui-ci, arrivant presque à quinze cents livres sterling en capital disponible, vint augmenter la fortune des habitants de la manse. Comment employer cette somme au plus grand avantage de sa famille ? c'était pour Butler, l'objet de réflexions embarrassantes. « Si nous la plaçons par contrat sur héritage, nous pourrions bien perdre les intérêts ; car voici cette hypothèque sur la terre de Lounsbeck, dont votre père n'a jamais pu toucher ni le principal ni les intérêts. Si nous la mettons dans les fonds publics, nous risquons de tout perdre, comme beaucoup l'ont fait dans les opérations de la mer du Sud. Le petit domaine de Craigsture est à vendre ; il n'est qu'à deux milles de la manse, et Knock dit que Sa Grâce n'a pas l'intention de l'acheter. Mais on en demande deux mille cinq cents livres, et l'on peut le faire, car il vaut cela ; s'il fallait emprunter la différence, le créancier pourrait en demander tout à coup le remboursement, ou, au cas où je mourrais, ma famille risquerait d'être dans l'embarras.

— Si donc vous aviez plus d'argent, vous pourriez acheter cet excellent pâturage, où l'herbe pousse de si bonne heure ? » demanda Jeanie.

« Certainement, ma chère ; et Knockdunder, qui s'y connaît, me conseille fort de le faire. C'est son neveu qui vend ce domaine.

— Eh bien, Ruben, » dit Jeanie, « il faut que vous cherchiez un texte dans la Bible, comme vous l'avez fait précédemment un jour que vous manquiez d'argent. Cherchez un texte dans la Bible.

— Ah ! Jeanie, » dit Butler en riant, et en lui serrant la main,

« les meilleurs, dans ce temps-ci, ne font des miracles qu'une fois.

— Nous verrons, » dit tranquillement Jeanie ; et, allant vers l'armoire où elle gardait son miel, son sucre, ses pots de confiture, ses fioles des médicaments les plus usuels, et qui était, en quelque sorte, l'arsenal de ses provisions, elle fit un cliquetis de verres et de faïences jusqu'à ce que, du coin le plus obscur, bien défendu par un triple rang de bouteilles et de bocaux qu'elle était forcée de déplacer, elle retira un vieux vase brun fêlé, dont l'ouverture était recouverte d'un large morceau de cuir. Ce qu'il contenait semblait être des papiers écrits, jetés en désordre dans ce singulier secrétaire. Mais du milieu de ces papiers, Jeanie tira une vieille Bible à fermoirs, compagne de David Deans dans les courses incertaines de sa jeunesse, et donnée par lui à sa fille lorsque la vue du vieillard, devenue moins bonne, l'avait forcé à se servir d'une Bible d'un caractère plus gros. Butler avait suivi avec une certaine surprise les mouvements de sa femme ; celle-ci lui donna la Bible, et lui dit de voir ce que ce livre pourrait faire pour lui. Butler ouvrit les fermoirs, et, à son grand étonnement, un certain nombre de billets de cinquante livres sterling s'échappèrent d'entre les feuillets, où ils avaient été mis en réserve, et tombèrent en voltigeant sur le sol. « J'avais l'intention, Ruben, de ne vous parler de ma richesse qu'à mon lit de mort, » dit sa femme, en souriant de sa surprise, « ou, peut-être, si quelque besoin survenait pour la famille ; mais il vaut mieux l'employer en vue de ce verdoyant domaine que de la laisser inutile dans cette vieille terrine.

— Comment se fait-il, Jeanie, que vous ayez eu cet argent ? Mais il y a plus de mille livres, » dit Butler, ramassant les billets et les comptant.

« Y en eût-il dix mille, c'est honnêtement qu'il y est venu, » dit Jeanie ; « je ne sais pas au juste quel en est le nombre, mais tout mon avoir est là. Comment l'ai-je gagné ? je vous l'ai déjà dit, Ruben : comme il faut et honnêtement. Ce secret ne m'appartient pas à moi toute seule ; vous l'auriez, sans cela, su depuis longtemps. Quant à m'en demander davantage, ne le faites pas, car je ne serais pas libre de répondre à vos questions.

— Ne répondez qu'à une seule, » dit Butler. « Tout cela est-il vraiment, et sans doute aucun, une propriété dont vous soyez libre de disposer comme vous le jugerez convenable?

— C'était à moi, je suis libre d'en disposer à mon gré, » répondit Jeanie ; « et j'en ai disposé déjà, car, maintenant, Ruben, cela est à vous. Vous êtes Butler la Bible, aussi bien que votre ancêtre, aux opinions duquel mon pauvre père en voulait tant. Toutefois, si vous le trouvez bon, je souhaiterais que Fémie en eût une bonne part lorsque nous n'y serons plus.

— Certainement, il en sera de la façon que vous désirez. Mais qui donc a jamais choisi pareille cachette pour des trésors temporels?

— C'est une de mes vieilles idées impossibles, Ruben, comme vous les appelez. J'ai pensé que si Donacha Dhu venait nous faire une visite, la Bible serait, dans la maison, la dernière chose dont il s'occuperait. Mais, s'il me survenait encore d'autre argent, comme ce n'est pas improbable, je vous le remettrai, pour en faire ce que bon vous semblera.

— Je ne puis donc pas vous demander comment vous avez eu celui-ci? » dit l'ecclésiastique.

« Non, Ruben, il ne le faut pas ; car si vous me le demandiez trop, je vous le dirais peut-être, et j'aurais tort.

— Mais veuillez me dire, » reprit encore Butler, « s'il n'y a rien, à ce sujet, dont votre esprit soit préoccupé?

— Les biens de ce monde, Ruben, nous apportent toujours à la fois la satisfaction et le chagrin ; mais ne demandez rien de plus. Cet argent ne m'oblige à rien, et ne saurait jamais, à aucun titre, être redemandé par personne.

— Assurément, » dit M. Butler, lorsqu'il eut de nouveau compté la somme, comme pour se bien assurer que les billets étaient bons, « jamais homme n'a eu une femme comme la mienne ; la bénédiction semble la suivre.

— Jamais, » dit Jeanie, « depuis la princesse enchantée du conte des fées, qui, en se peignant, faisait tomber des nobles d'or de l'un des côtés de sa chevelure, et des risdales hollandaises de l'autre. Mais retirez-vous, ministre, rangez cet argent, et ne gardez pas comme cela ces billets dans les mains, ou je les remets dans la terrine, de peur qu'il ne leur arrive malheur. Nous sommes trop près des montagnes pour songer, dans ce temps-ci, à avoir de l'argent dans la maison. Il faut faire vos conventions avec Knockdunder, qui est chargé de vendre les terres; et n'ayez pas la simplicité de lui parler de cette aubaine, mais tenez-le au plus bas prix, comme si vous deviez être forcé d'emprunter pour parfaire la somme. »

Par ce dernier trait, Jeanie montra clairement que, bien qu'elle n'eût pas su faire de l'argent tombé en ses mains autre chose que l'amasser et le cacher, elle avait cependant, même pour les intérêts de ce monde, une certaine part de la finesse de son père David. Ruben Butler ne manquait pas non plus de prudence, et agit ainsi que sa femme le lui avait conseillé.

La nouvelle se répandit bientôt dans la paroisse que le ministre avait acheté Craigsture; les uns lui en firent compliment, les autres « furent fâchés de voir la terre sortir de son ancien nom. » Ses frères du clergé, cependant, sachant qu'il allait être obligé, à la Pentecôte prochaine, d'aller à Édimbourg, recueillir, pour payer son acquisition nouvelle, l'argent qui lui venait de David Deans, profitèrent de l'occasion pour le nommer délégué à l'Assemblée générale, ou *Convocation* de l'Église d'Écosse, qui a lieu ordinairement dans la seconde quinzaine de mai.

CHAPITRE XLIX.

> Que vois-je? et quelle passagère
> Vers nous sur cet esquif fend les flots écumants?
> Est-ce une déité de l'onde ou de la terre?
> — C'est une femme aux traits charmants,
> Et riche de l'éclat des plus beaux ornements.
>
> MILTON.

VANT qu'il se fût écoulé un long temps depuis l'incident de la Bible et des billets, la fortune montra qu'elle pouvait surprendre Mistress Butler aussi bien que son mari. Le ministre, pour mener à fin les diverses affaires que sa visite insolite à Édimbourg rendait nécessaires, avait dû quitter sa demeure vers la fin de février, se disant avec raison que le temps qui s'écoulerait depuis son départ jusqu'à la Pentecôte (qui était le 24 mai), pourrait encore être trop court pour en finir avec les différents débiteurs du vieux David Deans, des bourses desquels il fallait faire sortir une large partie du prix de sa nouvelle acquisition.

Jeanie se trouva donc, contre sa coutume, habiter une maison solitaire, et la mort du bon vieillard lui faisait sentir davantage encore son isolement, car elle avait eu l'habitude de partager ses soins entre son mari et lui. Ses enfants furent sa principale ressource, et l'objet de sa constante attention.

Un jour ou deux après le départ de Butler, il arriva que, tandis qu'elle était occupée à quelques devoirs domestiques, elle entendit parmi son jeune entourage, une dispute, soutenue avec une persistance qui sollicita son intervention. Tous vinrent apporter leurs plaintes à leur arbitre naturel. Fémie, qui n'avait pas encore dix ans, accusait David et Ruben d'avoir voulu lui prendre son livre de force ; David et Ruben répliquaient, l'aîné « que ce n'était pas un livre que Fémie pût lire, » et Ruben « qu'il y était question d'une méchante femme. »

« Où avez-vous pris ce livre, petite vilaine ? » dit Mistress Butler. « Comment osez-vous toucher aux livres de papa lorsqu'il n'y est pas ? »

Mais la petite personne, tenant ferme une feuille de papier chiffonnée, déclara « que ce n'était pas un livre de papa ; que May Hettly avait ôté cela d'un des fromages arrivés d'Inverary ; » car, ainsi qu'on le comprend aisément, des relations amicales, avec échange de civilités mutuelles, étaient entretenues, de temps à autre, entre Mistress Dolly Dutton, maintenant Mistress Mac Corkindale, et ses anciens amis.

Jeanie prit de la main de l'enfant ce qui faisait l'objet de la dispute, pour voir à quoi s'appliquaient les études de Fémie ; mais combien ne fut-elle pas frappée lorsqu'elle lut sur le côté imprimé du placard : « Dernières paroles et confession de Marguerite Mac Craw, ou Murdockson, exécutée à Harabee-Hill, près Carlisle, le ... du mois de ... 1737. » C'était l'un des papiers qu'Archibald avait achetés à Longtown, le jour qu'il avait absorbé, à lui tout seul, l'approvisionnement entier du colporteur : on se souvient que Dolly, par économie, avait logé cela dans sa malle. Un ou deux exemplaires, paraît-il, étaient restés emmagasinés à Inverary jusqu'au moment où la préposée de la laiterie en eut besoin pour l'envoi d'un fromage, qui, comme produit de qualité supérieure, était expédié, par échange de politesses, à la laiterie de Knocktarlitie.

Le titre de ce papier, si étrangement tombé dans les mains même de la personne à laquelle, par un égard délicat pour ses sentiments, on l'avait dérobé pendant si longtemps, était déjà, par lui-même, suffisamment émouvant ; mais le récit avait un tel intérêt que Jeanie, s'éloignant de ses enfants, monta l'escalier, courut à sa chambre, et ferma la porte au verrou, pour examiner cela sans être dérangée.

La narration, qui semblait avoir été écrite, ou du moins corrigée, par l'ecclésiastique qui avait assisté cette malheureuse femme, expliquait que le crime à raison duquel elle avait été punie avait consisté dans « sa participation active au vol et au meurtre abominable commis près de deux ans auparavant dans le voisinage de Haltwhistle, acte pour lequel le fameux Frank Levitt devait être mis en jugement durant les assises de Lancastre. On supposait que les déclarations du complice Thomas Tuck, communément appelé Tom de Tyburn, sur lesquelles la femme avait été condamnée, pèseraient également sur lui d'un grand poids; encore bien que beaucoup de personnes fussent disposées à penser que c'était Tuck lui-même qui avait frappé le coup fatal, conformément au dire de Meg Murdockson à l'heure de sa mort. »

Après un récit circonstancié du crime à raison duquel elle avait été exécutée, il y avait une courte esquisse de la vie de Marguerite. Il était expliqué qu'elle était Écossaise de naissance; qu'elle avait épousé un soldat du régiment caméronien; que, longtemps, elle suivit les camps, et acquit sans doute sur les champs de bataille, et dans des scènes du même genre, cette férocité et cet amour du pillage par lesquels elle s'était plus tard signalée; que le mari, ayant obtenu son congé, entra au service d'un ecclésiastique jouissant, dans le comté de Lincoln, d'un bénéfice important, d'un rang élevé et d'un caractère honorable, et que la femme obtint la confiance et l'estime de cette respectable famille. Elle les avait perdues quelques années après la mort de son mari, pour avoir été de connivence dans les rapports irréguliers de sa fille avec l'héritier de la famille. Ce reproche s'ajoutait aux circonstances douteuses qui avaient accompagné la naissance d'un enfant, au sujet duquel s'étaient élevés de puissants soupçons d'une action mauvaise accomplie pour sauver, s'il était possible, la réputation de la jeune fille. Après cela, elle avait mené une vie errante en Angleterre et en Écosse, faisant métier quelquefois de dire la bonne aventure, d'autres fois de trafiquer en marchandises de contrebande, mais, en réalité, recevant les objets volés, et se joignant activement, dans l'occasion, aux exploits par lesquels on les obtenait. Elle s'était, après sa condamnation, vantée de plusieurs de ses crimes; et il y avait un fait à raison duquel elle semblait éprouver un mélange de joie et de remords. Tandis que, l'été précédent, elle habitait dans les faubourgs d'Édimbourg, une jeune fille, séduite par un de ses complices, lui fut confiée, et accoucha d'un enfant mâle. Sa fille, dont l'esprit était dérangé depuis qu'elle avait perdu son enfant, aurait, au dire de la criminelle, emporté celui de la pauvre accouchée, le prenant pour le sien, car il était des moments où elle ne pouvait se persuader que l'enfant qu'elle avait eu fût vraiment mort.

Marguerite Murdockson disait avoir cru elle-même, pendant quelque temps, que sa fille, dans un accès de folie, avait tué l'enfant ; elle l'avait même donné à entendre au père ; mais, depuis, elle avait appris que la folle l'avait remis à une femme vagabonde. Elle témoignait quelque regret d'avoir séparé l'enfant de la mère, surtout lorsqu'elle sut que celle-ci avait failli subir la mort, ayant été condamnée, par application de la loi d'Écosse, pour le meurtre supposé de son enfant. Lorsqu'on lui avait demandé quel intérêt elle avait pu avoir à exposer l'infortunée jeune fille à mourir pour un crime qu'elle n'avait pas commis, « Croyez-vous, » répondit-elle, « que j'allais mettre ma fille en danger, pour en sauver une autre? » Elle ne savait pas ce que la loi écossaise aurait fait à celle-ci pour avoir emporté l'enfant. Cette réponse ne satisfit nullement l'ecclésiastique, et, en questionnant plus étroitement la coupable, il découvrit qu'elle nourrissait, contre la fille à laquelle elle avait fait un si grand tort, les plus profonds sentiments de haine et de vengeance. Mais le papier indiquait que tout ce qu'elle avait fait savoir de plus sur ce point avait été confié par elle, en secret, au digne et révérend archidiacre qui s'était donné tant de peine pour procurer à cette femme son assistance spirituelle. L'affiche finissait par informer qu'après son exécution, dont on donnait les particularités, sa fille, la folle mentionnée déjà plusieurs fois, et généralement connue sous le nom de Madge Feu-follet, avait été maltraitée par la populace, dans la croyance qu'elle était sorcière, et complice des crimes de sa mère, et n'avait été délivrée qu'avec peine par la prompte intervention de la police.

Telle était la teneur du placard ; nous omettons les réflexions morales, et tout ce qui ne paraît pas nécessaire à l'explication de notre histoire. Pour Mistress Butler, cet imprimé contenait des renseignements de la plus haute importance, puisqu'il semblait apporter la preuve la plus formelle de l'innocence de sa sœur quant au crime pour lequel celle-ci avait failli être exécutée. Il est vrai que ni elle, ni son mari, ni même son père, n'avaient cru Effie capable de porter sur son enfant une main inhumaine, aussi longtemps qu'elle serait en possession de sa raison ; mais il y avait là-dessus de l'obscurité, et ce qui aurait pu arriver dans un moment de démence était horrible à penser. Quelle que fût en outre leur conviction personnelle, ils n'avaient pas eu, jusque-là, les moyens d'établir, aux yeux du monde, son innocence, qui maintenant, en cette publication fugitive, se manifestait complètement, par la confession qu'avait faite, en mourant, la personne la plus intéressée à la cacher.

Après avoir remercié Dieu d'une découverte si précieuse pour elle, Mistress Butler se prit à réfléchir à l'usage qu'elle en pourrait faire. Montrer cela à son mari aurait été son premier mouvement ; mais, outre qu'il était absent, et que la chose était trop délicate pour faire l'objet d'une correspondance, alors surtout que la plume qui l'aurait tracée n'était pas des meilleures, Mistress Butler songea que son mari ne possédait pas les renseignements nécessaires pour se former un jugement en cette occasion ; et qu'autant qu'elle en pouvait juger, le mieux serait de transmettre immédiatement à sa sœur cette indication, et de laisser celle-ci s'entendre avec son mari sur le moyen d'en tirer parti. Elle dépêcha donc, tout spécialement, un messager à Glasgow, avec un paquet renfermant la confession de Marguerite Murdockson, le tout adressé, comme de coutume, sous le couvert de M. Whiterose d'York. Elle attendit, avec inquiétude, une réponse ; mais aucune n'arriva dans les délais ordinaires de la poste, et elle fut réduite à chercher dans son imagination les causes diverses qui pourraient expliquer le silence de lady Staunton. Elle eut à moitié regret de s'être dessaisie de l'imprimé, et dans la crainte qu'il ne fût tombé en de mauvaises mains, et par le désir de ravoir ce document, qui pourrait être essentiel pour établir l'innocence de sa sœur. Elle se demandait même si elle ne ferait pas mieux de confier la chose tout entière aux méditations de son mari, lorsque d'autres incidents la vinrent détourner de ce dessein.

Jeanie (elle a nos prédilections, et nous lui demandons pardon d'employer encore ce mot familier), Jeanie avait fait un matin, après déjeuner, une promenade avec ses enfants au bord de la mer, lorsque les garçons, dont la vue distinguait plus loin que la sienne, s'écrièrent que « le carrosse à six chevaux du capitaine arrivait droit vers le rivage, avec des dames dedans. » Jeanie regarda de son mieux le bateau qui approchait, et reconnut bientôt qu'il y avait, à l'arrière, deux dames assises à côté du gracieux Duncan, lequel faisait office de pilote. La politesse voulait que l'on allât vers le lieu de débarquement pour les recevoir, alors surtout qu'elle voyait que le capitaine de Knockdunder s'était mis en frais de cérémonie. Son joueur de cornemuse était à l'avant du bateau, envoyant une musique d'autant plus agréable que les vagues et le vent en avaient noyé la moitié. De plus, le capitaine avait sa perruque de général, frisée de neuf, son bonnet (il avait abjuré le tricorne) décoré de la croix rouge de Saint-Georges, son uniforme de capitaine de la milice ; et le pavillon du duc était déployé, portant la tête de sanglier. Tout indiquait la pompe et l'étiquette.

Lorsque Mistress Butler approchait du lieu de débarquement, elle vit le capitaine donner la main aux dames, pour descendre à terre, avec de grandes marques de politesse, et la compagnie se dirigea vers elle, le capitaine marchant quelques pas en avant des deux dames, dont la plus grande et la plus âgée s'appuyait sur l'épaule de l'autre, qui semblait de sa suite ou à son service.

Au moment où ils se rencontrèrent, Duncan, du ton le plus irréprochable, le plus cérémonieux, le plus sérieux, que lui put fournir la civilité des hautes terres, « demanda la permission de présenter à Mistress Butler lady... lady... J'ai oublié le nom de Votre Seigneurie!

— Peu importe, Monsieur, » dit la dame; « je crois que Mistress Butler ne sera pas prise au dépourvu. La lettre du duc... » Et, remarquant que Mistress Butler n'avait pas l'air de comprendre, elle se tourna vers Duncan, avec humeur : « N'auriez-vous donc pas, Monsieur, envoyé la lettre hier soir?

— Non, en vérité, et j'en demande pardon à Votre Seigneurie. Mais je savais bien, Madame, que cela serait aussi bon aujourd'hui qu'hier, car on ne dérange jamais Mistress Butler; jamais. Et la chaloupe était à la pêche, et le cabriolet était allé à Greenock chercher un baril d'eau-de-vie; et... Mais voici la lettre de Sa Grâce.

— Donnez-la moi, Monsieur, » dit la dame, la retirant de la main de Duncan ; « puisque vous n'avez pas jugé à propos de la faire porter avant mon arrivée, je la ferai moi-même parvenir à son adresse. »

Mistress Butler regarda avec attention, et presque avec respect, la dame qui prenait ce ton d'autorité vis-à-vis de l'autorité même, et aux injonctions de laquelle le dignitaire n'hésita pas à se plier, lui remettant la lettre, en disant : « Qu'il en soit ainsi que Votre Seigneurie veut bien l'ordonner. »

La dame était de taille plutôt au-dessus de la moyenne, bien faite, quoiqu'avec un peu trop d'embonpoint, la main et le bras remarquablement beaux. Ses manières étaient aisées, dignes et imposantes, et semblaient indiquer une haute naissance et les habitudes du grand monde. Elle portait un habit de voyage, un castor gris, et un voile de dentelle de Flandre. Deux valets de pied en riches livrées, qui sortaient de l'embarcation, portant une malle et un porte-manteau, paraissaient être de sa suite.

« Comme vous n'avez pas reçu, Madame, la lettre qui m'aurait servi d'introduction (car vous êtes, je le présume, Mistress Butler), je ne vous la présenterai pas que vous n'ayez été assez bonne pour m'admettre sans elle dans votre maison.

— Assurément, Madame, » dit Knockdunder, « Mistress Butler le fera, vous ne sauriez en douter. Mistress Butler, c'est lady... lady... Ces maudits noms du sud me sortent de la tête comme une pierre roulerait du haut en bas d'une montagne ; mais je la crois Écossaise de naissance, ce qui est à notre honneur ; et je présume que Sa Seigneurie est de la maison de...

— Le duc d'Argyle connaît fort bien ma famille, Monsieur, » dit la dame, d'un ton destiné à faire taire Duncan, ou d'un ton, dans tous les cas, qui produisit pleinement cet effet.

Il y avait quelque chose en cette étrangère, une façon de parler, un ton de voix, une manière d'être, qui agissait sur Jeanie comme les illusions d'un rêve, versant dans l'esprit une sorte de pressentiment d'une réalité vague et prochaine. Il y avait quelque chose de sa sœur dans la démarche de cette dame, dans ses mouvements, dans le son de ses paroles ; quelque chose, aussi lorsque, relevant son voile, la dame laissa voir des traits auxquels, tout changés qu'ils étaient de caractère et d'expression, Jeanie ne put se défendre d'attacher bien des souvenirs.

L'étrangère avait dépassé trente ans, cela est certain ; mais ses charmes personnels étaient si bien secondés par la magie du vêtement et les harmonies de la toilette, qu'elle aurait pu passer pour n'en avoir que

vingt et un. Sa tenue était si ferme, si imperturbable, que, chaque fois que Mistress Butler croyait apercevoir un point de ressemblance avec son infortunée sœur, le sang-froid persistant et la dignité parfaite de l'étrangère détruisaient les idées qui commençaient à surgir dans son imagination. Jeanie conduisit silencieusement cette dame vers la manse; elle se perdait en des réflexions confuses, et espérait que la lettre qui allait lui être remise, lui donnerait une explication satisfaisante d'une scène si remplie pour elle d'embarras et d'émotion.

La dame restait cependant fidèle à son rôle d'étrangère de distinction. Elle admirait les points de vue comme une personne qui a étudié la nature et les meilleures représentations que l'art en sait faire. A la fin, elle s'informa des enfants.

« Voici deux beaux petits montagnards. Je présume, Madame, qu'ils sont à vous? »

Jeanie répondit affirmativement. L'étrangère soupira, et elle eut un second soupir lorsqu'ils lui furent présentés par leur nom.

« Venez ici, Fémie, » dit Mistress Butler, « et tenez la tête droite.

— Quel est le nom de votre fille, Madame? » dit l'étrangère.

« Euphémie, Madame, » répondit Mistress Butler.

« Je croyais qu'en Écosse, l'abréviation ordinaire de ce nom était Effie, » répliqua la dame, d'un ton qui alla au cœur de Jeanie ; car en ce seul mot, il y avait plus de sa sœur, plus de souvenirs « du temps d'autrefois, » que dans tout ce que Jeanie avait elle-même puisé dans son propre cœur, que dans tout ce que lui avaient suggéré les traits de l'étrangère et l'ensemble de ses manières.

Arrivée à la manse, la dame donna à Mistress Butler la lettre qu'elle avait retirée des mains de Knockdunder ; et, en la donnant, elle serra la main de son hôtesse, ajoutant à haute voix : « Peut-être, Madame, que vous aurez la bonté de me donner un peu de lait.

— Et à moi une goutte de quelque chose, s'il vous plaît, Mistress Butler, » ajouta Duncan à son tour.

Mistress Butler se retira ; mais, déléguant à May Hettly et à David le soin de pourvoir aux besoins des arrivants, elle se hâta d'aller à sa chambre pour lire la lettre. L'enveloppe portait une adresse de la main du duc d'Argyle, et réclamait les attentions et la civilité de Mistress Butler pour une dame de haut rang, une amie particulière de son défunt frère, lady Staunton de Willingham, à qui les médecins avaient prescrit le lait de chèvre, et qui devait honorer de sa résidence le pavillon de Roseneath, tandis que son mari ferait une courte excursion en Écosse. Mais, sous la même enveloppe, qui avait été donnée à lady Staunton sans être cachetée, était une lettre de cette dame, destinée à préparer sa sœur à la revoir, et que, sans la négligence du capitaine, Jeanie aurait dû recevoir la veille. Cette lettre disait que les nouvelles contenues dans le dernier message de Jeanie avaient à tel point intéressé sir Staunton, qu'il avait résolu d'en savoir plus long sur la confession faite à Carlisle et sur le destin du pauvre innocent. La tentative n'avait pas été tout à fait infructueuse. Quant à elle, elle avait, par les plus instantes prières, extorqué plutôt qu'obtenu de son époux, sous la promesse d'observer le plus strict incognito, la permission de passer une semaine ou deux avec sa sœur, ou dans son voisinage, tandis qu'il poursuivait des recherches, qui lui semblaient à elle bien stériles, mais auxquelles il attachait quelque espérance de succès.

Il y avait un *post-scriptum*, exprimant le désir que Jeanie confiât à lady S. la conduite de leurs relations, et se contentât de souscrire à ce que celle-ci proposerait. Après avoir lu et relu la lettre, Mistress Butler se hâta de redescendre, partagée entre la crainte de trahir son secret, et le désir de se jeter au cou de sa sœur. Effie la reçut avec un regard tendre et prudent à la fois, et prit immédiatement la parole.

« J'ai dit à Monsieur..., au capitaine..., à ce gentilhomme, enfin, Mistress Butler, que, si vous vouliez bien me donner une chambre dans votre maison, un petit coin pour coucher Ellis, et un autre pour les deux domestiques, cela me conviendrait mieux que le pavillon mis si gracieusement par le duc à ma disposition. On m'a conseillé de résider le plus près possible de l'endroit où les chèvres sont nourries.

— Mistress Butler, » dit Duncan, « j'ai assuré milady que, bien que cela ne vous dérange jamais de recevoir des visiteurs venus de la part de Sa Grâce ou de la mienne, elle ferait cependant beaucoup mieux de séjourner au pavillon. Pour ce qui est des chèvres, on peut les y amener, et il est plus convenable que ces bêtes viennent trouver milady, que de la voir, elle, se donner la peine d'aller les chercher.

— Qu'on se garde bien de déranger les chèvres pour moi, » dit lady Staunton ; « je suis sûre que le lait doit être beaucoup meilleur ici. » Cela fut dit avec le gracieux sans gêne d'une personne dont le plus léger caprice doit faire tomber tous les arguments.

Mistress Butler se hâta de répondre qu'elle mettait de grand cœur sa maison, telle qu'elle était, à la disposition de lady Staunton. Le capitaine continua ses remontrances.

« Le duc, » dit-il, « avait écrit...

— J'arrangerai tout cela avec Sa Grâce...

— Et différentes choses avaient été envoyées de Glasgow...

— Tout ce qui sera nécessaire peut être apporté au presbytère. Elle demandera seulement à Mistress Butler d'avoir la bonté de lui montrer une chambre, et au capitaine de lui expédier de Roseneath ses malles et le reste. »

Et, avec une révérence, elle congédia le pauvre Duncan, qui, en s'éloignant, se disait à lui-même, dans le secret de son âme : « Peste soit de son impudence anglaise! Elle prend possession de la maison du ministre comme si c'était la sienne; elle parle à des gentilshommes comme s'ils étaient ses domestiques, condamnés à lui obéir! Et le daim qui a été tué! Nous l'enverrons à la manse : cette politesse sera bien juste, vu que c'est moi qui ai amené à la digne Mistress Butler une semblable mijaurée. » Avec ces intentions charitables, il alla au rivage donner les ordres nécessaires.

Pendant ce temps, le tête à tête des deux sœurs n'était pas moins tendre qu'extraordinaire, et chacune témoignait ses sentiments de la manière propre à son caractère. Jeanie était à ce point surprise, et même intimidée, que ses impressions fortes et écrasantes lui ôtaient presque la possession d'elle-même. Effie, tout au contraire, pleurait, riait, sanglotait, jetait des cris, et battait des mains de joie, tout cela en l'espace de cinq minutes, donnant cours en même temps, et sans réserve, à une vivacité naturelle excessive, que nulle cependant ne savait mieux renfermer dans les règles d'un savoir-vivre artificiel.

Après qu'une heure se fut écoulée comme une minute dans cet épanchement de leur affection mutuelle, lady Staunton aperçut le capitaine qui, d'un pas impatient, se promenait sous la fenêtre. « Voilà cet ennuyeux benêt des hautes terres qui nous retombe sur les bras, » dit-elle. « Je vais le prier de nous favoriser de son absence.

— Non pas, de grâce, non pas! » dit Mistress Butler, d'un ton suppliant; « il ne faut pas faire affront au capitaine.

— Lui faire affront? » dit lady Staunton ; « personne ne se blesse jamais, ma chère, de ce que je fais ou de ce que je dis. Je supporterai ce monsieur, cependant, puisque vous le trouvez bon. »

Le capitaine fut, en conséquence, gracieusement requis par lady Staunton de rester à dîner. Durant cette visite, il y eut un heureux contraste entre ses égards empressés et obséquieux pour la dame de haut rang, et le ton de familiarité polie, mais cavalière, dont il usa vis-à-vis de la femme du ministre.

« Je n'ai pas pu venir à bout de persuader Mistress Butler, » dit lady Staunton au capitaine, à un moment où Jeanie venait de quitter la salle, « de me permettre de lui proposer un dédommagement pour avoir pris sa maison d'assaut, et pour y avoir mis garnison de la façon dont je l'ai fait.

— Assurément, Madame, » dit le capitaine, « il n'aurait pas convenu à Mistress Butler, qui est une personne on ne peut plus honorable, d'accepter rien de semblable d'une dame qui vient de chez moi, ou de chez Sa Grâce, ce qui est la même chose. Et, puisque vous parlez de garnison, en l'an quarante-cinq, j'ai été mis en garnison, avec cinq de mes hommes, dans la maison d'Inver-Garry, et cela a failli mal tourner, car...

— Pardon, Monsieur. Mais je voudrais trouver quelque moyen d'indemniser cette aimable dame.

— Oh! cela n'est point nécessaire ; ce n'est pas un embarras pour elle, pas le moins du monde. Étant donc dans la maison d'Inver-Garry, et les gens des environs étant mal intentionnés, je soupçonnai quelque chose, et...

— Sauriez-vous par hasard, Monsieur, » dit lady Staunton, « si l'un de ces deux garçons, l'un de ces jeunes Butler, aurait du goût pour l'armée ?

— Je ne saurais vous le dire, Milady, » répliqua Knockdunder. « De manière que les gens étant suspects et bons à surveiller, et entendant un *pibroch* dans le bois, je dis à mes hommes de veiller à la pierre de leur mousquet, et...

— Car, » dit lady Staunton, sans nulle pitié pour le récit que ces interruptions mettaient en lambeaux, « si tel eût été le cas, il n'en aurait coûté à sir Georges que la peine de demander, au ministère de la guerre, des épaulettes pour l'un d'eux; nous avons toujours soutenu le gouvernement, et jamais nous n'avons eu l'occasion de contrarier les ministres.

— Et si cela vous plaisait, Milady, » dit Duncan, qui commençait à prendre goût au sujet traité, « j'ai un grand garçon de neveu, nommé Duncan Mac Gilligan, aussi gros à lui tout seul que les deux Butler réunis, et sir Georges pourrait, par la même occasion, demander aussi pour lui une paire d'épaulettes. Cela ferait d'une pierre deux coups. »

Lady Staunton ne répondit à cette ouverture que par un coup d'œil comme les femmes du monde savent en avoir, mais qui n'était pas encourageant.

Jeanie rentra en ce moment. Elle ne pouvait revenir de son étonnement. Quelle différence entre la pauvre fille au désespoir étendue sur un lit de prison, et n'attendant plus qu'une mort horrible et déshonorante, entre la fugitive que, pour la dernière fois, elle avait vue sur la grève, à minuit, prête à partir pour l'exil, et la femme du monde, élégante et belle, aujourd'hui présente à ses yeux. Maintenant que sa sœur avait relevé son voile, ce n'étaient pas tant ses traits qui paraissaient changés, que l'ensemble de ses manières, de son expression, de ses regards, de sa tenue. A l'extérieur, lady Staunton était une créature trop suave et trop belle pour que la douleur eût pu la toucher; si accoutumée à voir tout ce qui l'entourait céder devant ses caprices, qu'elle semblait presque attendre qu'on lui épargnât la peine d'en former un; ignorant à ce point la contradiction, qu'elle ne prenait pas même la peine de recourir au commandement, car exprimer un désir était le voir satisfait. Elle ne se gêna pas pour se débarrasser de Duncan dès que le soir approcha; mais elle le mit poliment à la porte, sous prétexte de fatigue, avec une nonchalance qui ne laissait rien à désirer.

Lorsque les deux sœurs furent seules, Jeanie ne put s'empêcher d'exprimer son admiration du sang-froid avec lequel lady Staunton soutenait son rôle.

« Vous en êtes surprise, » dit lady Staunton avec calme; « car vous, ma chère Jeanie, vous avez été, dès le berceau, la sincérité même. Mais, vous devez vous en souvenir, voilà quinze ans que je suis menteuse, et j'ai eu le temps de m'habituer à mon personnage. »

En fait, durant le tumulte fiévreux des sentiments qu'excitèrent les deux ou trois premiers jours, Mistress Butler trouva la manière d'être de sa sœur en contradiction complète avec le ton d'abattement qui régnait dans sa correspondance. Effie fut émue jusqu'aux larmes à la vue du tombeau de son père, que marquait une modeste pierre, indiquant sa piété et sa vertu; mais des impressions et des idées plus légères n'avaient pas moins de pouvoir sur elle. Elle s'amusa à visiter la laiterie, où elle avait si longtemps fait fonctions d'auxiliaire, et faillit si bien se faire reconnaître par May Hettly, en trahissant sa connaissance de la célèbre recette pour le fromage de Dunlop, qu'elle se compara elle-même à Bedreddin Hassan, que le vizir, son beau-père, reconnut à son habileté superlative pour la confection des tartes à la crême poivrées. Mais lorsque la nouveauté de ces distractions eut cessé de l'amuser, Effie ne fit que trop clairement voir à sa sœur que les couleurs éclatantes dont elle voilait son infortune ne lui donnaient pas plus de consolations vraies, que le soldat n'en trouve dans le bel uniforme qui recouvre une blessure mortelle. Il y avait même des dispositions d'esprit et des moments où son découragement semblait dépasser ce qu'elle avait dit dans ses lettres, et qui ne montrèrent que trop à Mistress Butler combien le lot de sa sœur, si brillant en apparence, était peu enviable en réalité.

Une source existait cependant, à laquelle lady Staunton savait puiser un plaisir pur. Douée en toutes choses d'une imagination plus vive que celle de sa sœur, elle était une admiratrice des beautés de la nature, et ce goût est, pour ceux qui en jouissent, la compensation de bien des maux. Son caractère de belle dame lui faisait défaut tout à coup, alors qu'il aurait fallu

<blockquote>
A chaque objet nouveau pousser un cri tragique,
Comme si l'on voyait la vache maléfique.
</blockquote>

Avec les deux jeunes garçons pour guides, elle entreprenait de longues et fatigantes promenades parmi les montagnes du voisinage, pour visiter les *glens*, les lacs, les chutes d'eau, toutes les merveilles et toutes les beautés qui se cachent dans leurs solitudes. C'est Wordsworth, je crois, qui, parlant d'un vieillard aux prises avec l'adversité, fait, avec un grand esprit d'observation, la remarque que voici :

> Quel aiguillon, vieillard, te poussait de la sorte ?
> Etait-ce le souci qui te servait d'escorte ?
> Dieu le sait. Mais ce fut un si rude marcheur
> Qu'Ennesdale jamais n'en connut de meilleur.

Languissante, inactive, malheureuse à la maison, allant jusqu'à montrer par instants pour les aménagements du logis de sa sœur un dédain qu'elle s'efforçait (reconnaissons-le) d'expier par mille tendresses, lady Staunton s'intéressait aux choses et trouvait de l'énergie alors qu'elle était en plein air, et qu'elle parcourait les paysages des montagnes, en compagnie des deux jeunes garçons, dont elle charmait les oreilles en leur parlant de ce qu'elle avait vu dans d'autres pays, et de ce qu'elle aurait à leur montrer au manoir de Willingham. Ils s'efforçaient, de leur côté, de faire, à leur manière, les honneurs du comté de Dumbarton à cette dame si bonne pour eux ; à peine y avait-il, dans les hauts pays du voisinage, un *glen* où ils ne l'eussent conduite.

Pour l'une de ces excursions, Ruben se trouvant retenu d'un autre côté, David seul servit de guide à lady Staunton, et promit de lui montrer, dans les hauteurs, une cascade plus grandiose et plus haute qu'aucune de celles qu'ils avaient visitées. C'était une promenade de cinq grands milles, sur un sol inégal, où cependant des horizons de montagnes, des aspects tantôt du *firth* et des îles, tantôt des lacs lointains, tantôt des rochers et des précipices, répandaient la diversité et l'animation. Le point de vue, lorsqu'ils l'atteignirent, les dédommagea amplement de la fatigue qu'ils avaient prise. Un volume d'eau considérable se précipitait, d'un seul jet, sur la surface d'un rocher noir, dont la couleur formait le plus énergique contraste avec l'écume blanche de la cascade ; et, à une profondeur d'environ vingt pieds, un autre rocher interceptait la vue du bas de la chute. L'eau, roulant beaucoup plus bas, balayait les rochers, qui formaient la limite de l'horizon au point où les voyageurs étaient parvenus, et tombait dans le *glen* en torrent d'écume. Les amis de la nature se plaisent à pénétrer dans ses secrets les plus intimes : lady Staunton demanda à David s'il n'y aurait pas moyen d'avoir la vue de l'abîme au pied même de la chute. Il dit qu'il connaissait une sorte de corniche, au flanc le plus éloigné du rocher qui arrêtait leurs regards, d'où la chute d'eau était visible tout entière, mais que le chemin pour y aller était escarpé, glissant et dangereux. Poussée par le désir de satisfaire sa curiosité, la dame lui dit de l'y conduire; il le fit, au milieu des rochers et des pierres, lui montrant avec soin les endroits où elle devrait poser les pieds, car il ne s'agissait plus pour eux de marcher, mais de grimper.

De cette façon, prenant la place et, pour ainsi dire, les allures des oiseaux de mer, ils parvinrent enfin à tourner le rocher, et à arriver en face même de la cascade, qui avait, à cet endroit, tout ce qu'il faut pour exciter l'épouvante, écumant, rugissant, faisant sans relâche un bruit semblable à celui de la foudre, pour tomber, à cent pieds au moins au-dessous d'eux, dans un gouffre noir semblable au cratère d'un volcan. Le fracas, le brisement des eaux, qui semblait tout ébranler autour d'eux le tremblement même du vaste rocher sur lequel ils étaient, la difficulté pour eux de se tenir debout, car, il y avait à peine la place de poser le pied sur l'espèce de corniche où ils étaient parvenus, tout cela produisit sur les sens et sur l'imagination de lady Staunton un effet si saisissant, qu'elle cria à David qu'elle allait tomber, ce qui serait arrivé en effet si son guide ne l'avait retenue. Le jeune garçon était hardi et fort pour son âge, mais il n'avait que quatorze ans; son secours ne donnait pas à lady Staunton une confiance suffisante, elle sentit que sa situation devenait vraiment périlleuse. Il était à craindre qu'en ces conditions particulièrement difficiles, le jeune homme ne se laissât gagner par la panique de la dame, cas auquel tous les deux auraient peut-être péri. La dame jeta un cri d'effroi, sans espoir cependant que personne lui vînt en aide. A sa grande surprise, un sifflet répondit d'en haut, si clair et si aigu qu'on l'entendit au milieu même du bruit de la chute.

En ce moment d'inquiétude et de terreur, une figure humaine, noire, des cheveux gris pendant sur son front et sur ses joues, et se confondant en désordre avec des moustaches et une barbe de la même couleur, fixa les regards sur elle d'une embrasure du rocher.

« C'est l'Ennemi ! » dit le jeune garçon, devenu presque incapable de soutenir lady Staunton.

« Non, non, » s'écria celle-ci, inaccessible aux terreurs du surnaturel, et retrouvant la présence d'esprit que le danger lui avait d'abord ôtée ; « c'est un homme. Pour l'amour de Dieu, mon ami, venez à notre aide ! »

La figure les regarda, mais ne fit pas de réponse. Une seconde ou deux après, une autre figure, celle d'un jeune garçon, apparut à côté de la première, non moins sombre, non moins basanée, non moins chevelue, mais d'une chevelure noire, descendant en boucles, qui donnait à l'ensemble du visage une expression sauvage et féroce. Lady Staunton réitéra ses demandes de secours, se cramponnant au rocher avec plus d'énergie, car elle voyait que, grâce aux terreurs superstitieuses qui s'étaient emparées de son guide, celui-ci serait bientôt absolument inutile. Ses paroles se perdirent dans le rugissement de la cascade ; car, lorsqu'elle vit les lèvres du plus jeune de ceux qu'elle suppliait s'ouvrir à leur tour pour répondre, pas un mot n'atteignit son oreille.

Un moment après, il fut évident qu'on ne s'était pas mépris sur la nature de la supplication, que rendaient d'ailleurs facile à comprendre la situation et les gestes. La plus jeune des deux apparitions cessa d'être visible, et, immédiatement, faisant descendre une échelle d'osier, d'environ huit pieds de long, elle fit signe à David de la tenir ferme pendant que la dame monterait. Le désespoir donne du courage, et, dans cette situation effrayante, lady Staunton n'hésita pas à risquer l'ascension par le moyen précaire qu'on lui présentait; aidée avec tout le soin possible par la personne qui, providentiellement, était ainsi venue à son aide, elle atteignit sans encombre le sommet du rocher. Elle ne porta pas même ses regards autour d'elle, aussi longtemps que son neveu, leste et rapide, suivit son exemple, sans avoir personne pour tenir l'échelle. Lorsqu'elle le vit en sûreté, elle regarda ce qui l'environnait, et ne put s'empêcher de frémir du lieu et de la compagnie. On était sur une plate-forme de rochers, entourée de tous côtés par des précipices, ou par des falaises en surplomb, et que les recherches les plus attentives seraient à peine parvenues à découvrir, car elle n'était dominée par aucune position accessible. La plate-forme était en partie couverte par un immense fragment de pierre, qui, tombé des rochers supérieurs, avait été, dans sa chute, arrêté par d'autres, et fixé de façon à servir de toit incliné à la portion la plus éloignée de la large surface sur laquelle se trouvaient nos personnages. Une grande quantité de mousse et de feuilles sèches, répandue au-dessous de ce rude et misérable abri, indiquait la reposée (on n'oserait pas dire le lit) de ceux qui habitaient cette aire : le lieu ne méritait pas un autre nom. Deux de ces habitants étaient en face de lady Staunton. L'un, celui qui avait prêté un secours si opportun, se tenait là devant eux ; c'était un jeune sauvage, grand et mince ; son vêtement consistait en un *plaid* déguenillé et un *philabeg* ou jupe de montagnard; ni chaussure, ni bas ; ni chapeau, ni bonnet : sa chevelure en tenait lieu, touffue et entremêlée autant que le *glibbe* des sauvages Irlandais des anciens temps, et formant, comme chez ces derniers, un épais fourré naturel, de force à défendre contre le tranchant d'une épée. Les yeux du jeune homme étaient vifs et étincelants; ses mouvements dégagés et nobles, comme ceux de tous les sauvages. Il faisait peu attention à David Butler, mais il regardait avec admiration lady Staunton, dans laquelle il voyait sans doute un être différent par le costume, et supérieur en beauté, à tout ce qu'il avait jamais vu. Le vieillard, dont ils avaient aperçu le visage en premier, restait couché, dans la même posture qu'au moment où il les avait d'abord regardés ; ses yeux, seulement, s'étaient tournés de leur côté, tandis qu'il demeurait étendu dans une lourde et nonchalante apathie, que démentait l'expression générale de son visage sombre et velu. Il était fort grand, mais à peine mieux vêtu que le premier. Il avait une grande redingote large des basses terres, et une culotte longue de tartan en loques.

Tout, en cet endroit, avait l'air étrange et peu rassurant. A l'entrée du rocher qui servait de toit, brûlait un feu de charbon de terre, sur lequel était un alambic en fonction, avec soufflet, pinces, marteaux, une enclume portative, et d'autres outils de forgeron ; trois fusils, et deux ou trois sacs ou barils, étaient contre la paroi du rocher, abrités par la pierre du haut ; un poignard, deux épées, une hache de Lochaber, étaient épars autour du feu, dont les clartés rouges jetaient un reflet rose pâle sur l'écume et la vapeur de la cascade. Le jeune garçon, lorsqu'il eut satisfait sa curiosité en contemplant lady Staunton, prit une cruche de terre et une tasse de corne, où il versa de la liqueur, toute chaude, sortie depuis peu de l'alambic ; il en offrit successivement à la dame et à David. Tous deux refusèrent, et le jeune sauvage absorba le liquide, qui ne montait pas à moins de trois verres de dimension ordinaire. Il alla quérir alors une autre échelle au fond de la caverne (si l'on peut donner un pareil nom à cet endroit), l'appliqua contre le rocher transversal qui servait de toit, et fit si-

gne à la dame de monter, tandis que, d'en bas, il affermissait l'échelle. Elle obéit, et se trouva sur le sommet d'un vaste rocher, près du bord de l'abîme où le torrent se précipite. Elle pouvait voir flotter au long du rocher la crête du torrent, semblable à la crinière d'un cheval sauvage, mais elle ne voyait plus rien de la plate-forme inférieure d'où elle était montée.

Il ne fut pas donné à David de faire aussi aisément son ascension.

Soit par jeu, soit pour le plaisir de mal faire, le jeune sauvage secoua plusieurs fois l'échelle pendant qu'il montait, semblant s'amuser de la frayeur du jeune Butler; si bien que, lorsque les jeunes garçons furent en haut tous les deux, ils se regardèrent avec des yeux qui n'avaient rien d'amical. Ni l'un ni l'autre, cependant, ne dit un mot. Le jeune chaudronnier ambulant, ou plutôt le bohémien, avec la plus grande attention, aida lady Staunton dans une montée très périlleuse qu'elle avait encore à effectuer; David Butler les suivait. Sortis enfin tous trois du ravin, ils se trouvèrent aux flancs d'une montagne, couverte de bruyère et de pierres plates mobiles. Le ravin qu'ils venaient de gravir était si étroit qu'à moins qu'on ne se mît tout à fait au bord de la montagne, l'œil passait de l'autre côté sans soupçonner l'existence d'une aussi terrible crevasse, et l'on ne voyait rien de la cataracte, bien qu'on ne cessât pas d'en entendre la voix forte et mugissante.

Délivrée du danger des rochers et du torrent, lady Staunton avait un nouveau sujet de crainte. Ses deux guides se regardaient l'un l'autre d'un air irrité; car David, quoique plus jeune de deux ans au moins, et beaucoup plus petit, était vigoureux, bien bâti, et très audacieux.

« Vous êtes le fils de l'habit noir de Knocktarlitie, » dit le jeune chaudronnier; « si vous revenez ici, je vous fais, avec le pied, dégringoler dans le trou comme un ballon.

— Ne vous fiez pas trop à votre taille, mon garçon, » répliqua le jeune Butler sans s'intimider, en mesurant des yeux son adversaire; « vous êtes, je le suppose, de la bande de Donacha le Noir. Si vous descendez dans le *glen*, nous tirerons sur vous comme sur un chevreuil.

— Vous pouvez dire à votre père que les feuilles de cette année sont les dernières qu'il verra. Nous aurons réparation du mal qu'il nous a fait.

— Il vivra, je l'espère, pour voir de nombreux étés, et pour vous faire plus de mal qu'il ne vous en a fait encore, » répondit David.

Les choses seraient allées plus loin si lady Staunton ne s'était avancée entre eux, sa bourse à la main. C'était une bourse de filet, contenant de l'or, que l'on voyait à travers les mailles, et quelque argent aussi dans l'autre poche; elle en sortit une guinée, et l'offrit au chaudronnier.

« L'argent blanc, Madame; l'argent blanc, » dit le jeune sauvage, à qui la valeur de l'or était probablement inconnue.

Lady Staunton versa dans sa main tout ce qu'elle avait d'argent : le jeune homme le saisit avec empressement, et fit un demi-salut de remerciement et d'adieu.

« Dépêchons-nous maintenant, lady Staunton, » dit David ; « car nous ne serons plus en paix avec eux depuis qu'ils ont vu votre bourse. »

Ils se hâtèrent donc autant qu'ils purent ; mais ils n'avaient pas descendu une ou deux centaines de toises, qu'ils entendirent derrière eux un cri d'appel, et que, se retournant, ils virent le vieux et le jeune qui les poursuivaient avec une grande rapidité, le premier portant un fusil sur l'épaule. En ce moment, par bonheur, un chasseur, l'un des gardes-chasse du duc, occupé à traquer le daim, apparut sur la montagne. Les bandits s'arrêtèrent à sa vue, et lady Staunton s'empressa de se mettre sous sa protection. Il leur prêta volontiers son escorte jusqu'à leur demeure ; il fallut sa taille athlétique et sa carabine chargée pour rendre à la dame sa confiance et son courage accoutumés.

Donald écouta très gravement le récit de leur aventure. Aux questions réitérées de David, qui voulait savoir si le garde avait eu soupçon que les chaudronniers fussent rôdant de ce côté, celui-ci répondit, avec un grand flegme : « Peut-être bien, Monsieur David, que j'avais un peu l'idée qu'ils étaient là ou dans les environs. Mais je suis souvent sur la montagne, et ils sont comme les guêpes, qui ne piquent que ceux qui les ennuient. Aussi, pour ma part, j'ai bien soin de ne pas les voir ; à moins que je n'aie pour cela l'ordre formel de Mac Callummore ou de Knockdunder, auquel cas c'est tout différent. »

Ils arrivèrent tard à la manse ; et lady Staunton, qui avait eu beaucoup de frayeur et de fatigue, ne permit plus à son amour du pittoresque de l'emporter aussi loin dans les montagnes sans une escorte plus sûre que celle de David, tout en reconnaissant que le jeune homme avait mérité ses épaulettes par l'intrépidité qu'il avait montrée, aussitôt qu'il avait été sûr de n'avoir affaire qu'à un antagoniste terrestre. « Je n'aurais peut-être guère pu venir à bout d'un gaillard aussi grand, » disait David lorsqu'elle le complimentait sur sa valeur ; « mais, avec ces gens-là, si l'on n'a pas de cœur, tout est perdu. »

CHAPITRE L.

> Que voyez-vous qui trouble ainsi votre courage,
> Et qui fasse à ce point pâlir votre visage?
> SHAKSPEARE. *Henri V.*

ous sommes obligés de retourner à Édimbourg, où l'Assemblée générale du clergé était en session. On sait qu'un noble Écossais est habituellement désigné en qualité de grand commissaire, pour représenter en cette circonstance la personne du roi ; et que des allocations lui sont faites pour maintenir la pompe et la solennité voulues, et pour exercer l'hospitalité au nom de Sa Majesté. Tous ceux qui, dans la capitale ou à proximité, se distinguent par leur rang ou par leurs fonctions, ont coutume d'assister aux levers du lord commissaire, et de l'accompagner processionnellement au lieu où se tient l'Assemblée.

Il se trouva que le noble chargé de cet office était particulièrement lié avec sir Georges Staunton, et ce fut en faisant partie de son cortège que celui-ci s'aventura à parcourir la grande rue d'Édimbourg, pour la première fois depuis la nuit fatale de l'exécution de Porteous. Marchant à la droite du représentant du souverain, couvert de dentelles et de broderies, avec toutes les prérogatives de la richesse et du rang, la figure, belle encore quoique fatiguée, l'étranger anglais attira tous les regards. Qui aurait reconnu, dans un personnage aussi aristocratique, le condamné plébéien, qui, sous les haillons de Madge Feu-follet, avait couduit à la vengeance les formidables émeutiers? Cela n'eût pas été possible au cas même où quelqu'une de ses anciennes connaissances, race d'hommes dont les vies sont si courtes, aurait vécu au delà de la mesure impartie d'ordinaire à ceux qui font le mal. L'affaire, d'ailleurs, s'était endormie depuis longtemps, avec les colères qui y avaient donné naissance. C'est un fait certain que des personnes connues pour avoir pris part à cette sédition terrible, qui avaient fui l'Écosse pour ce motif, et avaient gagné de l'argent à l'étranger, sont revenues en jouir dans leur pays natal, y ont vécu et y sont mortes sans être inquiétées. L'indulgence des magistrats dans ces circonstances fut assurément sage et juste ; car quelle bonne impression le châtiment ferait-il sur l'esprit public, quand la mémoire de la faute est effacée, et que l'on ne se souviendrait plus que de la conduite inoffensive, et peut-être exemplaire, que le coupable a menée dans les derniers temps?

Sir Georges Staunton pouvait donc fouler le lieu témoin de ses anciens exploits, à l'abri des vengeances de la loi, à l'abri même de la découverte et du soupçon. Mais quels étaient les sentiments qui faisaient battre ce jour-là son cœur? nous laissons au lecteur le soin de l'imaginer. Un but auquel s'attachait un intérêt tout particulier l'avait conduit à braver d'aussi pénibles souvenirs.

Par suite de la lettre en laquelle Jeanie avait transmis la confession à sa sœur, Staunton avait visité Carlisle, où il avait trouvé vivant encore l'archidiacre Fleming, par qui cette confession avait été reçue. Le révérend personnage avait, comme on le suppose aisément, un caractère des plus honorables ; Staunton se confia à lui jusqu'à s'avouer le père de la créature infortunée que Madge Feu-follet avait enlevée, représentant cette intrigue comme une extravagance de jeunesse, qu'il désirait réparer en cherchant, s'il se pouvait faire, ce qu'était devenu l'enfant. Après avoir un peu rappelé sa mémoire, l'ecclésiastique se souvint que la malheureuse femme avait écrit une lettre à Georges Staunton jeune, écuyer, au rectorat de Willingham, par Grantham ; qu'il avait envoyé la lettre à son adresse, et qu'elle avait fait retour avec une note du révérend M. Staunton, recteur de Willingham, disant qu'il ne connaissait pas la personne à laquelle la missive était destinée. Comme cela était arrivé juste au moment où Georges avait, pour la seconde fois, quitté la maison de son père pour emmener Effie, il n'eut pas de peine à se rendre compte du sentiment sous l'empire duquel son père l'avait désavoué. Ce fut un autre exemple des malheurs que lui avait attirés son caractère intraitable; s'il était resté quelques jours de plus à Willingham, il aurait reçu la lettre de Marguerite Murdockson, où étaient décrits avec exactitude la personne d'Annaple Bailzon, dans les mains de qui elle avait remis l'enfant, et les lieux que fréquentait cette femme. On voyait que Meg Murdockson avait été conduite à faire cette confession, moins par le sentiment du remords que par le désir d'obtenir, de Georges Staunton ou de son père, protection et secours pour sa fille Madge. La lettre à Georges Staunton disait « que, tant que vivrait la personne qui l'écrivait, sa fille n'aurait besoin de rien recevoir de qui que ce fût, et qu'elle ne se serait pas entremêlée dans ces affaires, si ce n'avait été pour rendre à Georges le mal qu'il avait fait à elle et aux siens. Mais elle allait mourir, et sa fille resterait seule, et sans posséder la raison pour se conduire. Elle avait vécu dans le monde assez longtemps pour savoir qu'on ne faisait rien pour rien ; elle avait donc dit à Georges Staunton tout ce qu'il pouvait souhaiter de connaître sur son enfant, dans l'espoir qu'il ne laisserait pas périr de besoin la pauvre folle dont il avait fait la ruine. Quant à ses motifs pour ne pas l'avoir révélé plus tôt, elle aurait un compte fort long à rendre dans l'autre monde, et elle l'y rendrait. »

L'ecclésiastique dit que Meg était morte dans un état d'esprit déplorable, exprimant parfois du regret de la perte de l'enfant, et, plus souvent, exprimant de la douleur de ce que la mère n'avait pas été pendue. C'était en elle un chaos de crime, de rage, et d'appréhensions pour la sûreté future de sa fille. Ce sentiment instinctif d'inquiétude maternelle, qu'elle avait de commun avec la louve et la lionne, était la seule ombre de tendresse qui restât dans une poitrine aussi sauvage.

La triste catastrophe de Madge Feu-follet n'était arrivée que parce que cette malheureuse avait profité de la confusion causée par l'exécution de sa mère pour se sauver de la maison de correction où l'ecclésiastique l'avait fait mettre, et pour s'offrir à la populace en furie, qui la fit périr ainsi que nous l'avons déjà vu. Lorsque le docteur Fleming vit que la lettre de la condamnée lui était renvoyée du comté de Lincoln, il écrivit à un ami, à Édimbourg, de s'enquérir du destin de l'infortunée jeune fille dont l'enfant avait été volé ; il fut informé par son correspondant, qu'il avait été fait grâce à cette fille, et qu'avec toute sa famille, elle s'était retirée dans un endroit éloigné de l'Écosse, ou qu'elle avait même entièrement quitté le royaume. La chose en était restée là. A la demande de sir Georges Staunton, l'ecclésiastique chercha et produisit la lettre de Marguerite Murdockson, et les autres notes qu'il avait gardées sur cette affaire.

Quelles que fussent les impressions de sir Georges Staunton en exhumant cette misérable histoire, et en apprenant le destin tragique de la malheureuse jeune fille qu'il avait perdue, il lui restait assez de sa résolution d'autrefois pour fermer les yeux à tout, excepté à la perspective, qui semblait s'ouvrir pour lui, de retrouver son fils. Il serait difficile, il est vrai, de l'avouer comme étant à eux, sans en dire sur sa naissance et sur les infortunes de ses parents, beaucoup plus que ne le commandait la prudence. Mais qu'on le trouve, seulement, qu'il soit digne de la protection de son père, et bien des moyens pourront se trouver pour échapper au danger. Sir Georges Staunton était libre, s'il le voulait, de l'adopter pour héritier sans communiquer le secret de sa naissance ; ou l'on pourrait obtenir un acte du parlement, le déclarant légitime, et lui accordant le nom et les armes de son père. Il était déjà légitime, en effet, conformément à la loi d'Écosse, par le mariage subséquent de ses parents. Ardent en toutes choses, le seul désir de sir Georges Staunton était à présent de voir son fils, dût cette découverte amener avec elle une nouvelle série de malheurs, aussi terribles que ceux qui avaient suivi sa perte.

Mais où était le jeune homme qui serait éventuellement appelé aux honneurs et à la fortune de cette ancienne famille ? Sur quelle bruyère était-il errant ? Sous quel vêtement vil était-il caché ? Son pain précaire, comment le gagnait-il ? Par quelque profession infime, par un travail servile, par la violence, ou par le vol ? Telles étaient les questions sur lesquelles les investigations inquiètes de sir Georges Staunton n'obtenaient pas de lumière. Des personnes se rappelaient qu'Annaple Bailzou avait erré dans le pays comme mendiante, diseuse de bonne aventure, ou bohémienne ; quelques-uns avaient souvenir de l'avoir vue avec un enfant en 1737 ou 1738 ; mais, depuis plus de dix ans, elle n'avait point voyagé dans ce district, et on lui avait entendu dire qu'elle partait pour une région éloignée de l'Écosse, où elle était née. Ce fut donc vers l'Écosse que se dirigea sir Georges Staunton, après avoir quitté sa femme à Glasgow ; et, son arrivée à Édimbourg se trouvant coïncider avec la session de l'Assemblée générale de l'Église, ses relations avec le personnage qui remplissait l'office de lord grand commissaire l'obligèrent à se mettre en évidence plus qu'il n'aurait été dans ses vues ou de son goût.

Au repas solennel que donna le lord commissaire, sir Georges Staunton se trouva placé à côté d'un ecclésiastique d'un air très recommandable, simple mais de bonnes manières ; et il découvrit que son nom était Butler. Il n'avait pas été dans le plan de sir Georges de mettre son beau-frère dans la confidence, et il avait été fort satisfait de l'assurance à lui donnée par sa femme que Mistress Butler, modèle de discrétion et d'honneur, n'avait jamais laissé transpirer, même pour le confier à son mari, le compte-rendu que Staunton avait fait de sa vie au rectorat de Willingham. Mais il n'était pas fâché d'avoir une occasion de converser avec un allié aussi proche sans être connu de lui ; et de se former une opinion sur son caractère et sur son intelligence. Ce qu'il vit, et surtout ce qu'il entendit, fut de nature à élever Butler très haut dans son opinion. Il reconnut qu'il avait l'estime générale de ses collègues, aussi bien que des laïques qui occupaient des sièges à l'Assemblée. Butler avait pris plusieurs fois la parole dans l'Assemblée, et s'était fait remarquer par son bon sens, sa droiture et sa capacité ; comme prédicateur, il était estimé pour sa doctrine sûre, et aussi pour son éloquence.

Tout cela satisfaisait fort l'amour-propre de sir Georges Staunton, qui s'était révolté à l'idée que la sœur de sa femme avait fait un mariage obscur. Il commença donc à trouver cette alliance si au-dessus de ce qu'il attendait, qu'il se dit qu'au cas où, après avoir retrouvé son fils, il serait obligé de reconnaître les parents de sa femme, ce serait chose acceptable que, dans l'état de décadence où se trouvait la famille, la sœur de lady Staunton eût épousé un ecclésiastique écossais, haut placé dans l'opinion de ses concitoyens, et influent dans l'Église.

Ce fut dans ces sentiments que, lorsque les convives du lord grand commissaire se séparèrent, sir Georges Staunton, sous prétexte de prolonger une conversation sur la constitution de l'Église d'Écosse, invita Butler à venir, au lieu où il était logé dans Lawnmarket, prendre avec lui une tasse de café. Butler accepta, pourvu que sir Georges voulût bien lui permettre, en passant, d'entrer dans la maison d'un ami chez lequel il habitait, pour s'y excuser de ne pas y aller prendre le thé. Ils montèrent la grande rue, entrèrent dans *les Krames,* et passèrent devant la boîte à aumônes, placée pour rappeler à ceux qui jouissent de la liberté les besoins des pauvres prisonniers. Sir Georges s'y arrêta un instant, et, le lendemain, l'on trouva un billet de vingt livres sterling dans ce réceptacle de la charité publique.

Lorsqu'il rejoignit Butler, il le trouva les yeux fixés sur l'entrée de la Tolbooth, et semblant plongé dans de sérieuses pensées.

« Cette porte-là a l'air solide, » dit sir Georges, pour dire quelque chose.

« Oui, Monsieur, » dit Butler, se retournant et se remettant en marche ; « j'ai eu cependant une fois le malheur de voir qu'elle était beaucoup trop faible. »

A ce moment, regardant son compagnon, il lui demanda s'il ne se sentait pas indisposé ? Sir Georges Staunton reconnut qu'il avait eu la sottise de prendre de la glace, ce qui quelquefois lui faisait mal. Avec une obligeance à laquelle sir Georges ne résista pas, et avant que celui-ci ne pût savoir où il allait, Butler le fit entrer à la hâte dans la maison de son ami, toute voisine de la prison ; c'était là que Butler habitait depuis qu'il était dans la ville, et la maison n'était autre que celle de notre ancienne connaissance Bartholin Saddletree, où lady Staunton avait fait un court noviciat comme demoiselle de boutique. Ce souvenir surgit sur-le-champ dans l'esprit de son mari ; et la rougeur de l'humiliation triompha du sentiment d'effroi qui l'avait rendu si pâle un instant avant. La bonne Mistress Saddletree se donna bien du mouvement pour recevoir le riche baronnet anglais ainsi qu'il convenait d'accueillir un ami de M. Butler. Une femme âgée, en robe noire, était chez elle : elle la pria de l'excuser de ne plus s'occuper d'elle, et le fit de façon à montrer à la visiteuse qu'elle ferait bien de laisser la place à d'autres. Puis, sachant de quoi il s'agissait, elle courut chercher un cordial, souverain pour les évanouissements, quels qu'ils pussent être. Pendant son absence, la femme en noir qui était chez elle se dirigea vers la porte, et aurait quitté la chambre sans rien dire, si, au moment de sortir, elle n'avait fait un faux pas, si près de sir Georges Staunton que celui-ci, par politesse, l'aida à se relever, et à passer la porte.

« La pauvre Mistress Porteous est devenue très faible, » dit Mistress

Saddletree, rentrant avec le cordial. « Elle n'est pas bien vieille, mais elle a reçu un rude choc de la mort de son mari. Que cela vous a donné de tracas, Monsieur Butler! Je crois, Monsieur, » s'adressant à sir Georges, « que vous feriez bien de boire le verre tout entier, car vous avez l'air plus souffrant que lorsque vous êtes entré. »

Il était devenu, en effet, pâle comme un mort, en apprenant que la personne que son bras venait de soutenir était la femme même au veuvage de laquelle il avait si largement contribué.

« L'affaire Porteous est couverte, à présent, par la prescription, » dit le vieux Saddletree, retenu par la goutte sur son fauteuil, « absolument prescrite et hors de date.

— Je n'en suis pas sûr, voisin, » dit Plumdamas ; « car j'ai entendu dire qu'il fallait vingt ans pour cela, et nous ne sommes qu'en 51. L'insurrection Porteous est de 37.

— Vous n'allez pas m'apprendre la loi, voisin, à moi qui ai eu quatre procès, et qui, sans ma femme, aurais pu en avoir quatorze ? Je vous dis que, le plus compromis de tous dans cette affaire fût-il là, là où est ce gentilhomme, l'avocat général ne pourrait pas y toucher. Cela tombe sous la prescription négative.

— Taisez-vous donc, bavards, » dit Mistress Saddletree, « et laissez Monsieur s'asseoir et prendre à son aise une tasse de thé. »

Mais sir Georges en avait assez de leur conversation; Butler, à sa demande, fit ses excuses à Mistress Saddletree, et accompagna le gentilhomme en sa demeure. En ce lieu, ils trouvèrent une autre personne attendant le retour de sir Georges Staunton. Elle n'était autre que Ratcliffe, la vieille connaissance de notre lecteur.

Cet homme avait exercé l'emploi de porte-clefs avec tant de vigilance, de perspicacité et de fidélité, qu'il s'éleva graduellement jusqu'à être gouverneur ou capitaine de la Tolbooth. Et la tradition dit encore que des jeunes gens qui, dans leurs réunions, recherchaient plus l'amusement qu'une société choisie, invitaient quelquefois Ratcliffe, pour qu'il les régalât des légendes de ses hauts faits extraordinaires en matière de vol et d'évasion (Q). Mais il vécut et mourut sans retourner à sa première profession autrement que dans les récits qu'il faisait en vidant bouteille.

Dans les circonstances présentes, il avait été recommandé à sir Georges Staunton, par un homme de loi d'Édimbourg, comme une personne qui serait probablement en état de répondre aux questions qu'il pourrait avoir à faire au sujet d'Annaple Bailzou : d'après le tour que sir Georges Staunton avait trouvé bon de donner à son enquête, cette femme était soupçonnée d'avoir volé, dans l'ouest de l'Angleterre, un enfant appartenant à une famille à laquelle il s'intéressait. Le visiteur ne s'était pas désigné par son nom, mais seulement par son titre officiel; de sorte que sir Georges Staunton, lorsqu'on lui dit que le capitaine de la Tolbooth l'attendait dans le salon, n'eut pas l'idée qu'il allait rencontrer ce Jacques Ratcliffe qu'il avait si bien connu.

Ce fut une surprise nouvelle et fort désagréable, car il ne lui fut pas difficile de reconnaître les traits de cet homme, très faciles à retenir. Quant à la transformation de Georges Robertson en sir Georges Staunton, elle mit en défaut la pénétration même de Ratcliffe, et celui-ci salua très bas le baronnet et le ministre, exprimant l'espoir que M. Butler l'excuserait de se souvenir qu'ils se connaissaient depuis longtemps.

« Vous avez, autrefois, rendu à ma femme un grand service, » dit M. Butler, « en mémoire duquel elle vous a fait un envoi qui, je l'espère, est arrivé à bon port et a été le bienvenu.

— Sans nul doute, » dit Ratcliffe, avec un signe de tête expressif; « mais vous avez beaucoup changé à votre avantage, Monsieur Butler, depuis que je ne vous ai vu.

— A ce point, que je m'étonne que vous m'ayez reconnu.

— Oh, ho! Lorsque j'ai vu une figure, du diable si je l'oublie jamais, » dit Ratcliffe; tandis que sir Georges Staunton, attaché au poteau de la torture, et dans l'impossibilité de s'échapper, maudissait intérieurement la fidélité de cette mémoire. « Et quelquefois, cependant, le plus habile peut y être pris. Il y a dans cette chambre une figure que, si je l'osais, et si je ne savais à quelle personne honorable elle appartient, je prendrais pour celle d'une de mes connaissances d'autrefois.

« Je ne serais pas très flatté, » répondit sèchement le baronnet, stimulé par le danger dans lequel il se voyait, « si c'était à moi que vous appliquiez ce compliment.

— Je n'y songe même pas, Monsieur, » dit Ratcliffe, saluant très profondément; « je suis venu pour recevoir les ordres de Votre Honneur, et non pour ennuyer Votre Honneur de mes observations saugrenues.

— On m'a dit, Monsieur, » répliqua sir Georges, « que vous vous entendiez aux affaires de police. Je m'y entends aussi. Voici, pour vous en convaincre, dix guinées à titre d'arrhes. Je les porterai à cinquante lorsque vous pourrez m'avoir des renseignements certains sur une personne, vivante ou morte, dont vous trouverez le signalement en ce papier. Je suis sur le point de quitter la ville; vous m'enverrez votre réponse écrite, aux soins de M... » et il nomma l'agent très respectable qu'il employait, « ou de Sa Grâce le lord grand commissaire. » Ratcliffe salua, et se retira.

« Voilà maintenant, » se dit-il, « qu'en trouvant une ressemblance, j'ai mis en colère cet orgueilleux personnage ; mais si le père de Robertson avait vécu dans le voisinage de la mère de ce baronnet, je veux être damné si je n'aurais pas des doutes, quelque haut que celui-ci porte la tête. »

Laissé seul avec Butler, sir Georges Staunton donna l'ordre de servir le thé et le café, qui furent apportés par son valet de chambre; puis, après avoir délibéré une minute en lui-même, il demanda à son invité s'il avait eu récemment des nouvelles de sa femme et de sa famille. Butler, un peu surpris de la question, répliqua « qu'il n'avait pas reçu de lettre depuis quelque temps, et que sa femme n'était pas forte pour tenir la plume.

— Alors, » dit sir Georges Staunton, « je suis le premier à vous informer qu'il y a eu, depuis votre départ, une invasion sur vos paisibles domaines. Ma femme, à qui le duc d'Argyle avait eu la bonté de permettre l'usage du pavillon de Roseneath pour un séjour de quelques semaines, a franchi le détroit, et pris ses quartiers dans la manse (c'est l'expression qu'elle emploie), pour être plus près des chèvres dont elle boit le lait ; mais en réalité, je crois, parce qu'elle préfère la compagnie de Mistress Butler à celle du respectable gentilhomme qui fait fonctions de sénéchal dans les domaines du duc. »

M. Butler dit « qu'il avait souvent entendu le défunt duc et le duc actuel parler avec un grand respect de lady Staunton, et qu'il était heureux que sa maison pût être agréable à une amie de leurs seigneuries ; ce serait une bien faible manière de reconnaître toutes les faveurs qu'ils lui avaient faites.

— Nous n'en devons pas moins être, Monsieur, lady Staunton et moi, très reconnaissants de votre hospitalité, » dit sir Georges. « Puis-je vous demander si vous pensez retourner bientôt chez vous?

— Dans deux jours, » répondit Butler, « les devoirs qui le retenaient à l'Assemblée seraient achevés ; et, les autres occupations qu'il avait eues dans la ville étant toutes menées à fin, il tâcherait de retourner, dès qu'il pourrait, dans le comté de Dumbarton ; mais, obligé de porter avec lui une somme considérable en billets et en argent, il souhaitait de voyager en compagnie d'un ou deux de ses confrères du clergé.

— Mon escorte sera plus sûre encore, » dit sir Georges Staunton, « et j'ai l'intention de partir demain ou après demain. Si vous voulez m'accorder le plaisir de votre compagnie, j'essaierai de vous déposer à bon port à la manse, vous et votre argent, pourvu que vous ayez la bonté de m'admettre en votre société. »

M. Butler accepta avec reconnaissance cette proposition ; on prit ses mesures en conséquence. Par dépêches dont fut chargé l'un des serviteurs de sir Georges, envoyé en avant à cet effet, les habitants de la manse de Knocktarlitie furent avertis du voyage projeté ; et la nouvelle courut dans tout le voisinage « que le ministre revenait avec un beau gentilhomme anglais, et avec l'argent pour payer le domaine de Craigsture. »

Cette résolution soudaine d'aller à Knocktarlitie avait été adoptée par sir Georges Staunton par suite des incidents de la soirée. En dépit de l'importance qu'il avait acquise, il sentit qu'il avait été trop hardi en s'aventurant si près de la scène de ses exploits d'une autre époque ; et il savait trop bien, par l'expérience du passé, la perspicacité d'un homme comme Ratcliffe, pour s'exposer à le rencontrer de nouveau. Les deux jours suivants, il garda la chambre sous prétexte d'indisposition, et prit congé par écrit de son noble ami le grand commissaire, alléguant comme raison, pour partir plus tôt qu'il ne se l'était proposé, l'occasion qui s'offrait d'avoir la compagnie de M. Butler. Il eut, avec la personne chargée de ses affaires, une longue conférence au sujet d'Annaple Bailzou ; et cette personne, qui était l'agent de la famille d'Argyle, eut des instructions pour recueillir tous les renseignements que Ratcliffe ou d'autres pourraient obtenir sur le destin de cette femme et du malheureux enfant, avec recommandation, aussitôt qu'il transpirerait quelque chose qui parût un tant soit peu important, de le faire savoir, par exprès, à Knocktarlitie. Ces instructions furent appuyées du dépôt d'une somme d'argent, et de l'ordre formel de ne pas épargner la dépense. Sir Georges Staunton n'avait donc guère à craindre que son mandataire fût négligent.

Le voyage, que les beaux-frères firent en compagnie, offrit à sir Georges Staunton lui-même, plus d'agrément qu'il n'en attendait. En dépit qu'il en eût, son cœur devint plus léger lorsqu'ils eurent perdu de vue Édimbourg ; et la conversation naturelle et pleine de bon sens de Butler était bien ce qu'il fallait pour l'arracher à de pénibles réflexions. Il commença même à se demander s'il serait bien difficile de transférer les parents de sa femme au rectorat de Willingham. Il n'aurait pour cela qu'à procurer au bénéficier actuel un poste meilleur encore ; et, quant à Butler, il lui suffirait de prendre les ordres conformément aux règles de l'Église d'Angleterre, ce à quoi sir Georges ne supposait pas qu'il pût avoir la moindre objection. De cette façon, sir Georges les aurait, pour ainsi dire, sous son aile. Il lui serait pénible, sans doute, de voir Mistress Butler, qu'il savait si bien au courant de toute sa fâcheuse histoire. Mais, encore qu'il n'eût pas à se plaindre jusqu'à présent de son indiscrétion, son silence, à l'avenir, lui serait assuré d'une façon encore plus absolue. Cela tiendrait aussi sa femme en meilleure humeur et dans une plus grande dépendance ; car elle le contrariait quelquefois en insistant pour rester à la ville alors qu'il désirait se retirer à la campagne. Lorsqu'elle alléguerait l'absence complète de société à Willingham : « Votre sœur y est, Madame, » serait, pensait-il, une réponse suffisante à cet argument.

Il sonda Butler sur ce sujet, lui demandant ce qu'il penserait d'un bénéfice de douze cents livres sterling par an, avec l'obligation de tenir compagnie, de temps en temps, à un voisin dont la santé n'était pas très forte ni l'humeur bien égale. « Il pourrait y rencontrer quelquefois un gentilhomme très instruit et fort accompli, entré dans les ordres comme prêtre catholique, mais sir Georges espérait que ce ne serait pas une objection insurmontable de la part d'un homme comme l'était le ministre doué de sentiments vraiment libéraux. Quelle serait bien la réponse de M. Butler, si l'offre venait à lui être faite ?

— Je répondrais simplement, » dit M. Butler, « que je ne pourrais accepter. Je n'ai pas l'intention d'entrer dans les débats existant entre les diverses Églises; mais j'ai été élevé dans la mienne, j'y ai reçu l'ordination, je suis satisfait de la vérité de ses doctrines, et je mourrai sous la bannière sous laquelle je me suis enrôlé.

— Si ma question n'est pas indiscrète, quelle peut être la valeur de votre bénéfice actuel? » dit sir Georges Staunton.

« Une centaine de livres par an, l'un dans l'autre, outre ma glèbe et mes terrains de pâture.

— Et vous vous faites scrupule d'échanger cela pour douze cents livres par an, sans alléguer cependant, entre les deux Églises d'Angleterre et d'Écosse, aucune différence de doctrine qui puisse menacer de la damnation.

— Là-dessus, Monsieur, j'ai réservé mon jugement : il peut y avoir beaucoup de bien, et il y a assurément des moyens de salut dans les deux; mais chaque homme doit agir d'après ses propres lumières. J'espère que j'ai fait, et que je suis en train de faire l'ouvrage de mon maître dans ma paroisse des hautes terres, et il me conviendrait mal, dans un intérêt de lucre, de laisser mes brebis dans le désert. Mais, même au point de vue temporel sous lequel, sir Georges, vous considérez la chose, ces cent livres par an de traitement nous ont nourris et habillés, et ne nous ont rien laissé à désirer; la succession de mon beau-père, et d'autres circonstances, y ont ajouté un petit domaine d'environ deux fois autant, et je ne sais pas trop ce que nous ferons de ce supplément de revenu. Je vous laisse donc à penser, Monsieur, si je serais sage, n'ayant ni le souhait ni l'occasion de dépenser trois cents livres par an, de convoiter la possession de quatre fois cette somme.

— C'est de la philosophie, » dit sir Georges; « une chose dont j'ai entendu parler, mais que je ne l'ai jamais vu pratiquer jusqu'à présent.

— C'est du sens commun, » répliqua Butler, « qui s'accorde avec la philosophie et avec la religion plus fréquemment que les savants et les faux dévots ne sont disposés à l'admettre. »

Sir Georges abandonna ce sujet et ne le reprit plus. Bien qu'ils voyageassent dans le coupé de sir Georges, celui-ci parut si fatigué de la route, qu'il fut nécessaire pour lui de rester un jour en une petite ville appelée Mid-Calder, le premier relai après Édimbourg. Ils passèrent un autre jour à Glasgow. Leur voyage, on le voit, ne se faisait pas bien vite.

Ils arrivèrent à Dumbarton, où ils se proposaient de quitter leur équipage, et de louer un bateau pour se faire conduire à terre dans le voisinage de la manse; le Gare-loch les séparait seul de cet endroit, et il était d'ailleurs impossible de voyager en voiture dans ce district. Un homme de confiance, le valet de chambre de sir Georges, les accompagnait, et aussi un valet de pied; les postillons restaient avec la voiture. Juste au moment où ces arrangements venaient d'être pris, c'est-à-dire vers quatre heures de l'après-midi, un exprès arriva de la part de l'agent de sir Georges à Édimbourg; il était porteur d'un paquet que le gentilhomme ouvrit et lut avec une grande attention, paraissant s'intéresser beaucoup à son contenu et en être fort agité. Le paquet avait été dépêché très peu de temps après que les voyageurs eurent quitté Édimbourg, mais le messager les avait manqués en traversant de nuit Mid-Calder, et il était arrivé à Roseneath avant eux. Il en revenait, après y avoir attendu vingt-quatre heures. Sir Georges Staunton écrivit à l'instant une réponse, et, récompensant libéralement le messager, lui recommanda de ne prendre aucun repos qu'il n'eût remis cette lettre dans les mains de son agent.

Ils s'embarquèrent enfin dans le bateau qui les attendait. Durant leur voyage, qui fut lent, car ils durent aller à la rame toujours et souvent contre le courant, la conversation de sir Georges Staunton roula principalement sur les bandits qui infestaient le pays depuis l'année 1745. Butler lui dit que beaucoup d'entre eux n'étaient pas natifs des hautes terres, mais étaient des bohémiens, des chaudronniers ambulants, et d'autres hommes perdus de ressources et d'espoir, qui avaient pris avantage de la confusion produite par les guerres civiles, par le mécontement général des montagnards et par le désarroi de la police, pour se livrer avec plus d'audace aux déprédations dont ils faisaient métier. Sir Georges s'enquit ensuite de leur genre de vie et de leurs habitudes; demanda si les violences qu'ils commettaient n'étaient pas compensées quelquefois par des actes de générosité, et s'ils ne possédaient pas les vertus aussi bien que les vices des tribus sauvages?

Butler répondit qu'assurément ils montraient, en certains cas, des étincelles de générosité, dont il est rare que les pires classes de malfaiteurs elles-mêmes soient absolument dépourvues; mais que la disposition au mal était le principe certain et régulier de leurs actions, tandis qu'un élan accidentel de bons sentiments n'était qu'un mouvement passager sur lequel il ne fallait pas compter, et excité probablement par un enchaînement de circonstances exceptionnelles. Au milieu de ces questions, que sir Georges poursuivait avec une préoccupation si marquée que Butler en était un peu surpris, ce dernier vint à mentionner le nom de Donacha Dhu na Dunaigh, avec lequel le lecteur a déjà fait connaissance. Sir Georges saisit ce mot avec empressement, comme s'il avait eu, pour son oreille, un intérêt tout particulier. Il s'enquit, de la façon la plus minutieuse, de l'homme ainsi mentionné, du nombre de ceux qui formaient sa bande, et même de l'extérieur des individus qui en faisaient partie. Sur ces divers points, Butler ne put lui donner que peu de renseignements. Parmi les gens de la basse classe, cet homme s'était fait un nom, mais ses exploits étaient considérablement exagérés; il avait toujours un ou deux compagnons avec lui, et n'avait jamais aspiré à en commander plus de trois ou quatre. Bref, le ministre n'en savait pas long sur ce personnage, et le peu qu'il en avait appris ne lui avait pas donné envie d'en savoir davantage.

« Je voudrais, néanmoins, le voir quelqu'un de ces jours.

— Ce serait, sir Georges, une rencontre dangereuse, à moins que votre désir ne soit de le voir traiter par la justice selon son mérite, et le spectacle, alors, ne serait pas gai.

— Traitez chaque homme selon son mérite, Monsieur Butler, et quel est celui qui ne sera pas fouetté? Mais je vous dis des énigmes. Je vous les expliquerai plus au long lorsque j'en aurai causé avec lady Staunton. Ramez ferme, mes amis, » ajouta-t-il en s'adressant aux matelots; « les nuages nous menacent d'un orage. »

L'obscurité du ciel, en effet, et la pesanteur de l'air, les grands nuages épais qui, vers l'ouest, s'amoncelaient à l'horizon, et qui brillaient comme une fournaise sous l'action du soleil couchant, ce silence solennel dans lequel la nature semble attendre les éclats du tonnerre, comme un soldat condamné attend le feu de peloton qui doit l'étendre sur le sol, tout présageait un prochain orage. De grosses gouttes tombaient de temps en temps, et invitèrent les voyageurs à se couvrir de leurs manteaux; mais la pluie cessa, et une chaleur accablante, bien rare en Écosse à la fin de mai, les leur fit ôter. « Il y a quelque chose de solennel dans ce retard de l'orage, » dit sir Georges ; « on dirait qu'il suspend ses éclats pour être l'accompagnement, ici-bas, de quelque événement grave.

— Hélas! » dit Butler, « que sommes-nous, pour que les lois de la nature daignent correspondre dans leur marche à nos actes ou à nos souffrances éphémères? Les nuages éclateront quand ils seront trop chargés de fluide électrique, que ce soit, à ce moment, une chèvre qui tombe des rochers d'Arran, ou un héros qui expire sur le champ de bataille qu'il a conquis.

— L'esprit se plaît, » dit sir Georges Staunton, « à juger les choses autrement, et à considérer les destins de l'humanité comme le centre des mouvements de cette machine puissante. Nous n'aimons pas à penser que nous nous mêlerons avec les siècles venus avant nous, comme ces sombres gouttes d'eau qui se mêlent à l'étendue des ondes, n'y faisant qu'un faible remous pour s'y perdre à tout jamais.

— À tout jamais! Nous ne sommes pas, nous ne pouvons pas être faits pour nous perdre à tout jamais, » dit Butler, en regardant les cieux; « la mort est pour nous un changement, et non une destruction. C'est le commencement d'une existence nouvelle, correspondant par son caractère aux actes accomplis par nous sous le vêtement de notre corps. »

Pendant qu'ils agitaient ces graves sujets, auxquels les avait naturellement amenés l'approche imposante de l'orage, le voyage menaça de devenir plus désagréable qu'ils ne s'y seraient attendus : des bouffées de vent s'élevaient et s'abattaient avec une impétuosité soudaine, balayaient les eaux du *firth*, et rendaient infructueux les efforts des rameurs. Ils n'avaient plus qu'à doubler une petite pointe de terre pour arriver au lieu de débarquement voulu à l'embouchure de la petite rivière; mais, en l'état du ciel et de la mer, et avec un bateau lourdement chargé, cette opération demanderait du temps, et, nécessairement, on se trouverait sous l'orage.

« Ne pourrions-nous pas débarquer de ce côté du promontoire, » demanda sir Georges, « et gagner ainsi quelque abri ? »

Butler ne connaissait aucun lieu de débarquement, aucun du moins qui présentât un passage convenable, ou même praticable, parmi les rochers dont le rivage était entouré.

« Songez-y bien, » dit sir Georges Staunton ; « l'orage bientôt sera violent.

— Il y a la crique du chaudronnier, » dit un des hommes de l'équipage ; « mais nous n'en avons jamais parlé au ministre, et je ne suis pas sûr d'y gouverner le bateau, tant la baie est pleine de bas-fonds et de quartiers de roche.

— Essayez, » dit sir Georges, « et je vous donne une demi-guinée. »

Le vieux marin prit le gouvernail, et observa « que s'ils pouvaient y arriver, il y avait un sentier à pic partant de la grève, et une demi-heure de marche pour aller jusqu'à la manse.

— Êtes-vous sûr de trouver la passe ? » dit Butler au vieillard.

« Je la connaissais peut-être mieux il y a quinze ans, lorsque Dandie Wilson était sur le *firth* avec son petit lougre qui filait si bien. Je me souviens que Dandie avait avec lui un jeune diable d'Anglais, qu'on appelait...

— Si vous bavardez comme cela, » dit sir Georges Staunton, « le bateau va donner dans le Grindstone ; dirigez vers ce rocher blanc en ligne droite avec le clocher.

— Par ma foi ! » dit le vétéran, d'un air étonné, « je pense que Votre Honneur connaît aussi bien que moi la baie. Ce n'est pas la première fois, j'en suis sûr, que Votre Honneur a le Grindstone devant son nez. »

Parlant ainsi, ils approchaient de la petite baie, qui, cachée derrière des rochers, et défendue de toutes parts par des bas-fonds et des pierres tombées, pouvait à peine être découverte ou abordée, excepté par les gens familiarisés avec la navigation de l'endroit. Un vieux bateau en mauvais état était déjà tiré sur le rivage dans l'intérieur de la crique, derrière les arbres, et avec des précautions pour le cacher.

En apercevant cette embarcation, Butler dit à son compagnon : « Vous ne sauriez croire, sir Georges, quelle peine j'ai dû me donner auprès de mes pauvres paroissiens, pour leur faire comprendre combien la contrebande est coupable et périlleuse. Ils en ont cependant sous les yeux tous les jours les dangereuses conséquences. Je ne connais rien qui déprave et qui ruine plus complètement leurs principes moraux et religieux. »

Sir Georges se contraignit à dire quelques mots à voix basse sur l'esprit d'aventure naturel à la jeunesse, ajoutant que, sans aucun doute, beaucoup devenaient plus sages en devenant plus âgés.

« Trop rarement, Monsieur, » répliqua Butler. « S'ils se sont engagés trop avant, et surtout s'ils ont été mêlés aux scènes de violence et de sang auxquelles conduit ordinairement leur genre de vie, j'ai observé que, tôt ou tard, ils finissent mal. L'expérience, aussi bien que l'Écriture, nous apprend, sir Georges, que le malheur poursuit l'homme violent comme le ferait un chasseur, et que l'homme altéré de sang ne vivra pas la moitié de ses jours. Mais prenez mon bras pour descendre sur le rivage. »

Sir Georges avait besoin d'aide, car le cours présent de ses pensées lui rappelait, comme un contraste, les dispositions de l'esprit et du corps dans lesquelles il avait, à une autre époque, fréquenté le même lieu. Comme ils prenaient terre, un sourd grondement de tonnerre se fit entendre dans le lointain.

« C'est un présage, Monsieur Butler, » dit sir Georges.

« *Intonuit lævum;* le présage, donc, doit être bon, » répondit Butler en souriant.

Les marins reçurent l'ordre de se diriger de leur mieux, en tournant le petit promontoire, vers le lieu de débarquement ordinaire. Les deux voyageurs, suivis du valet de chambre, cherchèrent leur route par un sentier obscur et difficile, à travers des taillis épais, pour gagner la manse de Knocktarlitie, où leur arrivée était anxieusement attendue.

La veille, jour marqué pour le retour par la lettre de sir Georges, les deux sœurs avaient en vain attendu leurs maris. Le temps d'arrêt des voyageurs à Calder avait occasionné ce retard. Les habitants de la manse commencèrent même à se demander s'ils arriveraient dans la journée qui venait de commencer. La pensée d'un retard était pour lady Staunton une espèce de répit; car elle craignait les impressions que l'orgueil de son mari aurait à souffrir, en rencontrant une belle-sœur de qui son histoire triste et peu honorable n'était que trop bien connue. Quelque contrainte et quelque énergie qu'il pût s'imposer en public, elle savait qu'elle serait condamnée à voir les sentiments éprouvés par lui se déployer en secret dans toute leur violence, consumer sa santé, détruire l'équilibre de ses pensées, et le rendre un objet et de crainte et de compassion. Maintes fois elle invita Jeanie à ne pas témoigner qu'elle le reconnût, mais à le recevoir comme s'il lui eût été complètement étranger; et maintes fois Jeanie renouvela la promesse de se conformer à ses désirs.

Jeanie elle-même ne pouvait s'empêcher d'être inquiète, en pensant à la situation fausse qu'allait lui faire cette entrevue; mais sa conscience était sans blessure. Et puis, elle avait mille occupations do-

mestiques d'une nature inusitée, qui, jointes au vif désir de revoir Butler après une si longue absence, lui faisaient souhaiter beaucoup que les voyageurs arrivassent le plus tôt possible. Et (pourquoi déguiserais-je la vérité?) cette pensée, de temps à autre, lui traversait l'esprit, que son dîner d'arrivée se trouvait retardé de deux jours : combien y aurait-il de plats qui, après qu'on avait exercé pour les préparer tout l'art et toutes les ressources de sa modeste cuisine, seraient en état de paraître, le troisième jour, avec bienséance et succès; et que ferait-on des restes? Elle fut délivrée, sur ce dernier point, de l'embarras de délibérer davantage, par l'apparition soudaine du capitaine à la tête d'une demi-douzaine de robustes gaillards, habillés et armés à la façon des hautes terres.

« Je vous souhaite le bonjour, lady Staunton, et j'espère avoir le plaisir de vous trouver en bonne santé. Bonjour aussi, ma bonne Mistress Butler. Je vous prie de vouloir bien faire donner quelque nourriture à ces braves garçons, et de l'*ale* et de l'eau-de-vie, car, depuis le point du jour, nous avons été sur le *firth* et dans les bruyères ; et tout cela pour rien, le diable m'emporte ! »

En disant ces mots, il s'assit, ôta sa perruque de général, et s'essuya le front d'un air d'importance ; sans faire la moindre attention au regard étonné par lequel lady Staunton essayait délicatement de lui faire comprendre qu'il se mettait trop à l'aise.

« C'est une consolation, lorsqu'on s'est donné bien du mal, » continua le capitaine, s'adressant à lady Staunton d'un air galant, « de se dire que c'est au service d'une belle dame, ou au service d'un gentilhomme qui est le mari d'une belle dame ; qu'on travaille pour l'un ou pour l'autre, c'est la même chose, puisqu'en servant le mari on sert la femme, ainsi que Mistress Butler le sait fort bien.

— En vérité, Monsieur, » dit lady Staunton, « puisque ce compliment semble fait pour moi, je ne peux vraiment pas deviner en quoi nous avons affaire, sir Georges et moi, avec tous les mouvements que vous vous êtes donnés ce matin.

— O morbleu ! Milady, c'est par trop cruel. Comme si ce n'était pas par dépêche spéciale de l'honorable agent et mandataire de Sa Grâce à Édimbourg, avec mandat conforme, que je me suis mis en devoir de chercher et d'appréhender Donacha Dhu na Dunaigh, pour le faire comparaître devant moi et devant sir Georges Staunton, à cette fin qu'il ait ce qu'il mérite, c'est-à-dire la potence, à laquelle il a doublement droit pour avoir effrayé Votre Seigneurie, comme aussi pour autre chose de moins important.

— M'avoir effrayée ! » dit la dame. « Je n'ai pas écrit un mot à sir Georges de mon aventure de la cascade.

— Il a dû le savoir, alors, par une autre voie ; car je ne vois pas, sans cela, pourquoi il aurait tant envie de voir ce maudit gueux, à la recherche duquel je vais courant les bruyères et les marécages, comme si je devais gagner quelque chose à le trouver? Le meilleur qui m'en puisse revenir, ce serait une balle au travers de la cervelle.

— Se peut-il vraiment que ce soit à la demande de sir Georges que vous essayez ainsi de vous emparer de cet homme?

— Par ma foi! ce n'est pas, à ma connaissance, pour autre chose que pour le bon plaisir de Son Honneur; car j'aurais laissé vivre cet individu tranquille, aussi longtemps qu'il aurait respecté les domaines du duc. Mais la raison est excellente pour qu'il soit pris, et pendu aussi, du moment que cela fait plaisir à un honorable gentilhomme qui est l'ami de Sa Grâce. Ayant donc, hier soir, reçu la dépêche, j'ai fait avertir quelques bons gaillards; j'étais debout avant le lever du soleil, et j'ai fait mettre à mes hommes leurs *kiltes* de montagnards.

— Je m'étonne que vous l'ayez fait, capitaine, » dit Mistress Butler, « connaissant l'acte du parlement qui défend de porter le vêtement des hautes terres.

— Fi donc, Mistress Butler; ne dites pas cela. La loi n'a pas encore seulement huit mois de date, et elle est trop jeune pour être venue jusqu'à nous. Et, d'ailleurs, comment ces braves garçons pourraient-ils grimper sur les rochers avec ces culottes maudites? Cela me rend malade, rien que de voir ce vêtement-là. Quoi qu'il en soit, je me croyais sûr de connaître la retraite de Donacha, et je suis allé à l'endroit où il séjournait hier; car j'ai vu les feuilles que ces chiens avaient amoncelées, et les cendres de celles dont ils avaient fait leur feu; et il y avait un tison qui brûlait encore. Je suppose que, de l'île, on les aura avertis de ce qui se préparait. J'ai battu tous les *glens* et toutes les montagnes, comme si j'avais chassé le daim, mais du diable si j'ai vu seulement une loque de l'habit de Donacha. Malédiction!

— Il aura descendu le *firth* jusqu'à Cowall, » dit David. Et Ruben, qui était sorti le matin de bonne heure pour aller cueillir des noisettes, observa « qu'il avait vu un bateau se dirigeant vers la crique du chaudronnier; » endroit bien connu des jeunes garçons, quoique leur père, moins aventureux, en ignorât l'existence.

« Alors, morbleu, » dit Duncan, « je ne resterai ici que le temps de boire cette corne d'eau-de-vie et d'eau, car il est fort possible qu'il soit dans le bois. Donacha est un malin, capable de penser que le mieux est de rester près de la cheminée quand elle fume. Il a supposé que personne ne l'irait chercher si près! Je prie Votre Seigneurie d'excuser mon brusque départ ; je reviendrai sans retard, et je vous amènerai Donacha vivant, ou je vous rapporterai sa tête, ce qui, j'ose le dire, vaudra tout autant. J'ai l'espoir de passer agréablement la soirée avec Votre Seigneurie, et de prendre au trictrac, sur M. Butler, ma revanche des quatre *pence* qu'il m'a gagnés. Il sera sûrement de retour bientôt, ou son voyage serait humide, car il va y avoir une ondée. »

Parlant ainsi, et avec force saluts et révérences, avec force excuses de les quitter, qui furent parfaitement reçues, avec des assurances réitérées d'un prompt retour (de la sincérité desquelles Mistress Butler ne doutait pas aussi longtemps que la meilleure eau-de-vie serait à son poste), Duncan quitta la manse, rassembla son monde, et se mit à battre le bois touffu et enchevêtré qui s'étendait entre le petit *glen* et la crique du chaudronnier. David, le favori du capitaine grâce à son ardeur et à son courage, saisit l'occasion de s'échapper, pour accompagner le grand homme dans ses investigations.

CHAPITRE LI.

> Je t'ai fait demander......
> ....
> Afin que de Talbot le nom revive en toi,
> Quand, par l'âge, la sève aura tari chez moi,
> Que mes membres seront trop raides pour bien faire,
> Et qu'en un vieux fauteuil ira s'asseoir ton père ;
> Mais... O triste complot des astres ennemis !...
> SHAKSPEARE. *Henri VI*, 1ʳᵉ *partie*, acte IV, sc. 5.

UNCAN et les siens ne s'étaient pas avancés bien loin dans la direction de la crique du chaudronnier, lorsqu'ils entendirent un coup de feu, suivi promptement d'un ou deux autres. « Quelques maudits drôles qui chassent le chevreuil, » dit Duncan; « l'œil au guet, mes amis! »

Un cliquetis d'épées s'entendit bientôt après, et Duncan et ses myrmidons, se hâtant vers le lieu du combat, trouvèrent Butler et le domestique de sir Georges Staunton dans les mains de quatre bandits. Sir Georges était étendu sur le sol, son épée nue à la main. Duncan, brave comme un lion, fit feu à l'instant de son pistolet sur le chef de la bande, tira son épée, cria à ses hommes : *Claymore!* et passa son arme au travers du corps de celui qu'il avait déjà blessé, lequel n'était autre que Donacha Dhu na Dunaigh en personne. On fut bientôt maître des autres bandits, excepté d'un jeune garçon, qui opposa, pour son âge, une résistance extraordinaire, mais dont on parvint pourtant à s'emparer.

Butler, aussitôt qu'il fut délivré de ces scélérats, courut pour relever sir Georges Staunton; mais la vie l'avait complètement abandonné.

« C'est un grand malheur, » dit Duncan ; « je crois que le mieux sera que j'aille en avant annoncer cela à la pauvre dame. David, mon enfant, vous avez senti la poudre pour la première fois aujourd'hui ; prenez mon sabre, et coupez la tête de Donacha ; ce sera pour vous un bon exercice, avant que le temps ne vienne où vous pourrez rendre le même service à un homme vivant. Ou plutôt, comme cela ne paraît pas être du goût de votre père, laissez-le tranquille; ce ne sera pour lady Staunton qu'un plus grand sujet de satisfaction lorsqu'elle le verra tout entier. J'espère qu'elle me fera l'honneur de croire que je sais venger le sang d'un gentilhomme promptement et comme il faut. »

Telle fut l'observation d'un homme trop accoutumé aux anciennes mœurs des hautes terres, pour considérer l'issue de cette escarmouche comme une chose digne d'étonnement ou d'émotion.

Nous n'essaierons pas de décrire l'effet très différent que ce désastre inattendu produisit sur lady Staunton, lorsque le cadavre sanglant de son mari fut apporté dans la maison où elle s'attendait à le revoir vivant et bien portant. Tout fut oublié, hormis que ç'avait été l'amant de sa jeunesse; et que, quels qu'eussent pu être ses torts à l'égard des autres, il n'en avait eu d'autres envers elle que des inégalités d'humeur et de tempérament, naissant d'une situation prodigieusement difficile. Dans l'élan de sa douleur, elle donna cours à toute l'irritabilité nerveuse de son caractère ; le cri suivait le cri, l'évanouissement succédait à l'évanouissement. Il fallut toute l'affection vigilante de Jeanie pour empêcher sa sœur de faire connaître, en ce paroxysme de la douleur, des choses qu'il était de la plus haute importance de garder secrètes.

A la fin, le silence et l'épuisement succédèrent à cette sorte de délire, et Jeanie s'échappa pour tenir conseil avec son mari, et pour l'inviter à prévenir l'intervention du capitaine, en prenant possession lui-même, au nom de lady Staunton, des papiers de son défunt mari. Au grand étonnement de Butler, elle lui expliqua alors, pour la première fois, la parenté existante entre lady Staunton et elle, ce qui l'autorisait, ce qui exigeait même de lui qu'il empêchât tout étranger d'être informé, sans nécessité, des affaires de famille de sa belle-sœur. Ce fut en une pareille crise que se signala au plus haut degré l'active et courageuse énergie des vertus de Jeanie. Tandis que l'attention du capitaine était encore retenue par une collation prolongée, et par un fort ennuyeux interrogatoire, en langues gaélique et anglaise, de tous les prisonniers, et de chacun des témoins de ce fatal événement, elle déshabilla et disposa comme il le fallait le corps de son beau-frère. On reconnut alors, au crucifix, au chapelet, et au cilice qu'il portait sur sa personne, que la conscience de ses fautes l'avait induit à recevoir les instructions d'une religion qui prétend expier les crimes de l'âme par les macérations infligées au corps. Dans le paquet de papiers que l'exprès avait apporté d'Édimbourg pour sir Georges Staunton, et que Butler, autorisé par son alliance avec le défunt, ne se fit aucun scrupule d'examiner, il trouva des communications nouvelles et surprenantes, qui lui donnèrent sujet de remercier Dieu d'avoir fait lui-même cet examen.

Ratcliffe, à qui toutes sortes de méfaits et de malfaiteurs étaient familiers, stimulé par la récompense promise, se trouva bientôt à même de suivre les traces de l'enfant de ces malheureux parents. La femme à laquelle Meg Murdockson avait vendu ce pauvre petit être, en avait fait le compagnon de sa vie errante et de sa mendicité, jusqu'à ce qu'il eût atteint sept ou huit ans, époque à laquelle (ainsi que Ratcliffe l'apprit d'une compagne de cette femme, détenue en ce moment en la maison de correction d'Édimbourg) elle le vendit à son tour à Donacha Dhu na Dunaigh. Cet homme, auquel nul acte mauvais n'était inconnu, servait d'agent, dans l'occasion, à un horrible trafic pratiqué entre l'Écosse et l'Amérique, pour fournir des ouvriers aux plantations au moyen du *vol d'enfants;* c'est ainsi qu'on appelait ce métier, qui s'appliquait même aux hommes et aux femmes, mais, le plus ordinairement, aux jeunes enfants. Ici Ratcliffe perdit de vue le garçon dont il s'agissait, mais ne douta pas que Donacha Dhu ne pût donner des renseignements sur son compte. L'homme de loi, si souvent mentionné, dépêcha donc un exprès, avec une lettre pour sir Georges Staunton, et une autre renfermant un mandat à l'effet d'appréhender Donacha, avec des instructions au capitaine de Knockdunder pour qu'il y employât toute son énergie.

En possession de cette information, et l'esprit agité des plus sombres appréhensions, Butler alla près du capitaine, et obtint de lui, non sans quelque difficulté, la permission de jeter un coup d'œil sur les interrogatoires. Cet examen, et des questions faites au plus âgé des prisonniers, confirmèrent bientôt les prévisions les plus terribles qu'eût pu concevoir Butler. Nous en donnons les traits principaux, sans descendre dans les menus détails.

Donacha Dhu avait, en effet, acheté le malheureux enfant d'Effie, dans l'intention de le vendre aux trafiquants américains, qu'il avait eu l'habitude d'approvisionner de chair humaine. Mais aucune occasion ne se présenta pendant quelque temps; et le jeune garçon, connu sous le nom du *Siffleur*, fit quelque impression sur le cœur et sur les affections de ce rude sauvage, peut-être parce que celui-ci voyait en lui des éclairs d'un esprit aussi farouche et aussi vindicatif que le sien. Lorsque Donacha le frappait ou le menaçait (ce qui arrivait souvent), le Siffleur ne répondait pas par des plaintes ou par des supplications comme les autres enfants, mais par des jurements et par des efforts pour se venger. Il avait tous les mérites par lesquels le page qui portait le carquois de Woggarwolfe avait conquis le cœur peu sensible de son maître :

> Ainsi qu'un lionceau qu'élevait le brigand,
> Sa voix savait lancer le propos arrogant,
> Le sarcasme brutal ou la chanson de guerre,
> Et, comme un petit homme, il vidait son grand verre.

Bref, ainsi que le disait Donacha Dhu, le Siffleur était un véritable enfant de Satan, d'où la conséquence qu'il ne pourrait jamais s'en séparer. Dès l'âge de onze ans, donc, ce fut un des membres de la bande, engagé souvent dans des actes de violence. Le dernier de ces actes fut précisément amené par les recherches que son véritable père faisait pour le retrouver. Les craintes de Donacha Dhu avaient été éveillées depuis quelque temps par la rigueur des moyens que l'on commençait à employer contre les gens de son espèce. Il sentait qu'il ne devait la continuation de son existence qu'à l'indulgence précaire de son homonyme, Duncan de Knockdunder, qui se vantait, quand il en aurait envie, de le jeter bas, ou de l'élever haut grâce à la potence. Il résolut de

Mort de Georges Staunton et du brigand Donacha Dhu

quitter le royaume sur un de ces *sloops* servant au trafic de ses vieux amis les voleurs d'enfants, prêt à mettre à la voile pour l'Amérique; mais il désirait, auparavant, frapper un grand coup.

La cupidité du brigand fut excitée par la nouvelle qu'un Anglais fort riche allait venir à la manse. Il n'avait pas oublié non plus ce que lui avait dit le Siffleur de l'or vu dans la bourse de lady Staunton, ni l'ancien vœu de vengeance qu'il avait formé contre le ministre; et, pour réunir le tout en une seule opération, il conçut l'espoir de s'approprier l'argent que, d'après le bruit courant dans le pays, le ministre rapporterait d'Édimbourg pour payer sa nouvelle acquisition. Tandis qu'il réfléchissait aux meilleurs moyens de mettre à exécution son projet, il apprit, d'une part, que le navire où il se proposait de s'embarquer allait partir immédiatement de Greenock; d'autre part, que le ministre et un riche seigneur anglais, avec force milliers de livres sterling, étaient attendus le lendemain soir à la manse; et, d'un troisième côté, il sut qu'il devait pourvoir à sa sûreté en quittant aussitôt que possible son séjour ordinaire, car le capitaine avait préparé une expédition pour battre les *glens* à sa recherche au point du jour. Donacha dressa son plan avec promptitude et résolution. Il s'embarqua avec le Siffleur et avec deux autres de sa bande (que, soit dit en passant, il avait l'intention de vendre aux voleurs d'enfants), et fit voile pour la crique du chaudronnier. Il se proposait de rôder, jusqu'à la chute du jour, dans le bois voisin de ce lieu, trop près des habitations, pensait-il, pour éveiller les soupçons de Duncan Knock, de pénétrer ensuite dans la paisible demeure de Butler, et de satisfaire à la fois sa soif de butin et de vengeance. Son méfait accompli, son bateau devait le transporter jusqu'au navire, qui, conformément à des arrangements préalables avec le patron, mettrait à la voile sur-le-champ.

Cette entreprise désespérée aurait probablement réussi, si les brigands n'avaient été découverts dans leur cachette par sir Georges Staunton et par Butler, dans le parcours accidentellement suivi par eux de la crique du chaudronnier à la manse. Se voyant découvert, et remarquant en même temps que le domestique portait une cassette ou coffrefort, Donacha comprit que le butin et les victimes étaient à la fois en son pouvoir, et, sans hésiter, il attaqua les voyageurs. Des coups de feu furent tirés, et l'on dégaîna des deux parts; sir Georges Staunton opposa la résistance la plus énergique, jusqu'au moment où il tomba frappé (il n'y avait que trop de raisons pour le croire) de la main même d'un fils, cherché depuis si longtemps, et maintenant enfin rencontré d'une façon si malheureuse.

Butler était à demi pétrifié par ce qu'il venait d'apprendre, lorsque la voix rauque de Knockdunder ajouta encore à sa consternation.

« Je prendrai la liberté d'ôter les cordes des cloches, Monsieur Butler, ayant résolu de pendre ces drôles demain matin, pour leur apprendre à faire, désormais, plus d'attention à leurs faits et gestes. »

Butler le supplia de se souvenir de l'acte qui abolissait les juridictions seigneuriales, et lui représenta qu'il devait envoyer les coupables à Glasgow ou à Inverary, pour y être jugés aux assises. Duncan ne tint aucun compte de l'observation.

« L'Acte des juridictions, » dit-il, « n'était applicable qu'aux rebelles seulement, il ne l'était pas d'une manière spéciale au pays d'Argyle; et le capitaine pendrait les trois hommes, en une seule ligne, devant les fenêtres de la bonne lady Staunton. Ce serait une grande consolation pour elle, le matin, de voir que le cher gentilhomme, son mari, avait été convenablement vengé. »

Tout ce que Butler put obtenir de lui par les supplications les plus vives, ce fut « qu'il réserverait les deux gros pour les assises; mais, quant à celui qu'on appelait le Siffleur, il voulait voir comment il sifflerait pendillant au bout d'une corde, car il ne serait pas dit qu'un gentilhomme, ami du duc, aurait été tué dans le pays même de Sa Grâce, et que l'on n'aurait pas pris au moins deux vies pour une. »

Butler le supplia d'épargner la victime par pitié pour son âme. « Mais, » répondit Knockdunder, « l'âme d'un pareil coquin est depuis longtemps la propriété du diable, et, Dieu dût-il me damner, je suis déterminé à donner au diable son dû. »

Toute persuasion échoua, et Duncan délivra l'ordre d'exécution pour le lendemain matin. L'enfant du crime et de la misère fut séparé de ses compagnons, garrotté, et mis dans une pièce à part, dont le capitaine garda la clef.

Dans le silence de la nuit, cependant, Mistress Butler se leva, résolue, s'il était possible, de détourner, ou du moins de retarder, le sort qui menaçait son neveu; surtout si, en conversant avec lui, elle pouvait apercevoir quelque espérance de le ramener à des sentiments meilleurs. Elle avait un passe-partout qui ouvrait toutes les serrures de la maison; et à minuit, lorsque tout fut tranquille, elle parut devant les yeux étonnés du jeune sauvage, qui, fortement lié avec des cordes, gisait, comme un mouton désigné pour l'abattoir, sur une paille de rebut jetée dans un coin de la pièce. Dans ses traits brûlés du soleil, basanés, défigurés par la saleté, à demi cachés par des cheveux hérissés d'un ton noir teinté de rouille, Jeanie essaya vainement de trouver une ressemblance avec les visages si beaux de l'un ou l'autre de ses parents. Mais comment refuser sa compassion à un être si jeune et si misérable, bien plus misérable encore qu'il ne pouvait le savoir lui-même, puisque le meurtre qu'il avait commis de sa main (cela n'était que trop probable), le meurtre auquel, dans tous les cas, il avait participé, était en réalité un parricide. Elle plaça près de lui des aliments sur une table, le releva sur son séant, et desserra les cordes qui lui attachaient les bras, de façon à lui permettre de manger. Il avança des mains souillées encore d'un sang qui était peut-être celui de son père, et mangea avec voracité et en silence.

« Quel est votre nom? » dit Jeanie, pour ouvrir la conversation.

« Le Siffleur.

— Mais votre vrai nom, celui sous lequel vous avez été baptisé?

— Jamais, que je sache, je n'ai été baptisé. Je n'ai pas d'autre nom que le Siffleur.

— Pauvre garçon abandonné! » dit Jeanie. « Que feriez-vous si vous pouviez vous sauver d'ici, et échapper à la mort qui vous attend demain matin?

— J'irais joindre Rob Roy, ou Sergeant More Caméron, » (pillards célèbres de ce temps-là,) « et venger la mort de Donacha sur tous et sur chacun.

— O malheureux enfant! » dit Jeanie; « savez-vous ce que vous deviendrez quand vous serez mort? »

— Je ne ressentirai plus le froid ni la faim, » dit le jeune homme d'un ton résolu.

« Le laisser conduire au supplice dans cet état d'esprit déplorable, ce serait détruire à la fois son corps et son âme. Le laisser fuir, je ne l'ose pas. Que faire? Mais c'est l'enfant de ma sœur, mon propre neveu, notre chair et notre sang, et ses mains et ses pieds sont serrés aussi fort que des cordes le peuvent faire. Siffleur, les cordes vous font-elles souffrir?

— Cruellement.

— Mais si je les relâchais, vous me feriez du mal?

— Non, car vous n'avez jamais fait de mal ni à moi ni aux miens.

— Peut-être a-t-il encore du bon, » pensa Jeanie; « essayons pour lui quelque chose. »

Elle coupa les liens. Il se dressa sur les pieds, regarda autour de lui avec un rire de joie farouche, frappa les mains l'une contre l'autre, et bondit, ravi de se retrouver en liberté. Il avait l'air si terrible, que Jeanie trembla de ce qu'elle avait fait.

« Laissez-moi sortir, » dit le jeune sauvage.

« Je ne puis, à moins que vous ne promettiez...

— Je vais vous forcer de vouloir que nous soyons dehors tous les deux. »

Il saisit la bougie allumée, et la jeta dans la paille, qui s'enflamma sur-le-champ. Jeanie poussa un cri, et courut hors de la chambre; le prisonnier s'élança, passa devant elle, ouvrit une fenêtre du corridor, sauta dans le jardin, en escalada la clôture, bondit comme un daim à travers les bois, et gagna le rivage de la mer. Pendant ce temps, on éteignait le feu, mais on cherchait en vain le prisonnier. Jeanie garda son secret, et l'on ne découvrit pas la part qu'elle avait prise à cette évasion. Mais le sort du fugitif fut connu bientôt après; il était aussi déplorable que l'avait été jusque-là la vie de l'infortuné jeune homme.

Par des recherches poursuivies avec une extrême sollicitude, Butler finit par savoir que le jeune homme avait gagné le vaisseau dans lequel son maître Donacha avait dessein de s'embarquer. Mais le patron amoureux du lucre, endurci par son métier à toute espèce de trahison, et se voyant privé du riche butin que Donacha s'était proposé d'apporter à bord, fit du fugitif un prisonnier, et, l'ayant transporté en Amérique, le vendit comme esclave, ou comme serviteur à long terme, à un planteur de la Virginie, habitant bien loin dans les terres. Lorsque ces nouvelles parvinrent à Butler, il envoya en Amérique somme suffisante pour racheter le jeune garçon de l'esclavage, avec des instructions pour qu'on tâchât de cultiver son esprit, de réprimer ses mauvais penchants, et d'encourager tout ce qu'on pourrait découvrir de bon en lui. Mais ce secours vint trop tard. Le jeune homme s'était mis à la tête d'une conspiration dans laquelle son maître inhumain avait été mis à mort, et il s'était enfui dans la tribu d'Indiens la plus proche. On n'en entendit plus jamais parler; il est donc à présumer qu'il vécut et qu'il mourut à la manière de ces sauvages, avec lesquels ses habitudes antérieures l'avaient rendu digne de s'associer.

Tout espoir de ramener ce jeune homme au bien étant perdu désormais, M. et Mme Butler pensèrent qu'il ne servirait à rien d'expliquer à lady Staunton une histoire aussi pleine d'horreur. Lady Staunton resta chez eux plus d'une année, durant la plus grande partie de laquelle son chagrin fut excessif. Dans les derniers mois, il prit la forme de la langueur et de l'abattement; la monotonie tranquille de la maison de sa sœur ne donnait pas les moyens de dissiper ces dispositions fâcheuses. Effie, dès ses plus jeunes ans, n'avait jamais été faite pour un contentement paisible. Bien différente de sa sœur, il lui fallait les dissipations de la société ou pour tromper sa douleur, ou pour stimuler sa joie. Elle quitta la retraite de Knocktarlitie avec des larmes d'affection sincère, et après en avoir comblé les habitants de tous les présents qu'elle put croire de quelque valeur à leurs yeux. Elle la quitta cependant; et lorsque l'angoisse du départ fut passée, ce départ fut un soulagement pour les deux sœurs.

A la manse de Knocktarlitie, la famille du ministre, dans son paisible bonheur, apprit que la riche et belle lady Staunton avait repris sa place dans le monde à la mode. Ils en eurent une preuve plus positive, car David reçut un brevet; et, comme l'esprit militaire de Butler la Bible paraissait revivre en lui, sa bonne conduite fut un objet d'envie pour cinq cents jeunes cadets des hautes terres, « issus de bonnes maisons, » qui furent étonnés de la rapidité de son avancement. Ruben suivit la carrière du droit, et s'éleva d'une façon plus lente, mais non moins sûre. Euphémie Butler, dont la fortune, augmentée par les générosités de sa tante, et rehaussée par la beauté, faisait une prise de non médiocre importance, épousa un laird des hautes terres, qui ne demanda jamais le nom du grand-père de sa femme ; elle fut comblée, en cette occasion, par lady Staunton, de présents qui firent d'elle un objet d'envie pour toutes les beautés des comtés d'Argyle et de Dumbarton.

Après avoir brillé près de dix ans dans le grand monde, après avoir caché, comme bien d'autres, un cœur affligé sous un visage riant, après avoir décliné les offres les plus respectables, qui lui furent faites à plusieurs reprises en vue d'un second mariage, lady Staunton trahit sa blessure secrète, en se retirant sur le continent, pour y séjourner dans le couvent où elle avait reçu son éducation. Elle ne prit jamais le voile, mais elle vécut et mourut dans une retraite sévère, et dans la pratique de la religion catholique romaine, en sa plus étroite rigueur, ses veilles, ses austérités.

Jeanie gardait en elle une dose suffisante des idées de son père pour être profondément affligée de cette apostasie ; Butler s'associait à ses regrets. « Cependant, » disait-il, « toute religion, quelque imparfaite qu'elle soit, vaut mieux qu'un froid scepticisme, ou que le tumulte vertigineux de la dissipation, qui remplit les oreilles de futilités jusqu'à les rendre incapables d'écouter rien autre chose. »

Heureux l'un par l'autre, heureux aussi par la prospérité de leur famille, objet d'estime et de respect pour tous ceux qui les connaissaient, les deux époux vécurent aimés, et moururent regrettés.

NOTES.

A, page 11. — *La Garde de la Cité.*

Corps de deux ou trois cents hommes, dont le lord prévôt était colonel. Nul autre tambour que le sien n'avait le droit de battre dans la Grande rue.

B, page 20. — *L'Esprit des eaux.*

Paroles prêtées par la tradition à *l'Esprit des eaux.* Sous l'action des pluies, un humble ruisseau était devenu torrent. L'esprit prononce ces paroles, et, à l'instant, un homme arrive au galop; c'était un prédestiné, un *fey,* selon l'expression écossaise. En dépit des remontrances des assistants, l'homme veut traverser le torrent, plonge dans l'onde, et périt.

C, page 57. — *La Tolbooth,* ou *le Cœur de Mid-Lothian.*

L'ancienne Tolbooth d'Édimbourg, décrite au commencement du chapitre V, bâtie en 1561, pour recevoir le parlement, les cours de justice supérieures, et les prisonniers soit pour dettes, soit sur accusation criminelle. Depuis la construction d'une chambre du parlement en 1640, la Tolbooth n'a plus servi que de prison. Elle a été démolie en 1817. Le Cœur de Mid-Lothian (*the Heart of Midlothian*), telle était l'appellation locale de cet antique et sombre monument. Walter Scott en avait fait le titre de son roman, généralement désigné en français par ces termes plus intelligibles à tous : *la Prison d'Édimbourg.* Le Lothian est une province, composée de trois comtés : Haddington au nord, Édimbourg au milieu, Linlithgow à l'ouest. Édimbourg est donc le milieu (*Mid*) du Lothian, et sa prison, située au centre, en était *le Cœur.*

Lors de la démolition, Walter Scott devint possesseur des pierres du portail et de la porte elle-même, et en fit l'entrée de la cour des cuisines de son habitation d'Abbotsford; il travaillait alors au roman, publié en 1818.

D, page 70. — *L'Émeute de Porteous.*

Au moment où elle éclata, le *solicitor* de la couronne, absent alors d'Édimbourg, y revint à la hâte, et commença une enquête, sur l'ordre formel du gouvernement. La terreur était si grande que ni les habitants, ni même les magistrats de la ville n'osaient parler. Le *solicitor* recevait les dépositions en secret, sans assistance de greffier, dressant lui-même les procès-verbaux, avec promesse de ne pas trahir la personnalité des déposants. Des mandats d'arrêt furent délivrés contre une vingtaine de personnes; plusieurs se cachèrent ou s'enfuirent à l'étranger. On ne mit en jugement que deux individus : un valet de la comtesse de Wemyss, Mac Lauchlan, acquitté par le jury en 1737, comme ayant été en état d'ivresse, et personnellement étranger à tout acte de violence; et Thomas Linning, homme de peine, acquitté en 1738.

L'émeute de Porteous est restée chose mystérieuse. L'auteur de *la Prison d'Édimbourg* ouvrit lui-même son enquête, lorsqu'il voulut puiser en cette affaire les éléments de son roman ; il ne fut pas plus heureux que la justice, et dut se contenter des données de l'enquête officielle, des rumeurs de la tradition, et de ce que sa propre imagination lui fit deviner, ou inventer.

E, page 98. — *Carspharn Jean.*

Jean Semple, surnommé *Carspharn* parce qu'il était, dans le Galloway, ministre d'une paroisse de ce nom. Presbytérien d'une piété étrange et d'un zèle incomparable. Un livre de Walker (voir la note F) sur la vie et la mort de ce ministre, contient les paroles mises ici dans la bouche de David Deans. Ulaï est une des Hébrides : c'est là que Semple s'était cru transporté.

F, pages 109 et 238. — *Pierre Walker. — La danse.*

Pierre Walker est un des prédicateurs les plus farouches de la secte ultra-presbytérienne des Caméroniens. Quand il n'était pas en tournée de commerce ou de propagande, il habitait Édimbourg dans Bristo-Port. Il a composé des notices biographiques sur Alexandre Peden, Jean Semple, Jean Welwood, et Richard Caméron, les apôtres déterminés de la secte. Walter Scott ne peut se défendre d'une certaine reconnaissance pour le féroce et burlesque agitateur qui lui fournit de précieuses données.

C'est aux *Vies des vénérables Caméroniens* de Walker que l'auteur emprunte, presque textuellement, les imprécations de Deans contre la danse, comme aussi, au chapitre XVII, l'indignation de Deans contre ceux qui ont donné à une danse, *Cameronian Rant*, le nom d'un vénéré martyr. Les moins rigides des Caméroniens admettaient cet exercice, comme bon pour la santé; mais hommes entre eux ou femmes entre elles. Tous repoussaient avec horreur le scandale d'une *danse mêlée*, ou, suivant leur expression, *promiscue*, à laquelle les deux sexes auraient à la fois pris part.

G, page 127. — *Le Cairn ou les Pierres de Nicol Muschat.*

Le *cairn* est un monceau de pierres indiquant le lieu d'une sépulture. Les peuples du Nord en couvraient, par honneur, les corps de leurs chefs, ou en lançaient, par exécration, sur les cadavres des scélérats ou vers les lieux témoins de grands crimes. Les pierres dites *de Nicol Muschat* s'étaient accumulées en souvenir de l'assassinat commis, en 1720, par Muschat et par son complice Campbell de Burnbank. Après des intrigues et des tentatives diverses, ils avaient fini par couper la gorge à la femme de Nicol Muschat.

H, page 176. — *Le Garçon des fées.*

Le livre cité est de 1684. On y raconte que, quinze ans auparavant, un ami de l'auteur a été mis en rapport avec un garçon de dix à onze ans, connu sous le nom de *Garçon des fées*. Tous les jeudis soir, sur une grande montagne sise entre Édimbourg et Leith, ce garçon n'avait qu'à battre le tambour pour que de larges portes s'ouvrissent, et lui montrassent, sous terre, une assemblée de fées, hommes et femmes. On s'y régalait et l'on s'y divertissait de mille façons, au son de la musique, dans des salons merveilleux. Au choix des convives, une puissance inconnue les transportait sur l'heure à l'étranger. Le *Garçon des fées* était très fort en astrologie et pour dire la bonne aventure. Il avait aussi le talent de s'enfuir inaperçu, et il le prouva un jour que l'on s'était concerté pour l'empêcher de se rendre à sa fête hebdomadaire.

I, page 178. — *Les Covenantaires et le monde invisible.*

Satan joue un grand rôle dans l'histoire des Covenantaires. L'aventure de la caverne du Galloway et celle du démon du gué sont dans le livre de Walker (voir la note F). Alexandre Peden fut le héros de la première.

J, page 184. — *Les lois d'Écosse sur l'infanticide, et la pratique judiciaire.*

Le livre des statuts écossais de l'an 1690 (Guillaume III et Marie, chapitre XXI) contient une disposition plus que sévère. Frappé de la progression croissante des infanticides, le législateur édicta des présomptions qui, en l'absence d'une preuve directe, équivaudraient nécessairement à la démonstration du crime. Les circonstances caractéristiques et déterminantes étaient : « Que la femme eût caché sa situation durant tout le temps de la grossesse; que, pour sa délivrance, elle n'eût demandé l'assistance de personne; et que, concurremment avec ces motifs de soupçon, l'enfant eût été trouvé mort, ou n'eût pas été trouvé du tout. » Sous la rigoureuse application de cette loi, nombre de personnes subirent la peine capitale, à la fin du dix-septième siècle et durant une partie du dix-huitième. Mais une pratique plus douce s'introduisait. L'accusée hors d'état de repousser les présomptions légales adressait à la cour une pétition, dans laquelle elle expliquait (pour la forme) qu'elle ne se sentait pas coupable, mais que sa réputation ayant souffert de l'accusation, elle se soumettrait de plein gré à une sentence de bannissement, ce à quoi obtempéraient les conseils de la couronne. En 1803, cette pratique devint loi, et les présomptions du statut de 1690 n'entraînèrent plus que le bannissement. Ni la fréquence et la gravité d'un crime, ni la modération de la peine, ne justifient, en droit et en équité, la substitution de simples présomptions à une preuve.

K, page 234. — *Sir William Dick de Braid.*

Commerçant et fermier des impôts, il fut, en Écosse, le plus riche de son temps, et rendit à la cause du *Covenant* des services signalés. Vers 1640, on évaluait sa fortune à deux cent mille livres sterling, somme immense pour l'époque. En 1641, il prêta, d'un seul coup, à la Convention des États d'Écosse, la somme de cent mille marcs, qui permit de soutenir la guerre. Les opinions de Dick changèrent plus tard, où son argent lui parut bon à faire valoir pour toutes les causes. Il avança vingt mille livres sterling au roi Charles; la République, pour le punir, le rançonna de soixante mille. Elle fit mieux : Dick ruiné, avait eu l'imprudence de venir à Londres demander le remboursement de ce qu'il avait prêté ; il fut mis en prison, où le Crésus écossais mourut en 1655. Certains ont dit qu'on le fit mourir de faim; ce qui n'est pas démontré. Il est prétendu, du moins, qu'on ne le nourrissait que de croûte de pâté, d'où ce mot : *le nécessaire de sir William Dick*. Un petit in-folio, fort rare et fort apprécié déjà du temps de Walter Scott, fut imprimé en souvenir des fortunes diverses de Dick : *L'état lamentable de sir William Dick*, avec gravures.

L, page 302. — *Le* Doomster *ou* Dempter *dans les cours d'Écosse.*

Ce mot veut dire : *prononceur de jugement*. C'est en ce sens que les juges eux-mêmes, dans l'île de Man, étaient appelés *dempters*. Plus habituellement, en Écosse, on désignait ainsi, non le juge, mais un personnage ayant pour mission spéciale de communiquer tout haut à l'assistance la teneur des jugements criminels. Un devoir aussi pénible n'était pas accepté volontiers : c'était au bourreau que, dans la pratique, cette charge avait été dévolue ; il était dur, cependant, de mettre, à l'avance, le condamné en face de l'exécuteur.

L'office du *doomster* fut aboli, dit-on, à raison de l'incident que voici. En l'absence du bourreau, un certain Hume, condamné à la transportation pour avoir brûlé sa propre maison, accepta le rôle de *doomster*. Ce n'était qu'une feinte pour injurier ses juges en public. On crut devoir se passer à l'avenir d'un semblable trucheman, et ce fut désormais le greffier qui lut la sentence.

NOTES.

M, page 306. — *Jean, duc d'Argyle et de Greenwich.*

Possédait, à un haut degré, l'estime et l'amour de ses concitoyens, qui appréciaient ses talents politiques et militaires, et, surtout, son zèle à défendre les droits de l'Écosse. Ce zèle se montra, notamment, au sujet de l'insurrection de Porteous, qui avait amené le ministère à proposer contre la ville d'Édimbourg et contre son lord prévôt des mesures rigoureuses et humiliantes : la destruction des portes de la ville, l'incapacité pour le magistrat d'occuper désormais aucun emploi public. Le duc d'Argyle prononça au parlement, à cette occasion, un discours énergique, dont un passage textuel sera livré bientôt au lecteur par l'intermédiaire de Saddletree. Ce discours produisit effet; les colères du parlement durent se calmer, et l'on se contenta d'imposer à la ville le paiement de deux mille livres sterling à la veuve de Porteous.

Nous verrons plus loin, dans notre récit, le duc d'Argyle désigné par l'appellation de *Ian Roy Cean*, c'est-à-dire *Jean le Rouge le Guerrier* ; c'est ainsi qu'on le qualifiait dans les hautes terres. Une autre appellation, *Mac Cummin*, ou Mac Callummore, était celle de sa race et de sa dignité.

Les colères attribuées au roi et à la reine au sujet de l'émeute ne manquent pas d'une certaine vérité historique. Georges II était irritable, et disposé aux voies de fait. C'est une tradition en Écosse que le duc d'Argyle, menacé par le roi d'un argument de ce genre, l'aurait quitté sans beaucoup de cérémonie. Le célèbre ministre Robert Walpole, ayant rencontré le duc sur ces entrefaites, lui dit, pour l'apaiser, « que c'était dans les habitudes du roi, et que lui-même Walpole, avait été souvent l'objet de libertés de ce genre, sans que le monarque pensât à mal. — Veuillez vous souvenir, sir Robert, » répondit Mac Callummore, « de la distance qu'il y a entre vous et moi. »

Quant aux couvre-chef du roi, une vieille chanson jacobite y fait allusion :

> Et dans le feu de nouveau
> Iront perruque et chapeau.

N, page 526. — *Madge Feu-follet.*

La première idée de ce caractère fut fournie à Walter Scott par l'histoire d'une certaine *Fanny la faible d'esprit,* dont il avait ouï parler dans sa jeunesse. Cette Fanny avait voyagé par l'Écosse et l'Angleterre, le Galloway et le Ayrshire en particulier, de 1767 à 1775, accompagnée d'une vingtaine de moutons, qui l'aimaient singulièrement, et qui, la nuit, la réchauffaient de leur laine ; car la pauvre créature n'entrait jamais dans une maison.

Fanny avait sur la tête un vieux chapeau rabattu, sur les épaules un vieux plaid, à la main une houlette. Elle tenait beaucoup à ces trois objets, et, pour rien au monde, elle n'aurait voulu s'en séparer. Pourquoi? le voici : Fille unique d'un riche écuyer du nord de l'Angleterre, elle était tombée amoureuse du berger de son père. Irrité d'une pareille passion, le père, en un accès de fureur, blessa mortellement le berger d'un coup de pistolet. Fanny arriva juste à temps pour recevoir la bénédiction du mourant, qui lui laissa ses moutons, son chapeau, son plaid et sa houlette. Elle jura de conduire le troupeau, et de conserver jusqu'à la mort les reliques de son amant. Il a été composé là-dessus une ballade, sans grand mérite littéraire, que l'on attribue toutefois à Lowe, l'auteur du *Rêve de Marie*.

En 1769, lorsqu'ayant quitté le Galloway, Fanny faisait route vers Édimbourg, son bélier favori, le vieux Charlie, s'étant introduit dans un jardin, un mâtin le traita si mal que Charlie en mourut. C'était près de Moffat; Fanny y éleva un tombeau de mousse et d'osier qu'elle venait visiter tous les ans, et que les habitants, et même les enfants, ont bien longtemps respecté.

Fanny mourut à Glasgow dans une lutte avec les vauriens de l'endroit.

O, page 531. — *L'Émeute de Shawfield*.

Grave émeute à Glasgow, en 1725, au sujet de l'impôt sur la drèche. L'ordre fut rétabli, surtout, par une compagnie de *highlanders* du comté d'Argyle, commandée par Campbell de Carrick. Un pamphlet du temps parle de « Campbell de Carrick et de ses voleurs des hautes terres. » Le nom sous lequel l'émeute est connue est celui du prévôt de la ville contre lequel elle était surtout dirigée, Daniel Campbell, écuyer de Shawfield, membre du parlement.

P, page 581. — *La sonnerie des cloches en Écosse*.

Cette condescendance pour le seigneur et les donateurs était de tradition en Écosse. Un bedeau de l'île de Bute poussait si loin le culte de l'étiquette que, la cloche étant cassée, il imitait, par la voix, le retentissement de l'airain.

Q, page 654. — *Ratcliffe*.

Ce n'est pas un personnage d'invention; mais l'auteur s'est permis un anachronisme. Un condamné à mort de ce nom s'évada de la Tolbooth, lors de l'affaire de Porteous. Une seconde fois, en 1745, le même homme était au même lieu et dans le même cas lorsque les habitants des hautes terres renouvelèrent le siège de la Tolbooth et la délivrance des prisonniers. Ratcliffe, cette fois, ne voulut pas quitter la prison, et y obtint, en récompense, un poste de gardien.

TABLE DES GRAVURES.

N.B. Les 12 planches hors texte sont désignées en caractères italiques.
Les lettres initiales des chapitres ont été composées dans le style du dix-huitième siècle.

		Pages.
1.	*Effie Deans dans sa prison*	Frontispice.
2.	La ville d'Édimbourg	1
3.	La messe des condamnés	5
4.	*Wilson favorise la fuite de Robertson.*	8
5.	Ornement du dix-huitième siècle	9
6.	Ornement du dix-huitième siècle	10
7.	Le capitaine Jean Porteous	14
8.	Les soldats de Porteous font feu sur la foule	17
9.	Ornement du dix-huitième siècle	19
10.	La Grande Rue d'Édimbourg	20
11.	M. Saddletree	27
12.	La place du Marché-aux-Herbes	32
13.	Ornement du dix-huitième siècle	33
14.	« Femme, taisez-vous ! » dit Saddletree.	37
15.	Attributs de sellier	42
16.	Butler est rencontré par les émeutiers.	43
17.	*Les insurgés s'emparent du corps de garde.*	49
18.	La prison d'Édimbourg	55
19.	L'incendie de la porte de la prison	57
20.	Ornement du dix-huitième siècle	58
21.	Porteous est arraché de sa cachette	61
22.	Meurtre de Porteous	68
23.	Ornement du dix-huitième siècle	70
24.	Les cimes de Salisbury	71
25.	« Au diable tous les deux ! » s'écria Dumbiedikes	79
26.	Le dernier remède de Dumbiedikes	84
27.	Ornement du dix-huitième siècle	85
28.	Douce David Deans	88
29.	Jeanie Deans	93
30.	Jean Dumbiedikes	101
31.	Jeanie épiant le retour de sa sœur	103
32.	« Vous parlez de danse ! » s'écria David.	108
33.	David Deans tombe sans connaissance en présence des officiers de justice	116
34.	Ornement du dix-huitième siècle	119
35.	Robertson	121
36.	Rencontre de Butler et de Robertson.	123
37.	Entrée de Butler chez Deans	128
38.	Entretien de Butler et de Jeanie	134
39.	Butler cherche à calmer l'agitation de Deans	145
40.	Ornement du dix-huitième siècle	151
41.	*Butler écoute l'interrogatoire de Ratcliffe.*	157
42.	Le ministre Butler	164
43.	Ornement du dix-huitième siècle	166
44.	Les dévotions du soir	167
45.	Deans écarte la chaise d'Effie	172
46.	*Jeanie allant au rendez-vous des rochers.*	175
47.	La chapelle Saint-Antoine	176
48.	Robertson menace Jeanie	181
49.	Ornement du dix-huitième siècle	188
50.	Ratcliffe et le Procureur fiscal	193
51.	Madge Feu-Follet	199
52.	Ornement du dix-huitième siècle	202
53.	Le Procureur donne à Ratcliffe l'ordre de se retirer	204
54.	*Madge se mit à chanter, les yeux fixés sur la lune.*	211
55.	Madge et Ratcliffe courant en sens opposé	216
56.	Jeanie confiée par le Procureur à la garde de Ratcliffe	217
57.	Le Procureur met un pistolet sous la gorge de Ratcliffe	221
58.	Meg Murdockson	227
59.	Middleburgh va visiter Deans	235
60.	Ornement du dix-huitième siècle	243
61.	Ornement du dix-huitième siècle	244
62.	Deans trouve Jeanie regardant la citation qu'elle a reçue comme témoin	246
63.	Jacques Ratcliffe	249
64.	Ratcliffe introduit Jeanie dans la prison	251
65.	Effie se jette à genoux devant Ratcliffe	257
66.	Ornement du dix-huitième siècle	262
67.	Deans et Jeanie entrent dans la salle d'audience	267
68.	« Écartez vos cheveux, Effie, » dit un massier	270
69.	La plaidoirie de M. Fairbrother	275
70.	Effie embrasse la main de sa sœur	288
71.	*Deans tombe sans connaissance, en entendant la réponse de Jeanie.*	293
72.	Le chef du jury remet le verdict à la cour	299
73.	Le bourreau lit la sentence	303
74.	Ratcliffe barbouille un sauf-conduit	313
75.	Jeanie recherchant les papiers utiles	318
76.	Le manoir de Dumbiedikes	319
77.	Jeanie donne à manger à la vache	323
78.	Dumbiedikes referme les tiroirs où sont déposés ses écus	329

TABLE DES GRAVURES.

		Pages.
79.	Dumbiedikes remet une bourse à Jeanie.	333
80.	Jeanie entre chez Butler.	341
81.	Jeanie est invitée à monter dans une charrette.	348
82.	« Sais-tu ce que veut dire ce bout de papier? » dit Mistress Bickerton.	357
83.	Jeanie rejointe et dépassée par deux femmes à cheval.	363
84.	Jeanie dans la grange des Bohémiens.	369
85.	Jeanie élargit une fente de la cloison.	376
86.	Meg Murdockson passe la lumière devant les yeux de Jeanie.	381
87.	La douleur de Madge près du tertre du peuplier.	387
88.	La joie de Madge en apercevant une pie.	391
89.	Madge maltraite Jeanie, et lui arrache son chapeau.	399
90.	Jeanie s'adresse au bedeau.	404
91.	Le rectorat de Willingham.	407
92.	Jeanie en présence du recteur.	413
93.	Jeanie auprès du jeune Staunton malade.	421
94.	Jeanie écoute le récit du jeune Staunton.	427
95.	Le recteur réprimande son fils.	435
96.	Le conducteur de Jeanie lui remet une lettre.	443
97.	Le carrosse rapide.	449
98.	Le duc d'Argyle.	453
99.	Le duc d'Argyle lit les papiers que Jeanie lui a remis.	459
100.	La boutique de Mistress Glass.	464
101.	Archibald prie Jeanie de l'accompagner.	467
102.	La reine Caroline et Lady Suffolk.	477
103.	Jeanie à genoux devant la reine Caroline.	487
104.	Le cadeau de la reine.	489
105.	Le parc de Richmond.	490
106.	Le duc prend congé de Jeanie.	495
107.	Le duc descend devant la boutique de Mistress Glass.	505
108.	Le duc remplit sa tabatière.	511
109.	Le duc présente Jeanie à sa femme et à ses filles.	512
110.	Jeanie refuse de boire du vin.	515
111.	« Jeanie, sauvez ma mère! » s'écria Madge.	521
112.	La populace jette Madge dans une mare.	526
113.	Archibald achète tous les papiers du colporteur.	529
114.	L'embarquement pour l'île de Roseneath.	535
115.	La barque sur la Clyde.	538
116.	L'île de Roseneath.	539
117.	Jeanie dans les bras de son père.	543
118.	Jeanie retrouve Butler.	547
119.	Dumbiedikes soupèse les guinées que David Deans lui rend.	551
120.	Controverse entre Deans et Butler.	557
121.	Jeanie pleure en apprenant de Butler la nouvelle fuite d'Effie.	563
122.	Duncan de Knockdunder.	569
123.	Archibald retire de la malle une robe de soie.	579
124.	Duncan, à l'église, allume sa pipe.	583
125.	La santé du duc d'Argyle.	584
126.	Effie et Staunton apparaissent à Jeanie.	591
127.	Les enfants de Jeanie sur les genoux de Deans.	601
128.	Butler et Duncan font une partie de trictrac.	604
129.	Jeanie lit une lettre de sa sœur.	605
130.	Butler et Jeanie reçoivent le duc d'Argyle.	613
131.	Le troupeau de Butler est reconquis sur les Bohémiens.	621
132.	Des billets de banque s'échappent des feuillets de la bible.	625
133.	Jeanie retire un imprimé des mains de sa fille.	626
134.	Lady Staunton débarque à Knocktarlitie.	633
135.	Le jeune Bohémien offrant un breuvage.	644
136.	Staunton et Butler chez Saddletree.	653
137.	Duncan et six montagnards devant lady Staunton.	665
138.	Duncan et ses hommes battent le bois.	668
139.	Butler et Staunton attaqués par les Bohémiens.	669
140.	Morts de Staunton et de Donacha.	673
141.	Le jeune Bohémien met le feu à la chambre dans laquelle il est enfermé.	680

TYPOGRAPHIE FIRMIN-DIDOT. — MESNIL (EURE).

www.ingramcontent.com/pod-product-compliance
Lightning Source LLC
Chambersburg PA
CBHW061958300426
44117CB00010B/1393